歴史科学の

Historical Science
Thought and Movement

思想と運動

歴史科学協議会編

大月書店

目　次

II 民主的諸学会の再建・誕生と諸運動

III　破防法反対運動と国民的歴史学運動

IV　松川事件と歴史学

Ⅶ 歴史科学協議会の結成

凡　例

※本書に収録した資料（以下、本書に収録される論文・学術雑誌の総目次・各種記録等を一括して「資料」と呼称する）については、次に掲げる二点を除いて、学術雑誌等に初出のものを底本とした。

・Ⅰ（6）渡部義通「マルクス主義史学『創生記』」は、渡部『新版日本古代社会』（校倉書房、一九八一年）に［付篇］Ⅲとして収録されたものを底本とした。

・Ⅱ（6）『社会構成史体系』②「内容及び執筆者」は、犬丸義一「戦後日本マルクス主義史学にかんする覚書――一九四五～五〇年を中心に」（歴史学研究会・日本史研究会編『講座日本史10　現代歴史学の展望』東京大学出版会、一九七一年）一五三頁所掲の表を底本とした。

※資料の転載にあたり、漢字については、研究者等の人名を除いて常用漢字表の字体に改め、仮名遣いについては、初出時ままとし、明らかな誤字・脱字については、修正を加えてある。

I　歴史科学の誕生と展開

(1)『社会問題講座』総目次

第一巻（一九二六年三月二〇日発行）

第二巻（一九二六年四月一二日発行）

巻頭言　堀江歸一

講座

マルキシズム概説　高畠素之／サンヂカリスム　石川三四郎／社会思想発達史　波多野鼎／社会学史　新明正道／経済史概論　石濱知行／失業問題　堀江歸一／資本主義と農政問題　河田嗣郎／近世小作制度の発達　小野武夫／普通選挙と無産政党　安部磯雄／世界無産政党発達史　産業労働調査所／無産階級文芸論　藤森成吉／婦人の自覚史　山川菊榮／日本民権発達史　白柳秀湖／ロシヤ革命史　富士辰馬／水平運動発達史　吉井浩存／売淫論　村島歸之／社会組織と新聞雑誌　早阪二郎

科外講話

労働農民党の成立に就て　杉山元治郎／小説として書かれた第四階級人類史　千葉亀雄

雑録

基礎及び上層建築論（一）／レーニン生涯の道標（下）／ピリニヤーク氏来社／社会問題文献解題（二）／社会問題年表（二）／社会事業団体（一）／モダーン・ガール／プロ画帖（その二）／無産階級とラヂオ／ロシヤ革命前後の思ひ出／第一巻正誤表／「税制整理の結果図解」説明／社会問題日記／講座創刊記念の会／編輯部より

第三巻（一九二六年五月一二日発行）

巻頭言　高畠素之

講座

経済学概論　安部磯雄／マルキシズム概説　高畠素之／ギルド・ソシヤリズム　北澤新次郎／社会思想発達史　波多

野鼎／社会学史　新明正道／経済学史　久留間鮫造／金融論　堀江歸一／資本主義と農政問題　河田嗣郎／近世小作制度の発達（了）　小野武夫／普通選挙と無産政党（了）　安部磯雄／各国労働者教育発達史　淺野晃／世界無産政党発達史　産業労働調査所／社会運動と智識階級　麻生久／無産階級文芸論　藤森成吉／日本民権発達史　白柳秀湖／ロシヤ革命史（了）　富士辰馬／英国フエビアン協会発達史（了）　川原次吉郎

科外講話

我国の為替問題　牧野輝智／メーデーの歴史と社会的意義　新居格／日本農民組合紛擾の真相　莊原達

雑録

社会問題文献解題（三）／日本社会主義史上の隠れた恩人（木村毅）／社会問題年表（三）／プロ画帖（その三）／基礎及び上層建築論（二）／マルクス及びエンゲルス研究所／「農村搾取状態の図」説明／講座術語解／ロシヤ革命前後の思ひ出（二）／社会問題日記／英国炭坑業改造案／編輯部より

第四巻（一九二六年五月一二日発行）

巻頭言　高橋龜吉

講座

経済学概論　安部磯雄／マルキシズム概説（了）　高畠素之／社会思想発達史　波多野鼎／社会学史　新明正道／経済史概論　石濱知行／金融論（了）　堀江歸一／資本主義と農政問題　河田嗣郎／日本労働運動発達史　赤松克麿／インターナショナル発達史　青野季吉／社会運動と智識階級（了）　麻生久／無産階級文芸論（了）　藤森成吉／婦人の自覚史（了）　山川菊榮／日本民権発達史　白柳秀湖／階級闘争史　西雅雄／消費組合論　岡本利吉／社会組織と新聞雑誌（了）　早阪二郎

科外講話

英国炭坑争議の過去及び現在　産業労働調査所／新ロシアの婦人　エレナ・テルノーフスカヤ
雑録
農民労働党の禁止と労働農民党の成立（一）／英国総同盟罷業批判／「金融資本家としての政府」図解／新潟県小作争議視察記／社会問題文献解題（四）／基礎及び上層建築論（三）／海外運動消息／ロシヤ革命前後の思ひ出（三）／日本新聞トラスト化の前兆／講座術語解／社会問題日記／編輯部より

第五巻（一九二六年七月一二日発行）

巻頭言　小野武夫
講座
アナーキズム　新居格／労働契約論序説　平野義太郎／社会心理学　市村今朝藏／経済学概論　安部磯雄／ギルド・ソシヤリズム（了）　北澤新次郎／社会学史　新明正道／インターナショナル発達史（了）　青野季吉／労働組合と労働者教育　阪本勝／日本民権発達史（了）　白柳秀湖／階級闘争史　西雅雄／文学の社会学的研究方法及びその適用（了）　平林初之輔／消費組合論（了）　岡本利吉／我が国の婦人運動（了）　奥むめお／社会運動家及社会思想家列伝大宅壮一
科外講話
ロシヤ大革命前期のインテリゲンツィア　中村吉藏
雑録
農民労働党の禁止と労働農民党の成立（二）／社会問題文献解題（五）／『磔茂左衛門』を観る／東京の売淫／プレカノフと片山潜／巻頭図表説明／講師略伝（一）／講座術語解／社会問題日記／編輯部より

第六巻（一九二六年八月一二日発行）

第七巻（一九二六年九月一二日発行）

（了）　上田貞次郎／経済史概論　石濱知行／日本経済の現状（了）　高橋龜吉／労働契約論序説（了）　平野義太郎／日本労働運動発達史　赤松克麿／世界労働運動発達史　産業労働調査所／各国労働者教育発達史　淺野晃／資本主義と農政問題（了）　河田嗣郎／法廷に於ける小作争議　水谷長三郎／中間階級論（了）　青野季吉／生物学と産児制限　山本宣治／借家争議の戦術（了）　布施辰治

科外講話

小作争議の実際　三宅正一

雑録

社会問題文献解題（七）／労働争議漫談／プロ画帖（その五）／社会問題雑著史／『社会問題講座』講演会／資本集中の趨勢／社会問題年表（五）／新団体紹介（一）／社会問題日記／講師略伝（三）／講座術語解／編輯部より

第八巻（一九二六年一〇月一五日発行）

巻頭言　吉野作造

講座

日本労働法制史研究　瀧川政次郎／世界資本主義経済の現勢　丸岡重堯／社会階級論　服部之總／社会統計論　岡崎文規／財政学概論　大内兵衛／日本の労働事情（了）　村島歸之／日本に於ける農民運動の現勢（了）　杉山元治郎／社会思想発達史（了）　波多野鼎／日本社会主義史　木村毅／世界労働運動発達史　産業労働調査所／各国労働者教育発達史（了）　淺野晃／治安維持法批判（了）　清瀬一郎／資本主義文化と社会主義文化（了）　平林初之輔／社会政策　小林輝次／マルクス国家論　河野密／法廷に於ける小作争議（了）　水谷長三郎／生物学と産児制限（了）　山本宣治

雑録
社会問題文献解題（八）／マルクス『経済学批判』／社会問題雑著史／市電自治会分裂問題／社会事業団体（三）／「日本労働法制史」の術語解／失業労働者同盟／プロ画帖（その六）／巻頭図表説明／社会問題日記／編輯部より

第九巻（一九二六年一一月一五日発行）

巻頭言　大山郁夫
講座
人間行動の社会学　長谷川萬次郎／日本社会史（了）　本庄榮治郎／財政学概論　大内兵衛／日本労働法制史研究　瀧川政次郎／社会統計論（了）　岡崎文規／経済史概論　石濱知行／日本に於ける農民運動の現勢　杉山元治郎／日本社会主義史　木村毅／日本労働運動発達史　赤松克麿／世界労働運動発達史　産業労働調査所／支那の社会思想と社会運動　宮崎龍介／社会階級論（了）　服部之總／民衆娯楽問題（了）　權田保之助／無産政党と労働組合（了）　麻生久／社会政策（了）　小林輝次
科外講話
驀進する労働農民党　淺沼稲次郎
雑録
社会問題文献解題（九）／社会問題年表（六）／ロシヤの革命とオブローモフ主義／ピエル・アンプの労働文学／巻頭図表説明／プロレタリア解放運動の戦士としてのチヤツプリン／講師略伝（四）／「日本労働法制史」術語解／社会問題日記／編輯部より

第十巻（一九二六年一二月一五日発行）

巻頭言　麻生久

講座

土地国有論（了）　安部磯雄／共同社会と利益社会　波多野鼎／社会倫理学　淡徳三郎／人間行動の社会学　長谷川萬次郎／財政学概論　大内兵衛／経済学史　久留間鮫造／日本労働法制史研究　瀧川政次郎／経済史概論　石濱知行／日本に於ける農民運動の現勢（了）　杉山元治郎／農民運動の世界的現勢一斑（了）　河西太一郎／世界資本主義経済の現勢（了）　丸岡重堯／日本社会主義史　木村毅／帝国主義論（了）　猪俣津南雄／セッツルメント　大林宗嗣／マルクス国家論　河野密／社会運動家及社会思想家列伝　大宅壮一

雑録

社会問題文献解題（十）／講師略伝（五）／「日本労働法制史」術語解／現実主義大衆政党の組織／社会問題年表（七）／社会問題日記／編輯部より

第十一巻（一九二七年一月一五日発行）

巻頭言　長谷川如是閑

講座

基督教社会主義論（了）　賀川豊彦／経済学史　久留間鮫造／日本労働法制史研究　瀧川政次郎／経済史概論　石濱知行／共同社会と利益社会（了）　波多野鼎／ロシヤ無産階級文学の発達（了）　片上伸／日本労働運動発達史（了）　赤松克麿／世界労働運動発達史（了）　産業労働調査所／インタナショナルの現勢（了）　産業労働調査所／恐慌論（了）　藤井米三／支那の社会思想と社会運動　宮崎龍介／セッツルメント　大林宗嗣／マルクス国家論（了）　河野密／日本資本主義発達史　野呂榮太郎／日本社会主義史（了）　木村毅／財政学概論（了）　大内兵衛／人間行動の社会学（了）　長谷川萬次郎

雑録
社会問題文献解題（十一）／赤旗事件／巻頭図表説明／社会問題年表（八）／講師略伝（六）／社会問題日記／編輯部より

第十二巻（一九二七年三月二八日発行）

巻頭言　賀川豊彦

講座
明治政治史の一節　吉野作造／婚姻制度（了）　穂積重遠／労働協約法概論（了）　末弘嚴太郎／教育に於ける国家的統一と社会的多様（了）　長谷川萬次郎／アナーキズム（了）　新居格／経済史概論（了）　石濱知行／日本労働法制史研究（了）　瀧川政次郎／社会倫理学（了）　淡徳三郎／原始宗教と社会主義（了）　嘉治隆一／日本労働運動の現況　村島歸之／農民と政治運動（了）　莊原達／セッツルメント（了）　大林宗嗣／各国無産政党の現勢　産業労働調査所／社会運動家及社会思想家列伝　大宅壯一

雑録
社会問題文献解題（十二）／巻頭図表説明／社会問題年表（九）／近世日本社会問題年表／社会問題日記／編輯部より

第十三巻（一九二七年六月八日発行）

終刊の辞

講座
本邦に於ける社会経済組織の推移（了）　高野岩三郎／経済学史（了）　久留間鮫造／労働組合論（了）　野坂鐵／日本労働運動の現況（了）　村島歸之／共産部落の研究（了）　阪本勝／日本資本主義発達史（了）　野呂榮太郎／各国無産

政党の現勢（了）　産業労働調査所／明治政治史の一節（了）　吉野作造／政治行動と政治意識（了）　長谷川萬次郎／社会と教育（了）　森戸辰男／無産政党論（了）　大山郁夫／商品価値の批判序説（了）　櫛田民藏／社会運動家及社会思想家列伝（了）　大宅壮一

雑録

巻頭図表説明／社会問題年表（十）／近世日本社会問題年表／講師略伝（七）／編輯部より

(2)『マルクス主義講座』総目次

第一巻(一九二七年一一月二〇日発行)

一 マルクス主義の発展過程(第一篇一) 淺野晃/二 宗教論(第四篇一) 佐野學/三 支那国民革命(第九篇一) 秋笹正之輔/四 プロレタリヤ新聞論(第五篇一) 門屋博

附録

一 府県会選挙の経験/二 ロシヤ十二勇士(一)/三 二人の労働者の会話/四 工場新聞に関する決議

第二巻(一九二七年一二月二〇日発行)

一 現代法律批判(第十二篇一) 木下半治/二 戦争論(第五篇八) 佐野學/三 ロシア革命史(第七篇二) 關根悦郎/四 マルクス主義の発展過程(第一篇一) 淺野晃

附録

労働農民党闘争史(労働農民党第二回大会報告書)

第三巻(一九二八年二月二〇日発行)

一 階級論(第三篇一) 和田叡三/二 世界資本主義の現勢(第八篇一) 高山洋吉/三 マルクス主義と農業問題(第六篇一) 村山藤四郎/四 ロシア革命史(第七篇一) 關根悦郎

附録

一　ロシア十二勇士（二）／二　我等何を読むべきか／三　我国国家機構図

第四巻（一九二八年三月二〇日発行）

一　明治維新史（第十篇一）（上）　服部之總／二　独裁政治論（第三篇六）　淡德三郎／三　国際政局（第八篇二）　淡德三郎／四　マルクス主義と農業問題（第六篇一）（中）　村山藤四郎

資料

一　政友会と民政党の政策／二　サヴエート連邦の国家及政府の性質に関する一資料（スターリン）／三　日本大罷業史／四　日本国家機構図の解説

第五巻（一九二八年四月二〇日発行）

一　国家論（第三篇二）　佐野學／二　マルクス主義と農業問題（第六篇一）（下）　村山藤四郎／三　国際政局（第八篇二）（下）　淡德三郎／四　明治維新史（第十篇一）（下）　服部之總／五　日本資本主義発達史（第十篇二）（上）　野呂榮太郎／六　激流に抗して　大山郁夫

第六巻（一九二八年五月二〇日発行）

カール・マルクス――写真とイリイッチの言葉／一　マルクス主義経済学（第二篇一）　河上肇／二　資本主義合理化の諸問題（第八篇四）　高村洋一／三　社会政策（第十二篇二）　福間敏男

資料

一　メーデーに就て

第七巻（一九二八年六月二〇日発行）

一　戦略＝戦術論（第五篇四）　村山藤四郎／二　日本資本主義発達史（中）（第十篇二）　野呂榮太郎／三　フランス大革命史序論（第七篇二）　園金之助／四　プロパガンダ・アヂテーション（第五篇五）　野村襄二

資料

一　資本論入門（エンゲルス）／二　ロシアの監獄

第八巻（一九二八年七月二〇日発行）

一　我国に於ける農村問題（上）（第十二篇三）　草野幸一／二　民族問題（上）（第六篇二）　三上英雄／三　植民地民族解放運動（第九篇四）　武藤丸楠／四　欧州無産青年運動発達史（第六篇五）　淺見輝夫

資料

一　レーニン重要著作解題　ヴエ・アトラトスキー／二　民族及植民地問題に関する主論綱並に補足論綱／三　アメリカ労働者代表との会話（スターリン）／四　治安維持法に就いて

第九巻（一九二八年九月二〇日発行）

一　絶対主義論（第三篇三）　服部之總／二　インタナショナル発達史（第七篇三）　對馬俊治／三　我国に於ける農村問題（下）（第十二篇三）　草野幸一／四　民族問題（下）（第六篇二）　三上英雄

資料

レーニン重要著作解題（続）　ヴエ・アトラトスキー

第拾巻（一九二八年一〇月一五日発行）

一　政党論（第五篇三）　笠虎之助／二　労働組合論（第五篇二）　大川權三／三　世界戦争（上）（第七篇四）　秋笹正之輔／四　芸術論（第四篇三）　中野重治

資料

一　労農政党合同問題と新党準備会の立場　大山郁夫／二　マルクス主義と財政特に租税政策　本刊行会訳

第拾壹巻（一九二八年一一月二〇日発行）

一　帝国主義論（第二篇四）　細川嘉六／二　唯物弁証法と唯物史観（上）（第一篇三）　佐伯峻平／三　世界戦争（下）（第七篇四）　秋笹正之輔

資料

一　ファシズム論　エルコリ

第十二巻（一九二八年一二月二〇日発行）

一　日本無産階級運動発達史（上）（第十一篇一）　横瀬毅八／二　弁証唯物論と自然科学（第一篇四）　竹村文夫／三　唯物弁証法と唯物史観（下）（第一篇三）　佐伯峻平／四　協同組合論（第十二篇七）　大山良夫

資料

一　講演者への十個の質問　レーニン・河上肇訳／二　「ロシア社会民主労働党」第二回党大会第二十五週年に際して　高山洋吉訳／三　ブルガリアに於ける農民政府失敗の経験　クリスト・カバッチエフ

第十三巻（一九二九年三月二五日発行）

一　民主主義批判（第二篇三）　大山郁夫／二　議会主義論（第三篇五）　岩井保夫／三　日本資本主義発達史（下）（第十篇二）　野呂榮太郎／四　帝国主義日本の財政（第十二篇一）附ソヴイエット連邦に於ける財政　松井剛／五　日本無産階級運動発達史（下）（第十一篇一）　横瀬毅八／六　国際労働組合運動の現勢　産業労働調査所／七　人口論　村上哲夫

発禁改訂版（一九二九年九月二九日発行）

帝国主義論　細川嘉六／弁証唯物論と自然科学　竹村文夫／芸術論　中野重治

資料

マルクス主義と財政特に租税政策　ノイバウエル

『発禁改訂版』発行に就て　出版者

（3）プロレタリア科学研究所創立宣言

プロレタリア科学の異常なる発展は、いまや世界的事実として、われわれの前進を要請して止まない。われわれは、国境に関係なき科学の発展の為めに、特に国際的な科学の鎖の一環として、日本の科学の正確、迅速な進展を翹望する。

わが国に於ける科学発展の状勢を見るに、いちはやくも、経済学の領域に於けるマルクス主義の甚大なる影響を認め得るが、他の科学の、いまだ、これと歩調を合はせるに至つてゐないといふ事実に直面する。もちろん、かゝる事実の由つて来る所以は多様であるが、われわれは、その重要な理由として、同じ方向へ進む科学者間の連絡、統一、協力による相互発展の須要な道が閉されてゐたといふことを見逃し得ない。多方面にして、複雑なプロレタリア科学の発展は、個々の頴才の力のみに任せては到底十分な躍進を遂げることが出来ない。さればこそ、同じ方向を開拓する諸科学の探究者が、轡を並べ、手を取り合つて、ジグザグな科学の難業に向ふことは、最も重要且つ緊要な問題である。

しかも、科学の発展は、社会の現実的な動きと共に、あるひは、それに先んじて進出すべきものである。それは現実の動きにとつて魂となり、指導者となるが故である。したがつて科学者もまた、あらゆる啓蒙、あらゆる現実の動きにたいして全責任を負ふべきものであり、それ故に、生きて躍動する科学の現実的な緊張が絶対に必要である。これ今日、プロレタリア科学の研究に志す者の、期せずして、本研究所をもつに至つた所以である。

されば、われわれは、プロレタリア科学研究所の創設を期して、わが国に於けるプロレタリア科学の諸研究に向つて献身的努力を致すことを決意するものである。われわれは、生きた学問のために、実験的な正しき証明と、大地に足を踏み行く力強き発展を戦ひとらうとする。形而上学的・抽象的・形式的な学問に対立して、プロレタリア科学の往くべき道を確立することを誓ふものである。

科学の現段階を展望するとき、われわれは、実に、忌むべき一つの傾向を見る。それは、遅れたる経済組織の保塁の上に、それ自身の永久性を確立しやうとする古い科学、ブルジョア科学の、頽廃的な傾向である。これらの科学は、なほいまだ、強固な力の保障によつて、それ自身の足場を固めプロレタリア科学の真理に向つて対抗しやうと身構へてゐる。かれらは、科学の生命である真理の上には立つてゐないが、猶現段階にあつては、それだけに又多くの利益と恵まれたる環境の上に立つて、プロレタリア科学の浸透に対する防衛をその任務としてゐる。即ちかれらの、かゝる任務は、かれら自身の科学的生命の擁護となり、それはあくまで、近代ブルジョアジーとの共同戦線を可能にし誘導するものである。われわれは、このやうな状勢に直面して『何を為すべきか』をあまりにもよく知悉する。即ち、プロレタリア科学の圧倒的な発展によつて、われわれの、科学者たる任務の一半を全うすると同時に、プロレタリア科学の真理を高く掲げて、大衆の科学にたいする帰属を明らかならしめなければならない。

プロレタリア科学を探究するものは、プロレタリアの利益とその立場を同じうすると共に、それ自身極めて、困難な未来を予想しなければならぬ。だが、われわれは、真理のため、プロレタリア的良心を高く、晴れやかに持して、この険難な事業に、喜び勇んで就くであらう。

プロレタリア科学研究所の創立をして、わが国の、世界の、プロレタリア科学確立のために権威あらしめんことを期して、多事なる学界にこれを宣言する。

一九二九・十・十三

プロレタリア科学研究所

（『プロレタリア科学』創刊号、一九二九年一一月）

（4）『プロレタリア科学』創刊号／第五年第九号　目次

第一年第一号（創刊号）（一九二九年十一月）

プロレタリア科学研究所創立宣言

政治学における絶対主義、民主主義およびマルクス主義　鈴木安蔵

芸術社会学の任務及び諸問題【ヴェ・フリーチェ】　蔵原惟人訳

一九二六年以後の日本プロレタリア文芸運動（一）　蔵原惟人

日本に於けるプロレタリア運動の発生　小川信一（磯野信威）

ロシア反動期の特質と解党派の歴史　寺島一夫（佐藤一郎）

レニングラードのプロレタリアートと労働者新聞　レーニン

寺領農民の逃散　細川亀市

労働者農民の革命的同盟とコミンテルン　コラロフ

芸術学者フリーチェの死　蔵原惟人

ハインリッヒ・ツィルレの死　永田一脩

ソウェート連邦の科学研究雑誌（一）　茂森唯士

国際文化グラフ

国際文化ニュース

ソウェート連邦＝『ソウェート文学のタンク』製作／小学校と工場の連絡鞏化デー／高峰『レーニンの槍』を目蒐し

て／文化及社会施設費／スタニスラフスキイ劇場／新キネマ劇場の創立／パリに於けるソウエート文学展覧会／モスクワ子供劇場の国外興行／プロ・カル劇場の俳優募集／リアリスト劇場の活動／ロシア農民作家大会／全ウクライナ対外文化連絡協会からの招待／アメリカ＝マイク・ゴールドと労農ロシア文芸旅行／ニューヨーク州労働組合連盟大会／アメリカ労働者と文芸／支配階級と野球／プロビンスタウン・プレイハウス／労働者学校と新学期／日本＝労働総同盟の第二インター加入／全アジア海員団体の活動／村山藤四郎の誤謬清算／日本労働組合協議会の再建／渡×紀念日／日本エスペラント大会解放運動犠牲者救援を決議す／左翼文化雑誌『モンド』エスペラント欄創設、日本に取次所成立す／生活改善同盟の没落／マルクス主義研究で警部補免官／第八回日本医学会開催／「大日本国輝会」生る／教化総動員反対運動／学生の赤化防止と教授保証人制度／学生事件一束／無産者病院大崎診療所生る／チエホフの夕／新興劇壇協議会の成立／新築地劇場の公演／築地小劇場の公演／第十回帝展／藤田嗣治の個人展／青龍社展／ロシヤ語研究会々員募集

新刊批評

羽仁五郎著『転形期の歴史学』　仲小路彰

プロ芸術に関する二つの論文集　川口浩（山口忠幸）

大原社会問題研究所編『日本社会主義文献』第一輯　小川信一（磯野信威）

秋田雨雀著『若きソウエート・ロシヤ』　蔵原惟人

プロレタリア科学研究所彙報

国際文化研究所の解散／プロレタリア科学研究所創立総会　合田（宮内勇）記／プロレタリア科学研究所々員名簿／プロレタリア科学研究所規約／研究員規定／プロレタリア科学研究所研究会／維持会員募集／プロレタリア科学研究所維持会員申込書・プロレタリア科学読者カード

編輯後記〈磯野信威〉

第五年第九号（一九三三年一〇月）

労・農・兵・学生の国際的記念日　十一月革命記念日に備へよ（巻頭言）
アジアに於る覇権獲得のための日本の闘争　ヴアルガ
今や如何？（日和見主義及び社会排外主義に対する労働者党の任務について）　レーニン
インターナショナルと「祖国擁護」　レーニン
わが同盟八・一カンパの成果と欠陥　山本達夫
突撃隊活動の二三の経験　柳瀬高市
獄中から　林田茂雄
日本主義哲学の批判——紀平正美哲学の正体　広瀬進一郎（船山信一）
政治学講座　ロシア革命の話　山口義雄（松本金次郎）
特別講座　犬になつた佐野・鍋山　広田五郎
四川省に於ける赤軍の発展
獄中から　高桑昇三
新潟支部当面の任務草案
新潟支部当面の任務草案批判　常任中央委員会書記局
獄中から　山岸信威
財政確立のための方針　コツプ・科同財政出版部
二百八拾円基金カンパについて檄す　科同財政出版部
新教解消に就ての二三の問題　野村宏（小田真一）

同盟員一千名サークル員六千名獲得の新革命競争を提唱す　コップ・科同常中委書記局

編輯後記

（5）羽仁五郎（大川豹之介）「プロレタリア歴史学研究方針」

現段階にあつては歴史の科学的研究もいまや全く否塞せられんとして居る。階級社会関係は歴史学の科学的研究の発展に対しても桎梏と化したのである。従つて、いまや歴史の科学的研究と階級的支配に対する闘争とは直接に結びあはせられて居るのだ。

この故に、われわれの歴史学研究の発展は、先づ一方では、他の現実的諸科学、経済学、政治学また政治理論より自然科学或は哲学また芸術等との最も緊密な共同作業の上に行はれねばならない。われわれの歴史科学の発展の否塞は、それ自身の罪悪たるのみならず、一方では実に、それらの経済学、政治学、自然科学、哲学また芸術等の発展の否塞を誘引するのである。われわれの歴史学が他の諸科学芸術等との間に有せねばならない相互関係また綜合的関係の意義について、われわれは嘗て予想されて居た程度また性質を越えて重大なるもののあることを知らねばならない。

また次に、そして更に最も重大なることは、われわれの歴史学の発展の否塞と、われわれの現代的存在の現実の基礎たる労働者農民の積極的生活行動の発展の否塞との相互関係である。われわれの科学とは、われわれの現実実践についての理論よりほかのものであるのではない。学問の事情は、世界の事情を遊離して意義を有し得ない。現代の世界の基礎的現実に於ける労働者農民の運動の強力なる発展、そこからしてのみわれわれの歴史学の強力なる発展が可能とされるし、またかくしてわれわれの歴史学の発展よりして精確なる理論を得てのみ、その現実的実践的なる発展は強力とならねばならぬのである。かの現実的実践的運動の発展の否塞、そこから政治理論また諸科学及び芸術の発展の否塞が起り、そこよりして歴史理論の発展の否塞が起り、かくてまた逆に、歴史理論の発展の否塞が政治理論その他の発展の否塞を起し、そこよりして現実的実践的運動の発展が幼弱にせられる。かかる全体的否塞こそ、かかる状勢に対してわれわれがわれわれの抗争の全力を挙げて戦はねばならぬところのものである。

かくして、わがプロレタリア歴史学の研究の任務は極めて重大である。本総会に於いて既に他の諸科学について述べられたプロレタリアの立場に於ける科学的研究の確立と発展とに対するわれわれの決意、それをここに歴史学について更に一層かたくせねばならない。

しかし、プロレタリア的立場の意義を、歴史学について、更に立入つて考へるならば、われわれは次の如き真理を明かにせねばならぬ。すなはち、プロレタリア的なる歴史学また歴史叙述は、決して単に一の新しき歴史学また歴史叙述であるのみではなくして、更に絶対的に大なる意味に於いて、それは実に人類が文明時代以来未だ決して到達することの出来なかつた客観的科学的正確または絶対真理性を有するものなのである。

一の新なる歴史学また歴史叙述の隆興、それは従来決して稀であつたのではないが、しかも之についても、われわれは学ぶべきことを有する。一の新なる歴史研究の隆興は、如何にして行はれたのであつたか。諸君よ、支那を見よ。古代以来、支那に於けるが如くあらゆる時代に大規模な歴史叙述の製作を得たところはない。いはゆる二十四史等の最も規模大なる歴史叙述が、その時代ごとにつくられて居る。その故は何か。支那に於いて、古代以来それぞれの時代にいはゆる「革命」が行はれたこと、それがその理由である。支那にあつては、いはゆる天子徳なければ天その命を革めるのだ。夏、殷、周、秦、漢、後漢、三国、両晋、南北諸朝、唐、宋、元、明、更に清、かく支那に於いては歴朝「革命」があつた。天子徳なければ、即ち一の政治支配形式が民衆の幸福に対して矛盾するものとなつたならば、天その命を革め、即ちその政治支配形式は新なるものに変へられねばならぬ。かくて新なる時代に、前代の歴史の叙述が行はれる。清は明について、明は元について、元は宋について、前の時代の政治経済等の形式が如何にして起り、而して如何にして天子徳を失ひ民意に反して、遂に倒れたか、を各王朝が前王朝時代について記述したのである。かくして支那に於いては、各時代にかの大規模な活発な、ある意味で確かに自由にして直截な歴史叙述がつづき行はれたのは、全くかの支那歴代革命の故である。しかし、この事情は支那に限らない。世界に於いて、到るところ且つ如何なる時代にも、大なる変革は、必ずまた新なる活発にして大規模な歴史学また歴史叙述を成立せしめて居る。ブルヂヨアジイもまた封建社会に対する激烈辛酷なる闘争と変革とを行つて台頭したのであり、かく封建社会を襲撃し粉砕し打倒したブルヂヨアジイの革命に当つても、また新なる歴史学また歴史が、その封建社会またそれ以前の時代について活発に研究せられ、叙述せられたのである。明治維新の遂行に当つても、明治二年、明治天皇の宸翰勅書を以つて史局の設置のこと、及び輔相三条実美を史局総裁に任ずる事の意義が宣言せられて居る。『今ヤ鎌倉已降武門専権ノ弊ヲ革除シ政務ヲ振興セリ故ニ史局ヲ開キ（中略）天下ノ綱常ヲ扶植セヨ。』明治新政府が封建社会を打倒して、いはゆる維新の変革を遂行した際、かく大規模に且つ活発に歴史叙述の事業の新生が起つたのは自然であつた。かかる意味に於いて、現代はまた一の大なる変革的時期であり、封建社会を倒したブルヂヨアジイがいまやまさに変革せられつつある。かくして今やプロレタリアトはブルヂヨアジイを変革し、従つて新なる歴史学及び歴史叙述を発展せしめつつある。斯く歴史上に古代、中世、近世の革命が必然であり、従つてその時歴史学及び歴史叙述の大規模の新生が行はれたが、その運動はいまや現代に於いてプロレタリアトによるブルヂヨアジイに対する革命について現れつつあるのを見ることも出来る。昨日の朝の如く、いまや新なる朝が来らねばならぬ。だが、決して、それのみではない。

だが、決して、それのみではなくして、いまやプロレタリア的変革また従つてプロレタリア的歴史学の建設の朝は、いまだ人類の嘗て会ふ能はざりし朝である。支那に於ける歴朝革命また封建社会の革命的勃興またブルヂヨア革命、或は明治維新、それらの後にそれらの如く歴史的にいまやプロレタリアの変革的勃興が起りつつあるのみではなくして、実にこのプロレタリア的変革の意義の重大は、全くいはゆる過去の諸革命の意義と比類を異にするのだ。如何にしてか。いはゆる過去の諸革命は、たしかに一の変革であるが、しかもそこでは、文明に入つて以来の人間社会の根本的分裂たりし階級的分裂従つて階級的支配、隷属・搾取そのものに対する変革が行はれたのではなくして、かかる階級的分裂・支配・隷属・搾取は、根本に於いて、そのまま存続し、ただその一定の歴史的形態に対してその次のその一定の歴史形態による変革が行はれたに過ぎない。支那の場合にせよ、封建社会の革命またブルヂョア革命にせよ、明治維新にせよ、確かに一の変革であるが、その変革はいはば上部に就いてのみ徹底的であつて、或は封建貴族は没落して資本貴族が之に代つたが、しかも貴族そのもの従つて搾取せられる労働者農民そのものは依然として持続せられて居る。それらの革命は一定の程度また一定の部分に於いてのみ徹底的変革であつたので、根本的には同じ条件がつて、文明の全時代を通じて現在まで持続して来たのである。しかるに、いまやプロレタリアトは最も根本的なる変革を以つて、かかる文明以来全時代革命にも触れられなかつた階級的分裂・支配・隷属・搾取そのものを変革せんとしつつある。そしてかかる実に全体的根本的変革としてのプロレタリア革命の意義には、いはゆる従来の諸革命の意義に於けるとは比類を絶する重大なるものが存する。そしてこのことがまたまさに、プロレタリア歴史学の建設の意義をして、従来の諸歴史学歴史叙述に於けるとは全く比類を異にして、最も重大なるものとさせるのである。文明時代以来人間に負はせられて来た重荷は、いまや革除せられ、従つて学問またプロレタリア歴史学もいまや文明時代以来の重荷を除かれて、完全に且つ純粋に科学的な真理を明かにすべく自由なる科学とならねばならぬ。

一の時代の歴史はその時代よりして五十年または百年の後にはじめて公正に自由に叙述せられる、といふ言ひ方がある。正しくは、マルクスの云つたやうに、『特定の歴史的時代を認識するためには、われわれはその時代の限界を越えて』居ねばならないのである。一定の時代の主観の上に越え出でてその時代の限界を越えて、その時代を客観的に観察するとき、はじめて真理に従ふ歴史理解が行はれ得る。しかるに、文明以来人間社会は、根本に於いて階級的分裂・支配・隷属・搾取そのものは之をそのまま存して、ただ一定の時代に於けるそれの一定の形態を次の時代に他の形態に変革したのであつた。従つて、文明以来あらゆる時代は、ある程度に於いて前代の限界を越えて之を一の歴史的時代として多少認識し得た、と同時に、そのある程度に止つて、決してそれ以上に、根本的にその限界を越え、それを一の歴史的時代として完全に自由に認識することは出来なかつたのだ。その故は、根本に於いて、同じ条件がつねに存して居たからである。古代の奴隷制社会は変革せられて、中世の農奴制社会が出現し、やがて中世農奴制社会が変革せられて近世賃労働制社会が出現した。そのとき各の変革によつて、中世また近世はある程度に古代また中世の限界を越えて、それを古代または中世として一定の歴史的時代として多少認識し得た。だが、しかし、古代の奴隷は中世になくなつて居ても、中世には農奴が存する。また近世は古代また中世の奴隷制または農奴制の限界を出でたとしても、近世には賃労働制が存し、かくて近世はある程度に古代また中世の限界を越えるが、それはある程度にのみであつて、根本的な条件すなはち階級的分裂・支配・隷属・搾取に於いては、彼等はいづれも同じ限界に属し、之を出でることが出来る筈がなかつた。確かに、ブルヂョア社会は、ある程度に於いて古代の奴隷制の社会また中世の農奴制の社会の限界を越え、それを古代また中世として多少認識し得た。従つてそこにブルヂョア歴史学また歴史叙述は古代、中世以来の歴史的時代の発展をあとづけることが出来た。だが、それは一定の程度まで可能であつたに過ぎないので、それは決して根本的に行はれたのではない。まことに、封建社会が古代の奴隷制の社会を歴史的に研究し、またブルヂョア社会が封建社会を歴史的に研究したが、それは一定の限度に於いて可能であり、一定の限度の客観的歴史的認識たり得たに止つて、完全に根本的に客観的なる歴史認識はそこでは決して可能ではなかつたのである。

しかるに、今やプロレタリアトに於いて、変革は実にこの根本的条件に関する。人類社会が文明以来その根底に存続せしめて居たところの階級的分裂・支配・隷属・搾取を、その一の形態から他の形態への仕方に於いてではなくして、そのものを全体的且つ根本的に廃絶することが、いまやわれわれの眼前の変革の使命である。プロレタリアトはかかる使命を有する特別なる階級である。それはあらゆる一切の階級的支配・隷属・搾取からの解放である。この故に、そしてこの故にこそ実に、プロレタリアの立場に立つ歴史学及び歴史叙述は、はじめて、文明以来の人間社会の発展を、その限界を根本的に越えた立場から、それを一の歴史的時代として完全に客観的に認識することが出来るのである。現在に至るまでの全文明時代はかくて、プロレタリア歴史学よりして『階級社会の発展段階』の時代として、はじめて根本的に客観的に認識せられるのである。それはまた実にマルクスに従へば、『人間社会の前史』として認識せられる。われわれはかくて、人類の全歴史を、一、『原始共産体社会』の時代、二、『階級社会の発展段階』の時代、三、『階級性よりの解放の闘争及び無階級的共産的社会』の、そして原始時代のそれよりは遙かに高度の且つ種類を異にした形態に於ける平等、自由また友愛の共産社会の実現の時代、それらの各歴史的時代として区画し理解するのである。そしていはゆる文明時代は、その諸時期を通じてその根本に於いて、人間の人間に対する支配・隷属・搾取に立つ階級社会発展段階の時代として、いまや実に歴史科学的に規定せられ理解せられ批判せられるのである。かくて文明時代について、いな全歴史時代について、プロレタリア歴史学は、封建社会歴史学またはブルヂョア歴史学の到底達することの出来なかつた純粋科学的客観的認識にまで、到達し之を実現することが出来るのである。

かく、プロレタリア歴史学及び歴史叙述は、変革に際する一の新なる歴史学また歴史叙述として現代に隆興すべき使命を有するのみならず、実に歴史上に嘗てなかつた根本的解放の変革に当つて、従来のブルヂョア歴史学に至るまでのあらゆる歴史学及び歴史叙述の未だ到底達せなかつた根本的客観的科学的真理性による批判と理解とをなし得るのである。

一の各個科学たるのみならず、政治理論政治学経済学また自然科学哲学また或は芸術の理論的基礎について貢献し、更に実に現実的実践的生に理論を供給すべき任務を有するものたる歴史学が、プロレタリア歴史学として有する重大なる意義について、わたくしは右に於いて累ねて更に立入つて学び得たと信ずる。

さて、かかるプロレタリア歴史学の建設に当り、われら何をなすべきか。われわれの当面の任務は、ブルヂョア歴史学の破壊的批判に存すると考へられる。去る一月モスクワに開かれた第一回のマルクス主義歴史家会議に於いてポクロフスキイの述べた如く、『「ブルヂョア歴史学は既にとくに消えた太陽である」と信ずることは誤謬であり、ブルヂョア歴史学は帝国主義のイデオロギイの体系にあつて依然として強力なる用具であり、この故に、マルクス主義歴史科学にとつて第一の課題として、ブルヂョア歴史学及び歴史叙述の基礎を曝露するといふ任務が課せられて居る、』

といはれねばならぬ。プロレタリア的実践が、ブルヂヨアジイに対する徹底的破壊的批判の闘争を当面の課題とする如く、プロレタリア歴史学の建設は、実にブルヂヨア歴史学に対する破壊的批判を当面の任務として、之がために全力を挙げることを怠つてはならない。かかる破壊的批判を略して、ブルヂヨア歴史学は既にとくに消え去つた太陽であるとし、またはそれと無関係に現在よりして直ちにぬくぬくとプロレタリア歴史学の建設が可能であるとすることは一の重大なる誤謬を犯すものである。プロレタリア歴史学は、全体的に根本的に実に革命的に建設せられねばならぬ。それがためには、その建設は、先づ現在の歴史学に対する徹底的なる破壊的批判として現れねばならぬ。改良主義またユウトピア主義はプロレタリア歴史学の建設に当つても厳格に排斥せられねばならぬ。革命の一部分的遂行を以つて、革命が完了した、とするものは、実に反動主義者の役割を演ぜんとするものである。現在、ポクロフスキイが或は地理的唯物論に対して、或は経済的唯物論に対して、ブルヂヨア歴史学に対する批判的闘争に当つて居るとき、われわれの中の何人が、ブルヂヨア歴史学に対する破壊的批判は既に終了したと云ひ得ようか。プロレタリア歴史学は、先づブルヂヨア歴史学の破壊的批判に於いて、自らの原理を次第にしかし再び揺らぐことなかるべく明確に示して行かねばならぬのである。そしてブルヂヨア歴史学は、遺憾にも人人のしばしば誤認するが如く、矮弱なる形成では決してない。之に対する破壊的批判の闘争は、決して軽視せらるべきではない。

　われわれはまたブルヂヨア歴史学の最期の変種のおのおのについても、われわれの追及を怠つてはならない。或は『地理』、或は『法制』、或は『農民』、或は『奴隷』、時にはいはゆる『裏面』、或は『経済』、或は『社会』、それらを加味して、現実的歴史叙述たるかの如くするところのもの、それらは今日の流行たらんとして居るが如くであるが、われわれはかれらの仮装をひきめぐり、かれらの逃げみちを徹底的に追及せねばならぬ。再びポクロフスキイの演述をかりるならば、『ブルヂヨア歴史学は、遂に死の苦悶を前にして、自己保有のためにありとあらゆる自己防禦及び擬色擬態《カモフラアヂ》を試みるであらう、』が、われわれはそれらをいちいち追跡して、遂に学問的歴史叙述が何処に得らるべきかを明白にし了せねばならぬ。かのブルヂヨア歴史学の古びたマント、『文化社会史観』の如きは、もはや暫時も街頭の白日に堪え得ることは出来ないであらう。しかし、特に『経済史観』、また歴史に於ける『経済的唯物論』の如きものに対する破壊的批判は、いはゆるブルヂョア歴史学に対するわれわれの全面的なる破壊的批判のうち最も緊要なるものの一であらう。経済史叙述を以つて歴史叙述に代置せんとするが如きは、何処に歴史があるのかをくらまさんとする反動である。われわれはエンゲルスの直截なる反問を想起する必要がある。『もしもプロレタリアートが経済的発展を一ヨツタ《すこし》も促進することが出来ぬならば、何のためのプロレタリアト・デイクタトウルか？』ポクロフスキイは述べて居る、『経済的唯物論とレエニン主義とは合すべからざる二つのものだ。経済的発展がいつもつねにまつたく歴史の歩度を予定し規定するとし、経済的発展の宿命的法則を信ずることと、革命的デイアレクテイクを認めることとは、一致せしむべからざる二つの相異つたことだ、』と。

だが、かかる重大なる課題としてのブルヂョア歴史学批判のうちに、また実に積極的にわれわれのプロレタリア歴史学の全姿が明確に示され、且ついよいよ明確に把握せられねばならぬ。われわれのプロレタリア歴史学は、一の学問的歴史学として、ブルヂョア歴史学の無能に反し、ブルヂョア歴史学のデマゴギイにも拘らず、明確なる法則と理論とを有する法則的理論的史学として示されねばならぬ。いまわたくしは、その法則を『観念形態の法則または上部構造の法則』及び『革命の法則』として、その理論を『階級社会発展段階の理論』として掲げて置き得ると考へる。これらについてはわたくしは他の機会に詳述した。われわれはかかる法則及び理論を洗練するとともに、これらを以つて世界史叙述に従事せねばならぬ。またそのために日本史についても、日本に於ける世界史的発展段階を実証せねばならぬ。ブルヂョア歴史学の政治史またはブルヂョア歴史学のカモフラアヂたる文化史経済史その他の撃破のうちに、またその後に、われわれのプロレタリア歴史学は、世界についてまた日本について、経済的また政治的より宗教的また科学的哲学的芸術的のあらゆる現象と事件とを、全面的に根本的に弁証法的に理解し批判し叙述せねばならない。マルクスまたエンゲルスの『資本論』また『家族、私有財産及び国家の起源』、以下、特に歴史的には『ドイツ農民戦争』、『イギリスに於ける労働階級の状態』、『フランスに於ける階級闘争』、『ルヰ・ボナパルト』、『ドイツに於ける革命及び反革命』、その他の弁証法的唯物論的史観の実証の真に光輝ある伝統のもとに、そしてその後レエニンまたポクロフスキイに至るその発展を承けて、われわれのプロレタリア歴史学及び歴史叙述の研究と実証とが、いまわれわれの手によつても行はれねばならないのである。

プロレタリア歴史学のかかる破壊的批判的及び建設的実証的の両面の任務の遂行の為に、プロレタリア科学研究所は各種の研究会をもつであろう。暫定的に、それらは、『歴史学派の批判』、『原始共産体の研究』、『農奴制の研究』、『日本ブルヂヨア革命及び日本資本主義発展の歴史』、『プロレタリア運動史』等の研究会として挙げることが出来る。なほ、わたくしは、或は、日本に於ける内乱、或は、世界に於ける諸革命、等の問題の何等かの形に於ける研究の必要をも強調して置きたい。

最後にわたくしは本研究所第二部歴史部を代表してプロレタリア歴史学研究方針に関する報告を、此等各種の研究会、それらは第二部に属するものではなくして本研究所の各部に於ける多数の所員及びその他の多数の研究員の協力に属するものであるこれらの各種の歴史的研究のための機関、それらに対する現実の確固たる信頼と絶大の期待とを以つて、終りたいと考へる。

（プロレタリア科学研究所創立総会に於ける第二部歴史部研究方針報告補正）

（『プロレタリア科学』第二年第一号、一九三〇年一月号）

(6) 渡部義通「マルクス主義史学『創生記』」

一

日本のマルクス主義歴史学のいわば「創生時代」のことについて若い研究者たちに役だつようなものを、とくに昭和初期の研究活動の経験を中心に、なにか書けという『歴史評論』編集部からの注文である。注文上の指示はすこし具体的で、書けばあるいは興味もあり意味もありそうに思えたし、そのうえだいぶうまく説得されて、ついうかうかとひき受けてしまった。考えてみると、これはあまりに安請合であったようだ。第一に、かりにわたし自身直接かかわりがあったことがらに限ってみても、かれこれ二十年以上も前のことですでに記憶はうすらいでいるし、といって当時の協働者たちと話しあってたしかめるだけの時間さえないのだからあまり正確を期することのできない面がある。それに、『日本歴史教程』(伊豆、秋沢、三沢＝和島、渡部らの共著)ができる一九三五—七年頃から唯物論研究会の弾圧(一九四〇年十月)にいたるあいだの想い出ふうのものは、いちど書いてもいる(「新らしい史学への道」——『歴史評論』第二巻八号)。第二に、これよりも対象をひろげてその頃の進歩的史学界のいろいろの情勢に多少でもふれようとすれば、資料をあつめたり調べたりする時間が必要である。ところが、この稿のために用いることのできる時間は三、四日間のうちの一部分にすぎない(止むをえない事情から実際上そのようになってしまったのである)。まして日本マルクス主義史学の「創生記」を一つの史学史的な研究としてここにまとめるなどということは、もちろんすぐできる相談ではない。だから、ここに書きとめようと思うのは、その「創生記」のほんの一こまだけに、しかもあれこれの随想にかぎられる。

二

日本のマルクス主義史学の「創生記」といえば誰にも一九三二―三年に大成した『日本資本主義発達史講座』のことが思い浮ぶ。これは当時のマルクス主義科学陣営がほとんど総力をあげて日本史学史の上にうちたてた不朽の金字塔で、わが歴史学に一つの革命をもたらしたものであった。今日ではひろく知られているように、この仕事は野呂栄太郎を中心として日本共産党のイニシアティブと指導ですすめられ、またある意味ではこのことのためにいっそうの業績をあげえたのである。そのいきさつやそれが実を結ぶにいたるまでの研究とか討論とかの状況などが明らかにされるなら、ただにマルクス主義史学の発達にとってだけでなくいろいろの意味で貴重なことがらが発見されようが、これについては適任者の一人、服部之総がすでにある範囲のことを書いている。

そこで、わたしは同じ頃の、いまはぜひとも公然にしておく責任がわたし自身にあると思われるもう一つのことがら――岩田義道の発議で日本歴史（「通史」）の編さんが企てられた事実とそのいきさつから、まず書きはじめよう。

一九三一年春ごろだったと記憶するが、保釈になって代々木初台近くで静養中の岩田義道（彼は市ヶ谷刑務所ではわたしの真向いの房にいて朝夕れんらくしていた。彼はそこで経済学と明治維新史をおもに研究しており、わたしは古代史の勉強をやっていた）に会ったとき、われわれが是非ともマルクス主義の立場から日本歴史を書くべき時期だという話が出た。というよりも、彼から会いたいといってきたのは、第一にこの相談のためだったのである。「党がこれをやりたいのだ」と彼はいっていた。もっとも、党機関の決定がすでにあってこの編集をすすめるというのか、企画を機関にかけるという意味であったか、いまでもよく知れていないが、のちに彼が地下にもぐり中央部で活躍しはじめてからも、ある期間はなおこの仕事を指し図していたのである。彼の提案にわたしはすっかり乗気であった。そしてこの日は、かなり長時間にわたって岩田がすでにいだいていた腹案を中心に意見をかわしたのであった。彼の腹案によるとまず編集者は岩田義道、野呂栄太郎、羽仁五郎（あるいは服部之総[*]）および渡部の四人で、岩田が出版関係の責任をおうはずであった。執筆者として十数人が話題にのぼった。編史は六－八冊にまとめようということであった。その後、岩田の折衝で当時上野桜木町にあった上野書店が発行をひきうけることに決り、たぶん三十一年夏か初秋頃だったと思うが、第一回編集者会議をもつはこびにまでこぎつけた。小雨の日であった。羽仁は都合でみえなかったが、岩田、野呂、渡部の三人が上野書店のうす暗い洋間にあつまって、店主を交えて出版条件などを検討した。こうして、マルクス主義史観の立場からの日本通史編さんの最初の企画の第一歩がふみだされたのであった（後註）。

＊記憶がおぼろげになったので、最近、服部之総にこの点をたずねてみた。彼も岩田から話があったことだけはおぼえているが、詳しいことは記憶に残っていないということであった。

けれども、企画の実行はまもなく大きい困難にぶつかってしまった。一つは――これが最初の大きいことだったが――プロモーターであった岩田が間もなく地下活動にうつって直接この企画をおし進めえない事情が急におこったことである。地下の彼とれんらくしながらわたしが編集の責任をもつことになったけれども、わたしは健康もまだかなりいけなかったし、執筆予定者との面識もほとんどなかったし、これを組織してゆく力もたりなそうだし、こうしたわけで実際に企画の推進は実際上野呂と上野書店に一委するかっこうになっていた。しかし困難はそれだけではなかった。いよいよ執筆者にあたってみると、すぐにも執筆にかかれる蓄積のある人は、ことに近代や中世や古代関係ではほとんどなく、分担の時代全般を書くためにはこれから研究をはじめなくてはならないという状況であることがわかってきたのである。＊この事実が結局は決定的であった。

＊わたし自身、分担は原始社会であったが、これも三・一五事件の獄中ではじめた研究がまだ目鼻がつかず、ようやく二、三の小稿を発表できたぐらいであったから、ほとんど自信がなかった。ただわたしとしてはどうにかやらなくてはならない責任も感じていたし、三、四年来のいくらかの研究を整理するのにはよい機会であるとも考えて、ともかくも執筆にとりかかった。これが約二年後に『日本原始社会史』として――内務省のハサミで自分さえ読みとれない程の満身創痍になったけれども――日の目をみたものである。

こんな事情から、すでに幾回かの編集費をだしていながら、発行者側としても再考せざるをえなくなったのであろう。そこでこの企画は、あのすばらしい成果をおさめた「講座」が発足したのとだいたい前後してついに挫折してしまったのである。

当時の歴史学の一般水準としても、これはほとんど避けがたいことであった。つまり、まだいかにも若かったわがマルクス主義科学「陣営」――ある意味ではようやく萌芽しはじめたばかりであった――の力が日本革命の直接の理論的課題に傾けられていたために、中世、古代、原始社会などの遠い時代への関心はまだひろくなかったし、たとえ関心があってもそこまではいわば「手がとどかなかった」のだといえよう。

三

それにしても、一九三〇年代のはじめに、わが人民の手で日本歴史の全面的なかきかえがくわだてられ、さらに『日本資本主義発達史講座』の実現をみたことはきわめて大きい意義があるできごとであった。歴史の変動期にはいつも「歴史」をかきかえるたたかいがあった。崩れゆき敗れゆく階級はかれらの権威と権力をその「歴史」の伝統のうちに固執しようとし、勃興し勝利した階級はかれらの新しい権威と権力の合理性を主張するために「歴史」をかきかえてきたのである。それは古代天皇制の政治作品である日本書紀などからブルジョア的地主的天皇制につかえてきた官製の「歴史」類にいたるまで、諸時代のあらゆる編史をつらぬく真実であった。明治維新後改修された「国史」はとくに義務教育制のもとで、天皇制「国体」の完成、国民の奴隷的封建的支配、他民族にたいする帝国主義的侵略のために、このうえもない大切なイデオロギー的武器だったのである。

日本の歴史学はもともと「国民」に課されたこの役目をはたさせるために育てあげられたのだ。官製史学の濁流のなかにも合理主義の細々とした流れをみいだすことももちろんできた。それはとくに大正年間の「民本主義」的風潮に元気づけられて、たとえば津田史学の高い業績などをうみだしたのでもあった。しかし日本的構造におしのめされたブルジョア自由主義は史学の世界ではほとんど「文化史」とか「社会経済史」とかへ身をさけてしまった。そして一九二〇年代の恐慌につづく満州事変ごろからは、合理主義は弾圧のうずまきに没し、やがて一方では平泉澄らを主流とする超国家主義的御用史学が、他方では鈴木成高らのような近代的衣をまとった御用「歴史哲学」の類が、天皇制ファシズムと大東亜運動に奉仕してくる。「歴史学」は死滅にひんしていた。天皇制史学に抗して、サイエンスとしての歴史学をきずき上げる仕事は、民主主義革命の歴史的な担当者としてその頃すでに政治的登場をはじめていたプロレタリアートの側に、人民層の手にうつらなければならない情勢にあったのである。

しかし、プロレタリアートと人民大衆はながいあいだ自分の歴史に無関心であったし、その関心をひたすら「国史」にむけるようにあらゆる面から誘導されてきた。どの階級のばあいもそうであったが、人民は現実の歴史をつくりかえるたたかいのなかで、はじめて歴史を自覚し、「歴史」を書きかえようとし、解放の武器として自分の歴史を書きはじめるようになってくるのだ。このようにして、わが勤労国民の先覚者たちは今世紀の初頭——この時期に日本では産業資本が確立し、帝国主義段階に入り、資本主義的諸矛盾がいちじるしくなり、近代労働者運動が勃興し、社会主義と労働者運動とが結びつきはじめた——になって、ようやく労働者運動や社会主義の歴史を書きはじめた(片山潜『日本の労働運動』等)。けれどもこれらは、その眼を歴史の全過程に向け、解放の条件と戦いの道すじを日本社会の歴史的特性のうちにみいだそうとするところまではまだまだ達していなかったし、達することもできなかった。[*]日本歴史を根本的に書きあらためるような画期的な事業は、革命階級であるプロレタリアート人民が天皇制権力との対決を意識し、政治権力のかくとくにむかってたたかいはじめ、このたたかいのために情勢の科学的分析と合則的戦略をもとめ、これを実際にやりすすめる段階になって、ようやく強く要求され、しだいに準備されてくるのである。しかもそのためには、なによりもマルクス主義の理論水準の一定のたかまりがなくてはならないのだ。

＊　一九二〇年前後、堺利彦は「維新史の新研究」という小論を書いて、そのブルジョア革命的性質と特殊性を論じて唯物史観の適用をこころみ、またそのなかで「数年前から……平民日本史というようなものをかいてみたいと考えていた」

こと、できれば大正十年をこの事業にあてたいということなどをのべている。

　ところが、明治大正期をつうじて、わがマルクス主義の理論水準はまだまだ貧弱だった。たとえば、史的唯物論だが、これについてはすでに一九〇四年『共産党宣言』の訳出をはじめ、堺利彦による「経済学批判」（序説）の紹介、河上肇らの二、三の訳述などがあって、かなり早くから関心をもたれていたし、若干の論争にこの〝宝刀〟が利用されたこともあったが、ひろく普及されていたわけではない。世上に流布された「新史観」といえばセリグマンの歴史の「経済的説明」、ローリアの「社会の経済的基礎」などといったマルクス主義とは縁もない経済史観であって、しかもこうした類が「唯物史観」をかたっていたのだった。わたしらの学生時代、二〇年前後になってさえ日本文の「唯物史観」の本といえば、河上博士のものやゴルテル、ボルハルトなどの非弁証法的なものが横行していたのである。日本人による厳密な、研究論文などは――二二年頃『無産階級』誌上に連載された市川正一の論文*がでるまでは――これというのがみられなかった。また、『資本論』のほんやくが完成したのがようやく一九二〇年、おそらくそれまでは部分的紹介か、小さな解説ものの反訳程度だったから、日本の社会主義はながいあいだ経済学なるものをもたなかったといえよう。国家論についてはなおさらそういえる。わたしがレーニンの『国家と革命』をはじめて手にしたのは多分二一年夏ごろであった。西雅雄の話によると、それは少し前山川均のところに数部密送されてきたものらしく、英訳本で、山川さん宅をお訪ねしたときいただいたと思う（わたしはこれほどの感動をもって本を読んだことが全くなかった）。その頃までわが社会主義者の間で国家理論の紹介なり研究なりがどれほどあったか、いまとくに調べてみたわけではないが、少なくとも当時の論壇ではほとんど目にふれなかったように思う。

＊　二一―二年頃、わたしは建設者同盟の機関誌『建設者』に、寺尾守というペンネーム（当時、わたしはあと二、三年保つかどうかと医者からもいわれていたほどひどく弱身だったので、後「群馬共産党事件」で亡くなった編集者、高津渡が「お寺もり」という意味でつけた筆名）で、河上肇、高畠素之の有名な唯物史観論争の批判を連さいしたが、同じ頃、木曜会（市川正一、佐野文夫、青野季吉らが中心）の例会で市川正一の講義をきき、「唯物史観ここにあり！」と感

動し敬服したものだ（後に思えばＡＢＣにすぎないことを……）。

これはむしろ当然のことでもあったのだ。第一次世界大戦の後半「米騒動」をほぼ始点として労働者運動、農民運動が急激に高揚し、プロレタリアートは独自の政治勢力として登場しはじめたが、社会主義の小さな諸グループはセクト的に散在していて労働運動とむすびついた政治をおしすすめることができなかったし、しかもアナルコ・サンディカリズムが支配的傾向をなしていたため、労働者農民の大衆行動による政権かくとくという問題はまだ課題にさえなっていなかったからである。

ロシア十月革命は日本のこのような状態を打破してマルクス主義の発展のためにきわめて重大な影きょうをおよぼした。それは日本の社会主義者、労働者、市民の闘いにひじょうな自信と勇気をあたえた。それはまた日を追って、目の前にボルシェヴィキの巨大な姿を浮ばせ、権力問題を否応なくわが戦線にもちださずにおかなかった。このことはまた普通選挙運動とかんれんして勤労大衆の政治的自覚と結集をうながした。こうして、アナーキズム、サンディカリズムは下火になり、政権かくとくの問題——つまり革命の性質と戦術の論議がはじまり、マルクス主義の理論的研究とこれによる日本情勢の分析がようやくさかんになりはじめた。マルクス＝レーニン主義の重要文献のほん訳出版も、これに応じて一九二〇年代後半からきわだって多くなってくる。しかしこれを飛躍的に発展させる機会になったものは、コミンテルン日本支部（日本共産党）の成立（一九二二年）と、その綱領をめぐる党内外の論争の展開であった。そして、この論争とたたかいをつうじてマルクス主義史学への道もまたひらかれてゆくのである。

四

一九二二年の初頭、モスクワでおこなわれた極東民族大会は、これまで数個に分れていた共産主義者グループを、片山潜の指導のもとに日本共産党に結集させた。党は、この綱領で天皇制の廃止と民主共和国樹立をかかげた。

一九二七年、これまで単純であった党の綱領をいちだんと精密にして、党を大衆的に前進させた。それは、「解党派」山川主義と、小ブルジョア的抽象理論で党を大衆から孤立させた福本主義を克服して、党を労働者階級の前衛たらしめたものである。そして、「綱領は、天皇制の打倒、寄生的土地所有の廃止と土地を農民に無償で与えること、七時間労働制の実施、労働者農民政府の樹立であった」——と徳田球一は書いている。

二七年の暮、わたしは美濃大半紙にきれいにプリントされた「二七年テーゼ」を手渡された。「天皇制の打倒!」。今日では学童さえも唱和しているこのスローガンは、一九二七年のわたしたちには全身の昂奮をおぼえずにはおれないほど新鮮な、そして粛然たるものであった。それはくりかえしくりかえし熟読したのち、規律にしたがって焼きすてられた。三・一五検挙のすこしまえにはこのテーゼをのせたインプレコールが届いた。日本文も英文も難解な文字ではなかったが、内容を理解するのは実にむずかしいことだった。情勢についても歴史についても、知識にとぼしく、たたかいの経験が少ないせいであることがしみじみ感じられた。といって、いまのように研究会がもてるわけではなく、かんたんに中央機関の見解をきけるような状況でもなかった。時をおいて、配布される厳秘の機関紙——『赤旗』が最大の頼りであった。われわれはまた、雑誌『マルクス主義』等の指導的な論文にふかく目をとおし、すでにぞくぞく手に入るようになったマルクス=レーニン主義文献をむさぼり読み、他方では経済雑誌などから実情を知ろうとするなど、どうにかして来るべき革命の性質と戦略を理解しようと真剣に努力した。要するに、二七年テーゼはわたしに——いな、すべての同志たちのあいだに、日本の歴史と情勢についてこれまでになく異常な関心をよびさまし、わきたたせた。このテーゼが山川イズム、福本イズムにたいする本質的な批判をふくむものであっただけになおそうであった。「昭和三年三月十五日未明、白色テロルの嵐が起って、共産主義者、革命的労働者、インテリゲンチャの千数百が言語に絶するごうもんの後、牢獄にたたき込まれたとき、捕われた人たちは、そこでも、屈することを知らない闘争をつづけ、来る日にそなえて読書、研究に若い情熱をうちこんだのであった。」——「新しい史学への道」にわたしは書きとめている。実際、われわれは日本を知り、マルクス=レーニン主義を学び、力をたくわえようと、まだ警察にいるときから勉強の計画を考えていた。

検挙がおこると、激しい弾圧にもめげずモップル(赤色救援会)の多忙をきわめた活動がはじまった。われわれの手許には愛情のにじむ差入れ本が絶えなかった。市ヶ谷では房から房へ、舎(棟)から舎へれんらくがつき、隣の同志とはノックの暗号でどんな話でもできた。われわれは、毎日語り合い、討論し合い、はげまし合い、勉強にうちこんでいった。

わたしはすぐ『資本論』や「十月革命への道」などにとりかかった。けれども、これは一カ月ほどしかつづかなかった。当局がマルクス＝レーニン主義関係の文書をどんな古典でも許さなくなってしまったのだ。同志の多くはとくに現代史の勉強をはじめた。天皇制の性格や、「日本資本主義発展の特殊性」——革命の客観的前提を研究しようというのである。わたしも最初はそのつもりで明治維新の研究をはじめたが、しばらくしてこう考えなおした——多くの秀れた同志らが現代史をやるなら、それはそれで立派な成果をあげてくれるにちがいない。分業が必要だ。自分は一つ日本国家の成立過程を研究してやろう。これは天皇制「国体論」の信仰的な根底ともぎまんの源泉ともなっていながら、まだ一つの科学的なメスもくわえられたことのない「神聖」な領域だ。これを明らかにして国民の前にばくろすべきだ。……こうしてわたしは日本原始＝古代社会を研究しようと腹をきめたのであった。それに、古代の世界は早くからわたしの興味をそそっていた。はじめてレーニンの『国家と革命』を読んだころ、わたしはそこに引用してあるエンゲルスの『家族の起源』を読みたくてたまらず、方々をさがしあるいた末ようやく英語版を手に入れた(日本訳はまだなかった)。ところが、エンゲルスはH・G・モルガンの『古代社会』を大いに引用し激賞している。これもぜひ読みたいと思ったが、本屋にも先輩のところにもみいだせなかった。やむなく本郷の石黒(?)書店——赤門わきにあった洋書専門店だがいまはなくなった——をつうじてアメリカから取りよせいくども耽読した。レーニン→エンゲルス→モルガン……ちょっと「逆コース」のようだが、とにかくこんなわけで、原始古代社会にわたしはいつか深い関心をいだいていた。

日本の原始・古代社会史の研究にはとりわけ困難があった。第一わたしは先学にどんな研究があるのやらさえ皆目しらなかった。それでまず、古書在庫目録の類をとりよせ、目ぼしい関係文献をみいだしては差入れてもらった。ところが、かんじんな問題についてはヒントさえあたえてくれる研究があまりなかった。考古学も手にいれうるだけのものは集めてみたし、考古学雑誌などのバック・ナンバーもできるかぎり目をとおしたが、当時のことだから骨とう学に毛のはえたようなものが多くて、学術的な調査でも社会科学的な見方をしているものは見当らなかった。また神話や伝説をどう解いたものかにも考えあぐんだ。結局何カ月かの間は、どこからどう手をつけ、どう組織し、体系化していいのか、全然みとおしさえつかないありさまだった。ところがある晩、就寝してからふと一つの考えが浮んだ。『資本論』のなかに「労働要具の使用と造出とは……人類特有の労働過程の特徴である」、「何がつくられるかということでなく、如何にして如何なる要具によって造られるかということ」が経済上の各時代を区別する、という文句があったのを思い出したのだ。うれしかった。しかし、あれほどエンゲルスやモルガンに熱をいれてきながら、いざ具体的な資料にあたるときになると手もつかずに悩みぬいた自分をおかしくも思った。つまり、理論が実用化されないほどまだ未熟だったという他はない。ともあれ、目はひらきはじめた。その晩は眠れずに考えつづけた——よし、労働要具の発達、これをまず基礎として原始社会の諸様相へ研究をすすめよう。その発達の段階が明らかになれば、これはエンゲルスやモルガンに結びつく、そうすればまた、わが古代文献や古習俗にみいだされるいろいろの原始的な破片も原型に生きかえるだろう。もう一つの難題、古事記、日本書紀などの記述がどの程度に信をおいていいのかという難題も、津田博士のすばらしい研究『古事記及日本書紀の研究』などに学びながら、次第に解けはじめた。こうしてわたしは、方角も果てしも知れない原始＝古代日本の密林へ、ただ一つの導星——史的唯物論（はなはだあやしげな理解ではあったが）にたよりながら、ひたむきにつき進んでいった。

五

わたし自身のことをながながとのべたようだが、当時の情勢が要求していた課題に直面して、日本におけるプロレタリア科学――マルクス主義が生みの苦しみをへながら、歴史の分域でもようやく具体的に展開しはじめたものとしてこれをみれば、ここには個人的なもの以上のある時代現象と問題がみいだされるにちがいない。こうして、獄中の人たちのたゆみない勉強が歴史をふくむマルクス主義的研究を多面的にまた急テンポで発展させたことはたしかである。発展はもちろん、獄内でだけおこったのではない。「国体」と専制支配へ弓をひく一切の思想と科学さえも絶滅させようとしていた、あの暴虐なテロルの嵐をついて、まさにその「国体」と専制支配をこそうちたおそうと必死にたたかっていた獄外の人々のなかからも、進歩的・革命的な思想、科学・文化の伝統をつぐ若い世代がぞくぞく生いたっていた。三〇年初頃、わたしは持病のカリエスがひどく悪化して執行停止になり、千葉海岸で療養することになったが、すでにそのころには、川崎己三郎、松本金次郎、小椋広勝、羽仁五郎、岩村三千夫、松村一人、寺島一夫、蔵原惟人、山田清三郎といった多数の若い科学者、芸術家たちが、『国際文化』『プロレタリア科学』のまわりにかたく結集しはじめ、哲学や経済学や歴史や革命理論などの研究に、内外諸情勢の分析に、マルクス＝レーニン主義文献の普及に、刻苦の努力をつづけていた。わたしも間もなく山部六郎などのペンネームで『プロレタリア科学』の一寄稿者になった。歴史論文の投稿もぼつぼつ数をましていった。日本史のマルクス主義的研究、といえばやや大げさにもきこえようが、たしかにこうした研究は、三・一五事件前後には野呂栄太郎、服部之総、羽仁五郎らごく少数者をのぞいてほとんどみられなかったろう。いま、そこここから野心的なペンをとりはじめたこれらの若い「歴史家」たちは、むろんこのような著名人ではなく、また大学で歴史を専攻したわけでもないずぶの素人たちであったのだ。二七年テーゼ以来とくにたかまった日本情勢の論争にしげきされ、自分でも情勢をつかみ、自分の精神と政治態度を確立しなければならなくなった人たちの誠実さが、かれらを未拓の世界へ自分の力でとびこませたのである。いまや、いわゆる「歴史学界」とは別な地帯に、それとはむしろ対立して新しい歴史学が胎動しつつあった。

さきにのべた岩田義道らの「日本歴史」編さんの企画は、ちょうどこのような時期になされたのであった。だから、たとえその企画は成就しえなかったとしても、それはその後もわれわれをかりたてて、この新しい歴史学の胎動をしげきした特筆すべき動機となった。そして、すでにとらえられ、うちたてられつつあった問題意識と、ようやく背のびしはじめた若い科学者たちの存在こそまもなく『発達史講座』を生みだす基盤だったのである。

一九三二年、西雅雄らを中心にマルクス主義者の手で雑誌『歴史科学』（後に『歴史』と改題）が発行された。これは全国から名もない民間歴史家や歴史愛好者たちをよびだし、結集する機会と場所とをつくりだし、雑誌『唯物論研究』とならんで、「新興史学」——当時マルクス主義的史学をこうよんでいた——の発展にきわめて大きい役割を果した。平野義太郎、山田勝次郎、戸坂潤、服部之総、田村栄太郎などの先輩をはじめ永田広志、早川二郎、伊豆公夫、相川春喜、赤松啓介、信夫清三郎、秋沢修二、桜井武雄、森谷克己、細川亀市、佐久達雄、三浦恒夫、その他の新進がここに拠って「開拓者」のめざましい活躍をしめしはじめた。わたしもこの雑誌創刊に関係した執筆陣の一人であった。多くは「史学」の素養もなかったこれら若い「開拓者」たちは、数多いマルクス主義文献からそれぞれ自己流に「史学」の方法を学び、せいいっぱい先学の業績をひもとき、手に負えそうもない古文書にぶつかり、世界史の知識をとりいれ、さんたんとした苦労をこえ、わずかの年月の間にとにもかくにもあれだけの仕事をやってきたのだ。

かれらの業績は一面では協働の成果であったといわれよう。現代史と古代史関係で組織された共同研究は、研究活動の形のうえでも伝統を変え、最良の形式をうみだす一歩であった。同志的な友情にささえられていた協働はまた、同じ仲間のあいだでもっともきびしい討論と公然の論争をともなった。* 協働と論争とは独りよがりの偏向と学問の停滞を克服するに欠くことのできない環境だった。

＊　古代史関係の共同研究の組織と討論などの情況は「新しい史学への道」に書いておいた。

いわゆる「歴史科学」派の立場は、マルクス主義的方法によって日本社会発展の法則性と特殊形態を明らかにすること、いいかえれば唯物史観を日本歴史の具体的な過程に適用しようとする立場であった。その学問上の特徴の一つは、研究の対象をとくに社会構成の問題においていたことである。それは、社会の経済的構造こそがあらゆる上部構造の土台であるのに、アカデミー史学では当時ほとんど無視されているか、あるいはその重大の欠陥になっていた領域であったからであるし、また戦略問題の論争点が基本的に日本的構造の問題であったことにも関係していた。そして、「資本主義論争」あるいは「封建論争」をつうじて現代史の基礎過程の研究にはじめて土台がおかれたとすれば、古代とくに中国の革命問題にむすびついておこった「アジア的生産様式論争」——日本では一九三〇年代の前半に古代史関係のもっともはなばなしい論壇をつくった——は奴隷制の日本的形態、すなわち古代天皇制の土台を明らかにするのにきわめて重要な意義があった。また、構成史的研究の結果、日本歴史のマルクス主義的時代区別がはじめて成立し、一の社会から次の社会への発展が世界史的法則にてらして明らかにされる素地がきずかれた。

当時、一般にはかれらの研究対象や範囲もせまく、史料の選択のずさんさも少なくなく、立論の図式的な傾向もつよく、いかにも大胆すぎる診断をやってしまうというふうな、いろいろの弱点はもちろんあった。ふりかえってみると冷汗がでそうなこともその頃の水準からはさけがたかったばかりか、その自由で大胆な推理や創意や構想のなかにこそ、しばしばすばらしいヒントや重要な問題提起をふくみ、歴史学の質をかえてゆく核とか動力とかみるべきものがあったと思う。そして、その学問の荒けずりな肌合いと目だった政治性とのために、アカデミーの専門家たちからは時に無視され時に冷笑さえもうけたとはいえ、この若年の「素人」歴史家たちは、それこれのあざけりには目もくれず、時代がかれらに課した仕事を力のかぎりおしすすめ、しだいにアカデミーの若いひろい世代にもいつか大きい影きょうをあたえながら、現在の進歩的史学の最初の土台石をすえたのである。

六

アカデミーの世界にも時代はうごいていた。中国にたいする侵略戦争の開始（満洲事変）前後からひときわ強まった「臨戦体制」が国民総動員のためのイデオロギー的動員をいそぎだしたとき、そのために官製史学の役割がいっそう反動化していったとき、この反動化は、合理主義・実証主義の気息えんえんたる学統をまもって、これを発展させようと希っていたアカデミーの若い世代の存在とまさつしはじめた。時代精神のいぶきは、この世代に、学問の政治統制をささえてきた学界の封建構造を、かれらの矛盾としてますます強く感じさせずにはおかなかった。こうして、このひろい世代は、三島一・秋山謙蔵・川崎庸之・志田不動麿・野原四郎らの周囲に集り、綜合的な歴史部会、歴史学研究会――が発足したのであった。

歴史学研究会の成立は、わが歴史学界にも日本アカデミー体制にも一つのエポックを画するできごとであった。それは学問がその分野（日本、東洋、西洋およびその各時代区別）によってだけでなく、教師の学統、研究室、学閥などによって「封建的」に分断されてきたこの世界に、「有史以来」はじめて学問の組織的な交流の場をつくりだし、共同研究の体制と習慣を育ててゆく機会となった。そしてこのことがまた、わが歴史学の発達にとってひじょうに大きい意義があったことは周知のとおりだ。これら若い専門家たちの学問は、かれらを導き育てるものが教室の恩師から仲間の集団にかわってきたときに、きわだって進歩しはじめたのだ。頑固にとざされていた象牙の塔とちがって、ここには時代精神にとってより風通しのよい条件があった。このために、ここからもまた、旧い権威と秩序に抗して新しい世界をつくる科学と人物がうまれはじめたのであった。

けれども、歴史学研究会と「歴史科学派」などの交流はながいあいだ実現しなかった。個人的なつきあいがいくらかはじまったのちも、全体の空気として前者は政治的「用心」からも後者を「敬遠」する傾向があったし、後者も前者との交流について一般にあまり意識的でも積極的でもなかった。それが交流し、提携し、ある意味で融合しはじめるためには、両者のあいだになおいちじるしくみられた学問的タイプや肌合いや性質などのへだてが解消されてゆき、学問自体にたいする考え方や問題意識などのうえにある共通性が生れてくる時間と歴史的条件とを要したのである。今日では、それは実現されつつあるし、ますます充実されようとしている。

この過程を明らかにしその根拠をみきわめることは、現在の「国民的歴史学」の前史を語ることになる。けれども、この大切で興味深い課題は、わたしが受けた注文外のものだし、いまのわたしの手に負いきれそうもないものである。

（一九五三、一〇、一二）

〈後註〉当時の著者と野呂・岩田氏の関係については拙著『思想と学問の自伝』(「マルクス主義史学創世記」)一三八頁～一四四頁。なお松島栄一「新たに発見された野呂栄太郎の手紙」(『歴史評論』二八七号、一九七四年三月、所載)を参照。

(渡部義通『新版日本古代社会』校倉書房、一九八一年、[付篇]Ⅲ。初出は、『歴史評論』第五〇号、一九五三年一一・一二月号)

(7)『歴史科学』総目次

第一巻

第一号(一九三二年五月号)

グーコフスキー「歴史科学とは何ぞや」/エヌ・エム・ルーキン「歴史科学における党派性のために」/細川亀市「日本に於ける大土地所有制の成立――墾田より庄園への転形過程に関する研究」/北川修「日清戦争までの日鮮貿易」/ボチャロフ「古代東洋社会の概観」

第二号(一九三二年六月号)

エヌ・エム・ルーキン「帝国主義時代研究の諸問題」/田村栄太郎「宝暦十一年信濃上田領農民一揆――附 中山道馬子の同盟罷業」/桜井武雄「明治前期の農業危機」/宮川武雄「ドイツ農制における封建的生産の発展――土地保有関係と社会階級関係と」/エム・エヌ・ポクロフスキーの生涯と事業(「プラウダ」一九三一年四月一二日)/ボリシェヴィキ=学者 マルクス=エンゲルス=レーニン研究所/エム・エヌ・ポクロフスキーの追憶 赤色教授学院党支部および党組織部/堪へがたき損失 エヌ・クルプスカヤ/同志ブハーリンの演説/ソヴェート史学界消息/グーコフスキー「『アジア的生産様式』の問題に関するマルクス=エンゲルスの見解の発展」

第三号(一九三二年七月号)

服部之総「戦前帝国主義の成熟過程と支那の分割」/桜井武雄「地租論戦時代――明治中期の諸階級と農村問題」/田村栄太郎「明治元年 岩越戦争と農民一揆」/エム・エヌ・ポクロフスキー「ロシア封建主義、ロシアにおける専制主義の起源および特質について」/エム・エヌ・ポクロフスキー「レーニンと歴史」/エス・エス・クリフツオフ「レー

ニンと学校における歴史教育」／同志エム・エヌ・ポクロフスキーへ　レーニン
第四号（一九三二年八月号）
K・A・ヴィットフォーゲル「ヘーゲルの支那論」／森喜一「明治維新の権力と財政――日本近代国家史の一節」／李北満「朝鮮に於ける土地所有形態の変遷」／田中惣五郎「社会運動史訂正録」／歴史戦線の戦闘的再建のために／桜井武雄「新刊批評　平野義太郎著『明治維新の変革に伴ふ新しい階級分化と社会的政治的運動』」
第五号（一九三二年九月号）
エム・ゴーデス「アジア的生産様式に関する討論の総決算」／桜井武雄「日本農業における資本主義の発達（一）――農業危機の成熟過程」／田村栄太郎「明治初年　信濃上田、松代領農民一揆」／田中惣五郎「社会運動史訂正録（承前）」

第二巻

第一号（一九三三年三月号）　日本古代社会号
早川二郎「日本歴史と『アジア的生産様式』――日本史における継起的社会構成と『アジア的生産様式』の理論の日本への適用について」／木村靖二「原始日本に於ける農業生産力の発展」／細川亀市「日本古代末期の土地私有制」／森山啓訳「ハイネ詩集　選挙驢馬」／土岐仲雄「古代日本における階級及び国家の起源」／田村栄太郎「交通史より観たる上古の日本」／山本琴子「婚姻関係を中心として見たわが国上代の母系及び母権について」／佐久達雄「魏志と日本書紀との対比――支那古文献と日本古文献との比較研究」／渡部義通「大化＝律令初期の社会経済的生産関係に就いて」／渡部義通　早川二郎　細川亀市　長曽我部氏　山本琴子　田村栄太郎　佐久達雄　中村白揚社主「日本古代史研究座談会」／中野大一郎「ソヴェート連邦中央記録保存所の解説――『ソヴェート史論集』一九二九年アドラツキーの論文による」／小宮史郎「商業資本・原始的蓄積について　羽仁五郎・伊豆公夫共著『明治維新における制度上の変革』を読む」／諸家に聴く（一．最近興味を惹かれた歴史関係著書・論文　二．史家に薦めたき研究題目　三．現在御予定中の研究テーマ若しくは著作）　三木清　田中惣五郎　森喜一　内ケ崎虔二郎　篠田太郎　細川亀市　田村栄太郎　小宮史郎　池田寿夫　小牧兵衛／歴史科学時潮／新刊紹介

第二号（一九三三年四月号）　**特集・明治維新史**

服部之総「維新史方法上の諸問題（一）――旧著に対する自己批判に併せて」／玉城肇「明治維新と相対的過剰人口の一形態――朝鮮移住者について」／田村栄太郎「農民一揆論の批判」／巌木勝「明治維新に於ける宗教改革――及びその意義に就て」／田中惣五郎「反封建的イデオロギーとしての国学（その進歩性と反動性）」／森山啓「詩・今一度非開化主義が（「歴史」について）」／清水一雄「民権運動の変遷――士族から大衆へ」／桜井武雄「明治維新における土地改革の特質」／木村靖二「明治初年　農民騒擾の数量的考察」／小野寺次郎「自由民権歌謡抄」／徳永直「文学に現はれた明治維新についての感想」／土方定一「明治前期の美学思潮」／中野大一郎「文学に於ける維新史の問題・文献――その羅列的な紹介」

第三号（一九三三年五月号）　**歴史の方法論号**

服部之総「維新史方法上の諸問題（二）――『厳密な意味でのマニュファクチュア時代』と『アジア的生産様式』の問題」／佐久達雄「古代社会の研究に就て」／永田広志「唯物史観と客観主義（歴史に対する態度）」／相川春喜「アジア的生産様式の日本歴史への『適用』論に関連して――早川氏所論の方法論的な吟味」／川口浩「文学史の方法に関する諸問題」／篠田太郎「文学史研究の方法」／方法検討　早川二郎「郭沫若氏著『支那古代社会史論』」　村山精二「土屋喬雄氏著『近世日本農村経済史論』」／イー・トーキン　西雅雄訳「レーニンの大フランス革命論（一）」／渡部義通「古事記・日本書紀論」／桜井武雄「農家副業問題の史的考察」

第四号（一九三三年六月号）　**日清戦争号**

サファロフ「日清戦争とその影響」／李北満「日清戦争論」／田中惣五郎「社会運動空白時代（日清戦役と社会運動）」／信夫清三郎「日清戦争外交史」／田中忠夫「日清戦役の本質、発生過程並にその影響」／相川春喜「日清戦争を道標とする農業諸関係の推展過程（一）――小野氏所論への批判的私見」／森喜一「日清戦争前後の財政々策」／津村章「日清戦争の明治文学に与へた影響」／中野大一郎「当時の流行唄」／研究ノート　田村栄太郎「小作農史の基礎問題」新田陽一「地主の変遷――スクラップ」／早川二郎「日本歴史と『アジア的生産様式』について相川氏に答ふ」／服部之総「維新史に於ける『封建性』と『近代性』――維新史方法上の諸問題・その三」

第五号（一九三三年七月号）　**日本資本主義の生成号**

服部之総「わが国小作制度――これと結合せる資本主義の形成――維新史方法上の諸問題・その四」／スヴェトロフ「『明治維新』を如何に見るべきか」／小高良雄「明治政府の憲法制定事業（一）」／田辺俊郎「明治政府の公債政策――原始的蓄積史の一齣」／田村栄太郎「群馬県国会開設運動史」／玉城肇「日本に於ける第二次資本主義的恐慌とロマンチシズムの衰亡」／ラリツェウィッチ「封建主義から資本主義への推移」／桜井武雄　資料「日本資本主義と婦人労働」／津村章「近代日本ブルジョア文学発生に関する一考察」／歴史科学レポート　最近における維新史研究／研究ノート　Z・H生「片山潜氏著『自伝』にあらはれた明治維新前の農村」　田村栄太郎「地租の浮動性」／西雅雄　相川春喜　小高良雄　田村栄太郎　早川二郎　服部之総　岡村庄治　桜井武雄　中村徳二郎　座談会「日本における新興歴史科学の発達」／西雅雄訳　マ＝エ＝レ＝研究所「カール・マルクス（五〇年忌に寄せて）」

第六号（一九三三年八月号）　**特集・歴史科学文献解説**

西雅雄「『マルクスと歴史学』他一篇」／田村栄太郎「日本交通史文献解説」／服部之総「維新史のための諸文献」／鈴木安蔵「明治政治史研究文献」／鈴木安蔵「日本憲法史研究文献」／信夫清三郎「明治外交史文献」／学文路圭民「明治哲学研究の為めに」／土方定一「明治自然主義文献並解説」／巌木勝「『直毘霊』について」／桜井武雄「女子哀史文献――『衛生学上より見たる女工之現況』」／池田三郎「最近十年間の資本主義発達史文献」／細川亀市「王朝時代史文献解説」／早川二郎「ソヴェート同盟で刊行されてゐる『封建主義』の研究書について」／木村毅「明治文学研究指針」／小高良雄「明治政府の憲法制定事業（二）」／桑江常格「琉球に於ける廃藩置県の実相」／早川二郎「『王朝時代』

の『国家的土地所有』について」／長谷川如是閑　八田元夫　川口浩　藤森成吉　鈴木安蔵　服部之総　徳永直　田村栄太郎　相川春喜　桜井武雄　早川二郎　大宅壮一　久保栄　貴司山治　中村徳二郎　座談会「明治維新と文学」／研究ノート　田村栄太郎「交通史第一課も知らぬ経済史学者」　田辺俊郎「原始的蓄積と太政官札」

第七号（一九三三年九月号）

ゲーテ　森山啓訳「最後の結論」／フリードリヤンド「独逸封建制の崩壊」／佐久達雄「日本に於ける家族の発展過程――日本石器時代実年代の研究」／田村栄太郎「島原・天草農民一揆（一）」／貴司山治「明治維新の原型としての大塩乱――小説作家の感想として」／早川二郎「佐野学著『日本歴史』其他における誤謬――日本における奴隷所有者的社会経済的構成の存否に関する論争の学説史の一部として」／田中康夫「世界大戦後における法律の発達」／山下徳治「教育学の歴史科学への接近」／三浦恒夫　人物再検討「楠木正成論」／イー・トーキン（西雅雄訳）「レーニンの大フランス革命論（二）」／田中惣五郎「明治社会運動文献の若干――定期刊行物に就いて」／研究ノート　土方定一「高山樗牛とニイチェ」　田村栄太郎「沙漠日本に敷設した鉄道」　貫井力太郎「日本洪積期の人類活動――研究のおぼえ書」／新刊批評　新田陽一「『日本資本主義発達史講座』第六回」

第八号（一九三三年一〇月号）　**日本封建社会史号**

服部之総「方法及び材料の問題――土屋氏の示教に対して」／プレトネル「日本封建制度の研究（一）」／早川二郎「『王朝時代』の特質に関する論争――諸家の所説の紹介と検討」／相川春喜「『アジア的生産様式』と日本封建制に関する論争（一）」／三浦恒夫「中世における商業＝高利貸資本の発展」／玉城肇「徳川封建制の崩壊と婚姻制度――田中耕太郎氏への批判をなしつつ」／篠田太郎「日本封建社会の文学」／巌木勝「鎌倉期新興宗教の基礎」／田村栄太郎「徳川幕府支配の伝馬制度」／貴司山治「明治維新の原型としての大塩乱（承前）――小説作家の感想として」／深谷進「小作料に於ける封建遺制」／佐藤猛雄「日本封建社会の研究に就て」／グーコフスキー「西欧における封建主義――ソヴェート史学界における討論の総決算」／平野義太郎　研究ノート「田村栄太郎氏の所説に対して――農用牛馬の

減少と農家衰退との関係に就て」／新田陽一　新刊批評「細川亀市氏著『日本封建社会史庄園の部』」「田村栄太郎氏著『一揆・雲助・博徒』」

第九号（一九三三年一一月号）

鈴木安蔵「社会諸構成の発展過程——主として封建制から資本制への過渡について」／田辺尚雄「音楽上より見たる日本古代民族——附　王朝時代の音楽に就て」／田村栄太郎「島原・天草農民一揆（二）」／小林良正　研究ノート「一九世紀後半・ロシアの雇役制度（オトラボトキ）について」／三瓶孝子「日清戦争前後の綿絲紡績工業と婦人労働者の状態」／信夫清三郎「陸奥外交」／早川二郎「大化改新の研究（一）」／佐久達雄「シャーマニズムの発生に就て」／研究ノート　土方定一「明治美学史の一齣——主として大塚保治先生のこと」　吉野裕「西川光二郎の自伝」　田村栄太郎「問屋と関銭の問題」／新刊批評　新田陽一「服部之総氏著『黒船前後』」　中山耕太郎「鈴木安蔵氏著『憲法の歴史的研究』（改訂版）」

第一〇号（一九三三年一二月号）

平野義太郎「秩父事件——その資料と検討」／小林良正「いはゆる『近代的家内工業』について」／坂本三善「日本における金本位制の制定過程」／佐久達雄「人類の発達（一）——『唯物史観世界史教程』の批判として」／一読者（森島）「読者通信」／歴史時評　歴史学界一年間の回顧／杉並晃「端緒の問題（一）——歴史科学方法論」／早川二郎「大化改新の研究（二）」／田村栄太郎「信州中馬と其の問題」／鈴木安蔵「条約改正史文献その他」／一揆資料　古海卓二「天草一揆の原因について——『のの』と『かんが』」　庄司吉之助「慶應四年　奥州信達伝馬強訴」／京都　亘理健之助「読者通信」／新刊批評　新田洋一「スヴエトロフ著『日本資本主義の発生』（改訂版）」

第三巻

第一号（一九三四年一月号）

相川春喜「徳川封建制とその崩解過程（一）――序論・主要論点に於ける問題の提出」／鈴木安蔵「農村家内工業ならびに『近代的家内工業』再稿」／三浦恒夫「鎌倉幕府確立までの政治的諸段階」／岡邦雄「科学史に於ける一八七〇年代」／横瀬夜雨「地主発生の一考察」／佐久達雄「人類の発達（二）」／田村栄太郎「頼山陽」／杉並晃「端緒の問題（二）――この問題における限りの河上、福本、両氏の対立の止揚」／宮川武雄「ドイツ農民解放の諸形態――封建社会解体史の一節」／中山耕太郎「東洋に於ける民族の形成――問題提起として」／ボチヤロフ「東洋における資本主義の侵入」／坂本三善「日本資本主義の特徴的生成について――覚え書き的に」／服部之総「幕末蝦夷地鉱業に関するブレーク教授の踏査報告」／森山啓訳「ドイツ人の友情は（ゲーテ遺稿より）」／森山啓訳「伝説（ゲーテ「不満の書」）」／研究ノート　佐久達雄「中国古代の社会発展と日本古代社会」／新刊批評　新田陽一「清水幾太郎氏著『社会学批判序説』」

第二号（一九三四年二月号）

小林良正「維新史歪曲の一類型」／平野義太郎「封建制度の崩壊過程の史的分析に関する課題・枢要点――その典拠としての、エンゲルス「ドイツ農民戦争」ロシア新版（一九三二年）に対するマルクス・エンゲルス・レーニン研究所の序文訳出を機縁とする一研究」／相川春喜「徳川封建制の崩解過程（二）――序論の二・篇別構成の問題と土屋氏批判」／鈴木安蔵「憲法発布と第一議会――『日本憲政発達史』のノートから」／宗近英夫「王朝時代の土地所有形態と社会構成――班田収授の研究」／三浦恒夫「鎌倉幕府確立までの政治的諸段階（承前）」／坂本三善「明治維新における国際的契機について」／早川二郎「言語史のつくり変へのために――ヤペテ言語学の走り書的紹介」／田村栄太郎　人物再検討「大石良雄」／新刊批評　玉城肇「鈴木安蔵著『日本憲政成立史』」

第三号（一九三四年二月臨時号）　**歴史を正しく学ぶ為に**

エス・エヌ・ブイコフスキー「史学方法論の重要性」／佐久達雄「古代史を学ぶ為に」／早川二郎「王朝時代史の文献とその方法」／三浦恒夫「日本中世史を学ぶために」／相川春喜「徳川封建制崩解過程に関する史料――土地問題を中

心として」／桜井武雄「日本における近代農政思想史料」／書評　相良礼三「永田広志著『唯物弁証法講話』」

第四号（一九三四年三月号）

服部之総「『巌・マニ・時代』の歴史的条件」／永田広志「マニュファクチュアについて」／後藤正夫「日本の哲学思想史」／小倉金之助　研究通信「ウィットフォーゲルの支那数学観に就て」／松岡静雄　研究通信「記紀に対する私の態度」／早川二郎「大化改新の研究（三）──可能な限り追究された日本氏族制度典型時の様相」／人物再検討　田村栄太郎「足利尊氏」　巌木勝「親鸞上人」／鳥居龍蔵「契丹の残した遺蹟の探査に就て」／橋浦泰雄「日本に於ける原始共産制の遺在」／座談会「歴史界の動向」（永田広志　服部之総　清水幾太郎　三浦恒夫　相川春喜　三枝博音　鈴木安蔵　田村栄太郎　早川二郎　佐久達雄　岸文雄　大宅壮一　坂本三善　中山耕太郎　藤森成吉　桜井武雄　中村徳二郎）／佐久達雄「象形及楔形文字より見たる古代言語の研究」／庄司吉之助「信達農民一揆年代記」／歴史研究会通信　X・Y・Z「東大国史学教室から」　外崎恵三「明治文化研究会」　土方定一「明治文学談話会のこと」

第五号（一九三四年四月号）　**東洋史特集号**

森谷克己「支那経済・社会史の諸問題」／服部之総「『巌・マニ・時代』の歴史的条件（承前）」／永田広志「レーニンの『アジア的』とは何か」／相川春喜「『東洋的封建制』再論」／サファロフ「支那人種の起源」／鍾道銘「支那古代氏族社会の研究」／佐野袈裟美「中国に於ける各国資本主義進出の諸段階」／近藤直「朝鮮征伐」／坂本三善「東洋への先進資本主義国侵入史の一検討──印度、日本について」／丁迪豪「支那奴隷社会史批判──郭沫若王宜昌の理論清算」／中山耕太郎「満州史の一批判」／大住孝二「鮮米増殖計画に就いて（一）」／大宅壮一「芸術における東洋性と日本性」／田村栄太郎「倭寇物語」／相川春喜　研究ノート「ウィットフォーゲル『支那の経済と社会』の日本版刊行に寄せて」／瀧川政次郎「一部新進史家に与ふ」／別刷附録　ソヴェト史家（東洋歴史）

第六号（一九三四年五月号）

山田勝次郎「地代論は如何に研究すべきか？（一）──リュビーモフ著『地代論』の通読を契機として」／渡部義通

「日本『農業時代』への黎明」／住谷悦治「『七一雑報』紙上におけるラーネッド博士の『経済学略説』――博士の自由貿易論」／田村栄太郎「愛知県地租改正騒擾」／大住孝二「鮮米増殖計画に就いて（二）」／森喜一「明治維新政府の土地政策」／巌木勝 人物再検討「弘法大師」／白石実三「満鮮人の武蔵野開発」／三枝博音 著者の言葉「私の『日本に於ける哲学的観念論の発達史』に就て」／服部之総「久坂玄瑞遺稿」／坂本三善「日本資本主義の弁証法的唯物論把握の一典型――山田盛太郎著『日本資本主義分析』」／桜井武雄 新刊批評「岡邦雄著『唯物論と自然科学』」／A・B・C 新刊ノート『上代日本の社会及び思想』 京城大学法文学会『朝鮮社会経済史研究』／昭和九年第一四半期歴史文献

第七号（一九三四年六月号）

戸坂潤「『ニッポン』イデオロギー――日本精神主義・日本農本主義・日本アジア主義」／山田勝次郎「地代論は如何に研究すべきか？（二）――差額地代に関する日本での論争の批判的概観」／相川春喜「徳川時代の土地所有制」／能智修弥「西欧科学東漸史の一齣」／太田巧「中世日本の農民戦争――土一揆について」／安藤徳器「旧岩国藩の財政改革」／地蔵前喬一「小説『弘法大師』に於ける直木三十五と釈瓢斎」／早川二郎 講話欄「日本歴史（序論）」／I・ヴアルガ「日本経済の現段階」／広島定吉「弁証法的運動観について――我らの世界観の発展のために」／研究ノート 戸川隆春「日本トーテミズム痕跡の問題」 関根亮吉「民族理論の深化のために――中山耕太郎君への質問」／新刊紹介 山谷東行「イシチェンコ編『唯物弁証法辞典』」／鷲屋通頼「忠臣蔵零れ話（一）」

第八号（一九三四年七月号）

服部之総「天保度秋田藩の貿易及産業」／山田勝次郎「地代論は如何に研究すべきか？（三）――差額地代に関する日本での論争の批判的概観」／横瀬毅八「近代兵学の発展――クラウゼヴィッツ兵学の遺訓」／巌木勝「足利期仏教と対外貿易」／三好学「太閤検地に就て」／桑江常格「薩摩の琉球征伐とその諸条件」／市河泰「文久三年の神奈川外人襲撃事件」／庄司吉之助「秩父事件と福島県」／歴史串刺 郷土へ郷土へ 悪文流行／新刊紹介 桜井武雄「平野義太郎

氏著『日本資本主義社会の機構』」

第九号（一九三四年八月号）

山田勝次郎「地代論は如何に研究すべきか？（四）――差額地代に関する日本での論争の批判的概観」／相川春喜「検地（一）――幕藩封建制成立の基礎過程」／田村栄太郎「銭屋五兵衛伝」／坂本三善「立憲帝政党」／三瓶孝子「製紙業に於ける家内工業・マニュファクチュア」／桜井武雄「原始的蓄積時代の農政思想（上）」／宋明哲「台湾社会経済史研究の現況」／新田洋一　新刊紹介「ポクロフスキー監修『世界原始社会史』」／西村雄三「帝国主義時代の歴史学」／窪川鶴次郎「アドミラル東郷」／諸家に聴く　小倉金之助　田村栄太郎　三枝博音　玉城肇　赤松啓介　横瀬毅八／昭和九年第二四半期歴史文献／一旗茂助「『新版日本畸人伝』を読む」／白石実三　人物再検討「太田道灌」／新刊紹介　南神茂夫「哲学研究会訳『科学と技術の問題』「マルクス主義の旗下に」第二七輯」

第一〇号（一九三四年九月号）

永田広志「日本ブルジョア唯物論者」／岡邦雄「明治イデオロギー史に於けるキリスト新教の位地」／山田勝次郎「差額地代論に関する私見（一）――地代論は如何に研究すべきか」／相川春喜「検地（二）――幕藩封建制成立の基礎過程」／桜井武雄「明治前期の大農論――原始的蓄積時代の農政思想（二）」／田中惣五郎「東洋社会党前後」／服部之総「新撰組」／森喜一編「日本資本主義史年表」／泉幸之助「『幕末貿易論』は何処へ往く――土屋助教授の『攘夷』史観」／山部好吉「士一揆を如何にみるか」／木村靖二「日本原始農業の諸問題」／坂本三善「日本資本主義の具体的把握について――岡田宗司氏『「日本資本主義分析」を批判す』の批判」

第一一号（一九三四年一〇月号）　**歴史の人物号**

大宅壮一「人物論の進歩性と反動性」／渡部義通「藤原鎌足――『大化』への史流と鎌足の『業績』」／高端逸夫「源頼朝の横顔」／三浦恒夫「織田信長断片」／茗渓逸史「石田三成の時代的性格」／田村栄太郎「徳川光圀伝」／横井春野「応永の猿楽革命と謡曲文作者としての世阿弥元清」／永井清「本居宣長批判――現実主義を中心として」／篠田太郎

「松尾芭蕉」／土方定一「高山樗牛論」／玉城肇「大阪事件と景山英子」／相川春喜「前田正名と『産業』創刊」／桜井武雄「明治老農論」／信夫清三郎「陸奥宗光」／服部之総「雲浜その他」

第一二号（一九三四年一一月号）

平野義太郎「西ヨーロッパにおける資本の本源的蓄積過程の政治形態」／三枝博音「中江藤樹の学問と実践（一）――日本の哲学の特質の一つの吟味として」／永田広志「明治時代における宗教批判の特質（「日本ブルジョア唯物論者」続編）」／相川春喜「郷村制の創設とその構造的性質（三）――検地＝幕藩的封建制成立の基礎過程」／福田隆次「日本の公娼制度および身売りの史的考察」／伊藤俊「幕末に於ける蝦夷植民地」／非斯「支那に於ける史前社会」／太田喜美夫「徳川時代に於ける小金牧につきて（上）」／谷綾夫「『景山英子』の資料について」／黒田辰男「第一回全連邦ソヴエート作家大会」／昭和九年第三四半期歴史文献／新刊紹介　跖跋圭三「ハース著、首藤基訳『新物理学の自然像』」

第一三号（一九三四年一二月号）　**福沢生誕百年祭・マルサス百年忌記念特集**

服部之総「福沢諭吉前史」／相川春喜「マルサスの学史的運命」／秋沢修二「氏族宗教、民族宗教の世界宗教への歴史的発展過程（一）」／桜井武雄「明治末期の農村問題――社会政策学会と農業保護関税論」／坂本三善「近代に於ける『日本主義』の発展」／〔アジア的生産様式の問題に寄せて〕　エス・イー・コヴァレフ「奴隷所有者的構成の若干の問題について」　早川二郎「東洋古代史における生産様式の問題」／永田広志「福沢諭吉について」／山田勝次郎「差額地代論に関する私見（その二）」

第四巻

第一号（一九三五年一月号）　**特集・郷土史研究**

小林良正「徳川＝幕府機構のもとにおける土地政策の基調」／三枝博音「中江藤樹の学問と実践（二）」／戸坂潤「日本倫理学と人間学――和辻哲郎氏倫理学の社会的意義を分析する」／渡部義通「上代における『祭政一致』の社会的基

礎と歴史的意義（一）」／赤松啓介「郷土研究状勢の展望」／岩田健治「長野県に於ける郷土史研究の情勢」／庄司吉之助「福島県の郷土史文献と動向」／庄司吉之助「地主発生の一形態」／清水影男　資料『山国隊』の研究」／鈴木安蔵「読書随想」／歴史時評　桜井武雄「日本農業に於ける資本主義――幕末日本農業における商業＝高利貸資本の役割と土屋喬雄氏の謬説について」　晴山見鳥「中世史研究の回顧と展望」／岡邦雄「自然科学史講座（一）」／山田勝次郎「差額地代論に関する私見（その三）」

第二号（一九三五年二月号）

森谷克己「社会系統の一時代としての『アジア的生産様式』と東洋社会の生活過程」／エス・イー・コヴァリョフ「アジア的生産様式について」／椎崎法蔵「『文明史』日本移入過程の分析――明治史学思想史の一齣」／谷綾夫「宮崎民蔵と土地復権運動」／坂本三善「明治時代の日本主義――明治三〇年における『日本主義』（一）」／秋沢修二「氏族宗教、民族宗教の世界宗教への歴史的発展過程（二）」／渡部義通「上代に於ける『祭政一致』の社会的基礎と歴史的意義（二）」／歴史時評「ソヴェート史学に於ける方向転換」／晴山見鳥「最近に於けるアジア的生産様式の問題の開展」／中野重治「文学作品に出て来る歴史的呼び名について」／紹介と批評　郷土研究雑誌『ひだびと』、玉城肇氏著『日本家族制度批判』、永田広志・秋沢修二氏共著『現代宗教批判講話』／昭和九年第四四半期歴史文献／岡邦雄「自然科学史講座（第二回）」／山田勝次郎「差額地代論に関する私見（その四）」

第三号（一九三五年三月号）　**三十号記念論文特集**

平野義太郎「封建主義の危機と凶作――天明・天保における南部領内の飢饉、農民騒動」／服部之総「藩末秋田藩の木綿市場及木綿機業（一）」／河本勝男「東北に於ける郷倉制度の復興」／清水幾太郎「日本社会学の特質に就いて――日本的学問形態の理論」／桜井武雄「農本主義――その歴史・理論・地盤」／永田広志「日蓮主義と現代」／岡邦雄「自然科学史講座（三）」／山田勝次郎「差額地代に関する私見（その五）」

第四号（一九三五年四月号）

平野義太郎「明治政治史と憲法論争」／相川春喜「東北型郷村――その型質・地帯の基礎分析（一）」／戸坂潤「啓蒙とは何か?」／桜井武雄「維新前後に於ける大地主の土地集中――若干の事例について」／小笠原欽明「刑法発達史についての一考察（一）――明治維新より新刑法（明治四一年）の成立にいたるまで」／信夫清三郎「日露戦争の外交的考察――戦勝三〇周年を迎へて」／坂本三善「明治時代の日本主義（二）」／西村雄三　歴史時評「物質文化史アカデミーの新組織について」／吉場強　郷土史研究「台湾における原始氏族共同態」／赤松啓介　郷土史研究「播磨加古川流域の一揆」／庄司吉之助　郷土史研究「伊達信夫蚕糸業発達史序論」／新刊紹介　秋沢修二「永田広志著『唯物論哲学のために』」　早川二郎「森谷克己氏『支那社会経済史』」

第五号（一九三五年五月号）

岡邦雄　巻頭言「二つの科学」／小林良正「徳川＝幕藩治下における新田開発の意義とその原型」／渡部英三郎「鎌倉政権の経済的基礎（上）――鎌倉時代に於ける政治と経済との相関に関する考察」／小笠原欽明「刑法発達史についての一考察（二）――明治維新より新刑法（明治四一年）の成立になるまで」／早川二郎「『国造』の語義について」／桜井武雄「本間光丘と奈良屋権兵衛」／市川泰「慶応二年江戸の米一揆と米国大使の外米輸入勧告」／伊豆公夫「講座日本史学史（二）」／永田広志　歴史時評「明治思想史の若干の研究について」／秋沢修二　歴史時評「『アジア的生産様式』に関する三つの論文」／郷土通信　茨城版／新刊批評　辰巳経世「コヴァレフ著・西村雄三訳『古代社会論』」／昭和十年第一四半期歴史文献／服部之総「幕末秋田藩の木綿市場及木綿機業（二）」

第六号（一九三五年六月号）

服部之総　巻頭言「制服史学の門外にあるもの」／渡部英三郎「鎌倉政権の経済的基礎（下）――鎌倉時代に於ける政治と経済との相関に関する考察」／鈴木安蔵「諸外人の観たる日本憲政成立史」／戸弘柯三「農学の創唱と宮崎安貞」／桜井武雄「明治維新と醸造資本家――浜口梧陵評伝」／イー・イー・スミルノフ「封建＝農奴制社会」／貴司山治「田村栄太郎氏の近世日本交通史――小説作家として読む」／庄司吉之助「笠間藩に於ける地割制」／伊豆公夫「講

座日本史学史（二）」／関根悦郎　歴史時評「歴史研究の成果と展望」／カ・オストロヴィチャノフ「前資本主義的構成の発展（二）」／東北通信——農民道場／新刊紹介　坂本三善「サフアロフ著『日本の経済的発展と日本帝国主義』」

第七号（一九三五年七月号）　**特集・思想学説号**

戸弘柯三「歴史学と教訓」／永田広志「思想体系としての国学」／谷義彦「林羅山の排仏論と神道説」／伊豆公夫「講座日本史学史（三）」／坂本徳松「町人学としての心学——封建社会に於ける学問の展開」／信夫清三郎「ソヴェトにおける日露戦争研究の成果——研究の覚え書として」／早川二郎「日本歴史における奴隷所有者的構成の問題に関するコンラード氏の所説」／巌木勝「宗教論壇時評——日本と中国との」／小村義孝「農本主義のユートピア——橘孝三郎氏の『農本建国論』をよむ」／庄司吉之助　郷土史通信　福島県三題／坂本三善　新刊紹介「アベズガウス・ドウーコル共著『経済学方法論の基礎』」／服部之総「幕末秋田藩の木綿市場及木綿機業（三）」

第八号（一九三五年八月号）　**地方経済史号**

小倉金之助　巻頭言「数学史の貧困」／西村将「土佐藩紙業の発達——特に其の構造的性格を中心として」／大絲年夫「福井藩物産総会所と三岡八郎」／庄司吉之助「福島県の開墾形態と小作慣行」／井上次夫「明治時代宮城県の農業状態」／国分剛二「荘内のワッパ一揆について」／吉場強「台湾における原始的階級社会機構」／赤松啓介「東播の古代社会状勢概観」／桜井武雄　郷土史通信「農民道場と転向者」／岩田健治「今昔物語り——渡辺敏氏遺稿より」／カ・オストロヴィチャノフ「奴隷所有者的構成——先資本主義的構成の発展（二）」／伊豆公夫「講座日本史学史（四）」／昭和十年第二四半期歴史文献／小林良正「東北地方史誌文献——産業史的観点を中心として」／新刊紹介　服部之総「相川春喜氏『歴史科学の方法論』」

第九号（一九三五年九月号）

戸坂潤　巻頭言「唯物論とファシズム」／信夫清三郎「日清戦前におけるわが国産業の発展段階——綿織物業における産業革命」／森谷克己「謂ゆる『アジア的生産様式』再論——最近の我国諸家並びにコヴアレフの見解に関連し

て」／K・A・ウィットフォーゲル「支那経済史の基礎および諸段階（上）」／藤枝丈夫「始皇的法治思想と草創期の儒学」／三瓶孝子「日清戦争を転期とする本邦綿絲紡績業の発展過程（二）」／エス・エヌ・ブイコフスキー「考古学的用語法の改訂のために」／オストロヴィチャノフ「封建的構成――先資本主義的構成の発展（三）」／永田広志　講座「ブルジョア社会学説と史的唯物論」／地方史誌文献――京都府、茨城県／相川春喜「飛騨白川村『大家族制』の踏査並に研究（上）」／新刊批評　永田広志「戸坂潤著『日本イデオロギー論』」

第一〇号（一九三五年一〇月号）　特集・学説研究古代社会

平野義太郎「農奴制の再編成の基礎上に行はれた地主的＝農業経営の発展――とくに農業における資本主義発展の古典型との対比」／桜井武雄「二宮尊徳殁後八十年――生誕百五十年・卒去八十年に際して」／谷義彦「切支丹伝道の興廃と林羅山の排耶論（上）」／堤克久「熊沢蕃山の仏教批判」／伊豆公夫「白石・宣長の対立として見たる徳川期歴史学（上）」／K・A・ウィットフォーゲル「支那経済史の基礎および諸段階（中）」／アー・エス・ポリャコフ「支那における封建的構成の発展の合則性の問題（二）」／吉場強「土地の氏族共有から家族共有への転化過程――台湾高砂族についての考察」／秋沢修二「原始仏教に於ける『無我』の原理」／早川二郎「上代における『部』その内容、意義及び歴史（一）」／佐久達雄「古語拾遺の研究」／相川春喜「飛騨白川村『大家族制』の踏査並に研究（中）」／新刊批評　服部之総「小林良正氏『日本産業の構成』を読む」　池田彰「岡邦雄著『自然科学史講話』上巻」

第一一号（一九三五年一一月号）

山田勝次郎「絶対地代論の正しい把握のために（一）――マルクス絶対地代論に関する歪曲および疑問の批判的解明」／相川春喜「日本型の家内賦役制――その残留せる一典型・飛騨白川村『大家族制』の研究を機縁として」／赤松啓介「竪穴式高塚期の文化階梯――播磨加古川流域の研究」／坂本三善「日本金融資本の特質について――向坂氏の『日本資本主義分析に於ける方法論』批判」／伊豆公夫「白石・宣長の対立として見たる徳川期歴史学（下）」／早川二郎「上代における『部』、その内容、意義及び歴史（二）」／三瓶孝子「日清戦争を転期とする本邦綿絲紡績業の発展過程（二）」／布施辰治「東北奥地の山間部落更生対策と入会問題――土屋、山川両氏の山村実地踏査誤謬指摘」／昭和十年第三四半期歴史文献一覧／チャールズ・ファーナンド・レイ「エチオピアの歴史」

第一二号（一九三五年一二月号）

小林良正「徳川＝幕藩治下における『町人請負新田』の性質について」／山田勝次郎「絶対地代論の正しい把握のために（二・完）――マルクス絶対地代論に関する歪曲および疑問の批判的解明」／谷義彦「切支丹伝道の興廃と林羅山の排耶論（二・完）」／野口八郎「前資本主義地代論の誤謬――大内兵衛氏所論への批判」／桜井武雄「明治の農政と土地問題」／K・A・ウィットフォーゲル「支那経済史の基礎および諸段階（下）」／新刊紹介　永田広志「クーノー・フィッシャー・甘粕石介訳『ヘーゲル伝』」／アー・エス・ポリャコフ「支那における封建的構成の発展の合則性の問題（二）」

第五巻

第一号（一九三六年一月号）

服部之総「歴史研究法とは何か――ベルンハイムとブイコフスキー」／永田広志「国学の社会的役割」／渡部義通「屯倉・田荘の研究――就中、その社会経済的内容及び歴史的意義に就いて」／渡部英三郎「室町時代の政治過程（上）」／野村準二「海外考古学情報」／赤松啓介「兵庫県地方研究状勢の展望（一）」／布施辰治「『農村の研究方法』と土地調査――「町村勢要覧」の耕作統計について」／マックス・ベーア　坂井萬之助訳「エンゲルスの横顔」／信夫清三郎「日清戦前における清国産業の発展段階――絹および綿織物業におけるマニユフアクチユアの諸形態」／禰津正志「日本金石併用時代に関し土屋・阿部両氏へ」／新刊紹介　桜井武雄「信夫清三郎氏著『陸奥外交』」

第二号（一九三六年二月号）

永田広志「イデオロギーの発展法則について（イデオロギー史の理解のために）」／A・A「ソヴェート物理学の一七

年」／早川二郎「上代における『部』、その内容、意義及び歴史（三）」／渡部英三郎「室町時代の政治過程（下）――この時代に於ける政治権力の遠心的傾向と其の社会経済的基礎に就ての考察」／郭沫若「秦始皇の死」／金台俊「檀君神話研究（一）」／ベー・エル・ボガエフスキー「古代支那研究の資料について」／マックス・ベーア　坂井萬之助訳「レーニンとの会見記」／布施辰治「調査に対する農山村民の心情」／平田小六「農耕記――一九三五年津軽農村の一日」／野村準二「海外学界情報」／相川春喜「史劇『海援隊』に就いて」／東大文学部卒業論文題目／信夫清三郎　新刊紹介「尾佐竹猛著『維新史叢説』」

第三号（一九三六年三月号）

森谷克己「支那における最初の階級分化と早期国家の成立」／相川春喜「技術史の基礎論点――産業革命の技術的基礎」／井上次夫「宮城県工業発展史の一考察」／庄司吉之助「明治維新と福島県の産業」／早川二郎「上代における『部』、その内容、意義及び歴史（四）」／ヴエ・ダーリン「フランスの経済史上に於ける一六世紀」／P・ブウトンニエ「佛蘭西大革命の根本原因」／金台俊「檀君神話研究（二）」／野村準二「海外学界情報」／赤松啓介「兵庫県地域研究状勢の展望（二）」／信夫清三郎　歴史評論「維納万国博覧会」／玉水常治「自由党大阪事件　玉水常治自伝（一）」／新刊紹介　入江政輔「ピアトニツキー『ドイツ・ファシズム論』」

第四号（一九三六年四月号）

相川春喜「日本型産業革命の技術的基礎（一）」／信夫清三郎「第一回内国勧業博覧会――染織経済史上におけるその地位と成果（一）」／布施辰治「農山漁村の経済更生計画」／鳥井博郎「日本科学思想史の課題について」／佐原義雄「協同組合理論の発展」／永田広志「中江兆民の『理学鈎玄』について」／エフィモフ「現代アメリカ史学の主要潮流」／ベーア「ナチス主義に対して」／野村準二「海外学界情報」／金台俊「檀君神話研究（三）」／玉水常治「自由党大阪事件　玉水常治自伝（二）」／岡邦雄「道徳論序説」／服部之総「歴史文学と歴史科学」

第五号（一九三六年五月号）

平野義太郎「アイルランドにおける土地問題（一）」／土方定一「明治洋画発達史」／信夫清三郎「第一回内国勧業博覧会――染織経済史上におけるその地位と成果（二・完）」／相川春喜「日本紡績工程の『更革』――日本型『産業革命』の技術的基礎（二）」／歴史評論　大絲年夫「幕末武器工業の技術革命について――問題の所在および若干の資料」　吉場強「社会構成の有機的把握に就て」　坂本三善「最近の土地問題論瞥見」　桜井武雄「『日本一の模範村』由来記」／カール・ラデック「歴史科学の前進のために」／アー・エヌ・ベルンシュタム「歴史における征服の役割」／スターリン、ハワード会見談／野村準二「海外考古学情報」／戸坂潤「大衆の再考察」

第六号（一九三六年六月号）

永田広志「廃仏毀釈の歴史的意義」／中川清「歴史論の中心問題――服部、相川両氏の所論に対する覚え書き」／坂本徳松「国学における政治的契機――本居宣長の老荘思想排撃を中心に」／三瓶孝子「日露戦争を転期とする本邦綿紡業の発展」／歴史評論　巌木勝「『失楽園』の日本史――松本一夫氏『日本精神論』をよむ」　早川二郎「日本語の時代相――現代文化の歴史的批判」　西村将「定免制に関する一考察――徳川期地代の発展に対する考察の二」　桜井武雄「土地所有の寄生化――その一現象としての中間寄生的小作管理人について」／ソ連邦における歴史教科書コンクール／カール・ア・ウィットフォーゲル「家族権威発達の経済史的基礎（一）」／玉水常治「自由党大阪事件・玉水常治自伝（三）」／坂本三善　新刊紹介「マヂャール著『支那の農業経済』」／平野義太郎「アイルランドにおける土地問題（二・完）」

第七号（一九三六年七月号）

森谷克己「朝鮮原始社会の転形期における『東夷』諸種族の状態」／渡部義通「荘園発生の基礎過程」／相川春喜「桐生マニュファクチュアの形態並に段階――一の技術史的前過程」／歴史評論　玉城肇「町人家族の構成」　井上次夫「青森地方職業紹介事務局発行『東北地方北海道農山村漁村職業紹介の問題』」／平館利雄訳「ロシヤ農奴解放五十年

祭へのレーニンの寄書」／カール・ア・ウィットフォーゲル「家族権威発達の経済史的基礎(二)」／野村準二「スペインにおけるアジア的封建制(一)」／池田寿夫「平田国学の歴史的役割(一)——『夜明け前』の批判を中心として」／新島繁「モリエール『守銭奴』に寄する感想」

第八号（一九三六年八月号）

信夫清三郎「久留米絣の生産形態(一)——その歴史的発展における諸特質について」／伊豆公夫「織豊・徳川政権成立の理由(上)」／エヌ・ブハーリン「歴史科学の意義——ポクロフスキーの歴史理論批判」／永田広志「国学についての再考察」／神畑勇「柏崎事件の真相」／ペー・イー・オシーポフ「支那古代社会における奴隷制に就て(上)」／野村準二「スペインにおけるアジア的封建制(二)」／布施辰治「ソ連新憲法草案の紹介」／池田寿夫「平田国学の歴史的役割(二)——『夜明け前』の批判を中心として」／新島繁「モリエール『守銭奴』に寄する感想への補足——悲劇と喜劇の問題など」／川口浩「ゴーリキイの評価」／新刊紹介　谷義彦「伊豆公夫氏『日本史学史』」

第九号（一九三六年九月号）

渡部英三郎「戦国諸侯の独立性と其政治的現はれ」／三枝博音「わが国における自然解釈史(覚書)」／伊豆公夫「織豊・徳川政権成立の理由(中)」／大木昭三「日蓮出現の社会的意義」／三浦恒夫「服装史についての一考察(一)」／ペー・イー・オシーポフ「支那古代社会における奴隷制に就て(下)」／郭沫若「項羽の自殺」／布施辰治「定免制の憶ひ出——文字の錯覚？」／池田寿夫「平田国学の歴史的役割(三)——『夜明け前』の批判を中心として」／ヴエ・セルゲイエフ「スペインの歴史」／飯田忠夫　新刊紹介「我妻東策氏著『明治前期農政史の諸問題』」

第一〇号（一九三六年一〇月号）　**地方経済史特輯**

西村将「薩摩藩草創期の諸問題」／井上次夫「鰹漁業に於ける生産形態」／庄司吉之助「明治維新と福島県の農業」／赤松啓介「古代における日鮮の交渉」／国分剛二「郷土史誌の片鱗(一)」／関根悦郎「農業経営と農家負債(一)」／池田寿夫「平田国学の歴史的役割(四・完)——『夜明け前』の批判を中心として」／三浦恒夫「服装史についての一考察

（二・完）」／三枝博音「我が国における自然解釈史（二）」／新刊批評　信夫清三郎「永田広志『日本唯物論史』」

第一一号（一九三六年一一月号）

中川清「科学的歴史記述の方法」／信夫清三郎「久留米絣の生産形態（二）――歴史的発展におけるその諸特質について」／三瓶孝子「明治前期における婦人及幼年労働者の状態」／布施辰治「東北奥地山村の生活を語る――奥の入会紀行」／国分剛二「郷土史誌の片鱗（二）」／藤井萬喜太「日光の杉並木」／小川松太郎「群馬県における郷土史研究の鳥瞰」／野村準二「フランス革命前に於ける鉄工業」／関根悦郎「農業経営と農家負債（二）」／歴史評論　西村将「石代納に関する一考察――徳川期地代の発展に対する考察」　大絲年夫「国友鉄砲鍛冶の史料――有馬成甫氏『一貫斎国友藤兵衛伝』の紹介」

第一二号（一九三六年一二月号終刊）　**日本思想史研究**

鳥井博郎「江戸中期の自然観と安藤昌益の『自然真営道』」／谷義彦「荻生徂徠と其の学風」／布施辰治「東北奥地山村の生活を語る（二）――奥の入会紀行」／林田朝人「李朝末葉の経済状態に関する若干の考察――特に資本制生産様式への転化の基本的前提条件の欠如に就いて」／洞富雄「君子・小人考」／伊豆公夫「織豊・徳川政権成立の理由（下）」／信夫清三郎「久留米絣の生産形態――歴史的発展におけるその諸特質について（三・完）」／新刊紹介　山本龍一「信夫清三郎著『外交論』（唯物論全書）」

（8）『歴史』総目次

第一号（一九三七年一月号創刊）**外国人の見た日本歴史**

西岡虎之助「支那側における上古日本に対する経済的魅惑」／丸山国雄「幕末維新時代来朝外国人の日本観」／小西四郎「『ハリス』の見た日本及日本人」／安藤徳器「幕末仏人の眼に映じたる日本――仏国海軍大主計アルフレッド・ルサンの『日本沿海戦記』より」／大久保利謙「シーボルトの見たる日本及日本人」／佐藤虎雄「外人の観たる平安期」／中尾健弌「最近米国に於ける日本研究」／編集部　諸家に訊く／後藤富男「現代蒙古の歴史（一）」／西村将「徳川期『新田』開発の一研究」／横井春野「応永の猿楽革命と謡曲文作者としての世阿弥元清」／史家の随筆　国分剛二「社寺林の盗伐と村の生命線」　品川漁史「現代史の夢想」／歴史評論　木下暉朗「天保改暦の一考察」　田村栄太郎「明治の娼妓解放令」／藤井万喜太　郷土史研究史料「日光郷土文献」／信夫清三郎「名古屋商業会議所編『愛知県陶器業調査』について」

第二号（一九三七年二月号）**歴史論**

三枝博音「歴史論の問題としての構想力（一）」／清水幾太郎「コントに於ける歴史的方法に就いて」／河野正通「ヘーゲルの歴史観（一）」／坂本徳松「本居宣長の歴史観」／谷義彦「荻生徂徠の歴史観」／佐木秋夫「キリスト教の歴史観」／秋沢修二「マルクス＝エンゲルスの歴史観」／後藤富男「現代蒙古の歴史（二）」／歴史評論　玉城肇「ペルリとハリス」　丸山清康「鎌倉と江戸」／服部之総「津和野藩廃仏史料断片」／皆川剛六「静岡県郷土史料概観（一）」／栗山一夫　学界ニュース「兵庫県郷土研究会ニュース」

第三号（一九三七年三月号）

三枝博音「歴史論の問題としての構想力（二・完）」／秋山謙蔵「マルコポーロと日本人の宗教観」／森谷克己「支那の

中古における均田制の成立」／渡辺修次郎「外国皇族最初の来朝＝政府の苦慮」／編集部　諸家に訊く／田中惣五郎「草莽維新史抄（一）」／べー・アー・ラッィニン「灌漑の歴史の問題によせて」／河野正通「へーゲルの歴史観（二・完）」／藤井万喜太「誤られたる日光廟――東照権現鎮座の由来」／千葉政彰「屯田兵叢談――北海道開拓と西郷隆盛」／布施辰治「『小物成』に就いて――その実例」／国分剛二「羽黒山縁起と三山雅集――出羽国羽黒山修験道派の一史料」／安藤徳器「中田敬義翁『布哇国革命ノ顛末』――明治中期外交史料」／原与作「明治維新新神仏分離史料――亀井家史料を中心として」／編集部　新刊史学関係図書目録

第四号（一九三七年四月号）

寺尾宏二「徳川時代武家経済に関する二三の問題」／栗山一夫「播磨における初期仏教文化」／伊東多三郎「鷹見泉石と蘭学（一）」／信夫清三郎「始祖三紡績（一）――鹿児島・堺・鹿島紡績所」／編輯部「諸家に訊く」／田中惣五郎「草莽維新史抄（二・完）」／Ｂ・Ｌ・ボガエフスキー　海外史潮「欧米における『エーゲ文化』研究の現状と我々の研究的任務（一）」／服部之総　人物再検「大橋訥菴――寺田剛氏著『大橋訥菴先生伝』をめぐりて」／歴史家の観た映画　田村栄太郎「戦国群盗伝を観る」　伊豆公夫「『歴史的』映画はなぜ面白くないか」／椙山一夫「佐藤信淵の統制経済」／野口隆「夢を買ふ」／史料欄　庄司吉之助「赤子養育並に人口増殖に関する資料」　遠藤元男「鎌倉時代史料解説（一）」　皆川剛六「静岡県郷土史概観（二・完）」／学界ニュース　京大史学科卒業論文の新傾向〝就職史観〟への意識的移行／編集部　新刊史学関係図書目録

第五号（一九三七年五月号）

伊東多三郎「鷹見泉石と蘭学（二・完）」／信夫清三郎「始祖三紡績（二）」／安倍有一「第一議会――軍部と有産者との協同計画史の一節」／服部清道「伝教大師最澄の入山」／十六ミリ　歴史案内／田村栄太郎　講話「日本交通・政治革命史話」／片山巍　講話「水藩史の本領」／Ｂ・Ｌ・ボガエフスキー　海外史潮「欧米における『エーゲ文化』研究の現状と我々の研究的任務（二）」／エヌ・イ・コンラード「奈良朝時代の社会経済構成について」／歴史評論　丸山清康

「神様から借財する旗本」　吉本公平「マルコ・ポーロ異考」　神畑勇「ベルンハイムの史学に就て」／安藤徳器「維新史研究史家に与ふ」／史料欄　林茂「日本憲政史文献解説」　遠藤元男「鎌倉時代史料解説（二）」　藤井万喜太 解題註疏「東台焼亡事記」／新著批評　大泉漁史「白柳秀湖氏の『明治大正国民史』（明治中編）其他」　永田広志「戸坂潤著『世界の一環としての日本』」　大絲年夫「福田英子著『妾の半生涯』の復刻について」／新著内容紹介／新刊雑誌論文要目／編集部　新刊史学関係図書目録

第六号（一九三七年六月号）　**日本産業革命史特集号**

信夫清三郎「讃岐糖業における産業革命（一）」／飯田忠夫「製絲業における産業革命（一）」／大絲年夫「幕府直営の機械工場について――長崎・横浜・横須賀製鉄所」／井上次夫「水産製造業における資本主義の発展――宮城県の資料に基く」／新谷虎之助「我が古典に表示されてゐるヘレネ語（一）――古典研究の方向転換」／B・L・ボガエフスキー海外史潮「欧米における『エーゲ文化』研究の現状と我々の研究的任務（三・完）」／歴史評論　戸川安章「月山神社と伊氏波神社」　竹内晨平「赤穂義挙の前駆運動――肥前深堀義士について」／伊藤至郎「伝記文学と歴史」／編集部 諸家に訊く／坂本徳松「旅窓の郷土史――信濃郷土叢書について」／田村栄太郎「郷土史研究の現状について」／学界ニュース／新刊雑誌論文要目／新刊史学関係図書目録

第七号（一九三七年七月号）　**特集東洋社会の特殊性**

森谷克己「社会経済史における東洋の特殊性――『東洋的なるもの』はないか」／佐野袈裟美「支那における封建制の成立過程とその特殊性（一）」／秋沢修二「東洋における古典的社会構成の特質――インド社会及び支那社会について」／三枝博音「東洋芸術に就いての根本的疑問」／鳥井博郎「東洋的汎神論における自然と人間」／佐木秋夫「東洋的宗教の特質」／新谷虎之助「我が古典に表示されてゐるヘレネ語（二・完）――古典研究の方向転換」／史料欄　遠藤元男「鎌倉時代史料解説（三）」　庄司吉之助「幕末における郷蔵と農民」／史界ニュース／新刊批評　住谷悦治「服部・信夫両氏著『明治染織経済史』を読む――謂ゆる歴史学派を止揚した経済史研究の典型」　国分剛二「『東北産業

経済史（第四巻庄内藩）』」　佐木秋夫「巌木勝著『仏教論』」／新刊内容紹介／新刊雑誌論文要目／新刊史学関係図書目録

第八号（一九三七年八月号）　**特集・再発見の歴史人物**

遠藤元男「再発見の史上の女性」／野村晋域「毛利元就」／日置弥三郎「高田屋嘉兵衛に関する資料管見」／田中惣五郎「本間精一郎考」／大絲年夫「大井憲太郎年譜並びに著訳書目録」／吉原公平「基督教徒化された釈迦の伝説に就いて——綺談「バルラームとヨサファット」」／宮田戊子　歴史文芸「渡辺崋山に関する史実について——藤森氏の小説『渡辺崋山』をめぐって」／信夫清三郎「讃岐糖業における産業革命（二）」／飯田忠夫「製絲業における産業革命（二）」／佐野袈裟美「支那における封建制の成立過程とその特殊性（二・完）」／遠藤元男　史料欄「鎌倉時代史料解説（四）」／史界ニュース／新刊批評　渡部義通「秋沢修二著『東洋哲学史』に現はれたインド及び支那社会の把握」　三枝博音「秋沢修二氏の『東洋哲学史』の労作を読む」／新刊内容紹介／新刊雑誌論文要目／新刊史学関係図書目録

第九号（一九三七年九月号）　**特集・織豊社会変革期**

京口元吉「織豊時代の近世史的意義」／田中忠夫「日本語の語源について（一）」／河原田耕「太閤検地考——その過程・その意義（一）」／皆川剛六「今川氏没落の要因」／伊豆公夫「織豊時代の軍事問題——その一般的な性質について」／渡部英三郎「朝鮮征伐の時代的意義」／海外史潮　エ・コスミンスキー「中世期に於ける都市の発達」／服部之総　人物再論「小室信夫」／信夫清三郎「讃岐糖業における産業革命（三・完）」／飯田忠夫「製絲業における産業革命（三）」／史界ニュース／新刊紹介／新刊雑誌論文要目／新刊史学関係図書目録

第一〇号（一九三七年一〇月号）　**特集・大化改新研究**

西岡虎之助「大化改新に依る氏族制の消長（一）」／渡部義通「日本奴隷制社会・並びにその解体過程における特殊形態——大化改新の社会史的意義」／洞富雄「中古階級的内婚制廃止の財政的要因」／田中忠夫「日本語の語源について（続）」／早川二郎「大化改新後の時代における奴隷制度の位置及び意義」／映画　人情紙風船を観る／家永三郎「仏教

を中心として観たる大化改新（上）」／秋沢修二「王朝時代の思想の特質――奈良朝時代を中心として」／飯田忠夫「製絲業における産業革命（四・完）」／河原田耕「太閤検地考――その過程・その意義（二）」／史界ニュース／信夫清三郎新刊批評「スヴェトロフ『明治維新の展望』」／新刊紹介／新刊雑誌論文要目／新刊史学関係図書目録

第一一号（一九三七年一一月号）　特集・戦争と経済

堀真琴「現代の戦争と経済」／大絲年夫「近代軍事史上の諸問題――主として徳川時代に於ける軍事の発達」／洞富雄「彰義隊討伐費の出所に就いて」／田村栄太郎「室町時代の軍役と士卒」／河原田耕「関ヶ原戦の経済的背景――東西対抗を一の鍵として」／田中惣五郎「正気隊小荷駄日誌」／丸山清康　随筆「埴輪を毀く」／吉原公平「忽必烈の日本遠征失敗とその経済的原因」／服部之総「日露役にいたる近代戦史への一照明――安井洋氏の特殊研究」／早川二郎「欧州大戦と戦費――H・フィスクの資料による」／安藤徳器「戦争成金物語」／史界ニュース

第一二号（一九三七年一二月号）　特集・日本の特殊性

戸坂潤「日本文化の特殊性（一）」／京口元吉「日本歴史の特殊性（一）」／渡部義通「律令制時代における土地所有関係の特質」／永田広志「徳川期思想史の特質について」／信夫清三郎「日本産業革命史の一論点――糖業史を中心に」／村上俊雄「日本宗教史の特質」／河原田耕「日本封建制の『近世』的特徴――その世界史的地位に就て」／原与作「切腹の経済的要因」／西岡虎之助「大化改新に依る氏族制の消長（二）」／家永三郎「仏教を中心として観たる大化改新（下）」

第一三号（一九三八年一月号）　特集・支那社会再認識

浅川謙次「最近支那の思想運動――新五・四運動とは何か」／太田七郎「支那史に於ける鍵経済地域――冀筱泉の著書をめぐって」／永井良一「北支農村社会の特質」／信夫清三郎「太平天国の乱についての一省察」／後藤富男「近代支那軍制の発展」／A・ペトロフ「支那哲学の源泉」／山本義三「宦官物語」／坂本徳松「支那事変現地の史蹟」／新刊紹介／西岡虎之助「大化改新に依る氏族制の消長（三）」／京口元吉「日本歴史の特殊性（二）」／史界ニュース

二月号休刊

第一四号（一九三八年三月号）

西山栄久「支那家族制度の研究について」／河原田耕「鎖国論——日本『近世』への序幕として」／田中惣五郎「維新直前の農村」／吉水霊家「原始仏教教団の特質」／佐木秋夫　伝説検討「龍ノ口法難伝説（一）」／原与作「大国隆正とはどんな人か」／大原賢次　聞書「箱根戦争顛末記」／歴史家のサロン　田村栄太郎「江戸文芸の高利貸座頭」　田辺元生「徳川時代の漢字廃止論」　塩田保美「植木枝盛の軍隊観」　国分剛二「最近鶴岡にて発見の小関三英の手紙」　洞富雄「万葉集に見えたる他界観としての高天原の思想」／石堂礼夫「天眼を掠める」／編集部「実録史譚についで」／伊藤至郎　実録史譚「日本科学史の一齣　伊能忠敬をめぐる人々（一）」／アイリン・パワー・真野秀夫訳述「欧州荘園裏面史　農民ボド」／史界ニュース

第一五号（一九三八年四月号）

河原田耕「阿片戦争の史的位置——白人支那侵攻史の起点として」／西村将「幕末諸藩の物産『専売』の意義（一）」／信夫清三郎「北海道における甜菜糖業の発達（一）」／吉場強「社会構成から観た日清・日露戦下の帝国議会」／佐木秋夫　伝説検討「龍ノ口法難伝説（二）」／後藤富男「踏査実記蒙古習俗点描」／伊豆公夫　短歌「書斎と街上——歴史家の歌へる」／歴史家のサロン　丸山清康「西行と家内工業」　藤井万喜太「南部の紫根染」　大絲年夫「独逸達知幾移入考——『三兵達知幾』『泰西兵鑑』『戦論』」　田中忠夫「日本語と安南語——語彙の関係について」／石堂礼夫「聖なる接吻」　橋本行雄「三多摩の役割——護国団の政党本部占拠事件を見て」／実録史譚　戸羽山瀚「彰義隊後日譚」　伊藤至郎「伊能忠敬をめぐる人々（二）」／赤松啓介　書評「郷土研究の二つの方法に就て——『郷土史研究の手引』を読む」／歴史の話題

第一六号（一九三八年五月号）

秋沢修二「日本社会と支那社会――アジア的停滞性に関して」／洞富雄「朝鮮・戊辰両役における鉄砲の役割」／西村将「幕末諸藩の物産『専売』の意義（二・完）」／信夫清三郎「北海道における甜菜糖業の発達（二・完）」／戸川安章「安土・桃山時代から江戸時代の初期にかけての羽黒山」／桑田忠親「安土桃山時代の文学」／田村栄太郎「江戸時代の司法制度とその調べ方」／歴史家のサロン　大原賢次「『曲芸』の輸出――巴里万国博覧会をめぐりて」　三瓶孝子「明治維新の変革によって影響を蒙った若干の農家家内工業について」　渡辺修二郎「日独開交当初の逸事」　庄司吉之助「農村習俗『講』考」／伊藤至郎　実録史譚「伊能忠敬をめぐる人々（三・完）」／柳田正男「理想郷建設秘録――前田正名と石川理紀之助」／書評　村上俊雄「佐木秋夫氏著『日蓮』」　高木清「大阪絵具染料同業組合編『絵具染料商工史』」

『唯物論研究』『学芸』（『唯物論研究』改題）　掲載歴史関係論文目録　一九三二年一一月（創刊）～一九三八年一二月（終刊）

創刊号（一九三二年一一月）
本田謙三「唯物論史研究を志して」／並河亮「原始共産否定の残滓」／桑木・戸坂他「狩野博士に訊く」

第二号（一九三二年一二月）
阿部真琴「江戸時代における地球円体・地動学説（I）」／小高良雄「唯物史観に於ける生産力の概念について」／服部之総「論戦　和辻教授の哲学的日本現代史」

第三号（一九三三年一月）
阿部真琴「江戸時代における地球円体・地動学説（承前）」／君島慎一「生産力の要素としての労働力について」／清水幾太郎「社会学としての史的唯物論」／西岡虎之助「上古巫女の土地経済史的考察」

第四号（一九三三年二月）
宇佐美鉄夫「大森義太郎著『史的唯物論』を読む」
第五号（一九三三年三月）
小原敬士「『自然的歴史と歴史的自然』の問題」
第六号（一九三三年四月）
清水幾太郎「史的唯物論と社会学――大森氏は社会学を如何に遇するか」／佐々木孝丸「演劇を中心とするルソオと『百科全書派』の対立――唯物史観演劇史編纂のための資料断片」／三村元「中世支那における寺院経済に関する社会史的考察」／玉城肇「明治の変革と離婚制度」
第七号（一九三三年五月）
刀根川浩「日本建築史学方法論」／佐々木孝丸「演劇を中心とするルソオと『百科全書派』の対立（承前）」／早瀬利雄「イデオロギーとしてのアメリカ革命――アメリカニズム世界観研究への序説」
第八号（一九三三年六月）
小倉金之助「アジア的数学に就いて」／志田不動麿「白話文学の起源」／宇佐美鉄夫「原始社会と法の歴史性」
第九号（一九三三年七月）
君島慎一「唯物弁証法と史的唯物論」／斎藤晌「郭沫若氏の古代支那研究」
第一〇号（一九三三年八月）
三浦恒夫「日本の奴隷制に関する最近の討論」
第一一号（一九三三年九月）
土沢米吉「日本におけるアカデミーの五〇年」／学文路圭民「中江兆民とその唯物論」
第一三号（一九三三年一一月）

学文路圭民「鳥尾小弥太述　真正哲学『無神論』を読む」
第一四号（一九三三年一二月）
丸山時夫「明治時代に於ける唯物論」／学文路圭民「中江兆民の研究」
第一五号（一九三四年一月）
佐久達雄「古代研究の方法論」／山本三郎「室町時代の酒造業」
第一六号（一九三四年二月）
岡村隆雄「『日本精神への志向』への瞥見」／細呂木卓夫「川合貞一の『唯物史観に就て』の批判」
第一七号（一九三四年三月）
佐野袈裟美「農民戦争としての太平天国革命」／坂本三善「明治維新に於ける国際的契機について」
第一八号（一九三四年四月）
細呂木卓夫「明治時代の唯物論文献の紹介検討」
第一九号（一九三四年五月）
丸山時夫「明治哲学史研究」／N・ルーキン「歴史家としてのカール・マルクス」／田中忠夫「ウィットフォーゲル著、平野義太郎監訳『解体過程にある支那の経済と社会』の邦訳についての注意」
第二〇号（一九三四年六月）
平野義太郎「支那研究に対する二つの途」／田村栄太郎「上州世直しと小栗上野之介」
第二一号（一九三四年七月）
永井清「本居宣長に関するノート」／坂本三善「『思想』（特集日本精神）五月号における論文二三を取りあげて」
第二二号（一九三四年八月）
松下正夫「史的唯物論の対象」

第二四号（一九三四年一〇月）
戸弘柯三「我国に於ける近世哲学史の回顧」／辰巳経世「狩猟部族と奴隷制度（上）」
第二五号（一九三四年一一月）
G・アダミヤン「『唯物論と経験批判論』に於ける唯物史観の問題」
第二六号（一九三四年一二月）
永田広志「歴史における主観的条件の意義」／辰巳経世「狩猟部族と奴隷制度（下）」／李清源「『朝鮮社会経済史』を読む」
第二七号（一九三五年一月）
吉益忠雄「仏教日本化の頭目としての源信」／辰巳経世「奴隷制度と原始キリスト教」／江島不二「一九三四年度の学界・回顧と展望・歴史学」
第二八号（一九三五年二月）
森宏一「歴史理論における人間学と唯物論」／宋明哲「台湾社会経済史に於ける分類械闘の意義に就いて」
第三〇号（一九三五年四月）
戸弘柯三「明治思想は如何に論理学に反映したか（Ⅰ）」／秋沢修二「明治時代に於ける宗教の発展過程」／松原宏「民族の基礎概念に就て」／早川二郎「所謂東洋史における『奴隷所有者的構成の欠如』を如何に説明すべきか？」／李清源「アジア的生産様式と朝鮮封建社会史」
第三一号（一九三五年五月）
平野義太郎「徳川封建制の解体過程、その特質——徳川後期における『中国筋』の経済状態」／戸弘柯三「明治思想は如何に論理学に反映したか（Ⅱ）」／三枝博音「『「最澄論」の批判』に答へる」

第三二号（一九三五年六月）
服部之総「史家としての蘇峰、三叉、愛山」
第三三号（一九三五年七月）
秋沢修二「アジア的イデオロギーとしての仏教（原始仏教）」／辰巳経世「『アジア的生産様式』に関する論争の諸成果と残された若干の問題」／早川二郎「奴隷所有者構成の東洋的形態の問題」
第三六号（一九三五年一〇月）
坂本徳松「二宮尊徳の批判的考察」／堤克久「加藤弘之の無神論と仏教批判」
第三七号（一九三五年一一月）
伊豆公夫「社会史的に見た音楽の発達（一）」
第三八号（一九三五年一二月）
根津君夫「万葉集の芸術と思想」
第三九号（一九三六年一月）
早川二郎「我が『古代』史における交換経済の発展（Ⅰ）」／標哲郎「古代印度人の観念形態と社会体制」／伊豆公夫「社会史的に見た音楽の発達（二）」
第四〇号（一九三六年二月）
堤克久「明治時代の唯物論・無神論批判」／伊豆公夫「社会史的に見た音楽の発達（三）」
第四一号（一九三六年三月）
早川二郎「我が『古代』史における交換経済の発展（Ⅱ）」
第四四号（一九三六年六月）
坂本徳松「心学復興の現代的意義」／早川二郎「我が『古代』史における交換経済の発展（Ⅲ）」

第四五号（一九三六年七月）
夏山茂樹「心学・儒学・国学」／中川清「綜合的一般思想史の課題」
第四六号（一九三六年八月）
伊藤至郎「歴史文学と仮構」
第四七号（一九三六年九月）
森宏一「最近の歴史論における問題に寄せて」
第四九号（一九三六年一一月）
早川二郎「歴史学における時代区分の問題」
第五〇号（一九三六年一二月）
伊豆公夫「歴史論の具体的展開のために」／石原辰郎「広義の歴史と狭義の歴史」／鳥井博郎「安藤昌益の研究」／早川二郎「歴史に関する論文の回顧」
第五一号（一九三七年一月）
伊豆公夫「叙事詩と抒情詩――我が古典時代に於ける」／早川二郎「『物のあはれ』の物質的基礎」
第五二号（一九三七年二月）
中川清「十九世紀前半に於ける歴史論（Ⅰ）」
第五三号（一九三七年三月）
巌木勝「原始仏教の社会的根拠」／坂本三善「『広義の経済学』と『経済史学』」／堤克久「江戸中期以後の科学・哲学思想の概観」／中川清「十九世紀前半に於ける歴史論（Ⅱ）」／佐野袈裟美「王充（思想家評伝）」
第五四号（一九三七年四月）

戸坂潤「科学的精神とは何か――日本文化論に及ぶ」／坂本徳松「日本民族性形成の問題」／鈴木安蔵「左派民権論について――主として植木枝盛について」／於久宗「古代支那思想の発生過程」

第五六号（一九三七年六月）

満岡忠成「陶器鑑賞に於ける日本的性格に就て」

第五八号（一九三七年八月）

中川清「歴史に於ける特殊性の問題」

第五九号（一九三七年九月）

田村栄太郎「日本民衆娯楽史」／栗山一夫「農業習俗とその特質」

第六〇号（一九三七年一〇月）

坂本徳松「日本町人文化論」／於久宗「原始宗教の本質」

第六二号（一九三七年一二月）

早川二郎「歴史学における科学性の問題」／三沢章「日本考古学の発達と科学的精神（Ⅰ）」

第六三号（一九三八年一月）

三沢章「日本考古学の発達と科学的精神（Ⅱ）」／追悼　早川二郎の死

早川二郎「奈良朝の文化」

第六四号（一九三八年二月）

伊藤至郎「数学の史的関心（Ⅰ）」／武田武志「古典ギリシヤ芸術の特質と発生の社会的条件（一）」／信夫清三郎「中国景徳鎮に於ける磁器マニュファクチュア」／堀関夫「万葉集より観たる庶民の生活」

第六五号（一九三八年三月）
武田武志「古典ギリシヤ芸術の特質と発生の社会的条件（Ⅱ）」／伊藤至郎「数学の史的関心（Ⅱ）」／伊豆公夫「佐藤信淵『経済学』の素描的分析」／田村栄太郎「明治初年の半官的運送会社」

第六六号（一九三八年四月）
椎崎法蔵「日本洋楽史の一齣――高野長英と『聞見漫録』」

第六七号（一九三八年五月）
鶴田三千翁「明治時代に於ける我国工作機械工業発展の特質」／森喜一「日本恐慌史の第一頁――資本主義成立の一指標」

〈以下『学芸』と改題〉

第六八号（一九三八年六月）
武田武志「東洋文化論其の他」／田村栄太郎「明治政変当時の鉄道問題」

第七〇号（一九三八年八月）
伊豆公夫「万葉社会の史的構造」／遠藤元男「中世における物語の歴史性と政治性――『源氏物語』を中心として」／堀英之助「地理学の方向――『歴史地理学』派の批判」

第七四号（一九三八年一二月）
巴陵宣祐「科学史とは何か」／石井友幸「生物学に於ける史的方法」／栗山一夫「考古学に於ける歴史の問題」／堀英之助「地理学と歴史学」／遠藤元男「日本中世史研究に於ける重要課題」

（9）歴史学研究会の結成

①生誕のことば

歴史の知識は、一部の人々に独占せらるべきでなく、これを普く社会の全分野に浸透せしめられなければならない。そして歪められざる「歴史」は現実の認識の上に成立してこそ、将来への推進力となろう。「歴史学」は、その過去の輝かしき業績にもかかはらず、今や全世界を動かす歴史の歯車の音が、層一層、はげしくなるに至つて、それはもはや現実性を失ひ、徒らに抽象に堕し、民衆の利害から超然たる存在に化し去つたかの観がある。

かくて「歴史」は将来への推進力たり得やうか。

われらの会は、多くの少壮史家によつて結成され、真に現実的・具体的・協同的な方法により、飽く迄も歴史の科学的研究に終始するもので、他に関心をもつ事を絶対に排撃する。また特殊な私的結合でもなく、学究的な団体である。しかも、この活動を真に民衆的たらしめんが為めに、本誌は生れた。

われらは、ここに、現実的意義をもつ論文の選択を行ひ、特に先人の業績を継承発展せしめると共に、本会の活動の成果を発表するであらう。その記述は正確簡明にして、興趣ある民衆的な読物たらしめなければならない。

われらの活動は、今や本誌を通じ、民衆の動向の線に置かれた。われらは「歴史的使命」を帯びて、敢然街頭に立たう。希くは歴史を愛する諸子の協力と批判とを惜しまざらん事を。

（『歴史学研究』創刊号、一九三三年一一月）

②座談会「歴研創立のころ」

三島一・川崎庸之・野原四郎・旗田巍・編集委員

委員　本日はお忙しい中をお集り下さって有難うございます。歴研もいよいよ一五〇号を出版いたしましたが、この機会に、創立時代に関係のある方々にお集り願って、当時の事情を伺いたいと思い、この席を設けました。まず会の始った事情について。

三島　大体最初から歴研というような学術団体を作る事は、具体的には出ていなかったが、とにかく、大学内部の史学関係各科の連中が、一つにまとまって交流を計るような機会を作りたいと考えていた。史学会があったが、学生や若い連中にはしっくりしない。それで一九三〇年、昭和五年頃に新しい友人達が集ったのが最初だったと思う。二月か三月だったが、

川崎　僕もはっきりしないが、秋山君と中村吉治君と僕と三人で、こういう企てがあるから行ってみよう、ということになったのが二月か三月だったと思う。

野原　資格というものは定めたわけではないが、史学会の委員をやっている人がもとになって、この連絡でこれはと思う人をつれてくる状態だった。だが史学会に物足らないという気持はあったわけだ。

三島　学問的にはっきりしたいというまでにいかなくても、何か平泉的な史学に抑えられていた史学会と違ったものが欲しいという気運が、一つには社会的な情勢も反映して起って来た。

川崎　僕らが最初行く時も、こういうものではどっちに行くかわからない。よく育つかどうかわからないが、とにかく行ってみようという気持で、半ば期待して行った事はたしかだ。

野原　あの時集ったのは七人位だったかな。

川崎　三島・志田・松田・秋山・野原・藤木というような人たちではなかったろうか。

三島　この時の話では、時々集って話そうという事だった。

川崎　百草園かどこかにピクニックしたり……

三島　この時の会名は「庚午会」と言ったが、松田君の発案だった。あの頃はソビエトの映画が盛に来たもので、「春」とか「アジヤの嵐」などをみんなで四谷の映画館に見に行って、批評し合ったりしたものだった。

川崎　昭和五年は大体そういう事で暮れている。人の論文の批評などばかりで、自分達のものは何も出していない。

委員　庚午会の名は最初の集りからついたわけですか。

三島　松田君が入って来てからだが、とにかく庚午の年（一九三〇）に定めたわけだ。

委員　研究をはじめたのはいつごろからでしょうか。

三島　話合の中で学問的な話が出たわけだ。映画の話などと一所に。

川崎　昭和六年の春だったと思うが、中村吉治君と一所に羽仁さんの所に行った時、そういう集りがあるならもっと組織立った勉強をしたらどうかと言われた。それから野原君達と研究会の準備をして、学士会館の室を借りる交渉をした。それ以来学士会館に集るようになった。

三島　日本経済史辞典などを頼りに、いろいろ項目を選んだりして、始は綜合的研究をと考えて、皆が交替に話したり質問したりした。この頃には相当人数がふえて来て、鈴木俊さん等が入って来た。

野原　そうすると研究会を持つようになったのは昭和六年というわけだね。

川崎　六年の春だ。それから三島さんが中国に行って不在の間もずっと続いていた。

旗田　私が入ったのは庚午会時代だが、六年の暮か七年の始だった。この時は学士会館で、秋山・堀君、東洋史では板野・西田君がいたと思う。私が入った時は何かそぐわない気持だったですね。サロン的というかそんな感じじゃ、入れてもらったというような気がした。

委員　この頃の研究の傾向というものはあったのですか。

三島　平泉澄がいろんな意味で会を発展させるのに影響を及ぼしていた。

旗田　「社会経済史学」ができたのが六年頃だった。

野原　それでも六年頃は社会経済史的な研究という方向に進もうという空気はあったわけだね。

川崎　マルクス主義に対する関心はあった。

三島　気分としては五年頃からあった。進歩的でありたいという……

旗田　しかし、私は別の会で資本論研究をしていたのだが、そんな所から外からみると実にサロン的だった。

野原　旗田君の印象から言っても封鎖的だったね。

川崎　非常に一人よがりだったのだろう。

旗田　学生は入れないし、卒業生でも人選していた。

川崎　人選と言えば、あの人は反動であるとかないとか、そんな事を吟味している人がいた。創立の事情は大体こんなものでしょう。

委員　そうすると、学士会館での庚午会の研究会が発展して歴研を創立する事になったわけですか。

旗田　大きく言えばそうだが、その間に庚午会解散事件があった。あれは昭和七年の七月だったと思うが、会の方向が進歩的なのに不安を感じた人々が、会を解散させようという署名運動をやった。

三島　夏のある日、中野に住んでいる私の所へ夜中に自動車でやってきて、会をつぶさなければ総検束されるからこれに署名しろという。それから志田さんの所に同行したが、署名して会を解散するとなると、志田君と二人で決めるわけにいかぬと言って、ウヤムヤにして野原君の処へ行った。

野原　僕は蒲田にいたが、新婚早々の処へ朝早く自動車でやってきた。僕もこの話をきいてグラグラしたが、旗田君や堀君に相談してからにしようと思ってお茶を濁し、早速旗田、堀君に会った。上野のカフェで、実はみんなの動揺が始ったと言ったら、強硬に反対したのが堀君で、それから解散防止策を講ずる事になった。

旗田　大体その野原君の防止策が奏功したのだが……

川崎　騒動の後始末に二・三月かかっている。

野原　この事件の後だんだん盛になっていったが、会員はこの前後で四〜五〇名か三〇名位だったかな。

旗田　小ぢんまりしていたね。しめくくりの会が学士会館で夏あった。

川崎　この時はじめて会の規約を作る事になったが、僕もその起草委員を仰せつかって阿部君たちと一所に草案を作り、三島さんの処に承認を求めに行った事があった。学士会館の集りで承認され、「歴研」の名もこの前後に出来たのだと思う。

委員　そうしますと「歴研」という名で会が出来たのは七年の秋頃ですね。

川崎　規約を作るのにかなり長い期間かかっていますね。会長は会名がきまるまでは長老と言って、三島さんを呼んでいた。

旗田　ニュースは、歴研が出来て雑誌が出る迄の間に発行した。

三島　ニュースを作る計画は、会員の数がふえてお互の動静を知り合う必要から出来たが、鈴木俊君の結婚等を、友達らしいユーモアをまぢえて書いたりしたものだった。相互の連絡などをする意味だったと思う。まあ会員の消息が半分だったね。

旗田　その他「明治時代における歴史学の発達」等を、「X・Y・Z」というペンネームで批評した。

川崎　僕も小林健三氏の「神道史の研究」の書評を書いた記憶がある「Q・P」と言う名前で。

野原　批評っぷりはどんな風でしたか。そんな事で外から文句を言われたりした事はなかったですか。

旗田　問題にされませんでしたね。会員の中だけの内輪のニュースだったから。

川崎　少しは外にも出した記憶もあるが。

委員　ニュースは会の創立と一緒に出来たのですか。

川崎　はっきりしないが大体そうでしょう。

旗田　文学部の輪転機や、東洋史の研究室のガリ版や紙を使ってやったものですよ。

三島　雑誌が出る迄続いたね。

旗田　この頃は学生も入っていた。

三島　歴史専門以外の諸君では、羽原先生・土屋・平野・渡部・伊豆さんなどが入っていた。

委員　それでは雑誌創刊の経過について話して下さい。

川崎　その前にもう一つの不幸な事件があったのだが、この話を旗田さんに。

旗田　これは八年の六月からカジカ（西尾）がいなくなった。そのうち僕の所にもやって来た。七月一四日の夜明だが、二・三日して野原君・阿部君の所にも行った。そしてこの三人がいなくなり、新聞に迄名前が出たりしたので歴研では大変弱った。後の事はよく知らないが、それがキッカケで雑誌がはっきりしたものになったのだと思うが、

川崎　今の三人が急にいなくなったというニュースが入ったので、たしか板野君と二人で、三島さんの処にとんで行って、会をちゃんとしてゆく為に思いきってここで雑誌を出そうと言った。そしてその次の研究会に行ってみると、すでに雑誌の話が具体化していてどんどん事が運んでいるのでおどろいた。

三島　川崎君から不幸な事があったが、学問をやっている会だ、進歩的ではあるが、研究をやる会だという事をはっきりさせる為にも雑誌を出した方がよい、というので、諒承して山本君・遠藤君等に連絡した。

野原　七年のガタガタでは恐れをなしたが、八年の事件では動揺しなかったか。

川崎　やめるという声は聞かなかった。むしろ雑誌を出す事に夢中になっていた。

三島　野原君等の問題は個人的なものとして、会の問題にしないようにしていた。

川崎　第一号の編集のとき私も呼ばれたが、名前のことで歴史評論にするか歴史学研究にするかで議論した。

三島　編集の内容について、松田・秋山君等はジャーナリスティックだし、四海書房の方でも売れないと困るというので、学術的なものより趣味的な方へ引きづられた。
川崎　趣味的なよい例が「歴史的散策」だね。
三島　大体非常にしゃれている所が多い。随分会合してこったものになった。
野原　しかし外側では、僕らが帰ってからの話では、あの編集ぶりに対しては批判があったようだが、
川崎　あったと思う。そして二年目ごろからだんだんアカデミックながっちりした色彩が加わってきたのではないか。
三島　歴研が出来る頃には庚午会解散事件の時出て行った西洋史の人達も帰って来たね。
旗田　部会は二巻一号に出ているから、部会は恐らく雑誌の出来るのと前後して出来ていたのではないか。
川崎　「特殊の研究をする各種の会」と、創刊号にのせた最初の規約にあるが、それが部会に発展したわけか。
委員　創刊当時の発行部数はどの位ですか。
三島　漠然たる記憶では三〇〇〇部。
野原　そんなには出なかったよ。
旗田　売れても三〇〇から五〇〇位だった。
三島　ちっとも売れないで、何ヶ月かすると四海書房から僕の所に持って来てつみ上げておいたものだが、それを見て涙が流れたね。一〇〇〇部位はすったろうか。
委員　会員数はどの位でしたか。
旗田　二〇〇位だったろう。東大以外でもいろんな人が入っていた。
川崎　創刊号の「生誕のことば」は、「われらの会は、多くの少壮史家によって結成され、真に現実的具体的協同的な方法により、飽く迄も歴史の科学的研究に終始するもので、他に関心をもつ事を絶対に排撃する。」と言っている。
三島　「生誕のことば」には反対もあったが、賛成する人も多かった。

野原　「科学的研究」という言葉については意見がありましたか。

三島　漠然と進歩的と言った感じを「科学的」という言葉にもっていた。

川崎　事件の後なので、おとなしくしなければならなかったが、「科学的」という言葉をけずる事は出来ないというのがみなの意見だった。この辺はがんばった。

三島　幹事会などは青山六丁目の僕の処でやった。

川崎　編集などどみな三島さんの家だった。裏表紙の翻訳は奥さんに頼んだ。

委員　雑誌を出すについて何か圧迫はありませんでしたか。

三島　無形の圧迫はあった。史学雑誌があるのにそんな事をしなくてもよい、と言われた。が池内先生は非常に好意的だった。鈴木君を怒りながら一方では論文をくれたりした。

旗田　尾佐竹、西岡、松井等氏などは非常に好意的だった。

委員　それではこの辺で結論を三島さんにお願いします。

三島　会のはじめは、当時のアカデミズムに物足りない進歩的な人が集まって、お互の交流をはかりながら自由にテーマをえらんで研究を進めて行こうということで出発した。若い者ばかりで失敗も多く、雑誌が出るようになってからも経営がむつかしく、色々困難が多かった。時代から言っても、国内的にも国際的にも嵐がつづいた中で、ともかくも育って行ったのは、多くの人の好意に守られたためだ。

川崎　或意味ではでたらめの出発であったにも拘らず、はじめから好意的に会を援助して下さった諸先生方、ことに亡くなられた尾佐竹先生や今井先生というような方に感謝したいと思う。

三島　今井先生の影になり、日向になりして会をたすけて下さった事は忘れられない。又、羽仁五郎氏が、外からいろいろ支援してくれた事も特におぼえておきたい。津田先生の御好意も忘れられない。

川崎　内部では三島さん志田さんの一貫した献身的努力がある。

三島　いろいろ失敗もしたが皆の協力がなければ出来ない事だった。又一つには気運と言う事もあった。始めは反対していた人も大部分は理解してくれるようになった事は、我々が協力してやって行ったからだ。非常に民主的なやり方で、たえず若い人が動く、そういう意味でボス化しないという伝統がきづかれた。論争は盛にやったが仕事は協力してやる。たえず若い人達がやっていく、この伝統は今でも続いているし、続けて行かなければならないと思う。

（一九五一、二、三）

（『歴史学研究』第一五一号、一九五一年五月）

（10）石母田正「クロォチェの歴史理論についての感想
——羽仁氏の近業『クロォチェ』の紹介をかねて」

〔Ⅰ〕

歴史の哲学が歴史学者の間に興味と関心を惹き起さなくなつてからもう長い時間を経過したやうに思ふ。ことに歴史哲学的な伝統を殆ともたなかつた我国においては、歴史の哲学に興味や知識をもち合はさなくても歴史の叙述には何等差支はないと普通考へられてゐる。歴史の哲学を敢えて否定しない人々も、歴史の研究に哲学は不要のものであり、寧ろ有害ででもあるやうに顔をそむけるのであるが、もつと頑固な人になるとフュストル・ド・クーランジュの言ひ古るされた言葉を繰返して「歴史並びに哲学はたしかに存在する。しかしながら歴史の哲学なるものは存在し得ない。」と断言する。

このやうな歴史の哲学に対する一般的な不信や無関心を考へるとき、誰でも歴史と哲学との新しい結合を打ち樹てようと努力した哲学者の一人としてクロォチェを想起するだらう。この際、早くクロォチェの歴史理論の主著である「歴史叙述の理論及び歴史」を邦語に移し、クロォチェに対する並々ならぬ愛着と造詣を示された羽仁氏によつて、この哲学者の伝記学説人間を紹介されたことは悦ばしいことである。日頃「文書と文献の蔭にかくれて」、クロォチェから「その驚くべき単純さ」を嗤はれそうな私達も、羽仁氏の近業「クロォチェ」によつてもう一度クロォチェの歴史理論を反省する機会を与へられた。まづ羽仁氏によつてクロォチェの人間的な面について簡単に見ておかう。

クロォチェは「市民的な哲学者」であつた。如何なる政治上の危機や時代の一時的な潮流に対しても、自己の研鑽の成果に対して忠実に身をまもつた所の健康な思想家であつた。クロォチェ自身が「学問を研究する者として、同時に、市民として生きる。そこに、わたくしはわたくしのポストすなわち地位またはもちばに立ち、わたくしのベストをつくし、ひろい意味で政治的に生きる」（本書一一頁）といつてゐるやうに、「人の上に立たず、人の下に立たず、独立自由の学者として、クロォチェが一生何等の権力に依頼せずもつぱら民衆により民衆の間に立つて著述をもつて社会的任務に全力をつく」（二五頁）したところの哲学者であつた。アカデミーの暗い世界に閉ぢこもる学者に対するクロォチェの庶民的な性格は、羽仁氏の麗筆によつて全巻を通じて余すところなく描かれてゐる。ことに我国に於いて全体主義的哲学者として紹介されたヂェンティーレや詩人のダヌンツィオとの対比は興味あるものである。もちろん市民的といつてもクロォチェは決して貧窮ではなかつた。彼はナポリとローマに近い小市の「古い地主出身の富裕な市民の家に生れ」（一四頁）親戚には多数の名声ある人や教養高い人々をもち、クロォチェ自身も大学の正規の課程を終へるまでは、大震災に両親と妹を失つたことと青年時代の宗教的懐疑以外には波瀾のない生活をおくつたのである。精神の自由と理性の独立のために生涯闘つたクロォチェは、その独自の思想によつて「現代イタリアの最も偉大なる哲学者たるのみならず、また現代にも稀なる世界的なる普遍的なる思想家」（一五一頁）として世界的名声を博し、「自立の思想家ベネデト・クロォチェをしかも尊敬することを知るムッソリニのイタリヤの名誉であ」（一六三頁）るとさへいはれるやうになつたのである。かかる栄耀に充ちたこの市民的哲学者については本書の第三章「現代に於けるクロォチェ」に詳述されてゐるが、本書において最も興味ある部分は第二章「クロォチェ哲学の成長」の「クリティカ」誌に載つた論文の抜粋であらう。一々紹介はしないが、それは「混乱のまつただなかに立つた哲学者の良心的なるたたかいの記録として、当時及び後世に恥じざるものである。」（六一頁）と羽仁氏がいはれた通り、学問に志す者の味読すべき言葉であり、かく輯録された著者の苦心に感謝せねばならぬ。クロォチェの人間的な面については全く無知であつた私は、この部分によつて新しいクロォチェの一面を発見したやうに思つたのであるが、これはクロォチェの一面ではなくこの哲学者の生命の端的な表現であるともいへる。ここには庶民から己を隔離することによつて自らを高めたと考へる学者ではなく、政治的なもの、現代的なものに深い関心を喪はない、そしてそこに歴史家としての生命を見出すところの学者が見出される。本書はクロォチェの学説に関しては詳細に論じておらない。いふまでもなくそれはかかる小冊子においては不可能であらうし、学説の紹介や批評は必ずしも本書の唯一の目的でもなかつたからであらう。私達の関心をもつクロォチェの歴史理論についても「真理は現実の認識であり、現実は歴史であるから、歴史は理論的精神の最高の段階をなすわけである。哲学と歴史との一致は、クロォチェの人生観世界観の結論であ」(三九頁)ると規定されたのみで、それ以上の展開はなされてゐない。そして私の以下考察しようと思ふのは「このクロォチェの思想の中でも最も深い意味のある歴史と哲学との一致の理論」(四〇頁)なのである。もちろんクロォチェの歴史理論の全体に関するものでなく、その重要な点に関する一片の覚書に過ぎない。

〔II〕

歴史理論におけるクロォチェの主要な課題は「歴史哲学」的な考へ方と実証主義的＝宿命論的歴史理論を批判し、新しい内在的な歴史理論を展開することにあつたと見られる。従来の歴史哲学——その最高の表現としてのヘーゲルの歴史哲学——と実証主義的歴史学との二つの潮流をその理論的環境としてもち、謂はゞそれらのものを媒介することによつて、クロォチェの歴史哲学は生れたといつてよいであらう。我々もクロォチェの行方に従つて二つの傾向を批判することから始めよう。

近世市民社会の成立と時を同じくし、ヴィコー、モンテスキュー、ヴォルテール及びヘルデル等をその創始者とする「歴史哲学」の根本的な性格は、歴史から独立した超越的な原理を歴史に強制しようとしたことにあつた。その超越的な原理が理念であれ、神であれ、また自然であれ、何であらうと、歴史哲学は多かれ少かれ超越的な構造をもたねばならなかつた。クロォチェはかかる「歴史哲学」に対する批判から始める。「私はあらゆる超越的歴史観を『歴史の哲学』と呼ぶ。かれらはすべて事実と理念、事件と説明、行為と目的、世界と神とをひきはなすことに於て一つだからである。そして凡そ歴史の哲学はその構造に於て超越的でなければならないからには、それがロマンティク期に於てあたへられたすべての様様の形式に於て、内在的を追求した哲学者の間にあつてさへ、つねにさうした超越的見解としてあらはれて居ることに不思議はない。」(羽仁氏訳「歴史叙述の理論及び歴史」三六七頁)かかる超越的な歴史の理解は、歴史を歴史そのものから理解しようとするクロォチェの内在的な方向と対立するものであり、歴史に対して暴力的に働きかけるものである。クロォチェの超越的な「歴史哲学」に対する鋭い批判は彼の「歴史叙述の理論及び歴史」に於て最も生彩ある部分であり、已に超越的な歴史解釈には無縁となつてゐる吾々にも傾聴すべき多くの箇所があるのである。

従来の歴史哲学の超越的な性格は歴史を内在的に理解することから出発する近代の歴史学の進歩を阻害するものであるが、クロォチェはかかる「歴史哲学」に外見上対立するところの実証主義的歴史観に対しても仮借ない批判を加へる。彼は歴史的事実の超越的理解の上に立つ歴史哲学と、その内在的な理解を表はすところの実証主義的歴史理論との一見相反した二つの方向が本質においては如何に一致するものであるかを鮮かに示してゐる。

実証主義的歴史理論はテーヌの言葉によく示されてゐるやうに「先づ事実を蒐集し、次いで之を因果関連的に結びつける」といふことを基礎的な方法とする。ここでは歴史は無数の因果関係によつて結ばれた自然必然的な世界と理解される。だからクロォチェはかかる実証主義的歴史理論を宿命論的或は自然論的歴史解釈と正しく規定してゐるのである。かかる実証主義的または宿命論的歴史解釈の当然の帰結は次の如くであつた。「我我は限りのない追求に踏み入り、そして我我は我我がかく苦心して編みあげた鎖を最後に懸ける鉤ともいふべき唯一の原因または若干数の原因を決して見出すことが出来ない。」(同上八二頁)かかる宿命論者はこの困難から免かれるために即ち無限に複雑な歴史的事実の交互関係の錯綜からぬけ出るために、「何処なりとある一点に於いて彼等はこの鎖を引きちぎり或は地に落とす、(中略)かうして彼等はこの切断された鎖の切れはしを以て、恰もあるそれ自体完成したもの、それだけで閉鎖されたものを以てのように仕事を進める」(同上八三頁)。

かくしてクロォチェは実証主義的歴史解釈がその本質に於いてつねに「歴史哲学の冠を載せられるか」を次の如く

示して呉れる。「この任意に中止されたところの『原因』が『終局の』そして『真の』原因であると公言され、そしてかくしてあの実は個人的な気紛れが世界の創造の作用の位置にのぼせられ、そして恰も神そのものであるかのように取扱はれるに至る危険がある。（中略）かのテエヌはその原因の探究に於て一の原因に到達して、之を彼はあるひは『種族』、あるひは『世紀』と呼ぶ」（同上八四頁）。このやうな宿命論の当然の帰結として、原因の範疇は他の超越的な目的の範疇のために廃せられる。しかしてこの超越的目的の研究はかの「歴史の哲学」に外ならなかつたのである。また同様にあらゆる歴史哲学は宿命論的歴史観へ通ずる。この二つの傾向は同一の観念論的歴史観の双生児に過ぎなかつた。「人はいづれの宿命論的歴史の作品をでも手に取つて見るがよい、かれはそこに、明白としてかまたは黙契としてかに、超越的なるものを見またはみいだすであらう。（中略）人はいづれの『歴史の哲学』の作品をでもとつて見るがよい、かれは直ちにその中に二元論と自然論とをみいだすであらう。（中略）そして我我はいよいよ明らかに、如何に自然論の内核よりして不可抗的に『歴史の哲学』が生れて来るかを見るであらう」（同上八八頁）。

〔III〕

クロォチェによつてかく批判された「歴史哲学」は、しかし超越的構造をもつた歴史の哲学であり、クロォチェ自身決してフュストル・ド・クーランジュのやうに歴史の哲学一般を否定しようとしたのではなかつた。クロォチェの意図は歴史の哲学一般の否定とは反対に、従来の「歴史哲学」とは異つた基礎の上に新しく哲学と歴史の結合を試みようとするところにあつたのである。クロォチェがこの哲学と歴史との結合といふ古くかつ新しい課題を如何に解決したかを見るためには彼の歴史理論が如何なる基礎に立つてゐるかを見ることから始めなければならない。

我々はまづ歴史とは如何に理解さるべきかとクロォチェに問ふことから始めよう。「凡ての真の歴史は現代の歴史である。」とクロォチェは答へる。歴史は死せる過去のものではない。記録の編輯や文書の蒐集を歴史と考へ、文書と叙述とを以て歴史を築き上げようとする文献学的歴史は単なる博識にすぎない。如何なる努力と如何なる勤勉をつくさうとも外的事物の上に歴史を築くことはもとより不可能である。気毒な博識家、文献家、好古学者は有益ではあるが罪のない微力なたましひである。我々から遠く過ぎ去つてしまつた「過去の歴史」の存立の条件は過去の中にあるのでなくして「史的叙述をうけて居る事件がその歴史家の精神の中で生命を呼吸して居るといふことであ」(同上四頁)る。歴史は我々すべての内にあり、そして史料は我々自らの胸の中にある。たゞ我々の胸の中にのみこそその中に於て確かさは真実さとなる。歴史とは生命あり、現在的な歴史である。「現在の生の関心のみこそが人を動かして過去の事実を知らうとさせることが出来るといふことは明かである。従つてこの過去の事実は、それが現在の生の関心と一致結合されて居る限りに於て、過去の関心にではなく現在の関心に答へるのである」(同上五頁)。

クロォチェは歴史の現代性について右のやうに考へる。我々はクロォチェのこの考察から二つのことについて教へられたやうに思ふ。それは現代の生の関心に答へるもののみが歴史であるといふことと、歴史の成立する根拠となつたところの「生」といふ概念についてゞある。第一の問題から始めよう。

クロォチェの考へ方は歴史を謂はば連続的な発展として見ることであるといへよう。我々は歴史の認識に於いて過去に帰るのではない。却つて過去が我々の中に再生することである。歴史を認識するといふことは過去を現在的のものとすることである。過去はそれ自体としては歴史ではなく現在の生の関心に答へるもの即ち現在に於いて生命あるもののみが歴史なのである。かかるクロォチェの歴史解釈は正しいであらうか。クロォチェのやうな考へ方をすれば過去の意味は現在の中に埋没され、過去は過去として独立の意味を失ひはしないだらうか。この疑問は実はクロォチェの歴史理論の全体系に関係する重要なものである。

たしかに現代の関心に答へない歴史は厳密な意味の歴史とはいへないことはクロォチェの説くが如くであらう。しかし歴史の現代性の問題はクロォチェの説くやうに単純なものであらうか、過去と現在はしかく直接的に結びつくものであらうか、問題はここにあるやうにみえる。我々の認識の対象とされる過去せる歴史は認識する我々の意識から独立せる客観的な存在と考へる限り、過去の歴史的事実または時代はそれぞれ独立の意味を現在に対してもたねばならぬ。古代ローマとルネサンスとは相異つた独自の時代を形成するものであり、それらの時代はそれ自身として完結した全体をなしてゐる。過去は過去自身として如何なる現在の恣意も加へることを許されない客観的な存在なのである。このことが確認されない限り歴史の学問的な認識は成立することはできない。しかしまた他面に於いて過去の歴史的事実または時代の完結性といふことは相対的なものに過ぎず、現在への一つの過程たるに過ぎない。云ひかへれば、歴史の発展が単なる連続的なものでなく、その中に質的な飛躍を含むところの弁証法的な発展と考へられる限り、そしてまたその基礎をなすものが一の社会構造から他の社会構造への累進的 progressiv な発展である限り、如何なる時代も、その独立性・完結性は相対的なものであり、如何なる歴史的存在も新しきものゝ一つの契機として保存されてゆくのである。このやうに過去は一方に於てはそれ自身として現代に対して独立的であり、他方においては現代への過程的なものである。現代は過去に対してかかる弁証法的な統一の関係にあるのではなからうか。現代は過去の単なる連続的な発展でもなく、また決して非連続的な発展でもない、却つて連続と非連続との統一たるところに現代の性格があるのではないだらうか。だから我々は例へば奴隷制度のうちに「人類の悪」のみを見て、それを現代への過程的なものの必然的なものとして把握し得ない人々を非難し得るし、また同時にローマの奴隷制度の社会に資本主義を見出したモムゼンやマイヤーの所謂歴史の現代化的傾向の誤謬をも語ることが出来たのである。

過去といふものを抽象的にではなく一の歴史的存在として捉へた場合、現代に対して右のやうな関係に立つと考へられる。だから歴史は歴史的事実の客観的な冷徹な研究によつて始めて理解し得るものであり、クロォチェの考へたやうに過去を現在に蘇生させることによつてではなく却つて吾々を過去に沈潜させることによつて把握し得るのである。歴史の認識も、自然の認識と全く同じやうに、真実への一歩一歩の進歩であり、対象の全面的な把握へ絶えず深まりゆく過程である。この歴史の認識の客観性（客観主義ではない）が認められないとすれば、従来の歴史家の努力は一体何に価するだらうか。しかし過去の中に沈潜することは決して無法則に、無前提に歴史の中に入り込むことではなかつた。何故ならば歴史の認識の主体としての吾々は、それ自身一の歴史的存在として現代によつて規定された存在であり、かかる意味に於いて歴史の認識は現代を離れては成立し得ないからである。さうして「現代」といふものが一の歴史的時代としてもつ特殊な性格はそれが否定的な契機として未来をその中に含んでゐることにあつた。現代のもつこの過程的な性格、厳密に云へばその特殊な弁証法的な構造が現代の特殊性をなすものであるといへる。かかる意味の現代が実は歴史の認識を規定するものであつた。即ち一定の対象に合目的々に変化を与へようとする場合、その対象の変化の必然性法則性が予め知られてゐることが必要なのであるが、かかる意味に於いて現代が発展するその必然性・法則性はただ歴史を通してのみ理解することが出来ると思はれる。何故ならばさきに述べたやうに現代は過去と弁証法的な関係に於いて結びつけられたものであるから。歴史の現代性とは本来かかる意味のものであつて、現代と過去とを恣に直接的に結合させることではなかつた。クロォチェが「過去の事実はそれが現在の生の関心と一致結合されてゐる限りに於て過去の関心にではなく現在の関心に答へるのである」といふ時、その言葉の中に含まれてゐる幾分かの真実さは、「歴史の現代性」を以上のやうに理解してのみ意味をもつて来るし、過去が現在の中に埋没されて、その独立性を喪ふクロォチェの理論の危険もかくして除かれるのではなからうか。

〔IV〕

右のやうなクロォチェの歴史観は、クロォチェの理論の基礎概念の一つとなつた「生」の概念に直接関連して来る。クロォチェによれば歴史は本来生の関心の上に築かれるものであつた。クロォチェが次のやうに云ふとき、生の概念が如何にクロォチェの歴史理論にとつて重要な意味をもつかゞ解る。「他方に於いては、若し歴史に於いての生と思惟との不可分離の結束が確保されたならば、そのときはかの歴史の確かさ及び効用に対して発せられた疑惑はたちまちまた全く消失してしまふ。（中略）我我の精神の現在の所産がどうして不確かであり得ようか。生から発生した問題を解くところの認識がどうして不要であり得ようか」（同上八〜九頁）。クロォチェが死せる過去と現代を結合するための媒介概念としたのも「生」の概念であつたし、歴史の効用の問題を解決したのもまた生の概念であつた。のみならずクロォチェが「現代の歴史が直接に生から発生したものであるとするならば、過去の歴史と通称せられて居る種類の歴史も亦同様に生から直接に成立するものである」（同上五頁、傍点は石母田による）といふとき、生は已に歴史に対して根源的な（超越的ではない）意味をもつ概念とさへなつてゐるのである。「生」といふ概念が問題にされるとき、誰しもディルタイとその学派の歴史理論を想起するだらう。生の概念が歴史理論の基礎的な概念にまで高められ、その豊富さと深さに於いて展開されたのはディルタイに於いてであつたからである。ディルタイに於いては歴史的世界は生の客観化と規定され、生の構造的な連関の下に有機的に統一された世界と見られたのであつた。クロォチェに於いてはこの生の概念はディルタイ程精確に規定もされないし展開もされなかつたが、しかし「生」を歴史の根源的なるもの、或は歴史的存在の根拠をなすものと考へられたことはディルタイと軌を一にする。

我々にとつて注意すべきことは、かかる「生」といふ範疇は一つの形而上学的範疇であるといふことである。生といふ範疇がクロォチェによつてしばしば精神または思想といふ言葉をもつて表現されたやうに、生の概念は本来近世の観念論的哲学によつて概念・観念・精神等の名称で呼ばれたところの概念に属するものである。社会的存在または歴史的存在は存在として捉へられず、観念とか意識とかと同一範疇に属する所の生といふ概念によつて表現されたのである。もちろん歴史的存在の代りに生を置きかへたり、歴史の根源的なものとして生を考へたりする立場の人々は、生を主観的な意識や観念ではなく、また超歴史的な理性や精神ではなく却て客観的な歴史的な実在として考へようとしてゐる。しかし生の概念が、表象、感情、意欲の構造連関（Strukturzusammenhang）または人間とその環境との間の作用連関（Wirkungszusammenhang）と考へられようと、またそれが歴史に超越的なものでなく却つて歴史に内在的のものとされようと、やはり我々は歴史の解釈に「生」なる範疇を必要とするとは思はれないのである。寧ろ却つて生なる概念を導き入れることは、歴史的・社会的存在といふ明確なる哲学的範疇を却つて不明確にするだけに過ぎないのでなからうか。かかる企図は歴史的存在の代りにそれから区別さるべき何らかの基底（それが精神と呼ばれようと生と呼ばれようと）を求めるものであり、従つて歴史を形而上学的範疇の上にうち樹てようとするのである。ここでは歴史的存在は精神や生のより高次の範疇によつて救はれない限り、それ自身に於いては存立し得ないものと考へられてゐる。歴史は史的観念論に於いて実は謂はば最も侮辱されてゐるのである。

これは小さな事柄ではない。クロォチェが歴史を現代の「生」から直接に成立すると考へた場合、また過去の死せる事実が現在の「生」に媒介されて生きた歴史となるといふ場合、歴史の認識の主体とそれを規定するところの「現代」といふものは歴史的存在とされずに「生」といふ別の概念によつて置きかへられてしまつたのである。かかる歴史的存在から区別された生といふ一つ形而上学的範疇のためにクロォチェは歴史の認識主体及び「現代」の客観的な構造、特質を理解することが出来なかつたし、必然にまた「歴史の現代性」は甚だ非合理主義的にしか理解されなかつた。ディルタイが生の客観化として理解した歴史的世界を或る場合にはヘーゲル流に「客観的精神」と呼んだやうにクロォチェも「歴史は精神の歴史であり、……恒に価値の歴史である」(同上四〇頁)といはざるを得なかつたのも、その端緒は歴史を形而上学的な範疇の上に築き上げたためであるといへる。或はまたディルタイやクロォチェの歴史理論がその観念論的な性格のために取らざるを得なかつた概念が「生」といふ概念であつたともいへる。このことは次に考察するクロォチェの歴史認識の問題とも関連してくるのである。

〔V〕

過去の歴史が生から直接に成立するものであり、凡ゆる真の歴史が現代の生の関心に答へるものであるとすれば、クロォチェに於いては歴史の認識とはいかに考へられるであらうか。さきに我々は超越的歴史解釈が歴史的現実から独立せる原理を事実に強制することによつて、また実証主義的歴史観が歴史の錯綜せる事実の中に抽象的な「原因」を求めることによつて歴史の内在的な把握が不可能にされたのをクロォチェとともに見た。そこでクロォチェは何ものによつても強制されない歴史的現実そのものへ帰らうとする。「我我は虐げられた『粗生の事実』の痛ましい面を再び引立ててやらなければならない」(同上九八頁)。

かくしてクロォチェの出発点であり、また到達点でもあつた歴史的現実の本質は、クロォチェによればその人格性(Umanità)であつた。「思想は、歴史を人間作業として、人間慧知及び人間意欲の所産として理解する。かうして得られたる歴史の形式を我我は人格的と呼ばうと思ふ」(同上一二五頁)。このHumanitätの思想はクロォチェの歴史理論の基調をなすもので、歴史はHumanitätの発展として、生の無限の展開として解釈された。(クロォチェがヴィコー以来の伊太利ヒューマニズムの伝統の上に立つてゐるといはれる所以である。)

歴史が人間慧知及び人間意欲の所産として理解され、生の表現として把へられるならば、歴史の認識とは生による生の理解でなければならない。生の表現であつた過去の歴史的事実と現在の生とを媒介するもの、即ち過去が現在の中に蘇生するその作用は、過去の事実の再体験である、「如何にしてある感情或はある風俗、例へばキリスト教的謙譲とか或は騎士的名誉であるとかの歴史が、此等の特殊な精神状態の再体験の能力なしに、換言すれば此等の特殊なる精神状態の現実の再体験なしに、あり得るか」(同上八頁、傍点は石母田による)。しかしいふまでもなく歴史の認識とはそれが認識である限り、直接的な再体験の上にのみ成立するものではなかつた。クロォチェも「想像の中にいろいろな個性と出来事とを現実に再生させる事ができ、そしてその一と他とのについての内的本質が考へられ、換言すれば、直観と概念との綜合が行はれ、そこに具体に於ける思想が得られたならば、それで歴史は立派に完成されたのである。この外にまだ何が不足なのか。」(同上一〇〇頁、傍点は石母田による)といつてゐるやうに、歴史の認識即ち生による生の理解とは決して思惟による歴史の概念的把握を除外するものでなく、却つて「一つの事実は思惟されての限りに於てのみ歴史的事実であるが故に、そしてまた思想の外にはなにものも存立しない」(同上一四五頁)とさへいはれたのである。思惟は生の不可分離の一面であるばかりでなくその本質でさへある。クロォチェに於いては歴史の認識とは直観と概念の、思惟と再体験の綜合であり、ディルタイの言葉をかりるならばそれは外的なものを人間の内的なる生のうちに体験することに外ならない。そしてかかる作用をディルタイは理解Verstehenと呼んだが、クロォチェの歴史認識はこの「理解」の上に成立するものといつてよい。

さてクロォチェの「歴史叙述の理論及び歴史」の全体を通じて例証とされてゐる歴史的事実は、絵画、個性、哲学、詩等の個別的なもの、精神的なものであることはまことに特徴的であるといはねばならぬ。何故ならば「再体験」または「理解」といはれるものは本来かかる個別的なものの上に成立する性格のものであり、また歴史の精神的な所産を離れたそれは意味をなさないものである。かかる個別的なもの、精神的なものにとつては理解や再体験は認識の重要な条件となる。レンプラントの作品を見てその美しさに驚嘆しないものはなからう。それは時代を超えて国を越えて人間の普遍的な感情に訴へるものである。この事実は自然を認識する場合と歴史を認識する場合との一つの大きな相異ではあらう。しかしこの理解または再体験といふ事実は歴史の認識と叙述の一つの特質であり、その成立の前提とはなつても、それは歴史の認識や叙述の本質とはならないものである。人間は人間として人間的なる凡てのものを、その歴史に於ける多様な表現を理解することが出来る。しかしこのことは歴史が人間によつてつくられたといふこと、また現在もつくられつつあるといふ事実の単なる同義反覆に外ならず、歴史の内容の同一性の別の言葉での表現に過ぎないのではないか。ディルタイも歴史の解釈の立場は理解するものと理解されるものとの人間性の同一の前提の上に立つてゐると云つたが、かかる人間性の同一といふことの上に成立する追体験や理解の概念は歴史の認識が認識として、即ち科学的な認識として成立するための前提ではあつても本質的条件ではないのである。

歴史の精神的所産は二重の面を持つてゐる。即ち凡ゆる時代の人々に理解され、普遍的な人間性に共感を呼び起すところの内部的な面と、もう一つはその外部的な面即ち社会的歴史的存在としての面である。この二つの面の統一——対立した二つの面の弁証法的な統一が人間の精神的所産の真の性格をなすものである。レンプラントの作品もアミアンの寺院もそれ自身として美しいと同じやうに、十七世紀のフランドルの新興の意気に燃えた市民の生活は中世の信心深い職人やツンフトの組織を離れては考へられない。このことは誰も知らないものはない。ただ見逃し易いことは、この二つの面が弁証法的な統一をなしてゐること、そしてこの統一の中にこそ歴史が学問として成立し得る一つの根拠があるといふことである。歴史の精神的所産の内部的な面は一回的のものであり、それ自身として完結せる世界である。誰がダ・ヴィンチの絵に一筆を加へようとするものがあらうか。しかし学問としての歴史が成立するのは寧ろ外部的な面即ち歴史的・社会的存在としての面なのである。この面は環境と多様な交互関係に立ち、歴史の全体的な構造の中に編みこまれてゐる。ここに如何なる恣意も加へることを許されない、人間の意識から独立したところの厳たる存在の秩序があり、学問の視野もここに開けてくる。過去の歴史の美しい所産の追体験もかかる学問の地盤の上に始めて意味をもつてくるのでなからうか。

クロォチェはこのことを理解してゐたであらうか。或る意味に於いてはたしかに理解してゐた。彼が外的な歴史と内的歴史、形式と材質といふ言葉で表現したところのものは、さきにあげた作品の二重のモメントのことであり、かつ両者の弁証法的関係さへ明瞭に指摘されてゐる（同上一六六頁）。この箇所は彼の著書のうちで最もすぐれた箇所の一つであると思はれる。ただクロォチェが材質と形式といふ対立物の交互作用、それらの相互浸透といふ正しい把握を見せながら、外部的な面を正しく歴史的・社会的存在として規定しなかつたために、形式と材質との交互作用の中に問題を解消してしまつてゐる。まして外部的な面が持つ意味、社会的・歴史的に与へられた面の規定的な意義を把握するに至らなかつた。このことは基礎的にはクロォチェの観念論的な歴史理論にその理由をもつのであるが、直接にはその理解の関心が余りに個別的なもの、一回的なものに向けられた結果とも云へよう。

一般に個別的なるもの、例へば個々の哲学者の思想や個々の出来事を理解することは歴史の認識の目標ではなかつた。何故なら個々の哲学者や出来事はそれらのものが属してゐた時代または社会からの一の抽象物に過ぎないからである。歴史の認識は具体的なものゝ把握にあり、個々の多様な歴史的存在の交互作用、その全体的な連関にあることはいふまでもない。云ひかへれば思想や芸術や政治や経済が時代によつてそれぞれに編成されてゐるところの特殊な構造（単に骨組の意味でなく、骨格の上に立つ多様な現象形態を含めて）——これが最も具体的な歴史的存在なのであり、歴史認識の目標もここにあるといへる。かかる具体的なものが如何に理解されるかに従つて歴史の認識の仕方、方法もまた異つて来る。ディルタイはかかる具体的な全体的な連関を生の有機的な連関として把握したのであるが、クロォチェもまた歴史的な構造とその連関を生、精神または理性のうちに求めたやうである。経済、政治、思想等の無限の交互作用の連関または構造の基礎が精神や生におかれた場合、かかるものの認識が「理解」――それが如何に思惟によつて媒介されようと――に置かれたことは蓋し当然である。しかし歴史的存在の連関の基礎は決して生や精神等の観念的なるものゝうちに求めるべきでなく、歴史的存在それ自体の連関――そこには形而上学的なるものは最早入り得ない――にあるといへよう。クロォチェのやうな歴史の観方からは如何なる方法が生れるかを更に立ち入つて見よう。

〔VI〕

無限に多様な形態をとつて現はれる歴史事実とその連関の根源に横たはるものは、クロォチェによれば一の精神的な紐帯 der geistige Band であつた。歴史の人格主義的解釈は、歴史を「永久に自らの個性化をつづける精神の仕事である」(同上一三三頁)と見ることである。かかる歴史の解釈は一面に於いてトレルチュも注意してゐるやうにクロォチェ特有の審美的性格を帯ばしめてゐる。史料の撰択について彼の言葉はその点で興味深い。「撰択はそこに如何なる席をももたない。恰も芸術に於てもかれは席をもたないと等しい。芸術は感情の暗より表現の明に推移し、決して撰択すべき形象の間に迷ふことはない。何故ならば、かれは形象を、形象の統一を創造する」(同上一四九頁)。ここには伊太利風の審美的な歴史理論の美しい表現が見え、彼の理論が「美的一元論的歴史観」といはれる理由もある。クロォチェに於ける歴史は、内面的統一ある芸術作品にも比すべき「生命ある歴史の直接性」であり、それは抽象的な思惟の分析によつては把へ得られないものである。抽象的思惟による歴史の説明は「過程の中断である。そしてそれは生きたものを殺したのちに、その斬り放たれた首をその肩の上に空間的に載せ戻し、そして生をとりかへさうとすることに似た一つの努力にすぎない」(同上一三四頁)。

しかしいふまでもなく歴史は、芸術作品の理解の如く直接的な再体験によつてでなく、歴史的思惟によつて把握し得るものである。クロォチェの歴史理論に於いて特質的なものは、この「思惟」、または「思想」といふ概念のもつ役割にあるともいへる。彼によれば歴史叙述の原理は「実に、思想より発して思想に帰へる精神過程そのものの中である。そしてこの精神過程は思想の自己理解に依つて理解されるのであつて、かれはかれ自らを理解する為めにかれと異質なるものに援をよぶ必要を決してもたない」(同上一三四頁)。思想の自己了解と考へられた歴史の叙述は、だからつぎつぎに生から準備される歴史の問題を思想が生の混沌から意識の明確へと移すことなのである。かかる歴史的思惟の働きは、クロォチェの言葉に従へば直接意識のうちにではなくして間接意識のうちに、即ち無差別の統一に於てではなくして「自ら差別でありそしてそれとして真の思想であるところの統一に於て到達される」(同上一五九頁、「統一」の傍点のみ石母田による)。

この歴史的思惟の規定の中にクロォチェの歴史の方法論が含まれてゐるのである。クロォチェによれば歴史を思惟することはこれを判別することであり、歴史的事実の本質を認識することである。さうして歴史の認識とは思想が思想に還ること、思想の自己了解に外ならないのであるから、歴史的思惟の働きは思想の自覚の過程である。しかして歴史を判別すること、即ち思想の自覚の過程は、統一に於ける差別であり、同時に差別の統一でなければならない、換言すれば歴史的思惟の働き、歴史の認識方法はクロォチェが云ふやうに弁証法的でなければならないのである。クロォチェに於いては生と思惟とは不可分離のものであるから、次の言葉もやはり歴史的思惟の弁証法的性質を語つたものと見られよう、「歴史と生との関係は統一の関係として理解されなければならない。勿論たしかに、一の抽象的同一性の意味に於てではなくして、表現の差別と統一とを同時に意味するところの綜合的統一の意味に於てである」(同上七頁)。歴史的思惟の弁証法的性質を強調したところにヘーゲリアンとしてのクロォチェの特色があるともいはれよう。

たしかにこれは歴史の理解や判断の仕方の弁証法ではあらう。それに弁証法なる言葉は人によつてさまざまに理解される。真に弁証法的ならざる方法も弁証法なる言葉で語られるのである。歴史の弁証法的把握とはクロォチェのやうなものであらうか。クロォチェのやうな歴史の理解の上に立つて果して歴史の弁証法は成立し得るものであらうか。

クロォチェの歴史理論の方向は、歴史に表現された精神や思想、云ひかへれば歴史の意味を理解することに向けられてゐた。「歴史的事実の本質の認識」とか、歴史的思惟とかいはれた場合でもそれは歴史の意味の把握であり、理解であつた。だからこそ歴史の叙述は思想の自己理解と規定されたのである。しかし歴史といふものは歴史の意味の理解の上には本来成立しないものであつた。何故ならば意味は無時間的 zeitlos でありそれ故意味の理解は歴史的把握たり得ないといふ単純な理由によつてである。歴史は意味の理解や解釈の上にではなく歴史的事実の上に築かれるものでなければならない。歴史的存在の意味ではなく、歴史的存在の事実性が問題なのである。機械の発明が大工場の発生といふ結果となつたこと、そしてそれ以外の結果にはならなかつたこと――かかるものが歴史の事実性といはれるものである。いひかへれば事実性とは意味から区別されたところの、そして意味を意味として成立せしめるところの基底を指すものと云へよう。それは歴史的存在の連関の上に成立するものであり、ここでは解釈学的な「理解」や「体験」を超へたもの、即ち歴史の客観性、謂はゞ物質性が厳存する。それは歴史的存在の世界である。（歴史の自然史的基礎と云ふ風に使はれる所の「自然史的」なる言葉の意味もかかる理解の上に立つものと思はれる）。而してまた歴史の弁証法が成立するのは外ならぬかかる歴史的存在の連関及びその発展にあつたのである。歴史的存在はそれ自身複雑な構造をもつものであるが、それらの歴史的存在の連関としての具体的なものは、多数の諸規定を含むが故に具体的であつた。それらのものの現象形態と本質、または形式と内容、そして新しい形態への転化等の複雑な諸関係は、多数の諸規定を含むところの具体的なる存在の分析（抽象）と綜合（抽象的なるものから具体的なものへの上向）との学問的な弁証法的な方法、によつてのみ理解し得るものであらう。生きた歴史を殺すものとしてクロォチェが忌み嫌つた抽象的思惟方法は単に否定されるのではなく右のやうな弁証法的思惟方法の一契機となるべきものと思はれる。

　さてクロォチェの弁証法が歴史の上には成立しないで却つて歴史の思惟の上に、即ち思惟が歴史を把握する仕方の中に成立したのは理由のないことではない。精神の歴史、価値の歴史としての歴史には本来弁証法は成立し得ないからである。歴史の方法としての弁証法は実は歴史的存在の弁証法の反映であり、その限りに於いてのみ歴史の方法となり得るとすれば、クロォチェの歴史の把握に於ける弁証法は、果して方法として真に弁証法的のものとなり得るであらうか。クロォチェがヘーゲルの弁証法に対して「第二の弁証法」として掲げた弁証法即ち「差別の弁証法」或は「差別の理論」Lehre von der Unterscheiden は真に弁証法的な理論であるかどうか——このことに関する考察は他の機会に譲らねばならぬ。

歴史とは思想の自己理解であるといふクロォチェの前述のテーゼはまた同時に彼の歴史と哲学との一致の理論の前提でもあつた。

〔Ⅶ〕

クロォチェによる哲学と歴史との一致の企図はほゞ次のやうにして行はれた。哲学と歴史を一致させようとする際にまづ歴史を「死せるそして過去せる歴史即ち年代記録」(同上七七頁)と考へることを止めねばならぬ。何故なら年代記録としての歴史は本来歴史とはいへないものだから。歴史とは現代の生の関心に答へるものであり、歴史の問題は生から予備され、思想が生の混沌から意識の明確へ移すものであつた。いひかへれば歴史とは思想の自己了解であり、歴史的思惟の自構成なのである。そして思惟するとは外ならぬ事実の本質の認識であつた。然らばこの思惟は哲学それ自体ではないか。これがクロォチェの哲学と歴史との一致の論理である。

歴史の問題とは生から準備され、思想が生の混沌から意識の明確へ移すやうな性質のものではないこと、そしてまた歴史が思惟の——それが事実の本質の認識であるにせよ——自構成である筈もないことは、歴史の学問に従事する我々には已に明白なことである。ただここで興味あるのは哲学と歴史との結合が最も古典的な形で果され、世界史が哲学的世界史として叙述されたところのヘーゲルについて顧みることである。クロォチェにあつて歴史と哲学との一致が歴史の現代性をその前提としたが、このことはヘーゲルにあつても同様であつた。ヘーゲルにあつては現在への関係が欠けるところにあつては本来歴史はあり得ないとされた。ヘーゲルはその「歴史に於ける理性」で次の如く云つてゐる。「哲学的世界史の一般的見地は抽象的一般的ではなくして寧ろ具体的に現在的である。何故ならばそれは精神であり、精神は永遠に自己のところにあつて、それにとつては如何なる過去も存しない」。このヘーゲルの言葉とクロォチェの次の言葉を比較されたい。「歴史は永遠の現在性の認識にまでのぼることが出来たならば、この歴史は明らかに哲学と全く同一なるものとして認められる。そしてこの哲学は、この側から云へばそれは永遠に現在なるものの思想より外のものではない」(同上七七頁、傍点部後者のみ石母田による)。両者の間に於ける余りに明白な類似はまことに興味深い。ヘーゲルのかかる見解は彼の歴史哲学の自己完結的な性格にその基礎があるといはれてゐる。然るにヘーゲルの体系の自己完結性に対して最も激しく反対し、トレルチェが unendlicher Progressismus と名づけたやうに歴史を生の永遠の生成と見るクロォチェが、ヘーゲルと同様な「永遠の現在性」に歴史と哲学の一致の基礎を見出したのは如何なる理由によるのであらうか。私はヘーゲルの歴史哲学の体系の自己完結性に対してクロォチェの歴史観の謂はゞ開放性を強調し、かかる点からクロォチェの歴史理論の進歩性を語ることに対して多くの疑問を持つとともに、凡ゆる史的観念論に於ける歴史と哲学との一致は永遠に現在的なるもの、即ち精神の現在性の上にのみ打ち樹てられることを暗示してゐるのではなからうかと思ふ。クロォチェの云ふ「永遠の現在性」とは現実的歴史的時間としての過去、現在、未来を超へたところにのみ存在し得ることはいふまでもないであらう。そこにはヘーゲルの云つたやうに厳密なる意味の過去なるものは已に存在せず、過去はたゞ永遠に現在的なる精神の諸契機としてのみ存在する。かく見れば「永遠の現在性」なる思想は実は歴史そのものの否定の上に立つものであつた。クロォチェに於ける歴史と哲学との一致も実はかかる歴史的なるものの否定によつて始めて可能であると考へられる。クロォチェに於いては哲学としての歴史は語られても学問としての歴史が殆ど論及されなかつた理由も自ら明瞭であらう。クロォチェと同じ方向に進んだディルタイにあつては「如何にして歴史の科学は可能であるか」といふことが生涯の課題であつたのに、クロォチェにとつてそれが一つの課題とさへなり得なかつたことは興味あることである。

歴史の哲学は歴史の摂理や理念、一般的には先験的なるものを問題とし、歴史の学問は史料によつて確められるところの経験的なものの上に成立するといふ見解、即ち哲学と歴史との機械的な分離が如何に誤つたものであるかはクロォチェ自身明白に理解してゐたところである。而してかかる両者の機械的分離が誤りであるとともに、またクロォチェのやうな「永遠の現在性の認識」の上に立つ両者の結合もまた正しくないとすれば、歴史と哲学とは如何なる関係にあるべきであらうか。それは要約して云へば次の如くに云へるのではなからうか。

　現在の我々の置かれてゐる現実の環境から云へば、歴史の諸科学は、その各々の認識の領域に於いて背負い切れぬ程の実証的材料を蓄積したといへよう。思想の歴史、経済の歴史、法律の歴史、技術の歴史、言語の歴史等の歴史の各個の認識領域はそれぞれ具体的なものからの抽象された一面を代表するものであるが、かかる歴史の諸科学が科学として成り立つためには、またこれらの諸科学を秩序づけ、それらの内面的な連関を打ち樹てるためには一定の理論的思惟が必要であつた。そしてこの理論的思惟はそれぞれの個別的な歴史の諸科学の内部では解決し得ないものであつた。諸現象の普遍的な連関の一定の理解が哲学であるとすれば、かかる理論的思惟とは哲学に外ならないといへよう。かく理解すれば歴史の諸科学はそれぞれが科学であるためには、またそれらが内面的に秩序づけられ、歴史が統一的に把握されるためには、歴史の哲学によつて組織されなければならなかつた。かくして歴史の諸科学は始めてその悪しき抽象性から免かれることが出来たのである。併しかかる歴史の諸科学の組織原理としての歴史の哲学が、真の組織原理であるためにはまた同時にそれが歴史そのものの原理であつて始めて可能であつた。さうしてかかる意味の歴史の哲学とは実は歴史の弁証法に外ならなかつたのである。ここに云ふ弁証法とは、ヘーゲルの言葉に従へば対象及び内容から何等区別されないところのものであり、その方法は内容自体であり、内容を動かすものは内容それ自身のもつてゐる弁証法であるとされたところの、かの「唯一の真なる方法」としての弁証法である。弁証法をかくヘーゲル的に正しく把へた場合、歴史の哲学といふ観念論的陰影を持つ言葉は最早不要ではなからうか。何故ならば歴史の弁証法としての歴史の哲学はもはや単なる方法ではなく、まして歴史の諸科学に対して無縁のものでもなく、歴史の内容そのものであるから。（歴史の弁証法が具体化された形態については已に多くのことが云はれてゐる。）クロォチェが「哲学である歴史、歴史でありまた歴史の内質をなす哲学とのみが存在する」と云つた場合、この言葉の正しさは右の様な理解に対して云へるのではなからうか。歴史と哲学との一致とは若し云へるとすれば右の如き方向に於いてのみ云へるのではなからうか。我々は最後にクロォチェの歴史理論の構造について簡単に述べて、この感想を終へようと思ふ。

〔Ⅷ〕

「歴史哲学」はただ自らを否定することによつてのみ、歴史となることが出来る（同上一〇六頁）。旧来の超越的歴史哲学の批判の上に新しい内在的な歴史の哲学を建設することがクロォチェの歴史理論を貫くところの課題であつた。この課題に対する解答が、クロォチェ自ら理想主義的歴史観といふところのものであり、その原理は歴史哲学に於ける理念と事実との二元論を打破することにあつた。Carr が強調してゐるやうに「クロォチェ哲学の主要な目的は、二元論からの効果的な終極的な逃避を見出すための執拗な努力であつた」ともいへるのである。「理想主義的概念の主張は個体と理念とが一を成して二をなさないことを要求する。いひかへれば、両者が完全に合一して相互に同一されることを要求する」（同上一三七頁）とクロォチェは云ふのである。

クロォチェによつて二元論的歴史哲学の典型的な思想とされたヘーゲルについては多少の註釈が必要であらうし、またヘーゲルの史的観念論の性格を明確ならしめることは、実はクロォチェの歴史理論の運命をたづねることにもなるのであるから、まづヘーゲルの簡単の素描から始めよう。

ヘーゲルの歴史哲学のモティーフは決して理念や概念を歴史的事実に強制したり、観念的なものを以て経験的なものを構成したりすることにあつたのでなく、却つて反対に事実を事実そのものから理解することにあつたといへよう。「法の哲学」の序文の次の言葉もヘーゲルのかかる意図を表現してゐるといはれる。「あるところのものを概念的に把握することが哲学の課題である。あるところのものは理性的であるからである。Das, was ist, zu begreifen, ist die

Aufgabe der Philosophie, denn das, was ist, ist die Vernunft.」ヘーゲルの歴史に対する態度もまた本来かかるものであつたであらう。ヘーゲルが超越的な歴史哲学者と区別されるものは、彼が現実の歴史性に透徹した理解を持つてゐたことであつた。「個体に関して云へばもとより各人はその時代の子であるが、そのやうに哲学もまた思想の中に把握されたその時代に外ならぬ」（法の哲学）と云つたヘーゲルのすぐれた歴史意識は、ヘーゲルを「その内部の大部分に於てプラトニスムの外には出て居ない」（同上三六七頁）となすクロォチェの見解に対して特に註記しなければならないと思はれる。

　かくの如く歴史に対して最も内在的な意図を持つてゐたヘーゲルの歴史哲学が何故に必然的に超越的な歴史哲学に終らざるを得なかつたか、それはヘーゲルの哲学の最も基礎的な部面に理由があつたといはれる。周知の如くヘーゲルにあつては概念と存在が同一視され、（概念の弁証法がそのまま存在の弁証法を意味したやうに）、その当然の帰結として概念は存在から自由な独立した発展を許されることとなり、概念は独立的なもの、絶対的のものにまで高められたのである。かくしてヘーゲルに於ける理念の独立性（歴史の主体は精神であり、歴史は精神の自己認識の過程とされた）は歴史的現実に対する理念・概念の強制となり、歴史はそれから独立的な原理によつて構成されざるを得ず、従つてその歴史哲学は超越的構造を持たざるを得なかつた。概念と存在との同一性、または客観に対する主観の優越を主張する凡ゆる哲学は、歴史理論に於ては必然的に歴史の超越的理解となるといふことをヘーゲルの歴史哲学は明瞭に示してゐると思はれる。それは決して歴史に「内在的」なることを得ず、歴史的存在の客観的構造を全面的に把握し得ず、従つて歴史の真実への道を閉し、歴史の学問としての成立を妨げることになるのである。

　さてクロォチェの主張はかうであつた。——個体は理念と一致しなければならぬ。両者は完全に同一することが要求される。理念は完全に歴史に内在するものであり、両者は直接的に同一である。（この主張はヘーゲルの周知の「理性の狡智」の思想に反対して云はれてゐるのである。）かくの如く歴史の中に理念や精神を見出す場合、歴史の解釈は真に「内在的」であり得るであらうか。ヘーゲルについてのさきの考察はこのことを明白に否定してゐると思はれる。たしかにクロォチェに於いてはヘーゲル歴史哲学に於けるやうな汎神論的な傾向はなくなつてゐるし、歴史を自己完結的な構造とする歴史観も棄てられてゐる。しかしクロォチェはヘーゲルの超越的な歴史観から神秘的な外皮を取除いたが、ヘーゲルの歴史哲学を必然的に超越的ならしめたその根源には触れようともしなかつた。私はクロォチェの理念と事実との一元論は、現実的なものは理性的であり、理性的なものは現実的であるといふヘーゲルの根本思想とどれ程の本質的な相異があるのか、（トレルチェ等の説明に不拘、）理解し得ないのである。両者の相異が若し云はれるとすれば次のやうにであらう。ヘーゲルは精神を歴史の独立の主体となしたが故に、その結果精神の自己認識の過程がそのまゝ歴史の発展過程とされた。クロォチェは精神を歴史に内在させようとして、歴史的現実を精神の高みに昇せようとして、実は歴史の意味を救ひ難く低めてしまつたのである。何故ならば歴史的現実は精神や理念と結びつかなければ、それ自体としては独立に存在し得ないものと考へられたのだから。この際クロォチェが、歴史は「理性または摂理の事業である」（同上一三六頁）といふことを内在的な意味に於ては正しいと承認したことは甚だ特徴的である。しかし理性または摂理が内在せしめられたものは歴史以外の何ものであり得ようとも、決して歴史ではあり得ないことは明かではないだらうか。

（附言、以上のクロォチェの歴史理論の理解についてはCarr及びTroeltschの著書に拠るところが多い。）

〔IX〕

もし私の考察がその本質に於いてクロォチェの思想を歪曲してゐないとすれば、クロォチェの歴史理論は次のやうに性格づけてよいと思はれる。クロォチェにしろまたディルタイにしろ、これらの史的観念論は市民的歴史学の最後の段階であつた近代の歴史学派が已にその使命を完了した時に、その理論的基礎づけとなるべき運命をもつて現はれたといへる。「哲学は現実がその形成過程を完了した後、始めて時代の中に現はれる」。しかしながら新しい歴史の学問は新しい哲学を、新しい衣裳を必要とする。だからクロォチェの歴史理論に対しては少しの皮肉の意味もこめずに、もう一度ヘーゲルの言葉を借りるならば、「哲学の現はれるのは実際余りにも遅きに過ぎる」と云はねばならない。これがそれ自身一つの歴史的存在たることを免れないところのクロォチェの歴史理論の運命でもあつた。

クロォチェの歴史理論について私は右のやうに考へる。しかしクロォチェの歴史理論のかかる性格にも不拘、我々をして羽仁氏とともにクロォチェに対して深い愛着を感ぜしめるものは、クロォチェの如何なる点にあるのであらうか。それは一点の中世紀的な暗さもない、南欧の太陽のやうに明るい彼の理論と行動の透明さ、その完全に開花した市民性にあるともいへよう。またそれは人間性の高貴さと理性の独立に対する確乎たる自信、外的権威に対する不屈なる態度、ルネサンス以来の古い伝統に立つ伊太利ヒューマニズムの馥郁たる香気にあるともいへよう。クロォチェの歴史理論はたしかに歴史理論の歴史に於いては已にその使命を完うしたのであり、その理由は主として彼の理論の市民的性格にあつたとすれば、これと同じ市民的性格がまた再び重要な意義をもち出したといふことは、クロォチェの理論の皮肉な運命ではなくして却つて現代のもつ特殊な運命のためである。クロォチェの歴史理論が已に過去のものであることを知悉してゐるところの我国の歴史学者が、クロォチェ理論と人格の明るさに再び愛着を感ずるとすれば、それは実は学問を包む環境の暗さのためであつた。遠い国の哲学者に対する私達の愛着は、そのまま明るい学問に対する私達の努力でなければならなかつた。羽仁氏の近業「クロォチェ」はかかる意味から読まるべきではなからうか。クロォチェの歴史理論の史的背景、とくにクロォチェとの理論的親近さを語られる彼の偉大な市民的歴史哲学者ヴィコーとの関係、またクロォチェと現代の歴史主義との関係、これらの多くの問題についての考察は已に私の能力を超えた分野である。それらの重要な諸問題は我国に於けるヴィコーのすぐれた理解者であり、かつ現代の歴史主義に対しても深い理解と鋭い批判を早くから展開されたところの羽仁氏の今後の業績に期待すべきであらう。

（一五・一・二〇）

（『歴史学研究』第七五号、一九四〇年三月）

II　民主的諸学会の再建・誕生と諸運動

(1) 歴史学研究会の再建

①「国史教育座談会報告」(『歴史学研究』第一二二号、一九四六年六月、「会報」掲載)

歴史学研究会全体は未だ再発足してゐなかつたが、歴史教育の改変は焦眉の急に迫つてゐると認められたので、日本史部会によつて「国史教育再検討座談会」を催したところ、非常な盛会で、多数の歴史学徒及び教育家の参加を得て、活発な討議が行はれた。その第一回は昨年十一月十日開かれたが、当日述べられた意見は綜合して大要次の如くであつた。現在文部省から学校に対し、軍国主義的教育を止めよとの抽象的な指令があつたに過ぎず、具体的にいかにすべきか何も言つて来てゐず、教員は非常に困惑してゐる。教員が自主的に、自己の自由な識見をもつて教育に当れば良いのだが、教員の大多数は、従来国定教科書に基き、その一行一句の教授内容にまで、文部省の指示を受けて来たのに慣らされて、自主性をまひさせられてゐるのが実状だ。文部省の講習会でも、教員側の発言が、末梢的な教授技術に限られ、根本の歴史観はほとんど問題にされてゐない。このやうな欠陥は、これまで歴史学徒の側で歴史教育に対し極めて無関心であり、却つて政府の歴史教育の立場から歴史学の方向が決定されるといふ誤つた情態に導かれてゐたことに原因してゐる。これからは歴史学者の立場からの歴史教育論が起らねばならぬ。歴史学者は自ら歴史教育者としての自覚と責任を持たねばならない。また従来の教科書が多くの史実をたゞ断片的に羅列し、そのため歴史の勉強とは暗記することだと誤り考へられてゐるが、人類の歴史における進歩発展の概念をもつて内部的連関を教へ、歴史を考へる学問とすべきだ。教授方法さへ適切であれば、生徒のみならず児童さへ非常に高度な学問的成果をも理解することが出来るし、事実彼等はそれに対する十分な興味をも示してゐる。新しい歴史教育の理念は、民族の再建への叡智と情熱とを与へることにある。このためにも少数支配者のための歴史ではなく、民族全体の、すなはち人民大衆のための歴史の教育でなければならない。今迄の歴史教育が如何に封建的軍国主義的支配の支柱となつてゐたかを考へる時、いはゆる歴史的常識の徹底的破壊を恐れてはならない。危惧するのは、文部省か教員かであり、決して生徒また児童ではない。現在児童は、上からの教育に非常な不信の気持を持つてゐる。従つて歴史教育の要諦は、厳密に科学的な歴史を教へることの一事に尽きるといへよう。そして結局根本の問題は、科学的な歴史とはいかなるものかといふ点である。――

第二回座談会は十二月一日開かれ、時代区分及び古代史の具体的な問題につき検討された。従来の時代区分が、少しも社会構成を考慮してゐないこと、社会構成を基礎にして時代区分を根本的に改変すべきこと、教科書の開巻第一頁が神話から始つてゐることの誤りなること、世界史的観点に立つ人類学・考古学の成果より出発し、古代人の生活を生々と描き出すべきことには、参会者一同意見が一致した。しかし紀記の神話の取扱には種種の意見が出て、討論が行はれた。いはゆる神話が、日本民族のすなほな伝承とは見なされ得ない、それは大和朝廷の伝承、しかも政治的意図に基く作為の色濃いものであるとの見解が有力であつたが、しかし一部の学生諸君からは、矢張り日本民族全体の夢として考へたい、との意見が出た。この見解の相違は、国家成立の問題にも現れた。国家が天地と共に歴史の始源から存在したのでなく、歴史発展の一定段階において成立したものであることを教へるのが、古代史の眼目であるといふことは、学界の定説として考へてゐたのであるが、一部にもせよ、若い学徒の間に異論、といふよりは因襲的な感情を清算しきれないものがある事実は、歴研の今後の活動方向に関し深く考へさせられるものがあつた。

その後、文部省が依然として改革に着手せぬ裡に、旧臘押し詰つて、マッカーサー司令部より、歴史教育の停止及び教科書の改訂が命令されるに至つた。これは明かに政府の重大な失態である。この事によつて、児童の教育に対する不信の念はいよいよ強められたことと思はれる。マ司令部の指令に接した文部省は、あわてて教科書の一部の抹殺と書き換へとをもつて一事を糊塗しようとしてゐる。これに対し歴研は、学界と教育界との識見と良心とを結集して、真に科学的な歴史教育再建のために、教育の権威確立のために、一層の熱意をもつてこの座談会を継続して行く決意

である。　　　　　　　　　　　（責任者遠山茂樹・松島榮一）

出席者

伊東多三郎、豊田武、竹内理三、石井孝、渡部義通、信夫清三郎、高橋碵一、渡邊省三、米田貞一郎、高橋巌、近藤壽輔、調所武夫、間瀬正次、羽生敦、大和英成、黒板仲夫、有本實、山口啓二、元木光雄、山中裕、大江匡輝、林幹彌、野澤康、後藤淑、櫻井清彦、太田恭二、西村希一、吉田五郎《ママ》、今野伸一、並木正雄、高木久、高橋定美、田中健夫、富來隆、村田靜子、藤間生大、林基、石母田正、井上清、桃裕行、宮地治邦、遠山茂樹、松島榮一

②時評（『歴史学研究』第一二二号、一九四六年六月）

一　進歩的歴史家の団結を望む

歴史学界にも革命は来らんとしてゐる。日本歴史にはじめての偉大な人民革命の波は、封建的軍事警察的専制の最後の精神的な支柱であつた日本の歴史学をも、つひに根底から変革し、真の科学的歴史学を樹立せんとしてゐる。わが国の歴史学を、中世ヨーロッパの宗教裁判が彼等の見て異端となすものを迫害したのに劣らず酷烈に迫害してゐた特殊の政治・道徳の強制は、世界民主々義の力によりつひに撤廃せられた。昨年十月四日及び同二十四日の連合軍司令部の日本政府に対する指令は、わが国にはじめて思想・学問の法律的自由を保証した。ことに後者に於いて、「国体護持を国民的信念として強制すること」は明白に禁止せられた。平泉澄、山田孝雄、徳富蘇峰、秋山謙蔵らのごとく、軍閥官僚の拡声器となつて、国体護持の強制のために、大日本皇国は神国なりと唱へ、皇国は世界を支配する――八紘一宇――神命を持つと称し、ひたすら人民を天皇制軍閥・官僚の奴隷とし、侵略戦争にかりたてるために、科学の片鱗をも歴史学から取り去つた最も露骨な犯罪人どもは、姿を消し、鳴りをひそめた。学問迫害の宗教裁判所たる文部省教学局、その検事局たる教学錬成所は解体の余儀なきに至つた。神国の迷妄、選民の傲慢、世界征服の狂愚を少国民の頭脳に定着せしめんとした文部省の国史教科書は廃棄させられた（昨年十二月三十一日連合軍司令部指令）。

歴史の書きかへ、合理的・科学的な歴史の確立の要求は、単に連合軍司令部のみならず、いまや全日本人民の声となつてゐる。どの新聞、どの雑誌も少くとも一度はこの問題を論じないものはない。多くの労働組合・学校・人民大学は正しい歴史の講義を渇望してゐる。良心的な少壮史学者の学会たることを期して十年以上も活動してゐたわが歴史学研究会は、一九四四年一月学問の戦線をはなれて一時は活動を停止してゐたが、昨年十一月再び新たなる活動を開始し、科学的歴史教育の再建を準備した（本誌「歴史教育の再検討座談会報告」参照）。本年一月二十七日には、東京神田の教育会館に於いて、天皇制の史的研究の会を開き、十一人の少壮学徒が、西洋諸国の君主制、古代より現代に至る天皇及び天皇制の歴史的批判研究を報告、参会者一同が討論した。それは日本の学会としてはじめての、日本歴史の最も重要なこの問題に関する自由な科学的研究の会であつた。その研究報告の一部は、「歴史家は天皇制をどう見るか」といふ表題で出版された。この画期的研究会を歴史学研究会の新出発の記念とするために、引続き大会が開かれ、従来の日本の歴史学界が、全体としては封建的帝国主義的宮廷史学の域を出なかつたことを批判し、歴史学研究会は真の科学的歴史・人民の歴史学の確立のために戦ふことを可決した。また本年一月創立された民主々義科学者協会には、歴史部会が置かれ、多数の歴史家が参加して民主々義歴史学の確立普及のために努力してゐる。

だが、新しい歴史学は、何とその発展のテンポはのろく、力は弱いだらう！

平泉は姿を消したが、彼が多年に亙つて組織した彼の弟子達、いな乾児たちは今なほ平然として各学校で教授してゐる。水戸の高等学校で生徒から軍国主義・極端な国家主義教授として批判された望月健夫が、ほんの二三ケ月引つ込んでゐたかと思ふと、もう高知高校に教鞭をとつてゐる、しかも同校生徒全員の反対を押し切つて。いかにも教学錬成所は解体したが、その所員として、また文部省の諸学振興委員会の委員として、歴史の歪曲を担当した西田直二郎は、相変らず京都帝国大学教授におさまつてゐる。教学局はなくなつたが、教学官どもは同じ文部省の社会教育局に椅子を変へただけである。軍国主義、極端な国家主義の教科書を作つてゐた文部省図書監修官たちは、今もなほその椅子を動かない。彼等の大臣、自称自由主義学者安倍能成は、民主々義のみの立場では、正しい歴史は書けぬとうそぶく。そして彼等文部省は、「新時代ニ即応シテ」歴史教育を改めると称しながら、「我ガ国家社会ノ発展ノ皇室ヲ中心トスル一大家族ノ形成過程タル史実ヲ明カニス」ることをその眼目にかゝげてゐる！戦争中には平泉の下で、東大教授又は助教授として「天壌無窮史観」を唱へて神国主義を宣伝し、「天壌無窮の生命観」が日本民族の死生観なりと称して日本の青年学生が軍閥の竹槍主義・特攻主義戦術——これをしも戦術と言へるなら——の犠牲に死ぬることを煽動し（「肇国精神」昭和十八年六月号）、南進論＝南洋侵略論を放送や文書で宣伝しつゞけた板澤武雄は、敗戦後、平泉の留守の国史学主任教授となり、国史学科の新しき道を問うた大学新聞記者に「われわれは昔から実証を主として来たので今さら改める何ものもない」と洒々とする。（大学新聞、昨年一二月一日号）

どうしてこんなことがあり得るだらう？

それは、進歩的な歴史家が、一致結束して一の学会をつくり、はつきりと民主主義、人民の歴史学こそ唯一の正しい歴史学であることを、自分たちの仲間の間だけでなしに世間に向つて公然と主張し、学問の敵を人民の前に暴露し糾弾しないからである。反科学迷妄史家どもの一部が姿を消し、彼等の巣窟の一部が破壊されたのも、われわれ歴史家が自分自身の革命としてやつたのではない。連合軍また日本の革命的人民大衆の圧力がさうさせたのである。だが連合軍や人民大衆は歴史の専門家ではないから、大体の道を切り拓くにとゞめざるを得ないであらう。しかるにわれわれ専門の歴史家が態度をあいまいにし、再び反動をして姿を変へて現はれしめるならば、われわれは何の顔があつて歴史家と称することができよう。

進歩的歴史家は団結して、明白に人民の歴史学を宣言すべきであるといふ主張に対して、一部の人は反対して言ふ、「ながい間の教育ですつかり盲目的非合理的神秘的観念を叩き込まれてゐる人々を、急激に科学的な歴史に直面させたならば、その人達は少しもそれを理解し得ないばかりか、却つて正しい方向をもとめてゐる者までをも感情的に反発させるであらう」と。そしてその論者は、正しい歴史学の目標を明白にかゝげず、「学問の自由」とか、「実証主義」とかの抽象的な主張にとどめて、遅れてゐる人々をも抱擁し、徐々に正しく教育して行かねばならないと主張する。

私はこの考へには賛成できない。

第一、正しい歴史学に感情的に反発する人は、官吏、官立学校教師、旧職業軍人、あるひは神主や僧侶の子弟あるひはどうにもかうにもしようのない腐れ自由(?)主義者であつて、健全な近代的市民や勤労者階級出身の歴史学徒は、たとへ瞬間的には急に新しいものの輝きにまぶしくなり戸迷ひしても、たゞちに真剣に考へ出すであらう。そのとき、新しい歴史学が本当に正しく、またその学者が誠実であるなら必ずそれを支持するに至るであらう。

わが国では歴史、ことに日本歴史の専攻者には官吏や教師、神主、僧侶の子弟が割合に多く、近代市民階級の子弟は少い。まして労働者耕作農民その他勤労階級のものはさらに少い。これはわが歴史学界の伝統的性格である。わが国の歴史学ことに日本歴史学が十分に発達せず、しかも最近十数年間の様な極端な反科学――封建時代以下の迷妄――に容易に転落したのは、学界のかゝる社会的構成がその素因をなしてゐる。逆にまたわが歴史学が高い科学的原理を持たなかつたからこそさうした学界の社会的構成をいつまでも存続させたのである。ドイツ人リースが帝国大学に国史学科の創設を建議した文には、同学科の実用は、官庁・貴族・富豪の記録や文書の管理、図書館員、史料編纂員、教師等の養成にあると言つてゐるが、これは召使ひの養成である。(「東京帝国大学五十年史」上冊)。こんな低劣な観念に導びかれたのがわが官学史学である。そこに学ぶ者に宮廷・政府・貴族・富豪の生れながらの召使ひである官吏・教授・神主・僧侶など一言にして封建的専制的イデオローグの子弟が多かつたのは当然である。従つて現代的科学的歴史に感情的に反発するこれらの人々が、歴史学徒の中に比較的多く、それが一のふんいきを作つて他の者にも影響するといふことはもつともなことである。

だがわれわれはもはやそれらの人々をそんなに顧慮する必要はない。新しい歴史学はそれらの人が反発したからとて何ものをも失はない。「しかし」となほ論者は言ふ「彼等の持つ史料取扱ひの技術、また史料そのものを利用するためには、彼等を失つてはならない」と。それに対して私は言はう「われわれは反対者からも学び得るし、また学ばねばならない」と。また人をその歴史観すなはちその根本に於いて侮蔑しながらその技術を「利用」するためになれなれしくするなどとは何といふ失礼であらう。それは自ら働かず労働者を「利用」して富を蓄へるために労働者を「産業戦士」と呼び、「労資協調」ととなへながら実は「下等者」と軽蔑するものに似通ふ態度である。われわれは史観を異にするものがわれわれに感情的に反発しても、その感情がそのひとの内心からのものであるならば、それに対して感情的に敵対したり侮蔑したりはしない。そしてもしその人がすぐれた技術を持つてゐるならば、それを尊敬して十分に学び取るであらう。史料の利用といふ点については、もしその人たちの所になほ新しい歴史学の史料があるならば、人民大衆の援助により、その公開を要求し、且つ公開せしめるであらう。たとへば東大の史料編纂所や内閣文庫などの史料開放は、たゞ民衆の協力のもとに於いてのみ達成せられるであらう。そのためにもわれわれは、はつきり人民の歴史学を宣言しなければならない。

第二、「学問の自由」、「実証主義」は、抽象的には現在すでに実現せられてゐるので、それらの主張のみでは、本当に人を正しい方向に教育することはできないと私は思ふ。今では文部省さへ学問は自由だと称し、板澤ですら実証主義をとなへてゐるではないか。今日の問題は、「学問の自由」に具体的な内容を持たせることである。その第一は、学者の頭が今なほ封建的帝国主義的観念に束縛せられてゐるのを解放することである。自分の頭から自由にならしめることである。人々をそこに導くには、すでに相当に自己を解放した人々が一致結束して、その真に自由な立場で学問的に正しいと認めたことを率直に公表し、自由な学問の稔り豊かなこと、その楽しいことの実例を常に示すことが学界内部に於いては唯一の且つ最上の方法である。それとともに、社会全体から封建的帝国主義的要素を一掃するために、歴史家も立つことである。「学問の自由」の具体的な内容の第二、根本的一般的に見て、現代に実現されるべき「自由」は、十九世紀的な資本の「自由」や、さらにそれ以前の権力の「自由」ではない。権力や資本に長い間束縛抑圧せられて来た人民の、権力や資本からの自由である。現代の学問の自由とは、まさにかかる社会的根本的な人民の自由の学問界に於ける実現、すなはち「人民の学問の自由」でなくてはならない。だから、古い観念の束縛から自己を解放した自由な思索者の到達する学問の方向は、人民の学問の実現といふことにならざるを得ない。「人民の学問」の実現によつてのみ真に「学問の自由」を、学者自身の頭の中でも、また社会的にも、実現出来るのである。

「実証主義」にしても、今日のいはゆる実証主義は実は考証主義である。歴史叙述が確実な史料批判によつて「実証」された史実にもとづかねばならぬことは言ふまでもない。ところで史実は無数にあるから、人はどんなことでも御好み次第に「実証」できる。そこで彼があくまで「実証主義」にとゞまるならば、彼は無数の事実を羅列し得るのみで、一の歴史叙述として何ごとをも語ることはできないであらう。もし彼が個々の史実を綜合して一の歴史叙述をなさうとすれば、彼はもはや単なる「実証」を越えて彼の世界観による歴史解釈・史実の選択と統一をなさねばならない。今日、問題なのはまさにその世界観である。何を何のために実証するかといふことである。今日歴史学を新たに発展させる世界観は民主主義の世界観あるのみである。といふのは、先に考へた如く、現代の自由は人民の自由でなくてはならず、それにもとづく民主主義のみが現実の歴史創造の唯一の原理であることは自由に考へる人には疑ふ余地はない。而して歴史創造の原理はまたまさに歴史解釈の原理である。すなはち民主主義が歴史学の原理的立場でなくてはならない。(この点についてはなほ後述するであらう)。実証主義といふのも、元来は専制主義思想に対する民主主義思想の闘争の一部であり、観念、非合理的神秘主義に対する「事実」の独立的価値、合理主義の主張であり、しかもそれは人民の科学原理として主張されたものであつた。われわれは、この実証主義の基礎でもあつた民主主義といふ基本原理「人民の、人民による、人民のための」民主主義の歴史が正しい科学的な歴史の道であることを明白にかゝげるべきである。さもないと、「実証主義」は骨抜きにされた板澤ごときも唱へ得る考証主義になり、歴史の統一原理となり得ず、従つて学問の敵と戦ふ武器にもなり得ず、また従つて動揺してゐるものを正しい方向に教育するつもりで、却つて中途半端なところに安住させることになるであらう。

大衆の歴史意識の成長を見よ、四月七日東京日比谷で開かれた民主戦線各団体主催の人民大会が、首相官邸にデモを行ひ、代表が人民の要求を持つて副書記官長と折衝してゐる間に、七万の労働者農民市民大衆は、官邸の前に集まり、そこで多くの演説がなされた。そのとき浦賀久里浜から来た二十歳前ぐらゐの顔のひきしまつた女性が、次の様な演説をした。久里浜には大量の元の軍用材木があつた。久里浜町民は日々の炊事の燃料にも困つてゐるので、その材木の一部でも払ひ下げてくれるやう復員省へ頼んだ。しかし復員省はどうしてもきかない。ところがそれが一石二十円といふたゞ同然の安値である工場に払ひ下げられた。そのことを知つた町民たちは、そんな安値で一個の資本家に払ひ下げられるなら、われわれ地元にも少しは払ひ下げてもらひたいと執拗に嘆願要求した。けれども一人二人で交渉したのでは、復員省は規則、人民に相談なしに自分勝手できめた規則をたてに、その要求に応じないばかりか却つてその人を威圧する。「これが天皇制だと私は思ふんです」とその若い女性は批判した。官邸の奥深くまでこだまするような大拍手が起つた。話はつゞく、そこで久里浜の婦人たちはつひに一致結束して四百余人が復員省におしかけ、大衆団結の力で見事に要求を貫徹した。「団結だけが私たちの力なんです」とその演説は結ばれた。再び拍手の万雷がとどろいた。かくの如く人民大衆は自からの体験を通じてたとへば天皇制の本質といふ如き問題をも短刀直入に批判する。だがそこに生れる歴史意識を一の学問に組織発展させる物質的手段、時間は未だ大衆に与へられてゐない。然らば幸にしてそれをめぐまれてゐる専門学徒は、その民衆の直観的な批判に学び、自分自身が、また民衆が、それを学問に体系づけるよう努力する義務があるのではないか。進歩的歴史家は、封建的帝国主義的歴史家又は動揺分子の方ばかり気にしてゐないで、この日々に成長する人民大衆の中から、新しい歴史学を打ちたてようではないか。そのとき歴史学界は実に多くの協力者を得るであらう。歴史学界以外の文化界でも、新しい歴史意識が発展させられてゐる。たとへば映画人岩崎昶氏は、映画を以て「民族の己惚れを根絶しその自信を恢復する」「正しい歴史意識の培養」の第一線たらしめんとの抱負を語る（「東京新聞」二月七−九日）。そして氏はその実践の一として映画「紀元節」を作つた。不幸にしてその映画は、その中に編輯された文部大臣の演説が一部分しかとられず、したがつて全体として彼の意図通りに表現されてゐないといふ抗議を受け、つひに世上に出なかつた。岩崎氏は「紀元節」といふ映画を作らうとしたのであつて、「文部大臣の見解」といふ映画を作らうとしたのではないから、大臣の見解の一部を映画的に編輯して何の不都合があらう。それはともかく、新しい歴史学が勤労人民の中に、文化の各方面と相携へて、樹立され得るすべての客観的条件はこのようにととのつて来てゐるのだ。

われわれは、学問が学者仲間の力だけで進むように己惚れてはゐないだらうか。現在歴史学の自由が、民衆によつて、民衆の立場にある学者によつて、もたらされたこと一つを考へてみても、真に歴史学を愛する者の掲げるべき目標は、人民の歴史学！ といふほかにはあり得ないことは明白である。しかも内心でそう思ふだけではだめで、そう思ふ学者が一致団結して、公然とそれを掲げ、すべての民主主義学者文化人と協同し、人民と共に戦ふべき時機が、今こそ来てゐるのだ。

二 反動的歴史教育の企て

進歩的歴史家がぐづついてゐる間に、文部省は着々と反動的歴史教育の再建を行つてゐる。昨年十一月中旬の文部省議で決定した「新時代ニ即応」の「国史教育ノ方針」を見よ。

一 捉ハレザル立場ニ於テ史実ヲ闡明シ過去ニ対スル反省ノ尚ブベキコトヲ訓ヘ以テ歴史的思考力ト批判力トヲ涵養シ新日本建設ニ資スベキ良識ト判断力トヲ育成スルヲ歴史教育ノ目途トス

二 独善偏狭ノ史観ヲ払拭シ広大ナル視野ニ立チ史実ヲ客観的ニ取扱ヒ史実ノ歪曲ト隠蔽トヲ避ケ歴史ノ発展ヲ綜合的合理的ニ会得セシメソノ間ニ自ラ国史ノ特色ヲ明カニス

三 治乱興亡政権移動ヲ主トスル政治史ニ偏スルコトナク広ク社会的経済的文化的史実ヲ重視シ特ニ庶民生活ノ具体的展開ノ様相ヲ明カニス

四 神代ノ伝承タルコトヲ明カニシ且ツソノ神秘的取扱ヒニ依ツテ選民意識乃至軍国主義的若クハ極端ナル国家主義的思想ニ堕スルコトヲ警メソノ平明合理的取扱ヒニヨリ国民ノ道徳的情操ノ醇化ニ培フト共ニ上代史ニ関シテハ人類学・土俗学・考古学・言語学・文献学等ニヨル合理的科学的教材ヲ考慮ス

五 我ガ国家社会ノ発展ノ皇室ヲ中心トスル一大家族国家ノ形成過程タル史実ヲ明カニス

六　歴史ノ視野ヲ世界的基盤ニ広メ外国文化ノ我ガ国ニ及ボシタル影響ヲ重視シ各国各民族文化ノ相互敬愛交流互恵ニヨリテ世界平和共存共栄ノ実ノ挙ガレル事実ヲ明カニス

七　教育的見地ニ基ヅキ常ニ教育対象ノ年齢学力ニ応ジテ前各項ニ戻ラザル限リ教材ノ取捨選択及ビソノ取扱ニハ適切ナル考慮ヲ加フ　（以上）

この方針のどこに「新時代」の歴史の原則が示されてゐるか？（一）の「捉ハレザル立場」、（二）の「広大ナル視野」、とは何か。その註釈は文部大臣安倍能成の一月二十七日連合軍司令部民間情報教育部長ダイク准将らとの会談に示されてゐる。文相は言ふ「今もし民主主義の立場からのみ日本歴史を書きかへるなら、これも再び歪められたものができるであらう」と（一月三十一日読売報知新聞）。即ちかの「捉ハレザル立場」等は、実は民主主義の立場をあいまいにし、それとならんで他の非民主主義立場を導入することである。しかもそのひそかに導入せんとするものは何か、文相はつゞけて言ふ「さしあたり（従来の教科書から）たゞ嘘と判つてゐるもの、軍国主義的、国家主義的意図から挿入されたと判つてゐるもののみ除いて教へたらよい」と。従来の教科書が、明白な虚偽や明白に意識的な軍国主義的歪曲まで加へて極端な国家主義軍国主義を宣伝強制したものであることを安倍文相はみとめざるを得ない。彼の前任者前田文相も、昨年十二月の臨時議会でそれを認めてゐる（十二月十三日、貴族院予算総会）。今になつて何とも隠しおほせなくなつたそれらの部分だけを除いても、そうまでして極度に主張せられた軍国主義や極端な国家主義の原理は依然残るではないか。すなはち文部省は「捉ハレザル立場」と見せかけて実は昔のまゝの軍国主義神秘主義反科学的迷妄を残さうとするのである。ダイク准将はそれを看破して答へる「事は単に軍国主義国家主義による歪曲のみではない。従つて正しき日本歴史ができ上るまではむしろこれを全然教へない方がよいと思つてゐる」と。（四）の神代史上代史の一見もつともらしい取扱ひ方も、「国民ノ道徳情操ノ醇化ニ培フ」のが、実は本年二月十一日いはゆる神武紀元節の文相の放送に「建国の古い歴史が伝説の雲を頂いてゐるのは独り我国のみではない。それは断じて我国の紀元の悠久にして皇室が国民生活の中心たりし事実を否定するものではない」と言ふところに眼目がある。本年四月から使用の暫定国史教科書に於いては、「紀元年代の正確度や万世一系の皇統に対する異説については、上級学校用教科書では異説として記載紹介するが、国民学校用中等学校用教科書には児童生徒を混乱させるから記載しない」と決定してゐる。（一月十三日、毎日新聞）。いはゆる皇紀が明白な虚偽であることは学者の数十年来ひとしく承認するところである。それについて異説は何処にもない。「異説」があるとすれば、いはゆる皇紀がどれ位延びてゐるかに関することだけである。また「皇統の万世一系」が、日本民族生活のはじめから万世一系君臨したといふ意味なら、これまた全くの虚偽で、天皇のあらはれる前に数千年の人民の生活があつたことも全く異論はない。異説の紹介は、国民学校、中等学校の児童生徒の「頭を混乱させる」などと教育学的言辞を弄しても、それは実は、依然として明白な虚偽を教へ込み、児童生徒が真に学問的懐疑を起し、「歴史的思考力ト批判力トヲ涵養スル」のをあくまでも阻止せんための詭弁であることは、明白である。かくて、結局この「新時代ニ即応ノ方針」の原理は、（五）に端的に表明せられた従前通りの皇室中心主義による歴史歪曲であり、それに（三）・（六）にあげられた若干の文化史的事項の断片を挿入するにすぎないのだ。その際にも（五）の如き原理による構成に組み入れられた庶民生活や国際文化交流が歴史の真相とは縁遠い恣意的なものとなるであらうことは容易に想像される。「わが国家社会が皇室を中心とする一大家族の形成過程」などといふことがどうして証明せられた「史実」であらう。かかる「独善偏狭ノ史観」を持つ安倍文相は、史観の何ものたるかも解しない。いな思想家安倍能成にそれが分らぬ筈はないが、文部大臣になると次のようなわけの分らぬことを言つて人民を欺かうとする。「どうも羽仁五郎君の近頃の議論や何かを見るとさういふ感じがするが、民主主義といふ立場で歴史を書き変へる。民主主義であつたかなかつたかといふことを簡単に決めて書き変へるなら、極めて簡単に片づくかも知れないけれども、それぢや真相といふものは捉へられないと思ふ」諸君この意味が言葉として分りますか？「単純に科学的といふような立場から日本人の天皇に対する気持をスッカリ尽すことはできない」（「週刊朝日」二月十日号、「清談一刻」）。安倍閣下は民主主義の歴史学の科学性簡単明瞭性が御気に召さない。そしてすこぶる科学的でない、もやもやとした独りよがりの主観をのべる。歴史事実をこれは民主主義的事実、これはさうでない事実と判定するのは決して難かしくはない「簡単に決め」られることだ。だからといつて民主主義の歴史学は、民主主義的事実のみをならべるのでもなければ、たとへば天皇の虐政の如き反民主主義的事実ばかり書くといふのでもない。たとへば民主主義者は醍醐天皇が寒夜に衣を脱いで人民の寒さをしのんだといふ事実を否定しない。しかして彼はまたその三代前の陽成天皇が手のつけられない暴君であつたことをも隠さない。反民主主義、皇室中心主義の歴史は、醍醐天皇の場合を誇張し陽成天皇の場合を隠蔽し「列聖の聖徳」を捏造した。いまこのほゞ同時代の二例を共に隠さないとして、歴史の「真相」はどうなるか。天皇には暴君もあつたがさうでないものもあつたといふ事実の羅列で「真相」が分るか。民主主義、人民の立場のみがこの一見矛盾する両事実を統一的に解釈し「歴史の真相を捉へ」得る。すなはち、世襲君主専制の下では、人民は寒夜に衣物もないほど搾取されてゐる、このことは当時の文献にも明白である。それ故時として多少は人間らしい君主が出てさうした人民の苦痛を推察することもあらう。しかし世襲君主制では暴君や狂君や痴君が出ることを阻止し得ない。そのとき人民は愈々苦しめられる。仁君とか暴君とかは、世襲君主専制が人民を苦しめてゐるといふ基本的事実の上の一現象にすぎない。民主主義者はかく解釈する。これは簡単だが間違ひは何処にもあるまい。これは羽仁氏が「天皇制の解明」で行つてゐる解釈にならつたものであるが、「民主主義」の歴史のみがいかに歴史学を発展させるかはちようど安倍閣下の非難してゐる羽仁五郎氏の歴史学の実例について見られたい。

天皇に対する国民の気持は科学で解明しつくせないといふが、非科学ではなほさらつくせない。科学を徹底さすことによつてのみつくされるのだ。そして現代日本に於いて最も進んだ科学の立場は、徹底した民主主義の立場である。科学ではつくせないなどと神秘的なことを言つて独善にふけり、そのため世界民主主義の科学によりこれだけの大敗戦をしてもまだそれが分らないだらうか。

三　似て非なる歴史の書きかへ

文部省でさへも「独善偏狭ノ史観」や「神秘主義的取扱」を一掃すると見せかけねばならないほどに「歴史の再検討」、「歴史の書きかへ」は強く民衆から要求されてゐる。多くの歴史家はこれに答へる、いなその要求の先頭に立つかの如くである。だが彼等の多くのものは如何なる原理により書きかへるか。彼等は天壌無窮、皇室中心主義等の史観を排撃するらしい。たとへば京都帝大教授高坂正顕氏は「世界史観」を説き、「世界の問題は社会と国家との立場、即ち階級史観と民族史観によつては理解されず、却て逆にかかる史観とそれを生んだ近代社会と近代国家そのものが、近代世界の世界性格から理解されねばならないのである。世界史観の立場に立つことが重要なのである」(「読書新聞」、再建歴史学の課題、一月一日号)といふとき、民族史観、国家主義を排撃するが如くである。ではその「近代世界の世界性格」とは何か、その世界史観は何によつて可能なのか。高坂氏はその問題を提起することさへもしない。たゞ世界史の立場に立てといはれても、いはゞ先験的な世界ではなく具体的現実的世界——諸々の国家や植民地により構成されてゐる——を取扱ふ歴史家にはどうすればよいかわからない。歴史の理論と歴史の叙述とのこの分裂を高坂氏はどうして解決するか。氏は各国政府が資金と資料を出しあつた一大世界史編纂所設立を希望する。そこでは一国家一民族に偏せず公正に、各国内史及びその交渉史が書かれる。これが世界史観の実践である！　私は高坂氏の編纂所に植民地民族も自己の代表と資金と資料とを送れるかどうか知らない。だがすべては公正に書かれるとしよう。そこにでき上るものは「公正な」国家史または国際関係史ではないか！　世界史、かの国家史の、従つて国家の交渉史の基盤となる世界史は、何処にある？　個々の民族や国家を超えた或ひはその基盤となる世界史は、嘗てヘーゲルによつて理性の発展史として構想せられた。ヘーゲルの世界史が甚だ荒唐無稽な歴史叙述ではあつたにしても、そこには一定の世界史を可能ならしめる原理があつたが、高坂氏の世界史は無原理無内容である。氏の頭にぼんやり映じてゐる「近代世界の世界性格」とは、己に似せて世界を作り変へねばやまぬブルジョア的生産関係のことであらうか。だがそれは「社会」の立場であるから高坂氏は排撃する。かくて氏の世界史は実は先にみた如く国家史観、しかも帝国主義国家史観に外ならなくなる。空疎な饒舌によつて作られた世界史といふからつぽの容器に、敗戦日本帝国主義歴史哲学者は、公正な国際関係の夢を盛る。ありし日の彼の「世界史の哲学」は、勇ましくも八紘一宇、世界征服の野心によつてみたされてゐたが！

われわれは今日世界史的観点を極度に重視する。その世界史の統一原理は何処にあるか、それはたゞ「社会」の立場、「階級」の立場、社会的生産関係の発展段階の理論に於いてのみ成立つのである。而して、その生産関係の発展の原動力は人民大衆の勤労である。かくてその勤労人民の立場のみが唯一の世界史を可能にする立場である。

さてわれわれは壮大な世界史から敗戦日本に戻らう。そこには東京帝大の経済史の教授土屋喬雄氏がゐる。土屋教授は、「読書新聞」（二月一日号）また「潮流」や、「民主文化」の二月号そのほか多くの新聞雑誌などに、全く同一の日本歴史の再検討論を書いてゐる。教授は従来の日本歴史を口を極めて罵倒する。そしてその「三大偏向」として、第一、神秘主義・国粋主義・自尊排外主義、第二、支配者・偉人中心主義、第三、「尚古軽新」を挙げる。

いかにもこれらは日本帝国主義軍国主義の歴史観に特に著しい反学問的迷妄である。ところで第一の点、土屋教授の「日本国防国家の史的発展」こそは、国粋主義・自尊排外主義経済史の典型ではなかつたか。教授は同書で、明治以後の日本経済が、人民大衆を犠牲にした封建的軍国主義的財閥国家資本主義として構成せられたことを、「国防国家」の史的発展として絶賛した。そのさい教授が、近衛・東條・岸らの「総動員」経済が、大久保利通・澁澤榮一らの財閥軍事工業育成ほどに上手でなく、失敗に終るであらうことを暗示しようとした——実はそんな暗示は毛頭ない「総動員」全国民奴隷化経済への阿諛にみちみちてゐるが、かりに教授の弁明に従ふ——としても、そのことは同書が自尊排外侵略主義を謳歌してゐることと少しも矛盾するものではない。第二の点、同教授の「日本資本主義史上の指導者たち」こそは、軍国主義財閥資本主義のために、日本の正常な資本主義の発展を体系的に妨げ歪めた大久保、澁澤らを「偉人」、「指導者」として賛美した「偉人」主義歴史の最良の見本ではないか。第三の「尚古軽新」について。なるほど土屋教授は古代や中世ではなく近世近代史を専攻とするが、教授の戦時の基本的立場は、教授自身のあげた特徴を十分に具へた帝国主義史観、すなはち保守主義史観であつた。これぞ「尚古軽新」主義でなくて何であらう。

といふのは、尚古軽新史観とは、古代中世の如き「古」を専攻とすることではなく、たとへ最近代を専攻しようとも、現実の創造的進歩的方向に反対し又はそれから遊離した史観の持たざるを得ない一現象であるからである。教授が、新しい歴史として、科学史・技術史・経済史の「三位一体」よりなる「綜合的文化史」とやらを主張し、「政治史戦争史中心の歴史はもはや止揚された」と揚言するとき、教授は全く現実から遊離した「尚古軽新」家であることを示してゐる。現在の日本は一大革命期にある。その革命は、経済革命でもあり技術革命科学革命でも文化革命でもある。しかもそれは、生産管理は財閥地主から労働者農民の手に、技術・科学の管理は官僚政府から技術文化人の手に、而して国家管理は天皇やその官僚また財閥地主の代議士から全人民の手にといふ、民主主義政治革命に集中されてゐるではないか。このとき政治をぬきにした経済史文化史を新しい歴史の基本的方向と主張することは「経済史」家的ギルド縄張り根性の現実遊離も甚しい。政治史戦争史は止揚されたどころではない。それこそ当面の歴史学の最大の課題である。天皇制史、民主主義史、太平洋戦争史等々はいまどんなにか必要だらう！　たゞその政治史戦争史とは、教授らの理解するが如き「偉人」専制支配者の宮廷陰謀等の歴史ではなく、生産手段を占有し、それを持たない人民の勤労を搾取し人民を支配した者と、解放を求める人民との闘争の政治史である。政治は経済文化等一切の社会関係の集中的表現であり、戦争はその延長である。故にかゝる政治史戦争史に於いてはじめて、科学史・技術史・経済史その他すべてを統一綜合する歴史叙述の中心が見出されるのである。而してまた土屋教授らのような社会的階級的関係をぬきにした経済史ないし文化史は、歴史の綜合原理となり得ない、行きつまつた史観であることは、今から十七年も前にすでに史学史的にまた理論的に批判立証されたところである（羽仁氏「転形期の歴史学」、同氏「歴史学批判序説」）。

戦争中に軍閥官僚財閥に阿諛して学問を歪めたものが、今急に民主主義的装ひで新しい歴史学を唱へんとしても、彼が過去の罪業を率直に自己批判して出直さない限りは、新しい歴史学を打ちたて得るものではない。高坂氏の新世界史が文部省の「新方針」の（六）に、土屋氏の「綜合的文化史」がその（三）に通じてゐるのも宜なるかな。

一般に歴史は常に書きかへられるといふのは、歴史叙述は現実の社会の変化に対応して変化せざるを得ないといふことである。而してその変化が御都合主義便乗ではなくて、進歩発展であるためには、歴史家は常に進歩的社会階級の立場に立たなくてはならぬことは自明である。今や、歴史が書きかへられなくてはならないといふのは、この刻々に発展する人民革命の発展に応じて歴史叙述も革命的発展をとげねばならないといふことである。革命期には革命期の歴史学がなくてはならぬといふことである。かゝる書きかへ、発展は、最近の反動期にもたえず学問の立場を守つて進歩しつゞけた、そして現在、この革命的現実構造を徹底的に認識体得してゐる者によつて最もよく果される。

（井上清）（一九四六・四・十）

③会報（『歴史学研究』第一二二号、一九四六年六月）

綱領および会則の草案

四月十六日および二十日に、旧役員と、本年一月二十七日の大会で選ばれた委員長および委員と、そのほかに本会の先輩三人を加えて、暫定委員会をひらき、新しく出発する歴史学研究会の、綱領と会則の草案をつくつた。これを総会にかけて、会員一同の慎重な御審議を得たい。なを、新しい綱領会則が決定され、役員がさだまるまで、左の暫定委員会が会務を執行する。（暫定委員）、羽仁五郎、三島一、野原四郎、阿部眞琴、戒能通孝、林健太郎、石母田正、林基、松島榮一、藤間生大、井上清、龍野四郎、細井昌治、宇佐美誠次郎、倉橋文雄、矢田俊隆、金澤誠、市川米彦、鈴木正四。（順序不同）

歴史学研究会綱領草案

第一　われわれわ、科学的真理以外のどのような権威おもみとめないで、つねに、学問の完全な独立と研究の自由とを主張する。

第二　われわれわ、歴史学の自由と発展とが、歴史学と人民との、正しいむすびつきのうちのみにあることお主張する。

第三　われわれわ、国家的な・民族的な・そのほかすべての古い偏見おうち破り、民主々義的な・世界史的な立場お主張する。

第四　われわれわ、これまでの学問上の成果お正しくうけつぎ、これお一そう発展させ、科学的な歴史学の伝統おきづきあげようとする。

第五　われわれわ、国の内外お問わず、すべての進歩的な学徒や団体と力お合わせ、祖国と人民との文化を高めようとする。(以上)

歴史学研究会会則草案

第一条　本会わ、綱領お実現し、会員の親睦共済おはかることお目的とする。

第二条　本会わ、前条の目的お達するために、左の事業おおこなう。

1　会員相互の討論、共同研究、文献蒐集、そのほかの研究調査。

2　機関誌「歴史学研究」そのほかの図書文献の発行。

3　講演会、公開討論会、そのほかの大衆会合、本会外えの講師派遣。

4　会員の親睦共済のための事業。

5　右のほか適当な事業。

第三条　本会の綱領に賛成し、会則にしたがう者わ、総会またわ委員会の承認お経て、会員となることができる。

第四条　本会の最高機関わ、総会である。会員わ、すべて総会に列席し、発言し、議決に加わる権利がある。

第五条　総会わ、毎年四月に会長が召集する。在京会員数の三分ノ一以上の会員の要求があるとき、またわ委員会が必要とみとめたときわ、臨時総会をひらく。
総会の開催わ、その日より一週間以上前に広告しなければならない。たゞし、緊急の必要があり、委員会と在京会員数の三分ノ一以上の会員の賛成があるときわ、このかぎりでない。

第六条　本会に、会長一名、委員長一名、委員若干名からなる委員会を置き、会務お執行させる。

第七条　会長・委員長・委員わ、いづれも会員中から、総会においてこれを選び出す。

第八条　会長わ、本会を代表し、会務お主宰し、大会の議長となる。その任期わ一年とし、再選おさまたげない。委員長わ、委員会の責任者となる。会長に事故のあるときわ、その代理おする。委員長の任期わ一年とし、再選おさまたげない。

第九条　委員わ、会務お分担する。その任期わ一年とし、再選おさまたげない。

第十条　本会に、日本史・東洋史・西洋史の三部会お置く。部会わ、研究調査機関であるとともに、会員の連絡機関である。
会員わ、主として研究する部門によつて、いづれかの部会にぞくする。
部会の責任者わ、委員の中から選ぶ。

第十一条　本会に、必要にしたがつて、研究分科会お置く。
分科会の責任者わ、その会に参加する者が互選する。
分科会責任者わ、定期に委員会に連絡しなければならない。

第十二条　本会に、必要にしたがつて、支部お置くことができる。

第十三条　退会したいものわ、委員会の承認お得なければならない。
会則にそむく者わ、総会の議決によつて、忠告またわ除名することがある。

第十四条　本会の経費わ、会費・寄付金そのほかの収入によつてまかなう。

会員わ、会費として、機関誌代一年分お前納する。
委員会わ、会員の要求があるときわ、いつでも会計帳簿を見せなければならない。

附則　本会則の変更わ、総会の決議によつてのみなされる。

委員会に関する内規

一、委員わ、日本史・東洋史・西洋史の三部会より、少くとも各一名お出す。

二、委員会わ、必要にしたがつて、有給の事務員お置くことができる。　（以上）

④会報（『歴史学研究』第一二三号、一九四六年八月）

総会

去る三月十日の総会の議決に基く本会総会は、新聞への会告掲載と新聞の予報利用とにより、六月九日（日）午後二時から東京神田一橋の教育会館講堂において、会員約八〇名の他に傍聴の未入会者約三〇名を出席者として開催された。

暫定委員林基氏が司会者として開会を宣した後、会長欠員中のため議長席には司会者の推薦承認により暫定委員野原四郎氏が着き、同氏が挨拶を行つてから、次の如き次第によつて議事に入つた。

一　先づ、総会開催の事情経過と会の現況につき暫定委員松島榮一、倉橋文雄両氏が大要左の如き報告を行つた。

i　一昨夏状勢悪化による会活動不円滑化の末、前幹事会は会活動継続の困難を認め、状況が総会開催にも適せずとして、総会を経ずに、会誌停刊号に事情の説明と専断の謝罪を記載しつゝ、会活動を停止した。尚、前幹事会は後に右処置の失当を自己批判し前総会において更めて陳謝した。

ii　昨秋以来、前幹事会は会活動再開につき努力し、そのことの上に昨冬日本史部会方面では二回研究会合が行はれ、更に十二月には懇親協議会と講演会とから成る大会が開催されたが、会員との連絡回復不充分の為本格的活動再開に至らなかつた。

次いで、会誌復刊についても岩波書店との交渉等準備が進められてゐたのと並行して、本年一月二十七日「各国君主制の歴史」に関する綜合部会が開催された。

iii 同綜合部会の報告及び討論の終了に際し、会員羽仁五郎氏の「この機にこれより本会再建大会としたい」旨の動議が未入会者を含む当時の在席者約五十名からの異議申立なく成立し、次いで、「人民の歴史学を樹立せん」との趣意の綱領原則の採択・委員会制の採用・当日の総合部会の報告刊行等の議決が行はれ、又、会員津田左右吉氏（不参）を会長に推戴することの決議、羽仁氏を委員長に、当日の報告者を中心とする八名を委員に選任することが行はれた。

iv その後、羽仁氏等九氏は、前幹事会が会誌復刊に関し岩波書店から協力支援の原則的承諾を得てゐたのを承け、その協力方式の具体化につき「歴史学研究」を岩波書店発行とし本会編輯とすること、さし当り隔月刊とすること、体裁をB5判横組とすることと定め、更に前幹事会が寄稿依頼をしてゐた津田、西岡両氏の論文を中心に復刊第一号たる一二二号を編輯し、前記総合部会における報告の一部を本会編輯により新生社から「歴史家は天皇制をどう見るか」として発行すること、その他諸活動の企画等を行つた。一方津田氏に対し会長推戴の懇請を行つたが同氏はこれを辞退された。

v その間に会員有志から「会の根本事項の議事議決・役員選任等が行はるべき総会は会員に公式告知の上開催さるべく、綜合部会等が非会員を含む出席者の意向によつて総会的役割を荷ふものに転化されることは会の精神・伝統・規約上不当であり、役員中かの席にあつた諸氏は責任上善処すべきであるが、幹事会は取敢へず羽仁氏等九氏に折衝して九氏が右の理を諒解し速やかに会務処理者の地位を去ることに至らしめると共に、総会を召集すべきである」との趣の申合が前会長三島一氏に通達された。

以上の申合を受理した三島前会長の召集により前幹事会が開催され、協議の末、総会開催に決し、羽仁氏等にこの旨を通告し諒解を求めた。

vi　総会は三月十日開催され、劈頭羽仁氏は同氏の行動が必ずしも適切でなかつたことにつき陳謝し、次いで前会長以下前役員も陳謝して引責総辞任した後、会活動再開につき当面所要の会務を処理すべき暫定委員として前役員・羽仁氏等九氏（中一名前役員）・他に事態拾収促進のための野原氏等四氏計二十二氏（全氏名前号記載）が選任され、右暫定委員会により準備整ひ次第速やかに再び総会を開催すべきことが議決された。

vii　暫定委員会は、幹事会乃至羽仁氏等が担当処理して来た会務を継承し具体化すると共に本日別に提案・附議すべき綱領草案・会則改革草案を作成して今日に及んだ。

二　以上の報告に関し一会員から「会活動停止以来、役員は存在しなかつたと認められるのであつて、然らば一月二十七日の綜合部会が出席者の意志により大会への転化を自ら宣したのは当然であり、同大会を非違とするのは不穏当であらう」との趣の発言があつたが、議長の「我々は今や全く建設的でありたい」との希望表示の裡に、暫定委員会の処置が承認されて報告に諒承が与へられた。

三　次に、暫定委員会は綱領制定・会則改革を提案し、委員会作成の両草案が暫定委員石母田正氏により朗読・説明されつゝ審議された。右審議中の主なる発言者は一般会員中より尾鍋輝彦、石井孝、彌津正志、前田直典、上杉重二郎その他の諸氏、暫定委員側より松島、井上、林（基）、倉橋その他の諸氏であり、綱領審議の主要成果・会則草案中修正事項は別項記載の如くであつた。

四　会員動議の提出及びその審議は時間の都合上省略することが承認された。

五　最後に、新役員選出議事に入り、会長については暫定委員会を代表する議長の案が可決されて今回は欠員とすることになり、委員については議長が暫定委員会としては（一）藤間生大氏等十二氏（記載略）推薦には一致してゐること（二）右の他羽仁氏を推薦するとの少数意見があることを報告し選挙の手続を略し右報告に基き審議・議決することを提議したが、これに関し、石井、上杉、前田、井上、三島、倉橋、松島、金澤誠、橡川一朗、林健太郎その他の諸氏が反対・支持・修正等の意見を開陳した末、結局委員数を十二名とし、日本史・東洋史・西洋史の三部会につき出席各所属部会員の選挙によつて推薦された候補者に総会の承認が与へられ、別項記載の十二氏が新委員に選任された。

六　かくて「会が活動を立派に再開することを諸氏と共に切望したい」との議長の挨拶を以て、五時半議事を終了、散会した。

新委員と会務分担

総会において選任された新委員は次の十二名である。（なほ、括弧内は推薦した部会の略名）

藤間生大（日）、井上清（日）、松島榮一（日）、永原慶二（日）、龍野四郎（東）、岡本三郎（東）、山田信夫（東）、影山剛（東）、吉田悟郎（西）、橡川一朗（西）、倉橋文雄（西）、鳥山成人（西）

なほ新委員はその後の委員会で部会責任者を日本史＝松島、東洋史＝影山、西洋史＝吉田と決定し、同時に会務の基本区分と委員会の分担を左の如く定めたが、会内外に対する責任は区分々担された会務部門についても全委員が平等且つ共同に負ふ。

研究組織部　主幹＝吉田、副幹＝松島、影山、部員＝主幹・副幹以外の全委員
会誌編輯部　主幹＝岡本、副幹＝藤間、鳥山、部員＝主幹・副幹以外の全委員
庶務会計部　主幹＝永原、副幹＝山田、橡川

綱領について

別項記載の如く総会において前号掲載の綱領草案に就き審議が行はれ、

第一則中「科学的真理以外のどのような権威をもみとめないで」は学問上のことであつて、政治的無政府主義に通ずべきではないし、又宗教信仰等を拘束するものでもない

第二則中「歴史学と人民との、正しいむすびつき」方に就いては解釈の自由を認める

第三則中「国家的な・民族的なそのほかすべての古い偏見をうち破り」とあるは国家至上主義、国粋主義・軍国主義・封建主義・偏狭な民族主義等々の排撃克服を意味し、殊に民族的なものの凡てが否定さるべきではないことにつき誤解されてはならないであらう

第五則中「すべての進歩的な学徒や団体と力をあわせ」とあるその「団体」は政治団体をも含意するが、政治団体とどのやうな協力をするかについては学術団体としての本会の性格に従ふべきである

等々のことが理解・申合せられたが、「綱領は全体的関連において把握さるべきだし、又さう把握されるだらうことによつて誤解の余地は少いと見得る」との意見が有力であつて、無修正可決された。かくて綱領は前号所載の草案そのまゝであり、随つて更めて掲載することを略す。

なほ、綱領・会則は共に内容的問題であり、随つてこれを書く場合にも前号所載の草案の如く所謂発音式仮名遣ひに依らねばならぬ訳でないことも総会で諒承されたところである。

会則について

総会において暫定委員会より提出され審議を受けた会則改革草案は前号に草案として所載のものと異り

第六条中二箇所の「委員長」の文字なく

第八条はなく

第九条以下の箇条番号が一づつ繰上げられてゐるものであつたが、審議の結果

第二条の2が「機関誌『歴史学研究』そのほかの図書文献の編輯発行」（傍点部分の追加）と修正され、会則附属の「委員会に関する内規」の一が

委員選出については日本史東洋史西洋史の各部会より各同数の候補者を総会に推薦すると修正された他、草案通り決定された。よつて会則もまた掲載を略す。

（2）『歴史家は天皇制をどうみるか』

①はしがき

歴史は人民の中にあつて始めて科学となり、人民は歴史科学をもつてその指針の一とする。

官製史学に対抗して一九三二年に生れた若い歴史家の団体、歴史学研究会は、「学問のための学問」を守つて一九四四年末までその研究活動を続けてきたが、ややもすれば「学者のための学問」に堕したてんもなしとせず、やがて社会事情の困難が加重した一九四五年初頭、つひに一切の活動をみづから停止するに至つた。その困難が除かれた後再出発した歴史学研究会は、あらゆる過去および現在の体験を深刻に反省し、人民のただなかから歴史科学を樹立する新しい方針のもとに再び活動する。

現代日本の人民が最も重要な問題として天皇制について悩んでゐる時、良心ある歴史家として、これを黙視してゐることはできない。かつ、日本の歴史家が従来宮廷歴史家の域を脱却し得ず、これがため日本の歴史学が合理的、科学的に徹底確立されず、したがつて国際的水準に立ち得なかつたところを深く反省しなければならぬ。科学的な歴史学の樹立のために新しい出発を始めた歴史学研究会は、いま、天皇制ならびにこれに関連する歴史的諸問題について、科学的歴史家の研究の結果をひろく人民にささげ、読者が判断の参考に資せられんことをねがふ。本書に掲載された各論文は、本年一月二十七日の綜合部会において報告された、イギリス・フランス・ドイツ・ロシアの君主制、古代現代に至る天皇及び天皇制の歴史に関する十一人の会員の研究のうちより、近代を中心として、編輯せられたものである。

東京・一九四六年二月十九日

②目次

歴史学研究会

（3）日本史研究会の結成

①『日本史研究』第一号（一九四六年五月）巻頭

今や有史以来の大変革の過程にある日本の情勢は学界思想界の急転回を要請してゐる。特に日本自体の歴史を研究対象とする日本史学には恐らく文化諸科学中最も深刻なる自己批判と最も重大なる責務とが課せられてゐるのである。茲に於いて良心的なる歴史学徒の理想とするところは透徹せる世界史的認識の上に日本歴史を真実且つ正当に把握することであらねばならない。

吾等はささやかながら今日迄この理想を目指して歩みを進めて来たと信ずるものである。併し戦争に起因する諸種の国民的義務は吾等をして研究生活に没頭するを許さず、剰さへ戦時下学問思想に対する極端なる国家主義的統制によつて自由なる研究発表をも抑制され恣なる歴史解釈の強制すら受くるに至つたのである。今や終戦によつて吾等は再び煩ひなき研究生活に立戻り、且つ新に研究発表の自由を拡大せられた。

而して自らに対する深き反省の上に過去の歪曲せられたる日本歴史の真実と価値とを闡明し真摯なる日本史学の建設に努力すべき機会を得ようとしてゐる。

ここに吾等有志は相寄り日本史研究会を創めんとする。其目的は日本民族の歴史的発展の跡を真実の史料に基き、多様なる角度から実証的且つ理性的に研究し更にそれによつて到達せられた高き水準の歴史認識を広く一般大衆に普及せしめることである。吾等はこの目的に賛同するあらゆる分野の人士が積極的に参加せられることを衷心より歓迎するものである。

②前田一良「われわれの立場」

戦時中学問の分野が如何に政治的暴圧の蹂躙に委せられたかは今こゝに述べるまでもないであらう。特に文化科学の領域に於て甚しく真摯なる学徒にして或は法に問はれ、或は著書の刊行、執筆を禁ぜられたる者多く、学の生命たる研究ならびに批判の自由は抑圧せられて学問の暗黒時代を現出するに至つたと言ふも決して過言ではない。われわれの従ふ国史の学問に於ても亦然り。もとより、この間真摯なる研究がなかつたといふのではない。景仰すべき業績も時として出で、着実なる研究に従ふ学徒の少くなかつたことも之を認むるに吝かなるものではないが、然し、国史の全分野に於ける自由なる研究と批判の許されざりしことが、いかに国史研究を狭き埒内にとゞめ日本史学の正しき発展を阻害したことであらうか。国民精神の培養基たる国史の全分野における正しき史実をすら国民をして把握理解せしめず、徒らにその視野を狭少ならしめたことこそ、今次の無暴なる戦ひを敢てせしめ国家を没落の底に叩き込んだ一因ではなかつたであらうか。

およそわが国におけるもろもろの学問の中に在て国史学の領域ほど科学的精神に欠けたるものはないと云つてよいであらう。常に政治力と結ぶ偏狭なる国粋主義は史実の真正なる究明を脅かして、史学の自由と独立とを奪ひ、それをして政治的な思想善導の具にまで堕せしめ学問としての健全なる発展を阻止し来つたのであつた。国史への冒瀆これより甚しきはない。

言ふまでもなく学問発達の基礎は研究ならびに批判の自由にある。自由討究の行はるゝところにのみ学問不断の進歩はあり、学問尊厳の自覚は高められる。かくてはじめて学問の、国家社会を導くべき指標としての意義は獲得されるであらう。まことに今日ほど国史学に於て真の意味での人文主義的精神、啓蒙的精神の要求せられる時はないし、また今日を措いてその実現を庶幾すべき時期はない。今やわれわれには自由があたへられた。それがわれわれ自らの力によつてかち得られたものでないにしても、之を通して正しき史学の樹立に邁進することは、まさにわれわれの使命でなければならぬ。

しかし、これは戦前の状態への単なる復帰を意味するものでは断じてない。戦前に於て既に国史把握に対する非科学的態度が跳梁し、真正なる研究の発展と史実の理解とを阻害したる事実を顧みるならば、これに対する厳正なる批判も亦われわれに課せられたる大なる任務でなければならぬ。

日本史研究会は、かゝる要請に基いて生れ、「日本史研究」はこの使命達成の機関誌たらんことを期する。国史学の健全なる発達がすべての国民の史的認識力の向上に裏付けらるゝものであり、しかして更に、かゝる史的認識力の向上が歴史教育に基くものなるを思ふとき、本誌は学問研究と共に、あはせて正しき歴史教育助長の啓蒙的立場の保持さるべきことを強く感ずるものである。われわれは真摯なる論究の発表と、それを繞る自由活発なる批判、論争の展開とによつて、本誌が国史学推進の炬火たらんことを念願する。

本欄は国史に関する諸文献の紹介ならびに批判に充てられるであらう。その対象とするところは著書、論文新旧を問はず国史研究の上において問題とさるべきものは之を取上げ、更に印刷に付せられざる講演の如きも注目すべきものは之を載せ、彙報欄と相俟つてひろく国史界の動向を伝へるつもりである。われわれは飽くまで厳正なる学的立場に立つて之を行ひ、些かも幇間的書評に堕せざることを誓ひたい。書評に対する反駁、論争も亦われわれの深く歓迎するところ、論者と評者とを結ぶかゝる学的協力こそ学問発展の唯一の原動力たるを信ずるからである。

（『日本史研究』第一号、一九四六年五月）

③藤谷俊雄「歴史学徒の再出発」

一

今日の日本においては、あらゆる営みが再出発せねばならない。政治も経済も学問も、その他あらゆる文化の領域において再出発が要請せられてゐる。それは連合軍司令部から変更を要求せられてゐるか、ゐないかとは一応別個の問題である。それは日本の歴史的現実が要求してゐるのであり、またそれは世界史的事実でもある。連合国の要求はこの歴史的現実の要求の一部分の具体的表現に外ならない。その根柢に深い広い歴史の要請のあることを考へねばならないのである。勿論かく考へることは現在の事態に対する認識から発することであり、この点においてすべての人が必ずしも一致してゐるとは限らない。しかし、わたくしはこの認識が後に述べるごとく現実に照して誤りないと信ずるがゆゑに、敢へてこの一文を草して歴史学徒の反省と奮起を促さうとするのである。

二

歴史学徒の再出発に当つて何よりも先づ緊切な要求は、今日眼前に起りつつある事態の、歴史的意義の正確なる把握を措いてはないと信ずる。

終戦当時、世上に散見された敗戦観の中には、いはゆる臥薪嘗胆論或は、大石良雄論等があつた。今日においてもなほ、一定の時日が経過し日本が敗戦に伴ふ義務を履行した後、進駐軍が兵を引き上げたならば事態は再び略々戦前の情態に復帰するのであらうといふやうな安易な考へをもつて、何とかその間を糊塗して過ごせばよいといふ風な人々が、歴史家の中にもあるかも知れない。しかし、そのやうな歴史家は現在の事態の歴史的意義を把握してゐない点において、歴史家としての根本的なる感覚と認識とに欠けてゐるといはねばならない。先づ戦争自体が、又その勝敗が何ら歴史的意義をもたなかつた封建時代の戦争と、近代の戦争、特に今次の世界戦争との性格の相違を明らかに認識せねばならない。封建時代の戦争は単に当事国の君主の運命に変化を与へるに止まつて――それとても夫々の国にとつては少なからず重大なことであつたが——勝敗いづれの国の人民の生活様式や、その社会経済機構にはさしたる変化を与へることがなかつたのが普通である。封建国家間の戦争は単に生産手段たる土地の獲得が主たる目的であり、それは多くは君主及びこれに従属する武士達の欲望に発したものであつたからである。しかし近代の世界戦争は世界的な関連を有する機構的矛盾の自己精算過程である。従つてそれは矛盾の最も激しい処、それゆゑに最も弱い処において爆発し、壊滅し、そして新なる発展に向ふのである。

今次の世界戦争は全体主義と民主主義との戦ひであつたといはれる。しかしそれは決して二者択一的な対立であつたのではない。国内的矛盾の存在しない、又は激化してゐない上向期にある国々と、矛盾の解決を国内においてせず国外への武力的侵略によつてしようとした国々との抗争であつた。そして前者が民主主義国であり、後者が全体主義国であつたのである。ここに今次の世界戦争が第一次世界戦争に比して一層明白な進歩と反動との戦争たるの歴史的意義を示してゐる特徴がある。そして又第二次世界戦争は単なる「物量の勝利」でなく、国の内外において最も広く、且つ深く人民の支持を得た諸国の勝利であつたことを銘記せねばならない。これはすなはち民主主義体制の勝利である。封建専制主義より民主主義への方向が世界史発展の進路であるがゆゑに、民主主義に反抗した諸国の敗北は世界史発展の法則が如何に強力に貫徹せられるものであるかを、まざ〳〵と実証したものに外ならない。

敗戦日本に課せられた、国内における「民主主義の復活強化」なる義務は、決して勝者によつて敗者に与へられた単なる刑罰ではないことを知らねばならない。それは歴史の強制であり、世界史の法則の仮借なき支配の証明であると考へねばならないのである。金甌無欠なる語は国土の侵されないことを意味する支那の言葉であるといふが、このいはゆる金甌無欠の国体をすら無慈悲に破砕して進行するところに歴史の歩みのあること、この事実を歴史家は自己を甘やかしたり、ごまかしたりすることなく、勇敢に直視すべきである。眼前の事態に対するかくの如き正確なる認識の上に、はじめて歴史家の再出発は可能となるのである。これなくしては、もはや今日の歴史家たるの根本の資格に欠けることを深く自覚しなければならない。

三

次に再出発に当つて歴史家の為すべきことは自己の歴史観の検討である。これは現実の事態に対する認識と相関連することである。自然科学の仮説は実験によつてその正否が決せられる。歴史理論の当否は現実への適用による以外にこれを決することはできない。しかしながら多くの歴史家は過去の事実の中から、それも多くは自己に都合のよい事実のみから、自己の歴史理論を構成するのが常である。従つてそれは将来起るかも知れない事実、及び起り得る事実を必ずしも説明し得るとは限らない。過去の事実のみから抽出せられた歴史理論は多くの場合、過去の諸事実によつて規定せられてゐる。これを現実の歴史に照してはじめてその当否が決せられるのであるが、現実に進行しつゝも表面に現れない歴史事実についてはかならずしもすべての歴史家がこれを認め得るとは考へられず、又これを無視しても大した非難を蒙ることはなくして済し得る。しかしながら今日の日本が直面しつゝある事態は万人の眼に蔽ふことができず、しかもこれは全く古今未曾有の事態である。あらゆる歴史家はもはやこの眼前の事実を回避して過去の歴史を語ることはできない。今日の現実の歴史的意義を解き得ないやうな歴史家の説く過去の歴史を、人々はもはや信用しないであらう。この意味で今日の現実は歴史学にとつて誠に貴重な大実験であるといはねばならぬ。それは数千万の人命と民族の運命とをかけた甚だ高価な実験である。いかなる部門の科学も未だこれ程高価な実験を行つたことはないであらう。われわれ歴史家は今日の時代に遭遇したことを、その意味で感謝せねばならない。この実験の成果に照してわれわれの歴史理論を巨細に余すところなく検討し、優れた、より完全な歴史理論、歴史観を鍛へ上げることこそ、この貴重な大実験に立合つた歴史学徒の使命でなければならない。

なほその場合、今日の現実が単なる敗戦の事実でなく、敗戦によつて始まりつゝある事実であることを注意せねばならない。人は往々にして敗戦の事実の大きさに眼を奪はれて、その後日本の国内に進行しつゝある変革を単なる国内の事実として考へ、たとへ連合軍司令部から命令されることがらの重大性は意識しても、国民の間から起りつゝあることがらに対しては附随的な意義しか認めず、為さでもの如く看過してゐることは重大な誤りである。日本の歴史は日本人が作り上げてゆくものであることを忘れてはならない。連合国によつて与へられる命令が何であるかといふことよりも、その命令を日本人が如何に行ふかという点に真の歴史が作られてゆくものであることを考へねばならない。このことは自ら次に述べようとする歴史の主体性の問題を引き入れてくるであらう。

四

過去において幾度か歴史の主体的把握が論ぜられ、多くの歴史家における主体的観点の欠如が指摘せられた。歴史は過去の事実によつて規定せられると同時に、これを叙述する歴史家の現在の立場によつて規定せられる。歴史家の主体性の欠如といふことは、歴史家が歴史的現実の流れの中において傍観者の立場にあつたといふことである。対象とされてゐる過去の歴史事実が歴史家の現実の生と切り離されてあるとき歴史の主体的把握はあり得ない。

今日の日本の大変革の衝撃が外から与へられたといふことは、多くの日本人をして一時茫然自失の状態に置いたことは事実である。しかし吾々歴史学徒が同様な精神状態に陥つてをるならば、歴史家として誠に恥辱であるといはねばならない。過去の歴史において、日本の発展を促進した重要な契機として常に外からの衝撃のあつたことを想起すべきであらう。最も近い実例は明治維新である。明治維新の大変革の契機となつたものは諸外国の近代資本の圧力であつたことは既に明らかである。そして今日の変革の契機を与へたものは世界の民主主義――この内容の分析は後に譲るとして――の力である。ここにアジア的日本的歴史の特質を見得ると考へる。又同時に近代の歴史における世界的関連の一層緊密になつて行く事実が見られると考へ、わたくしは今日の事態の歴史的必然性を重ねて強調するのである。

かく今日の事態と相通ずる特徴をもつた明治維新の変革の過程に現れたものは、福澤諭吉、田口卯吉等の文明史家であつたことをわれ〳〵は想ひ起さねばならぬ。彼等は現実の事態を正しく認識し、その進路を正しい方向に見出して彼等の歴史観を打立ちた。彼等は歴史の流れの中に身をおいて、歴史の主体的把握を失はなかつた。この明治の文明史家の態度は、今日の事態に処する歴史家のよき模範とされるべきである。

歴史に対する主体的認識は決して現実に対する日和見的な精神からは生れて来ない。眼前の現実のもつ意義の十分な理解と、その発展の方向に対する正しい見通である。そしてその認識に立つ歴史家の、歴史家としての積極的な活動が必要である。日本に民主主義社会が実現されるかどうかを疑つて遅疑逡巡する態度からは永久に民主主義は生れて来ない。これを実現するための努力の中から始めて生れて来るのである。歴史は人間が作るものであるといふ、極めて当り前のことを、歴史を観ることに馴らされた歴史家が反省するを要すること今日より切なるものはない。

以上わたくしは歴史学徒が再出発に当つて考慮すべき三つの点について述べた。一は現実の事態に対する正確なる歴史的認識、二は自己の歴史観歴史理論の再検討、そして三は歴史の主体的把握である。この三つはいづれも相関連するものであつて一つである。そしてこの諸点に就いての反省がなくては歴史学徒の再出発はあり得ず、日本史学の転換もあり得ないと信ずるのである。

最初本号において、わたくしに課された題目は、戦時国史学界の動向と批判といふことであつたが、時日が切迫して具体的な検討が不可能であつたので、抽象的な論議をなすに止めた。倉卒の間誠に意を尽さないが、漸次会員諸氏によつてこの問題が具体化されて行くことを切望する。

（一九四五・一一・四）

（『日本史研究』第一号、一九四六年五月）

④会則

日本史研究会々則

一、本会の目的は日本史並に之に関する諸問題の真摯にして自由なる学問的研究を行ふにあり

一、本会は右の目的達成のために会合（毎月一回ノ例会等）並に調査を実施し、会誌（当分ノ間季刊）其の他の刊行物を発行す

一、本会は目的を同じくせる凡ゆる他の諸団体との協力をなすものとす
一、本会の趣旨に賛し会費金二十円（暫定）を醸出するものを会員とす
一、本会の会務は会員中より選出せる委員合議して之を担当す
　但委員の任期は一年とし重任を妨げず
一、本会に入会を希望するものは、住所姓名職務を記載して、本会編輯室に申込まるべし
一、本会々員は会合調査に参加し会誌の頒布を受け、これに研究を発表することを得

本会事務所　京都市左京区北白川追分町一　秋田屋編輯部
仝　編輯室　京都市左京区岡崎勝法寺町八四　振替口座京都二五七一二番

創立委員（五十音順）
櫻井景雄　柴田實　清水三男　田井啓吾　高瀬重雄　内藤晃　林屋辰三郎　藤岡謙二郎　藤谷俊雄　前田一良　村山修一　毛利久　森暢

（『日本史研究』第一号、一九四六年五月）

（4）『歴史評論』創刊号（一九四六年一〇月）編輯後記

★　すべての歴史家はかならずしもすぐれた歴史的感覚の持ちぬしだとはかぎらない。彼れみづからがどのような歴史的存在であるかについての歴史的認識をさへもつことなく歴史家であることもできるのである。そういふ「歴史家」には、歴史においてなにが古いものでありなにがあたらしいものであるかを本質的に判別する力はありえない。古代天皇制下に「一君万民」民主主義を見いだしかねない人たちなのである。こういふ歴史家は、たとへば紀元一〇一年にどんな事件がおこつたかを細大もらさず知つてゐるにしても、歴史における古いものとあたらしいものとを見抜いてほめたりけなしたりすること、つまり歴史を評論するといふことはむづかしい。

★　その反対に、堂々たる歴史家ではないにもかかわらず——すこしひねくれていへば、そういふ歴史家でないがゆゑに——みづみづしい歴史的感覚にみち、それ自身ひとつの歴史的存在であることの歴史的認識のうちに行為し、思考するひとびともありうるのである。かれらは科学者であつたり政治家であつたり小説家であつたり学生であつたり労働者であつたり事務員百姓などであつたりする。その具体的なあらはれとして、たとへば一物理学者が戦時下における自己の身近な研究実践を反省して語る言葉が、あらゆる歴史家にもましてすぐれた現代史批評であることもあるのである。

★　いまここに第一号を送る雑誌『歴史評論』は、だいたいそうした歴史「評論」であることをその性格としてもつていきたいと考へてゐる。ここにあるのは、いつでもポケットから引きだして暗誦できるように整理された教授参考書や、歴史的知識の断片ではない。つまりこの雑誌では、今まで歴史的関心をねぢまげられてゐたそれぞれの人が、自己の行為をそれぞれの生きかたを通じて歴史的行為にまで高めようとするとき突きあたるはずの歴史的関心の諸形姿を、その人たちより一歩さきに突きあたつた人たちが追求し、問題としてゐるにすぎない。すなはち「歴史を創る人人」としての大衆の問題とすべき問題が押しすすめられてゐるわけである。

★ そうした性格が、本号ではまだ十分に表現されてゐるとは考へないが、号を逐うてあきらかになるだらうし、またこれにたいする読者諸君の協力を切望することも大である。とくに掲げないが、読者の評論の投稿を継続的に募集することをここで申しあげる（四百字詰二十枚前後。掲載論文には薄謝をさしあげるが、原稿返戻希望者は郵券を封入すること）

（椎崎）

（5）〝くにのあゆみ〟の検討

共同研究

中野重治（意見提出）
小池喜孝
藤間生大
大久保利謙
岡田章雄
羽仁五郎
司会　井上清

編纂の主旨について

井上　こゝにはこの「くにのあゆみ」の編纂にたずさわられた方も御出席になつておりますが、自由な私人としてさしつかえないことは詳しく話していただきたい。また実際に教授しておられる方から、どんどん意見を述べていただきたい。

この教科書は従来の教科書から見ると、よかれあしかれ非常に変つている。これだけ変るには一定の原則があつて変つたわけでしようから、それは出来上つた教科書そのものについて読み取ることも出来ますけれども、理解を深め、また早めるために、大体の編纂の主旨を最初にお話ねがいたいと思います。

岡田　私からちよつとお話いたします。いままでの教科書はあまりに政策的に利用されすぎていた。極端な国家主義が強調されていた。例えば、日本民族は非常に優秀だ、日本の天皇は他の国の元首よりも優れている、そういうふうな極端な国家主義、軍国主義が非常に強すぎた。そういつたものを排除して、新しい歴史の教科書をつくらなければならない。原則的にいえば、非常に主観的なものが強すぎた。それを客観的な基礎のもとに引き戻す、こういつたようなことがまず第一だろうと思う。それから今までの教科書は他の学科との関連が割りに乏しい。つまり一方で自然科学的な教材を取り扱つているのに、歴史の学科はそれとは全然背馳したところの架空な感傷的な要素が非常に濃くなつている。こういうように他の学科との関連の乏しいものをなるべく関連させてゆく。それからいままでの教科書は、児童の生活環境と非常に遊離して、児童にただ暗記を強いて、児童が積極的な学習意識、学習意欲を歴史の学科に持つことが出来なかつたがそれをなるべく暗記を強いないで、生活環境に則したものにする。自分達の生活環境、生活技術を歴史的な見方で自分達の眼で理解する、そういう学習意欲を養わせよう、という意図が多分に今度の教科書に盛られているつもりです。それから文章なども今までのは非常に美文調が多くて、歴史の教科書ほど、とつてつけたような美文が多いものはない、といわれていた。それが今度の教科書では美文をなるべくさけて、平易な児童の読物としても、児童に親しまれるようにしてゆきたい。こういう意図があつたわけです。編纂の主旨というか、執筆にあたつて考えたことはそんなことです。

井上　いままでの歴史が非常に極端な国家主義、軍国主義に従属したものであつた、今度はそういうものから解放された歴史の教科書を編纂しようというのが、これを編纂された第一の主旨だと伺いましたが、ただ歴史というものは、児童に単に過去の知識を教えるだけでなくて、これからの日本がどうなるのかという見通し――見通しとまではいわないにしても、現在の日本がなぜこうなつて来ているのか、今後はどの方向にゆくだろうか、ということを教えなければならないだろうと思う。そういう点から申しますと、ある意味で一つの政治的な見通しも持たなければならないわけですが、それはポツダム宣言によつてわれわれに与えられている。しかしポツダム宣言は単に与えられたものとしてのみでなしに、われわれ自身がそれを自己の進むべき道としてほんとうに生かしてゆかなければならないものなんですが、そういう観点から云つて、歴史の教科書、殊に国民学校の歴史の教科書としては、民主主義をはつきりさせるという意味の政治性をもつて来なければならないだろうと思いますが、そういうものを特に強調するというようなお考えはなかつたんですか。

岡田　……。

井上　別にそんなことは全然考えないで、ただ客観的な、史実の客観的な叙述をもつぱら念願とせられたというのでしょうか。

小池　この教科書編纂の最高方針というようなものをわれわれが聞いたんですが、安倍さんがいままでの皇国史観でもいけないし、といつて唯物史観に走つてもいけない。いわゆる歴史の政治的な中立性、客観性というようなことをお述べになつておりましたね。しかし、現実においてそういう政治的な中立性というようなものも、果してこの歴史教育に有り得るかどうか、私はずいぶん疑問に思うんです。

大久保　結局、つきつめていつて政治の問題にならなければ――人民の立場と、上からの立場、その問題になるわけですね。

小池　それで国民学校の教員の立場からいいますと、われわれは戦争中に非常に申しわけないことをした。これは四十万教員全体の考えじやないかと思うんですが、歴史教育、特に神話の教育の場合に、われわれのモツトーとしていたのは、質問されない教育がもつともいい、質問されたらわれわれとしても教えにくくなるから、神話は質問されない教育が一番よい、ということを教わりもしたし、云い合つたりしたんです。そういうような教育をしてわれわれも戦争に協力をさせられた、ということを敗戦後に非常に感じて、何か立ち上りたいという気もちをもつておる。それだけに今度の歴史教科書に対する期待が大きかつた。特にわれわれの立場からいえば、歴史教育を通してこれからの日本をどうするか、現在の子供達の立場、私達の立場は、歴史的にどういうような立場に立つているか、そういうことを歴史で教えてくれて、明日への意欲がさかんに出るようにならなければならない。明日へのといえば、民主主義化しなければならないということが、あの歴史を通して自然に盛り上つてゆかなければいけない。そういうふうに考えていたんですが、あの教科書を一貫して読んで見て明日への展望というものが全然感じられない。民主化しようという意欲も出て来ない。民主化しようといふ意欲が阻害されるやうな書きぶりになつているのではないかとさえ考えられる。むしろ現在の子供達の歴史的な体験のほうが、なまなましくて切実で、はげしいんです。そういう点でわれわれの子供に教えたいと思うこととあの教科書が離れたところにあるような気がするんです。

井上　その点は具体的な内容についてこれから一々話さなければならんわけですけれども、まず初めは総論として、一般的に、簡単にやつてゆきたいと思います。

小池　編纂のときの方針として、先程、児童の生活環境に合致させたい考えだというお話を岡田先生がなさつていらつしやいましたけれども、今度、昭和二十二年の四月あたりからの学制改革にともなつて、社会科というようなものが設けられて、その中で井上さんがいわれたような歴史教育というものに、子供達の現在の立場とか、将来の見通しとかいうような、いわゆる社会教育、政治教育というような部面が、そうとうに入つて来なければならない。歴史教育もいままで以上に子供達の政治的教育面に触れて来ない限り、児童の生活環境に合致させるということは成り立たないのじやないんでしようか。そこはどうお考えになつておりますかしら。

岡田　僕はそうは考えないんです。あなたは児童の生活というものをあまりに政治的に考えすぎるのじやないでしようか。いままでゆがめられていたことは誰でも承知していますけれども、今度また政治的色彩を強くすると、またそれに対して逆な方向に強調されるおそれがあるんじやないでしようか。むしろ私のいまいいたいことは、児童に対する歴史教育は、なるべく児童の生活の客観的な基礎に立つて——それは歴史だけを採り上げるわけじやないんです。地理でも一般の科学教育でもそういつたものがみんな並行して、一般の自然環境なり、政治環境なりをひつくるめて、一つの発展という見方で見る、歴史的なものの見方を教えるべきじやないかと思う。政治的にどうだこうだということを教えるのじやなくて、見方を養つてゆかなければいけないのじやないかと思う。つまり、右へ歩いてゆくか左へ歩いてゆくかという問題じやなくて、児童に歩き方を教える、生活の技術を教える。そういうものに歴史教育がなつてゆかなくてはいけないのじやないでしようか。むろんこの教科書がそうだというわけじやない。これはただ過渡的なものです。われわれとしても暫定的なものとして考えているわけですけれども、これから先にもつと理想的なものが出来てくれば、これはそれにゆくまでの橋渡し、という意味をもつ教科書だと、私共は考えております。

小池 子供達が客観的に現実をながめると云つても、その客観的にながめるということが社会事情や政治によつて左右される。

岡田 それはそうですけれども。

小池 いままでの歴史教育が、政策によつて悪用されていたために、今度の歴史教科書が政治から抜け出なければいけないということはあたらない。いままでのものは誤つた専制的な政治の問題に悪用されたわけで、今度は正しい政治の上に立つた歴史教育が行われなければならない。そうして正しい政治をつくる歴史教育がこの教科書によつて示されなければならない。そういふ意味で、今後の歴史教科書は、政治教育において一番大切なものだ。こう私は考えてるんです。

かたよつた立場

岡田 それでは、例えば、ハトの習性とか、ツバメの習性とか、マメの発芽とかいうことを自然科学で教えますね。それに対して政治的に、また階級的にどうお考えになりますか、やはり自然現象の見方というものを教えるのじやないでしようか。

小池 自然現象と社会現象は根本的に違つているから、自然科学的な教育の仕方と、社会科学的な教育の仕方とは当然違つてきていいと思う。同じような客観的なものの見方というものはなり立たないと思うんですがね。

岡田 僕はそこをやつぱり歴史教育も、歴史的な客観的なものの見方というものを養う学科、社会現象の中にそれを見る見方を養う学科にすべきじゃないかと思いますがね。

大久保　小池さんのいわれることも、岡田さんのいわれることもごもつともなんだ。教育の課程において、つまり国民学校だけですべての教育課程を終るわけでなくて、もつと上まであるわけですから、結局のところは小池さんのいわれるようになるわけだけれども、それを国民学校の課程の中でどこまで教えるか、ということに一つの問題があると思う。ですから、まず初めに一般的な、歴史的な見方とか、考え方、黒とも白とも偏らないものを教えて、そうしてだんだん上にいつて、現実問題に触れる。

(羽仁氏出席)

小池　そうすると今度の場合、この教科書は黒とも白とも偏つていないというわけですか。

大久保　いや、それは別問題ですよ。

小池　私は偏つてると思うんです。

岡田　確かに偏つていますね。それは認めますよ。

小池　そこに私は……。

岡田　ちよつと待つてください。申上げなくちやならないことがあるんです。昭和二十一年の十月に歴史の授業を再開する、これが大体の目標だつた。それを建前として十月の授業再開に間に合わせるためにはどのくらいの時間が与えられるか、十月に児童の手許に届けるためには、印刷から、製本から、更にいまみたいな運輸事情の悪いときに全国に配布しなければならない、ということを考えると、なにしろ三百万という部数ですから、それだけで四箇月はかかる、そうすると執筆のために与えられた時間は、五月の中旬から始めて一箇月あるかなしです。われわれの書く時間は非常に制約されていたわけです。その他いろいろな事情があるために、新しい草案をねつて慎重にやるということは不可能だつた。一応暫定的でもいいから、十月の授業に間に合わせるためにまとめよう、というのが大体の方針だつた。ですから私共はこれが決定的なものだ、とは考えていないし、お互いの連絡、討議も殆ど出来なかつた。ですから、いまいつたような理想的なものが出来たとは、われわれも決して考えていません。非常な杜撰なものになつてしまつた。しかし、今後よいものが出来るための足場になる、もう一つは、今日、日本の歴史の上で児童に向つてどういうことを教えてよいか、という限界ですね、国史教育の限界というものが、これで大体明らかにされたと見ていいのじやないかと思います。

（藤間氏出席）

編纂者側の自己批判

井上　次にこの教科書の内容を歴史の学問的な立場から批判したいと思いますが、いままでこれに関していろいろと公表された意見もありますし、聞くところによれば、文部省にもいろいろ投書が来ているそうですが、編纂された方々は、さまざまの批判を聞いて、どういうふうにお考えでせうか。つまり、この教科書にはこういう長所がある。また、こういう欠点は将来改訂する場合に改訂したい。こういうようなお考えを伺いたいと思います。

大久保　自分で読んでみて、内容が、あまり盛り沢山のような感じがするんですが、どうでしようね、子供に読ませるには。子供の世界は、やはり夢もあり、詩もありますからね。物語的に、子供に合うように書いたほうがいいような気がする。どうも色々注文が多くて、沢山なことを書けということになつて、とうとうこうなつたんですけれども。

小池　盛り沢山の中で落してしまつたようなことは？

大久保　それもありましよう。

井上　落としたことなんかもあるだろうし、盛り沢山のことでもたとえば史実の選択が、単に盛り沢山ということじやなくて均衡を失つているとか、あるいは解釈について、必ずしも客観的でないとかいうふうな、そういう点で改めたらいいとお思いになるところはございませんか。

岡田　私だけの意見ですが、改訂するというふうなことは、べつに考えておりません。ただ、将来理想的な教科書がもしできるとしたら、こんなものではなくて、もつと全然改められなくちやならない。これはただ十月の授業に間にあわせるための、ほんの間にあわせのものであるということですね。十月の授業に間にあわせないと、今年卒業する児童は、歴史教育を国民学校の課程では全然学ばないで卒業しなくちやならない、それでは卒業する児童が非常にかわいそうだから、とにかく十分に検討されなくてもやむをえない、一応の通史の概念を与えるためのテキストとして作ろう、そういうことでできたんです。

小池　そういう意味のテキストですと、もし十月から三月までの間というようなことを考えて、将来改変することも考えるならば、その、一番教えなければならんような基本的な問題を沢山提出していただいて、盛り沢山を削つてゆくような編纂方針であるべきじやないかと思うんですが。

岡田　あるいは、そのほうがよかつたかもしれませんね。

井上　ここに、中野重治氏の御意見がきております。中野氏は、今日出席することができないのでこれをお書き下さつたのですから、長いですけれども、全部読んでみます。

なかの・しげはる氏の意見

一、本教科書編纂の主旨に対して。

この教科書の方針は、天皇中心主義、今まで通りの天皇中心主義を国民にたゝきこむためにつくられている。それだからこれは日本の民主主義革命に対する侮蔑であり、ポツダム宣言の実質的な破壊を目的としていると見られる。それは最後の五十二頁の全文がそれを証拠立てゝいる。

特に許すことのできないのは、満洲事変から太平洋戦争に来る道行きについて、日本がとるべき責任を全然とらない仕組みになつている。たとえば満洲事変にしても、「ある日、誰がやつたのだか知らないが鉄道が爆破されて、それから日本と中国との間に、もめごとが自然に起つた。」というふうに書いている。まず、誰が、いつ、何をしたか、そのことに全然触れていない。それだから満洲事変は自然に起つたのであり、太平洋戦争へ自然に発展したのであつて、それに対して何人が責任があるか。どこの国が責任を負うべきかということに全然触れていない。

もう一つ、明治の初めのことにしても、要するに天皇中心主義を植えつけるために、明治維新の意義を全然書き変えている。特に大事なのは学問と宗教との問題で、日本にさま〴〵な宗教の自由が認められたことは書いているが、神道の国家神道としての編成には触れていない。

要するに上下二巻を通じて、今度の憲法ができるまでの、あの天皇、それを今後も同じものとして存続させよう。従来の天皇権力の地上的再編成、それを目的にしている。だからこの教科書自身が根本的に書き改められなければならぬ。これがこの教科書編纂の主旨に対する私の考えです。

二、本書の内容の学問的批判。

つぎにこの教科書の内容の学術的批判の問題ですが、これは私はこまかいことはわかりません。わからないけれども、ものごとを表面的には正しく見ようとするゼスチユアーをさかんにやつている。しかし扱い方そのものは全然逆になつている。

それは、たとえば自由民権運動のときに、国会を開く国民の要求を「この要求がさかんに出て、熱心のあまり方々で騒ぎまで起りました。」と書いてある。これは全然虚偽であつて、国会開設の要求を暴力的に、また法律的に、弾圧したために流血の惨が起つたのであつて、こゝでもその責任の所在を全然くらましている。

それから明治になつて四民平等が実現されたということを言つているが、この四民というのは、もとは士農工商ということであつたろう、それが華族、士族、平民、この三つだけの区別が書いてあつて、そして皇族が入れてない。日本に明治になつて皇族、華族、士族、平民、この四つが法制的に上からつくられたということに、今度の戦争にまで引き続く日本の秩序の法制的組立てがあるので、皇族を抜きにして、華族、士族、平民の三つだけを挙げていることは、特に今度のあの条件付きの憲法に照らしてさえたちまち矛盾してくる。

国民の中の天皇というようなことを言うとすれば、そのバカげた規定からだけでも、この問題が書き改められなければならない。つまり、国民と天皇との関係が全然正確に触れられていない。そしてそれは最初の「国の初め」の説明から引き続いている。「国の初め」について、第一、神武天皇をもち出してきていることが絶対的な虚偽であるし、それから大和朝廷というのができて来て、これも国のかしらになつたというふうな形になつているけれども、この大和朝廷と日本の人民との関係は、この教科書に関するかぎり、全然発生的には触れられていない。日本の人民と大和の朝廷とが、どういう関係に、いつなつたのか、そのことを全然書いていない。

大化の改新で日本の人民が公民となつたということは書いてあるが、この公民と天皇とはどんな関係になるのか。そこに全然触れていない。そして、公民と天皇とがいつどういう関係に立ち入つたということに全然触れないで、いつのまにか日本の人民は天皇に隷属するものとなつてきてしまつている。

こういう、天皇と人民との関係のあいまいな押しつけ、それから自由民権運動の問題、そういう問題は豊臣秀吉の刀がりの説明にも、非常によく、同じように現れている。刀がりの意義が全然逆関係におかれている。それから特に、応仁の乱前後の百姓一揆、土一揆の問題について、山城の国民議会が全然黙殺されている。

こういうふうに全体として、人民と支配者、人民と天皇、人民と皇室との関係があいまいにされているか、でたらめに押しつけられているかしているとともに、人民の間から起つた革命的、民主主義的運動が、肝腎なものは黙殺し、ある程度触れる場合も意義が逆に編成されている。これがこの歴史の特徴ということができよう。

同時にこの教科書の言葉、歴史の述べ方、そのいわば芸術的表現の仕方、これに非常に大きな人民の天皇への隷属主義が現れている。それは歴史の叙述ということに学問的に撞着する敬語の使い方、それに端的に現れている。

この敬語のまちがつた使い方は、そもそもの「国の初め」から、一九四六年の新年の天皇の詔書まで、全部をつらぬいている。そして一九四六年の詔書へたどりつくために、そもそもの初めから、この教科書でいえば第三頁から、つまり豪族が権力を取る叙述、そこからこの不当な敬語が始まつている。

特に満洲事変の太平洋戦争への発展の道行きで、日本の国の責任があいまいにされているのと同じ意味で、大陸と日本との関係を述べ始めるとき、たちまち中国と朝鮮、この朝鮮を半島とよんでいるけれども、この半島というよび方は、今度の戦争中の半島といつたよび方と根本的につながつている。

三、本書の実際的取扱上の諸問題について。

この教科書は一貫して太平洋戦争における連合国の勝利、それから日本、伊太利、独乙の敗北。特に日本の敗北、そのことに対する国民としての自覚をあいまいに、にごらす、そういう立場から書かれている。

従つて、つぎにはこの教科書の実際上の取扱いの仕方ということになつて行くけれども、一口に言えば、この教科書はすぐ根本的に書き改められなければならぬ。これは一日も早く、エキスパートを集めて、すぐに取りかゝる必要がある。

それができるまでこの教科書を使うとすれば、教師たちに、この教科書の総批判、具体的な手引きを与えて、そしてこれを使つて行く。たとえば秀吉の刀がりの意義は、これを歴史的に、あつた通りに明らかにする。満洲事変、太平洋戦争に関しては、日本の責任、日本の指導的な、能動的な、その責任を明らかにする、天皇と国民との関係を明らかにする。

そういう具体的なことで、これを充分使いこなして行くことができるだらう。

四、本書の特色の価値。

それではこの教科書は今までの教科書と全く同じものかと言えば、それは全然違う。少くとも過渡的にこれを使いつゝ、正しい歴史を教えて行く一つの材料とすることができる。ことにこの教科書が、上下二巻、全体として統一されていないだけに、つまり、さまざまな人の力が入つているらしく見えるために、かえつて正しい歴史へ近づき得る機縁が含まれていると見られる。正しい統一は一日も早く実現されねばならぬけれども、玉石混淆の不統一にかえつて教師たちをも、生徒たちをも、歴史的に訓練する可能性を与えているとも言えなくはなかろう。そしてこの教科書が、時の区画のために西暦を採用していること、この西暦をヨーロッパのこよみとして扱つていること、このことに対する全面的批判から出発することが一番大事だろうと思う。つまり言つてしまえば、西暦というものは実際ないのだから、たゞ歴史的紀年法、つまりいわゆるヤソ紀元を西暦とよんでいるのは、これに対して神武紀元とかその他かくのごときものを一方に対置するかぎりにおいて西暦として考えられるので、実際にはこれは西暦でもなんでもない。世界的な歴史的年号を採用するのにすぎない。

井上　要するに中野さんの御意見は、「くにのあゆみ」は客観的、把握的に、そのことを表面的には客観的にみせようとしているゼスチユアを盛んにやつている が、扱い方そのものは全然逆になつている、そういう御意見ですが、皆さんはどうお考えですか。

岡田　……。

井上　じつさい、敬語の使い方といふことを問題にしても、そこに一定の立場があるわけなんですね。

藤間　今度書き直すという計画は、どういう工合に書き直すんですか。

大久保　どういうふうにといつて……。

藤間　私はおくれてきたので、わからないですが、たとえば今の教科書は、いわゆる民主主義的な要素が非常に少いと思う。はたしてそういう方面を書きかえてゆかれるのか。そうすれば、具体的に史実はどういう工合に選択してゆかれるのか。こういう点ですね。この点何か見通しはありませんか。ただ書き変えるだけじや意味ないわけですね。

神話の残滓がある

小池　教授者側からいいますと、もとの教科書にはいわゆる建国歴史的物語り――最初に神話を出しましたね。あれの犯した罪は非常に大きかつた。あの点がすつかり書きかえられるべきだと思う。この教科書では神話は除かれてゐるが、神話の滓が残つている。すぐれた人が出てきて、大和の朝廷をおこしたとあるが、すぐれたということを説明しない以上、神話と同じじやないか。この本に一貫して出ていないものは、支配者と、被支配者との関係です。人民をどういうようにして支配者が治めるようになつたか、ということがわからない以上、日本の神話的な建国思想というものは払拭されない。だからこれは、敗戦前の思想が温存されることになるんじやないかと思うんですがね。

岡田　とにかく、五月の考え方、十月の考え方、日本全体の事情というものは、かなり急角度に変つてきていますからね。ことに、今までの教科書だけがあつて、どういうものに書きかえらるべきかという、ほかの参考書すら全然ない、そういう五月ごろの情勢の中に、なんとかしてこれを書かなくちやいけないという事情ですね。それを考えていただければ、かなりおわかりになるんじやないかと思います。

藤間　五月だからということで言逃れはできないですよ。

岡田　いや、言逃れはしてないですよ。

藤間　教授要目というものを送つてきたんです。あれは最近の思想だと思うんですが、あれには、神話には触れないと書いてあるんです。けつきよく、神話はぶち壊すのが大切なのに、神棚に入れて、そのうちまたひつぱり出すんだらうと思うんです。これでは教えられないですよ。

岡田　教科書というものにあまり拘泥しないで、教科書以外のものでどんどん教えてゆくように、学問的な仕事に携わつている人がもつと協力すべきだろうと思います。

藤間　しかし、教員の生活はとてもひどいですよ。そうして、暇がない。そういう意味で、編纂者は親切に史実を選ばなくちやいけないと思う。もだえを抱かせないような史実の選び方、たとえば大化改新などをひつぱり出してしつかりと書けば、割合にスムーズに教えられるわけなんです。それを、わざわざ副読本を買わなくちやわからないようでは、今の六百円で騒いどる先生にはちよつと無理なんですね。

小池　ちよつとお伺いしたいんだが「神日本磐余彦天皇」と書いて、神武天皇といわれなかつたのは……。

大久保　神武天皇といふ称号は奈良時代に出来た諡号であるからより古い「神日本磐余彦天皇」を用いたのだ。

井上　神武という、軍国的な名前をのけるのは非常にけつこうだと思う。ただ、それによつて、皇室の征服者的な起源がここではすつかりかくされてしまつて、日本がいつの間にか一つになつてきたかのように書いてある。大体いつ頃、どういうふうにして皇室が全国を支配したかということはないといけない。全体にそういうぼやツとしているところが、非常に多いんじやないかと思う。

小池　それでは教育者は戦争前と同じような悲哀をまた味あわされますね。

削られ隠された「事実」──日本のあけぼの

井上　では最初から一つ一つやつて行きませう。「日本のあけぼの」から。

藤間　氏と姓制度は元来社会組織であるのを、皇室に仕える組織としてこんがらかしている。この皇室関係とのこんがらかりは、一貫したものだな。やつぱり社会組織としてあつて、皇室が征服者となつた。そういふことがはつきり書かれなくちやいけないと思う。古墳は貴族の墓であるということもはつきり出さなければ。

井上　人が死んだら、みんなこういう立派な古墳を持つたということになつたら、困るね。

岡田　はじめ「身分の高い人」と書いてあつたのに、いつの間にか「身分の高い」が削られていたんです。

羽仁　誰が削るんだい。

岡田　色々な事情で削るんでしようけれども……。

羽仁　編纂に当たられた方々が、そういうことについて社会にうったえたほうがいいね。せっかく学者として書いたものを、文部省がなんらの学問的理由なくして削っちゃうというようなことは……。

井上　こう書いてあるとはっきり嘘を書くことになる。

岡田　そうです。

羽仁　そういうふうに闇取引的に削られたんじゃ、責任者が誰だかわからなくなっちゃう。

藤間　その点で、学者が使用人になって、使用されてるわけですね。要するに、インチキな毒物にソースをかけて、甘く飲ませる結果になる。人民は、甘いと思って毒物を飲んじゃう。やっぱり学者は相当責任をとらなければいけないと思う。

小池　三ページの上のところに、蝦夷が住み、熊襲が住んでいたという、蝦夷征伐、熊襲征伐の問題。これは征伐ともなんともしないで、「すべて一つにするようにつとめました。」と、ふんわりと綴ってるんですが、こういうことも、奴隷獲得なら奴隷獲得というように、はっきりと侵略的なものであることを出さないのは、ずいぶんカムフラージュしすぎているんじゃないかと考えますが……。

大久保　なるべく平和的に書くという、この主義なんです。侵略とか征服とかいう言葉をなるべく除いて、その代り鎮めるというような言葉を使ったりするわけですね。

小池　全般的に侵略戦争というものが出ていないが、過去のほんとうの反省をしない以上、歴史のじつさいの価値はなくなるんじゃないか。

岡田　たしかにそうですね。

軍国主義の批判

小池　日本武尊の伝説は、国語の教科書には弟橘媛その他でのっているが、ああいう、子供たちのあがめる人、英雄崇拝的な、侵略者を英雄としてあがめるような伝説、それが皇室崇拝に結びついているが、そういうようなことを打破するためには、ここにはつきり正体を暴露して取り扱つてもよろしいものでしようがね。これではわれわれとしてどうにも話にならないんです。「蝦夷が住んでいて、熊襲が住んでいて、それが一つになりました。」ということでは、子供たちはわからないでしよう。しかし、そういうようなことこそ侵略主義なんです。これこそ排除しなければならないんですけれども、それが出ていない。この場合にはつきりいえば、奴隷制国家の問題とか、そういうことまで教えていいものでしようか。

岡田 それは、別に差つかえないと思ひます。

井上 この教科書で、軍国主義的な要素をなるべく払拭しようとすることは当然だと思うが、それがほかの学課との関連からいうと、今の話のように、弟橘媛の話が国語の本にある。

岡田 今でもまだありますか。

小池 あるんです。国語の巻五です。

岡田 私は、はじめてききました。

井上 そういうものを歴史のほうで、ちやんと批判する態勢が整つてない。建国の話のところでもあいまいにしている。それは、この教科書だけについていえばあんまり問題はないと思ふが、たとえば、紀元節という、学校の式日がありますね。それから、下巻のほうには、大日本帝国憲法が紀元節に発布されたとも出てるんです。その紀元節とか、あるいは教育勅語とかいうものがある。教育勅語はまだ廃止されていない。その一番最初には、「皇祖皇宗国ヲ肇ムルコト宏遠」ということがある。そこに従来と同じようなことがいわれているわけですね。そういうものをこの教科書ではつきり間違いだと書いてあれば、片方にある「皇祖皇宗国ヲ肇ムル」とか、あるいは紀元節の式日の話なんかを批判することもできるんだけれども、この教科書だと、それは不可能ですね。藤間さんがいわれたように、これは、神話からは抜けたんだけれども、それを別の神棚にちやんと置いて、ほかの教材ではいくらでも神話を信じさせてゆけるようになつている。そういう点にも問題があるんじやないかと思う。

それから、軍国主義の批判ですけれども、たとえば、朝鮮征伐、これを従来の教科書ですと、非常にほめあげてあつた。この教科書では、豊臣秀吉の朝鮮征伐を、「この役は、七年もかかつて、人の命とたくさんの費用を無駄にしただけでした。」と一応の批判をしたわけですが、この批判のし方ですね。つまりこの朝鮮征伐は、なんら得がなかつたのだということで終つて、朝鮮征伐そのものは一つの侵略的な戦争であつたという意味を全然批判していないので、これは下巻の終りにもある今度の太平洋戦争は、戦争そのものが侵略戦争であつたのじやなくて、敗けたからいけなかつたんだ、敗けて大変ひどいことになつたという考え方、こういう考え方に連なるものじやないかと思うんです。

岡田　つまり、敗けなかつたらよかつたんだ、朝鮮で失敗しなければよかつたんだ、ということに結びつく危険があるというわけですね。

井上　そうなんです。

藤間　四頁の朝鮮との関係のところでも、なんだか朝鮮から頼まれて兵を出したという感じですね。侵略でなくして、これを援けましたという式なので、これはおそらく、在日朝鮮人連盟から抗議がくるんじやないかという感じさえしますがね。このように、軍国主義のやつたことを全然抹殺して……。

羽仁　抹殺じやない。隠してる、隠蔽してる。

藤間　それから、やはり二ページのところに「生活の変化」というのがある。これは、縄文式から弥生式に移つた、あるいは金属農具を使うようになつたというだけでなしに、生産力が大きくなつたんだ、発展したんだ、という概念を入れる必要があると思う。今の児童だつたら、生産力というものも相当わかるだろうし、生産力というものが非常に重大だということをはじめから叩込む必要がある。ただ、漁業から農業に変りましたといふ変化だけではいけないと思う。人間がより高次になつた、これを伏線にしておかないと、あとの歴史がわからないことになる。これは重要だと思う。

暗記もの的設問

藤間　ところで各章のあとに附いている問題だが、これではまるで暗記もので、推理や何かでは全然ない。問題の出し方をもつと考えたほうがいい。問題を出す時には、前後をみて、児童が色色考えるような問題の出し方をしなくちやいけない。

岡田　ほんとうはそういかなくちやいけないわけですがね。将来は、こういう問題を設ける時は、十分な検討を経てやるべきですけれども、この場合は、設問を出すか出さないかというそのことが相当問題だつた。歴史の教科書で、問題という項目を設けたことがない、はじめてですから、本文の中にあるものを拾つて内容をもう一度児童に読ませるように問題を色々あげてみたわけなんです。それだけに十分の検討を経て、この問題をみんなで研究しあつてやつたというわけじやないから、非常に不完全ですね。

藤間　不完全です。

小池　問題を調べてみて非常に面白いことは、問題の中で、なぜとか、どうしてというふうな、歴史的な理由を求める、因果関係を求めてるものは、量的に調べてみると、第三章の平安京の時代が六題のうち五題まで、第四章の武家政治が四題のうち三題、第五章の鎌倉から室町へが四題のうち三題。非常に少いのが、第一章、第二章、それから第六章、第十一章、第十二章、これは全然ない。ノーです。これが一番問題なんで、このところこそ、なぜかということを示してもらいたい一番のポイントなのに、そこのところは隠されていますからね。さつきいつたように、故意に隠されてるわけです。抹殺じやないかという気がしてしまう。

岡田　これだけの設問のほかに、色々設問をお考えになつて、どんどん児童に質問されたらいい。活用して下さい。

小池　活用はしますがね。全般的に頼つてゆきますから、そういうところは文部省が考えてくれないと……。

民主的な教材は自由

藤間 教員の能力ということを考えないことには駄目ですよ。

羽仁 教員諸君の能力ということ以外に、地方では、これ以外のことを教えたり、きいたりしちやいけないというふうに、地方の知事とか、あるいは教育家がいつてるところがあるようですね。

小池 あるようです。東京でもあるんです。私の学校では、阿倍眞琴さんとか、土屋喬雄さんとか、そういう父兄の歴史家と、非常に興味をもつて話しあうということになつたんですが、そうすると校長が、「文部省の編修官のお話をきいて講習を受けてからでなければ、そういう話をするのはまつた」というんです。これは、教科書は批判すべきでないという考えをもつているからで、この考えは、全般的じやないかと思うんです。

大久保 教科書はほんの標準で、むしろそれを補つたり、訂正したり、その点は今日自由です。しかしまあそこまでやるにはなお古い官僚気質を破る必要があるといふわけですかな。

羽仁 ところが、それに厄介な理由がついてる。これ以外のことを教えるといけない場合があるんだな。つまり、せつかく軍国主義やなんかを抑えたんだから、これ以外のことを教えるという場合に、軍国主義的なことを教えてはいけない。これは絶対にいけないわけなんだ。たとえば、せつかく神話を削つたのに、依然として神話の話をやるとか、せつかく戦争の話を除いたのに、子供が面白がるからというので戦争の話をやつたりするかもしれない。それはいけない、その意味でこの教科書以外には教えてはいけないのだ。ところが、これ以外のことを教えて軍国主義的なことに入るといけないからというのに便乗して、これ以外のあらゆることはどんなことでも教えちやいけないという気になつちやつてるんですよ、地方一般にはね。それを大久保君なり、岡田君なり責任のある人たちから、これ以外の軍国主義的なことは教えちやいけない、しかし民主的なことならば、これ以外に、もつと本格的に色々教えたり、討論したり、考えたりしてもいいのだ。これ以外教えちやいけないというのは、これ以外の軍国主義的のことを教えちやいけないという意味のことだということを、はつきりいつてもらいたい。それが、地方の教員諸君の非常な悩みですよ。これは民主主義的だから教えたいということまでも今は抑圧されてる。それが非常に困る。だからその問題を、この席だけでもぜひはつきりさせておきたい。つまり、軍国主義的な、超国家主義的なことは教えてはいけない。これは完全に除く。しかし、民主主義的なことは、教科書以外のことでも、あるいは設問以外のことでも、教師の能力に応じて、また児童の環境に応じて、どんどん教えるべきだということを、はつきりしてもらいたいな。

岡田　文部省の方々は、講習会の席などで、従来の歴史教科書というものは、それを教える要点を非常に細かく、はつきりきめて、その型の中で教えろといつていたのだけれども、今度の教科書は、この教科書で教えるようにといつてゐますね。今までは、この教科書を教えろ、今度は、この教科書で教えろ。つまり、「を」が「で」になつた。だから、この教科書によつて、教える限界が示されたものとして提出するから、この教科書で教えろというようにいつております。

非科学的な解釈——開けゆく日本

井上　では、次の第二章、「開け行く日本」以下について話しましよう。問題は無数にあるでしようが、主なものを一つ二つ拾つてゆくことにして、史実の誤りとかあるいは隠蔽とか、歪曲とか、そういう問題はどうですか。

藤間　私は、大化改新によつて、人民がどうなつたのかということをはつきり出さなければいけないと思う。その点、和氣清麿のところなんか省いていいと思う。

羽仁　僕は、この間福島へいつた時に、ちようどそこを教わつてる子供が僕に質問をしたんだけれども、道鏡とか、和氣清麿という問題が、どうして新しい日本の民主主義の歴史として問題になるのか、道鏡が悪いとか、清麿がいいとかいうことは、自分たちにはよくわからない、どつちも同じものじやないかという感じがする、そういうんだな。

藤間　やつぱり、国体明徴という考えだね。

羽仁　そうなんだ。その善し悪しをきめる動機は、道鏡は天皇になろうとした、清麿はそれを防いだから善い、道鏡は天皇になろうとしたから悪いのだということになると、昔の教科書とちつとも違わないじやないかというんだね。

大久保　道鏡の問題は、天皇制そのものの性格が、ここで多少ぐらついたというような、その現象の一つとして出てきたんでしようね。

藤間　ほんとうをいえば、むしろ天皇制があまりはつきりしすぎたからだともいえるんですね。

羽仁　日本で、善いとか悪いとかいうのは、天皇に対して忠であるか、不忠であるかということで決められる。そのやり方がこの教科書にも続いている。その考え方は間違つているのじやないか。人間がよいかわるいかということは、天皇に忠であるか、不忠であるかということじやない。もつとべつな標準で人間のよいわるいがきまるのじやないかというのだ。それはなかなか重大な問題だね。僕はその子に、それじや、どういう人がいい人で、どういう人がわるい人だと思うのかときいたら、それは自分にもよくわからないけれども、先生はどう思うのかというから、僕は、大勢の人に親切な人がいい人で、大勢の人に不親切な人がわるい人だ。けつきよく、人民のためになつた人はいい人で、人民の幸福を妨げた人はわるい人だ、というよりほかないだらう、と答えたんだけれども、今、藤間君のいわれたように、そういうところが、はつきりした見通しをもつて扱われるならいいけれども、そうでなく、中途半端にやるのだつたら、忠とか不忠という、つまり皇室に関係したものは神聖であるという考え方が復活するから、やめたほうがいい。大化改新のところでもさうだ。大化改新で人民に土地を分け与えて、経済生活を安定させた。しかしそれが、大お寺や神社などで、荘園というものが発達してきて、崩れてしまつた。その子供はそういうふうに習つてるんだが、大化改新といふのは、国民に土地を与えて生活を安定させたものじやない。国民に土地を分け与えて、そこから重い負担を取りあげるということが目的だつた。それが歴史的事実だな。だから、大化改新についても、歴史的事実というものが全く隠匿されて、それで非常に空想的な解釈が施されている。瀧川君あたりも、大化改新は一つの社会政策であつた、しかしそれが失敗したというようにいつているけれども、大化改新が社会政策でないことは、学問的に明らかなことで、やはり古代において奴隷制というものがはっきりしていないように、大化改新でも農奴制というものがはっきりしていないという結果になるわけだ。そのために、教える教員諸君も非常に苦しいだろうし、生徒も理解するのに非常に苦しいだろう。そういう点で、歴史的事実をはっきり教えて、大化改新によつて国民に土地を分け与えて、これから年貢や労役を取りたてることをやつたとしたほうがいいと思うな。

藤間　そういう隠匿の点では、天智天皇が朝鮮から兵を引揚げた、という式で片付けるわけだ。戦争で敗けたから兵を引揚げるとはいわないんだ。こういう所も確かにインチキだと思うな。或いはまた、征服が出てくるからやめたんだ、と言い逃れるかもわからんが、そうとも言えないね。

価値の基準をどこに？

小池　いま羽仁先生のおつしやられた、いわゆる歴史の批判の基点をどこにおくか、ということですね。これは敗戦後の子供が一番悩んだことじやないかと思うんです。価値がすつかり変つたんですからね。子供たちに何が善くて何が悪いんだということをハッキリさせておかないと、歴史が取扱えないと思う。人類の歴史ということを標榜して、人のため世のため、ということをハッキリと立てないと、昔の教科書と変りなくなつてしまうんですね。歴史的な事実として挙げられているものは、前と大して変りがないんですからね。そういうようなことを非常に惧れますね。

井上　それからこの章でハツキリさせておかなければならぬのは、古事記、日本書紀が「どちらも古くからつたわつた神話や物語などを書きとめた本です。」という点ですね。しかし古事記や日本書紀が政治的な意味をもつて作られた神話であることは、学問上からいえば定説ですから、これもハツキリさせたほうがいいのじやないか。もう一つ国分寺の役目だが、「都の文化を、地方につたへる役目をしました。」とある。これは嘘だが、藤間君、国分寺のことを簡単に一二行で書くとすれば、どういうふうに書くんですかね。

藤間　政治の悪いのをお祈りによつてなおそうといつたような古代的な野蛮さ、これを出さなくちやいけない。人間的なものがまだ非常に未熟であつた、特に当時の支配階級は未熟であつた、ということを出さなければいけない。それを出せば、ああいう仕事がいかにバカげているか、同時にあの仕事をやるために、でかい大仏殿を建てるために、人民がいかに使役されたか、これを出さなくちゃ——。どうして人民がそれほど使役されたか、それは大化改新で人民の立場がハツキリ説明されておれば、ここで初めて生きてくるわけだな。こういう連関がなくて国分寺を出すから困るんだ。

羽仁　そこは大化の改新でもつて国民に土地を割当てて、それから重い年貢や労役を取立てる、それで国民がいろいろ不平を言つたりするから、今度は仏教の力を借りてそれを抑えるために国分寺を作つた、というふうにゆけば、大化改新の本質、その崩潰の理由、そういうものがハツキリしてくるわけだな。

藤間　大化改新がぼやけているから、どうしても全部がぼやけてゆくんだ。

羽仁　僕が子供にきいてみると、国分寺で国民がどんな文化を受取つたか、それはわからないんだ。先生も教えることはできないんだな。実際、国分寺で国民は何にも文化を受けていない。そこでは貴族としての僧侶が貴族的文化を楽しんでいただけであつて、国民に文化をつたえる役目には全然なつていないんだからね。現にその当時、僧侶が人民に向かつて仏教の宣伝をすることは禁止せられておつたりして、仏教が全く階級的に用いられておつたという事実があるわけだね。そういう歴史的事実をハツキリさせれば、教員諸君が教える時でも、またそれを子供が理解する時でもハツキリするんだけれども、大化の改新はみんなに土地を割当てて生活を安定させるものであり、国分寺は文化を地方に拡めるものだとすれば大化の改新以後に完全な理想国家が出来ちやつて、その後に犯罪戦争なんか起るはずがないんだから、これじや何のことだか、全然話がわからないことになるんだ。

書かれてない歴史の巨歩——平安京の時代

井上　次に第三の「平安京の時代」に移りましよう。

藤間　ここでは古代の没落があるわけでしょう。その時代に古代の担当者である貴族がどれほど腐敗堕落したか。そのために民族の生命が非常にあぶなくなつた。これをハッキリ出さなければいけないと思う。その意味で、内治のほうでは、餓死者、浮浪者、泥棒が横行したということを全面的に出す。そうして一方では刀伊の乱に触れる。ああいうことに対して当時の支配階級は脆弱な態度しかとりえなかつた。それを防ぎえたのは現地の人民の力のみであつたということ。これはあとで元寇の時にも触れたいんだが、元寇の時にどうしてあれを防ぎえたか。平安時代のままのものが鎌倉時代にまで続いておつたら、元寇の役は防ぎえなかつたろうと思うね。それを防ぎえたのは、新しい武士階級が成立して社会の変革をやつたからだ。そういう伏線をつくるために古代の没落の章であるここで、もつとほんとうのこと、貴族が非常にだらしないことなどを具体的に出すべきだ。元寇の場合に、もし蒙古が日本を征服しておつたらどうなるか。恐らく相当蒙昧野蛮な政治が現出しただろうと思う。そういうわけで、ここには民族の非常に重要な歴史の転換期があるわけなんだな。明治維新と匹敵するほどの民族の転換期がここにあるわけなんだが、それが非常にぼやけとるんだな。「はなやかな文化が生まれました。」といつて、あつさり片付けて欺瞞をやつとる。これは非常に奇怪だと思うな。日本の歴史も民主的にやつてゆくと、そうとう面白い部面が出てくると思うんだがね。それをやはり今までの教材に左右せられるから、どうしてもボロが出、ごまかしが出るんだ。

井上　僕はこの章なんかでも皇室中心主義というものが実にハッキリ出てきてるように思うんですね。蝦夷がなつかなかつたとか、たびたび騒ぎを起したとかあるけれども、それは初めから全く違つた二つの国があつたわけだから、なつく、なつかないの問題じやない。「摂政と関白」といふ所でも「新しい役もいろいろおかれたのでありますが、その中で最も高い摂政・関白は、」とある。しかし藤原氏が摂政関白になつたということは、藤原氏が事実上の権力を握つたという所に意味がある。それが単に新しい役として書かれているに過ぎない。皇室のことにはデリケートな心づかいをされてるものだとは思うんですが、それまでにデリケートな心づかいをされるならば、もう少し歴史的な真実のほうにデリケートな心づかいをされたほうが、簡単な文章の中でもよく書けるんじやないかと思う。

藤間　それから「武士のおこり」で感ずるんだが、武士階級は天皇制下の貴族階級を打破して政権を握つてゆくんだけれども、武士が初めは非常にいじけた精神であつた。それをだんだん克服して自分の階級性をハッキリ認識して、とうとう政権を獲得してゆく。そこまでゆく過程が全然出ていないんだ。いわゆる源平の仲間争いだけが出ている。そういう武士の仲間争いを見て喜んでいる天皇および貴族。そうして仲間争いによつて自分たちの階級的な力を弱らしている。またそれを克服しながらだんだん武家階級を作つていつて鎌倉幕府までゆく。これは非常に面白くもあるし、重大なことだと思うんだけれども、これをハッキリさせておかないと、これからの民主政治をどうやつて結成していいかということもわからないと思うんだ。源義朝が廷臣共におだてられて喜ぶような態度、それに対して鎮西八郎為朝が勲功を与えられた時に、おれは只の鎮西八郎でいいんだ、といつて撥ねのける偉丈夫としての態度、こういうことを頭において、歴史の上向線を辿つているところを、武士のおこりの部分で書かなきやハッキリしないし、面白くないと思うな。こういうような具体的なことを一つ一つは書けないから、そういう気もちで武士階級がみじめなさむらい精神から卒業して、立派な階級的な力を結成してゆく、というようなことを頭において史実を扱い、この叙述をやつてもらいたかつた、という感じがする。

誤つた武士の起原

井上　藤間君の言われるような、全体として歴史の上向線をハッキリさせてゆく。それは基本的にいえば、いかなる場合でも、こゝでも武士というよりも生産人民だと思うんですが、その点を絶えずハッキリさせてゆく。という点においては同感なんです。ここで問題になることは、「武士のおこり」の所で書いている、村落の共同防衛の必要から武士がおこつたということ。この本全体を通じて一等最初に天皇がおこつてくるのは、天皇がすぐれた人であり、その次に武士がおこつてきたのは、村落の防衛ということからである。平清盛は音戸の瀬戸をきりひらいて世間のためになつた、ということで出てくる。そういう出方だと思う。

羽仁　それは超国家主義だよ。全体主義なんだよ。

井上　実際、武士が村落の共同防衛のために武装したということは、歴史上の事実と正反対じゃないかと思うんです。つまり村落の秩序を紊したものは何かといえば、いろいろのものがあるにしても、武士たちなんですね。これに書いてあるように武士の本質は地主であつて、その地主が他人の土地をうばい、またその土地を他の武士から守るために武装し、その荘園にすむ実際の耕作者たちをその土地に経済外的に強制するために武装した。大ざつぱに言えば、これが武士の起源ですね。それを武士が共同防衛のためにおこつたという書き方です。この点はどうでしょう。

藤間　その前に、世の中が乱れた、ということがある。それは政府の怠慢でそうなつているわけですからね。これを出しておかなくちや、武士の成立もわからないし、上向線という話が出たが、その上向線はジグザグの行程をとつている。支配階級による圧迫、思想的な隷属、さういう困難を経ながらも、ジグザグのコースをもつて上向線が貫徹してゆく。これが歴史の面白い所でもあるし、ためになる所でもあるから、これを出さなければ、いつまで経つても歴史はほんとうに変らない。

羽仁　その点をハツキリ書くためには、武士というのじやなくて、農民経済がだんだんに実力を持つてきた、という点に問題があるわけだから。

藤間　そうなんだ。要するに生産力が発展して……。

羽仁　奴隷経済から農奴経済へ移つてきた。農奴経済というものは奴隷経済よりも生産力が高いものである、という点がハツキリ出てくれれば、そこで奴隷経済の代表者としては、いわゆる公卿貴族、いわゆる王朝国家というものができた。さうして農奴経済の代表者としては、農民が自分たちの代表者を出すことができなかつたので、武家政治というものになつていつた。ここで日本の農民が初めて奴隷経済というものを打破して奴隷経済から解放されてこようとしたわけなんだ。しかし、その当時の段階では、それが農奴経済というものになり、従つて、その支配階級としては武士階級というものができた。しかし農奴経済というものは奴隷経済に対して、ともかく一段階進んだものである。

そういう奴隷経済のことをはじめにハッキリ書かないものだから、奴隷経済から農奴経済への進歩というものが出てこないわけだ。

藤間　出てこない。また、その変革を通じてのみ生産力が高まる、ということも出てこない。

羽仁　それじや歴史が進んできたことが、ちつとも明らかでない。だから、書いた人はわりに勉強して書いた、だからよく書けてるなんて批評する人があるけれども、そう言えないいんですね。

藤間　いや、こまかい所はよく書けてるんですがね、歴史の巨歩というようなものが全然書けてない。

風物として扱われた文化

井上　それから、この章では文化の問題が多数のページをとつておるが、この本の一つの特徴とされている文化史的な事項、これに対して一括して意見を闘わしたらどうでしようか。ここに書かれている文化史的な事実ですね、それを子供たちによく教えることができるだろうか。源氏物語がすぐれているとか、枕の草子がすぐれているとか、こういうふうなことですね。それから奈良時代にしても、非常にすぐれた文化ができてきた、というんですが、これは先生方が実際に当つて非常に困ることじやないかと思うんですがね。どうして教えるんですかね。例えば源氏物語がすぐれているということも、すぐれているとすれば、すぐれている理由を説明しなければならない。それを説明しなければ、子供は、源氏物語というものは非常にすぐれた文学である、ということを暗記するよりほかはないと思う。この書物に出ている設問に暗記的な問いが多いということは、単に早急であるがために問題の出し方がヘタであつたとかいう問題でなくて、この本全体に関係して子供たちに納得のゆくような問題を納得のゆくように書くことをしないで、すぐれているとか、人民が騒がしくなつたとか、上の人がよいことをしたとか書かれているところに問題があるんじやないかと思う。

小池　われわれとすれば文化の階級性ですね。貴族が農奴経済の上に立つて、如何に富を築いていたか、それのため人民が如何に生命力をすりへらしてきたか、その爛熟した貴族文化というものの意義を説明しなければ、たくさんの文化事象は出ていても、文化史的な取扱いにしかならないと思うんです。これは階級的に取扱つて初めて生きて出てくるんです。これだけでは意義が出てこないと思う。

岡田　その場合にはあなたが御自由に階級的に取り扱われたらいいんじゃないですか。

小池　ところが、これだけでは階級的に取扱う何物も出ていない。

藤間　文化をレッテルだと思つてるわけですね。だから固有名詞が非常に多くなつている。これはうんと減じなければダメですね。内容はわからなくても、こういうものがあるんだということを知らせる意味においてはある程度まで固有名詞は必要なんだが、文化的事象をたくさん入れるという名目のために固有名詞の羅列をすることはひどい、厳選して少くしなくちやいけない。

羽仁　最近、国民学校の先生と話をしたときにも、やつぱりそういつていた。例えば、万葉集は国民学校の先生は好きな人が多いんだが、それを扱つている中にもとのような扱い方になつちやう。自分で新しい解釈をしようと努力されてるけれども、例えば、柿本人麻呂なんかがやつぱりえらい詩人のように思えてくる。だから、もとのような考え方に陥らないためには、教科書としてはそれに対する反対の批判的な考え方をハッキリさせる必要がある。曖昧にしておけばもとの考え方になつちやうわけですね。だから万葉集にしても、あるいは国分寺にしても、あるいは平安朝の文化にしても、文化がどういうものであるかということを、必ずしも階級的に見ろとはいわないでもその文化そのものが実際どういうものであるかということを、もう少し具体的に説明すれば、教員諸君が扱うときにも扱いよいのじやないか、例えば、万葉集の中にどういう歌がある、また、万葉集の歌人とはどういう人達であるのか、社会的に身分的に説明するんだね。そういうような点で、特に万葉集の中には恋愛の歌が非常に多い。これは一つの非常に立派なことなんだから、そういうことを素直に書いたほうがよかつたのじやないか。それから平安朝文化が貴族文化である、という階級的に見ることをしなくても、実際的内容を見てゆけば、それがその時代の文化としてどういう意義をもち、どういう点においては優れている、どういう点において既に過去の文化であるということが、ハッキリわかるんじやないかな。それは正倉院のことでもそうだ。この間正倉院というものが民衆に開放され、なにか日本人民の文化を代表したもののように説明されていたけれども、あれはまだ民衆に開放されてもいないし、人民の文化でもない。それがいまのような説明ではそういうふうに考えられやすい。これをハッキリと過去の文化であり、且つ、貴族の文化であつた、われわれがいまつくろうとしている人民の文化、且つ、現在および未来の文化とは非常に性質が違うということを言つておかなければ、新しい日本を建設する意味の歴史教育にはならない。

井上　全体の文化の取扱い方が、一つの風物として書かれてると思うんですよ。文化が一定の社会生活の中から生み出された精神的な産物である、という見方はなく、すべて社会の外から見た風物なんですね。そのことは最初の日本の国土についての叙述、これが一つの風景なんです。決して歴史の舞台としての、あるいは歴史の背景としての自然的な環境じやないんですね。しかも、その風景を見る目は「ほどよく雨がふり」というように書いてあるけれども、これは水田農業をやつてる立場からいえば、なるほど雨がほどよくふるかも知れないが、現在の工業の立場からいえば、ほどよく雨がふるのか、あるいは、ふり足りないのか、ふり余るのか、いろいろ問題があると思う。平安京のところでも、景色がいい、というようなことばかり強調している。それが全体の文化を取扱う場合に貫かれていることじやないかと思うんです。

羽仁　その点じや他人の国みたいなんだよ。西洋人がみた日本というようなもので、自分の国という感じがないね。他人の国の話をしてるみたいだ。しかも、この間の地震で法隆寺の壁画がこわれちやうかも知れない、というようなことをいつてる。地震でこわれちやうような文化を、藤間君の言うレッテル風に書き並べて、地震にもこわれないような文化が、どういうふうに築かれたかということはちつとも書いてない。

井上　ですから、明治のところで、文明開化という言葉が出てきます。牛肉を喰つたり、散髪したり、そういうことが新しい文化だというように書いてあるんだが、文明開化という言葉に対立する言葉として、自由民権という言葉がありましたね。ところが、自由民権のほうは出て来ない。文明開化の土台になつた自由民権というもの、民主主義的な精神というものは出ていない。そういうことが全体に一貫しているのじやないかと思う。大久保さん、どうですか。

大久保　いや、もう……。

皇室中心の選択と解釈——武家政治

井上　第四の「武家政治」、これはなかなか問題があるんじやないですか。

藤間　大有りだね。

井上　ここで一番基本的に問題になるのはどういうことでしよう。

藤間　さきほどちよつと触れた蒙古の襲来と、承久の乱、これがもう少しハツキリ出ていいんじやないかナ。

井上　三行ばかり入れてある。

藤間　これはもつとも大切な事件なんですね。これによつて武士階級が確立する。これで日本の政治がそうとう変つてゆくわけだから、これをハツキリ出さなくちや歴史の上向線なんてわかりやしない。ただ政権が貴族から武士に変つたのじやなくて、社会が変つたのだ、ということを出さなければ意味ない。そしてここから武士階級としての自信がたつぷり出てくるし、いろいろな文芸作品だつて違つたものが出てくるのだから、この点扱いが実にひどいと思うね。承久の乱が出てないのは大きな欠点だと思う。

大久保　出て来なければダメですね。

井上　皇室に都合の悪いことは、なるべく簡単に書いて、建武中興のことは非常に大きく書いてる。そういう史実の選択の仕方に急いだとかなんとか云えないようなものがある。

井上　「幕府のなりたち」のところはどうでしようか。大江広元を京都から呼んできたことを「政治や裁判などのことは、これまでそんな仕事をしたことのない部下にまかせるのは、心配であります。そこで頼朝は、いままでその仕事をしてゐた人を京都から招いて、これにあたらせることにしました。」なんて実に丁寧に書いてあるけれど……。

羽仁　見てきたようにね。

藤間　承久の乱を契機として、武家階級が自信をもつてくる。これで徹底的に変つてくるわけだね。だから初めの頃は大江広元を引張つて来なければならなかつた、ということもあるんだけども、承久の乱によつてハッキリ変るんだ。

井上　承久の乱を出さないで、こういうことを出しているところに……。

藤間　そう。これじや武士階級が永遠に隷属しちやうわけだ。

井上　頼朝が守護と地頭をおくことを朝廷に願い出た。それから頼朝が朝廷から征夷大将軍に任命せられた。こういうように鎌倉幕府のやることはすべて朝廷に願い出、届け出ることによつて可能であつた。なるほど史料の文句からはそうもいえますね。しかし歴史的な事実はそうじやないですね。

大久保　そう。形式論でね。

井上　形式論で一貫しているかというとそうでもない。

羽仁　宣戦の詔勅のところでは違うからね。

井上　満洲事変以後全然違つた書き方になつて、軍部がやつたんだというようになつてる。しかも、実際において地方の学校はこの点を特に強調している。それは恐らく文部省の意図じやないかも知れないけれども、とにかく、そういうものを非常に強調している。そうして皇室は衰えたりしたけれども、将軍でもなんでも天皇から任命せられたのだ、幕府が政治するのも、武士だけで出来なくて、京都からお公卿さんが来てやつたんだよ、これが大切な点だよ、といつて強調してるあとが歴然としてあるんですね。その点は誤解を招かないように、政権がどこからどこへ移つていつた、という実質的なことを書くべきだと思う。

藤間　だから、折角の大化の改新でも変革として出て来ない。皇室が昔から力を持つていた、更に強くなつた。そういうふうになつてる。

井上　この本にはさつきも話がでたが、歴史の変革とか、飛躍とか、発展とか、そういうものが全然ないですね。それは歴史教育の上からいつて非常な欠点だろうと思う。つまり世の中というものは非常に変るものだ。変ることは悪いことじやなくて良いことだ。これから日本は変つてゆかなければいけない。古い日本から新しい日本へ飛躍しなければならない。そういう飛躍的な、発展的な、あるいは革命というか、そういうことのもつている貴さ、それをこの本は最低限に抹殺しようとして努力してるように見えますね。

大久保　つまり現状までスムーズにステップ・バイ・ステップできたように説明しようとしているように見られる、ということですね。

藤間　ステップしていないですよ。誰かにもつていかれとるという感じですね。

井上　貞永式目のところでも、それが出ていますね。評定衆をおいて政治をし、常に政治が公平になるように心掛けた、というように書いてある。聖徳太子の十七条憲法のところでもそれが出ていますね。日本の民主主義的伝統をこんなところにばかり見出しているように見られる。聖徳太子が政治をみんなと相談してやるようにしろといつた。貞永式目でみんなで相談するようにした。この本全体に民主主義ということが、そういう扱いになつている。民主主義という言葉は終りのほうに二三回出て来るがそれだけだ。

羽仁　民主主義を密輸入しているわけだナ。

藤間　その点は矛盾があるんだ。十七条憲法の中で和を貴んだ皇室が大化の改新で蘇我氏をやつつけとるのは、どういうわけなんだ。（笑声）そういう質問が出るんだよ。

井上　じや、次に「鎌倉から室町へ」。

隠された民主的伝統——鎌倉から室町へ

藤間　ここで問題になるのは建武中興だね。こんなものをこんなに書くことはないよ。第一ひどいんだ。「長い間政治からはなれていた公家では、政治はうまくはかどりません。」というんだが、反動政治をやつたからうまくゆかないんでね、この点はひどいと思う。建武中興を成功させなかつたのは民族の名誉なんですね、あれを成功させたら奴隷制が復興したんだ。

羽仁　建武中興は反動的な謀略であつた、ということをハツキリ書くべきだね。

藤間　これは国体明徴が頭にあるから、こんなにスペースを費しちやつたんだな。これだけのスペースは承久の乱に費すべきだと思うな。

井上　次に室町時代ですが、「盛り上る力」なんて書いて、この教科書全体から見ると、ここだけが浮き上つてるみたいですね。

羽仁　大政翼賛会も盛り上る力みたいだつたからね。

大久保　これは重大な問題だね。これについて批評をしてもらいたいな。

小池　「盛り上る力」の所では結局「世の中はだんだんさわがしくなりました。」それから「安土と桃山」の所へゆくと、平和な農業にはげむために刀狩をやつたとか、重大な産業だから検地をやつた、といふうにして、盛り上る人民の力というものを誹謗してるような嫌いがある。

羽仁　そうして山城国一揆とか堺の問題は隠匿してるんだね。日本歴史の上で最も美しい堺の自由都市を書かないのは、国民的誇りを持つていない人が書いたとしか思えない。

井上　次に「経済と文化」「新しい時代への動き」ここでは山城や堺のことが一番問題になると思いますね。それがほんとうに新しい動きなのであつて、織田信長や豊臣秀吉が天下を統一したなんていうのは、本質的な新しい動きじやないんだから。

羽仁　山城の国一揆とか堺の自由都市が本来の伝統であるし、その起源であるということを、何に遠慮して書かないんだろう。おかしいね。

藤間　また、それが当時の支配階級に打倒せられたことをハツキリ書いておかなければならない。そのために人民がどれだけみじめな立場におかれたか。これはハツキリ書いておく必要がある。上向線もあつたんだが、それが挫折せられたんだ。

羽仁　「くにのあゆみ」であつて「人民のあゆみ」でない、ということなんだ。「人民のあゆみ」なら、こういうものを詳しく扱うべきだ。この時代すでに日本農民は民主主義を建設しようとした。このことが、今の少国民に、若い人たちに、どれくらい自信を与えるかわからない。

新教材と参考書の問題

岡田　ただ、ちよつと申上げたいのは、そういう新しい教材を入れる場合に、ほかの参考書がたくさん出てる時ならいいですけれども、そうでない時にそういう新しい事項を入れると、全国の先生方が、それじやもう少し詳しくそれを調べよう、という意図を起しますね。子供たちもそれを非常に知りたがりますね。その時に何か読みたいと思つてもないんじやないでしようか。

藤間　いや、これは百科事典にも充分出ておりますし、大丈夫です。

羽仁　三浦周行博士の書いたものにもあるからね。

岡田　今まで抑えられていたために、一般の国民学校で参考書とするようなものにはないでしよう。

羽仁　そんなことはないよ。何とかいう映画にもなつているじやないか。（これは十五年ほど前にあつた「洛陽餓ゆ」という映画のことらしい――岡田記）

岡田　新しい教材を選択する場合にも、ほかの参考書の支えがない場合には、それが全然新しく出てくるわけですね。羽仁さんや藤間さんのような歴史の専門家はよく知つているでしよう、また小池さんのように都会におられる先生方は便宜もあるでしようけれども、地方の農村におられる方は……。

小池　その考え方は非常に困るんじゃないですか。便宜論と本質論とまちがえてしまいましてね。むしろ、こういうものを書いてないのはダメだ、書いてあるのを参考書に使え、というくらいに文部省がやつて、先生方を啓蒙してやらなければいけないと思うんです。

岡田　ですから、参考書がどんどん出ることを望むんですよ。

小池　参考書も出ておりますよ。

井上　参考書がなければ、なおのこと教科書によく書かなければいけないんだ。

岡田　当然書かれるべきものでも、新しい教材をとり入れるといふことには、そういう意味の困難があるといふことを、一応ご承知おき願いたい、その意味ですよ。

藤間　それはそうですよ。ただ民族の歴史として重要なものは、少々そういう困難があつても入れるべきでしょうね。

封建領主の弁護——戦国から桃山へ

井上　「大名の分立」といふ所で、「大名はすきがあれば隣りの国を攻めとらうとしていました。そしてよい政治をして、自分の国をよく治めました。」これは実におかしいじゃないですか。ここで軍国主義が是認されてると思うんです。すきがあれば隣の国を攻めて、自分の国はよく治めてゆく——。（笑声）これは編纂者の不注意かな。

大久保　まあ、これは事実をそのまま書いたんでしょうね。実際すきがあれば攻めていつたから。

井上　それは事実ですがね。そうすると、あとのほうがおかしいですね。すきがあれば他の国を攻めてる人がよい政治をしたというのはおかしい。

羽仁　それは日本の封建思想がそこに残つてるんだね。斬取り強盗武士のならい、というやつがね。だから、それは事実であるから書いたというならば、その事実に対する批判がなければならない。武士が農民から物を取上げてるから、だから、人の国を斬取るという気もちになるわけだ。

井上　じや、次の「安土と桃山」はどうでしよう。まず「国内の統一」ここでは検地とか刀狩とか、そういう封建支配の再編成の問題、これが全然逆に取扱われてることですね。その点が一番基本的な点じやないかと思うんだが。古い初等科国史というのを見ますと、検地は税を取るためにやつたとチヤンと書いてある。それがこの教科書を見ると、農業が一番大切な産業であつて、その大切な産業の基礎調査として検地が行われた、というふうに書かれている。これは古い教科書から見ても退歩だ。

大久保　検地の重要性というものがありますね。これは近世の土地制度が出てくる基本のことだから。

藤間　それからキリスト教が入つてくることに触れていますね。きりしたん宗が入つて人民のための施設をいろいろやつた。この点はやはりハツキリ書いておかないと、あとの鎖国の意味が出てこないわけですね。鎖国がいかに武士階級のためのものであつたか、ということが出てこない。せつかく外国から与えてくれた温い援助を拒否しとることが、ここには出ていない。これでは鎖国のところでただ外国はこわいものだということを教える結果になつてしまうですね。

（以上『朝日評論』第二巻第三号）

事実を率直に書け——江戸幕府

井上　下巻の第七「江戸幕府」このへんになると、岡田さんがおられるので、いろいろ議論があるね。（笑声）ここに公家諸法度を書かなかつたのは、どういうわけですか。幕府の職制だとか武家諸法度のことなど非常に詳しく書いて、公家諸法度に関することを一向に書いてないんだが、文部省から指令があつたんですか。

岡田　別にそういう意味でもないですね。

井上　御推量にまかせる、というわけですか。武士は一段高い身分にあるものとして「思ふままの力をふるふことができました。」とか、「新しい計画をたてたり、進んだ研究をしたりすることが喜ばれないやうになりました。」とかいう字句ですね。実際、先生がここをどういうふうに教えるだろうかと考えてみるんですが、武士が思うままの力をふるうことができたというのは、専制政治ができた、ということを書こうとされたわけでしょう。

岡田　はあ。

井上　それから「新しい計画をたてたり、進んだ研究をしたりすることが、喜ばれないやうになりました。」というのは、誰に喜ばれないようになつたのか。主語を二字ばかり入れておいてくだすつたら……。

岡田　それは幕府の力がきわめて強い、ということが初めのほうにありますから、わかると思います。

羽仁　喜ばれないようになつたというのは、弾圧されたということなんですね。

岡田　そのつもりなんですけど。

羽仁　どうしてそういうまわりくどい言葉をつかつたんですか。

岡田　いやア、一々文章のことを言つてたら、大変ですよ。

大久保　子供に対して弾圧とかいうむずかしい言葉を避けようというわけで、喜ばれないとやつたんでしょう。それで大体わかるんじやないですか。

羽仁　言論の自由を抑圧したということは子供にもハツキリわからしたほうがいい。喜ぶとか喜ばれないとかいうことじやない。抑えるか抑えないか、ということなんだからね。

井上　僕がなぜそんな字句を問題にするかというと、これは字句の問題でなくて、歴史の本質の問題なんです。たとえば六頁に「わが国で、きりしたん宗の取りしまりが、きびしくなつてきたために、とうとうこれらの計画は行はれませんでした。」とある。「これらの計画」というのは、ローマ法王の所へ使をするとか、遠く太平洋をこえて貿易をしようということなんだ。こういうことが行われなくなつた。それはきりしたん宗の取締りのためだ。誰がきりしたん宗の取締りをしたか。秀吉なり幕府なりがやつたわけですね。そうすると、彼等は一方で貿易をやろうとしたが、一方でそれが行われないようになつた。幕府はやろうとしたんだけれども、自然に行えなくなつたんだ、というように見えるわけですね。つまり根本的なウソになる。

羽仁　そう。それは太平洋戦争のところで、戦争に反対する人がだんだん黙つてしまうようになつた、というのと同じなんだ。

岡田　そうすると、このところは文章を離れてどういうふうに解釈されますか。

羽仁　こういう所をハッキリさせる唯一の方法は、歴史的な事実を率直に書くということなんだ。つまり日本の人民の経済と、それから世界の人民の経済とは、国際的な要求を持つてきている。ところが、封建的な支配者はそれに反対する。反動的な立場をとつておつた。この二つをハッキリ区別して書けば子供によくわかると思うんだ。それは歴史のいわゆる弁証法的な言い方として最もわかりやすい、また最も学問的な考え方だと思う。

藤間　「鎖国」の所に「いよいよ政治が、とりにくくなることをおそれました。」とありますが、これはどういう意味ですか。

羽仁　国際軍事裁判みたいになつてきたな。（笑声）

藤間　書いた人物がいるから、ちようどいい。

羽仁　まつたく戦犯裁判だ。

岡田　初めからそのつもりで来ていますよ。（笑声）

羽仁　出席しただけでも誠意はよく認めてるけれども。

井上　きりしたんがわが国のならわしに合わない、ということが書いてある。それから、信仰はすこしも衰えなかつた、とも書いてあるでしよう。これは矛盾している。つまりわが国のならわしというのは、じつは徳川幕府のならわしに合わなかつた……。

岡田　封建的な社会慣習ですね。そういうものに合わなかつたということですね。

井上　それをわが国のならわしと書かれるという所に……。

羽仁　わが国のならわしにも、古いならわしもあり、新しいならわしもある。これは古いならわしには合わなかつたけれども、新しいならわしには合つたわけだから、みんながそれを信仰したわけだ。だから、これは岡田君の得意なところなのに、なぜ君のよく知つてる通りに書かなかつたのかと思うんだよ。有名な話があるだろう。林羅山が、きりしたんは一夫一婦の道を説いて婦女子を迷わすものだ、と言つたというね。つまり日本には一夫多妻の習慣があつたわけだ。これは古いならわしだね。ところが、きりしたんはその古いならわしを棄てて一夫一婦の道を教えようとした。だから人民は、これはありがたい、いいならわしだと思つて、弾圧に抗してもそれを守ろうとしたわけだ。その通り書けば子供によくわかるんだ。

徳川時代の「自治」の本質——江戸と大阪

井上　じや、「江戸と大阪」へ移りましようか。

羽仁　言わせておけば、いくらでも言うからね。

大久保　充分言つてください。

羽仁　いくら言つても聞きおくだけじやダメよ。文部省に言わなくちや。

大久保　その点は政治になるから……。

小池　ここの「農村のすがた」の中に、百姓一揆が全然出ていない。これは疑問なんです。それから飢饉の問題にふれていない。これじや農村の姿が全然書けてないんじやないかと思う。それから五人組の問題ですが、「農村は自治を許されてゐました。」という、この自治とはどんなことなんですか。今の隣組が自治だというならば、まだわかりますけれども、ここで特に自治といつたのは、どういうことでしよう。

岡田　農村の中のことは、武士が入つてきて干渉するのじやなくて、村に村役人をおいておさめる。

小池　しかし、それは自治というものじやないですね。

岡田　言い方が悪いのかも知れないけれども。

羽仁　岡田君は「このごろの農村は見かけの上の自治を許されてゐました。」と書いていたのを、文部省が「見かけの上の」というのを削つたんだ。（笑声）

岡田　そう解釈してくだされば有難いですね。

羽仁　それなら先生方もよほど教えよくなるでしよう。

岡田　しかし教室の中で生徒の自治を許すというのは、やはり、先生の監督の下に自治を許しているのでしよう。

小池　ええ。だけども、だんだん脱皮しなければいけないんですからね。それにしても子供の自治はこの自治よりいいんですよ。この頃は〝掃除をやらないでもいいですか〟というような決議をして職員室に持つてきたりするんです。掃除をやるやらないはともかくとして、われわれに対してハッキリ要求してくるところに、ほんとうの自治があると思つて喜んでいます。

岡田　やつぱり時代が変つてきていますかな。

小池　そういう自治から見ると、この自治はどういうものなんだろうと、いつて問題にしますね。

岡田　そうすれば、いかに封建的なものであつたかということがよくわかつていいでしよう。

小池　それは言葉を入れておかないと困りますよ。

井上　そういう点で、村役人が選挙によつたことがあるということは、書いていいんじやないですか。

羽仁　異議なし。

藤間　自治がハッキリしないと、農村の衰えが全然ハッキリしないですね。どうして自治しとる農村が衰えたのか、わからないことになる。

岡田　いま「見かけの上の」と羽仁さんがいわれたんですけれども、すぐあとに弾圧されていたということが書いてあるとすれば、自治の内容がそれでハッキリするんじやないですか。

藤間　それはやはり親切に書いておかないとインチキにひつかけることになりますからね。

小池　さつきから聴いてると、どうも岡田先生は国民学校の先生にあんまり親切でないですね。そういうように解釈してやれとか、副読本をつくれとか……。

羽仁　十一ページの上の段のまん中の所、こういう考え方を岡田君はほんとうに自分でそう信じておられるのかどうか。

岡田　いよいよ戦犯裁判ですな。

羽仁　非常に困ると思う。五人組というものがお互いに助け合う組織であつて、それからきりしたん宗の信者を取締るためのものであつた、というように、全然性質のちがうものを一つにまとめてしまうと、たいへん困る。お互いに助け合う組織ならば、もしきりしたん宗の信者がいても、それを取締るはずがない。岡田君は半面において歴史的真実に忠実ならんとして、半面においては今までの考え方をとり入れる結果、かえつて歴史的真実が二重に曲げられるという……。

岡田　ややこしくなつてきましたね。

羽仁　君の意図するところでない結果が出たわけだ。これは先生が教えられる場合も困るわけですね。

羽仁　五人組というのは、相互連帯警察組織のものであつた。たがいに助け合うものじやなくてたがいに束縛し合うものであつた。

岡田　しかし、租税などを納める場合に、一方で納められなかつたら、他のものにかかつてくるわけですから。

羽仁　それは助け合うのじやなくて、隣の苦しさを背負い込む、というわけだから、それは苦しみ合うんですよ。つまり五人組というのは苦しみ合う組織であつた。（笑声）これは隣組の組織がおたがいに助け合つて、共産党なんかにならんように取締る組織であるということと非常によく似てるんだ。こういうことは国民教育上非常に有害だナ。と同時に困るナ。

本質的事実と外見――元禄のころ

井上　じゃ次に「元禄のころ」にうつります。

藤間　いろいろ項目を挙げてあるんだが、時代の進歩の工合が少しもわからないナ。時代の動きがわからない。ずつと平面的に書かれている。そういうことを江戸時代を通じて感じる。せつかく八代将軍が出ているんだから、あそこを契機として人口が停滞してしまうことをハッキリ書かなければ、江戸幕府が滅びるということもわからないし、人民の負担が如何にひどかつたかということもわからない。やつぱり人口の問題はハッキリ出す必要があるんじやないかと思う。これを出さないから歴史が平面的になつて、上にいつたり下にいつたりすることがどうもわからない。

小池　さきほども申したんですが、いろいろな名前やら、文化事象が出てくるんですけれども、こういうような取扱いでなく、近松、西鶴、そういうものがなぜ出てきたか、ということ、この時代にどんな意義があつたか、封建的な抑圧の時代に、心中物や世話物が庶民に喜ばれていた。そこに庶民文化の意義があつたということや、儒教の意義ということもハッキリとしていかないと、暗記的になつてしまうんです。

岡田　御説の通りですね。

井上　僕は「学問の道」という題のつけ方は非常にいいと思うんです。「昔の学者の説にとらわれずに、自分で考えて見るという学問の道」こういうようにハッキリさせられたところは、さすがに岡田さんの見識だと思つて、敬服している。

藤間　しかし、人口の停滞、沈滞ということをハッキリさせないと、何が出た、あれが出たということじや、歴史とはいえないわけですよ。

井上　学問の道をせつかくこういうふうに書かれたんですから、その前で、例えば、益軒のことを、儒教をもとにして一般の人人のわかりやすい教えを説いた、ということよりも、「大疑録」の批判的精神を具体的に知らせたほうが、学問の道としてハツキリするんじやないかと思うんです。

羽仁　それから、その前のところ、これは歴史の考え方の根本的なことに触れる点だから、繰返えすようになるけれども、十四頁の「ひろく世間の人人が、自由に政治上の意見をのべ、将軍に向つて思うとほりのことを訴へることができるやうに、目安箱の制度をつくり」とあるけれど、そうじやないでしよう。一般の言論を押えて、目安箱という形でしか採り上げないことにしておつた。それが事実ですね。それから大岡忠相のような名奉行が出たというのじやなくて、一般の裁判というものが非常にひどいものであつたので、大岡忠相のような多少常識的な裁判をする人がおれば、名裁判官だと見られるようになつた。これが歴史的事実だと思ふ。この点はいままでの考え方を打破して、一刻も早く歴史的な事実をそのまま見る見方を国民学校の先生にももつてもらいたい。子供にも聞かしてもらいたい。これだけでは依然として東洋的な専制主義のものですよ。

井上　その結論になるようなことは、「学問の道」の終りのところに「幕府はこのやうにすすんで蘭学をとり入れ、蘭学者を用ひ、またいつも、オランダ人を通して、世界の事情を知ることにつとめてゐたのです。」とある。事実は幕府が蘭学を弾圧した。しかしこれは一般の人はわからなかつたが、幕府はこうしていた、という……。

岡田　世界の事情を知ることにつとめたというのは幕府がオランダ人から情報を受けとつて幕府だけが世界の情勢を知ろうとしていたわけです。

大久保　これは秘密主義だ。

岡田　蘭学者は、幕府の中で幕府の政策の範囲内で研究を許されていたんです。

羽仁　そうすれば、幕府はひそかに西洋の事情を研究したが、人民に知らせようとはしなかつた、と書けばいい。

岡田　それは前にありますよ。一般の人人は海外の事情を知らなかつたと書いてあるはずです。

町人の市民性が不明確——幕府のおとろえ

小池　十一頁の町人のところの四行目に「利益をむさぼつてゐるといはれ」というような書き方ですね。資本の蓄積、貨幣経済というようなことを、ここでハッキリ述べるべきじゃないかと思う。それをむさぼっているというような言葉で表してるんです。

羽仁　「いはれ」というような難解な言葉、これは国民学校の児童や先生諸君を非常になやますね。

岡田　武士はそういうようにいつて町人をいやしめていた。町人はいやしめられていたというつもりです。

羽仁　つもりだけれども、子供達にはわからない。

小池　なるほど。しかし、むつかしいですね。岡田先生の意図しているところは、子供には案外のみこめないんじゃないでしょうか。

岡田　先生方が充分におやりになるより仕方がないですね。

藤間　この文句はとつたほうがいいんだよ、そのほうが事実だ。

岡田　武士が貨幣経済というものを非常にいやしめていたことを書いたつもりです。

藤間　その意味じゃいいんですけれども、それは武士というものを書かなければわからない。

井上　ここでも室町時代でも同じですよ。商業資本が農村へ入つていつて、農民を非常に苦しめたという。「百姓が働いて得た収入は、いつの間にか町人の手にわたつてしまふのでした。」これは百姓の利益がいつの間にか領主の手に渡つて、領主の手を通じて商人にゆく、ということはあるけれども、子供に教える基本的な関係は、武士が農民を搾取するということですね。それでいいと思うんです。そこに商業資本が寄生して、どうのこうのということはかなり専門的な議論をするならともかくですけれども。

羽仁　もし出すならば、武士に寄生した商人はそういうことをした、とハッキリ出せばいいね。これは学問上の重大な問題だ。「くにのあゆみ」は学問上の重大問題がたくさんあるよ。

腐敗史観で貫かれた幕末史

井上　いよいよ明治維新のところになつてくるんですが、ここで尊皇論のことを書かなかつたことについて、一部では悪くいつてる人もあるようだけれど、僕はいいと思う。つまり尊皇論の本質は何であるかということは子供にはなかなか理解できない。だから、そういう複雑なことを書くよりも、すつかり飛ばしてしまつた。これは非常にいいと思う。またそれは維新史の本質的なことではない。

羽仁　そう弁護するなよ。（笑声）いまの編纂者の力量においては飛ばしたほうがいいというんだろう。

岡田　辛辣ですね。

羽仁　上手に説明出来れば、やはり出すべきだと思うね。

岡田　どうも元の軌道におちいりやすい、ということでね。

羽仁　そう考えておはぶきになつたとすれば、諒解する。

井上　明治維新のことは、現在の民主主義革命の直接の先駆的な革命という意味で充分に検討しなければならないと思うんですが、この書き方が現在の民主革命に先行する第一歩であつた明治維新を充分に表しているかどうか。

羽仁　いま差しあたり国民学校に与える教科書としては、明治維新以後くらいをしつかりと書いて、古代とか中世とかいうものは後廻しにしてもいい、ということは考えなかつたでしようか。

大久保　今度はそこまで改めなかつた。

羽仁　井上君がいうように、明治維新のほんとうの意義をここへ出していないのはこの「くにのあゆみ」全体がどういう教育をしようか、子供達にどういうことをわかつて貰うか、ということを、執筆者なり編纂者諸君がほんとうにつきつめて考えていないから、こうなつたんじやないかと思うな。だから古代から中世までは一応の輪郭を与えるだけで、明治維新からは本腰を入れて書くようにすればよかつたと思うね。

大久保　その意見には賛成しますが、今度はそこまでゆかなかつたんです。

井上　明治維新のところでも、封建社会が崩潰して、というように書いてある。それはいまの商業資本のことなんからしいんだが、明治維新に関して、王政復古史、下級武士史、人民的な維新史、こういう三つの考え方がこれまであつた。この教科書は王政復古の維新史を脱却しようとしているようにも見えるけれども、下級武士維新史にも至っていないように思う。薩州藩、長州藩、土州藩など西日本の大名らは、幕府と縁が遠いので討幕的な勢力になる、というような書き方で大名維新史とでもいうようなものになつてる。

羽仁　つまり封建制度というものが商業資本によつて腐敗して、それで明治維新が出来たという考え方は歴史的事実と違うわけだからね。封建制度を打倒して明治維新が出来たのであつて、その封建制度を打倒しなければ明治維新は出来なかつた。その打倒の関係をもつとハッキリ出さなければダメなんだ。そうすると、さつきの蘭学なり、高野長英なり、百姓一揆なりがその歴史的事実として正当な意味で理解されてくるわけだ。封建制度というものが、商業資本かなにかで腐つて、ぐずぐずとくずれ、もち切れなくなつて明治維新になつたという、これは腐敗史観だね。国民の自尊心を高める所以じやない。封建制度を倒して明治維新をつくつた。その倒す力としては蘭学の精神、あるいは百姓一揆の力、あるいはマニユフアクチユアの進歩した生産様式、そういうものによつて封建制度は遂に倒された。そうして初めて日本に近代が開けた、というところがハッキリわかれば、どれほど日本の児童や教育者諸君の自信を高めることが出来たかわからない。

藤間　年数が経てば世の中は変るものだ、という観念が抜け切らないんだね。

羽仁　桃栗三年柿八年なんだ。

藤間　柿だつて水をやるんだからね。それを水もやらないでほつておけば変る、という考えなんだ。

井上　それから小さいことですけれども、二十七頁の元治元年というのは、文久三年の誤りですね。これは誤植でしようけれども。

大久保　誤植です。

井上　そのところでも、その後長州の藩士らは、京都に入ろうとして、薩州や会津らの諸藩と戦いを起しました。とあるんですが、京都に入ろうとしてじゃなくて、御所の中に入って戦ったんですから、これは間違いです。そこはハッキリ書いてもなんら差しつかえないじゃないかと思うが、やっぱり皇室に関係することになると、実に微に入り細にわたって慎重にされているので、一驚を喫しますよ。

児童の体験に応えよ――明治維新以後

井上　それじゃ「第十明治の維新」

大久保　どうも絞首刑になるかもしれんナ。

小池　ここで非常に感じることがあるんです。この教科書を通して子供達が現在の段階というものをハッキリと知って将来の民主革命というものをつかまなければならない、そうとう大事なところだと思うんです。そのためには子供達は戦争を体験しているんですから、その戦争がなぜ起ったか、しかも毎日の新聞なんかで子供達が体験し、知っていながら、この十、十一、十二のところには、いま極東裁判その他で論議されてる点すら書かれていないということですね。特に戦争の原因を起してきた日本の農民の小作制度の問題、農民の抑圧状態などは全然書いてない。それから日本の専制政治が軍閥ということだけで書かれている。労働条件の苛酷なことも全然書かれていないで、財閥という言葉だけになってる。その財閥の下にうごめいていた労働者の低賃銀の問題、搾取の問題が全然書かれていない。これは今度の戦争の原因を子供達にのみ込ませないようにしてあるんじゃないか、というふうにさえとれるんですが、この点は子供達の体験のほうが上であって、この教科書では説明してもらえない、という悲しみがあるんじゃないか、と思う。

大久保　非常に御説ごもっともですね。併しそこまで子供によくわかるか、わからないか。今度はその点は上級の教科にゆずることにして、ここには触れなかつたわけです。

小池　触れないで、民主革命とかいうようなものが説明出来ますかしら。

大久保　例えば明治の経済の動きというのは資本主義の成立と発展、それから帝国主義、こういうことですけれども資本主義なんていうことを子供に理論的に説明してもおそらくハッキリわからないだろうと思うんですよ。むしろ眼に訴える点では、産業とか、技術の進歩、あるいは機械の発達とか、そういう点が子供には生活環境的にすぐハッキリわかる。

小池　そういうように出さないでも、例えば四十三頁の最後の所に「このころから、財閥が……わが国の経済を、支配するやうになりました。」とあるんですが、日本は財閥による搾取が特にひどかつた、その労働者のひどかつた生活状態、そういうものをここへいつしよに出すべきと思うんですけれども。

羽仁　女工哀史なんかもあるんだからね。

大久保　そういう暗い方面のことを、ね。

小池　子供は戦争の暗さをよく知つてるんですから。

大久保　それはもう少し上の中等以上の教育でよくはないかと考えた。

羽仁　それは小池君の言う通りだよ。すでに小学校の時に、自分の兄や姉が紡績工場へいつて、肺病になつて死んだり、暗黒な生活の中にいるんだよ。その暗黒な生活に触れないということは、光明を与えないということになるんだ。日本の小学校児童の八〇%はそういう暗黒な生活の中にいるんだからね。大久保君なんかはそういう暗黒な生活を知らないんだ。

大久保　それは別問題にして……。（笑声）

資本主義を書け

小池　今の教育法はどんどんデイスカッションをやるんですから、時事問題をやると子供から当然戦争問題が出る。そういう問題はわれわれとして説明しなければならない。だからわれわれは歴史を通して根本的に説明してやりたいと思うんです。

藤間　工業をやつてる人と銀行をやつとる人は同じように資本家だ、という認識はおそらく小学校の上の子供には充分あります。ですから資本家ということをハツキリ出しても、むしろわかると思うんですがね。

大久保　それも一つの御説だ。しかしこれは都会の子供にも読ませますし農村の子供にも読ませますし、かなりバラエテイのある者に読ませるから農村なら農村的にこれを補つていただくんですね。

藤間　農村も戦争以来工場が入りこんでいるし、資本家ということは一応わかるんだから、この点相当大胆に出してもいいんじやないかと思う。

大久保　それは程度問題でね。資本というのも、もとでを資本といつたり、あいまいな言葉ですからね、もう少し理論的に説明しなければならない。しかし国民学校の教科書では必要ないと思つて……。

羽仁　いや、そうじやない。昭和十二年か十三年だか、あの頃に大毎で募集した全国の小学生の綴方の中にも自分の友達が紡績工場に売られていつたことを書いているのがずいぶんある。資本の問題でも、もとでが資本なのか、儲けを生むものが資本なのか、こういうことは子供にハツキリさせておいたほうがいいんだ。もとでが資本じやないんだ。

大久保　子供を少し低く評価したわけか。

羽仁　子供を侮辱したな。（笑声）

藤間　要するに、生産するための道具を持つた者が資本家であつて、それを持つていないのが労働者である、という程度でもいいんですよ。その点をハツキリ出さないといけない。

大久保　それも考えたんだが、説明があまりこまかくなりすぎて、歴史的の事実よりも、資本の説明で停滞してしまうおそれがあると思いましてね。だから、この表現が妥当だというんじゃないんですよ。これを材料にして資本主義というようなものを説明していただく。これは講習会でもそう言ったんです。結局、産業とか目に訴えるのが一番わかりいいですからね。農村にいっても工場はあるから。

藤間　バラバラにされてると、かえってわからない。工業も銀行も含めて資本家といったほうが、児童はわかりやすい。

小池　われわれの教育界では、十二月十七日の倒閣大会の時に一日ストをやったが、この倒閣大会を教材にして、子供たちの政治教育、社会教育をやろう、ということになった。それも一部の意見じゃない。全体の先生がそこまでやらなければ今の子供たちの社会生活を指導することができない、という所まできている。倒閣大会さえ教材にするんですから、資本のことなんか大丈夫だと思う。

大久保　私の考えは前に言った通りだから、教師の方では然るべくやってけっこうです。

わけのわからぬ戦争史

藤間　初めに五箇条の御誓文を出して、終りに一月の詔勅が出ていますね。天皇で近代史が始まり、そうして終つとる。天皇中心主義のすばらしい現れが出とると思うんです。

井上　それは中野さんも指摘されたことです。

大久保　文部省は初めから五箇条御誓文は重要視する方針です。

小池　せめて新憲法程度に書けばいいんです。新憲法では統治権は以前みたいな絶対的なものを持っていないんですが、この教科書では絶対的なものを持ってるんです。

岡田　しかし新憲法ほど充分な討議をへていないんです。

井上　この十以下を三つに分ければ、資本主義の問題と日本の伝統的民主主義の問題と、それから戦争の問題だと思う。日清、日露またそれ以前から太平洋戦争までくる戦争、この取扱い方ですが、これはどういう心構えで書かれたんでしょうか。これは非常にボヤッとしていますね。それにはなにか理由がありましたか。

大久保　理由はなるべく淡々と書くつもりでやつたけれども、結果としてどうなつてるかわかりません。

井上　例えば日清戦争にしても、朝鮮の京城に突然さわぎが起つたとか、伊藤博文等を天津につかわして李鴻章と朝鮮のことを相談させたとか、朝鮮に問題があつて日本と清国との戦争になつた、というように書いてあるんですね。朝鮮にいろいろあるという問題は何なのか。それが純然たる朝鮮の問題であるならば、日本や清国が戦争するはずがないんで、朝鮮にある問題というのは、朝鮮に対する日本および清国の問題でしよう。

井上　ここはハツキリ書かないと、実際のところ子供はわからないんじやないか。

大久保　併しこの問題は現在の国際情勢上からあまりハツキリ書かぬほうがよいからだ。

井上　これじや戦争のことはサツパリわからない。日露戦争のことでも、「ロシヤは、朝鮮の近くまで、手をのばすようになつたので、わが国も、ロシヤと話しあひを重ねました。」やつぱりここでも朝鮮が問題になつてるけれども、どういう意味で日本が朝鮮を問題にしたのか、外国のことは書く必要はないでしようが、この点を言わないと、今度の太平洋戦争の意味も、やつぱりハツキリしてこないんじやないか。つまり、われわれはこの章によつて侵略戦争に対する心からなる憎悪を持たなきやならん。そういう点で明治以後の戦争の歴史、まつたく戦争の連続の歴史なんだが、これが訳がわからなくなつてるんじやないかと思う。

大久保　ぼやかして書きましたから。

羽仁　いま井上君が挙げた三つの問題を、もつと本腰を入れて学者らしく書けばよかつたと思うね。明治維新が人民としては、民主主義革命を要望したわけだけれども、それができないで封建的なものが残り、従つて資本主義も封建的な資本主義になつた。そのために資本主義がいくら生産をやつても、それが国民の生活の向上にならない。そこで資本主義が自分の生産した商品をどこかよそへ持つていつて売らなければならないことになつた。そのために日清戦争も起り、日露戦争も起つてきたといふことを、ありのままに書けば、国際関係上も厄介なことにならないし、子供たちにもすなおにわかる。

大久保　そこまで子供にわからないと思ふ。

小池　わかります。因果関係があれば充分わかります。ポツンポツンとやられたら困るんです。

大久保　私はこういうように書いて、あとは教師の指導によつて自然とわかつてもらいたいと思つたんだ。

藤間　かえつて困難ですね。

大久保　ぼくはそういう考え方で、これが中学になつたらもつとハツキリやつてもらう。さきに現象的なものを書いて教えて、それから先生の指導でだんだん子供の頭をまとめてゆく……。

小池　私は逆なんです。今の戦争は何から起きたかといつて明治維新から教えてゆくと子供は呑込みやすいんです。筋がわかつていれば肉がついていくんですが、筋がわからないと歴史が面白くなくなつちやうんです。

大久保　それはそうだけれども、教科書としては問題をあまり断定的に書くのはどうかと考えた。それについていろいろ意見もあろうが、この問題にかぎらずすべて現在まだ議論となつてゐる問題をすぐ公式的に書いちやうのはどうかと思つた。

羽仁　天皇中心主義で断定するくらいならそういう学問的なことで断定したほうがいいね。

藤間　批判される意味で、日露戦争の非戦論なんかを出せば、そうとうハツキリする。

羽仁　それは日本の民主主義の伝統、自由民権の運動、反戦の運動、そういうものを出してくれればハツキリわかるわけだ。

歪められた「憲法の制定」

小池　「憲法の制定」の所で「民主的な憲法をつくり、国会を開かなければならないとの意見が盛んに出てきました。熱心のあまり、方方でさわぎまでおこりました。」という書き方も、これはさわぎが起つたのじやなくて、弾圧したんだと書くべきだし、あの憲法が非常によいものとしてある。これなんかハッキリと批判した立場で書いて然るべきじやないか。

羽仁　見かけ上の憲法であつた、ということをね。

大久保　しかし、私共はそこまでハッキリ書く意図はなかつた。

井上　それをやらないと、なぜ憲法を変えなければならないのか、わからなくなりますね。——自由民権の取扱いなんかが逆になつてるということは、中野さんも指摘されていますけれども。

大久保　逆というのは？

井上　弾圧したから流血の惨事になるのであつて、自然に流血のさわぎが起つたんじやない。その点ですね。

羽仁　板垣退助が、わが国民は座して自由と憲法とを与えられるのを待つているものではない、憲法と自由とを要求したのだ、ということを書いてるが、前の教科書には、国民は何にも欲しがつていないのに明治天皇が憲法を下された、というように書いてる。その点が今度もちつとも批判されていない。国民が自由民権の運動をもつて憲法と議会とを要求したのである、とハッキリ書かなければ、国民の意識、国民の自覚を高めることができない。

大久保　「国民のうちからも板垣退助云々」でこの意味を表したつもりなんです。

井上　全体の比重としましても、国民のほうからの自由民権運動は僅か四行半で、伊藤博文がヨーロッパへいつたとか、内閣制度がどうだとか、たくさん書かれていますからね。

大久保　比重はそうかも知れないが、結果論として明治憲法の成立過程を多少くわしく書いたわけです。

藤間　天皇制がハッキリしすぎて、資本主義も戦争もボヤけてきた感じですね。

井上　それから「世界の文明国では、憲法を定め、国会を開いて、国民が、政治にあづかるやうになつてゐます。そこで、わが国でも憲法をつくることになりました。」というんだけれども、日本はまだ文明がおくれているから、憲法は早いなんて政府は盛んにいつたんですね。国民のほうが自由民権運動をやつたんですから、問題の主客が逆じゃないかと思うんです。

大久保　しかし事実としては政府のほうが憲法案を出したりしたのは早いんじゃないですかね。民間のほうから具体的に出てきたのは、民選議院設立の建白書以後ですからね。政府では明治の初年から江藤なんかがプランを出していますね。

羽仁　その点が歴史的事実とまつたく違つてるわけなんだ。つまり憲法とか議会を政府がつくるのじゃなくて、政府がほんとうにヨーロッパの先進国の例にならつて日本にも憲法がなければならないと考えるならばそれを政府は人民に訴えるべきなんだ。それをしないで政府部内で憲法草案をつくつてる。これはノーマルな事実じゃないんだね。だから、ここでハッキリさせなければならないのは、政府があくまで国民の立憲議会というものを認めようとしなかつた。あるいはそういう教育をしようとはしなかつた。それは今度の新憲法の場合でもそうなんだ。政府が案を決めておいて議会に臨んだ。国民に立憲議会というものを開かせないという態度をとつてるわけだ。そういう意味では、政府がさきに憲法を問題にしたか、人民がさきか、じゃなくて、歴史上の事実として重大なのは、政府が国民の手によつて憲法をつくるといふ考えを持つたか持たなかつたか、ということだね。

大久保　勿論当時の政府は持つてなかつた。

羽仁　そうして国民のほうが持つてた。教科書だからそう詳しいことは書けない、ということは認めるにしても、教科書だから事実を事実としてその通り書かなければいけない。事実を曲げちゃいけない。然るに古代以来至る所で事実を曲げ、なかんずく明治維新以後、事実と非常に違うことを書いている。これは非常な欠点だね。

大久保　「世界の文明国…」といふ所は、これは事実だと思うんですがね。
羽仁　それは政府の宣伝だよ。
大久保　いや、事実だと思うんですね。
羽仁　いや、歴史上の事実としては、明治維新以来、人民の側に立憲政治に対する運動というものがあるわけでしょう。それを政策としてそれを押出そうとしていた。それが事実なんだ。その事実を直写することが歴史家の任務なんだ。殊に明治時代は歴史上の事実をそのまま書かないで、事実と違つたことを書いてるという点で、教科書としては非常に困るんじやないか。
井上　中野さんも言つていますが、明治に華族、士族、平民の三身分とした、というのも、まちがいで、昔は宮、堂上といつて皇族は公卿と同格だつたが、明治以後とくに皇族身分をつくつている。それにこの身分は決して形式だけじやなしにいろいろじつさいの不平等もあるのは事実です。
羽仁　五箇条の御誓文にしてからが、最初、これは天皇が国民に対して誓わなければならないという説があつて、いや、それは面白くない、西洋のようになる、という意見が出た。それじや何に誓うか。天地神明に誓う、というような曖昧なことになつたでしよう。それが歴史上の事実だね。ところが、これには「お誓ひになりました。」となつていて、どこに向つて誓つたんだか、わからない。
岡田　これにはいろいろの問題があるんですよ。
羽仁　神秘的なものを残さないように、人民に向かつて誓うべきであつたけれども、そうならなかつた、ということは書けるね。
大久保　そこまで書く必要もないと思つて……。
羽仁　それは大切な点だ。
藤間　もつとも五箇条の誓文なんか出さないほうがいいんですよ。これじや明治史が天皇によつて始まつちやう。出すべきじゃないですね。一月の詔勅も出さないほうがいい。

井上　これは一月の詔勅と対応するために出したのでしようかね。

羽仁　歴史上の事実と違つてしまつちや、いけないね。

小池　それから五十頁の太平洋戦争の所で、「政治、経済、文化をすべてたてなほして、挙国一致をはかる新体制をつくらうとしました。」これも支配階級の挙国一致体制です。人民から言えば自由が弾圧されたということなんですね。そういう一方的な事実は事実でない。結局、歴史的な事実を出すのを恐れているような気がするんです。むしろ歴史的な事実を出して批判する所からこそ、愛国心は起きてくるだろうと思うんです。

大久保　ここにはやはり現在の情勢上表面的なことをただ淡々と書いた。だから、そういう解釈問題は教師が講義する時自由にやつていただく、或は年表みたいなものを教材として自由にやつていただくかするんですね。

小池　全体の主旨からいつて、支配階級の階級的な立場からのみ見ている。その意味では政治的な立場をとつていると言えるんじゃないかと思うんです。むしろ逆に民主的な立場からこの本は書き直されるべきだ。われわれはそう思うんです。

大久保　議論はしないが、それは勿論根本の問題です。

編纂権を人民の手へ

井上　これで内容に関する批判は打切りまして結論をひとつ。

小池　要するにこの教科書は皇室中心主義で書かれ、民主的な立場から書かれなかつた。そこにあいまいやまちがいやいろいろたくさんでている、それを解決するにはどうしたらいいか、といふ結論があるんじゃないかと思うんです。それは教科書の編纂、著作のことが問題だと思うんです。

大久保　今までの話で性格がわかつたわけですから、今度はこれをどうすればいいかという問題に移りましよう。

井上　結論として正しい歴史教育のために本書の持つている意義、日本の民主主義文化と本書の意義、この本が全体としてどういう価値があるか。また、それをどうしなければならないか。その点について……。

大久保　それは私共は遠慮しましよう。ひとつ積極的に皆さんの意見を開陳していただきたい。それに対して文部省側の反駁なんていうバカげたことはやめましよう。

井上　羽仁さんどうですか。

羽仁　この教科書全体が日本の正しい歴史教育のためにどういう意味を持つか。日本の民主主義文化にとつて、この教科書がどういう意義を持つか。それは新憲法と同じだと思う。今まではわれわれ歴史家、国民学校の教員諸君、児童諸君、それから中等学校の教員諸君および生徒諸君、こういう人々は日本の歴史をほんとうに考えるあらゆる手段を奪われていた。今度はそれができるようになつた。これが第一の重要な点だと思う。今度の教科書はこれによつて日本の歴史を考える一つの材料である。今までは教科書は材料じやなくてそれが権威であつたんだけれども、今度は何等の権威をも主張しないんだから、この教科書で日本の歴史について自由な批判をする。それが非常に大きい意義じやないかと思う。

小池　私はこれに対する批判的な立場に立つ本ができて然るべきだと思うんです。そのどちらかを選ぶということにおいて、われわれは批判ができる。その意味から、教科書の独占的なこと、しかも現在の政府がそれを握つていること、そういうことがこの本の価値を、現在の民主革命の時代においては少からしめた最大の原因じやないかと思う。現にこの教科書については父兄の間からも批判が起きていて、これじや子供が可哀そうだ、こういう挿画を入れたらわかるだらう、といつて画を持つてきたりしてるんです。そういうように民主的な人々がだんだんと教科書の批判をやり、われわれの教授に対する援助をしてきている。これが正しい行き方じやないかと思うが、その批判の上に立つた教科書をつくること、その責任を教員や父兄に持たせることによつて、初めて歴史教育がほんとうの力をつくつてくるんじやないかと思う。これを文部省が独占していたならば、歴史教育はいつまで経つても政策に禍いされ、観念的になるおそれがありはしないか。だから編纂権を人民の手に、という所に私の批判の解決があるんです。つまり教員や父兄は教育を人民の手に移そうとしている。それを政府は盛り立てると同時に、われわれがこの力をつくることが歴史教育をしつかりさせるのじやないかと私は思うんです。

藤間　じつさい副読本をつくるとか、参考書をつくるとかいつても、今の段階では限られてますな。とにかく、この教科書ほど何百万とつくれない。それだけにこの教科書の持つ絶大な力、これは想像にあまりあることです。その意味で、あつさりそちらで活用してくださいと言えない重要さを持つてる。この点、独占権と関連して文部省その他は反省しなくてはいけないと思う。

岡田　しかし、この教科書はすでに全国にゆき渡つているのですから、それについて徒に論争してるよりも、羽仁さんなり藤間さんなりが、御自分で積極的にどんどん副読本なり何なり出して下さい。それはいくら限られてたつて、出版すればできますよ。

藤間　しかし、それを買わない人がそうとういるわけですよ。その人は教科書だけなんです。

羽仁　第一、紙がないし、安くつくれないからね。

藤間　その点文部省の独占権は巨大ですよ。

羽仁　小池さんが言われた通り、すでにこの教科書に対して進歩的な教員や父兄、あるいは児童自身から批判が行われている。これは現に人民がみずから教科書を編纂する能力があることを示しているわけだね。それはすでに政府というものの問題であつて、人民政府ができて、人民によつて教科書ができる。一日も早くそこへゆかねばならぬ。その点は大久保君も岡田君も全部賛成だろうと思う。

大久保　それは根本問題です。紙があるとかないとかいう問題じやないですね。根本に於て歴史は国民が書くものです。

岡田　しかし国定教科書という形で通史の教科書が出るのは、おそらくこれが最後だろうと思つています。

小池　そうあつてほしいな。

岡田　国定教科書として出すのがムリなんです。私はこれが最後だろうと思つてるんです。

藤間　それに教授要目という独断的な形で出さないで、出すなら衆智をあつめてもらいたい。あれで金縛りに縛つちやうんですから。

大久保　前と同じことだね。

羽仁　この教科書を使つている子供たちの感想をきいたんだが、第一に、この教科書は今度の戦争でほんとうに苦しんだ人が書いたように思えない。ほんとうに苦しんだ人が書けば、もう少し違う書き方があつたんじやないか。こういうことを六年生の子供が言つてるんですが、ぼくは非常に立派な批評だと思うんですよ。つまり、その点においては教員や児童諸君のほうがほんとうに深刻な反省をしているんだから、これは大いに考えないといけない。それからわれわれ学者としての感想では、子供たちにわかるように話をするには、やはり学問の最高の水準を教えなければダメだ、ということですね。どうもむずかしくなるから学問上の議論は中途に止めて、というふうにすると、子供にわかりにくくなる。そういう点で、国民学校の教員諸君は、この教科書に頼らないで、各自に学問的な研究を自由にして自由な批判をもつて討論してゆく。これが差しあたつてしなければならないことだと思う。

井上　それじや、このへんで終りませう。ありがとうございました。

《完》

（『朝日評論』第二巻第三号・第四号、一九四七年三月・四月）

（6）『社会構成史体系』

①発刊のことば

日本の変革は、世界史の激流の中で進行しつつある。世界史と日本史をつらぬく歴史の発展法則を認識し、その民族的表現の多様性を把握することこそ、変革期の歴史家に与えられた最高の任務である。わが国の進歩的かつ良心的な歴史家はここに広く結集され、すでに数十回の共同研究会をかさねた。はげしい討論の中に日々生み出される新しい成果は、わが国歴史学界の到達したかがやかしい水準を示している。本書は世界史に加えられた最初の体系的な分析であり、歴史学界のあらゆる智能の綜合である。これを足場として、さらに新しい飛躍が若い研究者によつて試みられることを期待しつつ、本書を世の批判に問うものである。

編集委員
渡部義通　大塚久雄　平野義太郎　林基　松本新八郎　倉橋文雄　石母田正　高橋幸八郎　藤間生大　林健太郎

（『社会構成史月報』一・二合併号、一九四九年六月）

②内容及び執筆者

第一部
日本社会発展の法則　渡部義通

封建社会の精神的構造　丸山真男
絶対主義の成立　遠山茂樹
明治革命における国際的契機　井上清
明治維新における指導と同盟　服部之総＊
自由民権と絶対主義　信夫清三郎＊

第二部

東洋社会理論の発展　平野義太郎
東洋階級社会成立の特殊形態　渡部義通
中国古代社会　殷周から戦国まで　野原四郎
中国古代の帝王思想　板野長八
古代諸思潮の成立とその展開　重澤俊郎＊
中国奴隷制　仁井田陞
前期統一国家の構造　松本善海
大土地所有の歴史的展開（1）　西嶋定生
中国民族宗教の諸形態　酒井忠夫
官人支配と国家的土地所有　平瀬巳之吉＊
中国の郷村統治と村落　清水盛光＊
大土地所有の歴史的展開（2）　周藤吉之＊
商業資本の発達と農民層の分解　藤井宏
中国のギルドと都市の発達　今堀誠二　仁井田陞

王朝交替と農民暴動　鈴木中正
中国における農民意識　直江広治
中国における近代意識の形成　幼方直吉
中国人の精神構造に与えたヨーロッパ思想の影響　飯塚浩二
太平天国とその時代　波多野善大
十八世紀末の中国社会　北村敬直　里井彦七郎
中国農村社会の近代化過程　尾崎庄太郎＊
マニュファクチュアと民族資本　宇佐美誠次郎
民国革命　岩村三千夫＊
中国回教社会の構造　岩村忍＊
朝鮮社会　旗田巍
印度社会　中村元
北方社会　護雅夫
東南アジア社会の一類型　小林良正＊

第三部

古代東方の専制君主制　板倉勝正
ポリスの成立とその構造　村川堅太郎
羅馬大土地所有制　村川堅太郎＊
原始キリスト教と古代国家　秀村欣二
古代国家の没落　祇園寺信彦

古ゲルマン社会　増田四郎
中世国家の構造　堀米庸三＊
封建的土地所有の成立過程　田中正義＊
封建地代の諸類型　高橋幸八郎
中世商業と都市の発展　高村象平
ルネッサンスの性格　大塚久雄
宗教改革と農民戦争　松田智雄
原始蓄積過程と植民地の形成　平野義太郎
マニュファクチュアの展開と市民社会　大塚久雄
絶対主義と近代国家の成立　倉橋文雄
ピューリタン革命と近代イギリス　森修二
アメリカ独立戦争　清水博
フランス革命とボナパルティズム　高橋幸八郎
プロシア農業改革　林健太郎＊
南北戦争と近代アメリカの確立　菊池謙一＊
ロシア革命の世界史的意義　江口朴郎
マナアの崩壊　小松芳喬
封建社会崩壊の法則性　内田義彦
農業における資本主義の発展　山田勝次郎
資本主義社会の構造と運動　豊田四郎

近代的所有権の成立　川島武宜

附　総索引　社会構成史年表

編者註　著者名の後に付した＊印については、本書「解説」五七三〜五七四頁を参照。

（犬丸義一「戦後日本マルクス主義史学にかんする覚書——一九四五〜五〇年を中心に」歴史学研究会・日本史研究会編『講座日本史10　現代歴史学の展望』東京大学出版会、一九七一年、一五三頁）

III

破防法反対運動と国民的歴史学運動

（1）破防法反対運動と四歴史学会の共同講演会

①序

この書物は、大塚史学会、歴史学研究会、史学会、社会経済史学会が主催して、一九五二年七月二十二日に行った学術講演会「歴史研究の自由について」の講演の記録である。

「歴史研究の自由」は、もしそれを自明と言うならば自明であり、当然と呼ぶならば当然であるかも知れない。しかもなお、そのような「歴史研究の自由」については、いかに考えられるであろうか、いかに考うべきであろうか、いかに考えざるをえないであろうか。これらの疑問に対しては、ここに収められた講演そのものが、多くの角度からする解答を与えるであろう。それならば、あたかも今このときにおいて、そのような「歴史研究の自由」について、深く反省し、鋭く再検討せねばならぬ理由は一体何であろうか。この疑問に対しても、やはり講演そのものが、きわめて明快に解答を与えるであろう。——したがつてここでは、この講演会がいかに企画せられ、いかに準備せられたか、会の模様がどのようであつたかを記すにとどめる。

六月上旬、歴史学研究会は他の三つの歴史学会に対して、歴史研究の自由がふたたび犯されるのではないか、真理がふたたび曲げられるのではないか、という危惧が大きくなつてゆく今日、「真理を守りぬくために」歴史研究者がともに考え合いともに話し合う場としての講演会を共同で開催してはどうか、という申入れを行つた。そのころ国会では破壊活動防止法が審議されており、国民のあらゆる層の重大な関心をあつめていたが、この講演会は、必ずしも個々の法律、ないしは個々の政策を批判し、それに反対するためのものではなく、むしろそのような個々の法律、政策が現われてくる社会現実を注視し、歴史研究者としてはこの現実をいかに理解すべきか、またそれにいかに対処すべきかを考え合うためのものである、ということであつた。

さて、他の三つの歴史学会は、歴史学会である以上、共通の目的、機能をも有することは言うまでもないが、一方それぞれ異つた伝統、性格を有しており、この申入れに対しても少しずつ異つた反応を示したと言えよう。そしてまた、この四つの学会が共同して何事かを主催したという先例もない。多くの歴史学会が存在する中で、何故にあたかもこの四つの学会のみが共同しなければならぬかという理由も明かでない。自明でもあり、当然でもあることのために、わざわざ講演会を開く必要はさほど認められないのではないか。その上、このような講演会が果して学会の行うこととして適当なものであるかどうか、の疑問も存する。申入れを受取つた三学会では、このような点をめぐつて検討がなされ、論議がつくされたのであつたが、結局三学会とも申入れにこたえ、最初は講演会以外の形式をも含む趣旨達成の方法について、次には専ら講演会の具体案について、協議するための準備委員を選出することになつた。上述したような、学会相互間の相違や、多くの疑問があつたにも拘らず、最後には準備委員会が成立したのは、歴史研究の自由は歴史研究の存在自体のためにもつとも根本的なものであること、およびその自由は歴史研究者自身によつて守られねばならぬこと、の二点に関して、四つの学会の意見が一致したことを示すものと言えるであろう。

講演会の具体案について協議する段階に入つてからも、事は必ずしも簡単には運ばなかつた。会の名称、講演者の人選、講演の内容、参会者の範囲、会を単なる講演会にとどめるか、それとも終了後四学会として懇談会を開く方がよいかの問題、日時、場所、経費負担の点など、協議すべきことがきわめて多く、その上、重要な決定に関しては、その都度準備委員が所属学会に持帰つて承認を経ねばならなかつたため、準備委員会は、六月二十八日、七月五日、十日、十六日の四回にわたり、毎回三時間以上を費して開かれたのである。協議は終始和やかな空気の中に進められたが、細目については意見の不一致が少くなかつた。しかし、この不一致は各学会の委員が、いずれも自主的に且つ積極的に発言を行つたことを示し、そうしてその自主性・積極性こそは「歴史研究の自由」を、自分自身の問題として、自主的に且つ積極的に考え、そして守ろうとする意志に直接連なるものであつた。

結局、講演は、上原・家永・石母田・仁井田の四氏にお願いすることになり、且つ承諾をえた。また開会の辞・閉会の辞は三上・村川両氏にお願いした。このほか、講演者の予定に上つた方々、中には実際に交渉した方々もあつた。それらの方々は、健康上の理由、時間的な都合、などでことわられたのであるが、概して会の趣旨には賛成のようであつた。なお、問題になつた懇談会は四学会としては開かないと決定されたが、ただし当日参会者中の有志から懇談会を開きたいという意向でもあれば、個人個人が参加するのはよろしかろうということになつた。

七月二十二日は晴天で、暑い日であつた。会場の東大法文経七番教室には、定刻の一時前から歴史研究者たちが姿を見せ、講演の始まるころには、すでに座席のない人が相当あつた。受付での記名者数は二七〇名に達したが、関係学会の役員や記名もれの人々を合せると三五〇名ほどになる見込である。途中の休憩以後、会場を二十九番教室にうつしたのは、部屋が暑いためでもあつたが、小さすぎたためでもあつた。すでに暑中休暇に入つていることとて、とてもこれほどは集まるまい、悪くすると一〇〇名を割ろうという予測さえ準備委員会では出ていたが、そのような予測はみごとにはずれた。この現象は、「歴史研究」の自由を守るために熱心に努力した準備委員たちより以上に、一般の歴史研究者はこの問題に関心をもち、また自由を守る固い決意をもつていることを示すものであろう。

講演会は四時半近くに終つた。終了後、参加者中の有志の発起にかかる懇談会が、学士会館で開かれ、その会も盛会且つ有意義であつたが、それについては詳しく記さない。ただその席上でも、この日の講演会の意義が高く評価せられていたことだけを記しておく。

講演会は予想外に盛会であつた。しかし、当日来られなかつた人々もあり、それらの人々のために、講演の内容を印刷しておくことは望ましいことであろう。また、四歴史学会共同主催講演会としても、一応計画を完了したのちに、自分自身の記録を整理しておく責任があるであろう。このような考えにもとづいてこの書物は出版せられたのである。もしこの書物が、講演会と同じく、「歴史研究の自由」について考え、その自由を守る上に、なんらかの役割を果すならば、これにすぎたよろこびはない。

大塚史学会
歴史学研究会
史学会
社会経済史学会

②目次

③はじめに

三上　次男

この度大塚史学会、歴史学研究会、史学会、社会経済史学会の四学会が集まりまして、歴史研究の自由という問題について互いに考えあい、更に一般の皆様方にも合せてお考えいただきたいということになり、この集会を開くことになりました。

お暑いところ多くの方々にいらしていただきまして、感謝にたえない次第であります。

一体「歴史研究の自由」というふうな問題をいまさら論議いたしますことは、何か少しおかしな感じがいたします。元来近代科学としての歴史研究には、自由、研究の自由は当然つきしたがつているものでありまして、これがなければ研究は不可能であるばかりではなく、或る意味ではナンセンスになるかと思われます。例えてみますと、丁度みどり子にも魂が存在するようなものでありまして、研究の自由は歴史研究に当然つき従つていなければならぬものであります。しかし考えてみますと、この自由は、元来その性質が強靱であるとはいえ非常にデリケイトで、かつナイーブなものでありますだけに、とかくいろいろな外部の力によつて制約を受けたり、圧迫を受けたり、或は似而非自由とすりかえられたりするようなことがないともかぎりません。そのようなことが起りますと、歴史研究というものは何ら日本や世界の進歩に役に立たなくなるばかりではなく、ある場合は進歩と逆行し、人類を不幸におとし入れる歴史研究がなされないともかぎりません。でありますから歴史研究の自由は、みどり子の生命を大切にするように全体並びに一般の方々が育て、養い、守護してゆかなければならないものだと思います。歴史研究の自由が失われた時代の歴史の研究が、どんなに惨めなものであつたかは、すでに第二次世界大戦中の日本の様子で皆様よく御承知のことと思います。幸い敗戦という大きな犠牲によつて、この不自由は一応とり除かれました。その時の喜びも、皆様はすでに御記憶のことと思います。

こうして獲得された自由を、われわれは何時までも守らねばなりません。

「災害は忘れた頃にやつて来る」とは寺田寅彦先生の有名な警句でありますが、近頃われわれ日本人には多少健忘症の気味がありまして、かの不自由のみじめさ、ひいては歴史研究の自由の尊さと重要性を、時間と共に忘れようとする傾があります。これは頗る危険でありまして、もしほつておけば歴史研究が危険に陥ることがあるのであります。現在のように社会の情勢が急迫を告げ歴史研究の自由さえも何らかの制約をうけざるを得ないかに感ぜられます時、その感はますます深いのであります。こういう事情のもとに、この四学会がともども、当然のことであるところの歴史研究の自由を、今一度繰返して考え、噛みしめ、それを反省してみるということは、決して意義のないことではないと思います。災害を未然か、あるいは最小の犠牲で防ぐことも可能でしょう。

ただこの自由ということは、なかなか複雑な内容をもつた言葉でありますし、又深い内容をもつております。自由をはき違えますとおそるべき脱線もいたしますし、放縦にもなるかと思います。私達が自由と考えておりますことは、歴史研究の進歩をもたらすための自由であり、更に突きつめて申しますと、歴史の真実を知り、それに基づいて日本ひいては世界をよりよくすることを目標とするための研究の自由だとも思います。こういう点で自由という言葉にもいろいろ考えなければならないことがありますが、今日はこの四人の方たちから、歴史研究の自由の大切なこと、それを護りそだてねばならないこと、それと共に真の歴史研究の自由というのは一体何であるか、あるいはその歴史研究の自由によつてもたらされた歴史は、どのように日本、それから世界人類の進歩に貢献するかというふうなことを伺えることと思います。列席の皆様と共に私達もお話を伺いながら、深く考えてみたいと思います。会を開くに当りまして一言申述べます。

④歴史研究の自由について

上原専禄

四学会共同の意義

本日は大塚史学会、歴史学研究会、史学会、社会経済史学会という歴史学を研究するための全国的な四つの学会が共同主催をされまして、「歴史研究の自由」のために一つの講演会を催されたわけでありますが、こういう試みがなされるようになつたということ自体、それから又そのご相談が無事にまとまつて、本日この講演会が開かれるようになつたということ自体、日本の歴史学の研究史において、特筆すべきことではなかろうかと考えるのであります。丁度昨日から、ご承知のように、破壊活動防止法というものが実施期に入りましたが、それと時を同じくして、この、歴史学の研究を共通の目的にいたしております四つの学会が、この学問の研究の自由ということを非常に大事な問題だと考えられて、本日の催しを持たれることになつたのは、これは大変に意味の深いことだと考えるのでございます。本日の会合は、特に「歴史研究の自由」ということを主眼として、これに関する講演を主にするわけでございましょうが、問題を広くとれば、学問研究の自由の問題に通じるものがあります。ただ歴史の研究は、学問全体の中でも、特にこの問題について敏感な立場にあり、デリケートな状態に置かれているのではなかろうか、と考えられる点がございますので、広く一般に学問研究の自由ということが問題になる以上に、とりわけ歴史研究の自由が問題になる、と四つの学会が考えられたことはご尤もだと思うのであります。

歴史研究と問題意識

一体歴史学とはどういうものか、少くとも現代人は、歴史学というものをどういうものと意識しているであろうか、と考えてみますと、これにはいろいろな考え方もありましょうが、いわば、現在的な問題意識というものに媒介せられ、あるいはそこから出発して歴史的世界像を実証的な仕方でつくり出してゆく学問だ、というふうに理解されるのではなかろうかと思うのであります。歴史学の規定の仕方は人さまざまでございまして、今のような規定の仕方で一切を網羅しているかどうかはわかりませんが、われわれ歴史研究者の意識というようなものを振返ってみるならば、そういうところで学問をやっていると申して差支えないと思うのであります。常に現在的な問題、現在的な問題意識に媒介せられ、それから出発しながら、歴史的世界像を実証的な仕方でクリエイトしてゆく。こういうことをやっているのではないかと思うのであります。このことは、何も歴史学だけに固有のものではないという考えもありうると思いますが、いかに実証的な研究であっても、その実証的な研究自体は、一体何のために行われるのか、なぜそれを行うようになったのか、という点に立ち帰って考えてみますと、実はその時その時のなまの問題に対して、われわれが何らかの関心をもっている、それに対して何か態度をきめたいと考えている、それが出発点になっているはずであります。ただしなまの問題というものを、この学問研究の世界で取上げる取上げ方にはやはり一種の約束がありまして、なまの問題が日常の新聞とか、ラジオとかで取上げられる形と、研究の世界の中で取上げられる形とは、大変違って来るのが当然だと思われるのであります。しかしながら、なまの問題と申しましても、それにはきわめて短期間の問題もありましょうし、短期間の問題の形をとりながらも、実はそれには世紀全体の問題、あるいは数世紀にわたる問題が含まれる場合もありましょう。いずれにしましても、このなまの問題というものをどう考えるかと言えば、その問題意識から出発して、学問世界のこととしてはまず歴史的世界像をつくりあげてゆく。と言っても、それは必ずしも全人類史的な歴史像を一挙にしてつくるということを意味しないのであります。やがては大きい全人類史的な歴史像を描き出してゆくことになるのでしょうが、そういうことを目指して一部分、一部分の仕事をやってゆく。しかもそれは、学問の約束に従つて、実証的な仕方でやつてゆく。そういうことでわれわれは日常歴史学の研究に従事しているのだろうと考えるのであります。

ところでそのような問題意識ですが、たとえば戦後の日本、殊に講和後の最近の日本を中心にいたしまして、われわれは世界と日本との全体について、この現実の生活から一体何を問題だとして意識せざるを得ないでしようか。この現在という時点、戦後の日本、特に講和後の日本という時点における世界と日本とに関する問題の中核を、どういう性格のものだと考えるかという、そのこと自体は、一面では、その研究者の生活体験を通して得られ、生活を通してその問題意識というものがつくられてゆくわけでありましようし、他面においては、まさしくその研究者がその時その時に描きあげている歴史的世界像にしたがつて、問題意識の内容や構造がきまつて来る、という形になつていると思うのであります。

現下日本の問題意識と研究・発表の自由の保障

そこでたとえば現在の時点において、各研究者はどのような問題を意識しているかと言うと、一切の研究者に通ずるような問題があるのではないか、と考えられます。こういいますと、これに対してそれは必ずしもそうではない、という考もあります。ある人の最も重要だと考えている問題点と、他の人のそれとの間には同じでないものがあるかもしれない。それにも拘わらず——そういういろいろの問題意識の内容や構造がありましても、現在においては、二つなり三つなり、きわめて重要だと思われるような問題がどの研究者にもあるのではないか。一方においては研究者である人が、他の一方において日本の国民だ、日本の社会の一市民だ、という自覚を失わない限り、どの研究者にも必ず何かの形で出て来るような問題があるだろうと思います。それは一つには、世界の平和をどうして実現してゆくかという形でとらえられる。第二には、日本民族の独立というものは、どうすれば可能だろうかという問題でとらえる。さらに第三のものは、個人の自由というものはいかにして守られるだろうかという形で捉えてゆく。ところで、ある人はこの三つの問題を同じ強さで意識しておりましょうし、他の人はそのうちの一つをほかの二つよりも重要だと考えているでありましょう。あるいは第三には、その三つの問題相互間の有機的な連関について、それは実は、同じ問題の三つの違った側面に過ぎないのだ、という形で考える人もあるだろうし、そしてまた、この三つの問題は、連関しているかもしれないけれども、形においては違うのだとして、多少とも離して考えようとしている人もあるでしょう。しかし、この与えられた状況の下で、各研究者が一人の国民、あるいは一人の市民として自覚した上での、問題の立て方や、構造や、連関というものが、こうでなければならないということは、私自身は言いうる立場にもなければ、もとよりそういう力もないのであります。ただ言えますことは、もしも歴史学の研究者が、一方において研究者であるという自覚を持つと同時に、他方において国民としての意識や市民の自覚を持つておりましたならば、今のような問題が何らかの強さ、どのような形でか必ず出て来るであろうということであります。おそらく、そういう問題と関連なしには、歴史学の研究というものはできないのではないか。あるいはやつておつても意味がないのではないか。今のような問題と関連した場合には、自分がやつている実証的な研究が意味のあるものとして自覚されるでありましよう。そのつながり、つまり、そのようななまの問題意識と、実際やつているところの研究の具体的なテーマとの間の距離というものは、人によつてさまざまであつてよろしい。ある人は、比較的素朴に、なまの問題を研究の中に持込むということにもなるでしよう。ある人は、一見非常に遠廻りのような仕方で、なまの問題を、学問研究の世界において取扱うということがあるでしよう。それはいろいろあつてよろしいだろうと思うのであります。ただどうしてもしなければならないことは、そのような現在的な問題を、市民なり国民なりとして自覚しながら、自分の学問研究に入つてゆくことで、そうした場合に、その研究の自由が阻害されるようなことがあつてはならないということだけは、万人に共通の注文あるいは要求になつて然るべきだと考えるのでございます。元来、歴史学というものは、先ほど申しましたように、現在的な問題に媒介されながら、あるいは基礎づけられながら、歴史的世界像を実証的な仕方でつくり出してゆくことが、任務であります。そのためには、そのような研究が、どのようなテーマでありましても、またそれにはどのような方法がとられましても、研究者が、自己の信ずる、また適当だと思われる仕方で、そのテーマを追求することが認められるような、政治的・社会的状況の存在が必要であるということ、これには研究者として誰しも異存はないと思うのであります。

次に研究の自由はもとより発表の自由と関連して来ます。研究の自由というものを考えるのに、すでに今日においてはたつた一人では研究はできません。研究は、然るべき仕方において研究成果の発表、意見の交換という形を通じて促進されるとするならば、何らかの形でその意見が交換せられ、成果が発表せられるということは当然のことであります。それゆえ、研究の自由は発表の自由と関連しなければ意味がないことになります。

ところで、そのような研究の自由や、あるいは研究を促進するための発表の自由というものが、今後果して政治的、社会的に保障せられるであろうかどうか。このような危惧の念がないではない、というのが今日の現状ではないか、と考えられるのであります。こういうふうに申しますと、研究者とか学者とかいうものは非常に細心なものだ、かれらは気が小さいから自分の研究の自由が阻害されはしないだろうかというようなことを心配するのだ、憲法第二十三条に規定せられている学問の自由を侵犯しようとする意思をもつような、そういう政治力は日本には絶無であるから、よろしく研究者たるものは安心して研究に従事しておつたらいい、――こういう批評が政界筋の方からは聞かれるのであります。私どものような研究に従事している、いわゆる細心なもの、小心なもののそういう懸念が正しいのか、それとも政府筋の人たちが言うように、学問の自由を抑圧するような政治力は日本には絶無である、少なくとも今の政府はそういうことを考えてはおらない、とそのように政府筋の言われることに本当に信を置くことができるのだろうか。この問題は、やがて時日の経過のうちに、どちらの心配が正しかつたか、つまり研究者の心配が当つたということになるのか、政府筋の人が言うのが尤もだつたということになるのか、事実がやがて証明するだろうと思うのであります。

自由の保障と破防法

しかしながら、ただ今も三上さんが言われましたように、自由というものは非常にデリケートなものであります。非常に纖弱なものであります。政府とかあるいは政界の方面では意識的に自由を蹂躙するというような意思がなくても、学界自体の方ではそれを蹂躙とか抑圧とかとして感ぜざるを得ないような状況になることもしばしばあるのではないかと思います。これは必ずしも歴史研究だけに限られたことではございませんが、先ほども申上げました破壊活動防止法というものがつくられます時に、私自身が経験したことを申上げますと、国会の人にも会い、政府筋の人にも何人かお目にかかつたのであります。これは、知識人というものの余計な心配、あるいは神経質が然らしめるところであるのかもしれないが、あの破壊活動防止法というものは困る、あのままではどうにもならないという印象を受けるのだが、どうしてもあれを通すつもりか、というような話をいろいろな人に申しました。そうして大勢の人に会いましたときのことをここで一々申上げる必要はないのでありますが、全体の印象からいたしますと、こういうことを感じたのです。あの法律というものは、実際に法文で読んでいる時よりも、大勢の政治家や国会議員の方々から説明を聞いたそのあとのほうがよけい心配になるような法律である。法文を読んでいる時にはそれほどでもないのだが、それが実際に説明を聞けば聞くほど、これは危いという感じがどこかして来る、そういうようなものです。

それからもう一つは、こういうことです。日本の政治は、非常に保守的だとか反動的だとか言われていますが、はじめてそういう政府筋の人や国会の方々に会つてみると、日本の政治は反動とか保守とかいうものではない、と思う。いわんや進歩的ではないが。大体、政治というものになつていないのではないか。進歩でもなければ反動でもなくて、政治というものにまだなつていない。政治以前の状態ではないかと思われて、非常に心配になつて来るのであります。と言いますのは、政府筋の方で、何か集団的な破壊活動というものに対しては、関心をもたざるを得ない、と言うのは尤もでありましょう。けれども、そういう集団的な破壊活動というものをなくするためには、あのような法律をつくれば、それでともかくもなくしてゆける、というふうに考えること、そうしてそのほかには、なぜそういうような事件が起つて来るのかという、深い原因を追求してゆき、それをその根柢においてどうかしようという気持が別に何もないということ、少なくともないようにみえるということ、いわば何かぱつと火が燃えあがつたから、それにさつと水をかけるんだというような話ですが、そういうことではこれは政治ではないと思います。そういうような政治の底の浅さというものを非常に感じたのであります。政府筋の人は、おそらくは、善意であの法律をつくつたのだと思います。と同時に、あの法律が濫用されないように注意をいたします、ということは度々うかがい、多分、政府はあれを濫用しないように注意するだろうとは思うのですが、元来、非常に底の浅い政治の上に立つている仕事でありますから、意識的にも主観的にも濫用というつもりは毛頭なくても、憲法第二十三条の規定というものは尊重したいという形式的な考え方はあつたといたしましても、知らず知らずの間にそれが濫用されるという危険がやはりないではありません。これを濫用されることは、国民としても困るし、研究者としても困るのですが、また政府自体としても、現在の政治機構自体としても困ることでありましよう。何も、破防法が濫用せられないようにということは、学者や研究者が欲するだけでなくて、政府自体がそれを欲しているに違いない、と考えるのですが、浅い政治の上に立つている限り、非常に善意をもつてあれを考えても、濫用の危険がないとは言えません。

破防法による研究者自身の萎縮を戒む

むしろ恐るべきことは、たとえば、あるいは公安調査庁でどういうことが調査せられるとか、あるいは公安審査委員によつてどういうことが実際問題として取上げられるとか、そういう点よりも前に、ああいう法律ができたということから、東京では決してそういうことはありませんけれども、地方などに参りますと、すでにそこに、ああいうものができたについては、自分の考えている正しいことを言うことも控えよう、あるいは自分の研究しているこういうテーマも、こういうテーマでない方がいいのではなかろうか、そのテーマについて研究した結果を発表する場合にも、こういう仕方で発表しておくのがいいのではなかろうか、というような妙な思惑が、もうそろそろ少なくとも地方では始まつているのではないかと思われますが、その空気が実は困るのです。研究者としては、ああいうものを政府として濫用することを厳に慎しんでもらいたいと言つておきながら、学界、思想界、教育界の一部分にそういう空気が出て参りまして、こういう研究はしない方がよかろう、こういうテーマはテーマとして取上げない方がよかろう、こういつたような発表方式は差控えた方がよかろう、というふうな空気が出て来るとすれば、それは、学問の進歩のために甚だ喜ばしくない現象であると同時に、日本の国の発展という上にも面白くないと思うのであります。われわれは、ただ今のような新しい法律がどういう具合に適用されるであろうかということについていろいろ心配するあまり、もう今から、自分自身の方から進んで、自分の興味をもつているところの、研究上当然出て来るような研究課題を課題として取上げることを躊躇するとか、あるいはそれの発表を差控える、あるいは差控えさせるとかいうような空気が出て来るとすれば、その空気の方が、実は、それについてこういうふうに問題になつた法律よりは大きな弊害だ、と言わなければならないと思うのであります。先ほど申上げましたように、研究者は、自己の問題意識の構造やあり方や内容というものについては、誰からも注文や統制を受くべきではない。また誰も注文や統制を行うべきではない。そういうものなのでありまして自己のオリジナルな問題意識に基く歴史的世界像の自発的な研究ということ、そういうことがなされない限りは、歴史学も社会科学も、おそらくは学問一般も、その正しい発展というものはないでしょう。あるいは、これは知識人のインテレクチュアリズムであるかもしれませんが、正しい世界認識に基礎づけられない社会や政治の動きというものは、必ず破綻を来たすのではなかろうかという考え方がありますが、その二つの考え方をもつてみますと、すでに破壊活動防止法というものがつくられた、あるいはそれが実施期に入つた、ということだけで、研究の課題を自分で歪めてみたり、発表の仕方を工夫してみたり、あるいは、そういう課題は面白くないのではなかろうかとそばの人が注意したり、そういうことを発表するのはどうだろうかと忠告したりすること自体、もうすでにいけないことだ、と私は考えるのであります。このような遠慮、つまり自分自身で何か研究の自由を拘束してゆくような空気を学界の方からつくつてゆくということは、面白くありません。

史学の歪曲と政治の危機——ナチズムの教訓

それと同時に考えますのは、今のような正しいと思う、つまり研究者各自の問題意識、研究者各自の研究課題、研究者各自の正しいと思う研究方法に従つてゆくことを、学界の指導者自体がわれと進んで歪めるようなこと、自分自身で萎靡するようなことがあつては、単に学問の進歩のために望ましくないのみならず、社会の進歩のためにも望ましくないということです。それと同時に、他面におきましては丁度逆に、そのような、破壊活動防止法というようなものがつくられてゆく空気に乗じて、学問上では必然的でない、深々とした問題意識にはつながらないような目新しい問題を、つまりフィクショナルな問題を出してゆく、それを研究課題にしてゆくというふうな傾向が、あるいはまた始まつて来るのではなかろうかと思われます。つまり研究の不自由というものは、一面においては当然研究すべきことを研究しないという形と、他面においては、実は学問の立場からすれば愚にもつかないようなテーマが、大したテーマだとして取上げられ、それがきわめて実証的なような仕方で進められてゆくという形と、そういうふうに両面で現われます。

そのことは、先ほどもお話に出ました太平洋戦争中の日本、あるいはそこまでの日本の歴史教育、あるいは歴史研究というものによつて、私どもは十分に承知しているわけでありますが、第一次世界戦争後のドイツの状態に比較して考えてみますならば、第一次世界戦争後、ドイツにはいわゆるワイマール体制というものができました。そのワイマール体制は、例の一九二三年の、これは失敗いたしましたけれども、ナチスがミュンヘンで計画した「ベルリン進軍」、あの事態がきつかけになり、これに一九二九年から三〇年にかけての世界恐慌がさらに大きいきつかけになりまして崩れてゆき、三三年に至つてナチスが政権を掌握することになります。現在の日本の状態は、そういう過程、そのようなワイマール体制が一歩一歩崩れてゆく、その過程にどこか似ていないとは言えないと思います。似ていると言えば言い過ぎでありますけれども、あのワイマール体制が壊れてゆくような、あるいは長持ちしなかつたようなエレメントが、今の日本にもあるのではないかと考えられます。

一旦ナチスがドイツの政権を掌握いたしますと、ご承知のように、最初にやつたことはユダヤ人の排斥であります。大学の中から、ユダヤ人の教授は、いろんな角度で排除されてゆく。そのユダヤ人と社会民主的な勢力とは結合しておつたのですが、そのような仕方で社会民主的な勢力というものが排除されてゆきます。研究の自由が抑圧されるところか、その研究者自体が大学や研究機関におられないような状況が、だんだんとつくり出されてきたわけでありま す。私どもの存じております著名な歴史家も、ドイツにおられなくなつて、あるいはアメリカに亡命したり、あるいはイギリスやオランダに行つたりしておりますが、こういう状態が起つて来ました。他方においては、皆様もご承知のように、ナチス特有の歴史観、その歴史観の宣揚というものが、実証的な歴史研究にかわるような役割を演ずるようになつて来ます。どなたでも歴史の研究にご経験のある方はご存じの、ドイツで出ておりますプッツガーの歴史地図ですが、それが一九三三年以降、版を重ねるとともに、ナチスの世界観・歴史観を露骨に表明したような具合に変えられてゆきます。こういうことをわれわれは経験しております。つまりそういつた歴史哲学が、実証的な歴史研究に置きかえられてゆく。本来ならば、実証的な歴史研究によつて徐々につくり出されてゆかなければならない歴史的世界像の代りに、自己中心主義的な、ショーヴィニスティックな歴史哲学がその代りになつてゆく、というような状態が出て参ります。一九三三年から一九四五年にかけての十数年間は、ドイツの歴史学界にとつては、非常にマイナスの多い年であつたと考えられるのであります。

それについて、これは矢田さんの翻訳が出ておりますから皆様もご存じのことだろうと思いますが、マイネッケが四六年に書きました「ドイッチェ・カタストローフェ」という書物の中で、マイネッケはナチズムの批判をやつております。ナチズムの批判を通して自分自身の歴史学的な意識、歴史研究への自己反省ということも同時にやつておるのでありますが、あのマイネッケが、ナチスについて、ヒットラーイズムに対して、徹底的な批判を加えたその時期というものは、歴史研究の自由というものが、いわば非常な形で抑圧されておつた時代だといつてよろしいと思うのであります。われわれはこれを、歴史研究の自由が抑圧せられておつた、あるいは政治的には少なくとも歪曲せられておつた、あるいは実証的な歴史研究の代りに、粗野な歴史哲学が優先的な地位を占めていた、そういう時期であつたと考えるのですが、哲学者のカール・ヤスパースは、もつと激しい文句でその時代のことを批評して、一九三三年から四五年に至る十二年間は、ドイツにおいては大学というものがなかつた時代だ、大学の形骸だけはあつたけれども、真理の探究の場としての大学が絶滅した時代だということを、激しい調子で、昨年まとめて出した論文集の中で述べております。このヤスパースは、実存主義の哲学者であるので、そういうような思い切つたことを言うのでしょう。マイネッケの方は歴史家でありますが、やはり非常に厭な気持であの十二年間のことを眺めています。それから、その十二年間の空気を導き出した責任はヒットラー一人にあるのではない。その当時のドイツの指導者層、殊に第一次世界戦争後のドイツの中流階級、こういうものの政治意識の低劣さについても、批判しなければならないといつているのでありまして、ヒットラー一人を槍玉にあげているのではありません。要するに、第一次世界戦争以後、ドイツの歴史研究というものがだんだんと歪められてゆく。少くとも政治的な主張が、実証的な研究をだんだんに排除して行つています。しかしながら、なおさすがにドイツの学界のことでありますから、日本の歴史の学界と比べてみますと、そのような十二年間においても、なおかつ今日からみて学問的に価値の高い業績が出ていることは否定できません。が、それにも拘わらず、やはりその十二年間は歴史学というものが順当に育つ時期ではなかつたのです。だからというわけではありませんが、歴史の研究が今のように順当に進み得ないような状態は、やがて第二次世界戦争を惹き起し、やがてはドイツ全体を破壊してしまう、とこういつた状態になつてゆくのであります。私どもがこの歴史研究の自由というものについて関心をもたざるを得ないのは、あるいは政府筋の人の言うように、学者というものの小心翼々たる学者気質がそういうふうにさせるのかもしれませんが、しかし先例というものがいくつもあります。太平洋戦争前の日本の状態、第一次戦争後のドイツの状態、そのほか、そういうものは歴史の上にいくらもある。その同じような要素が、現在においてすでにそのようなことを懸念させるいろいろなモメントが、日本の社会や政治の方々に認められるのではないかと思われます。

研究自由の擁護の方策

そこで、どうすればいいのかという問題になります。これは、皆様にいろいろご意見がおありだろうと思うのでございますが、何も破壊活動防止法というものだけが、研究の自由を阻止するかもしれないようなものではなく、ほかにも沢山ございましょう。破壊活動防止法というものだけを問題にするわけではありませんが、たとい、ああいうものができましても今まで通りに研究を続けてゆく、第一のやり方としては、ああいうものができても、それとはかかわりなしに、今まで通り研究を続けてゆくことが第一の条件でなければならぬでしょう。万一不幸にして、というのは、それは本当の意味では、研究者にとつてもですけれども、現在の政府やあるいは政治機構にとつても不幸にして、破壊活動防止法というようなものが濫用せられるという具体的な事例が出たと仮定いたします。そのときには、濫用を受けた人一人の問題にしないで、学界全体の問題にして、その問題を究明してゆく。それには面倒な手続がいるわけでございますけれども、ええ、馬鹿馬鹿しい、などと言わないで、やはり学界全体の問題にしてゆくことが必要なのではないかと思います。非常に小心なものの考え方かもしれませんが、小さいことでも軽く考えないで、一つ一つ手当をしてゆくという必要があるのではないでしょうか。

そういう具合にして、第一には、ああいう法律が出ても出なくても、正しいことは正しいとして考えてゆく、研究者として当然取上げなければならない問題を取上げてゆく。本人も取上げるし、また学界全体としても、それを取上げることに対して、あたたかい気持でみてゆく。かりそめにも、そういう研究題目を取上げることは時節柄どういうものだろうかなどと、時節柄ということを自分でつくり出すことはしないでおく。そういうことも当然の心がけだろうと思います。

第二には、今申しましたように、不幸にして濫用が行われるようなことがあつたら、それは一人の問題にしないで、学界の問題にして、それの始末をつけるように、一生懸命に皆が力を合せてゆく。これは、学問を進歩させるためにも、日本の国民生活を高めてゆくためにも必要だとあれば、面倒でもそれはやらざるを得ないのではないでしょうか。

濫用の心配などということは、度々申上げましたように、インテリゲンチャというものの弱さがそういう起りもしないことを考える、考えさせるのだということかもしれませんが、実はそうではない。これは、鋭い感覚、鋭い意識をもつておれば、そういう心配が起らざるを得ないのです。

少し別な話でございますけれども、最近こういうことを聞きました。長田新さんが会長で、羽仁説子さんが副会長となり、最近、「子供を守る会」という会ができたそうであります。ところが、文部省のPTA分科審議会というところに、ある警察方面の方が見えまして、この委員にこういうことを言つた。それはこの長田さんたちのやつている「子供を守る会」というものは、あれは、共産党の指令でできているのだ、資金は悉くそこから出ておつて、やがてPTAに滲透するような計画を立てているのだから、気をつけられたらよかろう、という話をしたそうです。長田さんは、共産党から金を貰えるようだつたら、なにもこんなに会の運営に心配することはない、と笑つておられたのですけれども、実はこれは笑う問題ではない。そういうようなことは、第一、「子供を守る会」というようなものにとつてのみ不幸なことではなくて、現在の政治機構、これにとつての不幸ではないか。現在の政治機構には非常な欠陥があるだろうとは思うのですけれども、この政治機構をわれとわが手で破るような方向に、何も政府として向いてゆくことはないではないか、こんな感じが私自身にはするのであります。しかしそうだと申しましても、別に私にはそういう警察の人を、特別に咎めようとする気持はないのです。おそらくその人は職務に非常に忠実な人であると思う。職務意識に忠実なため、そういうことにもなるのだろうが、あまり熱心にならない方がいいだろうと思います。

こういうことを考えてみますと、必ずしも歴史研究ということに限らず、それよりももつと広い話になりますけれども、特に歴史学の研究は、歴史的世界像、つまり、現代の世界はどうなつてゆくか、現代の日本はどうなつてゆくか、世界史の進展の上で、現在の世界と日本はどういう問題を抱きかかえている全体生活であるのか、ということを正直に描き出してゆきます。それは、その時その時の政府の人にとつては、必ずしも愉快ではないかもしれないが、そういう歴史的世界像というものがちやんとえがかれねばならない。それだけに、歴史研究はほかの学問とは特に違って、この実際的な問題にふれて来る。それだけに、これが健全な発達を遂げるということは、学問自体にとつても、社会にとつても必要と考えるのであります。結局そういうような状態を守つて参りますためには、私どもが今まで通りの態度で研究を着々と続けてゆくということ。不幸にして、何か破壊活動防止法にしろ、あるいはそのほかのことにしろ、問題が起るということがございましたら、それはその個人の問題としてだけでなく、学界全体の問題として処理するような方法を考えてゆくということ。私どもの考えられるのはそれくらいのことしかないのでありますが、それが着実にかつ適切に行われてゆくならば、この歴史研究の自由というものも、ともかくも守れるのではないかしら、とこのように考えるのであります。

別に珍しいことを何も申上げることもできませんでしたが、私どももそういう気持でこの問題を考えている、という自分自身の感想を申上げまして、皆様方のご批判を得たいと考えるわけであります。

⑤実証主義の立場から

家永　三郎

政治的権力からの独立

私はこういう題目についてお話するには最も不適任な者でありまして、御辞退いたしましたのでありますが、会の趣旨には大いに賛成でありましたから、私がお断りすることによつて、少しでも会の成立に妨げになるようなことがあつてはいけないと思いまして、烏滸がましくもお引受けした次第であります。ですからどうせ皆様に聞いていただくほどのお話はできないと思います。その点、あらかじめ御了承願いたいと思います。

私は実証主義という観点から、歴史学の自由ということを考えてみたいと思います。かつて私は昭和二十二年五月「書評」という雑誌に〝新しい実証史学への期待〟という文章を書きまして「実証的精神、これこそは史学の生命である」ということを申したことがあるのでありますが、この考えは今日においても私の依然として動かない信念であるのであります。ところが、この文章を書きました結果、実証主義学派というような名前をつけられまして、いろいろマイナスの意味の批評が加えられたりしたのでありますが、それには若干誤解もあつたようであります。私の申したかつたのは、事実を軽視したり、或いは歪曲したりする杜撰な公式主義の見解に対しまして、どこまでも資料に則り、忠実に史実を明らかにしてゆくという態度こそ、歴史学研究の最も基本的な態度でなければならない、ということを言いたかつたのでありまして、必ずしも実証主義というような特定の歴史観を唱えて、他の或る特定の歴史観に対立させようというような意図は毛頭なかつたのであります。私の考えますところによりますと、実証主義というのは事実をあくまでも尊重してゆくという態度でありまして、その態度は必ずしも或る特定の歴史観のみに属するものではなく、苟くも科学的な意味での歴史学であるならば、如何なる歴史観をとる歴史家にとつても、すべて共通する態度でなければならないと信ずるのであります。勿論その「事実」とは何であるか、「事実に忠実である」ということはどういうことであるかということにつきましては、認識論の立場から種々難しい問題があると思うのでありますが、今日はそこまで深く立入ることができませんから、ごく常識的な意味で御理解願いたいと思います。勿論それで大きな差支えはないと思いますが、一応言葉の素朴な意味でお聞きとり願いたいと思うのであります。

歴史学というものがどこまでも学問的である限り、この実証的な態度というものは、寸分もくずすことはできないと思うのであります。如何なる立場をとろうとも、もしその態度に少しでもその点にくずれが来た時には、その歴史学はすでに学問としての厳密なる資格を徐々に失いつつあるものと考えていいと思うのであります。従つてこの実証的な態度というものはあくまで堅持しなければならない。歴史学の研究においてもし事実が少しでも隠蔽せられ、或いは隠蔽を余儀なくせられ、もしくは歪曲を余儀なくせられるならば、その時にはその歴史学はすでに致命的な打撃を受けたといつていいかと思うのであります。従つて歴史家たる者は、事実をどこまでも事実として明らかにするという態度をくずさないという精神を堅持しなければならないと共に、他の力によつてこの態度をくずされることに対して、どこまでもこれを自主的に守る心構えが必要であろうと思うのであります。そうして言うまでもなくこの自主的な態度を外からの力によつて強いてくずさせ得るものは何であるかといえば、それは法律の力であり、政治的権力の作用であります。従つて歴史学がどこまでも実証的な態度を守り通そうとするならば、その歴史学というものは如何なる歴史観を奉ずる歴史学であろうとも、常に時の政治的権力に対しては、独立の立場をもつていなければならないと思うのであります。政治的な権力に対して独立の立場をとるということは、必ずしもその時の政治機構に対して反逆の精神をもつ歴史家に限るとか、或いはその当時の政治機構に対し、批判的な見解をもつ学者のみがそうであるというのではなくて、如何なる立場に立つ歴史家であろうとも、政治的権力に対しては、少なくとも学問の世界においては独立でなければならないと思うのであります。例えば具体的実例について考えてみましても、真に実証的な立場から何らか優れた成果を残した歴史家というものは、いつもそうであつたと考えられます。或いはそうでなくても、優れた成果を得ることはできるかもしれませんが、しかし苟くも真実を真実として明らかにするということが歴史学の生命である限り時の政治的権力によつて左右されざる独立の態度をもつていなければ、真実を明らかにすることはできないと考えられます。この東京大学の歴史学科の輝やかしい先輩である田中義成博士の業績というものを、今例にとつて考えたいと思うのでありますが、田中先生は決して明治、大正政府に対して、否定的な見解をとられた方ではなく、ましてこれに対して政治的な批判を加えるような思想をもつておられたとは、考えられないのであります。しかも田中先生の学問には非常に鋭い、その時の権威的な勢力に対する自主的な態度、独立した態度が窺われるのであります。その一例として田中博士の名著「南北朝時代史」の四十七頁をみると、こういうことが書いてあります。「凡そ南北朝の際に於ける地方勤王の士は、多くは幕府に対して不満なる輩が、朝廷の勢力を藉りて其家を再興せんとし、或は幕府に不満は抱かざるも、此機会を利用して其野心を遂げんとせるなり、云々」。このようないわゆる南朝の勤皇の士に対する歴史的見解というものは、その当時の正統的な思想にとつては非常に危険なる見解でありまして、おそらく政府或いは文教当局の最も好まざるところの思想であつたかと思われるのであります。この書物は勿論何らの弾圧も受けておりませんけれども、しかしながらこのような非常に辛辣な見解、正統的思想に対する独立の精神の闡明というものは、実は田中先生が急進的な思想家であつたからではなく、非常に忠実なる実証的態度を堅持しておられたからこそ、このような見解がおのずから出て来たと思われるのであります。田中博士は決して当時の正統的な思想に一撃を与えよう、或いは所謂南朝の忠臣を誹謗することによつて、自己の歴史観を戦略的に有利に導こうとするような、そういう意図を毛頭もたれることなく、ただ事実に忠実であるが故に、おのずからこのような結論に到達せられたと考えられるのであります。従つてわれわれはこの一例から申しましても、時の権力及び権力に結びついた思想に対して独立である学者のみが、真に真実を闡明する能力をもち得るのであると考えられるのであります。田中博士はこの「南北朝時代史」のうちで、南朝と北朝との正閏問題について、南朝に三種の神器の真物があつた、北朝にあつたのは偽器であるという通説に対し批評されまして、園太暦の三種の神器の正物が南朝にあるという記事を引用し、「此本文は南朝使者の言にして、南朝側の主張なれば、其虚器といふも果して然りや否や遽に信ずべからず。（中略）事情かくの如くなれば、神器の真偽といふ事実は明瞭ならず。故に只神器の所在を以て正統となす説は、学術上には価値なし。南北朝を論ずるに事実を基礎とする史学と大義名分論との区別を明かに付して之を論ずるは可なり、二者を混同するは非ならん」といつておられます。この終りの方の言葉は、簡単でありますが、よく田中博士の精神を明らかにされている。事実を基礎とする史学はどこまでも事実に忠実でなければならないという博士の信念が、この簡単な言葉の中に力強く滲み出ていると思うのであります。われわれはどこまでも時の政治的権力、及びその権力において支持せられるところの思想に対して独立の態度をもち、あくまでも事実に忠実であるということによつてのみ、歴史学的な真理に到達し得ると考えられるのであります。従つてこの実証的な精神を失うこと、これは同時に歴史学の生命を喪失することであると考えられるのであります。

出版法規と歴史学

過去の日本には出版法、新聞紙法という法律がありまして、行政府に発売禁止権があり、又出版法、新聞紙法には処罰規定があつた。そうして御承知の通り、風俗壊乱、治安妨害、皇室の尊厳の冒瀆というようなことがらが出版物に記載せられた場合には、それらの出版物を行政府の一存によつて発売を禁止することもでき、又検事局が欲するその出版関係者を処罰することができたのであります。これによつて過去の学術的な研究の成果の発表が阻害せられたことは、実に著しいものがあつたのであります。この度の催しは、主として破壊活動防止法成立の径路から催されたのでありますが、果して破壊活動防止法そのものが、それほど歴史学の研究に対して重大な影響を及ぼすかどうかということについては、私は何とも申し兼ねるのでありますが、単なる破壊活動防止法という一つの法律ではなく、このような法律が出て来るという雰囲気、やがてこの法律が改正されるであろう、われわれの立場から言えば改悪されるであろうという懸念、更にこれを皮切りとして、次々といろいろな取締りの法律が出て来るであろうが、特にわれわれの最も惧れているのは出版法及び新聞紙法の復活であります。もしこうした法律が復活せられて、再び政府が出版物に対して恣に発売禁止を行い、又は検察当局がその見解によつて出版物の著作者、及び発行者を逮捕することができるようになつた場合に、これは全く歴史家にとつては、実に重大なる脅威と考えなければならないのであります。何となれば、われわれはどこまでも事実に忠実であることをモットーとするものであり、それ故に政治的権力に対して独立でなければならないとするならば、政治的権力がその欲せざるところの研究に対して、或いは治安妨害であるとか、或いは風俗壊乱であるとか、或いは皇室の尊厳冒瀆であるというような理由によつてこれに処置を加えるならば、われわれの研究の自由は、全く窒息させられることになるからであります。

もう少し具体的に、このような出版法規が復活することによつて、歴史学の研究が具体的にどういう影響を受けるかということを考えてみましょう。まず第一に歴史家にとつてぜひともなければならないところの史料。歴史家は常に史料を手段としてのみその認識を遂行し得るのでありますが、その何よりも先決問題である史料として、正確なる古典のテキストを手に入れることができなくなるという惧れがあるのであります。例えば最もわかりやすい例について申しますならば、われわれは終戦後まで「西鶴」とか「梅暦」とかの完全な活字本をもつことができなかつたのであります。西鶴は一面文芸の世界におきましては、世界に誇るべきわれらの祖先の生み出した最も貴重なる文化遺産の一つでありますが、その西鶴の全文をわれわれ日本人が完全なる形で見ることができなかつたということは、何という悲しいことでありましようか。しかも事実はその通りであつたのであります。

それから今一つ実例を引きますと、昭和十五年十月発行の岩波文庫の一つに上田秋成の「胆大小心録」という随筆がありますが、その一部にところどころ伏字があるのであります。例えば或るところに三十五字省略というところがありますが、そこにどういうことが書いてあるかと申しますと「西土天竺のことは知らず、我が国の神代語りは人のつくりそえしものにて云べからず」という一節があります。これは非常に短かい文句でありますが、古事記、日本書紀の神代説話に対して加えた、非常に卓抜なる高等批評の結論を圧縮して述べたものであります。江戸時代の文献学研究の上においてさん然と光を放つところの最も高い成果の一つでありますが、その「胆大小心録」の中で学術的に最も優れたこの二行ばかりの文句が、昭和十五年においては活字の形で印刷できなかつたということを、われわれは思い出してみなければならないと思うのであります。

第二には、研究の自由な発表が不可能になつて来るということであります。勿論この場合、最も大きな影響を受けるのは、いわゆる急進的な立場に属する歴史家の研究でありましようが、しかしもし研究の自由を奪われるのは、そういう立場の人達の研究だけであると考えるひとがいたならば、それはとんでもない間違いなのであります。過去のわれわれの経験は、必ずしも急進主義者であるとか何とかいうことではなく、如何なる立場の人であつても、もしそれが時の権力にとつて不愉快なる研究であつたならば、常に容赦なく弾圧せられて来たという事実を教えるのであります。その実例として、私はここに藤岡作太郎博士の著書について申しましよう。藤岡博士が思想的にどのような立場をとられたかということは、私が改めて御説明いたすまでもないところでありまして、誰が見たところで藤岡博士の学問が、時の権力にとつて不都合であつたとは考えられないのでありますが、しかもそのような立場にある藤岡博士の著書が、一時その完全なる形では発表できなかつたことがあるのであります。藤岡博士の名著「国文学全史平安朝篇」、あの書物が昭和十五年十一月に改造文庫に収められておりますが、この改造文庫本「平安朝篇」の至るところに伏字があるのであります。その一節を御紹介いたしますと、平安貴族の思想を論じたところに「かれらの奉戴せしは宗教にあらず道徳にあらずして、一種別様の天女なり。仮にこれを名けて情趣といふ。(中略)しかも情欲の暴殄を意味するにあらずして、天体の軌道を外れざるが如く、おのづから節序を得、止めずして止まり、駆らざるに動く。動止の中庸を失せざる、これ世間の道なり」。こういう一節があります。それに引続いて改造文庫では十七行が削除せられております。そこにはどういうことが書いてあるか、その全文を読んでみますと、「或は余が情趣の説を駁するものあらん。宇津保の仲澄が妹の貴宮を恋ひ、源氏の光の君が継母の藤壺の女御と通じたるが如きは、敗倫の極、この醜態を写して靦然として憚らざるは、これも中和なる情趣を得たるものか、弾指すべく憎唾すべしと。しかれども古今俗を異にすることを思ひて、よく当時の社会の内情を察せよ。一夫に数人の妻あり、その子たるもの生母と共に棲めども、父は共にあらず。生母のほかにまた母あれども、平常甚だ疎遠にして、屢々生母と敵視し、時にはおのれその顔をも見知らざることあり、異腹の兄妹もまた来往親睦せざるもの多し。かくの如き関係にしてなほこれを子母兄妹と称すべくんば、子母兄妹は即ち他人の謂なり。人倫自然の血縁より出でたる実にあらずして、煩瑣なる社会が設けたる名なり。知らず交はらざるもの相知りて愛念萌す、これを非道とするか、愛は天の道なり。笞めて曰く、汝が慕ふは母なり妹なりと、何事ぞ母といひ妹といふも、世人が斯くわれに告ぐるのみ、わが心に感ずるにあらず、自ら覚らざるものを以て、われを罪す、これ虚偽なり。虚偽の名を以て自然の情を抑へんとすとも、自由を想ひ弾力に富めるもの、誰かこの偽君主に反抗して立たざるものぞ。平安朝の小説がこれらの情火炎々たるものに対する同情深きも偶然にあらず。社会の不自然なる束縛に対する反動として、なほ進んで仲澄が同母妹を恋ふるの極端をさへ描けり。されば人生も自然と共に節序なかるべからず。平和を喜び中庸を重んじたる世は、社会の圧制もまたせん方なきことなりとして、極端の情、熱烈の愛をして一旦世に向けたる刃を以て更に己を斫らざるを得ざらしめたり」。これが削除せられました全文であります。これは実は平安朝における家族制度の特殊性を論じて、そこから平安朝の物語に出て来る実の兄妹が恋愛をした、或いは継母に恋愛をしたという描写のよつて来たる所以を説明した一句に過ぎないのでありますが、このような政治的に何ら危険のない、又風俗を壊乱する虞があろうとも考えられぬ文章すら、その当時の状態においては発表できなかつたということを、われわれは思い出してみなければならないと思うのであります。

にがい経験

それから甚だ恐縮でありますが、私一個の経験を申上げたいと思うのであります。私は御承知の通りいわゆる「反動的な」歴史家でありまして、と申しますのは私が反動であると自認するのではなく、「反動」と呼ばれている事実を認めるという意味でありますけれども、とにかくそういう私のような人間すら、かつてはその研究を自由に発表することができなかつたこともあるのであります。私が昭和十二年、学校を出まして間もない頃、卒業論文の一節を或る雑誌に発表しようといたしましたところ、こういうものを出すと発売禁止になるからということで、校正刷までできて上つていたにもかかわらず、撤回することとなつたのであります。そのはなしが伝わりまして、当時において最も進歩的といわれる或る一つの雑誌が、そういう原稿こそ自分のほうで出したいからぜひよこせといつて持つて行つたのでありますが、それが編集会議にかけられた結果、これはとても載せられないということで私の手許に戻つて参りました。その時の編集会議の顚末を、その会に関係せられた或る方から私のところに報告せられた手紙がこれでありまして、今では一つの古文書でありますが、この手紙を見ますとこう書いてあります。「日本精神総動員運動の盛んなる今日において、この論文は、(中略)一応外面を装ふ方法を考へたとしても、内容に関する限り批判的な部分は蔽ふことを得ない。これは当然当局の運動方針の根本に牴触するものであり、発売禁止になること必然だ」と書いてあります。従つてとても雑誌に載せられないということであつたのですが、私の如きいわゆる反動的な歴史家の書く物でさえ発表できないというような状態であつたということは、その頃において歴史学研究の自由というものが全く窒息せしめられていたことを物語るものであります。又私が昭和十五年二月に「飛鳥時代史」というものを発表いたしましたが、そのうちに壬申の乱について数頁費されておりましたところが、書物の発行者が、このへんは甚だ危険で発禁になる虞があるから、一応事前検閲を受けておこうということで、事前検閲に供しましたところ、果して削除を命ぜられました。どういうところが削除されたかと申しますと、「天智天皇崩御の後、近江朝廷に於いて大友皇子が即位せられしや否やは、古来議論の分れる処である。（中略）これについては十分の考究を必要とするが、今は御宇の歴数其の他姑らく日本書紀に従つて記述してゆくことにしたいと思ふ」。これは、当時皇室に於いて皇位につかれたものと定められている弘文天皇の即位を否定するもので、許されない、これをそのまま出したら発売禁止にしなければならぬところだつた、と検閲官がいつたそうであります。これに伴つて文中「大友皇子」とあるのは全部「弘文天皇」と書きかえさせられました。「大友皇子は進退の路を絶たれ、廿五歳の御若齢を以て山前の地に自尽し給ふの悲惨事を見たのである」の「自尽し」を「崩じ」に、それから、「かくて大友皇子の御首級を不破の本営に供し」という一句が削除を命ぜられたのであります。大して重要なことではありませんが、このような些細な事実に至るまで、権力が国民に示すことを欲せざるところの事実は、その意のままに葬り去られることができたのであります。このような工合に、ひとたび研究の成果に対する政府側からの統制がほしいままに行われるようになりますと、私の如き立場の者が書いた論文ですらこのような目に遭うこととなるのでありまして、これを思うにつけても、現在の傾向に対して非常に懸念を抱かざるを得ないのであります。先ほど上原先生のおはなしにありましたように、少しく神経過敏になり過ぎているとか、或いは見方によつては被害妄想にかかつているとかいう非難をする人もいるかと思うのでありますが、こういう経験をもつわれわれ、少くとも私といたしまして、神経過敏にならざらんと欲するも能わないのであります。私たちはこのように考えて参りまして、どこまでもこの種の取締り法規の出現に対しては、全力を注いでその成立を阻止するよう努力する義務があると考えるのであります。一体歴史学の研究の自由がだんだん薄れて参ります時に、真先にその自由が最も強い形でふみにじられますのは、当然日本史学であります。先に過去の出版法規において規定していたと申しましたところの治安妨害、風俗壊乱、皇室の尊厳冒瀆、こういうものが最も直接強い形ではたらいて来るのは日本史学であります。例えば皇室の尊厳冒瀆ということは、皇室に関する事実を事実として書くことがだんだんできなくなる。又治安妨害ということは、例えば階級の問題などをありのままに書くことができなくなる。風俗壊乱ということは、性の問題についての正確なる記述を阻まれることになるのであります。このうち皇室の問題は、これは日本史学特有のことであり、他の二つの問題は史学のすべてに通ずる問題でありますが、この階級の問題、皇室の問題については、皆様よく御理解あることと思いますから特に説明はいたしません。今一つの性の問題でありますが、歴史というものは人類社会の発展を研究する学問であり、人類社会というものは、いつでも男と女と半数ずつから成り立つているのであります以上、男女の関係ということが歴史学において非常に重要なる内容を占めることは言うまでもないことであります。最近の歴史学は、経済的な要素を非常に高く評価するために、とかくこの問題の重要性が見忘れられがちでありますけれども、例えばコントとかミューラリーヤとかいうような社会学者は、社会の下部構造といたしまして物質的資料の獲得ということと、この性の問題ということとをならべて、非常に重要視しているのであります。その重要性の比重につきましては、いろいろ意見がわかれると思いますけれども、少なくとも、それが歴史学において非常に重要な内容をなすことは疑いない。もしその問題にふれた研究が、風俗壊乱ということによつて直ちに処置せられるならば、これ又歴史学にとつて重大な影響を及ぼすと思うのであります。私はこのように、事実をどこまでも事実として記述し得る自由を確保することが歴史学の生命であるということを確信するが故に、この自由の侵害に対して深甚なる関心を抱かざるを得ないのであります。最初に申上げましたように、私にとつて甚だ不得手な問題でありまして、お聞き苦しかつたことと思いますが、私の考えましたところの一端を申上げまして御批判を仰ぎたいと思います。

（大塚史学会・歴史学研究会・史学会・社会経済史学会『歴史研究の自由』東京大学出版会、一九五二年九月）

（2）祇園祭

まえがき

一千年の昔から京都の市民たちはどんな生活をしてきたのでしよう。どんなに自分たちの生活を愛し、子供を育ててきたのでしようか。自分たちの楽しい生活をまもるためにどんな邪魔ものにぶつからねばならなかつたでしようか。そしてこれをどの様にみんなではねのけ、はらいすてきたのでしようか。私たちはこうした祖先たちの歴史をさぐりあて、京都中の人々におしらせしなければならない。否、日本中の人々におしらせしなければならない。そんな気持がわたしたちにこの紙芝居を作らせることになつたのです。

京都といえば誰でもすぐ思い出す祇園祭は、市民の手によつて一千年もの間つゞいていますが、室町時代にその頃の市民であつた町衆の手によつて戦乱の中をまもられてきたものです。祇園祭を本当に自分たちのお祭りにしてきた町衆たちにとつて、祭をまもることは、とりもなおさず、自分たちの生活をまもることでありました。

林屋先生からこうした事を教えられたわたくしたちは、この紙園祭りをまもつた町衆たちのたゝかいを紙芝居にすることにしました。それから多くの方がこの計画をたすけて下さいました。歴史家だけでなく、絵のかける方も、そして狂言のお師匠さんまでが色々と手伝つて下さいました。これらの方々に厚くお礼し、皆さんと共にこの紙芝居をたのしみたいと存じます。

祇園祭　民科京都歴史部会

◇登場人物◇

彦二郎＝町衆、桶屋

オサヨ＝彦二郎の妻

オツル＝彦二郎のこども

熊さん＝彦二郎の友だち・大工

徳王太夫＝彦二郎の町の月行事（今の町会長）、金貸し

玉寿丸＝祇園社執行《しぎょう》（今の神主）

その他大ぜい

①　祇園祭り。祇園さん。

（軽快にかねの音）

それは、何というなつかしい言葉でしょう。何という楽しいお祭でしょう。京都の夏は誰いうともなく祇園祭の噂から始まります。けいこのかねの音やはやしは、早くから町々にひゞき始めます。美しく提灯《ちょうちん》にかざられた宵山《よい》は、いよく〳〵祭の気分を高めてゆきます。そして待ちに待った祭の当日ともなると、祭を見ようと集った人々も、鉾をひく人々も、かねをうち笛を吹く人々も、みんなこの祭を心から楽しみ、その中にとけこんでゆきます。祇園祭は、私たちみんなのほんとに楽しい祭です。

②　この祇園祭は、今から千百年程も前に始まりました。その頃、京都はもう大きい町になっていました。医学の発

達していなかったその頃ですから、人々がたくさん集ると、疫病《えきびょう》の流行はほんとにおそろしいものでした。それがなぜ起るのか、どうしたら防ぐことが出来るのか、わかろう筈もありません。そこで人々は、京都の町よりもっと古くからあった祇園のお社をお祭りし、神様の力にすがろうとしたのです。今でも鉾《ほこ》の上からまかれるチマキは、そのためのものです。

祇園祭は、このように人々の幸せと平和をお祈りする祭りとして始まったものです。けれど、この祇園祭の永い歴史の中には、人々の努力と闘いと、そして高価なぎせいすらが、さゝげられてきたのです。

③ 戦争。どんなに美しい言葉でその目的が語られようと、いかに憎むべきものであるか、私達は今しみぐ〳〵と感じています。

今をさかのぼる四百五十年、京都の町を中心に大きな戦乱がおこりました。応仁の乱です。京都の町は、それまでにも幾度か戦乱を経験してきました。が、それらは皆、この戦乱にくらべるとほんの小競合《ぜりあ》いにすぎませんでした。応仁の乱には、二十何万という軍隊が全国から集められました。専門の侍ばかりでなく、お百姓までもかり集めたのです。何の為に?大名たちの仲間われです。美しくかざられたごまかしの目的すらも持たない、大名たちの私利私欲のための果し合いです。

④ だから、戦乱はいつ果てるとも知れません。毎日といつていい程、どこかの町で戦いがありました。そのたびに家々は焼かれ、人々の尊いいのちが幾つか失われてゆきました。お金持は疎開しました。けれどもお金もなく行くあてもない人々は、今はなき我家の焼跡にぼうぜんとたゝずんでいる他なかったのです。

そして飢饉《ききん》・疫病《えきびょう》、これらは皆戦乱が持ってきたのです。戦乱が長びくにつけ、疫病が荒れ狂うにつけ、人々はきっと祇園祭をひそかに考えたことでありましょう。けれど、戦乱の中でお祭など思いもよらぬことでした。

応仁の乱はやがてやみました。しかし人々の心から願う平和は、かえってはきませんでした。

⑤ それなら、いつまでもこんな侍共の下に打ちひしがれていることが、町衆の運命だったのでしょうか。そうではありません。打ちひしがれ、立ち上ろうとしては打ち砕かれているうちに、人々は自分たちの平和と幸せを守るのは、自分たちの力以外にないと感じはじめたのです。将軍や大名たちの悪徳もいやという程みせつけられて、決してみんなのことなど考えていないことを感じました。一人一人の力は弱いけれど、みんな力を合わせれば強くなることも知りました。こうして人々は町を中心に団結しました。その人々を町衆といゝます。そんな動きは一部の人々には早くからあったのですが、永い戦乱は、町々の団結をみんなのものにしたのです。戦災跡の復興も町衆の力で始められました。

⑥ 応仁の乱から五十年、戦乱はいよ〳〵はげしく続きました。仲間われした大名たちは二人の将軍を立て、互に京都を乗取ろうとしていました。しかし、町衆はもう昔のようにやたらに戦乱にまきこまれることはありません。戦さが激しければ激しいだけ、生活が苦しければ苦しいだけ、町衆の団結は強まりました。幕府の役人を追い出して、町衆で町を治めました。憎むべき戦乱の為の税も、町衆の団結ではらいのけました。又、町衆自ら刀や弓矢をとって、近所の侍を追出しました。天文元年、将軍すらが山一つ越えた近江へ逃げ出し、それと一緒に、京都の町から戦乱は遠ざかってゆきました。

⑦ 天文二年の春がきました。焼けた家々も次第に立ちならび、片付けられた通りからは、楽しい子供の遊び声がひびきはじめました。京都を一歩外へ出れば、まだ戦は続いています。けれど町衆の守る京の町々には、春が平和がめぐってきたのです。

これは京都の古い手まりうたを、短くしたものです。私たちは、これをハミングでいれました。

⑧

京も目抜きの四条町、桶屋の彦二郎は今日も桶作りに忙しい。新しい家が建つごとに、新しい桶は入用だから、目が廻るようです。

ツル「お父ちゃん、遊びに行ってくるえ」

彦「あゝ、遠い所へ行ったらあかんで。まだ危い所仰山《ぎょうさん》あるさかいになあ」

サヨ「あんたまあ一服しやはったらヮ。お茶でも入れまひょ。……ほんまに今日はええお天気やな。あんた熊さんのおかみさん死なはってから、もう一年どっせ。おしいことしてしもた。生きてはったら、こんな日もくるのに。ほんにあの頃いうたら、毎日黄色いお天道さんばっかしで、食べるものもろくにあらへんかったし。……いやあ熊さん。まあお入りやす。」

⑨

熊「ごめんやす。ようおきばりやすなあ。」

サヨ「今あんたの噂してたとこどすがな。おかみさん、おしいことしたいうて。」

彦「そうや、熊さん、ほんまに淋しいことどっしゃろなあ。」

熊「いゝや、あいつは寿命がなかったんやで。まあわしらでこうして侍を追い出したんやさかい、あいつも喜ぶやろ。第一、此の頃は毎日仕事で忙しいてのう。それよか彦さん、近頃町じゃ祇園さんの話がぼつぼつ出てんやが。」

彦「ほんまにそうやったなあ。もうじき祇園さんや。長いことでけなんだで、忘れてしまうとこやった。ほいたらわしが当番の筈や。こりゃ一肌ぬがなあかん。」

⑩　サヨ「そりゃよろしおしたなあ。ほんまに祇園さんせいだいにしてチマキをまいてもらわんとなあ。いつ、はやり病がくるかわからへんし、まだ他所じゃ戦が続いてるというし。折角こゝまできたのに……。こゝでまた戦が起つたら、こんどこそおしまいやで。」　彦「そうや。侍はわしらが追い出しても、はやり病はいつくるかわからへん。そいつだけはいくらわしらが力んでもあかんさかいなあ。たっしゃな熊さんでも、おかみさんの病気、どないも出けなんだし。」

熊「こら。もうあいつのことは言わんこっちゃ。それよか彦さんにうんと盛大にやってもらうことや。面白い山の趣向《しゅこう》を考えとくれやす。」

彦「うん、そうしまひょ。」

⑪　熊さんの話はうそではありませんでした。祇園のお祭をしようという空気は何処からともなく高まっていました。戦の間中、祇園祭は禁止されていました。けれど京都は平和になったのです。人々は戦にも疫病にも荒らされないこの平和を失いたくありません。或夕方、触口《ふれ》は祇園祭相談の会合をふれ歩きました。町は一度に色めきました。子供達はこんな歌をうたいながら、フレの後についてゆくのでした。

コンコンチキチン　コンチキチン

祇園の祭だチンチキチンオットーアンニャン　みんなで作った山ぼこ月ぼこ

おいらもひくんだ　今日は楽しいコンチキチン　祭だ祭だ祇園の祭だ　コンコンチキチン　コンチキチン

⑫　町衆はみんな集まりました。

彦「祇園祭も近々になってござる。当年祭の当番、彦二郎じゃによって、張切ってござる。」

はや彦二郎の狂言口調に、一同はどっとはやしたてます。相談が始まりました。お祭りに出す山のこしらえの相談です。

月徳「当年は祇園祭もできることになって有難いことじゃ。そこで山の趣向じゃが……わしの考えるのにはな、大きな山をこしらえて、いかにも強そうな猪を作ってな、その上に仁田の四郎がうちのった処を、はやしものにしたらどうじゃ。久しぶりの祇園祭にもつてこいの趣向じゃと思うがどうじゃ。」

⑬　彦（待っていましたとばかり）「そいつはあきまへんな。第一あの猪ちうのは虫の好かんやつや。それに仁田の四郎は、なんぼ昔のお方でもお侍はお侍や。わしらに税をかけていくさばかりするお侍を、今更山の上にのせることもどうかと思いますな。」

しかし座はちょっと白けました。月行事はみんなの代表だけれど、金貸しで町のボスです。月行事の言うことには、あんまり真正面から反対できないのです。隣にいた熊さんは彦二郎の袖をひいて、もうちょっと柔く言わせようとしました。目くばせする人もありました。けれど彦二郎は平気で続けます。

⑭　彦「私の考えましたのはな、こういう趣向どす。山は二つ仕立てましてな、一つの山はうんとけわしい山にして、こわい鬼めをのせますのや。もう一つは草をぼうぼうにはやして、ぜんぶ荒れはてた山に見せまひてな、いかにも弱々しい罪人をのせまひて、鬼めが罪人をいためつけますのや。罪人はひいひい悲鳴をあげよる。すると鬼めはいよいよはげしくせめさいなむ、そこをはやしたてますのや。皆はんもうお気づきでっしゃろが、わしらが侍衆を追い出したとこを見たてたものどすな。どうどす、中々こってますやろ。」

⑮　月徳「彦！　何ちうことを言うのじゃ。めっそうもない。祭ちうのは精進けっ斎して祝うが上にも祝うものじゃや。」一同は彦二郎につられて漸く元気をとりもどしました。真先に口をきったのは熊さんです。熊「彦さん、よ

う考えたなあ。今年のお祭にゃ、もってこいの山や。」彦「そうやろ、二晩も三晩も寝んと一生けん命考えたんやで。」町「そやけど月行事はんのも何やけど、彦さんのも、も一つちうとこどすかいな。二つの山ちうのは聞いたことないさかいになー。」彦「そこや、聞いたことあらへんとこがよろしおすのや。珍しい言うて、きっと大かっさいや。」町「そらまあ。山は一つときまったわけではあらしまへんし。」「そやそや、彦さんのがええ」「彦さんのにきめまひょ」「ちょっとわしらでは思いつかへん、ええ山や。」

⑯ みんなの意見は、どうやら彦二郎の案に賛成のようです。

彦 「月行事はん、どうどすやろ。みなはん、ああ言うてはりますがな。」

月徳 「されば皆の衆はどうあってもわしの山は不承知でござるか。致し方ありませんな。」

町 「そうや。ようようきまった。」

町 「そうきめまひょ。」

月徳 「では彦の山にきめるとしてもじゃ、しかし鬼になる方はいくらもあろうが、亡者になる方はなかろうがな。」

彦 「そいつあ、いつもの通りのくじ取りや。」

町 「そうや。彦さん当番やで、くじを作りなはれ。」

⑰ 彦 「こうくるやろ思うて、くじはちゃんと用意でけてますんや。」

町 「中々ええ手廻しやなあ。さあ、みなはんひきまひょ。」

町 「月行事はん、お先きにひいとくなはれ。」

みんな何の役が当るだろうと心をはずませながら、くじをひきます。

町 「私は笛の役や。」町 「私はつづみや。」

つづみ、かね、太鼓、次第にきまりました。
町　「月行事はんは、どうどすのや。」
月徳　「わしはまだ見ませんが。しかしあまり感心せぬ山ですわい。……皆が承知とあれば致し方ありませんな。……あゝ、わしは亡者じゃ。」
彦　「鬼はここにござる。」

⑱　早速けいこが始まりました。(狂言)
罪　〽あら悲しや、これ程参り候に、さのみなお責め候ひそ。
鬼　〽いかに罪人！　地獄遠きにあらず、極楽はるかなれ、急げとこそ。
彦二郎の鬼。月行事の亡者。皮肉というのでしょうか。彦二郎の案に最も反対した月行事が亡者の役に当ったのです。けれど、くじ取りできまったことは、いくら月行事でもかえられません。山も新しければ、狂言も新しいので一生けん命に練習です。鬼の彦二郎は、亡者の月行事を杖をもって追いかけます。月行事はよたよた逃げます。そのはずみに彦二郎の杖の先が月行事の肩に当りました。

⑲　月徳　「彦二郎。お前はけいこをいいことにして、わしを叩くのか。」
彦　「何も叩いたりなんぞ致しません。けいこに身が入ると、責めるはずみにちょっとぐらい杖の先が当るな当り前どすやろ。」
月徳　「それにしては、どえらい痛かったぞ。」
彦　「それは月行事はんは、わしがわざと叩くとでも思うてなさるからどすやろ。」
町　「彦さんは、ほんまにけいこに一生けん命どしたな。」

彦　「そうやとも。けいこが大事や。さあ、月行事はん。も一ぺん廻りまひょ。」

⑳ 亡 〽あら悲しや、これ程参り候に、さのみなお責め候ひそ。
鬼 〽いかに罪人！　急げとこそ。
あ、又当りました。「アッハッハハハ」
人々は今度はふき出してしまいました。彦二郎の杖の先は、金貸しの月行事の肩に自然にとんでいったのかも知れません。祭りには沢山のお金がいります。彦二郎はおサヨさんの着物を月行事の下に質入して、割前金を工面しました。高い利子でした。そして此時ばかりでなく、平生から高い利子で貸付けては人々を苦しめる月行事です。
町　「彦さんは、金貸しじじいにいつもの仇をとってんやろ。いゝきみや、もっとやれもっとやれ。」

㉑ その晩のこと
ツル「お父ちゃん。今年祇園さんあるんやてね、うれしいなコンコンコンチキチン、コンチキチン。」
サヨ「まあおツル、今頃から浮かれて……そやけどよろしおしたなあ。」
彦　「ほんまや。それにこないだ言うてた山な、あれにきまったんや。」
サヨ「まあ、そうどすか。」
彦　「その上にな、鬼がわしで、亡者は月行事ちうことになったんや。そこで今日はじめてけいこしたんやけど、杖の先がちょっと月行事の肩に当ったんや。月行事のやつ、かんかんにおこりよってなあ。おもろかった、せいせいしたわ。」
サヨ「オホホ」

㉒　練習は狂言だけではありません。かねの打ち方にも笛の吹き方にも古いしきたりがあります。今年はじめて役に当った人たちには年寄が親切に教えました。はじめてかねを手にした若者もありました。そのかねは長い戦乱の間にも、しっかと守られてきたものです。冷いかねの中に暖い祖先の血が通っている気がすることでした。若者の胸の中に新しい決意がわきました。

〽色々の祇園ばやし
　に吹く風の
　笛を吹き鼓うち
　風流の品ぞ
　おもしろや　（うたい）

人々はけいこに一生けん命です。

「あっ、ちがうちがう」「こうか」「うんそやそや」（適当にかねを叩く）

㉓　かねの音は、彦さんの町から隣りの町から、またその隣りの町からもひゞいてきます。子供たちはもうじっとしていることはできません。早速おもちゃのほこを作りました。

（はやすようにうたう）

〽すはまのおちごさん
　舟鉾みたいな家たてて
　　ねっからお客がコンチキチン
　　コンコンチキチン、コンチキチン

ほんとのお祭りにさきがけて、子供たちの祇園祭は始まりました。

ところが、祭も迫った六月六日のことです。

㉔（どんどん戸を叩く音）

下男「し、執行様《しぎょう》、大変にござります。」

執「あわててどうしたのじゃ。」

下男「近江の公方様《くぼうさま》からの急ぎのお使にござります。」

執「何！　何じゃと。」

何事でしょう？　執行様は祇園のお宮の神主で一番偉い人です。祇園祭で、一番大事な役をする人です。その人の所へ近江に逃げている将軍からの不意の使です。将軍の命令を伝えにきたのです。

一体何事でしょう？

㉕使「町衆どもは去年より税をおさめず、あまつさえ一揆を起して侍にたてつく始末。この上鉾を渡さしては何をしでかすかわからぬ。『まつり・おどり・山だしをなすべからず』とのきつい仰せじゃ。」

執「ははーっ。」

何という命令でしょう。執行様《しぎょう》は、町衆がどんな気持で祭をしようとしているのか、また将軍や侍たちをどんなに感じているのか、よく知っています。町衆の団結がどんなに力強いものであるかも、よく知っています。けれど将軍様の命令とあれば仕方ありません。早速下京六十六町の月行事を、残らず呼び集めました。

㉖執「皆の衆、早々のお集り御苦労じゃった。実は今朝がたお上の使が見えられ、今度の祭は取りやめにせよ、とのお達しじゃ。で皆の衆、左様に承知せられたい。」月「そ、それは又どうした訳でございますか。祭、祭と思う

て用意してまいったのに、今更取りやめとはあまりのことにござります。」「待ちに待った祇園祭、皆随分と苦労致してまで、立派に祭をしようとしております。町は、祭りの話でもちきりにござります。だのに一体どうしたことでござりますか。」執「将軍様の御命令なのじゃ、『まつり・おどり・山だしをなすべからず』とのきついお達しじゃ。」将軍から執行《しぎょう》へ、執行から月行事へ。将軍様の一言に月行事たちもだまってしまいました。

㉗　そのかえり道

月「将軍様じきじきのお達しなら、お受けするより仕様ないじゃろ。」「将軍様はまだ近江からお帰りになれない御時勢じゃ。祭りはちと早すぎたのう。」「いや、そういう御時勢じゃから、祭りできよめてもらおうとしたのじゃ。訳がわからぬ。」「いくさはまだ続いておるからじゃろう。」「いや、いくさより町衆の一揆ですわい。」「しかし困ったことじゃ。町衆はきくまいからのう。何というて、なだめたものじゃろう。」

どうしてなだめたらいゝのだろう？　月行事は、将軍様のお達しにひとたまりもなく中止ときめました。しかし、町衆は、将軍も、刀を持った侍にも、もう負けてはいませんでした。

㉘　町「ばかな」「将軍様はけっこうな祭りを知らへんのかいな」「月行事はんも月行事はんや。何でへえへえ言うたんや。」月徳「まあまあ、しかし将軍様のお達しでは。」町「そんなことやからバカにされるんや。」「あんたはわしらの月行事と違うのかい。」「いや、しかしお祭のことじゃ、ことを荒だててはいかん」「荒だてるのは公方《くぼう》さんの方や。」「こゝまできてからやめられるかい。」「そうや祭をすると、いくさはのうなってお侍は困るんやろ。」「そうじゃ、そうじゃ。」月徳「しかし、まあまあ一先ずお受けした方がええ、こゝが肝心じゃ。」町「あんたはいつから将軍様の月行事になったんや。」「いや月行事はんの言わはるのももなこと〔ママ〕や。」「わしらも喧嘩《けんか》は何も好きやないからなあ。」

㉙　いきりたつ人、気の弱い人もありました。その時です。
子供「お父ちゃん。えらいこっちゃ。あーんく。」熊「何や。どないしたんや。」
子「おツルちゃん。突きとばされてケガしやはったんや。お侍はんがしやはったんや。」
彦「何！　お侍？　ど、どないしたんや。」
熊「何おツルちゃんや？　お侍や？　こりゃえらいこっちゃ。」
子「あーん。うちら鉾ひいてたら、お侍来ておこらはったんや。ワーん。」
彦「うーん。ひどいことする奴やなあ。」
熊「どこやどこや。こらみんな出てみんとあかん。」町「子供に何の罪があるんや。」「おーい、こっちや」「どこや」「こっちや」「あいつや」

㉚　彦「お侍はん。何ちうことすんのや。子供の遊びまで止めるんか。」
熊「けとばさんでもええやないか。ケガさして、どないしてくれるんや。」
町「あんまりや」「こんな侍やっちまえ」
侍「何ーっ。お前たちは将軍様の命にさからうつもりか。」
彦「何言ってんね。将軍様は子供の遊び迄止めたんか。」
侍「大人子供の区別はない。将軍様のお達しだ。」
泣きやんだ子供。こぶしをにぎりしめている子供。つめよる大人。
侍「ええい。お上のお達しにそむく奴は打ち首だ。」
侍は捨てぜりふを残して去ってゆきます。

㉛　この事は町衆の気持をひきしめました。

彦「月行事はん。も一度執行《しぎょう》さんとこへ行かにゃあかん。子供までなぐられてだまってられへん。どないしても鉾わたすんや。」町「あんな侍の言うこと聞いてられるかい。」「侍ちうたらみなあんな奴や。」「何が幕府の方針や。」

月徳「皆様がそういう気持ならば……」

彦「みんなで行くんや。なあみんな、早速おしかけよやないか。」

月徳「まてまて、もう執行様はお休みの頃じゃ。あすの朝、わしも行こう。皆さんの目の前で、も一度頼んでみよう。」

熊「そうや、その方がえゝ、あすの朝みんな六ツ頃に、此処に集るんや。」

そのニュースはすぐに外の町々へ伝わりました。

㉜　あくる日の約束の時間、町衆は一人残らず集まりました。隣りの町からも、またその隣りの町からも集まりました。

月「困ったことになりまひたな。」月「さようで、町衆は聞きわけがわりいでのう。」月「も一度かけ合うた所で致し方ないことじゃが。」

（月行事の話している横で）

町「何で将軍さんは祭をとめはるんや。」「執行《しぎょう》様も亦何でへえへえ言うてはんのや。」「みんなで押しかけんとあかんわい。」月徳「今日は一揆と違うんじゃから、おとなしうせんとあかんぞ。」町「おとなしうもくそもあらへん。けんかしてくるのは向うの方や。」「さゝ、行こう行こう。」

人々は祇園へ押しかけました。

㉝ 町 「祭や祭や。祭をやらせろ。祭や祭や。祭をやらせろ。」

（以下の会話のバックに、どよめきとして聞えてくる）

月 「執行様《しぎょう》、わたしたちの力では、も早致し方ありませぬ。何とかしてもらわなくては。」

月 「何とか祭をやらせて下され。」

執 「わしに頼んでも致し方ない。直接将軍様に頼んでくるとよい。」

彦 「今日になって、近江まで行かれへん。大体将軍様は去年京都を逃げ出したんやないか。執行様さえ、うんと言うたらいいんやろ。」月徳「彦！ 口がすぎるぞ。出しゃばるでないぞ。」

彦 「月行事はんみたいに、のんきなこと言うてたかてあかへん。ほんまのことや」

㉞ 執 「とりつぎだけはしよう。しかしわしには、きめられぬことじゃ。」彦 「神事《しんじ》はともかく山鉾わたせ。」（大勢くりかえす）月徳「そ、そんな。何ちうことをいう。」執 「そんなことをしたら、侍たちが何をするか知らんぞ。」町「何が侍や。」彦 「おい、みんな。侍がこわけりゃ執行さんは神事をやめたらええが。わしらは山鉾わたそやないか。」町 「そうや、わしらにゃ山鉾が大事や、チマキをまかな。」「しかし神事なしでは……」「執行様ではらちがあかん。近江迄ゆかにゃ。」「同じ事や。おい山鉾わたそう。」「それがえゝ」「神事はなくとも山鉾わたせ」（大勢で）色もなくたゝずんでいる執行《しぎょう》をよそに、町衆はひきあげました。祭りは自分達でするのだ。

㉟ わしらの祭。わしらの祭りだ。

六月八日、町衆は祭を強行しました。

町 「そうやとも。祭をせにゃあかん。長いいくさやはやり病で、わしらの町はあんばいけがれてしもたさかい。チマキまいて、きよめてもらわなあかん。」

この願いを達する道は、結局自分たち以外にない。町々の鉾はせい揃いしました。

子供「お母ちゃーん。鉾が出るえ。」

母「あーい。すぐ行くえ。」

見物の人々で、四条通りは早くから埋まりました。ほんとに、何年ぶりの祭りでしょう。人々はかざられた鉾が山が、動くのを待ちうけました。

㊱ しかし、それを侍たちは知らぬ筈はありません。同じ頃、町に対する幕府の役所、侍所《さむらいどころ》では、

侍「申しあげます。町衆どもはいよ〱祭をやりそうな形勢にござります。」

所司代「おのれ、とうとうやりおるか。ふていの奴めが。このまゝ祭をさせては、公方様に申訳が立たんことじゃ。……しかし、やめさせるにはどうすればよいかのう。」

侍「町衆の中には、きっと張本がいる筈にござります。張本を召しとっては。」

代「しかし、たやすくはわかるまい。」

侍「されば、月行事を問いつめれば、きっと白状致しましょう。そこでそやつだけを召しとれば、祭もやみ騒動も起らずに相すむでござりましょう。」

㊲ そうときまって侍たちは早速押しかけてきました。

町（遠くから次第に大きく）「おーい。侍が来たぞう。」侍の一言に、町衆はさっと緊《きん》張しました。

侍「おいこら。将軍様の命にそむく不届き者、お前たちは一体将軍様を何と心得とるか。おい月行事出ろ。月行事はどこだ。」町「何や何や。」「えらいこっちゃ。」「侍何言うてんのや。」「月行事さんを呼んでんのや。」

もう動く迄になっていた鉾も山も、町衆の配置も乱れました。見物の人は色を失いました。もう山の上にあがっ

ていた月行事は、侍の一言に忽ちふるえ上りました。侍の来ることは予想されないではなかった、それがいよいよやってきたのです。

㊳ 侍「こら、月行事はおらんのか。月行事はどこだ」町「月行事はんに何の用や。今頃お前らの出てくる時やあらへん。祭にお侍いらへん。さあどいたどいた。邪マしなはんな。」侍「何を！ 祭は禁止されておる。」町「禁止もくそもあらへん。六月八日に祭するのが何でわるいんや。禁止とは無茶苦茶や。」月「お、おい。ちょっと待ってくれ。わしが出る。お前ら話しあうてもあかん。わしが出る。お前ら公方様の言付もきかんから、こんな事になるんじゃ。言わんこっちゃない、お、おい。誰かわしを下してくれ。」月行事はふるえながら山を下りました。群がる町衆をかきわけて前へ出ました。

㊴ 月徳「へ、へい。わしが月行事でござります。」侍「お前が月行事か、何ちうことをするんじゃ。『まつり・おどり・山だしをなすべからず』とのお上の仰せがわからんのか。」月「へ、よう心得てござります。執行様《しぎょう》から、よう聞いてござります。」侍「承知の上でするとは、いよいよ太い奴らじゃ。張本がおるだろう。張本を出せ。」月「へ。へい。しかし張本など、そんな……」侍「張本がおるだろう。張本はどいつだ。」町「月行事はんしっかり。」「まけたらあかんで」「しっかり言うとくなはれ。」（次第に細く）恐ろしい侍のけんまくに町衆の声は次第に小さくなりました。大変なことになった。どうしよう。どうなるだろう。

㊵ 彦二郎はたまりかねて鉾の上にとび上りました。
彦「おい、みんな！ 祭はわしらのもんやないか。わしらの祭やないか。」

町　「……」
彦　「みんな、元気を出さにゃあかんぞ、こんなにまでして後にひけるか。こゝまで、こゝまでみんな力を合わせてきたんやないか。お侍の祭とちがう。侍にとやかく言われることないやないか。」
町　「そうや、しかし……」
彦　「皆の衆、こゝまできてチマキをまかにゃ、きっとわるいことが起るぞ。こゝでまけたらあかんぞ。祭をするのが何でいかんのや。お侍に言うてもらおやないか。……おい、みんな、元気を出せ。去年の一揆を思い出せ。負けたらあかん。」

㊶　一方、侍は尚も月行事を追及します。
侍　「張本はどいつだ、張本は。張本がいるだろう。おのれ町衆共は一揆を起してお上にたてつくかと思うと、今度はこの始末だ。一体あの山を考えたのはどいつだ。あの山はおれたちをバカにしとる。あの山を考えた奴が張本だろう。」
月　「いえいえ、張本などそんな、皆の寄合できまったことで、皆相談して……」
侍　「ウソをつけ。あ、あいつだな、あいつだろう。そうだあいつだ。」
侍は月行事のえり首をしめつけました。彦二郎に気がついたのでしょうか。
侍　「おい。あいつを引き渡せ。あいつさえ引渡しゃことはすむ。さあ、町衆にそう言え。あいつを連れてこい。そうでなきあ、お前を召捕るぞ。」

㊷　町　「あ、あぶない。彦！　あぶない。」「彦！　おりろ。」
侍の気持を察した町衆は、彦二郎を鉾から下して、みんなの中へ入れました。侍に言い含められた月行事は、

月徳「皆の衆、お侍はあの山にきつう御立腹じゃ。わしらは途方もないことをしてしもうた。だから、わしはあれ程言うたのに。彦！　お前をお呼びじゃ。張本は出ろとのことじゃ。お侍はこの山のことをとうにお見知りじゃ。言わんこっちゃない。わしの山にしときゃ、こんなことなかったのじゃ。この山は一段といかんとのことじゃ。考えたのは、彦！　お前じゃ。お侍の前にいてもらわにゃならん。そうせんと祭はできん。」

㊸ 侍をバカにした山は一段と悪い。張本を出せ……どうしよう、どうしたらよいのだろう。彦二郎はくやしくてたまりません。

彦「ウソや、みんな。山が悪いのやあらへん。侍は、バカ侍共は、一揆がこわいんや。だまされたらあかん……わしが悪いちうのか。わしがこの山考えたのが、わるいちうのか。よし、そんならわしが出て言うたろ。わしが言うたろ。」熊「彦さん。そりゃあかん。いたらあかん。」

熊さんは、しっかと彦二郎の二の腕をつかまえました。

月徳「のう、皆の衆、こゝが肝心なところじゃ。彦に話してもろたら、鉾がわたせるかも知れんのじゃ。」

彦を出すことはできない。だがどうすれば鉾をわたせるのだろう。

㊹ 侍「かゝれ！　張本を召しとれ！。」

町「あ、あぶない。」

侍たちは業をにやしたのでしょう。どっと割りこんできました。思わずたじろぐ町衆たち。お祭です。町衆には何にも武器はありません。侍たちは、忽ち彦二郎をひっくりました。あっと言う間でした。

町「あっ、彦さんがくくられたぞ。」「どうするんや。」

熊「無茶苦茶や。」

侍「おーい、張本を召しとったぞ。」「やい、もう祭はやめるんだ。鉾はひっこめる方が、お前らの為だぞ。」

侍たちは、彦二郎をひきたてて行きます。彦さんがとられた。どうすればいいのだろう？

㊺ サヨ「皆はん、うちの人どないひたんどす？　何事どす？　え、熊さん、どないひたんどす？……。」熊「おいみんな。彦さんがとられて、祭もでけんのは無茶苦茶やないか。」月徳「皆の衆、な、これで祭もやめるのじゃ。お侍はあゝ言うてござる。この上さかろうては、何事が起るかわからん。彦は、あとでわしがいつものお公卿さんに頼みにゆく。なに大したお仕置もあるまい。さ、祭はやめるのじゃ」町「彦さんわたして、祭まで出来へんのか……」サヨ「そらまたほんまどすか？　何でどす？　何でまた祭したらあかんのどす？　今年も亦、チマキまいてもらえへんのどすか。うちの人は、うちの人はどない……え？　月行事はん、うちの人はどないなるんどす。」

㊻ 町「おーい、こっちからも侍がきよったぞー。」町「おゝ、ほんまや。仰山きよったぞ。」「鉾めがけてきよるぞ」「こりゃ一体、何事や。彦とられて、鉾つぶしにきよるぞ。」侍（遠くから次第に大きく）「さあ、どいたどいた。お前たちはさっさと退散しろ。祭の禁止がわからんのか。」「どかんならば鉾をつぶすぞ。」月徳「さ、皆の衆、早う鉾を返そう。これは大変なことに……」（騒音にかきけされる。）

何ということでしょう。彦二郎さえお侍の前に出てもらったら、祭はできるのだ、とたった今言った月行事の同じ口から、祭をやめようと言うのです。そして、力づくで祭をやめさせよ、と侍が後から後からやってきます。町衆たちはわかりました。月行事は、うそをついたのだ。彦二郎を渡しても祭をすることが出来ない……

㊼ 町「おい、みんな、鉾にさわらしてたまるか。」「みんな行け、追っ払え。」「鉾がつぶれるぞ。」

熊「おい、みんな、彦さん取り返そう。」

町　「おゝそうや。月行事の言うのはウソやぞ。彦さん引張られても、祭でけへんど。」「月行事は裏切ったぞ。」「彦さんを売ったんや。」「彦さんをとりかえせ。とりかえせ。」「鉾を守れ。鉾を守れ。」「それいけ」「まけるな。」「くそっ。」

彦二郎の言ったことは本当です。月行事の言ったことはウソです。みんなわかりました。こゝで負けたらどうなるだろう。絶対に負けられない。鉾を守れ、彦さんをとりかえせ。

㊽　町衆の心に、即座に決意がわきました。道端の石ころ。棒切れ。すぐに武器になりました。月行事をつきとばして、まっしぐらに彦二郎を奪いかえしに突進しました。侍には六尺棒があろうと、刀があろうと、もうそれにひるむ町衆ではありません。わしらの祭、わしらの平和と幸せの為の祭り。長い間、戦ばかりしてわしらを苦しめた侍共が、わしらの祭まで奪おうとしている！　妨害されてだまっていられるか。町衆の怒りは爆発しました。町衆の力が一丸につて侍におそいかかりました。

㊾　侍たちも負けてはいません。侍の一人一人は決して悪い人ではないでしょう。けれど侍たちの後には、町衆を強圧しようとする所司《しょし》代《だい》がいます。所司代の後には大名や将軍がいます。侍たちは、命令

にそむくことはできません。訳もわからずに、町衆におどりこんできます。乱闘になりました。町衆の心に、にくしみがたぎりました。死物狂いになりました。戦をするのは、祭をとめるのは、自分たちの平和を乱すのは、幸せをさまたげるのは、みんな侍のせいだ。長い間の苦しい生活。やっとよくなりかけたのに、こゝで祭をとめられてたまるものか。その勢に侍たちは一歩一歩後退します。

町「おーい、彦二郎をとりかえしたぞー。」（遠くで）

㊿

侍大将「こら、頑張れ、頑張れ。ぶったぎれ。ひくな。ひくな。」

侍「大将、とうていダメです。張本も奪いかえされました。どうにもなりません。」「また、大一揆にならんとも限りません。町衆共の、あのしんけんな顔をごらん下さい。」「こゝん所は一旦引いた方が得策かと」

大将「バカ者めが、腰抜共めが、去年の仕返しじゃ。そんなことで公方様に言訳がたつか。」

侍「でもありましょうが、かないません。」

大「……仕方がない。それならひきあげるか。将軍様への申訳は又いつものお公卿さんに頼むとしよう。不甲斐ない奴原めが。」侍たちは、とうく引きあげました。

㉛

町「おゝ彦さん」「よかった」「よかった。」

彦「みんな、おおきに。あっ、おい、侍が逃げるぞ、今や、みんな追いかけよう。あいつら、みんなやってしまおう。」

町「そうや、お侍が逃げるぞ。」「こんちきしょう」「行け行け」「おいかけろ」

熊「そりゃあかん。なあおい、今日は大事な日やないか。わしらは勝った。鉾は守った。侍はもうよう来やへん。なあ、みんな、祭や、祭をするんや。」

彦　「侍にこんなにされてだまってられへん。」
町　「そら、あかん。今日は外の日と違うやないか。」
熊　「彦さん、お前当番やないか。忘れたらあかん。鉾をわたそやないか。」

㊾ 侍は逃げた。町衆は勝った。祭りだ。
町　「おーい。大分おくれたぞ。さあひくんや。」
町　「これからやり直しや。彦さん、山へ上れ。」
「彦さん、万歳」「わしらの彦さん、胴上げや。」
町衆はどんなに嬉しかったことでしょう。祖先から伝えられた鉾や祭りの行事、それをぶっつぶそうとした侍たち。侍たちの妨害を、みんな力を合せてはねのけたのです。
町　「月行事はんは、どないひたんや。」
町　「あ、こんなとこで小そうなっとる。」
月行事は引きずり出され、山の上へ無理やりにおしあげられました。

㊿ 「おーい、鉾が出るぞー。」

誰かが叫びました。

「おーい、鉾を渡せよう。鉾を渡せよう。」

六十六町に、残らず伝わりました。侍の妨害で乱れた用意は、すっかり元通りになりました。

町　「みんな、用意はええな。元気を出して行くんやぞ。さあゆこう。ヨーイヨーイ、エンヤラヤー」（大勢繰返し）

（コンコンチキチン、コンチキチンのかねの音つづく）

(54) 彦さんの山がやってきました。

月　〽あら悲しや、これ程参り候に、さのみなお責め候いそ。

彦　〽いかに罪人！　地獄遠きにあらず、極楽はるかなれ、急げとこそ。

町　「そこや彦さん。しっかりやってんか。もう今日からは月行事やあらへんのや。たゞの金貸しじいや。」

町　「そうやそうや。もう月行事なんぞにおいとかれへん。彦さん、しっかりやれ。」

月　〽あら悲しや……。

町　「ワッハハハ」

(55) ツル「きれいやなあ。」

サヨ「おツル、よう見とくんやで、よう拝んどくんやで、……お前には始めての祇園さんやなあ。祇園さんもでけなんだで、はやり病もつづいてなあ、こいでもう安心や、チマキまいてもろたら、もう安心や。ほいのにお侍、今年もいかんゆうて……さっきもお父ちゃんどないなるやろ思うた。ほんまにびっくりひたな、おツル、もう安心や。祇園さんちうのは、ほんまに有難いもんや。これもなあ、みんなのおかげや、みんな力を合せたおかげや。」

(56) 町　「おーい。ぎょう山まけよー。侍がきよったんで、またけがれた、けがれた。」「おーい。こっちや。」「そら、いくぞ。」「こっちや。」

鉾の上から、チマキがまかれます。疫病を追い払うために、町の平和を守るために。

町衆たちが、苦しい戦乱の日々に一日も忘れることの出来なかった祇園さん、チマキ。

「おーい、もっとこっちへまいてんか。」「こっちや、こっちや。」

人々は我先きにとチマキを拾いあげます。

57 長刀鉾は、先頭をきって進みます。夏空に一きわ高くそびえたつ鉾に、町衆の心は、この鉾と祭りを守った誇りにふくらみます。

町衆は力の限り鉾を引きます。見物の人人も一緒に声をかけます。みんなは、侍との乱闘も忘れて祭りにとけこみます。もうわしらにはこわいものはあらへんのや、お侍だって止めることはでけへんのや。

58 どんな荒海をものり切るように舟鉾がやってきます。

町「あれみい。ほんにまあ、威勢のええこっちゃ。わしらの力はなあ、こんなものや、もういくらお侍がきてもあかんわい。」

力強くきしむ車、さえわたるかねの音、山鉾の巡行はあらゆる妨害をけって堂々と行われます。わしらの祭、わしらは祭を守った。彦二郎も、熊さんも、おサヨも、そして、町衆みんなの力が祭を守ったのです。

こうして祇園祭は千数百年の昔から、祖先たちの尊い努力によってつゞけられてきたのです。

（コンチキチンのかねの音高いまゝにしばらく続き、やがて次第に細く）

終

（民主主義科学者協会京都支部歴史部会『祇園祭』東京大学出版会、一九五三年七月）

(3) 月の輪古墳発掘運動――合評会　映画「月の輪古墳」

一月二十一日、文部省試写室に於て、映画「月の輪古墳」の試写会を行い、上映後、松島栄一氏司会の下に、その合評会を行った。

竹内好（都立大学教授中国文学者）　大変勉強になりました。私は古墳が集団的に発掘されているという事実だけ知っていましたが今この映画を見て、古墳の形や、どう発掘しているかが、分って非常に良かったと思います。運動の進め方を示している点でこの映画の持つ意義は画期的であり、今までの科学映画と全く違った収穫がありました。

三笠宮崇仁　昨年和島先生から聞いて行ってみますと、村の方々、高等学校中学校の学生の方々が、本当に熱心に協力一致して従事して居られる。婦人会の方々は宿泊その他の援助を親身になってやって居られる、夜になると、発掘本部で先生を中心に生徒たちが集まって、その日の報告と整理、明日の準備をされるが、その人々は、自分の眼で見、手でさわって本当に信念を持って居られる。先生がこう言われても、そうでなくこう思うと自信を持って述べられる態度に、本当に感銘した。全村及び隣村挙げての協力がこのように作られたと言うことについては、日本の古代史を実証的科学的に解明しようという気運が流れていたからと言うことも確かだが、同時に和島先生の人格、いつもにこにこした本当に親しみ深く村の人々や生徒さんに接して居られる態度、又近藤さん陳さん久永さんなどの熱心さ、本当に学問のために一身を捧げる崇高さ、そういう諸先生の単なる学理、理論以外の性格的特長が、村の人々と結びついて大きな成果を生み出した一つの原因だったと思われました。従来のような、上からの天下りの歴史教育でなく、下からの国民の歴史学が盛り上っていると深く感銘しました。

桑原正雄（郷土教育全国連絡協議会）　全くその通りで、僕も感激しました。現地に丁度夜着いて、暗いため道に迷い、発掘本部にどう行ってよいか分らなかった、そこで田圃で働いていた農家の人に聞いたところ、「遠い所を御苦労さんです。もう三、四日したら僕らも駈けつけてお手伝い出来ます。」と言いました。よくまァこんなに徹底したものだ。村の人たちの熱情がどうして出てきたか、それを知りたいと思いました。今映画を見て、それが一層よく分りました。映画に村の人たちの地声がもっと入っていたらと思います。

羽生敦 人々がどういうふうに参加したのか、参加した過程で摩擦が起きなかったかどうか伺いたいのですが。

和島誠一 何故一万人もの人たちが、あの三百米近い山に登ったのか、よくそう尋ねられますが、私たちもよく分らないのです。ただ一、二の事実をあげると、村の中でも、発掘を、支持する人々ばかりではなかったのです。村会で村長が、古墳事業の助成金として三十万円を提案しましたが否決されてしまいました。これ以前に、村人の半数以上、村会議員も十六名中十二名が賛成署名していたのに、いざ村会で採決となると、鉱山の職制から出た議員がにらみをきかせていて、他の議員も子弟が鉱山に厄介になっている関係上反対出来ない。そのため八対五で否決され、二十万円の修正予算がそちらから出されて決定された。そのようなことが度々ありました。赤と白の吹き流しでも、あれは赤旗を立てて掘っているというデマが飛ばされる、そんなことで先生方で発掘に行っている人々は整理の対象になるといったうわさが出て一時先生たちをしゅんとさせたことがあった。しかし、主婦たちが自分で発掘に行ってじかに見た話が鉱山の浴場などで話に出て、デマが砕かれる。こういう場合、男は職制関係などで可成りびくびくしても、女の人は事実良いことは良いこととしてそのまま勇敢に支持する面があって婦人の力の大きさを知らされました。村会で午前二時まで討論が行われた時も、おしまいまで傍聴していた村のおばさんたちがあいつがあんなふぬけとは思わなかった、もう親戚でも投票しないと話しているという風でした。三笠宮が来られたのは、予算の行きづまりと収穫期のデッドロックに乗り上げた時期でしたが、宮様まで来られるのだからということで、そのあとでは赤旗のデマもなくなりました。

このように運動がここまで発展するまでには、村の人々のはっきりした支持が色々な障害を乗りこしてこの運動を進ませて行ったと思うのですが、又、子供たちや村の人たちが自分で発掘をやったということの持った意味は大きかったと思います。九月に行った時、葺石が同じ位の幅に無い所があったので、「葺石の無い所がバンドのようにあるのではないか」と言ったら、大抵の人はそれに賛成したのですが、おかっぱの女の子がひとり、「私はそうは思いません。」とはっきり言った。翌日行ってみると、その女の子がやっていた所にはやっぱり葺石があった、私は負けてしまったわけです。女の子は本当に自分の手でやって知っているから、いくら頭のはげた小父さんが言ってもきかないのです。自分たち自身で確かな事実が分るということが、大勢の人々を発掘に参加させた一つの原因だったと思うのです。

田名網宏（都立大学教授）　文献学の方では考えも及ばないことで羨しく思いました。映画の解説の言葉の他に村の人たちの生々しい言葉が入ったら、もっと非常な効果を上げたのではないでしょうか。民衆に、学問が自分たちのものだということを考えさせる点ですばらしいものがあったと思います。

これは最初に現場の村の人たちの中から、やると言う気持が持ち上ってきたのですか。

和島　村の人たちも月の輪が古墳だということは以前から知っていたのです。前から美作の古墳群の調査をしていた岡山大学の近藤さんと、村の文化財保護同好会の人々とが一緒になって一年以上じっくりと、村の古墳群の調査を行った、その地味な努力が月の輪の発掘の前提となっているのです。

桜井清彦（早大考古学教室助手）　文化映画は感激性の少いものだと思っていましたが、強いもののあることを知りました。

西嶋定生（東大助教授）　私のように古代史をやっていますと、ああゆう形で古代史、考古学がやられることは非常に新しい、人々の間に感激を作ってゆく一つの方向だということが分ります。その場合、この新しい形でやられた考古学が、考古学の進歩のためにどういうプラスを持っているか、も一つはこうしたことが村の子供たちのその後の生活にどう影響したか、どうその後の意識の中に残っているかという点を、知りたいと思います。

和島　隣村の福本中学は、小さな扇状地に立っていますが、古墳の発掘をやった子供たちが今度は先生と共に扇状地の研究を始め、扇状地の形成の過程についての驚きを詩にしています。山麓に接した扇状地の上端の部分に野井戸が残っている、この見捨てられている野井戸と今は家毎にある井戸とを比較して村作りが始められた頃の祖先の苦労のあとをここから感じとっている。更に村の先生がこの正月にくれた手紙によると、子供たちは桑畑の問題から製糸工場へ、又柵《やな》原鉱山の調査へと関心を向け、今では村のことばかりでなく、経済の問題、世界の問題を説明しなければならない程に、子供たちの認識が拡がってゆきつつあるということです。

考古学の上では、今までの方法では労働力が限られているために古墳の表面を帯状に剝がして一箇所の認識で全体をおしはからざるを得ないところがあったのですが、月の輪では多数の人が参加したので表面を全部剝がすことが出来ました。山肌に土の多い側では、埴輪が密接して立てられているので、埴輪は土どめとしても受け取れるのですが、これに対して地山の岩を掘り崩して墳丘の形を調えているその反対の側では、土の流れる恐れがないのに岩盤を掘りくぼめて埴輪を立てているのです。このように土どめ説では解釈の出来ない事実が全体を剝がすことによって発見されました。多勢の人々の参加が私たちの認識の質を規定するに至ったのです。

渡部義通　文化映画で初めて感動を持ったと言われているが、私は文化が国民と非常に密接になったところに私たちの感動があったと思うのです。国民が参加すれば如何に偉大な科学が作られるか、又国民が参加することによって村の小母さんたちが如何に潑溂としてくるか、この二つが感動を呼び起した原因だと思います。国民には学問的関心があるのだが、それがどうやって結集されるかというところに問題がある。科学であるということと進歩的であるということが大きな点でしょう。古墳の意義、環境、特殊性について、科学者が進歩的であったこと、そうして毎日々々くわしく説明し、村人の関心を呼び起したこと、又くわしい技術を説明して多勢の人々が自分で掘れるようにしたこと、こういうことが実に素晴らしいことだったと思います。技術的知識と歴史に対する関心が結びついて発掘が勤労奉仕でなく自発的参加になったのだと思います。村の子供たちがあれ以来、足につまづくものは土器ではないかと思うようになったように、すべての人が関心を持っていれば、色々な発見や素人のすぐれたヒントが見つけ出され、国民の沢山の参加がすぐれた科学を生み出してゆく、古文書についても文書の発見などに大きな効果があるのではないだろうか。

三笠君がやってきた時、県では柵原鉱山の迎賓館に泊めようとした。村の人は、三笠宮は天皇の弟としてでなく科学者の一人として来ることを自分でも希望されているのだから発掘本部に泊って貰おうという声が強く、とうとうそうなった。それでもまだ四万円の布団をそこへ持ちこもうという動きがあったようだ。

和島 布団の予算が村会に上程された時、三笠宮は何のためにこの村に来られるのか。研究に来られる古墳が三十七万円の赤字で、発掘が危機に瀕しているのに、その予算を捨てておいて四万円の布団を作るということが果して本当の歓迎になると思うのかという議員と、歓迎費の予算だけを先に通して発掘費の方は削ろうとする議員との論戦があったのです。論戦の後、歓迎費の他に発掘費十万円の追加予算が通過しました。

三笠宮が来られる日には、古墳を見に行けば、宮を見ることも出来るし、古墳も見学出来るということで、その日に行こうという人が非常に多いということが、予め分ったのです。そこで私たちは、宮は科学者として来られるのであり、又子供たちの話に関心を持たれ、その子たちに会いたいと言っておられる。大人たちが興味本位で古墳に昇って、研究を妨げ、宮と子供たちがゆっくり話すことも出来ないようになっては困る、あくまで科学者として人間として宮を迎えてほしいと訴えたのですが、どの程度実行されるかと思っていたら予想外に徹底したので驚きました。当日近村から古墳に昇って来た人たちも、私服の国警の人も、自主的に案内整理の役を引受けてくれた村の青年の人たちの統制に服し、見学は順序よく行われたのでした。私たちは村の人たちの実行力に感心しました。田畑で働いていた村の人たちも仕事をし乍ら、宮に手をふったり挨拶したりしていましたが、あとで「三笠宮って人間だなァ」という声がありました。

市原壽文（東洋大学助手） 私たちも今までに幾つか発掘をしてきましたが、今度あの現場へ行って、学問は国民のために奉仕されるものだということが前に頭で分っていただけだったのが体で理解される思いでした。

高橋磌一（歴史教育者協議会）　非常に感激してしまっています。未解放部落という言葉をはっきり言った映画は他にないのではないでしょうか。日教組で推薦映画とされたことは嬉しい。

徳武敏夫（中教出版編集部）　教科書の仕事に関係していて、中学の本に古墳のことを具体的に載せたいと思って月の輪へ行きました。駅につくと、村が発掘でひとかたまりになっていることを感じました。駅でも親切に教えてくれ、役場へ行くと発掘本部まで案内してくれた。近藤、久永先生初め皆さんと一緒にいると、素人の自分も発掘の仕事の中に入りこんでしまっている自分を感じ、発掘を手伝いそこから学んでしまう。又村の五、六人の青年たちと山の上で昼飯を食べながら話をしたが、社会科の改訂の問題なども先生たちから聞いて非常によく知って居り、具体的にくつっこむのです。この人たちは山林労働者で古墳の夜番までした人たちでした。高校生も僕に話をしてくれましたが、古墳についてくわしく説明し、又日本原という基地の話もしてくれました。非常にぶらっと行った者が、あの中で猛烈に鍛えられてしまいました。お蔭であゝいうことを、どういう形で教科書に取り入れて、全国の子供たちの間に広めたらよいか分ったような気がしました。

補足討論

三笠宮　第一にこの仕事が出来たことを喜んで、多くの村人と一緒にやられた学者に対し感謝したい。私が今迄こうあって欲しいと願っていた考古学の方法が、ここにはじめて実現したのをみて、新しい学問の方法と任務との発生と成立を喜ばざるを得ない。古墳の調査についてお願いしたい二つの問題は、一つは和島氏からもきいたが、この仕事をこのままではうちすてたくない、村人たちにうけついでもらうこと。こんご、考古学にかぎらず、協同作業を新しい方向でもっていってもらいたいこと、これは村人の自覚にもあるが今迄の如く指導して側面から、援助して欲しい。二つは、この事業を専門家の問題として取上げていっていただきたい。今迄とかく自分では感じながら、調査の対象の地や、その住民をよくみなかった、この欠点がこの仕事に依って見事に克服されている。この新しい学者の行動を一般の学者の行動迄に拡めて、我々の仕事を色々の人民のために役立たせたい。月の輪の成功はどこにも適用されないかも知れぬが、どこでも大衆と共に学ぶことがおこなわれれば、学問が社会の進歩に役立つ結果が生ずると思う。

和島　私達も自覚しているが、大衆の上にあぐらをかいていた、これははじめ全部はがすつもりはなかった。結果としては良かったのではないか。

三笠宮　今迄あれ丈のエネルギーがなかったから出来なかったのではないか。

三笠宮　この形を郷土史研究の形にもってゆきたい。

曾野　利用される傾向があるんじゃないか。

三笠宮　いや、利用されるんではなくてむしろ、その土地に奉仕することではなかったか。このことが今迄の仕事の中で反省すべきである。

A　今迄もこれがなされようとしたが、どうしても出来なかったが、これを果してゆきたい。

和島　この運動の中で生徒が不満のことを書いている。私は満足しない、又葺石か、と云う不満で出ている。これはやらせれば出来るのですが、葺石の処に追いやっておいてはこのエネルギーを充分に発揮出来ず、秋が来るのがわかっているのに延び延びになっていて反省させられた。

和島　又古墳で電探をやった時、一つだろうと云うことが推測され、むしろ一つとして進めていたために、セクシヨンをとらずにやったのですが二つだったので、あとで村人たちから、これは殉死ではないかと云われ返答に困った。

曾野　映画をみてこう云った専門的なことがなくて少し、

三笠宮　むしろ、啓蒙映画と考えている。

曾野　先づ埴輪の説明がない。二つの場合でも、重葬だとか、陪葬だとかが説明されていない。

三笠宮　この様な専門的説明はむしろ一般の人々にはむりなのではないか、これはこう云う仕事をすると云うことを理解することではないかと思っている。

（文責、東京支部歴史部会委員会西村、杉崎）

（『歴史評論』第五三号、一九五四年三月）

（4）一九五五年度民科歴史部会全国総会議事録

一九五五年度　民科歴史部会全国総会議事録（上）

一九五五年一一月二〇日　　於　東京・専修大学

はしがき

この議事録は、テープレコーダーが不完全なために、最後の部分だけしか録音できませんでした。したがって出席者のメモ、議事報告をのせた諸支部のニュースを集めて、ねず、林、太田の三氏が編集し、全国委員会の承認をへたものです。できるだけ議事通りに再生するよう努力しましたが、ごらんの通り不完全なものとなりました点深くおわび致します。次回から、よく努力して再生できるよう注意いたします。

五五年度の歴史部会全国総会は十一月二十日、東京其他の支部から五十名の参加をえて、東京の専修大学で行われた。午前は歴史部会報告、支部報告、歴史評論編集部の報告があり、ついで林要民科副会長、倉橋幹事長代理の挨拶があった。

午後は、議長に静岡支部の内藤氏東京支部の阪東・川崎の二氏が選ばれ、午前の報告に対する質疑応答、ついで昨年の方針、運動の成果と欠陥をめぐって討論が行われ、更に戦後十年間の活動を省りみて歴史部会のあり方についても、白熱の議論が交わされた。このあと、教科書問題、中国学術使節団歓迎、文化財保護の問題について、夫々声明書が読まれ、或は実行委員があげられ、最後に全国委員選出のための準備の手筈をきめて、午後六時散会した。

午前の部

一、歴史部会報告（報告者　林　基）

（1）全国総会を前に、本部へ報告のあった地方支部は、京都、静岡、愛知、岐阜、福井、東京などで、他に鹿児島の一会員から報告があった。

（2）組織状況、支部＝東京、京都、奈良、静岡、蒲郡、大阪、岐阜があり、福井、岡山に新しく、結成された。北海道に社会科学部会、仙台、新潟などに部会結成の動きがある。秋田はつぶれており、奈良が一時つぶれかかり、東京、京都にも問題がある。

会員数は、二百六十名から三百名に増加し、これは主として新支部の設立に負っている。

（3）活動の状況

本部の各支部の状況把握については極めて不充分である。奈良支部についていうと、そこでは「村の歴史」「一老農民の歴史」など——私達が歴史学の一大金字塔とまで評価して成果を挙げたにもかかわらず、しぼんでしまった。今年の大会で明らかにされたその理由として、活動家がそろって卒業してしまったこと、農村にばかり行って、組織の上でも孤立してしまったことがあげられる。その後体制の立てなおしに努力し、ニュースを発行して、「民科と私」といったテーマで身近かなところから積上げを行った。まだ部会独自の活動は行われていないが、ニュースの発行、国民の科学、経済学教科書の学習会をひらいている。

福岡では、歴評が二十部売れているにもかかわらず、支部が結成されていない。

東京、大阪、京都のような大支部、岐阜、静岡にみられるような中支部、福井のような小支部といった三つの型に大別してその一般的な傾向をみると、

（イ）大支部では、専門家の要求を満足させることが出来ず、このために、離れてゆく人が多く、学会から孤立している。そのため研究活動がなされていない。専門研究を満足させることと、所謂創造活動をどう統一するかという問題に直面している。一方では、労働者・農民との結びつきはつよまり、普及活動がさかんになっている。

（ロ）中支部では、堅実に発展し、創造と普及もかなり統一されているが、会員があまり増えていない所にまだ問題が残されている。

（ハ）小支部はサークル等の普及活動だけで創造・普及ともまだまだといった情勢が、あきらかにされた。特に専門研究者が少いことがあげられる。

以上三つに共通していえることは、支部は地方大学のあるところにあるのが大部分で、その他蒲郡のような専門家が居住していない所に出来ていることである。

（4）本部の状況

本部は、林・稲垣の両人によつて運営されてきたが、まだ全国委員会が確立されず、お互の連絡援助のないままになっている。したがって、歴評の発行も一個人が代行している有様で、そのため個人の学風が強く出ている向きもある。歴評の編集は、従来編集委員会が定期的にもたれてきたのであるが、今年に入ってからは、編集部（山上・林）だけでやっている状況である。

以上が歴史部会の総括だが、ここから出てくる問題として、

（一）、歴史部会の体制を立て直すには、どうしたらよいか。（二）、部会の方針、歴評の方針に誤りがあるのではないか。の二点を挙げることが出来ると思う。

一、歴史評論について（報告者　林　基、稲垣、杉崎）

①歴評の編集とその内容

さきに述べたように、歴評の編集は、ここ二・三月来編集部で検討したものを出している。とくに地方支部の報告がのる様努力しているが、まだ部会全体の動きを正しく受けとめていないように思う。又「封建社会論争」「イギリス科学の遺産」など国際的な歴史学の紹介にも力を入れる様にしている。

今迄発行された歴評の内容について省みると、一号〜十八号迄は、主として国際的、歴史学の紹介につとめて来た。

五〇年一月より復刊してからは、愛国主義、実用主義に専ら力を注いだ。五一年には、中国の学会についての紹介をしたが、不充分にしか行われず、依然として実用主義に捉われ、科学としての歴史学の成果をつみ上げることを怠ってきた。

②歴評の販売について(数字略)

一、各支部報告

京都支部(報告者、池田)＝五一～五二年の春にかけては、大学院の学生クラスが主となり、社会構成史大系の読書会をやって、会員は二〇人から六、七〇人に増えた。五二年春から今年春まで、紙芝居「祇園祭」を製作し、人員は水ブクレに増大した。しかし、彼らを労農に直結させねばならぬという集った人々のエネルギーを労農の間にひきまわす(農村工作)ことにより減少した。五二年の夏休みに農村に対する文化工作に力を注ぎ、読書会で伸びた大学院の学生、一般学生層を性急に農民と結びつける政治的引き廻しがあった。そのため離れてゆく会員がでた。一方、五三年の一般的な情勢は、学問に個別的な研究サークルが続々と生れている時期であり、この情勢を把握することができず、五四年の民科の組織活動は沈滞して、ニュースが持てない状態であった。昨年春より憲法についての歴史講座は成功したが、平和運動の歴史は一回きりで失敗した。そのあと参加者による、「赤旗」をよむ研究が地道におこなわれた。小さな研究会が続出したが、会員・研究者を満足させ得なかった。「一月草案」は民科をますます孤立させるものとした。四月、新委員会で検討した、どうしてこうなったか。その理由として①委員会の引廻し主義、主観的なおしつけ、会員の要求をうけいれない。②研究方針の悪化——役に立つ研究会のみ求める。③国民的歴史学についての理解があいまい。自信がもてなかった。この破たんをもたらした原因は、五二年以後の創造と普及の分裂であった。普及は民科で、創造は日本史研究会でという考えをもっていた。以上の沈滞した活動を軌道にのせるために、①先ず学内の研究サークルに自由な発言の場を与え、機関紙に投稿してもらうことを決めたが、うまくゆかなかった。②「経済学教科書」を中心に十年間の諸成果をかえりみて、各社会構成体毎に例会をもち、大学院以上の研究者層八〇人程を集めることが出来た。この事は、皆の要望に応えることが出来たという点においては意義がある。しかし、学生の参加が少い。研究会の内容がむずかしいという不満、大学の先生の参加が少ないという欠陥がある。当面する問題——民科の組織について云えば、先ず研究者層を基礎に組織しなければいけない。一部には日本史研究会と一緒にやれば、民科はいらないという民科不要論も出ている。民科の活動はすでに諸学会でやっているから、解散して会員がそれぞれの学会で活躍すべきだ。しかし、有用論としては、全国的組織であることを考えれば早急にそうはいえない。民科以外にたよる学会のない地方の研究者層をどうするかという問題がある。

国民的歴史学について云えば、あれは作文と云う外はなく、今迄の伝統的歴史学の成果をふまえていない。作文的だ。当否ははっきり云えない。研究活動を発展させる妨害になっている。

歴評はあまり読まない。必要なものを先に読む、歴評には学術論文一つのっていない。歴評の性格・民科がどういう形の組織原則をもつか、一般の読者層が研究者層とはなれている。歴評を一時民科歴史部会から切り離して運営してはどうか。数字的データーを明確にし、慎重な討論をすべきである。

東京支部（報告者　西村）

会員数八一名（名簿記載人員一〇〇名のうち会費を納めている人及びその予定者）、このうち専門研究者八〇%。

ここ一年をふりかえると、昨年十一月から今年三月までに恒常的な研究としては百姓一揆研究会と考古学の人々の活躍があり、例会では「日中日ソ国交調整問題」「日教組教研集会の報告をきく会」など三回、他に秩父事件七〇周年祭参加、農村青年集会への協力などを行った。この中で職場の歴史をつくる会も発足。この時期は十一月の総会を終えて国民と結びついた場での歴史学の正しさに確信をもち、それを皆のものにしようという態度でそれに力を集中してそれなりの成果をあげ例会が不活発で学問的な会を一つも持っていないことなどについて深く反省しなかった。

しかし一月、科学者憲章が出たころから反省がおこった。会員は増えず、勉強したい、方法をつかみたいという大多数の会員の要求（委員の要求さえも）が置きざりにされている。職場の歴史、村の歴史などの運動についても、民衆の生活した場でのつっこんだ研究の必要性を歴史学の一部として正しく位置づけずに、専門家を政治的に直ちにここへひきつけようとする性急さがあったこと、これらの研究の理論的未熟さなどに気づきはじめ、討論の結果四月以降、「日本社会発展史の基本問題」「近代史の研究会」を始め、又「国際歴史学叢書」の企画にとりかかった。

今後の方向①広い人々の支持を得るための努力。②創造活動を中心に据える。各分野の専問的課題就中発展法則を取りあげる。③条件に恵まれない人々の独習を助ける。④相互批判の自由、会員の意志に基いた民主的運営。

残されている問題、①従来の国民的歴史学の運動と専門的な課題による研究活動との結合。②その重点をどこにおくか。③一般にある個別的研究会と民科独自の研究活動との関係。④歴研を初めとする他の学術団体と民科との関係はどうか。

静岡支部

・古代班、近代班に分割、理由、テキストや特殊問題を取りあげた時代もあるが、昨年頃から教員学生の意見を聞いて、基本的になる問題をとりあげた。科学的に信頼出来る成果を出す。

・対策、運営委員会設置、テキスト併用（基礎的知識）ニュース

・問題点、①二班に分けて専門化するため一般の人がついてこられぬ。成果、自由民権、米騒動、社会運動、発展しない点に問題がある。②サークルの問題、結合組織的でない。労組、青年団等の関心を軽視、運営委員会の連絡活潑でない。班独立化の傾向、学問的欠陥をどう克服するか。組織的には後退していない。

豊橋（蒲郡班）

会員数、十名、現代史中心、蒲郡地区の米騒動調査――民科に入ったら便利と考えた。職場工場の実態調査、首切反対スト援助に全面的参加――報告遅れる。調査の時に、労働者からこんなことやってなににする。蒲郡における兼業農家調査織物工場労働者実態調査――今年の目標、労働者の研究に対する反問に問題点ある。

岐阜

会員数、三三名、教員一〇名、学生二〇名、その他二〜三名、実動十五名。

活動、五四年十二月結成
研究テーマ、日本近代史地方史、テキストによる研究会中心。身近の問題岐阜県の農民運動の意義を明確にし掘起す——調査、活動停滞、夏休み調査、全会員参加していない。調査できない学生、郷里で調査——成果でていない。話を聞く会一回。小作争議数回調査報告書。日文協朝日と共同で市民講座。

文化活動。長塚節記念祭、研究会「土」本田調査報告、合評会。学生、農民運動史研究会、教員サークル、史料集める。

•問題、①散在——有機的活動がしにくい。ニュース発行。②活動家が多い。多忙のため活動阻害。③広汎な人々の参加、広汎な人々とのつながりが必要。④創造活動の方法——創造が行われていない。⑤正しい方針に基いて打開。


（『歴史評論』第七六号、一九五六年六月）

一九五五年度　民科歴史部会全国総会議事録（下）

一九五五年一一月二〇日　於　東京・専修大学

討論の方法について、（1）昨年の全国方針を討議しながら問題にふれる。（2）一番討議したい問題からふれていく（京都）の二案が出、採決して、（2）を採る。

•ねず＝各支部では、ソ連の「経済学教科書」をテキストに使ったという報告であるが、この「経済学教科書」をテキストの第一にとりあげることが、集る人を限り、セクト的にする原因と思う。ソ連の生徒のようなやり方、物の取上げ方に、民科のヤセ細りの原因がある。

•藤間＝「経済学教科書」が非常に売れたという事実、この事実の上に、この研究会は行われたもので、国民の要望にこたえることは当然である。

• 藤沢＝会員の生活の条件とせまさ、歴史サークルのほとんどが昨年など学生であって、勉強試験などで追われると集まりが悪くなる。

• 立命館大＝いままで労農サークルの方針はでているが、学生の方針がでていない。学生の方針を確立してほしい。立命でも委員会の引廻しが多く、大学の学問の成果を軽視していた点を反省している。民科の支部はつくれない。学生歴研と民科、予算をとるためで内容は一つである。それで歴研はアカデミックな人が集り、民科は実践的な人が集る位の区別にすぎぬ。歴研（学生）は部会が二〇位ある。原典にあたるという基礎的科学的研究を学生自身がやり出している。教授が労働者のサークルに出て、休講になると学生は不満である。したがってせまさを克服する条件がない。学生に対する方針が出されていない。

• 池田＝ねず氏の指摘のようなこともあるが、その前に指摘すべきことは委員会の引廻し主義であり、国民的歴史学という形で行われアカデミックな学問を軽視したことである。これを克服することが大切である。

• 静岡支部原口＝昨年の方針案は、いろいろの誤りをもっているが、その根本的誤りは知識人についての規定の誤りである。方針草案にはこう書いてある。「元来知識人は階級的には小ブルジョアジー、中間層に属し、支配階級ときわめて密接な関係をもち、従って支配階級のイデオロギーの保持者であり、普及者である。それ故、大衆行動の意義に対するあらゆる偏見、労働者階級とその組織に対するあらゆる誹謗がたえず再生産されてくる必然性がある」（笑声）「専門家は前述のようにその階級的性格からいって、国民から遊離し、敵によって利用される性質をもっているが、現在のＭＳＡ体制強化の矛盾のなかで、階級的特権を失って労働者階級に近ずき、また研究条件の剝奪や研究の自由の圧迫、さらには現在の深刻な民族的矛盾によって急速にめざめさせられている。中間層の要求も労農との結合なしには不可能であることがはっきりしている。したがってこれらの人々を国民の側に獲得する条件は成熟しつつある。われわれは民科や歴教協や歴研などに所属する歴史家だけでなく、もっと広汎な歴史家によびかけゆすぶり、国民に奉仕する統一行動に結集しなければならないし、することが出来る」ここで「広汎な歴史家によびかけゆすぶり」とあるのは、決して単なる言葉の問題でなくて、知識人に対する右の一面的な誤った規定から当然出てきたものであろう。これではいくら口で広汎な歴史家と手を結ぼうといっても、結局は自らそれをせばめ、阻止しているようなものだ。

•石母田＝せまさの問題は思想的に根拠があるので、やり方だけの問題でない。思想的に根拠をつきとめる必要がある。

•藤間＝狭いといわれたものをよくみると、創造的でないことである。（百姓一揆―マンネリズム）創造の面が欠けていて普及のみである。これがセマサを作っている。方向のみ正しければ大衆はついてくると考え大衆に対する魅力を欠いている。

•宮川寅雄（非会員）＝会員でないからかえって民科のもつ欠陥を指摘できる。客観的にいえるのではないか。

　創造できない状態に民科があった。それが問題である。「村の歴史」「工場の歴史」以外のものは歴史でない。それは労働者万能主義である。労働者や農民の運動として正しくあったのに、民科の歴史家あるいはマルクス主義歴史家が悪くとりあげたので、小さくなり、やったことは害悪の面が多かった。指導は悪い面にひきまわし、国民の伸び上る力を阻害する悪い政治的思想であった。「国民的歴史学」は何も民科の専売でない。もっと日本の歴史学会全体をみて、すこしでも日本の歴史学を高めるようなものとは手をつなぐという広い視野に立ってもらいたい。

•藤間＝セマサの思想的根拠を云々する場合、単に一般的思想ということで討論するのは心得論になる。科学的にどこから手をつけて良いか。その場合やはり先にのべた様に創造的研究にかけ、民科会員の多角性を統括していない点が大切だと思う。

•野原（東京支部）＝知識人に対する考え、官僚的考え方、規定をたてておいてやっていくやり方、経済学教科書。

•職場の歴史＝「工場の歴史」の運動に実際にたずさわった者として職場の歴史だけが学問のようにはいっていなかった。さき程の宮川さんの指摘は当らない。社会に害毒を流した例は納得できない。取消してもらいたいと思うからもう一度発言してほしい。

・宮川＝「村の歴史」「工場の歴史」をやっているその事が悪いといっているのではない。そこから悪い面に引っぱって指導した歴評や民科の幹部に対して、それが悪いといっているのだ。歴評は「村の歴史」「工場の歴史」に相当の年月、すべてをあげてきた。このことが学界の交流を害し、歴評をみていると、「村の歴史」「工場の歴史」しか歴史でないといった思想があった。この点について本部歴評の責任者からお答えを聞きたい。

・池田＝藤間氏の今までの活動のいい点をとり、悪い点をのぞくというやり方はいい。宮川氏のそのようには受けとれないが、たしかにそういう点があった。「村の歴史」「工場の歴史」しか科学でないやり方はあった。価値判断が労働者万能主義の上に立っていた。

・ねず＝藤間氏がいろいろな事をやったというが、そういうことは問題にならぬ。自分たちと意見がちがう人にたいして、排他的な態度をとった例として二、三あげますと歴史評論編集部では、「福貴の歴史」を史学史上の一大金字塔といったのを、井上氏が批判したために、井上氏をよびだし井戸のポンプをつけたとか、建てましたということから、井上氏をプチブルだと人身攻撃を加えた。また編集部の発送を手伝っていたある女子学生を、あれはどうも挙動が疑わしいからといってよせつけなかった。これを聞いて私はおどろいた。学問上の排他的な結果は、人間に対する官僚的態度としてあらわれた。これは非常に傲慢である。これは思想、知識、人間の問題である。自由な学問の批判のないところに、こういう人間不信があらわれる。学問の批判は自由にしなくてはならぬ。

・古島琴子＝結婚以来子育ても一段落して多少のひまが出来たのでお手伝いしようと思って部会に出かけるとすぐ「どこそこのチューターをやってくれないか」といった調子でこちらの条件を無視している。ある会員はこの為に体を悪くしてやめてしまった。

・林＝以上の指摘をきいて、本部、歴評の責任者としていたく反省させられる点がある。①は学問の科学性と階級性とを機械的に結びつけてしまい、その結果、政治主義的なひきまわしになってしまった。②戦時中実証的なやり方でたたかってきたのが、戦後新しい条件がうまれたのに、相変らず古いやり方がのこっていて歴史学の理論と方法を深めることを怠り、具体的な問題に逃げてしまった。③国際的な歴史学の成果のうけとり方が不充分であった。④「村の歴史」「工場の歴史」については、これを充分科学的に深める指導をしなかった。これからはこの理論ずけを自分の仕事としてやることが批判に応える道だと思う。

• 西村＝当時の思想、理論がそのようなものを生み出したので、今は申訳ないと思っています。

• 野原＝今の問題は奈良支部の大会の時の全国総会の議事録の中の誤りと関係あると思います。

• 守屋＝私経済部会の者ですが歴史部会に関心を持っているので一言します。今のべた問題は歴史部会に限らず民科全体にあった共通の問題であった。他部会も自己反省をされていない。戦前では敵と真正面に戦って理論を高めた。戦後十年は個々の部分は高まったが全体として高まっていない。正面の敵と取組んで理論を高めることがネグレクトされた。その誤りが労働者万能主義を生んだ。個々の活動が民科に結集されていない。個々の活動が民科の活動であろうか。会員が民科の会員と自覚して活動しているか疑問である。創造の活動が民科を場として行われているか反省されるべきである。

• 立命館大学生＝昨年の全国総会直後、立命館の学生はすぐ反省会をもって総会の言動の誤ちを認めて、その旨を本部に送ったにもかかわらず、総会の議事録にも訂正されなかった。そのため相手側からも誤解されて大変迷惑している。今度はそのようなことのないよう、議事録をのせる前に、ゲラ刷りを送ってもらいたい。

• 宮川＝今の学生の発言にも本部は答えていない。支部が本部に不信をいだいている。ことは言論の自由という大事なことである。発言したくても曲られる恐れのある所では、自由の発言はない。学問の自由、学問に対する尊敬、こういったものから民科の活動も出発してもらいたい。

• 林＝今日はそういうことのためにもこの通りテープ・レコーダーを用意して来ている。

• 池田＝宮川氏は誤解している。改ざんされるおそれなど毛頭考えておりませんから。

• 「職場の歴史」からの発言＝一月草案について今迄誤りが指摘されたが、その責任は常に起草者のみに帰せられているように思う。しかし、今日迄積極的に問題提起しなかった点こそ私達会員は反省しなければいけないのではないか。

•石母田＝①国民の歴史学が学問の発展を阻害している点（京都）について、運動のひろいひろがりの中で単に学者の損得の問題でなく、「村の歴史」「工場の歴史」は学問と大衆が始めて結びついたということ、科学運動が始めてでたという点で、高く評価しなければならないと思う。戦後、国民と結びついて科学がつくられたのははじめてであり、運動としての発展や拡がりも広い。――母の歴史、製糸労働者の歴史の問題も民科のなかばかりでなくせまさを脱却して拡がりの中で運動をみて行く。②「職場の歴史」の参考資料の中に労働者のサークルの方からの提案がある。即ち「我々は、職場のいろいろの問題を歴史で解決したい。しかし歴史部会にすべてぶっつけたら、それは誤りだろう」と書いている。職場の人々もここまで進んでいる点もあるので、いろいろな側面を冷静に考えて判断する必要がある。

•池田＝国民の歴史学の当否については判断出来ぬ。卒論の合評会で研究の対象になる論文は、史学雑誌が多い。そして歴研や歴評はとりあげられていない。

•議長＝国民の歴史学についての誤り、そのなかで出て来た方法などについて。

•石母田＝日本史が問題になっているが、西洋史東洋史の人からの意見をききたい。

•西島（福岡）＝国民的歴史学といっても日本史に限られていて、西洋史ではどう手をつけてよいかわからない。西洋史の問題として支部はつくったが国はちがい時代もちがう。皆、自分の深く問題にしていない問題はやりたがらぬ。共同研究がやれるのは、大学に入りたての、専門のきまっていない時です。手段、支部は何にもならぬ。

•静岡支部内藤＝「工場の歴史」特集号は、静岡支部の場合とてもよく売れそれも主としてサークルの人に大変喜ばれた。しかしその売れた原因をみると面白いということ。それも文学的な面白さで歴史的なものつまり発展の中で今日につらなる問題を提起して教訓を与えるといったものでない。だから民科の中ではむしろ不満の声が多かった。このズレをどう考えたらよいか。このへんに問題をとく鍵があるのじゃないか。

•林＝最近の反省から専門家をどうするか。加波山研究をはじめて、それを各地の人々と連絡してやりたい。静岡の人と連絡、資料交換、そういう孤立した研究者との連絡をはかる。そういう仕事の強化で組織的なつながりをもってゆきたい。

●池田＝孤立した研究者とのつながりは歴研でも出来る。民科の組織が討論されねばならぬ。

●西島＝ロシア史の横のつながりを進めると、地域的サークルの発展がない。

●石母田＝準備委員会で出て来たことは組織的に研究者を対象とする意見だった。学生の場合、学歴協というちゃんとした組織があり、それを民科が援助すれば良いという考え方である。

●阿南＝研究者中心―独自活動がどの分野で行われるか。国民的歴史学は、国民の各階層を含めた活動である。歴評は民科の立場で正しい科学の成果を深めて、他の雑誌と相互批判を深める。専門研究は従来の成果に学ぶ。加波山事件の成果で、ロシア革命的民主主義の成果に学ぶ。でないと誤のうらがえしになって研究室にとじこもる。

●池田＝民科の独自活動といって従来はちがったが本質的に史学雑誌、歴研と違うのか。

●阿南＝本質的にちがうのではない。加波山の如く国民のつながりを深める中で出て来る今までの活動の中から方向が出て来る。

●池田＝本質的にちがわぬなら、何故独自の組織がいるのかわからぬ。京都で会計をやっているが非常にしんどい。何故会費をはらってもらえるかというと、「私は歴評はもうとっくにやめてしまった。しかし民科不要論が出ているのは非常に困ったことだ」といわれた。そこに私は、その先生の会費をはらっていられる気持がうかがえる。民科という全国的組織があることについての評価、そこから民科は考えてやっていかねばならぬ。民科がなくなって良いとは思わぬ。しかし本質的にちがわぬなら、歴研と一しょにやって行けるのではないか。

●守屋＝民科の中でも、民科が何をするのか迷っている。歴史部会の中でも過去に非常に大きい仕事をした。民科のせまさの為にはみだして、歴研がその役割を果している。場合によっては、民科と歴研の活動が一しょになる時もある。民科はもっと大きな仕事をなし得るのではないか。民科の本部の活動をどうすべきかによってきまる。

•倉橋＝京都の人は守屋さんと違う角度で出している。①民科の今までの活動、民科の中でやらねばならぬのは何か。②科学の創造は何を意味するか。狭い意味の創造で、民科の創造が支えられているのではないか。国民の科学以外の面が入る必要があるのではないか。それによって役割が出て来るのではないか。全科学の発言が必要となる場合がある。それをすすめて行くために、専門科学者、日本全体の科学者の協力が必要である。

•内藤＝民科の存在理由があるかという所まで行くとせまいという根本的欠陥を指摘しても成果、例えば月の輪などでも民科の活動する地盤が広く築かれたのではないか。それを事実として確認する。教員、青年団の人が科学研究者としての資格をもってきている。そこに民科的なものが事実としてある。安易な方法があるのではないか。「職場の歴史」は労働者には喜ばれたが、民科会員は歴史でないと批判的であった。科学的興味で売れたわけではない。会員と大衆の受取り方に相違がある。このズレをどう考えたら良いか。この辺に問題をとく鍵があるのではないか。昨年以来、民科の科学的水準は高められなければならぬという考えは、学生とうまく行かず対立してしまう。歴評に教育学部学生が近江絹糸の問題を書いたが二、三人の人が中心であって歴研の活動でなかった。成果として広くよまれた。文理学部歴研は対抗して三保の藤五郎をやることになった。私は、はじめからチューターとして参加していたのに、私が知らぬ間にまとめられて発表された。清水の高田君の藤五郎の論文に則って古文書を整理して一本筋を通してまとめる様に指導したのに対し、さけて安易な方法でまとめ、歴評（歴研でなく）に出した。近頃は話し合ってわかったが一般に学生が学問に対して安易な考え方をしている。

•蒲郡＝外国の文献・書類を中央から地方に廻してほしい。

•杉崎＝歴評の仕事が多いのにもかかわらず事務に分担がない。誌代滞納整理に当然現われ手間取る。今日歴評は一〇〇いくつの図書館、大学に入っている。その機関誌が交換で来ているがとっておく程度で利用方法が考えられていない。全国委員会、編集委員会があれば良いが代行機関として東京支部が行っている。歴評の財政については財政機関を作ってほしい。財政監督が必要である。

•渡部義通＝運動が国民の間に発展していた点が成果である。これは労働者、農民の要求、発展の必然性からくる。科学者が協力する。これは問題の第一面であって、それのみが科学の方向だという考え方が一部にあった。全体としての科学方向は歴史全体との関係で捉えなければならぬのに、そのためルポ的になり、生活記録になり、専門研究者が「歴史でない」といって了解を得られぬ状態であった。第二面　科学運動は進歩的な科学者＝民科に当然であるという考えが特に運動家にあって、専門家を遠ざけた。「村の歴史」「職場の歴史」そのものがまちがっていたのでなく、それのみが科学であるという誤った考えが、問題をここにもちこんだ。これを、すべての誠実な科学者に要求するのはむりである。すべての科学者にこうあるべきだと押付けるのはよくない。民科の役割を民科に入った人の役割としたのが間違い、これが根本である。民科的学問は何か、それがなければ歴研と同様であるから、解消してよいという問題こそ重要である。「村の歴史」「職場の歴史」を発表させるのは結構でやるべきであるが、これのみが有力であって、これで組織すると考えてはならない。

•京都＝民科の積極的意義はないのじゃないか。京都では創造活動は日本史研究会で、普及活動は民科でといった状態にある。戦後の混乱の中で逸早く科学者を結集したという点で民科の意義があったかも知れないけれど、現在学会は整理されてきている。

•守屋＝民科の意義はある。現在必要なことは具体的な民科づくりだ。

•東京支部（渡部）＝①「村の歴史」「工場の歴史」は、はじめて歴史が大衆と結びついたという点で大きな成果だった。しかしこれを充分に高めなかった。そこに今後の問題が残されている。②又、「国民的歴史学」それだけが正しい唯一の科学の方向ではない。全科学の分野で日本民族の文化を守り育てるという観点から省みる必要がある。③科学運動をしなければ科学者でないという性急な押しつけをやってはいけない。この事が対立を生んできた。自分が科学運動を一生懸命やっているといって、これを他人に押しつけてはならない。④民科の組織に積極的な意義があるかどうか、今すぐには私にもわからない。もしそれが不用のものなら、それはその時潔ぎよく解散したらよい。民科は戦後十年、全科学分野の唯一の科学者の組織体として困難の中でよくその役目を果してきた。学会が整理された今日民科の役目は終ったかに見える。しかし民科の独自の活動は残されており、自から新しく切りひらいて行くものだと思う。

•川崎議長＝①昨年の方針にあらわれている知識人に対する規定が民科の誤りで思想的根元である。反省としてマルクス歴史学の把握の誤り、理論的低さが出てきた。②民科は科学者の組織体であるが是をどうすすめ、どう組織するかの不一致がみられ裏返しになる傾向が出てきた。何れにせよ成果を土台としないでは活動が発展しない。国民と結びついた研究の内容を深める。「村の歴史」「職場の歴史」の反省、位置づけがまだ不明確である。補足①せまさの思想的根元はどこにあったのか――克服　どういう役割があるのかについて相違がある。学生が、研究のぶつかっている問題の困難な条件の中で、サークルが出来ている。どういう人を組織するかが残された問題である。

•渡部＝どういう人を組織対象とするかが問題である。書記局でも明確な結論はでていない。地方でも常に討論し、中央と地方の意見を交換させることを明確にする。

•ねず＝歴評編集委員会が議事録を歴評の何ページかにのせ討論の結果を掲載せねばならない。

•宮川＝民科のみが科学を発展させるものでなく、日本の全体の中で学問を発展させるよう問題を提起することである。

（次に討論された議題をかかげておく）

一、全国委員会の選出

全国委員会の選出母胎として、選考委員会をもつ事。東京支部、幹事、評議員に計って定める事になった。この間ガリ版のニュースを発行して、暫定的な連絡をとる事。

一、教科書問題（報告者　松島栄一）

いわゆる民主党の「教科書問題」に対する声明書を出し、これを準備委員に一任した。

一、中国学術使節団歓迎（報告者　守屋）略

一、文化財保護の問題（報告者　和島誠一）

イタスケ古墳を守る署名と募金のカンパニヤ声明書を出すことに決めた。

(以下民科の今後の活動方向をめぐっての討論の録音記録から)

●議長＝それはやはり民科の今後の活動上の問題であって、今の民科……民科独自の立場あるいは独自の活動そういう点について、大体今までの活動というものを考えた場合に、しかしそこに両方の本質的な違いを認めて(不明)私達がどういうふうに考えてよいかわからないと思います。違うといった場合どこが違うのかという点が、本当にどこがちがうのかという点が、いいですか本質的に違うといったのではないです。その点は、つまりたとえば、われわれ……研究会の場合ですね。つまりあの……が……に取上げゆくなかでやはりそのこうしてやってきたわけです。そうゆう中で、いろいろの事を学びましたし、いろんな史実も明らかになってきたわけです。そうゆうことはやはりあの中に入って行き国民的結合を深めることによってのみなされたことではないかと思います。でそのことはまた……ではないかと思うんです。けれどもそういう場合、あのやはりあの特に民科が今までかかげてきた国民的な歴史学を、そのまあ、具体的例として村の歴史とか職場の歴史とかとりあげてきたわけですが、そういうなかで出て来た問題をですよ、それを歴史学の問題として深めて、そしてみんなに納得のゆく、所謂あの京都の方のいわれるような論文というとおかしいですが、まあそういうまとまった形で出して行けばですね、やはりあの歴研の方々のやられてきたものとですね、当然そこにはいろいろの相違が出て来ると思います。そこで相互の批判が適当な形で行われて行けば私はそういう歴史学の発展に何らかの貢献をなしてゆくと思います。そういう点で本質的にちがっているということを問題としているのではなくて、むしろ今までやって来た民科のそういう活動の中から、何かそういう方向が出てくるんじゃないか、そうでないとなにかもう民科というものはいらないということになりかねないし、それでは何か自分自身としてもはっきりしないという、そういう点で出したんです。

●　＝おっしゃることはわかるんですが、本質的にちがわないとするならば、直ちに承ふく出来るというわけではないんですが、けれども本質的にちがわないとするならばなぜそういう問題について特に民科という独特の組織を必要とするのかという点をもう少し……わからない。

•議長＝今出て来ている問題は大事な問題ですね、民科をどうやっていくかということについては、いろいろのなやみも各支部であると思いますし、その点をはっきりさせないことにはどうやっていくかわからないんですからもう少し……

•池田＝一寸話ははずれるんですが、私京都で会計の仕事をやっている者です。それで一月から二月にかけてかなりの会費が集まっているわけですが、会費をとる場合、非常にこの何んというんですかしんどい訳です。月四十円、なかなかその毎月集められないんで、一ぺんに二百円位とることもそういう事態があるんです。その場合、会員の方々が会費を払わない理由なんですがなぜ会費をはらっていただけないかそういうことなんです。その点についてある先生の話なんですが、これは会に直接関連した話ではないんですが、これも大切な理由として挙げられると思うんです。会費の払えぬ原因としてこの先生はこういうんです。「歴史評論などはとっくにやめてしまった。歴史評論よりも日本歴史の方がまだ読める」そういうふうに云われるわけなんです。そしてしかしながら、最近どうも民科のそういうようなことや、あるいはごとうさんのいわれた脱退するというような話まで出て来ているが非常に困ったことだ。……のような形で民科のうるうべき傾向について非常に大きな不安を私にいっておられるわけなんです。この同じ先生が。そこに僕はこの先生が会費をはらっておられる理由というものを考えたいと思います。ですから、その先生のように民科の歴史部会のいろいろの活動それ自体については、特に積極的な反応を示されないで、むしろ民科という歴史的な組織であり……的組織であり、そして同時に、そういう点ですね、そういう点についての評価というものが、やはり民科はそだてて行かねばならない、そういう形で会費を納められるのであります。そういうふうなことを私この先生について感じた訳です。そういうふうなことで私考えているものですから、つまり特に民科独自の学問として育てて行く、その他いろんな形での伝統あるものですからそれだけに民科というものはなくなっていいものとは決して思いません。民科がなくなっていいとは思いません。しかしそのうえでなおかつもう一つのことですが、民科的な学問ということで、その学問というものはそういうような差をつけていくべきものなのか、それよりむしろ本質的にちがわないとするならば、同じものとして一しょになるとして即ち民科のするべき民族的学問というものは歴研的なあるいは史学雑誌的な学問と、さらにより一層発展させるために、一しょにやって行けると思うんです。そこで民科的な学問、史学雑誌的な学問というふうな立場のちがいといったものをこしらえるべきじゃないか、とそういったことを感じるわけです。

•議長＝この問題ですね。例えば文学の人々なんかですね、いわゆる国民的歴史学といわれた場合に非常に当惑された方が多いと思います。ではどういうふうにしたらよいのか……あるいは古代だったらどうしたら良いのかというそういう問題がたくさんあると思うんです。こういうことで例えばあの……の問題かこういった点が……どうしたら良いかという問題が出たら例えばこうしたら良いんぢゃないかと、そういう点がありましたら出していただきたいと思います。村本さんおられましたら出して下さい。

これから全国的な問題、学術的な問題について、教科書問題、学術交流の問題についての議題がありますが、もうすでに四十五分ばかり時間が超過しておりまして、まだ問題はたくさん残っておりまして、これからどうしていくかということにつきましていろいろ……などいわれた……どうしたらみんなと一しょにやっていけるか是非やりたいと思いますが如何いたしましょうか。

•倉橋さんにおたずねしますが、では民科というものが何をやる団体であるかということは、歴史部会ばかりでなく、いろんな部会でも問題になっています。支部の状態についてもある所ではすでに民科がなくなっている所もあります。個々の支部、小さな支部と東京支部のような大きな支部をくらべてみますと、支部内容が全くちがっている。そこで問題を民科の歴史部会だけにかぎってみますと、民科の歴史部会だけは従来非常に大きな仕事をしてきたと思う。この点は民科の歴史部会をここまで発展させた部会の有能な一部の先生たちのやって来たことではありますが、同時にその成果を民科自身がせばめてきたために、民科のそとにはみ出しまして、それが歴研の方へうつって行った。民科が元来やるべき仕事を歴研の方にうつって行ったんではないかと局外者がみるとみえるんではないかとそういうふうにみえるんで、そこでこうすっかり手を拡げてしまったために今さらどうすることも出来ない。そういう形があるんではないかとそれが感じられるのです。しかし、元来民科の仕事というものは、やはりさき程から論議されているようにおもに学問の創造を中心として発展しなくちゃいけない。さらに創造という活動は、単に学生の或いは若い研究者の創造だけでなくてみずから……と考えられた人々の学問もまた、世界的水準からみれば非常に低いと思いますので、創造活動もまた民科が、その環になって行かねばならぬと考えるわけです。そういう活動の場として民科がもう一度再建し、場合によっては民科の活動と歴研の活動が一しょになることもありうるかも知れないけれども、しかしその場合でも民科の場合において一つの特徴点は、活動が単に歴史部会だけでなくって、他の部会たとえば、経済部会、法律部会、政治部会と一しょにやられるとなりますと、その相互の横の連絡というもの、あるいはまたその……での活動の問題で、民科はもっと大きな仕事をなしうるという可能性があるのではないか、その成果を広く一般の人々にもってくることは出来なくても民科というもののもっている非常に大きな役割があると思います。したがってこれからこの民科の今後の活動をどんなにやるかという具体的な点につきまして問題を深めたいと思います。

•倉橋＝今両者から……あったんですが、私は京都の方のいわれた問題それとは一寸ちがうのですが……そういうことは規約上の問題のことだと思います。つまり……

•議長＝……大体この辺で討論うち切りたいと思います。今までのことを簡単にまとめて行きたいと思います。であの、いろんな問題が出まして、よくまとめた形では出せませんけど簡単に要約してみますと、第一にはその昨年の方針にあらわれているような、民科の知識人に対する態度にはあやまりがあるということが出て来ました。今までそうしたあやまりが出て来たのは、思想的なものがありはしないか……例えば労働者農民ということについては、戦前の役割を軽視したという批判、反省が出て来た。更に今までの民科の中心となって来られた林さんからの反省として、今までに生まれた歴史が従来の歴史学の把握についてあやまりがあったということ、理論的に低かったということが出された。第二には、民科のとってきた……そういう問題を中心に……こういう問題が次に出て来まして、民科は科学者の集りであることが出されまして、ではどういう点で民科がこれから研究を深めて行くかそしてどういうふうに一しょにやって行くか、それが……こういう問題が出まして、それは今までの討論では充分に一致したというところまで行っていないように、私は考えますが、例えば今までの民科のやってきたような「村の歴史」とか「工場の歴史」とかいろいろの人がやって来た。しかしながら、それがみなまちがいだったといううらがえしになる傾向が出て来るんではないか。今までの活動の成果の上にふまえて、要するに科学的に高められなかった。私は科学的なみ方考え方そういう反省の上にそういう成果を土台としながら今までの民科の活動を土台としないでは今後の民科というものを発展できないんではないか、即ち私達は民科の立場としてはやはり民科の独自の活動が必要ではないか今まで国民とむすびついて出て来たような研究の内容そういうものをもっと理論的に深める。そこに民科の特殊な活動がある。それでは民科の特殊な立場というものはあるのかないのかという問題がまだ残されているのでありまして、そういう点でこれからこの問題はだんだん深め、いろいろの話合いの中で先生や会員の方が納得しなければならない問題として残されている。そういう中で今までの「村の歴史」のあるいは「職場の歴史」についての反省が……いろいろの方、その他いろいろの立場で出されたと思います。それについては大体くいちがいがないのではないかと思います。只それを土台としてどう発展させるかという具体的なこれからの活動についてはまだはっきりとした結論は出ていないわけです。

全国委員会

以上議事録を掲載しましたが、これは非常に不完全なものでありその為各支部に先般プリントでこれを送り修正、補足をお願いしましたが現在迄に静岡支部の方から修正されたものが返された丈です。今後も修正、補足がありましたら送って下さい。補足訂正を次号でいたします。

(『歴史評論』第七七号、一九五六年七月)

(5)『科学者の道　研究資料Ⅰ』「党員歴史家の当面の任務」

一九五一・四　党員歴史家会議（草案）

一

党員歴史家は未曾有の歴史に当面している。われわれに課せられた使命が、今日ほど複雑かつ困難な条件のもとで斗われる時代はなかった。

われわれは党が指示する急迫した内外情勢についての正しい判断と、そしてそれにともなう当面の斗争任務を持つている。われわれの斗争は現にソ連、中国をはじめとする世界の平和勢力の一環としてその支持と期待のうちに斗われている。それは要するに、内外反動勢力が日本を基地として行う朝鮮への干渉に反対し、第三次世界大戦の危機に抵抗して戦火の波及を防ぎ止め、「平和と独立の全面講和」を斗いとることである。それは八一五いらい占領下にあるこの民族を内外反動勢力の手から革命的に解放する大斗争によつて実現される。そのためにこそ、プロレタリアートの指導のもとに愛国者の大同団結である民主民族戦線が拡大強化されねばならぬのである。

われわれはまづ何よりも人民大衆とともにプロレタリアートの一要求としてこの大斗争に参加せねばならない。これがわれわれの基本的使命であつて、党は党員歴史家の一人一人に所定の隊伍につくことを求めている。

けれども、党員歴史家には特殊化された独自の使命がある。それはいうまでもなく、内外反動勢力が駆使する文化反動と斗うことである。歴史学の領域では文化反動はおおまかに見て次のような勢力によつて行われている。

敗戦によつて破産した絶対主義官僚、教壇の史学は内外反動の手厚い保護によつて再編成された。彼等は実証主義と銘打つた虚偽の論証によつて、この民族から進化と革命の伝統を奪い、帝国主義の植民地支配を公然と謳歌している。しかもこれを軸として、間接的にこれを援護する植民地街道の無数の掃除人夫が作られている。その一群はブルジョワ革命に賛意を表するかに装い、この国の立ち遅れた諸関係は攻撃しつゝ、かえつて帝国主義の支配を合理化しようとする近代主義者達である。彼等は小ブル的な自由を強調して、あらゆる人民の組織を妨害し、ブルジョワ革命をすら流産に導いている。またほかに、階級的な観点を見失つて形式的な構造論を振りまわす社会民主々義者の一群がある。彼等は革命を戯画化して、党と指導的階級の役割をねじまげ、党の指導下にある大衆をだまして、これを内外反動勢力に売り渡している。この両者が今日帝国主義の忠実な召使であることはそれが教壇の中心勢力であるのを見ても明らかである。

われわれは、彼等が内外反動勢力にあやつられて、人民大衆に挑みかゝり、人民奴隷化と民族の破滅を導きつゝあることを曝露しなければならない。そうすることによつてのみその影響下から人民大衆を解放して、これを党の指導のもとにおくことができる。植民地支配、軍事基地化、新なる掠奪戦争に反対し、全面講和、平和と独立の斗争に人民大衆を動員する科学の樹立こそは当面の急務である。

すでに党は「斗いは人民の信頼のもとに」のスローガンを掲げ、民族解放と人民革命の先頭に立つて斗つている。これは、いうまでもなく地域人民斗争を足場とした民主民族戦線の拡大発展によつて勝ち取られる。だから、そのうちにプロレタリアートの指導権を確立し、労農同盟を組織するために、党員歴史家として出来る限りの努力を尽さねばならぬ。

また、この革命はソ、中をはじめ世界の平和を愛好する民主勢力の一環として、国際独占資本の支配とその戦争政策に反対して斗われている。われわれがこの革命に参加することを通じて、日本人民の創造的な歴史学を樹ち立て、それによつて世界平和勢力との提携を深めることは、また重要な任務である。

われわれがこのようにして内外反動勢力の前に立ちふさがり、その野心を打ち砕けば砕くほど、彼等の弾圧はますます兇暴化するであろう。すでに、彼等はわれわれの願望の高さと実力とを恐れるが故に、職場、学校、研究機関から追放し、研究発表機関を奪って非合法に追い込もうとしている。そして、間もなく言論、思想、発表の自由は帝国主義者およびその召使達の自由を意味することになろう。いまでは労働者階級の支持がなければ、これを喰い止めることも、攻勢に転ずることもできない。幸いにして、われわれは過去三〇年の歴史が築いた組織と伝統をもっている。われわれは、プロレタリアート中心に大同団結するすべての愛国者によって守られ、国際的な平和勢力によって支持されてのみ、如何なる敵の攻撃にも屈せず、妥協のない斗いを強化することができる。

われわれは党の内外情勢の判断と戦略戦術に忠実に従つて、党員歴史家に課せられたこの重大な責務を謬りなく遂行しよう。「革命について語るよりも革命を行うがいい」というレーニンの言葉は党員歴史家の一人一人によつて守られるであろう。

二

われわれはその幼弱さのゆえにおかした幾多の誤りを克服して、党の当面の斗争任務と諸課題の実現にたずさわらねばならない。そのために、われわれはさしあたり次の諸項を実行することを決定する。

I　学界を眼当てにではなくて、人民の中で人民に服務せねばならぬ

われわれは今まで党員歴史家の一人一人が学界で認められ、各々の業績でこれを圧倒するという意見をもつていた。これは敗戦当時なお幼弱であつたわれわれが知識としての史的唯物論をブルジョワ学界の蓄積を消化しながら急速に日本史に具体化しようとして採用したものである。そして、ブルジョワ革命を完遂するという立場に立つ限りで、広範な近代主義者や社会民主主義者をも味方に加えることができた。

けれども、それは誤りであつたことを認めぬわけにはゆかない。というのは、ブルジョワ学界を克服すると称して党員歴史家の一人一人を書斎に孤立させ、そうすることによつてこれを過大評価する習性を党内に持ち込んだからで

ある。そのため、われわれの仕事は学界の最高水準を史的唯物論の公式によつて書き改め、あるいは大衆に分り易くして宣伝することにあるかの感じをいだかせた。こうして、自らマルクス・レーニン主義の創造性を低めることによつて、近代主義者や社会民主主義者と手をつなぎ、今やそれに引きずり込まれようとさえしている。しかも、文化反動が強化され、近代主義者や社会民主主義者が人民大衆を裏切りはじめると、それが党内に著しい小ブル的な左右日和見主義の動揺をもち込んだのである。

「学界で認められ、業績で圧倒する」という小ブル個人主義的な意見は一刻も早く一掃されなければならない。われわれにとつて問題なのはブルジョワ学界における個人の位置ではなくて、民族解放の革命に立ち上ろうとする人民大衆である。われわれは先づ何よりも人民に服務するプロレタリアートの歴史家でなければならぬ。

われわれの科学はブルジョワ学界のためにあるのでもなければ、小ブル・インテリのためにあるのでもない。それはプロレタリアートを先頭とする全人民の民族独立と革命の武器として存在する。

そのような科学は、われわれが人民大衆の一人として、民族独立と解放革命の戦列に参加してはじめて確立される。そうすることによつてのみ、人民の革命的創造の歴史を身をもつて学びとることができるからである。

われわれはそのような人民的実践が鍛え上げた科学をあらゆる組織あらゆる機会を利用して人民大衆に返さねばならない。それは大衆の中で人民に服務することにほかならない。民族と世界平和勢力の歴史にかんする革命的関心を呼び覚し、民主民族戦線をプロレタリアートの指導のもとに拡大発展させるために、サークル活動、学習活動、アジプロ活動等にあらゆる形の大衆工作に参加することが必要である。

党員歴史家として「大衆路線」を歩むために、われわれの一人一人は党の基本組織につき、グループに所属して、党の指導に従はねばならない。

Ⅱ　党員歴史家としての党派性を確立する

敗戦いらいの五年の間に、われわれは無数の同情者をまわりに結集しながら、敵の陣営に対峙した配置をもつほどに成長した。

けれども内外帝国主義の駆使する敵の陣営を過少評価してはならない。なによりも彼等は巨大な権力を背景にしていること。そして官僚機構と教壇を根城にして、学術会議、日本歴史学協会その他の群小学界を駆使している。しかも、その遊撃隊近代主義者や社会民主主義者たちは商業ジャーナリズムに進出して、露骨な売国的宣伝を行つている。これに有効な反撃を加え敵を圧伏するためには、さらに鮮新な歴史家を獲得しなければならない。そして配置が強化拡大すればするほど、党内意志の統一と鉄の規律が必要である。

けれども党派性と仲間＝セクトとを取り違えてはならない。

われわれはすでに幾度か敵と味方とを判然と見極め、敵に攻撃を集中しようとした。しかもそれが十分に実行されなかつたのは、われわれの側のセクト主義を克服できなかつたからである。われわれの小ブル的な書斎主義を一掃しないで、しかもブルジョア学界を攻撃しようとすれば、われわれのそれぞれの配置で頑固なセクトに孤立するのは当然である。そして、このセクト主義は党が成長して組織が広くなればなるほど、より容易に党内に持ち込まれて、意志の統一と規律を乱すのである。このような状態でどおして敵の本質を見分け、これに決定的な打撃を加えることが出来よう。

まつたく、敵と味方とを判断するのもその敵を打ち破るのも、その配置にある党員歴史家の仲間ではなくて、プロレタリアートに指導された人民であり、その党であることを確認せねばならぬ。それはわれわれが大衆路線を歩み、プロレタリアート出身の歴史家を見出しながら、これを中心に結集して、より広汎な人民の意志を背景にして斗つてこそはじめて出来ることである。

とりもなおさず、党的確固性と党派性とは、より大きな視野と立場から、人民に支持され指導しつつ斗つている党の戦略戦術に忠実であることによつて得られる。

われわれは今まで党の行動と文献を研究する努力に欠けていた。すくなくとも、マルクス・レーニン・スターリンの文献を読むほどに熱心ではなかつた。けれども党員の教義はまづ何よりも党が現在いかなる戦略戦術をもつて日夜たたかつているかを、正しく理解することからはじまる。ことに地域における党の行動とその歴史に関する知識は、われわれにとつて一日も欠くことができない。

われわれは、党の戦略戦術ことに地域の党によつて、常に鮮新な党風になじみ、そこから党的確固性と党派性を正しく確立するように心掛ねばならない。

Ⅲ　党的実践によつて「真の創造」を達成する——研究と普及との統一

研究と普及とを二元的に考え、研究を普及よりも尊ぶ考え方は、われわれの間にも広汎に存在した。

これは、われわれが過去の業績を摂取しようとして革命的実践から離れ、書斎にこもつたことが原因である。そして尊い研究は自分の書斎で、普及は商業ジヤーナリズムの汚れた手でといつた観念を無意識のうちに身につけたのである。それによつて得られたものは、孤立した書斎が生み出す、左右の日和見主義と、末梢的な事実の穿鑿と、マルクス・レーニンからの借り物の範疇論だけであつた。

それでもなおそれが通用したのは、われわれが権力に附属した施設を自由に利用でき、その成果を存分に商業ジヤーナリズムに発表できる間にかぎられていた。けれども、今日では、非合法でなければ権力の施設を使用できず、奴隷の言葉によらなければジヤーナリズムを利用できない。われわれが階級的な良心を貫こうとするかぎり、これを二元的に考え、書斎の研究を尊ぶのでは、一歩も前進できぬ状態が近づいている。

そして、それを克服する道はただ一つ、われわれが書斎から出て、本来の党員歴史家に帰ることである。研究と普及の統一を人民の歴史家としての党的革命的実践のうちに見出してのみ、われわれはさらに前進することができる。

(独自の研究普及の手段の創造については六項参照)

それについて、われわれはブルジヨワ実用主義とプロレタリア実用主義との区別を判然としておかねばならない。普及を商業ジヤーナリズムに依存して卑しめたことから、当面の斗争に役立てるために書かれた業績を、無差別に実用主義と称して排斥する傾向があつた。実用主義というのはもともと斗争のためにブルジョワ科学の成果をそのまゝ引き合いに出すやり口を言うのである。けれども、その成果といえども、これを党的革命的実践のうちからプロレタリア的なものに鋳直すならば、それは直ちに人民大衆に訴え、これを指導する党的科学の普及性をうるであろう。まして党はつねにプロレタリアートを先頭とする全大衆の斗争と革命を指導したながい経験と歴史をもつている。党のみが、そして党の戦略戦術に誠実な党員のみが、ブルジヨワ実用主義とは質のちがつたプロレタリア的実用主義を確立しうる。

「真の創造」とは党的革命的実践に役立つ一切の研究である。

いうまでもなく、われわれはマルクス・レーニン主義の学説をもつてはいる。けれども、毛沢東の「実践論」もいつているように、人民大衆の革命的実践のなかには必ず弁証法的な歴史的思惟をともなつている。われわれはまづ人民の中でこれに服務することによつて、大衆の数ヶ年にわたつて蓄積した斗争と革命の方法に学ばねばならない。これが、われわれがマルクス・レーニン主義の学説に近づく第一歩である。

大衆の方法から創りだされ、党の当面の斗争の任務と課題を解決するに役立つものであれば、素人のアジ・プロ的な教草の歴史叙述であつても、比類なく高い創造である。われわれはそのような無数の創造的成果をマルクス・レーニンの方法によつて秩序立てなければならない。そして、それをさらにプロレタリアートを中心とした人民大衆の成長と革命の方向に応用することによつて、より具体的な歴史の体系的把握に到達できる。かりにどのような体系的著述であつても、当面の斗争と革命の武器とならぬようなものは、創造的でないばかりか科学ですらありえぬであろう。

党の戦略と戦術に従つて、たえづ現実の斗争と革命に参加して汲みとる新しい認識によつて豊富にされ、具体化されて、われわれの科学は成長する。そのような観点に立つことによつてのみ労働者出身の歴史家を謙虚に育て、これをわが陣営の中心に迎え取ることができる。そして、また如何なるものであれ過去の業績は斗争と、革命の過程にプロレタ的なものに鋳直され、マルクス・レーニン主義的に統一される。その過程にわれわれを中心としたより広汎な歴史家の統一が可能となるのである。

Ⅳ　当面の研究課題は、「民族の独立と解放」の方向で選ばれる

過去五年間の斗争をかえりみて、われわれがもつとも成果を収めたのは「天皇制廃止」の戦略スローガンによつて戦線を張つた時であつた。まだ幼弱であつたにもかゝわらず全員結束して相当広汎な党外歴史家を動員することができた。そして、外国の示唆になつた反動教科書「くにのあゆみ」さえ撤回させたのである。それはほんの一例であつて、ブルジョワ民主革命の完遂のために多角的な問題をとり上げて斗つた成果は大きかつた。

また一昨年からは十七中委の決定に従つて、「国家権力の問題」を取り上げたが、それは党外大衆団体にも採用され、今日相当の成果を収めている。ことにそれに関連して地方権力斗争を訴えるための農民斗争の研究は、地方の研究者を刺戟して、漸く自主的研究を生み出すところにこぎつけている。

そして、この二つの研究は、われわれがそれを発展的に継承して、内外反動勢力の全一支配と民族危機に対する斗争の研究に進みうる研究諸条件を準備した、それは偉大な成果であつたと言はねばならない。

けれども、こゝに内外情勢の変化とともに、幾多の反省点が生れたことも見逃してはならない。

まず第一に眼につくのは党員歴史家の内外情勢からの立ち遅れであつて、これは党の指針や行動の研究不足が大きな原因になつている。たとえば天皇制の研究にしてもたんにブルジョワ民主革命を完遂するというだけの観点に立つとすれば、今日では近代主義と馴れ合う舞台とはなつても、内外反動勢力には有効な打撃とならぬからである。また国家権力の問題についても、何時までも占領下に平和革命が可能であるとする観点に立てば、今までの分析的な構造

論を克服することは困難であろうし、民族独立と人民解放に役立つ研究はなおさら出来ないであろう。

そして第二に、それらの研究をつうじて大きな二つの対蹠的偏向が現れたことを見落としてはならない。それはこ とに、内外反動勢力の支配が軍事ファシズムの形態をとるに至つて著しくなつたものである。その一つは「生産力史観」ともいうべきものであつて、下部の経済構造を図式化してその推移は見るけれども、革命的階級の成長と隆起を権力との関係で正しくとらえない。これはマックス・ウエーバーに系譜を引く小ブル的な社会民主主義史観である。今一つは世に「窮乏史観」と呼ばれるもので、支配階級の収奪と窮乏大衆の叛逆は見るけれども、指導のない蜂起による革命を賞讃する。これは羽仁五郎によつて代表されアナーキズムに通ずる左翼小ブル史観である。この二つの傾向は逃避的な小ブル史観の両翼であつて、われわれの研究を内外情勢の変化とともに発展させることをつねに阻げている。

われわれはこのような偏向を克服して情勢からの立ち遅れを急速に取りもどさねばならない。それには天皇制および国家権力の研究成果を現在の情勢のもとで党の戦略戦術に従つて具体化することが必要である。こゝに、「民族の独立と人民革命」をとりあげるのはその当然の発展としてであることを忘れてはならぬ。

この課題に答えるために、われわれはたゞちに全員一致して研究にかゝらねばならない。そうすることによつてのみ、豊かな研究分野と方法の発展が約束されるからである。それについて、われわれは幾つかの改善点を省みることが必要である。

まず第一に、われわれは民族解放と人民革命を遂行するために日本人民の歴史家である自覚をもたねばならない。人民大衆のうちに民族的自覚を高め、その愛国心を強め、これを民族独立と社会的解放の意慾に転化することが、われわれの最大の使命である。洋の東西を問わず、民族的英雄、民族意識や文化、外部民族と日本民族等の問題が、この国の民族的進化と革命的伝統の誇りを軸にして研究されてこそ、この課題は正しい方向に解決されるであろう。

第二に、当面の斗争と任務により直接に答えるためには、全党員歴史家の注意が日本の現代に向けられなければならない。天皇制ファシズムの崩壊とその植民地化への歴史的必然性、今日の国内反動勢力の売国的反民族的な役割、真の民族的自覚と愛国心が人民大衆の手に握られ、民族独立と人民革命が必然的帰結となることについての法則的な把握、これをたんに国内問題としてゞはなく国際的な視野において明かにすることが党員歴史家の緊急の事業である。

第三に、この独立と革命が地域人民斗争を足場にした民主民族戦線によつて斗いとられるかぎり、それに関連した諸研究はことに重要である。過去の地方的斗争の諸形態、抵抗、自衛組織、一揆と農民戦争等の戦略戦術の具体的な研究、過去における革命の指導と同盟の問題、武装蜂起と権力倒壊との関係等についての具体的研究、これらは何れも民族発展の法則性を明らかにすることによつて、プロレタリアートの指導権の確立と民族戦線の拡大発展に役立つであろう。

第四に、人民の精神を破産に追い込む国際独占資本に固有な思想攻勢と斗はねばならない。彼等はコスモポリタニズムに彼等の野蛮な民族主義を援兵としながらわれわれに臨んでいる。これをプロレタリア的英雄主義を軸とした人民の民族的自覚で打破ることが当面の使命である。そのような立場に立つ研究成果はたゞちに国際的平和愛好勢力に訴えてその提携と協力を深めるに相違ない。

民族独立と人民革命の課題はわれわれの科学の内容を豊かにするばかりでなく、その研究方法をも革命的に飛躍させるであろう。それは、いまだかつてない研究の統一戦線を作りだすからである。この課題を解決するには日本を中心に東洋、西洋の現代史の党員歴史家の共同研究を強化せねば出来ない。そして、洋の東西を問はず一切の党員歴史家はこれとの関連において組織的な研究対象を見出さねばならない。このような党員歴史家の強固な共同研究の組織を中心にして、より広汎な学界や労農市民さえもの協力を待つことになる。

このようにして、現代史の党員歴史家は日本の全歴史学界の土台であり柱でなければならない。そして、その研究成果は全歴史家の指南として役立ちうるものでなければならぬ。われわれはこの方面における党員歴史家の数の少なさと、その著しい立ち遅れを一刻も早く克服せねばならぬ。

Ⅴ　植民地教育に対する斗争を組織すること

今までの学界目当ての研究と普及の軽視とが、われわれから歴史教育への関心を奪い、ブルジョワ学界に比して著しい立ち遅れをきたしている。

けれども教育と宗教とをにぎれば、その民族を支配できるというのが内外反動のスローガンである。彼等は植民地的な社会科教育とそれを母体にしたファシズム教育をもつて人民にのぞんでいる。

その基本的なねらいは、学生と児童に歴史と階級から切り離された生物学的個人の「尊厳」を押し売りして、コスモポリタニズムをうえ付けることである。また階級支配と被支配、国際帝国主義と植民地民族の収奪関係を社会的分業または民族的分業にすりかえ、外国の日本民族に対する掠奪を合理化しようとする。それは最近政府が宣伝している、ソーシヤル・フアンクシヨンの理論に現れている。

そして、植民地教育をファシズム的に強化するために彼等は二ツの遊軍をもつてのぞんでいる。その一つは教育界に温存された天皇崇拝の絶対主義教育の復活であり、いま一つは近代主義者によつて「左右の暴力と斗う」産報教育の戦後版を開始したことである。それは何れも民族解放と独立の斗争を迎え撃ち、その方向をねじ曲げるために採用されている、兇暴な人民強圧を合理化する手段である。

もし、このような教育が三千万の学生、児童をとらえるとすれば、それは由々しい問題である。けれども、彼等には暴力によるほか児童、学生と父兄とをとらえる客観的条件がないのであるから、われわれが大胆にそのメカニズムを曝露してかゝれば必ず勝利がえられるのである。すでに兇暴に強化されているファシズム教育との斗争のなかゝら、民族教育の新しい形式が生れようとしている。

教科書の虚偽にたいする反感から、教育を放棄していた教師が、今はその内容と現実との矛盾を、児童、学生に曝露することによつて、新しい一歩を踏み出している。児童、学生の経験領域から出発して、社会的必要に応じて学習させるという社会科教育の受け身の原則は、かえつて、社会の不合理と矛盾に対する認識を高め、これを現実打破の意慾に転化させようとする教師、父兄の努力となつて実を結んでいる。

けれども敵のユース・オブ・スタデイのうちから、矛盾を求める消極的なやり方では、歴史教育のイニシアテイブを反動勢力から奪い取ることはできない。すでに児童、学生の労働教育を指導しながら、教員が一体となつて地方史の自主的研究をすゝめる組織が生れている。これも一つの方向であるが、新しい教育方法の芽生えをよく調査してその革命的な創意と努力に協力せねばならない。そして、これを敵のユース・オブ・スタデイにかわる民族教育の体系に高めることが緊要である。

われわれは、研究成果を新しい民族教育の素材に準備するだけでなく、児童学生、教師の革命的な創意を支持して、反動教育に対する広汎な統一戦線を用意しなければならない。

VI 発表機関を組織的に強化拡大し、研究成果を急速に人民のものとする

われわれはその科学的な業績においても、広汎な読者層においても、事実上今日の学界をリードしている。けれども、内外帝国主義の攻撃は暴力によつて、われわれの発表機関を奪い、商業ジヤーナリズムもまた内容、表現に相当の制約を加えてきている。われわれの階級的良心を守り、真実を伝えんとするかぎり兇暴な弾圧はもはや必至となつている。

それに対する対策として、まず第一には、今までに獲得したブルジヨワ出版、商業ジヤーナリズムの拠点を大切にして、これを組織的に拡げることである。危機はむしろ、われわれの学界目当ての書斎主義からくるこせこせした揚足取りや、範疇論の狭さからきている。われわれが大衆路線のなかから、生々しい具体性、気宇の豊かな創造性を獲得することこそ、この危機を征服する唯一つの道である。そのような成果はまだまだ合法的にブルジョワ出版および商業ジヤーナリズムに歓迎される余地がある。全党員歴史家が共同の研究目的をかゝげて、つねに共同戦線を張り、未開拓の市場を開拓してこそ、われわれの主張がより深く大衆化されるであろう。

けれども、この狭い小ブル・インテリ目当の出版、ジャーナリズムに依存することは、必ずしも本来の目的でない。それは読者が小ブル・インテリに限られるだけでなく、われわれの研究成果をもそのような性格のものに制約するからである。まして、到来しようとする内外反動の兇暴な干渉を予想すれば、長期かつ困難な斗争に堪えうる体制をとることこそ急務である。

党が発行するおびたゞしい機関紙に、経営、居住、地区において参加することは、まず最初の任務である。けれども、党員歴史家の各種機関が独自の出版、機関紙をもつことは当面の急務である。われわれは、党員、非党員を問はず、全国的に人的連携を密にして、地方の創造的な業績を大胆に採用し、われわれの研究成果とともにそれを急速に大衆化することにつとめねばならぬ。ことに、その党員非党員を中心として、地方に綿密な配布網を組織することを忘れてはならない。

あの天皇制ファシズムの憲兵、警察政治のもとですら、われわれの成果が如何に急速に、しかも広汎な人民大衆の支持を獲得したかを想起することは、必ずしも無駄でない。

Ⅶ　党員歴史家は学界における統一戦線の柱になる

われわれは戦後の斗争の昂揚期には、ある程度の統一戦線に成功したが、それを必ずしも発展させることができなかつた。というのは、当時の斗争がブルジョワ民主革命の完遂にあつたかぎりで、近代主義者や社会民主主義者をも周辺に組織できたからである。けれども内外反動のファシズム的弾圧が強化されるにつれて、そのうちの反人民、反民族的要素の脱落が見られ、わずかに良心的民主主義者のみが同盟者として踏み止まることになつた。

脱落者をわれわれが阻止できなかつたのは、統一戦線についての理論的理解と意志の統一がなかつたからである。それについて、こゝで二三の反省を行うことは必ずしも無駄でない。

まず第一に、われわれが、如何に小ブル分子の民主陣営からの脱落と分裂とを恐れるからと云つて、われわれの学説、マルクス・レーニン主義までをまげてはならない。そうでなければ、最近現れたように、自分の学説を低め、時にはそれを曲げて、近代主義や社会民主主義に追随することゝなる。かりにそれによつて戦線統一が出来たとすれば、その時にはすでにヘゲモニーは敵の手に渡つているであろう。これはまつたく間違つている反党的行為である。

第二に、といつて党外大衆の学説がマルクス・レーニン主義でないからというので、ブルジョワ学界と頑固に対立した、セクト主義を克服しなければならない。われわれはまづこゝから戦線統一を希う相手が民主主義者であるか如何かを見極め、民主という点でより広く一致点を見出しうるであろう。これが、戦後一貫してわれわれのとつてきた大衆団体の活動原則であつて、それは今もまもられねばならない。けれども、それでは敵の弾圧にたえ、これを反撃するだけの大きな戦線を結集することはできない。

第三として、こゝに党が民主民族戦線綱領のうちで、つねに政策の一致点を見出して統一せよと訴えているのを想起しないではおれない。学界がいかに学説を異にした学会個人からなつていようとも、またそれが如何に判然とした反動、民主の二線に画されていようとも、政策意見の一致という点では一致できぬ者はほとんどないはずである。そこには研究条件の確保といつた低い要求から、学問、思想の自由といつたもの、全面講和、占領軍撤退、民族独立等の高いものまでさまざまの要求があるはずである。そのうちから政策意見の一致点を見出すことは決して不可能でない。われわれはそのような一致点を親切丹念に見出すことによつてより広汎な統一戦線を結成することができる。

われわれは、内外反動のファシズム的植民地支配、日本を基地とする朝鮮干渉、第三次大戦の危機が強まれば強まるほどより容易に政策の一致による学界統一戦線は可能となる。それは、われわれが人民の歴史学をもつて共同して学界と斗えば斗うほど効果を大きくするであろう。人民の科学の正しさは、その斗争のうちに論証されるのであるから、それによつて後進学徒をマルクス・レーニン主義に導くことができる。そして、民主主義という線では、より容易にブルジョワ学界の一角一角を切り崩して、われわれの同盟者となしうるであろう。こうして、党外大衆をつねに内外反動との斗争にまき込みながら、これをわれわれのまわりに結集せねばならない。それは単純な政策の一致から結びついた統一戦線に、プロレタリアートとその科学の指導性を確立することによつて、より強力な統一戦線に高めることである。

このような方法によつてのみ、内外反動にその魂までも買いとられた買弁的ブルジョワ学者を孤立させることができる。実にわれわれは学界統一戦線の柱であるといはねばならぬ。

三

われわれは、上にかゝげた七つの欠陥を一貫した大衆路線のうちから克服しなければならない。それはとりもなおさず「斗いは人民の信頼のもとに」のスローガンを、われわれの生活と学習の上に具体化することである。けれども、こゝに最後に反省すべき大きな問題がある。それは、これらの欠陥を貫ぬくものが一貫して小ブル的な書斎主義から来ているということであつた。われわれは幸にして分派やスパイを党員歴史家のうちからださなかつたことを誇りとする。けれども、この傾向は、少くとも分派主義者の傾向に通じ、活動的分子を容易に小ブルボスに育て上げる性格のものであることを確認しないわけにはゆかない。それをわずかに抑えたのは、いうまでもなく党の指導の基本的な正しさと、幼弱ながらも自己批判と相互批判とを怠らなかつたことゝ、指導的幹部の献身的な努力にまつていた。

けれども、党員歴史家分派を出さなかつたことは、そしてこれと斗争しなかつたことは、将来われわれの弱点とならぬと誰が保証しえよう。けれども、われわれは党員歴史家としてのセクトに立てこもつてはならない。周辺科学の領域には細胞に所属せず、真の敵を見失つて、サロンと酒場で党を攻撃する無数の分派主義者がいる。彼等は大衆と地域から浮き上つて、残された小ブル、インテリの世界に支持をえようと、必死の攻撃に出ている。われわれの一人一人は、あらゆる機会に人民大衆の立場から根強い説得と斗争を繰り返さねばならぬ。そして、周辺科学の党を正道にもどすことによつてのみ、われわれ自身も飛躍的に成長するであろう。

けれども、小ブル的傾向、分派主義はわれわれが党員の最小義務である細胞活動を軽視したことからもきている。それは現にわれわれの党生活の主要な場面となつているグループ活動について反省するだけでも十分であろう。こゝでは一人の活動分子が幾つものグループを指導して、党生活と学習との時間的矛盾に苦しんでいる。あちらでは多数の少壮分子が任務なしにこれを静観している。これはグループ活動だけでは少壮幹部を養成できぬことを事実をもつて証明するものである。すべての党員歴史家がグループにおける組織的分業を確立し、時間の不足に苦しむことなく一人一事で責任のある任務を遂行しうるためにも、細胞について党員としての基本的教養を身につけなければならない。

まして、われわれの欠陥の克服と、そして大衆路線の実現とはすべて、党の基本組織につくことによつてのみできる相談である。人民に服務することも、人民に弁証法的歴史的思惟の方法を学ぶことも、プロレタリアートを先頭とする民主民族戦線の一戦士として勝利の誇りを得ることも、これらはことごとく細胞と地域の指導を通じてのみえられることである。

われわれは所定の細胞について、党の規律を守り、つねに刷新される党風を身につけねばならない。そうすることによつてのみ、党員歴史家として細胞活動を軸にグループ活動とを矛盾なく統一しうる段階に近づきうる。

プロレタリアートの歴史家としての党的確固性も政治的能力も高い科学もすべては細胞活動と地域の斗争がこれを鍛え上げる。

長期かつ困難な闘いはこれら諸課題が急速に実現されることを求めている。それは、われわれの生活の革命を意味し、かつてない努力と犠牲を必要とするであろう。

しかも、それは忍ばれねばならない。平和と全面講和のために、民族独立と人民の解放のために。

Ⅳ　松川事件と歴史学

（1）歴史評論編集部「松川事件について——無実の人たちを救うために一人一人が実行しよう」

松川事件の最終判決が間近に迫りました。この事件については広津和郎、宇野浩二両氏をはじめ数多くの文化人、学者が公正判決要請のため良心をかけて国民に呼びかけています。また、この事件の意義については、井上清氏が、歴史学研究第一六五号に書いています。

「松川事件の全被告の無罪をかちとることは日本国民の真実が帝国主義とその手先の虚偽にうちかつことであり、人道が野蛮に勝つことであり、日本の司法権が保持されることであり、国際国内の民主勢力が植民地ファシズムに勝利することであり、つまり民族の独立と国際平和の力が植民地支配と軍国主義に勝利することである」と。

編集部では、一人一人がこの悪らつなデッチ上げ事件に憤激しながら、編集上では何も実行しなかったことを、きびしく反省しました。

「国民のための歴史学」を目指して来た本誌にとつて正に決定的な弱さが暴露されたわけです。私たちはこの反省にもとづいて直ちに抗議と激励の運動を進めてゆくことにしました。

そして読者のみなさんの中、三百名の方々に訴えをおくりました。

「松川事件の第二審判決は十一月五日にせまりました。無実の人たちが死に追いこまれることに対して、宇野、広津両氏のような大作家が良心をかけて抗議され、海外からも救援の手が差しのべられていることは皆さんすでに御承知のことと思います。

私たち編集部は、事件に憤激していながらも歴史評論の編集の上では何も実行しませんでした。今までの反省の上にたち仕事のやり方を改めると共に直ちに抗議文、激励文を送り救援活動をはじめることにしました。読者の皆さんも御援助をお願いします。」

抗議文は鈴木禎次郎裁判長あて

（仙台市仙台高等裁判所）

激励文は犠牲者代表鈴木信氏あて

（仙台市古城番外地）

この手紙に対して、すでに栃木の一読者から次のような便りを受けとりました。

「松川事件についての御便り拝受しました。幾度か新たな憤激を覚えながら、而も何一つ具体的な事をしなかつた自分の非国民的態度を、今深くいましめられた思いです。早速、ペンをとりあげましたが、これを自分一人だけの行為にすることは、何か欠けている事に気がつき知人を訪ねて事件について語り合い同時に激励、抗議文を出して貰うようにする事にしました。判決延期に反対し、是非とも十一月五日に公正な判決を下させるようにしなければならないと思います。」

別項で紹介しましたように、東北大学歴史学研究会でも抗議と激励の運動を始めています。また十一月四日には、仙台で「公正判決要請国民大会」が開かれました。

だが、国民の憤激の中で、判決は十二月二十二日に延期された。ローゼンバーグ夫妻のときのように何を企んでいるか知れない。今から判決の日までを更に有効な運動を拡げてゆくことに全力をあげましょう。（編集部）

（『歴史評論』第五〇号、一九五三年一二月）

（2）『歴史評論』第五二号（一九五四年二月）特集「松川事件と歴史学」

①東北大歴研有志「ルポルタージュ　松川判決の日に」

まえがき

四年という年月はあっけなく過ぎてしまった様であった。しかし無実の労働者を列車転覆犯人に仕立て、死刑を科してはばからない黒い手の所有者達にとって此の四年は単なる「四年」にすぎなかったけれども、真実を守らんが為に守ったが為に、ただその事の故に生命を力によって奪われ様とする人々にとっては、苦痛憤怒とを交へた長い時間であり、かけ換えのない貴重な『人生』の経過であった。

昭和廿四年八月、東北の一小駅の間近でおこされた惨事は単なる刑事々件ではなく、今や自由と平和と真実を愛する人々の力と之を圧しつぶさうとする人々の力との激しい闘ひの起点となっている。第一審の不当な判決が下されるや、ゴーモンとデッチアゲで被告とさせられた廿人の労働者、百数十人の弁護人は全世界の惜しみない支持のもとに、一層精力的、科学的に事件そのものが廿人の労働者とは絶対無関係であることを立証すると共に、国家権力の憎むべき陰謀——正体を暴露してきた。労働者は勿論、芸術家、学者、評論家、政治家、宗教家、学生、一般市民が内外を問わず救助活動に力をつくした。人々は第二審の判決に注目していた。最初の判決予定日十一月五日は延ばされた。一抹の疑惑がこの延期に対してもたれたがしかし人々は待つことによって勝ちとられるであろう真実を愛した。『日本にローゼンバーグ夫妻に加えられた厚顔無恥なファッシズムの一かけらも存在出来ないやうに。第二審こそ真相が明らかになり、真実が日本に於て生き続けられることが保証せられるやうに。』——この二審の判決にかけられた期待の大きさこそ、一審の判決や警察、検察権力に対する人々の偽りない不信であり、本能的にそこにファッシズムの影をみつけた反応であったのである。

私達は二審の判決が下された昨年十二月廿二日の法廷内外の模様を、裁判記録と共に歴史を学ぶ全ての人々、全日本、全世界の人々に伝える良心の義務を感じている。この報告は東北大学の歴史を学ぶ学生が共同で作成したものである。各節は責任担当者が筆をとり之を共同で検討を加えている。種々な条件が未だこの報告を充分に満足させるものにはしていない。しかし私達はそれをおそれるの余り、世界の隅々まで堅く広く結集されなければならない真実を愛し真実を守る『力』に必要な真相の報告を一瞬たりとも遅らせることは許されないし、又出来ないと考えたのである。

私達は裁判によって理由づけられ認められる『事実』なるものが、常に客観的事実であると考えることを不幸にも今日の世界の一部に於ては拒否しなくてはならない。法の名によって殺される全ての人々が、正義にもとり人道に反した行為の人間であるとみなすことはやめなければならなくなった。一体、誰がローゼンバーグ夫妻に加えられた『法』の裁きが、事実にもとづいたものであり真実だと考えるものが居るだろうか?誰も居ない。それは二人に死刑を強制した人々を含めて誰もそうは考えていないのである。逆に最もこの二人の無実を知っていた者は他でもない、二人の罪をデッチアゲてやり、二人を電気椅子で『法』の名のもとに、『法』の権威をもって殺した人々だったのではないだろうか。

事実がもっともらしく作りあげられ、科学が御都合によって『法の事実』を合理化するためにうちたてられ、それらによって裁かれることは最早や単に廿人の労働者に係るものとしてのみ松川事件を私達が取扱うことを不可能にしてしまうのである。一切の学問研究は事実を作りあげることにあるのではなく、事実=客観的存在に人間の思惟を依拠せしめる努力、過程そして成果なのである。

私達は『法』によって『事実』を事実と認め様とするものではない。事実によって『法』の『事実』を考え様とするものである。

「それでも地球は動いている」――中世期、一人の真実を愛した科学者にからむエピソードに語られるこの重々しい言葉は、廿世紀後半の今日私達に次の言葉の偽りでないことを考えさせるに役立つであろう。

「日本人民の上に死の影を引く者は光を好まず、人民のたたかいと抵抗を恐れています。それ故その良心を砕くために真実を無視し、抵抗とたたかいを阻止せんとして、真実の生命を奪おうとしているのです。松川事件のネツ造と、残酷な判決とは、その第一歩です。」(『真実は壁を透して』佐藤一)

私達は深く、毅然として、誠実でなければならない。私達――学問を不当にも苦しめられ、生活の破壊に常におびやかされている多くの人々と共に生かしてゆこうと考える人々は何人にもまして叡智、誠実、意志が特質なのである。この基礎の上にたてられた真実が、たとへ「世間一般の慣用の理念」と正反対であるのが見出される時と雖も、決してたぢろぐことをしないのである。私達は、『一人の人間にとって深い真実であるものは、万人にとっても真実である』ことを知っているからである。やがて全ての人間が苦しみと恐怖と卑屈から解放され、真実の王座につくことが出来るであろう。やがて「裁かれる者が裁く者となる日が」来るであろう。その日まで数多くの美しい無実の人々がいたましくも黒い手によって、その首に縄がまきつけられるであろう。しかし私達はこの様なことを一刻も許すことは出来ない。戦争への道に葬られるこの様な犠牲は速刻止めさせなければならない。

私達は心からこのことを希い貧しい報告をさせていただきたいと考えるのである。

一、裁判所のまえで

一九五三年十二月二十二日、この日真実は踏みにじられ、全世界の平和を愛する人々の期待は全く裏切られた。実際それが言渡される迄、誰があの忌わしい判決を予想しえただろうか。

松川事件第二審判決がなされる地元仙台は十二月以来、学徒不戦の夕、平和県民大会等の度重なるカンパニアと、仙台ゴム、三馬ゴム、秋保電鉄等の激しい越年闘争の中にこの日を迎えた。仙台の街中はポスターで埋められ、判決前日の二十一日には市内十ヶ所で集会が持たれた。東北大学でも各学部、学寮ごとに松川研究会が組織され、毎日毎晩の様に、幻灯会、研究会が行われた。特に工学部では、十一月行われた大学祭松川展で抜山鑑定を批判したことから、抜山教授と学生が対立し、この闘いは工学部内に於ける封建制撤廃の闘争に迄発展していった。

しかし、判決が迫るにつれて高速度に昂揚して来たものの、この力は決して強いものとは言えなかった。松川事件の真実はまだまだ市民の中に拡められていなかったし、工学部の闘いは、全学の問題として捉えられてはいなかった。判決前日市内のある集会に参加した学生が語った。「チラシ、署名用紙、人権民報をもって商店街を戸別訪問したが、店の人々にとって松川事件は全く他人事だった。松川の真相等まるで知らないこれらの人々には、署名用紙を出すのさえ躊躇せざるを得なかった」という事情は、松川の公正判決を要求する運動が地元仙台に於てさえいかに立遅れていたか。少くもその一端を示すものであった。

この間にあって裁判所は、十九日国民救援会の数度に渉る交渉にも拘らず、傍聴者を九十九名に限り、法廷からの場外マイク取付を拒否した。裁判所内に於ける職員の全ゆる集会は禁止された。県下の警察は約七〇〇名の警官を動員し、二十二日の警戒陣をしいた。

判決当日、この日仙台の空は朝からどんよりと曇り、二、三日続いた小春日和とは打って変った寒さの中に、仙台高裁前広場には、まだ夜も明けやらぬうちから、沢山の人がこの世紀の判決を傍聴せんものと続々とつめかけ、午前七時既に百人近くの人々が列を作り始めていた。この頃にはＭＰのジープ二台を始め、約三百の武装警官隊が到着し、裁判所構内の要所々々がものものしく固められた。街々の角にはＭＰ、警官の姿がみかけられ、この日の仙台は非常に緊張した感を呈していた。市民、学生、全国からの各団体、労組代表等の傍聴希望者も時がたつにつれて次第に数を増し、市電の止る度に吐き出された人々が、我れ勝ちにと列に続いていった。八時四十分、集った人々は約千五百、傍聴券抽せんを前にして、マイクをつけた国救のトラックから「全国から集った人々に傍聴券を譲ろう」。

この重大な判決に九十九枚の傍聴券しか発行しない裁判所のやり方こそこの裁判の本質だ。「場外マイクで多くの人々に傍聴させる様要求しよう」と繰返し訴えられた。赤旗、国救旗等のひらめく中を宣伝ビラが配られ、各紙の記者が活動を開始した。抽せんが終り、九時四十分、傍聴者が入廷すると、残った人々は誰一人帰ろうともせず、仙台合唱団のアコーデオンの周りに輪をつくり、〝真実の勝利のために〟の合唱を始めた。

いかりは燃える無期死刑
いかりは消えず真実の
二審の勝利確信し
団結かたき二十人

「間違いなく無罪だ」人々はそう確信して、繰返し歌った。輪は拡がり固いスクラムが組まれていった。十時、国救小田島氏の提唱で入廷する二十人の労働者を拍手をもって激励した。全ゆる思いをこめて人々の眼は法廷の窓に強く注がれていた。その間も歌は続いた。十時十分、人権民報、アカハタ等で組織された共同デスクより第一報がもたらされた。「原審破棄」どっと歓声が上った。しかし有罪か無罪かはまだ分らない。どよめきの静まらないうちに血相を変えた連絡員が第二報をもって人々の中へ飛込んで来た。「有罪だ、無罪が三人だ」固唾をのんだ一瞬、小田島氏がトラックへ駈け上り叫んだ。「第二報有罪です。死刑スズキマコト……何んですかこの判決は」そのまま声が続かなかった。

静まりかえった人々の中から怒号が乱れ飛んだ。「裁判をやり直せ！」「デタラメだ！」いくつかの短い鋭い声がたたきつけられて再び沈黙に復った。小田島氏は続けた、「皆さん冷静になりましょう。吾々の真実を拡める運動が足りなかったのです。今の瞬間からこの運動を強化しましょう。」次々に判決の結果が伝えられ幾度か歌声が途絶えた。四人の死刑と二人の無期。十一人の有期、三人の無罪。原審にほぼ変らない判決である。何のために第二審で事実審理をやり直したのか。第二審の過程で次々に暴露された第一審の判決のインチキさ、検事の論告のでたらめは一体どうしたというのであろうか。猛烈な憤りと憎しみが心の底から湧く。スピーカーが、警官隊の増強されつつあることを報じた。騒然たる中で一層固いスクラムが組まれ、再び合唱が始まった。労働者も市民も皆これに加わった。〜二審の勝利確信し、団結固き二十人〜歌声は次第に高くなっていった。整然たるスクラムは挑発者につけ入る隙を与えなかった。山形代表、埼玉代表の婦人、京都代表、東北大学生代表、メーデー被告団代表、絶えかねた人々が次々に立って裁判の不正をなじった。

電車から降りて、自転車を止めて、皆だまりこくってこれに聞き入った。早くも河北新聞のニュースカーが号外をまきちらしていった。共産党のトラックはマイクを通じて仙台市民に呼びかけを始めた。共同デスクの情報の間をぬって二十人の労働者の家族の一人々々が訴えた。死刑の判決を受けた杉浦三郎さんの娘さんが、「真実を守り闘って来た父の無罪を確信していました。しかしこの判決は、私達を前に一部無罪として、恰も公正な様子を装い、罪ないものに罪をきせる以外の何ものでもありません。私は口惜しさが一杯で涙も流れません。私達も頑張ります。皆さん今後一緒に頑張って下さい。お願いします。」と力強く挨拶した。又無期から無罪の判決を受けた武田久さんのお母さんは、「二十人を助け出すために、病身にむちうち北海道まで真相を伝えに行きました。そして今日こそ無罪だと確信していたのに……私は自分の息子が無罪になっても決して嬉しくありません。二十人はみんな私の息子です。今日から久と一緒に全員釈放の為に闘います。どうか皆さん、今後一層御協力をお願いします。」と切々と訴えた。阿部市次さんの妹さんは「こんなでたらめな裁判があるでしょうか。こんなことを許したら世の中は真暗です。自由を戦争のために押潰そうとしてこんな判決をやったのです。アメリカとその手先に限りない憎しみを感じます。」と訴えた。

十一時半、法廷は二十人の労働者諸君の抗議で休廷になった。この間を利用して、判決を傍聴した音楽評論家の園部三郎氏が訴えた。

インター、民族独立行動隊が力一杯唱われ、憤激は益々高まった。

「今度の判決は一見公正であるかの如く見せかけただけであって、実質は最も悪質なものである。『誰がやったかは神様しか知らない』と云いながら、この様な判決を下すとは何事だろうか。」わだつみ像の作者、本郷新氏は「裁判所の非人間的感じが、裁判官の顔、態度、朗読の声や早さに表れていた。これは確信をもってない事を証明していよう。被告側は涙を流しながら、裁判官は笑いながらの対立は人間と人間でないものが向い合っている様だった。」とその感想をのべた。この時、佐藤一さんが裁判所から出て来て声明を発表した。

真実をふみにじって、本日、鈴木裁判長は有罪の判決を下した。これは裁判官が良心を捨て、独立を失い、人間性をなげすてたためである。

二十名が無実であり無罪であることは一切の証拠から全く明らかである。裁判官がどう判決しようとも真実は只一つであり、決して奪いとることは出来ない。

我々はこの真を守ってあくまで闘い、必ず真実を明らかにし国民の皆様と共に正義と自由のために闘う。

国民の皆様、全世界の皆様どうか絶大な御援助をお願い致します。

一九五三年十二月二十二日

松川事件被告団

一斉に拍手が起つた。そして再び力強い合唱が始まった。〝真実の勝利のために〟〝救え二十人の愛国者〟〝民族独立行動隊〟と固いスクラムの下に繰返し唱われた。

一時開廷、開廷十五分で裁判を拒否して退廷した二十人の人々の中、七名がトラックの上からそれぞれ次の様に訴えた。

武田久「私は無罪になったが、嬉しくも悲しくもない。ただ憤りだけだ。私達は必ず勝つ。」

斎藤千「真実を勝利させるものは固い固い団結と決意と闘志であると確信します。」

佐藤一「法廷は真実をふみにじった。真実は我々の中にある。皆さんの顔の中に、体の中に、精神の中にこそある。私に死刑を言渡した鈴木裁判長は、死によって真実を押潰そうとした。しかし必ず真実を明らかにする。」

菊地武「この真実を全ゆる職場、全ゆる場所へ拡めて下さい。全日本、全世界の人々と手を組んで私達は最後まで闘う。」

小林源三郎「裁判長に完全に裏切られた。しかし全国を歩いて全国に私達の真実を知ってくれる人のいるのを知っています。」

二階堂園子「何年かかろうと、いつかこの真実を明らかにします。皆さん最後までこの闘いに協力して下さい。お願いします。」

大内昭三「百数十回の公判で私達の無罪は一点の疑いもなく立証されている。真実と自由のために最後まで闘います。」

顔中いかりにみちた武田さん、母親が原審判決後ショックのために死んでしまったという大内さん、唇をかみしめて涙をこらえている二階堂さん、又斎藤さんは更に訴えた「法廷へ行く階段の両側には武装警官がびっしり並んでいました。皆さん、この事実を知って下さい」小田島氏が立った。そして叫んだ。「一部有罪一部無罪などという誤魔化しの裁判を行ったとは云え、やはり真実は勝ちます。皆さん私達で無罪の判決をしましょう。二十人は無罪だ」「そうだ！」「異議なし！」嵐の様な拍手の中に、小田島氏の提案により次の事が要求決議された。

一、裁判のやり直し

二、裁判長の即時罷免

三、被告の即時釈放

この決議を大会は交渉団長として国鉄労組秋田支部長渡辺勇吉氏を選出して、全員のシュプレヒコールと拍手の嵐の中を弁護団に手交しに行った。

二、抗議デモ――凍つた夜空に歌声よひびけ

まさか、これほどの情勢の高まりの中で、数多くの公判で科学的に無罪が証明されてきた後で、有罪の判決はあり得ないと思っていた。ところが、仙台の粉雪のふる師走の赤い煉瓦の裁判所は、世界的な注視のうちに、すでに仕組まれたお芝居の様に、我々の甘さをあざける如く、極刑を下した。

当日のデモは、刑務所の前からでることになっていた。これは、当然無罪となった二十人と共に、腕を組んで、笑顔のうちに、たのしい公会堂の報告大会にのぞもうとするに他ならなかった。所がどうであろう。全く裁判官は、良心を失なったとしか思われぬ。

裁判所前から、ひとりでに三列位の隊列がくまれ、整ぜんとして今日の悲憤をこめて、デモの出発点である、刑務所にむかって歩き出した。青い光をつけたヘリコプターが我々に沿って、とんでくる。はっきりと星のマークが見える。仙台南署の前は武装警官によって、固められていた。挑発する如く、五、六人の警官が、武装ものものしく、肩をいからしてこちらに歩いてくる。何というにくしみを感じた事だろう。

途中から、松川対策協議会のトラックにのり、松川事件の歌〝真実の勝利〟の為にをありったけの声で歌いだす。男も女も、もう涙もかれたのか、それぞれの決意をひめて、コーラスよ全世界へひびけとばかり歌いつづけ南署の前を往復したり、長町国鉄労働者に訴えに行ったりして、刑務所の前についた。この門の前で、二十人の人達と喜びの握手を交す筈であったのに、たった三人、それも猿芝居によって、二十人の分裂を企てるためにだされた人達であった。

次から次へと怒りのどよめきがわきおこる。この怒りの声よ全世界へひびけ！二十人をかえせ！無罪だ！これほどのはげしい怒りの言葉をたたきつける様に云えたのは、生れて始めてである。人道上の問題からも、こんな不当な判決はない。

高々厚い刑務所の壁、これが、法の公正という仮面をかぶって絶対の権力をもって、無実の人達を殺すことができるのだ。私達は団結して、その不当をさけぶ以外にない。このデモはこういった点で、日本のファシズムが、冷酷に

人間の生命を奪い初めたことに対する私達の怒りそして世界の怒りをあらわしたものであった。刑務所の中に激励のシュプレヒコールを送った祝いの為のはずだった赤い提灯がさらに深い怒りをそそる夕やみがせまってきた。

いよいよデモ隊の出発、マグネシゥムが、燃やされる、カメラが動き出した。白熱の光が散って、異常なあかるさをかもしだした。市民に加わってくれる様によびかける。私の声が一人でも多くの怒りをよびおこしてくれる様に、人間であるなら、皆私と同じ怒りをもってくれるだろう。せまい道路の両側にはとまどった様な顔をした小母さんや娘さんが、一ぱい立っている。心では、きっとこの判決が何かおかしいと思っていても、裁判所は正しいものだ、と思っているに違いない。少しでも事件の本質をすべての人に知って貰いたい。この気持も、今は歌声にこめられるのみである。民族独立行動隊の歌も、このトラックの上で、初めて覚えた。デモ隊は、歌を歌いながら三列になって続く。三馬ゴム会社工場の金網を張ったうす暗い中に働く人々が見えた。皆遠慮した様にのぞいている。多くの人がそんな気持なのだろう。一人の小母さんは、その時口もとに笑みをうかべて右手をちょっとあげて振ってくれた。

千名近くのデモ隊は、広瀬川の傍の電車通りまででてきた。一年のうちで、一番日が短い今日二十二日、もう日はくれた。紅白の提灯に灯がともされた。トラックは、興奮した声で市民にアッピールしながら、デモの傍をついて行った。このデモがもっともっと長く続くのを希いながら〝真実は勝利する〟の歌をせい一ぱい歌った。このデモ隊の最後には自転車隊もついている。大分暗くなってきて提灯のみ点々と赤い。雪も降ってきた。

国鉄仙台管理局の前で、同じ国鉄労働者よ立ち上れと！さけぶ。

駅前のにぎやかな通りにくると、舗道には人が一ぱい立っている。めがねをかけた小父さんは、特別大きくパチパチ手を叩いてくれた。ここでデモ隊と分れて、このトラックは仙台駅の大時計の下にとまる。もうクリスマス、お正月も真近か、ことの他仙台駅には人が多く集っていた。トラックのまはりを多勢の人が、ぐるりととり囲んだ、皆真剣な顔をしている。

ひとしきり、雪が激しくなってきた。トラックの傍に立っている多勢の人の頭にも、肩にも雪が積り始めた。菊地、岡田両氏、死刑の杉浦氏の夫人が来てよびかける。杉浦氏夫人はふるえ声で〝皆さん、共産党だからといって、無実な人に死刑を宣告するのは、どういう訳でしょうか〟とのべているのが、印象に残った。一方デモ隊は整然と隊列を組み、クリスマス気分で賑う市の中心商店街へと進んで行く。

ネオンが輝き店の光りが一そう激しく降りしきる雪をてらしている。その中を真実を求め、悲憤をこめた歌声が路地から路地へ、辻から辻へ、店内の奥深くまでひびいていく。もうどんな街の雑音も私の耳には入って来ない。只凍った夜空一ぱいに拡がって行く「民族独立行動隊」の歌声と一きわ大きくくりかえされる〝二十人をかえせ〟の憤怒の叫びだけが私の身体をつつんでいる。

足は棒の様につかれ、声もかすれて来る。でも真実を求める力ともえあがる憤怒だけが私達の身体を動かしているのだ。途絶え様とすると、又誰からともなく大きい歌声が出て来る。ひとりでに涙がにじんで来る。

「市民の皆さん真実を究めて下さい」「平和を守るため私達と一緒に立ち上って下さい」「このデモの熱と力を、私達の叫びを一人でも多くの人に伝えて下さい」私達は万身の思いを歌声にこめて進んで行く。

街頭に立ち止ってデモ隊を見送る人達の数が多くなって来る。

やがてデモ隊は市の目抜通り東一番町に入るや蛇行デモに移る。三人づつがっちりと腕を組み憤怒のかたまりとなって右に左にとんで行く。〝ワッショ〟〝ワッショ〟もはや一寸の疲れも感じられない。〝二十人は無罪だ〟〝二十人を釈放せよ〟〝公正裁判要求〟〝裁判をやり直せ〟のかけ声はさらに〝再軍備反対〟〝徴兵反対〟とつづいて行く。そうだ松川事件の後には再軍備とファシズムへの道が続いているに違いないのだ。〝二十人をかえせ〟〝再軍備反対〟のかけ声はますます熱をおびてくる。ふっと私の頭に今朝開廷前に二十人の労働者の家族達がはしゃいでいた様子が、無罪を確信した明るい顔がうかんで来る。真実がまげられる時代が来たのだ。じっとしてはいられない。「真実よ壁を透して、全世界の人々の胸にしみ透れ」蛇行はますます激しさをましてつき進んで行く。

せわしげにあるいていた人達も立止り、店員もお客もとび出して来る。歳末の商品を荷台一ぱいつんだ小僧さんも自転車を歩道にのり上げて見つめている。何本目かのローソクのともされた赤い提灯が右に左にゆれる。マイク高々となっていたキャバレーの流行歌も商店の宣伝放送も、デモ隊のかけ声にまったくかき消されてしまう。皆は一糸みだれぬ統率のもと突き進むデモ隊のこの偉大な力におどろいているのだ。私自身もこれ程とは思っていなかった。でも慢心してはいけない。もっともっとこのデモ隊列を長く長くせねばならないのだ。マグネシュムがたかれ、フラッシュがひらめき私達の姿をくっきりと画き出す。「カメラよ、この真実を求める民衆の力を真実をもって伝えてくれ」万感の思いをこめて進んで行く。

やがて真実を訴える声を残して、再び蛇行をやめ、公会道への最後のコースへと入る、今さらの如く足がいたんでくる。さすがに歌声も疲れを見せて来た。しかし途絶えるという事はない。

とうとうデモ隊は市公会堂へとつく。この前で私達はありったけの力をふりしぼって蛇行する。そして冷静な自分の中に今一日の憤怒をおぼえつつすでに多くの市民でうづめられた会場へと入っていった。

三、抗議大会会場より――「松川十の誓い」を胸に

むっとする暖房の熱気と人いきれ。千数百のデモ隊をのみ込んで、会場の仙台市公会堂大ホールは定刻前殆どいっぱいになっている。デモで腹を空かした人達が、入口で買って来たコッペパンを噛り、或いは上気した、興奮した面持で隣りの人と話しをしている。ここには、何の気取りも、遠慮もない。隣の小父さんも、前にいる若い人も、男も、女も、みんな同じ庶民、自分の親密な仲間なのだといった様な気がして、今日の出来事を、恐りの気持を誰にでも話したい様な気がしてならない。千五百の定席を持つこの会場も、既に補助椅子が持ち込まれ、それでも足りなくて、両側には立っている人達も出てきた。

定刻六時に、開会が宣せられ、作家の堀田善衞氏、池田みち子氏、労働者代表として、新潟県労の大滝保氏、三池炭鉱の花岡健一氏、学生代表として、東北大第一教養部の河相一成君の議長団任命が、満場の拍手を以って承認され、

次いで二十人の人達の家族の紹介、挨拶があった。みんな（当り前の事なのだが）私達の家族と同じ様な、何処にでもいる小父さん、小母さん、娘さんなのだ。この人達の息子が、夫が、兄が、何もしないのに、本当ならば、家族団欒の生活をしたろうものを、それを破壊されたばかりでなく、殺され様とさへしているのだと思うと、たまらない気持がする。家族の人達は、全力をつくして闘う事を誓い、全国民が共に闘ってくれる事を訴えた。「私は、今日の判決で、無罪になりました武田久の母です。私の息子は無罪になりました。しかし私は、ちっともうれしくありません。二十人のものはみんな私の息子です。この二十人の息子がみんな無罪になるまで、一生懸命闘います。今後ともみなさんの絶大なる御協力をお願いいたします。」武田久氏のお母さんのはげしい言葉が、聴くものの胸をうち、万雷の拍手がわいた。

次いで、被告団、弁護団の声明文、全国から来た激励電報が読まれ、続いて、今職場から出て来たばかりだという様に、色とりどりの服装をした仙台合唱団等二、三の合唱団の人達によって、今日無罪釈放になる二十人の人達を迎え様として練習して来た「真実の勝利のために」他、がうたわれ最後に民族独立行動隊の歌が歌われるや、会場の人達も云いあわせた様に立ち上り、隣りの人とスクラムを組んで、右へ左へ揺れながら歌い始め、会場一ぱいの斉唱になってしまった。

続いて、弁護団の報告に入り、最も弁護士の人達の感じていることを、簡単にお話しされた。始めに、岡林主任弁護人が「私は、被告が有罪か無罪かなどという事は考えておりませんでした。私は弁護士である以上、法を正しいものと前提し、裁判は公正なものと思っておりましたので、公正な判決では、この事件は全員無罪以外にはないと確信して疑わなかったのであります。ところが裁判長は、判決に於て、顚覆列車の前の列車の運休について、知りうる根拠のない事を認めながら、何物かが知ったと主張し、高橋被告の身体障害についても、判決では不可能ではあるが、赤間が自白しているから歩いたのだと新聞社に語っている。その自白は野蛮な拷問によるものである。この様な全くわけのわからない論理にもとづく判決がなされ、その判決の最中一人の裁判官はニタニタ笑っていたのであります。

恐らく彼等はニタニタ笑いながら人殺しの相談をしたのでありましょう。私達は正義と人道の名に於てこの様な判決に対して闘います。」と述べ、袴田弁護人は「私は自由党に属する弁護士であり、共産党のいう階級裁判という事は信ぜられなかったし、少くとも外国にはあっても日本にはあり得ないと思っていた。そして、今度の判決に於て、世界に誇り得る様な、公正な判決があるものと期待していた。しかし私の期待は裏切られた。この様なデタラメな裁判は私の三十年の弁護士生活では、全く経験した事がありません。」と諄々と怒りの気持を訴え、又「私は戦時中留置場に入れられ、自白が如何にして作られるかを身を以って経験した。裁判長に公正な判決をしてもらう様に、一度、彼に留置場に入って経験してもらえばいいと思う。」と語る弁護士、或いは当時の情勢の分析からこの事件は、当時盛り上りつつあった労働者階級を圧服しようとするアメリカのやったものであるといい、又この事件は単に二十人の問題でなく、日本民族独立の問題である等々いろいろ話されたが、この様な感情的な抽象的な話ばかりでなく、事実にもとづいて裁判長側のゴマカシや矛盾をつく話もなされ、又如何にしてこの闘いを勝利に導くかという事を話す弁護士もあり、特に、最後の風早八十二氏は米日反動支配は裁判も亦例外ではない、これに対する闘いの具体的方針として

一、日常活動の中で松川事件を闘っていく

一、この闘いをもっと拡げねばならぬ

一、真犯人は諸君の力でのみ追求し得る

一、家族の人達への救援

を提案され、松川の闘いは、弁護士だけのものではないし、弁護士を中心にしたものでもなく、労働者、農民を中心とした全国民のものであり、反米、反吉田、反再軍備の統一戦線を結集せねばならぬと述べられた。

各弁護人の話には熱烈な拍手がなされ、会場の人達はあたかも拍手によって、自分達の裁判に対する不満、怒りを、弁護士の人達と一緒にはき出しているかの様であった。

次に、今日釈放になった三名を含む、七名の不当に囚へられた人達の訴えがなされた。ステージの上で円く並び胸

を張って正義を誓う人々を見て、彼等の長い間の戦いと、それに反した今日の残酷な判決を思いあわせて、誰しもが胸をいっぱいにして心からの声援を送った。武田、斎藤、二階堂武夫、同園子、岡田、小林、大内、菊地の七人は皆涙ながらに、今日の判決の愚劣さと、今後とも真実を守る為に闘う事を訴えた。武田久氏は「胸がはりさけそうで思っている事を充分いう事は出来ないが、今日の判決は、平和と、独立と自由を願う人々に対する侮辱的判決であり、それには、東北六県の警官が動員され、読売新聞や、福島民報は既に判決を知っていた。笑って判決を下した裁判官は誰かの命令によって判決をしたのであり、判決は裁判官以外のものがきめたのである。戒厳令下の裁判の本質はこうだ。無実のものを殺し、真理を曲げるものは、必らずや真実の前に裁かれるであろう。私と斎藤、岡田の三人は無罪になったが、この一部無罪は、私達をペテンにかけ分裂を計ったものであり、公正という名で国民をゴマ化そうとしたものである。我々は獄中の人達に代って、今日から活動を始めます。」と述べ、斎藤氏も、今日此処で二十人揃って御挨拶したかったと述べ、皆今日の判決に対する深い憤りを以って訴えられた。

続いて二十人の人達の旧看守だったという人が、自分は大勢の人の前では話しをした事がなかったので、支離滅裂でうまく話せないが、今日の判決を聞いて、自分のこの気持を聞いてもらいたいと思って檀上に登ったのであると弁解しながら、被告達は無罪であり、裁判長の行動は納得出来ない。そうさせたのは、かげの圧力であろうと思うと、つまづきながら話された。

会場は、ひっきりなしにフラッシュがたかれ、撮影機のサーチライトが光り、煙と水蒸気の渦をうつし出し、大会気分はいやが上にも高まって来た様であった。

続いて、討論に入り、始めに国鉄労組の人というのが立って「国鉄労組は、下山、三鷹、松川と相次いで起った事件で、徹底的にたたかれ、松川事件でも、他の諸団体が立ち上ったのに、肝心の国鉄は少しも動かなかったが今や次第に立ち上り、ようやく組織的に動き始める様になった。」と述べ、又「労働者は、その働く職場を愛する、国鉄労働者は、鉄道を、汽車を愛する。その汽車を愛する労働者が、何処に列車を顛覆するのか。しかも、敵の汽車ならともかく、仲間であるお客さんの乗っている汽車を。」と述べ、満場の共感を呼び猛烈な拍手がわいた。会場は熱を帯び発言希望者も多くなり、しきりに、議長、議長を連呼する声がたくさんあったが、次に現場近くの農村から来たという人が、農村の立場からの発言をした。この時、堀田氏が議長団席から立ち上り、気の弱い一市民の立場から判決に出席したものとして申し上げたいと次の様に話された。「宣告の朗読のあった時、裁判長と被告達の間に押問答があり、被告は、我々は無罪であり、これはデッチアゲだと訴えた。これに対し裁判長は見解の相違であるといった。これは双方の主張が五分五分であるという事で、その様な、見解の相違などという事で裁判をされたのではたまったものではない。（拍手）日常の論理と違う裁判独得の論理は、埋められないギャップを持っている。それは、多数の被告の死を以って埋められるのだ。高橋判事は、死刑宣告の時、ニタニタ笑っていた。それを見て私は、自分自身が侮辱された様な気がした。これは全く唯事ではない。本当の生きている人に、死刑、無期の判決を下しながら笑っているとは、全く人間とは考えられない。笑ったり、見解の相違で決めたりする裁判官を信ずる事は出来ない。私は判決が終ってから、とても長く生きていたくないという、陰惨な感じを持ったが、それは、その裏を考えると、長く生きて闘わねばならないという事だ。裁判独得の論理はあっても、真実は存在するものであって、作り上げられるものではない。疑わしきは罰せずという事は裁判を貫く大原則であるが、今度の裁判は、疑わしきは補強して有罪にするという原則が貫かれている。公正なる判決の要求とは、疑わしきは罰せずという原則を要求する事だ。弱いものは弱いなりに力を合わせ力あるものは力を、金のあるものは金を、心以外にないものは心を出し合おう。」病身の氏から出る火の様な言葉も、会場内に轟く拍手によって聞えなくなる程であった。

しかし恐りをブチまけ、感激してばかりいてはだめだ。明日からの具体的な闘争の方針を打ち出そうという事が、議長からも要望されたし、会場内にも満ち満ちて来た。そして多数の挙手の中から選ばれて総評京都代表という人が、帰ったら明日からでも、家庭で、職場で、学校で、松川の真相を訴え、一人でも多くに、この闘いを拡めてゆこうではないかと具体的な例をとって話しをされた。

この時、先に訴えられていた保釈金のカンパが三万一千百七十九円になった事が発表された。

会場は、発言希望者がますます多くなり、猛烈に議長、議長を連呼するが、時間がなくなった為、発言が二人に制限された。この時、時間を延期してもっと発言を許せ、とか、私のいう事を聞いてもらいたいとの呼びに、議長、その様な勝手な事ばかりいう人が多いから、いつも我々の統一が破られ、敵に破れる事になるのです、と断呼としてたしなめる場面などもあり、会はまさに最高潮に達した。結局、農民の立場からという人と、学生の代表とに発言が許され、農民の人は、松川事件は農村にはまだまだ理解されていない。それは、農村に残る封建制の為であり、農村に対する行動隊を組織しよう、と発言し、学生代表の人は、「判決に採用された、バール・スパナを鑑定した、抜山教授について、彼は、封建制の強い工学部のうちでも、最も強いといわれる機械科の封建制の牙城といわれる教授であり、我々の松川資料展に対する同教授の圧力は学内封建制の表れであり、その背後にあるものは裁判の背後にあるものと同じであり、我々は、学内封建制とからみ合いつつ全国民と共に、今日の判決を打ち破るべく闘っていきたい。」と述べ、発言は打ち切られた。

議長が以上の発言をまとめ、明日からの、我々の運動の為に、「松川十の誓い」として発表し、満場の拍手のうちに承認され、誓いを新にした。

最後に、閉会の言葉を、議長団の一人、在日朝鮮人代表崔氏が「私の様なものが議長団に選ばれ、閉会の言葉を述べるという事は、松川事件が、全世界の平和を愛する全ての人々の問題になっているという、国際連帯が表れてきたのを示すものである。」と結び、崔氏の提唱により全員スクラムを組んで、声高らかにインタナショナルを斉唱し、大拍手のうちに会を終った。

松川十の誓い

一、ウソが通って真実がすてられ、その為人間の生命が失われる事は、良心あるもののがまんできない事である。

私達は更に、公正裁判をもっと多くの人々に要求してもらうため、真相を一人残らず知ってもらう。

二、多くの知識人、文化人と共に凡ゆる新聞雑誌で真相を訴え、又読みましょう。

三、松川の事、それと同じ身近の出来事について、どんな人とも話合う集りを開き、正義と自由の為に闘う組織を職場や地域にたくさん作りましょう。

四、前裁判より、公平らしく見せかけて、国民をうまくごまかそうとした裁判の真相を暴き、抗議しましょう。

五、もっと強く、誰でもみんな正義と真実は必ず守れる確信をもって裁判のやり直し、公正裁判の為に署名しましょう。あつめましょう。

六、誰の身近にもある、そしてこれらの第二第三の松川事件の陰謀を打砕く国民の力を強めましょう。

七、松川によせられた世界の人々の好意に感謝し、更に協力を続けられるよう、世界の人々に訴えましょう。

八、被告と家族をゲキレイする為、手紙や慰問をもっと多く、もっと強く、救援資金を集めましょう。

九、真実を守る二十名の被告を必ず救い出しましょう。

十、真犯人の追求を私達はあくまで要求しましょう。

あとがき――真実は決して奪われはしない

わたくしたちは、今また、史上最大最後のファシズムの嵐の中にある。ファシズムは、松川裁判に、その血腥い赤裸々な姿を臆面もなく現わしている。かって、トレーズは、こういっている。即ち「私は何時でも、一九三三年一月のドイツの雰囲気を、国会議事堂放火事件から一九三四年六月三十日の虐殺に到る、来るべき恐怖と戦慄との事件の、あの朧げな予感を、思いだすことであろう」と(「人民の子」)。松川事件の、松川裁判の教えていることは、まさに、このことである。

わたくしたちの「真実」は、「正義」は、惨酷にも、虫けらのように踏みにじられてしまった。そこには、一片の

「正義」も、一片の「良心」も、存在しはしない。あるものは、ただ、「不正義」「不実」「暴力」のみである。

わたくしたちは、この疑いもない事実を、身をもって――この目で、この耳で体験したのである。わたくしたちのいかりは憤りに、わたくしたちのいかりは憎しみのルツボに化している。

わたくしたちは、心からの、このいかり、この憎しみをもって、裁判当日の状況を書き綴ってきたのである。そして、わたくしたちは、有罪の判決をうけた無実の同胞の生命を救うために断乎たる闘いに立上っている。わたくしたちは、わたくしたちのこのいかりをこの闘いを、日本および全世界の真実を正義を愛する人々に訴えねばならず、また、訴えないではおられなかったのである。何故なら、何よりも、わたくしたち歴史学徒は、過去の史実から学んできた幾つかのあのいまわしい悪らつなデッチ上げ事件＝「ファシズムの血腥い渋面の妖怪」を、いま、ここに、まざまざと見出したからであり、そこに、ＭＳＡ援助を一つの典型とする日・米反動の必死の努力を察知したからである。いいかえるならば、正しく、井上清氏の指摘される如く、「松川事件全被告の無罪をかちとることは、日本国民の真実が帝国主義とその手先の虚偽にうちかつことであり、人道が野蛮に勝つことであり、日本の司法権の独立が保持されることであり、国際国内の民主勢力が植民地ファシズムに勝利することであり、つまり民族の独立と国際平和の力が植民地支配と軍国主義に勝利することだからである。」

　わたくしたちは、労働者階級の国際的な援助と団結、全世界の平和愛好勢力の温く、強い信頼と支持のもとに、この闘いをかちとらねばならない。だが、わたくしたちは、この闘いが、困難な仕事であることを知っている。

　数多くの文化人、学者の公正判決要求のための良心をかけての国民への呼びかけ、全世界から寄せられた公正裁判の要求にもかかわらず、「真実」は踏みにじられ、無実の労働者に極刑が科せられたのである。これは、不動の歴史的事実である。わたくしたちの力、わたくしたちの努力が足りなかったのである。わたくしたちは、このことを深く銘記せねばならない。だが、同時に、わたくしたちは、「一九四七年（二・一闘争の年）に多く成功をおさめるどころか、反対にわれわれがエイキョウ力を失ったところにおいて、成功の第一歩をふみだしたという事実がある」（「日本労働者）という教訓を知っている。わたくしたちは、この教訓を充分に学び、そして、更に、わたしたちのそれぞれの立場において、国民の自覚と統一、団結を訴えてゆかねばならない。団結以外に国の独立と国民の権利を守る途はない。この、団結こそ、極刑に科せられた無実の労働者の生命を救う途なのである。統一、統一、もう一つ統一、この行動統一の実現のために、わたくしたちは、もっと幅広く、もっとねばり強く、系統的に、おちついた忍耐強い、説得的活動を一歩々々つづけてゆかねばならない。

真実はふみにじられた。だが、真実は決して奪われない。わたしたちは、必ずやこの闘いをかちとるであろう。わたしたちは、このことを確信してうたがわない。何故なら、

おれたちは、笑うことを知っている、
泣くことを知っている、
何より一番闘うことを知っている
から。

附記　「まえがき」に述べたように、この報告は、東北大学の歴史を学ぶ学生が、各自分担執筆し、それを共同討議せるものである。共同討議の席上、O君より、「わたくしたちは、松川事件で告訴された二〇人の労働者達を『被告』と呼ぶべきではない。何故なら、事件は、単なる刑事事件ではなく、何よりも、この事件は、明らかにデッチ上げ事件であり、始めから、これらの人々は何ら事件に関係なく、無罪なのであるから。だからこそ、この事実を自明の前提として、わたくしたちは、真実を守るために、暴力と闘っているのだ。いまわしい『被告』という言葉は、絶対に止めるべきである。」との強い発言があり、全員一致でこれを承認した。これが、この報告で、既に客観化されている場合を除いて、『被告』と呼ばなかった理由である。この報告を読まれる方は、どうか、この些細な、だが、きわめて重要な、わたくしたちの心遣いに充分留意していただきたい。

わたくしたちは、今後の闘いにおいて、松川事件の二〇人の労働者を、絶対に『被告』とは呼ばない。そして、こ

のことを、広くこの闘いに参加される方々に強く要請する。

②各支部の反響

(1) 民科奈良支部「私たちは何をしなければならないか――松川事件判決に対する奈良支部の討論」

十二月二十六日、民科奈良支部では年末懇談会を行った。出席十四名。あらかじめ、「一九五三年の歴史――本年の回顧」という題で四、五人の人に話してもらうことにしていた。ところで前日二十五日に歴評編集部より、歴史評論二月号は松川事件特集とすることにきまったので、奈良支部でも「歴史家は松川事件をどう闘うか」ということを討議して原稿を送ってほしいと、連絡があった。二十二日の判決の日には、支部の人達もそれぞれ、その結果はどうなることかとラジオと新聞に耳と目をそばだてていた。そして無罪を信じていたものたちは、この判決に限りないいきどおりを覚え、鈴木裁判長とその背後の黒いかげに対して深いにくしみをなげつけた。しかし正直にいって、民科として或は歴史部会として、今後どのように松川事件に対処してゆくかということをとりたてて考えなかった。二十六日の懇談会にも、別に議題として松川のことを出すことも考えられていなかったのである。編集部からの連絡により、はじめて気がついて、これはぜひとも討議せねばならぬとされた。民科支部として、そんな次第で、はじめて松川のことをとりあげることになったわけで、まことに申訳ないことであり、はなはだしい立ちおくれである。会員のひとりひとりは勿論松川事件の本質を充分認識している筈であり、被告の人々の無罪を信じているし、事件がデッチあげであることもいろいろの新聞や雑誌で理解していたわけである。しかし民科としてどう闘ったかとなると何もしていなかったのである。

さて「一九五三年の歴史」というNさんの話は、国内、国外にわたる政治的事件を通しての分析を行い極めて理路整然とした本年の要約であった。Kさんの同じ題の話も面白く聞けた。ところが、この報告に対して学生のNさんより、今の話はどちらもよかったが、今年の歴史を語るなかで重大なことを落している、それは松川のことだ、それをすっかりぬかしているではないか、判決のことは勿論、二年前の控訴以来、真実を明らかにし公正裁判を要求する国民各層の広汎な闘いは、反ファッショの闘いとして今年の歴史のうえできわめて重大なことであった。これを忘れてあげられないのは現在の歴史を正しくつかむことになるだろうかという指摘があった。松川事件の闘いは今日、日本国民がおかれている条件とそれに対する国民の闘争の最も基本的なものではないのか。これを除外して一九五三年の歴史は語れないという発言がまずあった。

ついで司会者の方より、歴評編集部からの要請を議題にのせた。歴史を学んでいるものとして、今度のこの判決に対して、今、何をなすべきであるか、それを討論してほしいという形で出された。出席者の多くの人達は、自分自身の松川の闘いへの参加の仕方を反省して意見をのべた。

（1）第一、私は判決の日がのばされたとき、けしからんことをやるナと思った。しかし自分としてやったことは、ただ、鈴木裁判長に公正裁判を要求するハガキを書いただけであった。十二月の東京での平和国民大会に参加して松川事件についてもっとやらねばと思ったが、果して意識的にどれだけやったか疑問である。こんどの判決があったのち学校内で無罪要求のガリを刷り署名も集めている。民科としても署名カンパに参加してほしい。（N大学学生）

（2）話をきけばきく程、なにかせねばと思う。しかし結果は何も出来ないでいる。どういう形でやったらいいかが問題である。私としては今迄、署名、手紙、資金カンパという形で個人的にやって来たが、民科としてどうすればいいかわからない。（K大学学生）

（3）歴評としてとりあげるのはおそかった。私として、松川の真実がどうもわからなかった。それが「歴史学研究」にのった井上清氏の文章ではじめて真実を知った。ところでどうすればいいかもわからずにいた。判決のある二、三日まえから学校の教員室でも若い先生たちが集ればどうなるだろうかと話していた。判決を聞いたとき「コンナ判決ならボーナスをもらってもチットも面白くない」という声もあり、抗議の署名をしようかとも学校の中で話している。しかし三、四人でやっても大したことはないだろうから他の先生にもひろくアッピールしてゆこうと相談している。資料をあつめて事件の真実をより一層つかむと同時に、この抗議運動がどのように発展して来たか、そのことも充分にとらえる必要がある。しかし一方首の問題も考えざるをえない。（B中学教師）

（4）民科としては単に事件の真相を知らせるだけでなく、それがどう戦われて来たかを充分うったえる必要があるのではないか。（N大学学生）

（5）歴史部会としては、とくに現代史の一環として把握すること。明治以来、幸徳事件や震災の時の朝鮮人暴動事件、ゾルゲ事件、満洲の柳条溝爆破事件、フランスのドレフェース事件、ナチの国会議事堂放火事件、戦時中の大本営発表などにみられるデマとデッチあげ、また松川とは規模がちがうが現在全国各地に事実無根のデッチあげ事件が無数にある（例えば、奈良県でもリンチ事件）。これらを体系的に総合的にみてゆき、そこから松川の本質を訴えることが必要ではないだろうか。（市民）

（6）戦後殊にここ三、四年の日本の歴史を一言でいうとアメリカ帝国主義とそれと結びついた国内反動の支配力とそれを排除せんとする民族的な力との闘いである。前者は再軍備・逆コース・国際的な新しいファッシズムのコースであり、後者は民族の独立と平和を求める国民的なコースである。松川事件はこの二つの力の対立の頂点にあるともいえる。それゆえ敵も味方も全力をあげてこれに対処してきた。しかも私たち味方の力が未だ弱わかったために、真実をねじまげたこのような判決をゆるしてしまった。そのうえ彼らはジャーナリズムを先頭に、この判決は審理をつくした至極公正なものであると盛んに追いうちをかけてきている。私たちは松川のこうした本質をほんとうに歴史的なたたかいとして理解していなかったのではないか。実感をもって松川の意義をつかんでいなかったところに私たちの力の弱さがある。（N大学学生）

（7）私はいまも松川事件のことがよくわからない。無罪をいっている人々は、被告の人たちが全然やっていないから無罪だといっているのか、それとも、日本の進歩のためには、そのような行為も許されるという立場から無罪をいっているのか私にはわからない。判決をきいてもわからないし、真実をききたい気持から今日の民科の会合に出て来

た。（S小学校教師（女性）『歴史評論』読者非会員）

（8）民科として組織的にどう闘うかといっても、直ちに効果的な名案も浮んでこない。反ファッショ戦線の強化、平和勢力の結集、そのための国民的歴史学の創造と普及の運動を一層すすめる。そのことは大きく松川を勝利さす闘いになる。けれども一般的なそれだけに解消してしまってはならない。それでは私たちは何もしなくともよいことになる。われわれとしては、ヒューマニズムの立場から一人がひとりを説得し真実を伝えることが何よりも必要である。まだまだ自分たちの周辺にも真実を知らされていない人が多い。（K大学学生）

大体以上のような討論が行われた。（他に議題もあり時間も足りなかったが）そして結局、奈良支部として、（一）、さしあたって会員が自分の周囲より、ひとりでも多く真実をつたえること、（二）、会員自体、幸徳事件以下のそうした事件を近代現代史の中で適確にとらまえ、松川の本質をその観点からも強く訴えてゆく、というごく平凡なことが地道にしかも意識的になされねばならないとされた。さきに疑問を出されていたS小学校の先生は一年近くもの歴評の固定読者であるがこの会合ではじめて松川の真実を充分理解してもらえた。そこに民科のわれわれ乃至歴史評論の欠陥があったわけである。最後に資金カンパが提案されたが、この先生は越年資金の中からといって千円もの大金を出してくれ、出席者一同ふかく感激した。（民科奈良支部ふるかわ記）

（2）歴研名古屋支部運営委員会「ファシズムと松川事件」

判決を聞いて

私達の持っていた、最後の希望をふみにじって、松川事件の判決は「死刑」と下された。まれにみる多くの関心と、疑わくと、公正な判決へのねがいとはすべて、裏切られたのだ。それは、只、民族の歴史にとって、大きな汚点だというだけのものでなく、日本に住み、生きて行こうとする、私達国民にとっては、生きていけないという宣告であるかもしれず、国民が、権力のギマンと戦争への政策に屈服せしめられてゆく前ぶれとなるのかも知れないのだ。それ程のこととして、今、それは、私達に警告している。私達は、そんな時代に、今、立っている。

松川事件の今度の判決は私達に数多くの警告と、示唆と、教訓を与へずには置かない。

それは、戦争をくいとめ、平和を守る力がまだまだ弱いということであり、祖国が、限りなく、破滅に向おうとするのを、防ぎとめるための、国民の団結が、まだまだ、出来ていないということを、先ず、私達にいましめている。即ち、私達の闘いのあり方に、強い反省をうながすのである。予想される事態がもっともっと激しい、暗いものであればあるほど、反省と、事態をきり返すべき強い態勢を全力をあげて用意せねばならぬ。

一国民としても、又、歴史を学ぶものとしても、私達は、具体的に、右のことを、どのように行い、そして、どう出発せねばならぬのか、歴研名古屋支部では、このことを徹底的に語り合うために、七日、討論会を開いた。

提出された問題は必ずしも、充分に討論し尽されたとはいえない。

しかし、どんなささやかな疑問も、意見も今こそ、言わねばならず、語り合わねばならない。全国の、歴史を学ぶ人が皆、今こそ、どのように、戦争への途を防ぎ、克服する日常の闘いに参加するか、そして、どのように、我々の学問があるのかを、声をたかめて、腹の底から、論じられねばならない。

そういう所から、討論は始まった。

判決は何を意味するか

先ず、この事件の判決の意義を、客観的にどうとらえればよいだろうか。発生当時においても、これは既に、下山、三鷹両事件の後をうけ、官公庁及大企業の進歩的労働者の締出しが、すぐ後に迫って来ている単独講和＝再軍備への地ならしとして、まさに行われんとしている時の事であり、当時の支配階級としても、盛り上る国民的な闘いの渦を、どうしてものり切らねばならなかったのである。「悪質な列車妨害」についての、連日連夜の宣伝の中で、この事件は発生した。そして、行われんとしていた首切りが成功するために、大きな役割を果したのであった。事件後の最大の歴史的産物として、私達は、警察予備隊の成立という事実を、まざまざと思い起すことができるではないか。

今、この判決を見て、私達は、更に重大な情勢が、否応なしに迫って来ているのを、ひしひしと感ぜずには居られない。

ＭＳＡが、国民の平和な生活への要求と、真向から対決しようとして来ている。いつわりの仮面すらぬぎすて、公然と、具体的に、日本を、再びアジアの尖兵として武装させるための手段がとられている。一千億に近い、直接軍事費が計上され、国民の平和な生活のための予算が、緊縮予算の名の下に大幅に、削減された。そして、何よりも、治安体制の強化と共に、民主々義は、全く、その名を、返上しようとさえしている。進歩的研究者、学生の個人々々には、特に最近、公然と、脅迫、スパイ行為の強要といったことまで、行われ始めた。

歴史研究者としての私達は、直観的に、かの、ナチの国会放火事件を思い起す。そして、破滅か否かの決定的瞬間にこそ、このような事件が、ファッショの手によってひき起されるということを、私達は知っている。

事件の、この強引な判決は、私達の祖国が、破滅の途へ飛びこむかどうかの、決定的瞬間に行われたのだと、言へないか。そして、判決をした連中にとっても、本当に、のるかそるかのテストケースとして、行ったのではないか。

このように考へれば考へる程、私達の闘いは、その情勢に対応する姿勢から、甘かったのではないかということが、まず、気付かれる。現実の歴史が、かくも、重大な岐路に立って居ることの自覚なしに、どうして過去の歴史が、正確に把握出来るだろうかと、松川事件は、何よりも、私達の胸に、強く警告する。私達の学問のあり方への反省、歴史家として、国民のイカリをまとめ、たかめ、真実を知り合うための闘いに参加することへの、きびしい、自己批判が、先ず行われる必要がある。しかも、自己批判は、何よりも、新たな事態に、冷静に対処し、きり返して行くためのものである筈だから、具体的に、この事件のとりあげ方、対処の仕方についての反省から、始められねばならない。

闘い方についての反省

「公正判決」を、スローガンに、私達はたたかって来た。あらゆる点から見て、全く「デッチアゲ」であることは明白であるとの認識の下に、「公正判決」即ち、「無罪」であるとの、「確信」によって、ともかくも、私達は動いて来た。しかし、実際に、農村へ、市民の間へ語りに行って見ると、その、「明白」である筈の根拠は、容易に通じるものではなかった。「赤だから、それ位のことはするだろう」という、見方は、いたる所、根強く支配していた。その原因には、農村の封建的な考へや、新聞を中心とした、マスコミュニケーションの力によるものもあるかも知れない。だが、只、そのような客観的な理由だけでなく、もっと、語りかける私達の態度に、問題があったのではないだろうか。私達の間ではたしかに、「公正判決」=「無罪」である。そして、この確信がなくては、何事も始まらない。しかし、私達をふくめた、国民にとって、真に必要なのは果して、「白か黒か」という論議であろうか。そして、「白」であることを全国民に納得させることなのだろうか。それは最終の目的ではあろう。だが、「公正判決」=「無罪」であるというスローガンは、或る事件には、只、私達の信念の押しつけになるのではないだろうか。「彼等がもしかしたらやったのかも知れない」という人は意外に多かったが、このスローガンは、それ等の人々を、本当に、心から立たせるのにあまりにも不充分だったと考えられる。

現在の国民にとっては、何よりも、生きるべき権利のあるものが生きられないという、「基本的人権のソウ失」ということこそが、一ばん重要な問題であり、又松川事件もそのこと、つまり、「疑わしいにもかかわらず罰せられる」ということが、最大の問題ではないだろうか。「公正判決」も実はそのようにして訴へられる必要があったのにも拘らず、私達の間では、それを、感情的に「白」であるという議論にすりかえた点があったのではないか。「疑わしきもの罰せず」これこそが、何よりも広い層を結集し得るスローガンではなかったか。

松川の闘いは、被告達を守るためのものであり、それがそのまま国民の「人権」を守る闘いとして意味を持っている筈であった。この点を、もう一度、私達は反省する必要がある。このような反省は、次の点にまで導かれる。即ち

「白か黒か」という論議をすぐにしたがる私達の態度である。勿論、それは、興味本位でなされたわけでは全くない。そういう「白黒」の問題意識の一方には、私達の胸の中に、感情的な無罪論があり、それが、交互に頭を出して、論争を果しなく「理論的なもの」にして行くのである。時々は、論争が、事件の下手人を、反動勢力として説明するために、反米か否かというような、何時の間にか、直接には事件と関係のない所で闘わされることになり、大衆の意識とは全くかけ離れた所にゆきついてしまうことがしばしばあった。基本的にはそのことの理解は、最も重要なことである。だが、モチ代のために、その日を費す国民にとって、最大の問題である筈の「人権」が、どこか、一部の問題として忘れられる時、理論は理論として何の用もなさないではないか。かくして、「絶対白だ」という感情は、抽象的な論議の中に費されて終るか、ゆき場を失って詠歎する以外に方法がなくなるのである。

「白か黒」かという問題意識、絶対白だという感情的確信、これは実は、私達の、論理構造に深くつながることではないだろうか。それは理論と感情の分裂である。生きねばならず、食わねばならぬという絶対的な場所で生きる国民にとってどうしても、この点こそ守り抜かねばならぬという、そういう問題であるならば、私達は、このような分裂をなし得ない筈である。飛躍することをおそれるので、これ以上詳述しないが、それは、私達の歴史の見方について、深い反省を、呼び起さずにはいない。

歴史家として私達は

私は或会合で、松川事件は一つの議題として上呈された。私達は、そのような会合を、すでにいくども持っている、多くの進歩的研究者の集まった場所では、それは絶えず取上げられた。しかし、それは又、常に、他の、いくつかの、「政治的問題」としてとり上げられたに過ぎなかった。先にものべたような、重大な意味を持っているのだと、少しでも理解していたなら、そのようなことですんだであろうか。

この事実は、私達の学問する態度、及び私達の持っている学問に、疑問を投げかける。

だが、いつまでも私達は、只、限りなく、考え込んでは居られない。私達は、団結せねばならない。まず、歴史家として、このような「生存をもおびやかす」ことに、共同して闘わねばならない。それは、まず、私達が、学問の世界で、このような事実に対して闘う、固い統一戦線を作りあげることが第一なのだ。

民族の問題が提起されたのも、実は、一つにはそういうことであった。しかしその後の論争を見ても、まだまだ、全体としては、「誰と誰の意見の食い違いがある」というような事で終っては居ないか。毎年のように新しく提起される問題は、ある程度まで論じられると、何時のまにか、忘れ去られるというようなことが、ありはしないだろうか。闘う学問であるならば、いささかの余地もなく、討論し尽されねばならぬのに、私達の最大の研究団体である歴研をとって見ても、大まかな学派が、すでに出来ていて、派としての論争に終っているようなことはないだろうか。間違っていればただしていただきたいが、たとへば、「幕末の植民地化の危機についての論争」が一昨年行われたのに、あのような重要な論争がその後一向に、深化されていないのは、どうしたわけだろうか。勿論、これは一例にすぎない。

このようなことは、私達歴史家の闘いの姿勢の問題である。民族の敵に対して、闘えば闘う程、私達の相互批判は増々激しくならねばならず、そして共同研究の組シキが確立されて行かねばならない。しかもそれは、単に、「進歩的歴史家」の問題ではなく、あらゆる歴史家の間にまで拡大されねばならない。

歴史家は、個々分散を、すぐ今、止めること、一人でも何とかなるというような、近代主義的幻想を、すてること、これが、今なすべき緊急な事だと考へる。

しかも、私達大学に居るものにとっては、それは、大学そのものを国民的な闘いの場に作りかえるということと密接に関連して来る。私達の大学を、再軍備のためのものから、平和の砦としての大学にするという、大学民主化の闘いが、私達の学問を作るための努力と全く不可分になって来ている。(加藤)

☆　☆　☆

右の一文は名古屋大学の史学関係の教官学生有志が、歴研名古屋支部を中心に集まって討論したものに基いています。時間がないので「独断」で省略した点、附加した点もあり、したがって、この文の責任は一切筆者個人にあります。

（3）大阪支部歴史部会「私たちの反省」

松川事件の第二審判決をきいて痛切に感じたことは、私達の考え方が甘かったということである。このことは、私達自身が階級裁判の本質、ひいては支配階級の意図というものを観念的に理解しているだけで、身体そのものでつかんでいなかったということである。従って私達は、「デッチアゲだ」と頭からきめつけ「これだけやれば大丈夫」だと簡単に安心し、その実、事件そのものの本質を究明することを忘れ、更に全国民諸階層の隅々までに徹底的に宣伝暴露することをおこたった。このことを反省した上で、私達は、特に歴史を学んでいるものとして、帝国主義者が起した松川事件の果した歴史的、政治的役割、それに今回の判決の意味を日本現代史のなかではっきりとつかまなければならない。そしてこそ、私達の公正判決要求の運動が質的量的にたかめられ、真の勝利をうることができるのである。同時にそれが、第二・第三の松川事件を支配階級が起す余地をなくする途でもある。

（4）東京支部歴史部会委員会「判決を聞いて」

松川事件第二審の判決に接して、私たちは深い驚きと憤りを感じました。その内容が第一審判決をめぐる多くの疑点から出発して、広津・宇野両氏のような作家をはじめ多くの人々、多くの新聞・雑誌が声を大にして叫んだ「公正判決」を望む期待を全く裏切るものだったからです。

たしかに公正判決要求の運動は日本歴史の上で今までに見られないほどのひろがりをもちました。しかし現実には死刑四名を含み、第一審の判決がほとんどそのまま承認されているのです。この二つの対立した事実を私たちは直視せねばなりません。多くの疑点を含む証拠によって多くの人々を死刑にしようとする。「疑わしきは罰せず」という裁判の原則すらふみにじられているのです。いかに裁判所が三権分立による司法権の独立を叫ぼうとも、現実にはそれさへ無視されている民主主義の危機を痛感せねばなりません。

松川事件はそれだけで孤立した出来事ではなく、日本全体をおおっている民主主義の危機を象徴しているものだと思います。松川事件に対する公正判決要求の運動は日本の民主主義を守る大きな運動の重要な一部分です。私たちが歴史家として松川事件の本質を明らかにすることはそれ自体民主主義を守るたたかいの大きな一環をなすものだと思います。

世界史の上で、松川事件と同様に深い疑惑につつまれている幾つかの事件があります。幸徳秋水の大逆事件・下山―三鷹事件・ローゼンバーグ事件等々。これらの事件の本質を明らかにし、それを国民がこのような事件を判断するための資料として役立てることこそ私たち歴史家の任務だと思います。また松川事件が日本の歴史の上で、とくに戦後の歴史の上でどんな位置を占めているかを明らかにすることも大きな意味をもつものだと思います。今までもこれらの事件が研究されてはいました。しかしそれが必ずしも充分ではなかったし、その成果が充分に国民のものとなっていたとは思われません。私たちはこの点について歴史家としての責任を痛感せざるをえません。

第二審の判決は下りました。しかしたたかいはおわったのではありません。これから舞台を最高裁にうつしてさらにつづけられます。民主主義を守るたたかいはさらに困難な道を歩まねばなりません。私たちは私たちの微力を深く反省するとともに、公正判決要求の運動が今までこの事件に無関心でいた多くの人々の力を合わせることによってさらに大きな力となり、最後の勝利をかちとることができると確信します。そしてそのために私たちは松川事件や多くの事件の本質を明らかにする研究活動をはじめ、その成果や多くの人々の意見を全国的に交流し、国民の一人でも多くに普及するために歴史評論を武器としてたたかいつづけたいと思います。

（3）『歴史評論』第六七号（一九五五年六月）特集「松川事件と歴史学」

①鈴木正四「松川事件被告との面会記」

二月二十三日、私は松川事件の被告である鈴木信さん、杉浦三郎さんと面会してきた。二人の話のなかには、歴史家ぜんたいについての註文もあるので、本誌をかりて、かんたんにこの面会の時の様子をおしらせする。

だれでも言うことだが、松川事件の被告に会っての最も大きな印象は、被告がとびぬけて明るいということである。被告がニコニコして面会室に入ってくると同時に、面会室の古ぼけた天井がすみきった青空にとけてゆくように感じられる。労働者の天をもつかんばかりの楽天性とは、このようなものをさすのだろう。もちろん、無実を証明して、目はかんぜんにすみきっている。杉浦三郎さんは、風邪気味だといって不精ひげをはやしていたが、そのひげのなかから、満面これ以上ニコニコはできないと思われるほど、顔をやわらげていた。全身全霊、なんらのうたがいもなく人を信頼してかかる人である。このうえなく人の良い日本労働者の典型であると思った。鈴木信さんは、写真や映画でみる以上に、がっしりした、ゆるがぬ、質朴であって愛情ぶかく、きぜんとした、りっぱな顔をしている。心から信頼のおける近代プロレタリアートの典型という感じである。

私がまず「力およばず、まだあなたがたをこのようなところにおくことになっていて、まことに申訳ありません」と言うと、二人が期せずして最初にのべた言葉は、「私たちはまちがいました」という言葉であった。心からまちがったという態度をしめして言うので、事件の真相をしらない人なら、やっぱり事件をおこしたのだなと早のみこみするほどの調子である。だが、もとより二人の言おうとしているのは、そのようなことではない。事件前後あるいは法廷等で、いろいろ不十分な点やさまざまな偏向をおかしてきたという自己批判なのである。とくに事件当時のアメリカ軍政部の動きを警戒していなかったことを、二人はもっともふかく反省していた。明るさ、楽天性についでの大きな印象は、このように被告たちがきわめてけんそんで、反省・自己批判をくりかえす生活をしている点であった。

また被告たちの真理を追求する意欲がきわめてつよい点にも感動させられた。杉浦さんはアメリカでも松川事件のようなフレーム・アップが多いんだそうですねと言って、その原因をどんどんふかく質問してくるので、とうとう面会時間の大半は、アメリカ独占資本の特徴やアメリカ独占資本の労働者収奪・圧迫の状態を、かなりこまかく私が説明するような格好となってしまった。鈴木信さんは上告趣意書のなかで、事件当時の福島地方の情勢を分析するのに苦労していること、とくに軍政部と民同、田中清玄一派の策動との関係を具体的に明らかにすることに心をくだいていることを話し、質問の大半はこれに集中された。ざんねんながらこの問題は、私じしんいちばん具体的につかみかねている問題なので返答に窮した。外部にあって条件にめぐまれていながら、責任をはたしていないことを痛感させられた。

外部への註文をもとめたのにたいする返答のなかに、歴史家への直接の註文も入っていた。

杉浦さん（会話の調子がわかるようにほぼ言葉通りに書く）――「註文と申してもいろいろありますし、しかしよくやっていただいておりますし。おねがいといえば、私たちは上告中ですが、上告でもどうなるかわかりません、すぐでられるということになることは今のところ考えられませんし、長いことはたしかで、つまり政府がかかわらないとでられませんわけで、ですからおねがいといえば、吉田政府とかこれからできる鳩山政府とかをかえてもらうことでしょうが、これはあまり一般的すぎて、また大きすぎるお願でしょうか。そうですね、私たちのことも、松川の被告をすくえということで、大変努力して頂いていることはほんとうにけっこうなことですが、松川だけのことで人をあつめるというと、日本中でもせいぜい数十万か百万とかいうことになるでしょうから、いろいろな形のなかでも私たちのことを入れていただく、たとえばみなさんがたが平和の話やアメリカの話をする時に私たちのことをちょっと入れていただく、歴史の話のなかにおりこんでいただく、井戸端会議の席でちょっと話にしていただく、そうすると私たちのことは数十万や百万にはかぎられないで、数百万、数千万の問題ということになります。まあ、お願といえばこういうことでしょうか。」

鈴木信さんの方は、おだやかな言葉ではあったが、第一、第二、第三とはっきりわけて、すぐに三つの註文をだしてくれた。

（1）歴史家をふくめて理論家ぜんたいが、意見をだすのに少し慎重すぎるのではないか。——おそくなっては指導ができない。労働者は大胆に意見をだし、まちがっていたら、いさぎよく撤回する。これはまなぶべきではないか。

（2）労働者の理論的創意性をもっと尊重すべきではないか。——自分の体験でも、労働者は理論の上でもいろいろ新しい意見をのべたり新しい発見をするものである。それは系統だってはいないかもしれないが、それらの意見や発見をどんどん紙上に出すべきであるし、また理論家はそれらの意見や発見をじぶんの理論のなかで生かし発展させるべきではないか。この方向に若干の努力がはらわれているようであるが、まだまだ十分とは思えない。

（3）利己心をとりのぞくこと。——これは註文というより自己批判である。昔はとくにひどかったが、今でも利己心をとりのぞくのに苦労している。利己心をとりのぞかないと、国民の統一ができないこと。

なお資料をあつめることについてのお願い（これは鈴木信さんの話を私がまとめた）。鈴木信さんは上告趣意書を書くにあたって資料がたりなくて困っている。とくに福島地方の情勢、なかでも労働運動にかんする資料。これらは大小をとわず、どんなものでもほしいと言っていた。鈴木信さんが法廷でつかった福島民報さえ、ほとんどそろっていないのだそうである。福島民報は営利新聞であるが、それでも当時どこどこでストライキがあった程度のことは書いてあるので、ぜひほしい資料の一つだと言っていた。これらはとくに歴史家への註文といって、さしつかえないだろう。

私たち歴史家が松川事件の被告にまなぶところ、また松川事件の被告たちに奉仕すべきところは多いと思う。

②鈴木信「歴史学徒へのお願い」

上告趣意書を書くにあたって、「労働組合の指導的立場にあったから列車顚覆の指導的立場にあった」とする判決の基本的な考え方に対し、労働運動と列車てんぷく事件とは縁もゆかりもないものであることを明らかにすることが重要なものとなっています。

それで松川事件の歴史的背景を明らかにするために「現代日本の歴史下」井上・小此木・鈴木共著ならびに「歴史評論52号松川事件前史覚書」庄司吉之助を引用させて頂き、当時の国際国内情勢について、ならびに当時共産党員としての私の思想的支柱であった「共産党第十五回拡大中央委員会」における「一般報告、同結語」徳田書記長、「国会活動についての報告」野坂、「東北地方における党活動の諸問題」保坂等を引用させて頂くつもりで居ります。

尚その他にも当時の情勢を明らかにするための資料がありましたら御教示、助言を頂きたくお願い致します。

以上をふくめた上告趣意書は、後日松川事件対策委員会本部で印刷して下さると思いますので、そのときは御批判下さるようお願いいします。

さて本日はこれら全体のことは略させて頂いて、その中でたたかっていた国鉄労働者の動きについて、若干書きたいと思います。当時の新聞記事や組合関係資料等が全然手元にありませんのでまとまりのない記憶に基く「手記」になることを許して下さい。

一九四八年のストライキ

四八年は日本を「極東の工場」に育てあげ、アジヤにおける反共の拠点にするという一月六日のロイヤル陸軍長官の「アメリカの対日政策の転換」に始まり、二月六日共産党中央委員会は民主民族戦線結成方針を決議した。国鉄労働組合は五月三十日奈良大会で全官公の戦列に復帰し、職場では芦田内閣の職階制反対最低賃金制度を確立せよ！公安条令等弾圧法規反対！労働委員の職権委嘱反対！等の要求が高まり、各職場から「手袋をよこせ」「布団をとりかえろ」「会図灯を配給しろ」「油を配給しろ」「職場の設備を改善しろ」等々日常要求が出され組合執行部が処理しきれないほどつき上げられて来た。

（1）大衆の動き

◎福島車掌区のたたかい

国鉄総連中央執行員として本部常駐となった斎藤千（福島駅貨物掛）と共に本部常駐部員として活動し、帰福した阿部市次（福島車掌区車掌）が中心となって、社会科学研究会が組織され、福島車掌区に五十数名の巨大細胞を作った。乗務員詰所や宿直室は、組合情報・共産党細胞機関紙がべたべたとはり出され、業務や職場の問題はすべて協議によって民主的に運営されて居た。勿論日常要求はほとんど勝ち取っていた。この車掌区が長野・横浜等の地域闘争と呼応し、乗務拒否に起ち上り貨物列車十二本を止め闘いのひぶたを切った。車掌区の存在は職制の頭痛の種で、当局は腕ききといわれた管理部旅客係長を区長に送り込んだ。

◎福島自動車区のたたかい

自動車区は車掌区と隣り合せておりその影響を受けて小山を中心に細胞が確立した。

自動車技工がストライキをやり「石鹼」と「倉庫」を勝ちとった。「一同志が『これは細胞が取ってやったんだ』と言って石鹼をくばったが、あれでは面白くねえ」と非党員の技工から苦情が出るなどのエピソードもあった。

◎福島通信区のたたかい

ここは国鉄中闘の斎藤喜作の出身職場だが現場長の不正バクロと追放闘争でわいた。ここから村上婦人部長が育った。

◎福島電務区のたたかい

ここは加藤謙三の職場だが、ここからはすぐれた婦人同志が沢山生れた。通信管理のたたかいは高く評価されるだろう。

◎福島保線区のたたかい

ここは二宮豊（俗称あんちゃん）の職場だが地についた細胞活動を久保・草野等がやっていた。保線区も整然としたストライキをやった。

◎福島駅のたたかい

◎福島機関区のたたかい

ここは斎藤千の職場だが貨物主任後藤がいて唯一の牙城でもあった。

上川・蛭川等を中心に仲々良い活動が行われたが昔ストライキの指導をやったことがあるという指導助役五島が居り、職制を利用してきりくずしをやるので、仲々苦しいたたかいが行われた現場であり、又金子（現福島市役所課長）は二・一闘争当時は非常に良かったのだが軍政府から叱かられてからぐらつき出し反動の側に走った。

◎福島検車区のたたかい

非常に素直な労働者が多い職場で、職場大会ではあらゆる要求が出され結束のよい職場だった。

◎福島車電区

ここは労農党の渡辺が指導した職場で女子労働者の鉛毒問題等を取り上げてたたかった。

◎福島電力区

デモ等には先頭に起って闘った。

◎中間区

中間駅にも細胞は確立されたが、特に二本松駅は助役をも含めてほとんどが共産党員になり人民駅としてすばらしく民主的になり、旅客からもサービスが良いとほめられた。ここも又当局の頭痛の種で、仙台地本の民同の総帥しんめ（本局勤務）が駅長となって乗り込んだ。

◎郡山機関区

ここは百名近い入党のあったところで、党員は機関助士・技士・庫内手であったから、真に労働者的な団結と行動力を持った、他の職場には見られない党風があった。残念にも党歴が深まらない中にレッドパージに会い、充分理論を身につける余裕もなくバラバラにされたが、この職場にこそ真の党が見られた。

◎郡山車電区

国鉄労組本部青年部副部長大橋の職場で細胞は確立したが大量とはいかなかった。

◎郡山駅

次席助役Kの入党があり、政令二〇一号に抗して職場放棄闘争に起ち上った。この職場から本田昇が生れた。このように職場々々によって、大衆の動きはみな違っていたが、一般的に言えることは、職場の民主化・職場要求の獲得を目標に集会・討論が積み重ねられた。

（2）鉄道機構の特殊性

組合発足当時は、鉄道の機構から現場長（駅長やそれぞれの現場長）を組合に入れるかどうかで討論が行われた事実が示すように、支配・被支配の限界が明らかでない。一おう職制系図を例示すると、

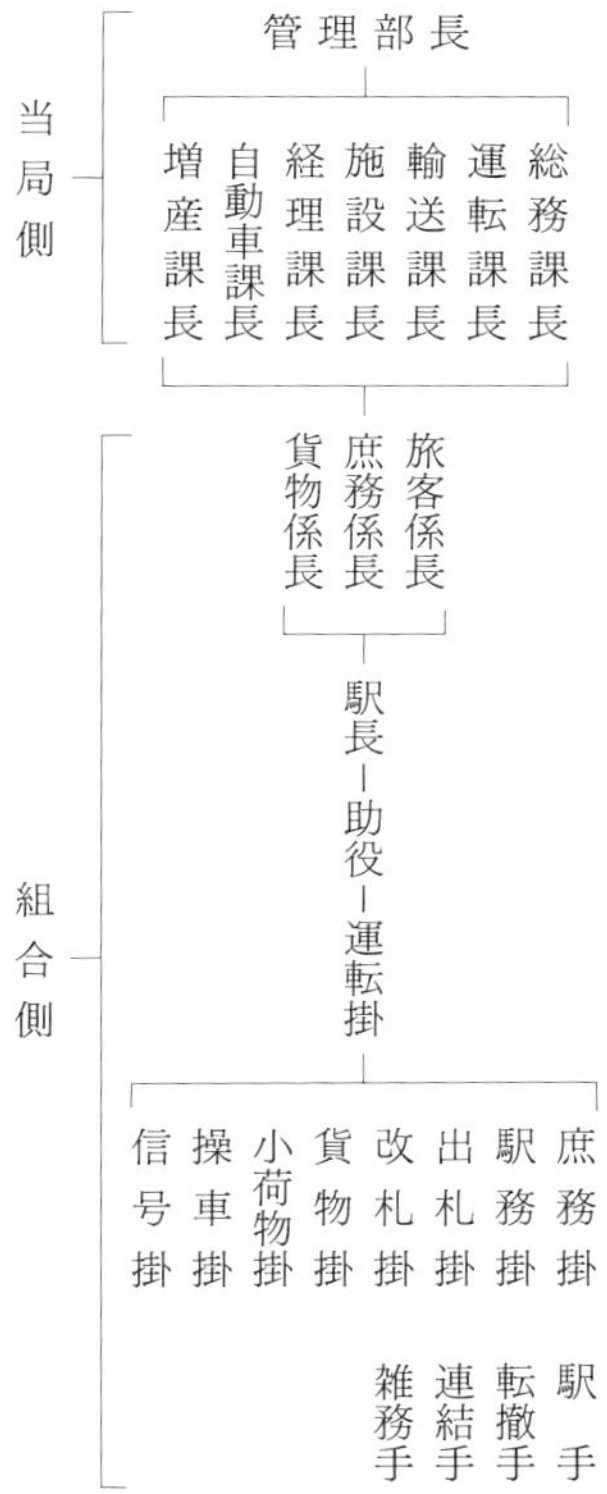

となり当局側八名組合側九千名強であった。

（3）**攻撃の方向は**

封建的な国鉄家族制度の打倒・職場の民主化・労働条件の改善である。

（4）**執行部の動きは**

毎日職場に入って組合常識や社会科学の啓蒙活動と日常要求に基く闘いの指導が行われた。

（5）**共産党地区細胞の呼びかけは**

民主民族戦線の拡大強化、地域人民闘争、権力のフハイの暴露等に重点がおかれた。細胞は共産党への大量入党と党員の質の向上に相当力をそそいだ。

ストライキ

職階制度の強行と労働委員の職権委嘱問題は、労働者の憤りを買い、ストライキによって抗議しようとの声が高まり、福島車掌区の乗務拒否、福島保線区、自動車区、通信区のストに始まった。七月二十日に福島管内の全列車が、正午を期して十分ストと汽笛吹鳴を行い、翌二十一日には二十四時間ストを敢行し、約百二十本の列車が整然とストライキに入った。このストライキは、二・一ストのように精密なストライキのダイヤ表を組まなくとも、労働者の団結と決意さえ固ければ整然と遂行出来るし、労働者は団結すれば偉大な力を発揮出来ることをしめした。管理部長や課長は顔色をかえて、労働者に「ストライキをやめてくれ」とたのんだが、労働者は固くスクラムを組んで離さなかった。軍政府は組合執行部に対し、スト寸前に「出頭命令」を出した。しかし労働者大衆は執行部をかくまい、二十四時間ストライキを整然と遂行してから軍政府に出頭させた。出頭すると「沖縄にやるぞ！」と怒鳴られた。この怒号が松川事件にどう糸をひいているかは知らないが、鹿地亘氏が監禁中「沖縄につれ去られた」事実と共に、今もって頭から離れない言葉の一つである。僕等はこの日、公務員法改正を要望するマッカーサー書簡を知ったのである。

つづいて八月三十一日政令二〇一号が公布され、北海道の国鉄労組新得分会の職場放棄闘争がくりひろげられこの闘いに呼応して、阿部市次を中心とする福島車掌区、横山を中心とする会津若松機関区、郡山駅等の青年労働者同志諸君が職場放棄闘争を組織し、国鉄労働者として始めて投獄された。

四八年のたたかいは、労働者を政治的にめざめさせ、国鉄労組全国大会代議員の選挙は、福島支部の定員九名中七名が公然化した共産党員が当選し、革同系一名、民同一名で共産党員の得票率は国鉄新橋支部・横浜支部・長野支部と並んで上位を示して居たことからも解る。

一九四九年のたたかい

一九四九年は国際的には資本主義および社会主義両体制間の力関係が根本的に変化した年であり、日本においては益々弾圧が強化されドッジ・ラインが強行された年である。

僕らに取っては、国鉄労組福島支部の得票率が示すように、言論集合の自由さえあれば飛躍的に前進出来る確信のあった年である。このような情勢の中でわれわれはどんなたたかいを進めていたか？五月二十三日から三日に亘って開かれた国鉄労組福島支部大会で、満場一致可決されたたたかいの方針を述べて見ると、

◎闘争の基本方針（支部大会決議）

一、福島県内の鉄道は国鉄労働者及び県民のものである。県内産業の復興。
二、行政整理・くびきり反対・人員の充足。
三、最低賃金制度の確立。
四、災害保障及び厚生施設の完備。
五、地方的経済事情を考慮した運賃制度の確立。
六、省営自動車の払下げ反対。

七、電化促進、ローカル線の開発。
八、労働保護に基く基本的人権の完全実施。労働法規改悪反対、公安条例テッパイ。
九、植民地政策絶対反対、民族の完全独立。
十、地域的民主戦線の統一強化。

具体的方法

一、職場の問題は職場のわれわれの団結の力で解決する。
二、職場で解決出来ない問題はその本質をつきとめ、農民・市民・中小企業と統一し、これの要求獲得闘争を進める。
三、職場長、現場長をわれわれの強固な団結によって、吉田内閣の手先となることを阻止しわれわれの味方とする。
四、われわれ労働者の身近かにある、一切の不合理を検討して、官僚機構の不正・腐敗・無能を徹底的に摘発する。
五、職場防衛隊をつくり職場を破壊するすべてをしりぞけ、われわれの手で職場を運営する態勢を立てる。
六、青、婦組合員が中心となり家族に対し積極的に働きかけ、われわれと共に闘う態勢をつくる。
七、われわれ組合員は居住毎に労働者の集りをもち、公安条例反対署名及び食糧・税金・住宅問題等を積極的に取上げて闘いながら労働者市民の統一を促進する。
八、国鉄利用者に働きかけ闘争の理解を求め防衛闘争に参加させる。
九、敵のあらゆる労働者弾圧の方法を検討し、われわれの創意によってこれに対抗の手段をとる。
十、文化教育活動を広はんに活ぱつにする。

結　び

この国鉄防衛闘争を闘い抜くことはわれわれ勤労者の生活の安定を確立し、日本における民主々義の徹底をはかり、民族の完全独立を確保する道である。これを確認して支部九五〇〇は一致団結して最後迄闘う、とある。

読んで明らかなようにこの組合の方針はみんなでスクラムを組みながら、労働者農民・市民を味方の陣営に入れて広範な統一を確立することを目標とし、労働者・農民の団結と統一の下に、議会を充分活用してこれらの綱領を実現するためにたたかうという考えで貫ぬかれている。組合執行部は、全組合員の代表として民主的にえらびだされた代議員の決議にそって仕事をするようになっている。

◎この方針はどのように実践されたか

第一に復興綱領を大量に街頭に貼りだし、民主民族戦線の結成を呼びかけ、
第二に地方財政の不正のバクロ、国鉄の職制の不正のバクロ。
第三に各労組への共闘の申入れ等を行い、各職場がそれぞれの創意性を発揮して闘った。それらを二・三のべて見ると、
◎庭坂居住の国鉄労働者が中心となって家族や村民との懇談会が開催され、
◎列車に乗り込んで乗客に対し、民主民族戦線結成の呼びかけや国鉄の現状を訴え、
◎国鉄職場では一斉に現場長に対し「クビにしない」という確約を取る為の団体交渉が展開された。例えば郡山機関区職場では二昼夜に亘る団体交渉が開かれ、ついに区長の「クビにしない」という確約を取ったが管理部長はそれを聞き区長を本局へ転勤させてしまった。それにおこった組合員は又々新任区長に対し団交を展開し、また確約を取った。これらのたたかいを通じて労働者の団結と意気は実に盛んなものとなった。福島第二機関区でも一昼夜にわたって団交が行われた。このように全職場にわたって団交・集会が行われた。

郡山では市街デモも行われた。このようにして六月三十日頃、労働者の意気は頂点に達していた。一方福島分会委員会は無記名投票の結果一名の白票があっただけで後は「執行部の指令があればいつでもストライキをやる」と決議し、郡山機関区の職場大会は機関区班の幹部七名が共産党に入党するなら全員入党するという決議をした。

私達組合執行部はこのような高まりの中で、ストライキも辞せずと考えて居たが、全国的な情勢とにらみ合せて、

慎重でなければならないと判断し、農村への工作の強化・集会の活ぱつ化と内部団結の一層の強化を図り、議会をも最大限に活用し、馘首通告を撤回させ民主的な運営を勝ち取るまでねばり強くたたかわねばならないと考えた。

平事件発生

六月三十日、軍政府の指令によって平駅前の共産党壁新聞の武力撤去が強行され、炭坑労働者の抗議デモとなり、仙台・福島・郡山市を始めすべての市町村から警官が平市へ動員された。

この出来事はわれわれにとっては予期しないことであったが、労働者大衆は「平の労働者を弾圧から救え」という、スローガンを叫び長町では警察官の乗車を拒否し、郡山の労働者は郡山警察署にデモをかけ、二本松警察署も労働者に包囲された。福島でもデモが行われ、期せずして、全県的に労働者と警官の待峙となった。これは労働大衆の自発的な行動であった。これらのたたかいの評価について福島県党は意見をまとめたが、手控えがなく書けませんので、国鉄の労働者に与えた影響（註この点についてはまとめられたものがないので）を私なりに観察したところを述べると、全く自発的な労働者意識に貫ぬかれた抗議デモとなり、デモに参加した数千の労働者は益々昂揚した反面、意識の比較的低い数千の労働者は闘いの尖鋭化に対し、しりごみを始め、端的に言えば前進する者と後退する者とのひらきが大きくなりみぞが出来た。それに加えて新聞（特に福島民報）の熱狂的な「共産党の暴力革命云々」の宣伝はおくれた層をしりごみさせた。

七月二・三日人員整理反対陳情デモが組織され、「夜中の午前三時頃下山総裁にピストルを突付けたシャグノン」（一九五四年十月三日号サンデー毎日）解散命令によって労働者は解散した。こうして七月四日の第一次クビキリ発表となり、翌五日下山事件が発生した。

組合執行部は、各職制や権力の機関の不正てきはつ闘争の強化と地域人民闘争を通じて統一戦線を強化するよう訴えた。県庁・金融機関・検察庁関係の肥料にからまる不正事件のてきはつを取上げるために、準備が進められていたが、その中途で機関区の燃料問題の報告があり、又伊達駅の組合員から「警察が一斉取締りで買出人から取上げた闇米を駅長が分けて貰って喰って居るから調査して貰いたい」との報告があった。早速不正てきはつのため伊達駅に出かけた労働者の中から組合執行部の斎藤千外九名を七月十四日に逮捕した。闘いの最中に八月四日まで拘留し、次いで七月十五日三鷹事件の発生と同時に、反共宣伝を更に強化し、翌十六日には私を逮捕し、当日午後二十時に釈放した。二十一日には武田久、岡田十良松、私など組合執行部を始め九名を福島管区事件で逮捕、私と村上婦人部長外二名は二十四日に釈放になったが武田久、岡田等は八月四日まで闘いを押し潰すために勾留した。又組合の高島・梅津は逮捕状がでたので姿を消さざるを得なくなった。このように七月から八月にかけて、軍政府の指導の下にくりかえし逮捕、投獄によって弾圧し組合の心棒を奪い、平・下山・三鷹事件で反共宣伝を強め、これと平行して一方では軍政府に入りびたり労働運動を踏台にして駅長になった後藤、労働運動を捨てて市役所の課長になった金子らをおどらして分裂手段に出た。そして八月七日の郡山における支部大会となった。組合支部執行部で逮捕されずに残ったのは渡辺郁造副委員長と本田昇情宣部長だけで、あとは分会の私が七月二十四日の夜出獄して来た程度で全く手薄な状態であった。八月七日の支部大会に提案した方針は、当時の僕らの考えを集約したものであった。この方針は列車てんぷくのあった八月十七日の直前のものでてんぷくとは縁もゆかりもない方針である。

基本的には

綱領をかかげ民主戦線の統一強化を促進することであった。五月二十三日から三日に亘って開かれた前回支部大会の基本方針に従い、当面の具体的な方針として

◎馘首された組合員の組織を確立し、文化商事のようなものを作り、財政活動をやりながら長期に亘って工作活動を続ける。

◎馘首者の組織の執行部を組合事務所に置き、組合執行部と統一して基本方針を推し進める。

◎たたかいを多面的に展開し（臨時の仕事をよこせ闘争・生活保証要求闘争等）馘首撤回を勝ちとるまで長期に亘ってたたかえる態勢を取る。

という趣旨のものである。

◎弾圧は更に続く

八月六日の支部大会は、結論が出ず八月十一日の支部委員会となり、ここでも結論が出ず組合執行部で執行部たてなおしについて再考することになったが、翌八月十二日には無疵で残っていた渡辺支部副委員長と郡山分会田中委員長外数名が郡山デモ事件で逮捕された。同時に郡山地区委員会への弾圧、つづいて八月十三日福島地区委員長等が逮捕され、武田委員長斎藤千執行委員の二人は渡辺委員長の世話で八月十二日から郡山市に出かけ、私は福島地区委員長逮捕のことで、地区委員会の仕事にしばられた。これらの弾圧の連続にもかかわらず、国鉄の先進的労働者大衆は県・地区委員会の指導の下に、農村工作に出かけ農村に集団入党の気運が高まって居た。

◎松川事件の発生

八月十七日午前三時九分にまたまたわれわれの予期しない列車てんぷく事件が発生した。翌十八日に増田官房長官の「松川事件は三鷹事件と思想的底流においておなじである」という談話の発表と共に悪質な反共宣伝が展開された。武田・二宮・高橋・蛭川等の働き手は調査活動に専念しデマと闘った。

私は農地委員選挙その他の事務に追われ、九月二日からは選挙運動・細胞の確立・農村工作に出かけた。一方副島《ママ》分会は新しい役員選挙をやり馘首を免れた阿部(喜)同志が分会委員長に選び出され、私は九月二十二日から開かれる川崎村の党員教育に来いと言われて出発しようとしているところを、松川事件被疑者という不当な濡衣をきせられ逮捕された。

松川事件の第一次検挙者は、偶然にも今まで逮捕されずに居た本田支部情宣部長・二宮支部執行委員・高橋分会執行委員・阿部元青年部長がねらいうちを喰った。このようにして組合執行部は一人残らず弾圧を喰ったのである。

結　論

以上のように、労働者の組織的な整然とした闘いを押し潰すために、軍政府の指導の下にその道の専門家が頭脳をしぼって、系統的にしつような計画的な弾圧を試みたのである。これが国際帝国主義者の「日本を極東の工場に育て反共の拠点とするための具体的なやり方」であり、私達が経験した事実である。

附　記　尚これらのたたかいの成果と欠陥については後日充分時間を取って検討します。

歴史家の諸先生の御指導御助言を心からお願い致します。

松川被告無実を積極的に証拠立てる新資料が発見――鈴木信さんの手紙

一九四九年八月六日・七日の国鉄労組福島支部大会に提出した「当面の闘争方針」を、斎藤千君がようやく発見して、今日私の手元に届けてくれました。

この方針は謀議をやったという十五日の八・九日前の私の考えを要約したものです。「逮捕を不当弾圧として警察当局の取締緩和の方策とする」という動機で、列車てんぷくをやったというまさに驚くべき彼等の論理を、この方針の「三」は完全に粉砕するものです。一審がこの動きの証拠調べを拒否した理由が、この方針を読めば実によく分ります。何故ならこの方針を証拠として出せば、私どもの考えが、いかに列車てんぷくに縁もゆかりもないものであるかが明かにされてしまうからです。

彼等がこの文献を今日まで隠匿し、私どもの手に渡さなかったのは、正にこれを恐れていたからにほかありません。今読み返すと幼稚な点もありますが、当時の考えがよく現れており、下山・三鷹事件のようなテロルを防止するために努力していたことが浮彫されていると思います。

この文献は何より私どもの無実の証拠であります。

〜〜〜〜〜〜〜〜〜〜〜〜〜〜〜〜〜〜〜〜〜〜〜〜〜〜〜〜〜〜〜〜〜〜

（一九四九年八月六日・七日郡山における国鉄労組福島支部臨時大会資料　其の一）

当面の闘争方針

一、基本方針

吉田内閣の狂暴的挑発に注意しつつ飯坂支部大会の決定を強力に推進し、充分がん味し、柔軟性ある闘争を展開し、首切該当者の復職する迄闘う。尚支部大会決定の具体的方針の中、最も強化すべき事項は、

1、ファシストのデマと挑発を粉砕する為強力なる宣伝戦を行う。

2、全官公を始めあらゆる民主勢力を結集し、郷土産業防衛態勢を強化する。

二、失業者対策

1、宣伝工作に実体を置きあらゆる工作を開始する。財政は自活を主とするも支部分会に財政部を設け、組合員を対象に廉価販売を行い、財政活動の中からある程度の補助を行う。

2、東北商事福島支社を設け、労働者を中心とする消費者組織を確立し、物品販売・書籍取次販売・印刷出版事業等広汎なる経済組織を確立し、民自党の基盤を崩壊させる。

3、家族事情最も困難なるものに対しては極力就職をあっせんし、可能な範囲内に於いて運動に参加させる。

三、検束者対策

通信・署名運動・職場大会決議・市民大会等、あらゆる大衆運動を展開し、政治的労働者弾圧に対抗する。

四、規約の運用について

首切理由全く不可能にして本人より申入れあるものに対しては当局に交渉を進めると同時に、納得できる迄は正式な組合員として認めるのは勿論、其の間は権利義務も同一である。

五、役員改選

役員の改選は行う（予定）

八月九日⟷選挙告示

八月十五日立候補〆切

八月十六日
　　十八日 ←→ 選挙
八月十九日開票
八月二十日発表
八月二十一日新旧委員会
八月二十六日迄引継完了

（あとがき）

鈴木信さんの手記の中で、一番大切な箇所に資料が欠けていた。それが郡山における国鉄労組福島支部大会のところでした。鈴木信さんがこの手紙で送ってくれたこの大会の「当面の闘争方針」こそ、被告の無実を主張する証拠の中で「かなめ」ともいうべきものだと思います。読者の皆さん、この資料を国民の間にひろく知らせ、敵の陰謀をバクロして松川被告無罪釈放の闘いをおし進めて下さい。

③竹内景助「松川と三鷹」

くわしくは知らない。
だが七里だか八里だかの
真夜中の田舎道を
バールやスパナをひつかついで

てくてくと
「列車顛覆作業」に向うなんて
誰が信ずるものか。

組織の労働者である
国鉄と東芝の兄弟が
二十人もして
「列車顛覆作業」を謀議したなんて
良識ある誰が信ずるものか。

そのとき既に三鷹事件を
国鉄労働者のしわざとして
デッチあげるために
連日の拷問が行われていたが
拷問検事は
松川事件が起きるよりも早く
「そら共産党と労働者のしわざだ」
と喚えた。
その調子で
「巨大な反動」の走狗は
三鷹事件も起きる前から
「予告されて臨時に宿直していた」のだ。
それぱかりか
労働組合弾圧を狙っていたのだ。

一九四九年!
日本の自由を再び暗い谷間に
押しやろうとする
アメリカ帝国主義の
暴力的陰謀の第一弾だつた。

貪欲な侵略者が
八千七百万を「防衛」すると称して
翌年は朝鮮侵略を始めたではないか。
六年の牢獄の恨みの中から
私は訴える
独房が冷蔵庫のようになる冬
夜中の十二時すぎまで
蒸し窯のように灼ける夏。
それから訴えの妨害干渉、迫害!
気も狂いそうな牢獄の
六年の星霜は
そのまま現在の日本の証言となるだろう。

私は無実だ。
電車暴走事件は
ドッヂ政策の陰謀であり
自然発車と火災の六三型電車の
世間的バクロだ。
反動当局の売国的きずだ。
見よ

桜木町事件！
洞爺丸事件！
紫雲丸事件！
之らの悲しみは
占領下日本の証言となるだろう。

人民電車は虫一匹殺さなかつたが
反動政府は
下山総裁を殺し
三鷹事件を起し
松川事件を起したのだ。

「石の上にも三年」という。
今やその二倍の歳月をへた三鷹と松川だが
三倍でも四倍でも
解放の日まで闘うであろう
勝利は必ず我等のものだ。

(4) 古屋哲夫「松川事件に至る反共意識の動員について」

1

一九四八年一二月一八日、アメリカ政府は、マッカーサーに対して経済九原則の実施を指令し、日本を中国に於ける共産党の勝利に対する反共防波堤に仕立上げる意図を明らかにした。この本国政府の指令を実現するために、GHQは、既存の支配体制の強化と安定を図ったのである。

四九年の時点に於て、この様な支配体制の再編強化は、労働運動の抑圧、企業合理化による経済安定=独占資本の支配の強化として具体化される。そして、この年の初めから首切り、賃銀遅欠配、集中生産を名とする工場閉鎖が続出する。一月の総選挙には、マッカーサーは、民自党の絶対多数獲得に「保守的政治哲学にめいりょうな、決定的な委任をあたえたこの熱心な秩序整然たる選挙に満足」の意を表した。更にGHQヘプラー労働課長は、石炭・電産・海員・繊維・私鉄等の組合に対しスト中止を勧告した。

一方でこの様な労働者の「利益」の侵害を強行した支配者は、他面そこに生ずるに違いない強い抵抗を反共意識の動員によって克服しようとしたのである。だから一連の攻撃の主目標が「企業に不忠実なもの」として、共産党員に向けられたことは云うまでもないが、しかしこれらの政策は単に共産党員のみでなく労働者階級全体の犠牲の上に支配体制を強化再編するものであったから単なる「反共」の強調=旧意識への単なる観念的呼びかけでこと足りる筈はなかった。そこでは、戦前の権力によって蓄積された「赤」への恐怖を呼びさまし、「暴力」「破壊」「テロ」等、あらゆる悪徳のかたまりとしての「赤」を民衆の前に再現しなければならなかった。しかも絶対多数を獲得しながら、政治的信頼感をよびおこしえなかった吉田内閣が、再編政策の担当者であったこの時期に、吉田より悪質な「民衆の敵」

として「赤」を印象づけることは、再編策強行のための、必須の条件になっていたと言ってよい。フレーム・アップはもはや単なる偶然ではありえなかった。

当時この様な反共意識の動員のために好都合ないくつかの条件が存在した。第一は、広汎な旧意識の残存である。勿論、共産党が三五議席を獲得したことにもあらわれている様に、天皇制的意識は、その中核を失い、解体しつゝあった。しかし反共意識はまだ、「共産党はおっかない、天皇に反対するからいやだ」。といった形で広く残留していた。支配体制の再編強化の強行にあたって、この「反共意識」を民主主義の名の下に、政治の表面に呼び出すことが企てられたのである。即ち占領軍によって変革のシンボルとしてもち込まれた「民主主義」は、自発的な政治参加＝政治的自由を風土化しえないまゝに「秩序」と「安定」のシンボルに逆転させられ、醇風美俗と中庸の道を支持するに至っていた。第二には、占領下に於ける最高の政治的権威として共産党にまで公認されたマッカーサーが反共の態度を明かにしたことである。一九四八年三月のトルーマン「封じ込め」政策以来顕著となる、GHQの反共的態度は、この年の七月四日のマッカーサー声明で一つの頂点に達した。彼は、共産主義が犯罪分子、変態的分子の集りであるとして、反共体制の確立を説いた。この共産党非合法化を示唆した声明は、「反共」こそが占領下での正統的イデオロギーであることを明示したのである。

第三に、体制の側の再編成の強行と、赤裸な弾圧に直面して、多くの社会的、政治的運動が「反共」の旗をかかげることによって、占領下での正統性を主張し、自らを異端から区別しようとしたことである。そして地域闘争の可否をめぐる労働運動内部での戦術論争が、この異端＝正統という対立に結びつき、組合内部で強い影響力を持った共産党の指導と、GHQに支持された民同派の対立という形で激化し、組織を内部から崩壊させたのであった。勿論そうした対立はすでに四七年一一月の国鉄労組反共連盟の結成に始り、翌四八年七月、いわゆるポツダム政令による公務員法改悪に反対する全国的な職場離脱によって一層激化し、更にこの四九年には、合理化政策のヤマとみられた国鉄人員整理を目前にして、いわば一つの頂点に達し、イデオロギー的対立は、組織全体に滲透していた。

即ち六月に入ると、公安条例反対闘争から、東交スト、「人民電車」、国電スト（六月一〇日、中央線、京浜線がストップ）と続く、闘争の盛り上りの中で、この様な組織内部での対立は極度にまでクローズ・アップされた。そして労働者の具体的「利益」をまもるたゝかいは、暴力政治対議会政治、共産主義対民主主義という上からつくり出された政治的争点の中にまき込まれた。組織の分裂と闘争力の弱まりは、おゝうべくもなかった。まさにその時点をとらえて、フレーム・アップへの準備が始られたのは偶然ではない。

2

この様な情勢をとらえて突如として列車妨害の記事が大新聞の紙上に噴出する。六月一三日毎日新聞は、二面のトップに大々的に「御召列車妨害か、山陽、東海道線で線路に石」という見出しをかゝげ、二面の三分の一をつぶして列車妨害を報じた。当時、新聞がまだ二頁であったことを考えると、この記事にいかに大きな比重がおかれたかゞわかる。そして最近「列車転覆を企てると思われる悪質事故の続出」があり、今度の御召列車通過の線路に「不審な列車妨害事故が発生」したと伝え、更に「この種悪質事故はその手口から単なる子供などのいたずらとして片づけられぬなにか一連性（例えば一種の予備行動）のある犯行の現れではないかともみられる」と述べている。しかし、その内容は東海道線掛川～袋井間と熱海東方の線路に小石五、六個、こぶし大の石一個が置かれていたという二件にすぎず、一緒にのせられる奥原熱海保線分区長と国警刑事部小倉捜査課長の談話も「今回のことは子供のいたずら」とみられ、「計画的とは思えぬ」と述べていた。だから翌六月一四日の朝日が「御召列車の妨害はデマ」という小さな記事をかゝげたのは当然であったと云えよう。しかし奇怪なことに、御召列車妨害を否定した朝日は、五月九日、一〇日、六月四日というまさに旧聞にぞくする事件をとりあげて「ふえた悪質な列車妨害、手のこんだ機関車転覆事件も」という三段抜きの記事をかゝげたのである。その内容は次に掲げる通りであるが、この記事が、正にこの時点に現れる必然性は記事自体の中に見出すことは出来ない。

最近原因不明の列車妨害が続出、五月に入ってからは特に多くなった。悪質な例では五月九日、予讃線でレールの継目を丸太棒でコジリあけ、旅客列車を転覆させて死傷三を出した事件、つゞいて一〇日同所に同じような妨害があり、これは機関車脱線だけですんだ。東京近郊では横浜線に多く、京浜線でも四日、六郷鉄橋上と大井町とで継目板をレールの上においた二つの事件が報告されている。一番多いのは、小石を線路に並べる手でこれは大部分子供のいたずらと見られているが、北海道追分機関区では入庫中の機関車をジャッキで持上げ転覆させたというのがあった。操作を知ったものでなければ出来ないので当局側ではこの点を特に警戒している。

そして朝日は、以来、三大新聞の中で最も詳細な列車妨害についての記事を掲げ始める。こゝではその詳細を書く余裕はないが、六月中に於ける記事を簡単にひろってみよう。

六、一七　「線路に石、また二件」（レール上に小石）
六、二二　「列車の上に大石」（機関車の屋根にバケツ大の石を落す）
六、二三　「信越線々路に大石」（道路の舗装用大石、二米のスギ材）
六、二八　「列車妨害、一日廿件、子供のいたずらが多い」（この記事は相当なスペースをとって二六日の日曜日の事故を一々報じているが内容はレール上に小石一〇件、マクラ木一件、列車に投石三件、列車に発砲二件、その他一件である）
六、二八　「線路上に雷管」
六、二九　「トンネルにダイナマイト、妨害か、鹿児島本線で」（城山トンネル内にダイナマイト一三〇個が散乱）
六、二九　「廿七日にも四件」（列車に投石三、レール上に角材一）
〃　「各県に捜査本部」（国警県本部隊長全国会議で取締り強化を指令）

六、三〇　「列車妨害続く廿八日も四件」（投石三、レール上に青草一抱えと板一枚）

六、三〇　「〝巡回予算増額せよ〟国鉄労組中闘で声明」（「政府や当局はこの原因をあたかも組合員の責任であるかのように宣伝しているが大部分は学童のいたずらで、これを首切り闘争反対戦術と結びつけるのは言語道断である。当局は速かに巡回予算を増額せよ」）

六、三〇　「〝政治的意図の印象〟国鉄下山総裁が反撃」（「『組合員の責任である』といったことはない、しかし、最近のは学童のいたずらもあるが、専門的知識を持ち、内部の事情に通じている者が計画的に行っていると思われる所がある。またその地域もかつて急進分子が多かった地方に発生しており何等かの政治的意図によったものであったかの印象をうける」）

こうしたしつようで、思わせぶりな妨害記事は共産党乃至国鉄労組の暴力化の前徴であるかの様な印象を読者に押しつけることに奉仕したものと云えよう。この様な記事は七月に入ると、平事件、下山事件、三鷹事件、等に紙面をとられて減少してくるが、七月四日「現業員三名逮捕、鳥取で列車妨害の疑い」という記事があらわれたことは注目しておこう。

「列車妨害の激増」→「手口の専門化」→「現業員の逮捕」とつゞく、朝日、初めから「一連性のある犯行」とした毎日に対して、読売はやゝ出おくれていたが、六月二五日「列車妨害を厳戒、山手線にも大石、大半が少年?」として、列車妨害の増加を述べるや翌二六日には、「列車妨害を逮捕、共産党名乗る二鉄道員」というセンセーショナルな見出しを三段抜きでかゝげ、朝日や毎日が暗示している方向をズバリと打出したのである。これにつゞけて、「昨年の三倍、こゝ六ヶ月激増の妨害」という記事をかかげその中で「仙鉄でも同様捜査を進めた結果去月廿九日、鉄道建設会社、米沢出張所人夫一名を検挙したが、背後関係、動機について一切語らないまゝに送検した」と、いかにも何か背後関係があるかの様に報道した。三紙の中では、読売が最も露骨に反共的だったと云えよう。いずれにしろ、この様に三大新聞が六月中旬から突如として「列車妨害」を大々的にとりあげ、一貫して何か暗い背後関係をにおわせ続けたのは何故だったのか、我々は今、その点について直接に実証するに足る資料は持ち合わせていない。しかし次の点には注目しなければなるまい。

朝日年鑑、昭和二五、二六年版は、この様な事態を反映して、「列車妨害」という特別の項目を設けて、昭和一四年以来の統計をのせている。それによると戦前は年間四〇〇件位、戦後になると、二一年七二一件、二二年一〇六九件、二三年一四七八件と激増しているが、これは、戦後、あらゆる犯罪が激増したことを考えれば特に不思議ではない。二四年に入ると一月〜四月には百件台であつたものが五月二五九件、六月五一七件、七月一五七四件と頂点に達し、八月以降は又四八八、三〇〇、二六三、二〇一、一六六と一〇〇件台にもどり二五年に入ると一月一四七件、二月一八七件が、四、五、六月には三〇〇件台に増加しているのがわかる。そしてこの記事は、次の様に解説している。「国鉄当局の説明によれば二四年五月以降急激に件数がふえたのは、従来報告のなかった様な小さな事件まですべて報告させる様にしたためでもあるが、それにしても増加したのは事実である」として以下に、予讃線事件（前掲朝日記事参照）を例としてあげている。では国鉄当局が五月から調査方法を変えて、事故件数の目立った増加を統計の上に表わそうとした意図はどこにあったのだろうか。五月と云えば、定員法によって二七万の官公庁人員整理が決定された時である。そして六月に入り、労働者の闘争が高まりをみせようとした時、一面では、公安条例による警察支配の強化とGHQの公然たる介入、――言ひかえれば裸の権力による弾圧が加えられると同時に、他面では、五月〜六月の人為的にうなぎ上りとなった列車妨害の記事を噴出させながら、大新聞が反共意識の動員にのり出してくるのである。松川事件とほゞ同様の事件である五月九日の予讃線での列車転覆が、その時の新聞には全くあらわれず、一ヶ月以上たった六月中旬に、各新聞が一せいに列車妨害の記事をとりあげた時、いずれもその最初の記事の中で「最近激増する列車妨害の悪質さ」を例証する事件として引き合いに出していることは注目に値する。（朝日六・一四　毎日六・一三　読売六・二六）それは列車妨害の事例と統計が、最も好都合な時期まで蓄積されていた事を意味すると思われる。そして東交ストから「人民電車」に至る一連のたゝかいの直後の時点が選ばれたのだ。「レールの上に小石何個とか、コブシ大の石何個とか、幅何センチ長サ何メートルの角材」等の詳細な記事が突如として噴出する。それはこの程度の妨害さえ、この時になって初めて現れた重大事であるかの様に、当時のわずか二頁の新聞が足なみをそろえてこれだけのスペースを割いたことは、政治的なマス・コミ操作としか考えられないではないか。そして平事件を騒擾とした直後、マッカーサーは、その政治的意図を明かにする。前掲の共産主義者は変態的分子・犯罪者であるという彼の声明はこうした文脈の中でもう一度読み直して欲しい。そしてそれはフレーム・アップの準備完了の合図ともきこえた。支配者は、何時、何処ででも、フレーム・アップを強行することが出来る条件を完成したのである。

3

七月一日、各新聞は、共産党の警察不法占拠として、いわゆる「平事件」を報じ、翌日から共産党員の検挙と他県からの警官隊の応援の記事がつゞき、五日には仙台高検が、「騒擾罪」の適用を決定したことが伝えられる。と同時に、平市につゞき、福島、若松両市が不穏な情勢にあると報ぜられた。(これは「県会赤旗事件」と「三菱広田工場」の人員整理反対闘争であるが詳細は、塩田庄兵衛氏の別稿によられたい)。国警福島県本部隊長新井裕の談話は云う「県内は一応落着したが平はじめ福島、若松、郡山の事件はその底流は同じで、労組側は明らかに計画的な行動とみられる」(朝日七・二)「事態が長びき拡大する場合は非常事態宣言を政府に要請するつもりだ」(同七・三)「非常事態宣言用意、樋貝国務相談」(読売七・二)「福島県下に非常警備態勢」(同七・五)「『国家非常事態の宣言』首相、布告準備を完了」(同七・七)。こうした中で七月四日、国鉄第一次首切り、三七〇〇〇名、同一三日六二〇〇〇名が強行される。そして七月六日には下山事件とならんで「福島管理部事件」が写真入りで報道された。六月中旬以来、列車妨害が左翼勢力によって計画的に行われているとの印象をうえつけるのに努力して来たマス・コミは、こゝでそれを具体化する。保守党の側から流されて来た八―九月暴力革命説(例えば廣川幹事長の反共国民運動の提唱――朝日四九・六・一五)の前哨戦が始ったかの様に騒ぎたてたのである。
列車妨害についてのプレス・カンパニアによってつくり出された、不安感の上に、今度は地域闘争＝暴力革命の実例として福島県下の諸事件が押しつけられる。それは、不安感を人為的に恐怖にまで高め、フレーム・アップに対する警戒心の武装解除を目指したものと言えよう。つゞく下山、三鷹事件、その間をぬってくり返される列車妨害の報道を、共産党の暴力（八月暴力革命）という文脈の中で読ませようとする意図は、もはやおゝうべくもないものとなった。だからいち早くこれらの事件の調査にのり出した衆議院考査特別委員会、参議院地方行政委員会の報告が、上記諸々の事件の間の相互の関連、全体としての計画性をつくり出してみせることに最も力をそゝいだのは当然であったと云えよう。彼等の結論は、次の如くである。

今回の事件は国鉄の人員整理、炭坑業、諸工業の企業整備に伴う労働不安の情勢に乗じて、日本共産党員（必ずしも中央部を指さない）が国鉄労組、炭坑労組その他左翼急進分子と結んで論文[*]にいわゆる地域闘争を特に福島県地方を選んで実行したものであるとみとめられる。しかしこれら一連の事件が全く共産党の同時斉発的計画にもとづくものであったとは断言しがたく、又これを所謂暴力革命のテスト又はその前哨戦と判断するだけの適確な証明は今の所得られない。しかし巷間には早くから七月革命、八月革命などというデマが広く流布されていたこと、又あたかも帰って来たソ連引揚者が共産革命的に組織されていたことなどかれこれ考え合わせる時、それらは単に偶発的競合に過ぎないとして看過すべきであろうか」（官報号外「第六国会参議院会議録」第二五号附録その四）

＊　こゝには野坂参三「政権えの闘争と国会活動」（「前衛」三七号二四・四）志田重男「人民闘争より権力闘争え」（同三八号二四・五）の二論文が援用されている。尚、衆院考査委の報告については詳細に述べる紙幅がないが、上述の福島県下の諸事件が、平事件を牽制するものであった、として、その計画性を強調している。（官報号外「第六国会衆議院会議録」第三号附録）

この様な、支配者とマス・コミの動向は七月の国鉄整理、八月の全逓整理に対する反対闘争を、一部少数分子↓反民主主義的不逞の輩↓共産党の暴力↓八月革命の名の下に一挙に弾圧するための伏線であったと理解される。では「福島県地方をえらんで実行したもの」とされた「地域闘争・権力闘争」（前掲参院地方行政委）の実態はどの様なものであったか、参院地方行政委の報告には、資料「福島県下の治安概況」として国家地方警察福島県本部の作成した治安警察日誌とでも云うべきものが掲載されている。それは（一）平事件前後の状況（平地方を中心として）（二）平事件前後における郡山、福島方面の状況（三）三菱広田工場事件とその後の会津方面の状況、であり、そのすべてを引用する紙幅はないが、松川事件との関連で、若干の点をみることにしたい。（尚、この報告は、八月四日―九日の六日間にわたる議員派遣（岡田喜久治・鈴木直人）によって作成されたものであり、従ってこの日誌も松川事件以前につくられたものと思われる。後出の塩田氏の論稿と合わせて読まれたい。）

•六・三〇（日付）　一四・五三（時間）　東芝松川工場労組（県会デモへの）応援のため、一〇〇名福島駅に下車、スクラム組んで議場に入る。

•七・二　八・三〇　福島地区内庭坂機関区一五〇、郡山方面二五〇管理部前に集合。（国鉄人員整理反対）

〃　一一・四〇　友誼団体但会員七〇〇名管理部前に集合。武田久他三名交々アジ演説を行う。

〃　一二・五〇　外郭団体である東芝松川工場労組赤旗を先頭に応援合流その数八〇〇名気勢をあげ武田久外八名が管理部長に首切返上の交渉をした。（東芝労組が国鉄労組の外郭団体とみられていたことは注意する必要がある）

〃　一四・〇〇　管理部長は群衆の面前において行政整理に対する経過を述べさせられた。

〃　一四・一〇　管理部長の経過報告に納得いかずとして斎藤千外二〇〇名は管理部長室に押入って交渉を始めた。当時室外に八〇〇名。

•七・四　一六・〇〇　国鉄労組支部武田久外三名管理部長に面談、首切り説明を求め午後五時退去した。

〃　一七・四〇　国鉄福管第一次人員整理八一八名発表。（四一・一％）

〃　一九・三〇　群衆管理部長室に押寄せて鉄道講習所教官本間某を階段より引下し殴打した。

〃　二〇・三〇　二階に押入ったもの一〇〇名、管理部長に面会強要、二一時には一五〇名となり、椅子を破壊し部長室のドアーを破って侵入した。（これが福島管理部事件として報道された）

●七・七　九・〇〇　福島駅貨物係斎藤千外三〇名は伊達駅駅長室に押入って行政整理の対象基準を明確にしろと暴行脅迫した。（伊達駅長事件、尚このすぐ後には斎藤千が伊達駅長の不正事実を摘発しこれを認めさせたと演説したという記事があり、両方での評価は大きく違っている）

●七・一三　一九・〇〇　福島市稲荷公園に於て国学院大学教授安津素彦一行反共演説会を開催、聴衆二〇〇名、午後一〇時終了、事故なし。（専ら、組合と共産党員の活動を記録したこの日誌に、特別にこの項目が入れられていることは、警察活動が、「反共」＝組合弾圧の枠の中で行われたことを示している）

●七・一四　五・〇〇　七日伊達駅長及び横山助役を暴行脅迫した国鉄労組福島支部文化部長斎藤千外一一名に対し、暴行等処罰に関する法律違反者として逮捕状の執行を行い、梅津五郎外四名を除き七名逮捕、保原・福島地区。（身柄は福島地区に留置）

〃　九・〇〇　斎藤千等の釈放について福島地区へ阿部市次、岡田十良松、保原地区へ福島地区労議長杉原清外一名交渉に来たが拒否されて退去。

●七・一五　逮捕者鈴木信はアリバイ成立、即時釈放。（鈴木氏はすでに見込捜査の犠牲になっている）

●七・二〇　伊達駅長脅迫事件の容疑者更に三名逮捕、高橋時雄外二名。

●七・二一　五・〇〇　七月四日午後八時頃より福島管理部長室に不法侵入した支部委員長武田久外九名の逮捕状執行を行ったが逮捕者九名未逮捕一名。（諏訪誠二）

・七・二四　九・三〇　管理部不法侵入被疑者次の五名判事拘留で福島刑務所に収容、福島製作所近藤兼雄を除く四名ハンストに入った。武田久、上川知巳、岡田十良松、小山那夫。

・〃　一九・三〇　管理部不法侵入容疑の四名検事釈放。

午後十時、鈴木信

これらの日誌はいずれも七月二五日乃至二六日で終っているが、こゝで確認出来ることは六月下旬から七月上旬にかけて闘争が盛り上りをみせたこと、そしてそれが前掲の「事件」という形につくり上げられて、強い弾圧が行われ、七月下旬までに、福島管理部事件一六名、伊達駅長事件二五名と四〇名をこえる活動的分子が逮捕され、闘争が弱まったということである。後に松川事件の容疑者とされた人々が、この様な形ですでに警察の日誌の上に表われていたことは、松川事件の捜査が、事件そのものの分析の上にではなく、従来からの労働運動弾圧の延長上に、即ち「反共」という警察活動の骨組に合わせてつくりあげられたことを示している。

しかし、松川事件を、下山、三鷹事件につづいて、フレーム・アップする理由は何処に存したのであろうか。たゞ単に福島の運動を弾圧するだけなら、この日誌にみられる線を更に強行することで足りたのではないか。これまでの本稿の分析の上で考えると、反体制勢力の活動を決定的に打くだくための、最後の追打ちが松川事件のフレーム・アップではなかったかと考えられるのである。

七月一八日、国鉄当局は、国鉄労組中央闘争委員会の共産党員の全部と、革同派計一四名の首切りを発表した。そして民同派は、被解雇者の中闘委員としての資格を否認してこれに追打ちをかけた。共産系対民同の対立は、七月二二日民同派が零号指令を発して、民同派による中央委員会を召集した時、最大のヤマ場をむかえる。八月一五日、国鉄労組の新執行委員会が成立し、民同派の勝利は決定的となった。そしてその直後に松川事件が起ったのである。

（八月一七日）

松川事件直後八月二〇日、日経連は、「当面の労働情勢に対応して経営者のとるべき態度」を下部団体、会員会社に配布したが、それには次の様に記されている。

一、共産党員の排除は往々労組法一一条違反として争われて来たが、この際新たな観点に立ち、企業防衛の信念に基き人員整理に際しては「意識的継続的非協力者」として職場から排除する。また就業規則、業務命令違反は迅速的確に処断する。

二、反共第二組合はたとえ組合員が少数といえども会社施策の重点をその組合に集中すべきである。

三、法廷闘争を恐れず経営者は十分法規を検討、共産分子の排除を断行する所信を法廷でひれきし徹底的に争う。

（読売八・二一）

労働者の「利益」を守る闘争が、共産主義対民主主義という抽象的争点の中にまき込まれた時、その中からこの様な資本の「利益」が強引に貫徹されて来る。この様な逆転こそ、この時点での体制強化再編のための政治的支配技術の中心であり、それは一連のフレーム・アップによって初めて成功裡に遂行されえたということが出来るであろう。

附記　本稿は、福島新吾氏の示唆に負う所が多い。又塩田庄兵衛氏には有益な御教示を頂いた。記して感謝の意を表したい。

（『歴史学研究』第二二四号、一九五八年一〇月）

(5)一九六一年度歴史学研究会総会参加者一同「松川事件全被告に対する無罪判決の要請文」

松川事件が起って以来、われわれは、事件の真相と裁判の経過に重大な関心をもってきた。本会々員のあるものは、事件後ただちに現地調査に赴き、またあるものは、事件の歴史的背景を研究し、この事件が被告たちに無縁であること、むしろ被告たち、および日本の人民を敵視する者の計画的犯行であり、したがって、この裁判そのものは、ナチスのドイツ国会放火事件と同様に、デッチ上げられたものと疑うに十分であることを明らかにした。またあるものは、一審・二審の判決文に疑問を抱き、裁判記録の分析や現地調査等を通じ、被告を有罪とする証拠といわれるものは、若干の被告の自白調書と、無責任な他人の証言だけであり、しかも、これらの自白や証言の内容自体、官憲による誘導・作文を疑わせるものであることを知り、松川被告救援の運動に参加してきた。本会総会ならびに歴史学研究誌上においても、松川問題をたびたび取り上げ、無実のものが死刑をふくむ重刑に処せられることのないよう、公正裁判を要求してきた。

われわれは、最高裁判所が、本件のかなめである謀議の立証成立せずとして仙台高等裁判所に差戻す判決を下して以来、同裁判所における公判の成り行きを見守って来た。そして検事の論告はつぎつぎ崩され、被告の無実と、本件のデッチ上げの過程は歴史研究者の理論と方法にてらしても、もはや疑うことはできなくなった。

われわれは、仙台高等裁判所が、松川事件の全被告に無罪判決を下し、我国裁判史上に恥ずべき汚点を残さないであろうことを心から期待する。

一九六一年五月二七日

仙台高等裁判所門田実裁判長　殿

一九六一年度歴史学研究会総会
参加者一同

（『歴史評論』第一三一号、一九六一年七月）

（6）『歴史評論』第一三二号（一九六一年八月）特集「現代史と松川事件」

①山口啓二「真実は何人にも認識できる──『松川のたたかい』に参加した一歴史家の感想」

松川事件が起こされてから、仕事や健康に左右されて、「松川のたたかい」への参加の仕方はいろいろであったが、この種の事件は、本来、労働運動・民主運動の側には無縁であるという、運動の側のヒューマニズムに対する信頼感と、運動を敵視する側こそが、逆に、弾圧のきっかけとしてデッチ上げるものだという、歴史からの教訓とが、一貫して私を、このたたかいに結びつけていた。「松川のたたかい」に参加するなかで、私は、多くのものを学んだが、ここでは、そのいくつかについて感想めいたものを記すことにする。

×　×　×

「真実を知るものは神のみである」ということばを、第二審鈴木裁判長が判決の席で発言したことが問題となっている。一方で、この裁判長は、判決を申渡すに当って、「確信をもって判決する」とも発言している。同じ裁判官が同じ判決の前後で言ったことばは、それだけとり出せば矛盾しているといわざるをえない。事実、この裁判官の厖大な判決文は、被告・弁護団の上告趣意書や口頭弁論で、また、広津和郎氏の文章で、徹底的に論駁され、この裁判官には真実を認識するための論理が欠けていることが暴露されており、彼の「確信」が何に由来したのか、このことの方が不思議に思えるのである。むしろ「確信」が先にあって、あの厖大な判決文はこの「確信」にもっともらしい理屈をつけるための作文であったと見た方がよさそうである。

「真実を知るものは神と被告のみである」という立場に、裁判は、その長い歴史の中で立ち続けてきた。この場合、神意と被告の自白とこそが、客観的事実を告げるものであり、拷問は真実究明の神聖な方法であった。近代における裁判制度の発達は、このような神権裁判あるいは拷問裁判に対する、人権擁護の闘いを通じてかちとられてきたのであり、神意の代りに人間の理性が裁判の主体となり、自白は証拠の王座から引きずり下ろされたのである。すなわち、今日の裁判制度は、「客観的事実は認識しうる」という立場を前提として存立しているのであり、「真実を知るものは神のみ」という裁判官は、そのことだけで裁判官たる資格を失うものといってよいはずである。

裁判における事実審理が、「客観的事実は認識しうる」という立場で行われる限り、歴史学における実証と、その手続・方法において共通するはずである。

「真実を知るものは神のみである」という鈴木裁判長の発言は、「見解の相違です」という発言とともに、判決の不当に怒った被告たちとのことばのやりとりの中で、洩らした不用意なことばとして、一応論外に置き——もっとも私自身、この不用意なことばにこそ、この裁判官の哲学的立場が、凝集して表現されているという感想をもっていることは留保しておく——、この裁判官もまた、われわれと同じく、「客観的事実は認識しうる」という立場に立って、慎重に審理し、事実の正しい認識に到達したからこそ、「確信をもって判決する」にいたったとしよう。とすると、被告諸君の十二年間、若干の被告が警察の密室の中で——ここで何が行われたかは鈴木裁判長流にいえば、「被告と刑事・検事のみ」ということになる——動揺した以外、その明澄な主張を変えなかった無実の訴え、政党政派を超えた二百数十名の弁護団が、あらゆる側面から明快な弁論をもって行った無実の実証、上告趣意書・広津氏の文章・現地調査等を通じ、数万・数十万という人々を納得せしめた無実の論証と、裁判官の「確信」をもつ認識と、全く相反する認識が存在することとなる。歴史学においては、二つの相反する実証が一応存在しているときは、両者は論争関係に置かれ、より一層深い論証が要求されるのであるが、裁判においては、権力によって保障された一方の認識が、「見解の相違です」とうそぶいて押し通ることが許されているのだとしたら、大へんなことである。裁判の場合であろうと、歴史学の場合であろうと、真実は一つであり、一方の認識が正しければ、他方の認識は嘘でなければならない。歴史学の場合、相反する二つの認識の一方が権力によって保障されたとしたら、学問の自由はたちまち崩れさるであろう。

論者はあるいはいうであろう。歴史学と裁判とは社会的機能が違う。裁判の場合、害なわれた人権は恢復されねばならず、与えられた損害は賠償されねばならず、犯罪は直ちに追及され処罰されねばならず、しかも、これが実行は強制力を持たねば意味がないのだから、歴史研究のように、自由にゆっくり論証し論争しているわけにいかない。裁判が国家制度として存在するのはそのためだし、誤審・誤判をできるだけ小さくする制度上の保障が十二分であれば、裁判官の良識にまつほかないと。私は法律家でも政治学者でもないから、裁判制度や訴訟法の問題には立ち入らない。ここでは、刑事裁判とくに、松川事件という政治的な刑事裁判事件の場合、裁判官の良識をまってはいられない事態が現実に起っているということをどう考えるかということを問題としたい。

刑事事件の場合、捜査・起訴の権限が公権力に独占されていることは、私的な報讐・捜査による人権蹂躙を排し、犯人の逃亡、証拠の湮滅捏造を防ぐために必要なことではある。しかし、捜査に当る警察官・検察官が官僚制のうちに組み込まれていることは、彼等の出世慾・名誉慾が、官尊民卑ないしは彼等の職業柄身についた「人を見たら泥坊と思え」式の反社会性と結びついた場合には、点稼ぎの被疑者製造をしかねない。検察一体ということが、どのような末端の捜査・起訴も検察全体の責任とすることで、一方では意欲的な捜査・起訴を制約するが、他方では検察上層に権力を集中する結果となって、出世慾・事なかれ・無責任の官僚主義を強め、捜査・論告の誤りを隠蔽し、拡大する危険も蔵しているのである。自白が証拠の王座からすべり落ちた現行の裁判制度のもとでも、拷問・脅迫・誘導による自白が物証の捏造を伴う形で、なおあとを断たないのは、こうした検察制度のありかたと密接な関係をもっているように思う(幸浦事件・八海事件等々の場合を見よ)。

刑事裁判は、客観的事実についてこのようにして形成された検察官の認識(起訴状と証拠)を、しらべ直す形で進行するわけであるが、検察官の認識が客観的事実に合致していた場合と、客観的事実と違っていても、被告が無実を訴える気力に欠け、何等の反証が提出されない場合には、量刑以外に問題はおこらないであろう。問題は、被告が無実を訴えた場合である。すなわち、被告が嘘をついているのでなければ、検察官の誤認ということになるのだが、この場合、問題なのは、捜査の公権力による独占ということである。

歴史研究の場合、ある歴史家が関係史料を独占することができ、誤った先入見から、史実を誤認した論文を発表したとする。しかも、史料の独占をよいことに、自説に都合のよい史料だけ並べていたとする。この場合、全史料の閲覧ができない他の歴史家は、容易に反論を書きえないであろう。そこで、真実を発見するための歴史学の研究討論が保証されるためには、史料の公開こそが前提とされなければならないのは当然である。歴史家の間でも、史料の独占・秘密主義がなお払拭しきれない現状で、刑事裁判だけあげつらっても仕方がないといわれそうだが、歴史研究の発展を阻害している史料の非公開主義に思いをいたしても、公権力による捜査の独占ということが、検察官の誤認をただす障碍となっていることは考えやすいことである。

歴史家が利用する史料は、権力あるいは支配層の側で作製され、伝存され、あるいは編纂されたものが圧倒的に多い。そこで、官府の史学の担い手はいざ知らず、およそ科学としての歴史学を志すものは、このような権力ないし支配層の手になる史料の批判・分析に当っては、用心深さを示すのが当り前になっている。われわれ歴史家が裁判官の席に坐ったら権力の手になった起訴状と検事の手によって提出された証拠に対し、厳重な批判のふるいをかけることであろう。ところが松川裁判の場合でも、前にふれた誤判事件の場合でも、裁判官は被疑者に対しては聞く耳を持たぬほどに疑い深いのに、検察官に対しては、血を分けた兄弟のように寛容なのである。それは国家の司法権を分けもつ機関同士の親近観、権力の座に坐っているうちに身についた官尊民卑の感覚に由来するのであろうか。

以上のべたような現在の裁判制度における事実誤認の危険性は、政治的な刑事事件の場合には顕著にならざるをえないであろう。反共・反労働者の偏見をもつ検事や裁判官の数は決して少くないであろうが、彼等が、権力・支配層がマス・コミを利用して打ち鳴らす太鼓の音に、先入見や予断を抱き、空中楼閣を築く危険は大きいといわねばならない。まして、松川事件や菅生事件で暴露されたように、権力自体の手による政治的陰謀事件の場合、完全犯罪となりおおせる確率はきわめて高いといえるであろう。第二審裁判長の「確信」は、まさに、こうした危険が現実に存在していることを示しているのである。

真実が蔽われ、誤認あるいはデッチ上げが真実として認識される危険を防ぐ唯一の方法は、真実を認識する目を蔽われていない多数の人々、――批判精神を特質としているインテリゲンティア、真実を蔽うことになんらの階級的利益をもたない労働者、生活に根ざした闘いの中で、権力・支配層の本質を見抜いてきた広範な勤労人民の認識にたよることであろう。この真実を認識しうる多数の目を結集することだけが、捜査権を独占し、マス・コミを動員する巨大な虚偽の声と対抗する力たりうるであろう。

「松川のたたかい」は、真実の認識が、このような巨大な虚偽の声にうちかつためには、何をしなければならないかを示した典型的なたたかいであった。このたたかいを通じ、認識される客体として法廷に立たされていた被告は、主体性を獲得した。逆に検察官も、一審・二審の裁判官、最高裁の少数意見の裁判官も、認識される客体に落された。裁く者が裁かれるはめになった。最高裁の口頭弁論を前にして検察側の秘匿していた諏訪メモが出現し、差戻審に当って、検察側が提出を拒否し抜いてきた多数の調書が日の目を見た。差戻審の論告が、いかに検察一体の原則にしばられているにせよ、もはや階級的執念としか呼べないしろものとなったのに対し、弁護団の弁論は、権力による凶悪な犯罪を裁く判決文となった。

「真実を知るものは神のみである」のではなく、真実は何人にも認識できるという人間の理性に対する信頼の上に、「松川のたたかい」が進められ、広範な人々が松川の真実を認識しているという事実の前で、八月八日の判決がなされようとしているのである。

歴史の真実を明らかにするという歴史学の任務が、書斎の中の良心の灯だけでは決して守れなかったという経験を、歴史学の歴史は示している。再びこのような経験を繰り返さないためにも、松川の真実を勝利せしめねばならぬ。八月八日を前にして、私の強い思いはここにある。

（東京大学史料編纂所）

②鈴木信「歴史家の皆さんへ」

私たちはお互いに顔も知らない者が多かった。十二年間、二十名が結束して真実を守りたたかいつづけてきたが、八月八日事実上の最終判決をむかえることになった。

私たちは獄中から歴史家の皆さんに訴えつづけ多くの指導と協力をいただいてきましたが、いま獄外から訴えることができるようになったことを心から感謝しています。

歴史家の皆さんには特に松川事件の歴史的背景や警察権力の動き等について具体的な協力をいただき松川闘争にたいへん力になりました。最高裁判決後、仙台で開かれた差戻審では数多くの捜査復命書や参考人供述調書等が証拠として法廷に出され、歴史家の分析の正しかったことが立証された。

古屋哲夫氏は「歴史学研究」二二四号で当時の歴史的流れを分析し「戦前の権力によって蓄積された『赤』を民衆の前に再現しなければならなかった。しかも絶対多数を獲得しながら、政治的信頼感をよびおこしえなかった吉田内閣が、再編政策の担当者であったこの時期に吉田より悪質な『民衆の敵』として『赤』を印象づけることは再編策強行のための必須の条件になっていたと言ってよい。フレームアップはもはや偶然ではあり得なかった」とされ、井上清氏は「それは最大の民族的破壊を意味する単独『講和』と戦争への道に日本をかりたててゆくつゆはらいの役割をはたしたのであった」とされた。

新しく出された証拠――例えば――永井川線路班を調べた安島二郎捜査報告書には㊫赤間勝美二十一才（一次）と記入されている。㊫とは共産党員の印だと安島二郎証人（差戻審十五回）は証言した。八月一七日と一八日の日付のある捜査報告書のうち九〇％までが国鉄と東芝を首切られた者のみを対象にして調べている。現在被告にされている東芝側被告十名のうち九名がてんぷく当日から「密議をなし」と報告され、この報告書の第一頁の表に鉛筆で「佐藤一を調べる必要あり」と玉川警視の筆跡で書きこまれている。これらの証拠は権力のデッチあげの経過を浮ぼりにしている。差戻審は、諏訪メモ、諏訪・西両証言、鈴木雑記帳等により謀議や実行行為のなかったことをいっそう明らかにした。

法廷のたたかいは来る八月八日の判決は無罪以外にないことを物語っている。それにもかかわらず、われわれの前には最高裁当時以上の広範なたたかいを求められている。その理由の主なものが、歴史的反動の中にみられる。

われわれは全国各地で大集会を開き真実を求める国民の意志を表明し、判決にむけて大規模な無罪判決要求のデモを組織し、五〇〇万署名六〇〇万円カンパを完遂し、政治権力の圧迫をはらいのける決意を固めています。このような状勢の中で文化人、知識人の発言、裁判所への要請はきわめて重要な意義をもってきました。私たちは歴史家の皆さんの発言が真実をまもり民主主義を守り司法の独立を確保するために大きな力となることを知っています。

あと判決まで一ヵ月余を残すのみとなりました。皆さんの指導と力添えを強く訴えるものであります。

（松川被告団）

(7)『歴史評論』第一三三号(一九六一年九月)特集「松川判決と今後の課題」

①家永三郎「今後の課題」

判決そのことより、このあとに来る重要な問題を箇条書にしておく。

(一)裁判批判の力なくして今回の無罪判決のありえなかったのは明白であるのに、各新聞は筆をそろえて法廷外批判を非難している。この非難をフンサイすることがぜひとも必要であろう。

(二)検察側の代弁者たちは、今度の敗北の原因を刑事訴訟手続のせいにして、その改悪を主張している。テレビと「読売」での青柳文雄氏の発言、「東京」での佐藤藤佐氏の論説をみよ。

これは憲法改悪にもつらなる動きとなって活発化してくるおそれがあるから、今から厳重な警戒が必要である。

(三)弁護団や救援体制が、政党・イデオロギーの区別をこえてみごとな統一戦線を実現したことが、無罪判決の道を開いたのを、みのがしてはいけない。大衆団体に政党の組織をそのままもちこもうとするあやまった考え方のいちじるしい昨今(日教組大会の醜態がその典型的な例であろう)、松川の教訓を深くかみしめるべきではなかろうか。

(四)現代史家の認識能力が推理小説作家に及ばないとは情ない。歴史家が「日本の黒い霧」に匹敵する現代史を描きえなかったのは、名誉ではあるまい。現代史家はすべからく裁判における事実認定の方法を学び、官憲によってかくされてしまった松川事件の真相について、独自の捜査をこころみる必要があると思う。(東京教育大学)

②塩田庄兵衛「松川判決をきいて」

八月八日午前九時、門田裁判長が、鈴木信以下ひとりひとりの名前を呼んで、一七名全員を起立させたときの法廷は緊張で息苦しかった。「被告人らは、いずれも無罪」と宣告があり、それに反応がおこるのに一瞬の間《ま》があった。拍手がおこり、私の前の席の鈴木信君の夫人八重子さんが、肩をふるわせてむせび泣いた。横をみると、広津和郎さんがハンケチで眼頭を拭っていた。すぐつづいて、廷外で爆発的な喚声があがり、「万才、万才」の連呼がとどろいて、判決理由の朗読が、しばしばききとれなかった。

門田裁判長のよみ方は平坦だが、判決理由の内容は、明快で強い調子のものであった。警察のデッチあげがあきらかに指摘され、検察官が無理に無理をかさねてきたことが、手きびしいいいまわしで批判されていた。そしてそのことは、被告・弁護団やわれわれが指摘しつづけてきたことと同一であった。

こんどの判決で、はじめて裁判所が「人間のことば」を語った。裁判所の判断が、国民の健全な常識に歩みより、一致した。無罪をかちとったことは、文句なしに嬉しいことであったが、実はそれはあたりまえのことであったのだ。あたりまえのことを実現するのに、一二年もかかったということをわれわれは重視しないわけにいかない。列車顚覆の直接の下手人が誰であるにせよ、一二年にわたって、国家権力が犯罪行為をつづけてきたこと、それとたたかいつづけたことによって、やっとあたりまえのことを実現できたのだということを、われわれは胸にきざんでおく必要がある。誰が何のためにこの犯罪行為をやったのか、今日では多くの国民が気づいているが、それを確定し、日本の未来像とむすびつける仕事が、現代史家の任務として課せられている。

それにしても、松川裁判一二年のたたかいのような、あっぱれなたたかいは、国際的にも類例が少ないのではなかろうか。実にすぐれた被告団・家族団・弁護団であった。そしてそのひとたちを支えたひろい国民的な連帯の中核には、組織労働者があり、そのなかで青年労働者は存分に活動した。八月八日の勝利は、戦後民主主義運動の最大の成果のひとつであった。その内容と意味をあきらかにし、そこから日本の未来像をえがき出す仕事も、現代史家に課せられた任務であろう。

（八・九　仙台で）（都立大学）

③犬丸義一「判決前のマス・コミを検討する」

遂に松川事件は全員無罪の判決が出された。やっと当り前のことが当り前になっただけだが、この当り前のことが認められるのにどれだけの苦労がついやされ、犠牲がはらわれたことだろう。一二年の闘いをふりかえっていろいろの思いが浮ぶが、まずこの判決を喜びたい。正直にいって私はほっとしたというのが判決を聞いての第一印象であった。もちろん私は被告が無実であることを確信していたが、今までの裁判からいって楽観出来ないと思っていたし、心配だった。

それは、無罪判決だからということで見のがしてはならないことだが、マス・コミの論調、報道ぶりが重要な原因をなしている。これは私だけではない。判決当日、NHKの〇時二五分から放送された、植松正、鴨良弼両氏の対談「松川事件の判決を聞いて」でも、植松氏が、自分の予想として、「新聞報道によっただけでは、少し黒の線が濃くなったのではないか」という意味の発言をしている。第二審の前に、各新聞が一斉に「専門家筋の予想として」「有罪予想」を書いていた事実があるが（マス・コミの報道ぶりについては、井倉氏とともに前号に引き続いて各段階毎にくわしく検討してみたいと思っている）、今度はその時程露骨ではなかったが、何となく「一部有罪・一部無罪」説的なムードが新聞報道に流れていたことはいなめない。

事実「読売」などは、八月七日朝刊の一面の報道記事で「事件にくわしい法律専門家筋では、たとえば現場の検証結果など検察側に有利な材料が多い点を強調して赤間自白の信用性が裏付けられているとみて実行行為有罪説を打ち出すものが多く、いずれにしろ判決の予断は全く許されない」と書いているのである。私はこの記事を読んで二審当時の新聞報道をすぐ思い出し、油断できないと考えたのである。もう一つは七月二四日の「朝日」のみに現われた記事だが「アリバイの立証困難、菅野裁判長『諏訪メモ』で結論」という見出しの記事であった。これは弁護側が諏訪メモをかくした検事に対して職権濫用として準訴訟請求をしたのに対する却下理由の中で「メモ自体の証拠価値については消極的」とあるのを報道したものであった。この二つは、一審・二審当時に比し、「中立的」姿勢をとった今回の新聞報道の中で「偏向的」な部類に属するといえようが、楽観出来ないという印象を私に植え付けるのに重要な役割を果したものである。新聞報道の「中立性」も、検察側の「全員有罪説」弁護側「全員無罪説」の中間に真理があるというような報道ぶりであった。

こうした報道ぶりから、私は「全員無罪判決」が出るという自信はなかった。だから「無罪判決」と聞いて、ホッとして、緊張を解除された気持が先に立った。テレビを見ていながら、三角広場の人のバンザイの声や弁護団声明が力強く読み上げられていくのにつれて、勝ったのだという実感がこみあげてきた。

判決主文の前の方一部が紹介されて、疑わしきは罰せよ《ママ》の証拠不十分ではなく、積極的に本田アリバイ、高橋アリバイの強い可能性を論じたものであることを知って、文字通りの「無罪判決」なので、「真実は何人にも認識出来る」ということの確証を得て大いに心づよくなった。松川一二年の闘いは遂に勝利したのである。

松川一二年の闘いについては、勝利した民主主義擁護闘争として、貴重な闘争として、その経験の総括がなされる必要があるし、それは松対協を中心に当然なされるだろう。それに参加する一助として、「松川闘争史」を運動史として総括する必要が現代史家として存在するし、「真犯人」追及とからんで、松川事件のおこった歴史的条件の究明は、今までより一層なされなければなるまい。それについては、後日私も今まで蒐集した史料を整理してはたしたいと思うが、今回は、前にもふれた、新聞やラジオ・テレビなどのマス・コミの今判決前後の動きについて更にふれておきたい。

先の「読売」や「朝日」の記事に現われたように、マス・コミは、その本質上、決して「真実」を報道したといえないし、国民に対し真実を果したとはいえない。

差しもどし審全体についてのマス・コミの動向については、紙数の関係で他日を期する他はないが、判決前後のマス・コミを見てみると、全員無罪説を積極的にとなえたものは見られない。先にものべたように「一部有罪・一部無罪説」のムードが一般的で、積極的に「読売」のように書いていたものもある。取り組みとしても、「朝日」「読売」は公判終結後判決にいたるまで解説記事をのせず、判決がせまって、「朝日」は八月三日、「やり直し裁判の争点」として、検察側・弁護側の主張の表と記者の公判日誌をのせ、「読売」は五日になって解説記事をのせているだけだ。これに対し「毎日」は、七月一〇日に「松川差し戻し判決あと一月」という解説記事をのせ、その後、あと一週間にせまった判決として三大紙で一番早い解説をのせている。総じて三大紙中、差し戻し審から判決まで「毎日」は比較的多くの紙面を松川事件にさいていた。日本弁護士連合会の松川行進反対声明（八月二日夕刊）、松対協の反論声明（四日夕刊）、松川無罪要求集会（七月二六日）など、朝日が報じていない記事が掲載された。八月七日の前日にしても朝日の一一面に対し、一面でとりあげていた。しかしこのことは必ずしも「毎日」がすぐれた報道をしていたことを意味しない。それは、いわゆる「報道」の中立性の枠をこえるものではない。また松川行進の松対協の反論声明のとりあげも、日弁連声明をとりあげたのでバランスをとったという性質のものであった。それは、コラム「近事片々」で「日弁連が松川大行進に反対声明、公正な裁判を期待するものには当然の態度」（三日）と書いているところからもあきらかである。

三大紙のこうした取り組みの相違は、週刊誌に最も良く現われた。「週刊朝日」は遂に最高裁判決以後今度の判決までとりあげず、今度の判決後やっと「松川事件と私たち」（八月一八日号）という取材記事を出している有様で、第二審前後のめざましい活動と対照的であった。この辺にも「朝日の右旋回」が現われているのであろうか。その「公器性」は判決前に示されて然るべきだろう。せいぜい「週間史」に松川行進の写真を一葉かかげただけで失望した。知性と良識を誇る「朝日ジャーナル」にしても、広津和郎氏に素顔「門田実氏」（八月一三日号）を書かせたにとどまっている。「週刊読売」は全く黙殺した。「サンデー毎日」（八月一三日号）は、判決前に、「大詰迫る世紀の裁判」として「今週の話題」欄でとりあげ、無罪予想根拠、有罪予想の根拠をあげ、「事実調べで大きな論争点となった現場検証、書証の意義、それに諏訪メモがどう受けとられたか――これらのことが心証形成に大きな役割を果したことは間違いない」としていた。一応筋の通った中立的解説であり、その後、松川行進を紹介し「運命の日、八月八日」で結んでいる。この号で「延三五〇万の観客、自主上映の松川事件」として、松川映画上映運動を紹介しているのが注目された。

「週刊誌」について一言すれば、「新週刊」が、八月三日で「松川事件の真犯人を追う」「知られざる松川事件」として、予讃線、奥羽線庭坂事件について報道し、八月一〇日号では「耐えてきた一二年」として、被告と家族と広津氏の座談会をのせているのは、誌の性質上当然といえば当然だが特筆してよかった。

そのほか、「週刊現代」七月二三日号が週刊誌群のトップをきって、グラビヤで「ある被告の新婚生活」として赤間被告夫妻の生活を七頁にわたってとりあげたのが注目されるし、八月六日号で「死刑か無罪か？松川判決七つの見方」という解説記事をトップ記事でかかげているのが注目された。

その外「週刊文春」が八月一四日号で「七夕まつり運命の松川判決」で、七夕まつりを松川判決日の重なったことと結びつけて全員有罪、無罪説を展開しているのが面白かったが、判決後の今となっては、門田裁判長の被告の苦労への慰労と善意に解釈しておく方がよかろう。

「女性自身」が「夫の無実をさけんで――この一二年」として二宮被告夫人の歩んだ道をとりあげているのは、この週刊誌が、警職法、安保の時以来、雑誌の性格にふさわしい形で、進歩的なものを一貫してとりあげようとしている姿勢に好感をもたせるものがあった。

紙数の関係でラジオ・テレビについてふれる余裕がないが、判決前日までにとりあげたものはほとんどないことを強調しておきたい。ただ例外は「ラジオ東京」であって、七月上旬に被告の声をとりあげ、七月三一日から八日まで、連日、「ニュース・ハイライト」で「松川判決を前にして」という小さな帯をはさみ込んで放送し、一日に「松川裁判をみつめる広津和郎」、五日に録音構成「松川町」、七日に「レールだけが知っている」と放送した熱意には敬意を表する。特に七日のそれは、「真犯人」につながる「怪情報」を紹介して、判決後の重要問題にせまっていて興味深かった。NHKは例外的に八月一日に「録音構成」を行なったが、それは次の「毎日新聞、ラジオ週言」が物語るようなものにすぎなかった。「松川判決は八日に迫る。一日NHK①時の動き〝松川判決一週間後に迫る〟と東京クローズアップ〝広津和郎〟はこれに取り組んだ。前者は、この種の事件物のマンネリ化した録音構成。東京は、裁判の真実のために情熱と、異例な作家活動を続けている氏にスポットをあて、内的な人柄を浮き彫りにした好番組。」(八月五日)テレビでは、判決前には日本テレビの一一時一五分の日沖憲郎(日大)、小林庄一の対談、東京テレビの一一時三〇分、フィルムと解説「あす松川判決」の二つだけ、判決当日に主力が注がれていた。ところが、前者で予想を述べて、全員有罪説は共同謀議が否定されるとは考えられないとし、全員無罪説についても、一人でも完全にアリバイが立っている場合以外にないから、「これは仲々考えられない」といい、一部有罪説について「この可能性が相当大きい。しかし死刑は省かれるのではないか」といっていた。先の読売といい、この「予断と偏見」に驚かないわけにはいかないものであった。

これに対し後者はフィルムは生々しく、鴨良弼氏の解説も比較的客観的で論理的だった。共同謀議疑問の最高裁は下級審を拘束し、実行行為についても、「赤間失言」についての円治証言について、「微妙な点が残る。十数年たった証言が信用できるかどうか」といったこと、門田裁判長が、国民の納得がいくというだけでなく、国民の批判に耐えうるようなとあえていっている点に注目する必要があるといったことが印象的だった。これを聞いて、私も「全員無罪」かも知れないという気がおこりはじめた。

当日の報道についても、前日からテレビを見に、弟の家にとまりこんだだけに書きたいが、紙数の関係でここで一応筆をおく。

こうした、マス・コミ全体の不見識ぶりについて、マス・コミ関係者はどのような反省をしているのであろうか。検察側の責任追及とともに、こうしたマス・コミの責任も追及する必要がある。

④野原四郎「松川判決をきいて」(『歴史評論』第一三四号、一九六一年一〇月)

あの日、全員無罪の判決が下ったというラジオの声を聞いて、手をたたかんばかりの家人と一緒に、私の胸にも、ぐっとこみ上げてくるものがあった。おれは何もしなかったんだ、そんなに喜ぶのはおかしいといった、妙な気持が一方で働いたが、やっぱりその感動は抑えようがなかった。それから数日、新聞の「声」の欄などを注意してみていると、私どものようには、素直に喜んでいない人もいることがわかった。裁判の結果そのものには承服している人にしても、大衆的な救援活動には、どうも割り切れないものを感じているらしい。それについては、「朝日」の記者同士の座談会(朝日、八月九日)で、〝もっとも日本の場合は、なんといっても捜査機関の力が強い。こんどの事件のように強力な弁護団は、むしろ例外で、日本の弁護士は検察側に対抗できるだけの力を持っている、とはいえない。その意味で、ある程度の大衆活動は、許されていいのではないか〟とのべたC記者の発言などを参考にして、みんなして考えてみる必要がある。

しかし救援活動のやり方には、あるいは問題があるのかもしれない。同じ座談会は、門田裁判長が〝必要に応じて実行行為まで調べる〟とのべたときに、弁護団も松対協も〝けしからん、諏訪メモだけ調べれば全員無罪がはっきりするじゃないか〟といって非難したが、広津氏だけは、〝真実がそれによってはっきりするなら、どんなに手間をかけてもいい。裁判長の考えに賛成です〟といったとつたえている。

広津さんは、〝裁判官はもっとも正しい歴史家でないと困るわけだ。そういう自信と自覚をもってやってほしいですね〟ともいっている(「朝日ジャーナル」八・二〇)。

大衆運動もさることながら、広津さんがこうした態度で一貫していたこと、門田裁判長が、起訴事実の存否を冷静に追求したことは、松川裁判にとって千鈞の重みがあった。

一市民としても歴史家としても、何もしなかった私だが、残された仕事の一つとして、「声」の欄にあらわれたような、いろんな疑いに対して、それが事柄をとり違えたり、混乱させたりしているために起っている場合には、できるだけ、ときほぐしていく、そういった努力をすることが、いまは大切なときだと思う。

V 反核平和・六〇年安保と歴史学・科学運動

（1）安保問題歴史家懇談会「『日米安全保障条約改定』反対について」

「安保問題歴史家懇談会」では、次のような声明文を発表した。

日米安全保障条約改定に反対する声明

改定日米安全保障条約は、いまや調印されようとしています。われわれ歴史学の研究者は、平和と民主々義を堅持する立場から、伝えられるようなこの条約の内容に対して、ふかい憂慮を抱かざるをえません。この条約によって、日米間の軍事的協力関係が強化され、長期化される場合においては、日本国憲法の規定に反して、軍備はますます拡大され、学問・文化はいよいよ圧迫されることは明らかであります。一例をあげれば、この条約の締結によって当然予想される軍機保護法等の反動立法は、学者にとっての生命ともいうべき学問・思想の自由に、重大な脅威を与えるでありましょう。過ぐる戦争中、歴史学の自由な研究が、すべて圧殺されてしまったという、きわめてにがい経験を、われわれは想起します。

以上のような危惧と疑惑にもとづき、われわれは、国民に十分な検討の余裕を与えず、政府が性急な調印をすることに反対します。

安保問題歴史家懇談会

一九五九年一二月二一日

（発起人）家永三郎　石井　孝　石母田正　井上　清　入交好脩
上原専祿　上原淳道　幼方直吉　江口朴郎　大久保利謙　太田秀通
楫西光速　川崎庸之　北島正元　木村　礎　倉橋文雄　小西四郎
関野　雄　高橋幸八郎　高橋磌一　田中正義　津田秀夫　遠山茂樹

橡川一朗　永原慶二　西嶋定生　仁井田陞　禰津正志　野原四郎
芳賀幸四郎　旗田巍　羽仁五郎　林　英夫　古島敏雄　別枝達夫
穂積重行　松島栄一　三上次男　三島　一　宮川寅雄　守屋典郎
和歌森太郎　渡部義通　松本新八郎　中島健一　林　基

「懇談会」では、この反対運動を歴史学そのものの立場からさらに根強く、とりくんでいくために次のような提案をしている。

①占領下、日本の政治や経済がどのようにして対米依存体制にまで仕上げられるに至ったか。その間における国民のおかれた状態や地位はいかなるものであったか。それを系統的、歴史的に明らかにし、講和後における国民運動発展の前提を発見すること。

②単独講和の強行とともに力による平和の思想が為政者から主張され、具体的な政策として推進されていく過程で国民的利益と相反する事実がどのようにつみ重ねられてきたか。それを契機として国民の間からひきおこされてきた平和運動の意義を明らかにすること。

③このような国内での動きは、いうまでもなく国際政治と密接な関係をもっており、国民的利益を守るには、まず対米依存外交からの離脱と近隣諸国との友好が絶対に必要な前提である。これらの前提を実現するためには、国際政治においても民主主義の原則が基調とされ、外交方針が国民的基盤の上で自主的に打ち出されなければならない。そうしたことの意義と必然性とを日本の近代外交史、ならびに国際政治史の研究を通じていっそう明らかにすること。

問題は以上にとどまるものではないが、「懇談会」が、安保改悪反対の行動を持続的な行為によってつらぬき、今後の研究のテーマにしようとしていることは、これまでの運動にみられない態度である。

（『歴史評論』第一一四号、一九六〇年二月）

（2）浜林正夫「歴史を学ぶものとして安保闘争にどうとりくむか」

安保斗争の最大の成果は、無形のものであった、と私は考えている。日本の歴史のなかでいまはじめて、私たちは大衆斗争を経験し、その力を確信することができた。もちろんそれは百パーセント完全なものではなかったし、多くの成果と同時に多くの欠陥をもっていた。そのことはいうまでもない。そしてその成果と欠陥について正しい反省と綜括をすることは、今後の安保斗争の発展のために絶対に必要である。

だが私はここでそういう一般的な綜括をしようとは思わない。それは共斗会議やその他の政党・諸団体がなすべきことであり、私も市民あるいは労働者の一人としては、それぞれの場所で綜括をこころみてきた。しかし歴史研究者の団体である「歴研」がなさなければならないのは、そういう一般的な綜括ではなく、歴史を学ぶものとしてこの大斗争にどう参加し、この大斗争から何を学び、今後の斗争にどうとりくむのか、という、そういう視角からの綜括と展望である。そういう角度から以下いくつかの問題点を提起したい。

〔Ⅰ〕　会報の一二号（八月一日づけ）で菊地昌典氏が安保斗争に対する「歴研」のとりくみの鈍さを怒っておられる。その腹立たしいお気持は私にもよく理解できるのであるが、しかし敏速に情勢に対応することのできなかった編輯部の態度も私はやむをえないものがあったと同情している。菊地氏は、「原稿のさしかえをしても、歴史家の立場からの情勢分析、展望を大胆にのせ……」と注文しておられるが、私はそのことはそれほど容易なことではないように思う。とくに「歴史家の立場からの」という言葉は、私にはギクリとするほど胸にこたえるのである。というのは私も組合や共斗会議の仕事を手伝っていて、情勢分析みたいなものを時々書くのだけれども、そういう時に、いつも歴史を勉強している自分とはまったく別に、新聞・雑誌などのよせあつめの分析で間にあわせているからなのである。これはこれ、あれはあれと、バラバラになっているような気がする。これはあるいは私だけのことかも知れないとも思ったりするが、しかし今度の安保斗争——とくに五・六月のあの大昂揚期——に参加した歴史研究者のなかで、おそらく大部分の人々は、歴史家という独自性においてではなく、むしろ一市民ないし一労働者として、参加をしたのではあるまいか。もしそうだとすれば、私が反省点の第一として指摘したいことは歴史を学ぶものとしての、独自性をもった参加の仕方はありえなかったのだろうか、ということである。念のためにここで二つのことをお断りしておきたい。一つは独自的な参加の仕方が立派で、一般的な参加の仕方がくだらない、と私がいっているのではないということである。とくにこの五月から六月へのあの運動の昂揚期には、私たちは歴史研究者としてよりも先に、市民としての怒りにもえ、労働者としての斗いにたち上った。それは当然のことであり、かつとくにあの時点においては、それがもっとも有効な斗い方であったと思う。もう一つ断わっておきたいことは、たとえば民学研のような、あるいは歴研声明のような運動の仕方を、私は「独自的」とよんでいるのではないということである。そこでの独自性は、いわば肩書の独自性であって、内容的な独自性ではないのである。

では歴史を学ぶものとして、どういう独自的な参加方法がありえたのか。それともそういう独自的な方法などというものは、およそありえないのであろうか。私たちが歴史を学んでいるということは、こういう国民的な大斗争のなかでどういう意味をもちうるのか。それとも、歴史を学んでいるということは、他の多くの肉体的・精神的労働と同じように、格別の意味をもちえないのだろうか。

〔II〕 私自身についていえば、私はこの大斗争から学ぶことのみ多く、寄与するところはきわめて少なかった、といわなければならない。私が学んだ多くのことのうちで、やはり歴史を学んでいるものの立場からいって最大のことは、抽象的ないい方であるが、歴史に対する確信、あるいは歴史を学ぶことについての確信、といってよいであろう。現代日本における平和と独立と民主主義の問題、さらにそれをのりこえて現代における体制変革の問題につよい関心をもつものとして、外国史や古代・中世史などを学ぶことの意義はどこにあるのか、という、焦りに似た性急な疑問を、私はもちつづけてきた。ある場合には私は、市民ないし労働者としてはたたかいに参加し、研究者としては外国史を専攻するという、自分自身を二分するやり方で割りきろうとさえこころみた。しかしこの歴史をゆり動かす大斗争のなかで、私は、現代日本の現状分析からだけではみちびきだしえない巨大なエネルギーを体験した。それははるかに戦後史をこえて、数千年におよぶ人類の不屈の前進にさえつながるものと、私には感ぜられた。歴史をつくりだすものは誰なのか、を身体で感じとることによって、私はあらためて人類史の蓄積の巨大さにおどろき、そこから学ぶことの意義を痛感したのである。だがこのことは同時に私に一つの反省をうながした。私たちはいままで、歴史の必然性に注目することのみ多く、歴史をゆり動かしてきたエネルギーを、あまりにも客観的に、あまりにも結果論的にのみ、分析し評価してはいなかったろうか。歴史はかくあってこれ以外ではありえなかったということの、事実分析に終始していたのではなかったろうか。歴史の本質的な構造と論理をみきわめることはもとより重要であるが、一定の歴史的条件のもとにおける主体的なたたかいを、それ故に超越的に評価することは誤りであろう。私の専攻するイギリス市民革命というテーマから一つの例を用いるなら、たとえば、「平等派」の運動の評価において、私たちはその小市民的限界と、あるいは小生産者的反動性とを、指摘するにとどまり、そういう条件のなかで彼らが展開した運動を追求し、その発展と挫折を内在的に執ようにあとづけるという努力が、十分になされていなかったように思われる。今日の私たちの関心からいえば、平等派の限界を指摘することよりも、その運動の挫折から学ぶことの方がもっと重要ではないのだろうか。そうでなければ、客観条件が成熟するまでは何もしないという悪しき客観主義がはびこる結果を生むことになるであろう。そうではなくて、与えられた条件のなかでギリギリまでたたかうことによって、新しい情勢の展望をきりひらくといった今日の斗争のあり方を、歴史のなかにも見出していくことが、必要なのである。

私が歴史を学ぶものとして、安保斗争から教えられたことは、以上のようなことだけではない。こまかいことまで数えあげれば、たとえばある一つの歴史事象や思想などの解釈についても、私はこの斗争からいくつかの教訓をうけた。しかしそれはあまりにも専門的な分野にわたりすぎるので、ここでは省略する。ただ私は、少なくとも安保斗争に参加をしたすべての歴史研究者が、それぞれの分野において安保斗争の体験を生かして歴史事象をつかみなおし、その成果を交流することを希望したいのである。私たちはいままで、せいぜい、「民衆の側に立って歴史をつかまえる」こととしかしていなかった。しかしいま私たちは、民衆の一人として歴史をつくりだす運動に参加している。この経験が歴史研究にどう生かされるのであろうか。歴史を学ぶものとして安保斗争の成果について語るとすれば、問題はこういう形で問われなければならないであろう。そしてもしこういう問題意識が歴史研究者のあいだにひろく統一的に意識されるようになったとすれば、これこそ安保斗争の最大の成果であったといわなければならない。

〔Ⅲ〕こういう問題意識のうえにたって、ひろく成果が交流されるとすれば、それは世界史の再構成の問題へつながっていくに違いない。市民または労働者としてのたたかいから遮断されたままで、歴史研究がつづけられているかぎりは、そこでは恣意的に選ばれたテーマが追求され、せいぜいのところそれらが偶然的にかみあうにすぎないであろうし、そうでなければ公式的な世界史が図式のようにおしつけられ、せいぜいのところ、あらかじめ用意されていた結論を実証的にたしかめるにとどまるであろう。戦後、「歴研」は良心的な歴史研究者の意識統一をはかり、世界史の再構成をくわだててきたが、そのこころみは多くの成果を残したにもかかわらず、専門分野の実証研究の深化にともない、今日ではまったくといってよいほどその影をひそめてしまった。いわゆる「歴研の危機」なるものの原因の一つはここにあったと私は考えているが、いま性急にふたたび一九四九年の「世界史の基本法則」のような企てを提起することは不可能であるにしても、「歴研」が民族民主統一戦線のための世界史を企図することは、いぜんとして必要なのではあるまいか。もちろんその前提としては、すべての歴史研究者がそれぞれの専攻分野において、安保斗争の成果を歴史研究に投影していくことが不可欠であるが、その成果の結集のうえにたって世界史の新しい構成をくわだてる仕事は、私たちのあいだに実践的な問題意識の統一があれば不可能なことではなく、その必要性は今日ますます大きくなっているといわなければならない。民族民主統一戦線のための世界史というういい方は、神聖な真理の殿堂にイデオロギーをもちこむ政治偏向という批判をうけるかも知れないけれども、私はそう考えない。民主主義もかつてそれが生れたときには一つの党派的なイデオロギーにほかならなかったが、今日では全人類の貴重な思想的遺産としてあたかも絶対的な価値をもつ自明の前提であるかのようにあつかわれ、その立場から歴史解釈をこころみることが客観的とみなされているように、あるいは、多分に大塚史学の影響下に、日本の——西欧的な意味での——近代化ということが歴史研究者の共通の問題意識となっていったように、統一戦線というイデオロギーは、今日、一党一派の政治主張たることをこえて、次第に国民的な、したがって客観的なものとなりつつある。そしてそういう意識のもとに世界史を構成することは、このイデオロギーをさらに客観化するための助けとなるであろう。歴史を学ぶものとして、今後の安保体制打破のたたかいに、市民または労働者としての役割以外に、独自の役割において参加しうる途があるとすれば、それはまず第一にこういった次元におけるものなのではあるまいか。それは一見したところ迂遠な方法のようにみえるけれども、しかしそのことがもし果しうるとしたら、それが日本国民をはげまし確信を与えることは、はかり知れぬものがあるだろう。こういった作業はもっと早くからとりくまれ、安保斗争に先立って、あるいはそのなかで、提起されるべきであったかも知れない。もしもっと早くそれができていたなら、菊地氏の腹立ちもなかったであろうし、私も安保斗争に歴史研究者たるの独自性においてもまた参加しえたように思う。それを怠っていたことから、私は、安保斗争から学ぶことのみ多く、寄与することの少なかったことを恥じなければならないのであるが、今日以後の安保斗争にこの欠陥をくりかえしてはならないのである。

〔Ⅳ〕　だが今日以後の安保体制打破のたたかいに私たちが寄与しうる点は、こういう迂遠な方法にとどまるのであろうか。もっとさしせまってとりくまなければならないことが、非常に多いのではなかろうか、という切迫感が、いぜんとして私の心を責めないわけではない。もちろん私は、今日以後においても、市民または労働者という資格において、たたかいにとりくんでいくであろう。しかしもろもろの当面する諸問題へのとりくみにおいては、とくに歴史研究者という独自性を発揮しうることが比較的少ないのは、やむをえないことだと私は考えている。そこでは私たちは、理論家としてよりも大衆として、より多く参加する機会をもつであろうし、理論家的な役割を与えられたように見える場合も、もっと正確にいえば、理論家というよりはレーニンのいわゆる煽動者として、谷川雁氏のいわゆる工作者として、の役割を果さなければならないであろう。当面する諸問題へのとりくみにおいて、本当に理論家の役割を果しうるのは現状分析を専攻する科学者のみであって、歴史研究者のそれへの寄与は多かれ少なかれ間接的でしかない。しかしこのことからただちに歴史研究者がその専攻分野を放棄し、現状分析の理論家の仲間に加わることは、もちろん正しくない。私たちの仕事は、ただたんに過去を再構成して国民諸階層にはげましを与えるにとどまるものではなく、さらに今後の斗いの戦略的な展望を与えるものでなければならないであろう。当面の戦術的なとりくみについては、私たちは歴史研究者としてよりも市民または労働者として参加するが、戦略的な展望においては私たちはふたたび歴史研究者としての独自性において参加するのであり、そのためにも私たちはみずからの職分を安易に放棄することは許されないであろう。この戦略的展望の創造においては、社会科学者も自然科学者も、専門のいかんを問わず、それぞれの専門分野における成果と統一的な前向きの姿勢とに支えられて、綜合的に協力すべきである。もちろん戦術と戦略とをきりはなすことはできないし、市民または労働者としてのたたかいの実践を経験することなしには研究者としての意識のふかまりもありえないであろう。しかし両者を混同し、研究者という職分の独自性を放棄することは、市民または労働者としての権利や義務を放棄していわゆる象牙の塔へとじこもることと同じように誤りであり、たたかいの戦列を有機的に強化する方向ではない、といわなければならない。「中央公論」七月号で丸山真男氏は「擬似プログラムからの脱却」をといておられるが、今日なおこの「脱却」は自然発生的であるにとどまっている。いまもっともさしせまって必要なことは、こういう自然発生的な「脱却」を、意識的な「脱却」へ高め、「擬似プログラム」を真性のものへ高めることでなければならない。そして私たちは歴史を学ぶものとして早急にその作業にとりくまなければならないのである。

〔V〕そのための準備作業として、とりあえずまず日本近・現代史を専攻しておられる方にお願いしたいことは、歴史学者としての立場から、この安保斗争の史的分析を提起していただきたい、ということである。それは明治いらいの反体制運動史の、とくに第二次大戦後の運動史の延長のうえにたつものであり、戦術・戦略的な反省と展望をもふくむものであってほしい。そしてその提起に対してすべての歴史研究者が、自分の体験をとおして、かつ自分の歴史研究の成果のうえにたって、建設的な批判と討論とを、積極的によせられることを望みたい。それが安保斗争を経験してきた歴史研究者の義務であり、そしてこの義務を果しうる組織は、「歴研」をおいて他にないように思われる。

（『歴史学研究』第二四六号、一九六〇年一〇月）

（3）吉岡昭彦「日本における西洋史研究について

——安保闘争のなかで研究者の課題を考える」

一

一九六〇年五月から六月にかけての、新安保条約の強行採決をはじめとする一連の政治状況は、民主主義の危機感を国民大衆の心の肉碑に刻みつけ、日本の歴史上おそらく未曾有とおもわれるほどの国民運動の高揚をひきおこした。このような、新安保条約をめぐる政治状況、社会的・経済的諸条件、国際状勢、さらには今回の国民運動の歴史的評価などについては、すでに多くの分析や論評がなされているしまた今後もなされるであろうからここでは直接ふれないことにする。また今回の国民運動とそれをめぐる政治的・経済的状況は、われわれ歴史家に対して多くの緊急かつ切実な課題を提起しているのであるが、それらの課題を整理しかつこれを歴史学の問題として設定するという作業——それはわれわれにとって当面の最も重要な仕事である——についてもここではふれることはできない。ここでは、今回の事件がわれわれ歴史家に対して如何なる課題を提起しているか、という点について、ただ一つの点を確認することからこの私の論評をすすめてゆきたいとおもう。

われわれ歴史家が今回の事件に直面して確認しておくべきただ一つの点とは何か。結論から先にいうとはなはだ簡単なことであるが、今回の事件は日本の歴史家に対して、その最も緊急なそして窮極の研究課題が、近代社会＝資本主義社会の構造分析でありその運動法則の究明であることを明示しているのではあるまいか。日本史家は日本資本主義社会の研究をその窮極的課題とすべきであり、西洋史家・東洋史家は近代社会の把握と世界資本主義の形成・展開を最高の目的とすべきである。五月以降くりひろげられてきた歴史の一こま一こまがそのことを疑う余地なく示しており、今回の国民運動が血と汗とをもってそれを要請しているのではあるまいか。一、二例をあげてみよう。たとえば今回の事件の直接のきっかけとなった五月一九日およびそれ以降における国会運営は、いわゆるブルジョワ・デモクラシー、ブルジョワ的議会主義そのものが民主主義の原理をその根底から破壊するものであることを示しており、近代政治史の研究に対して重大なる問題を提起している。またたとえば、六・一五を中心とした国民運動は直接国家権力の問題に直面した。まさしくそれは、法の名のもとに集中化され擬制化された暴力であることを暴露したものといえよう。それは近代国家そのもののいっそう厳しい歴史的・科学的研究をわれわれに要請しているのではあるまいか。さらにまた今後の国民運動の在り方や来るべき総選挙の問題と関連して、日本社会の、あるいは日本経済のいわゆる二重構造の問題がある。いうまでもなくその中核をなすのは農村問題であるが、ここでも基本的な問題はすでに封建制の問題ではなく、独占資本主義下における小ブルジョワ的生産者の問題であり、またその分解の問題として検討されなければならないであろう。いずれにしても、われわれ日本人としての、また日本の歴史家としての主体的な問題意識は近代社会＝資本主義社会の本質究明に向けられるべきであり、かつまたそのような問題感のみが、われわれの日々の歴史的現実から由来する実感によって支えられるであろう。

さてひるがえってわが国歴史学界の現状を省みるとき、われわれ歴史家は右のような主体的な要請に答えうるような仕事を果してきているといいうるであろうか。否むしろ逆に西洋史学界に限ってみても、すでに安保問題以前においていくつかの根本的反省があらわれはじめている。(1) たとえば河野健二氏は、スプートニクが飛んでいるような現代――われわれ歴史家の生きている現代と歴史学の研究対象とくに古代・中世との「気の遠くなるような距離」を如何にして埋めるべきであるか、という問題を提起しておられるし、また中村賢二郎・瀬原義生・鯖田豊之の三氏は、「見たこともない外国の、そのまた特殊地域の、しかも遠い過去を研究する」ことがわれわれ日本人にとってどういう意味があるか、というメディーヴァリストとしての真摯な反省を率直に述べられている。私は、このような発言はきわめて貴重な問題提起であり、今後ともこのような根本的な問題が率直かつ大胆に論ぜられるべきであると考えている。

かつて私自身も「歴史学研究」の学界展望[2]において若干こうした問題にふれたのであるが、問題の重要性にかんがみてもう一度ややときほぐしてこの点を検討してみたいとおもう。

二

ここでわれわれはしばらく終戦直後の学界の状況をふり返ってみよう。昭和二二、三年の頃、日本の歴史学界は暗い谷間において黙々と続けられてきた貴重な学問的業績をつぎつぎと世に送り出した。たとえば、藤間生大、石母田正氏の日本古代・中世史研究、藤田五郎、堀江英一氏の明治維新史研究、大塚久雄、高橋幸八郎氏らの西洋経済史研究等々がそれである。そしてそれらがいずれも天皇制絶対主義下の日本の歴史的現実から問題を汲みとり、それをそれぞれの歴史学の研究分野に設定し、これに対して真正面から本格的にとり組んだ作業であることはいうまでもない。そしてそれらが日本におけるアンシャン・レジームに対する激しい抵抗感にとってより強く支えられていればいるほど、そしてまたそれらがより科学的な方法論によって支えられていればいるほど、より深い共感をもって迎えられ、かつまた社会的実践に対して理論的有効性をもちえたのであった。西洋史に例をとるならば、大塚久雄氏は、昭和二一年二月の日付をもつ『序説』再版序においてつぎのようにいわれている。「いま、農地改正法案、労働組合法案などの通過の後をうけてまさに歴史的な総選挙の渦中にこの再版序文を書き記しつつ、実に感無量である。読者願わくは、本書における主要テーマの一つが、他ならぬ、近代の西欧において歴史上他に類比をみない巨大な生産力建設の謂わばパン種となったものはかの独立自由な自営農民層の裡にこそ見出さるべきだ、という史実の追求であったことを想起して頂きたい」と。読者は、試みに昭和二一年の時点に『序説』をおき、またその時点に立ったつもりで右の序文を味読して頂きたい。『序説』が如何にすばらしい説得力をもっていたか、ということは容易に理解されるであろう。以後、大塚氏の理論が日本の歴史学界に対して周知のような影響力をもちえたのは、右の時点においてまさしく氏の論理が日本の実践的課題に適合的であったからであり、従って氏の右のような感慨が広汎な学問的・思想的な共鳴を呼んだからに他ならない。さきにあげたところの、日本古代・中世史、明治維新史に関する研究についてもまた然りである。

しからばその後日本の歴史学研究はどのようなすじみちをとって展開していったか。その全過程をたどることは本稿の課題でもないし私には到底不可能なことであるから、さしあたり西洋史に限定して、さきの問題提起に関連することがらを二、三指摘してみたいとおもう。第一は研究対象の問題である。西洋史とくに西洋経済史に関していうならば、一つには、戦後のほぼ十年内においてもなお学界の中心的な課題は依然として日本社会の近代化にあったために、また二つには、いわゆる「大塚史学」に刺激されて、その論理と実証を再検討しさらにその周辺部を開拓する必要が痛感されたために、多くの研究者は封建制から資本主義への移行期に対して最も熾烈な学問的関心を寄せ、最も多くのエネルギーをつぎこんだのであった。この点はいままでに発表されたいくつかの学界展望をみればあきらかであるし、また最近の西洋経済史研究の一応の集大成である二つの講座をみるとき一そうはっきりするであろう。すなわち、「西洋経済史講座」(岩波書店)は専ら封建制から資本主義への移行をとり扱っており、また「社会経済史大系」(弘文堂)においても、中世および近世に力が注がれ、この時期についてもっとも重厚な学術論文が多いようにおもわれるのである。しかしながら他方では、封建制から資本主義への移行期の研究のいわば不均等発展の結果として、他の時代とくに近代史・現代史の分野はほとんど未開拓なまま残されるにいたった。そしてこのような不均等発展は、いうまでもなく、現代社会に対して直接のパースペクティヴを与えるべき時代についてほとんど何もわかっていないという、社会科学の在り方としてはおよそ畸形的な状況をもたらしているのである。しかもそれのみではない。このような不均等発展は封建制から資本主義への移行期の研究自体にも一種の停滞を来たしているといえよう。なぜならば、本来、近代社会そのものの、資本主義社会そのものの分析を前提としない移行期の研究はありえないはずであって、前者の研究の立ちおくれが後者のそれを大きく制約しているからである。この点は説明するまでもなく明らかであろう。以上の点に日本の歴史学の一つの問題がある。

第二に、従来からもしばしば指摘されているように、研究の専門化がとくに封建制から資本主義への移行期を中心として顕著に進展したことである。このような専門化はもちろん種々様々の形をとっており、研究部門別の専門化はいうに及ばず、地域史研究による地域的専門化、時代別・問題別の専門化等々をともなっており、そのようないわば無政府的な社会的分業を基礎として無数の個別実証的研究が積み重ねられつつあるのである。こうした個別研究がおそらく最も進んでいるとおもわれるイギリスについて紹介されているところによれば、イギリスの学界は、日本の研究者がイギリスの地方史研究に異常な関心を示し、また地方史学会の史料集や雑誌に対する需要が多いことに驚異の念を表明しているとのことである。こういう事態は戦前ではおよそ考えられなかったことであって、研究の専門化が戦後急速に進んだことの一つの証左であるといえよう。戦後におけるこのような研究の専門化は、おそらく一方では戦後の西洋史学界におけるいくつかの学問的論争や日本史の研究の進展によって刺激され、他方では、諸外国における研究の専門化や地方史研究の発展を受容することによって促進されたものであって、それ自体、ともかくもわが国西洋史研究の進展そのものの中から内発的に要請されたものであり、研究の進歩にとって不可欠の前提条件であると考える。しかしながらそこに全く問題がないわけではない。とりわけ最も重要なことは、たしかに専門化＝分業は異常に進んでいるけれどもそのために逆に分業に基づく協業は次第に行なわれ難くなって来たことである。せっかく専門化が行なわれることによって集積された貴重な歴史事実や個別分析は相互に無関連なままに併存しているのみであって、それらの相互連関の追究さらには問題視角の交流や理論的接触等々は非常に困難になってきているといえよう。極端な場合――必ずしも誇張ではなく、学界展望や他人の論文の利用・引用の仕方をみるのみでも痛感せしめられるのであるが――その道の専門家相互間においてすら話が全く通じない、という現象すら看取することができるのである。その結果として現在次のような研究上の欠陥がかなり明確な形であらわれてきているのではあるまいか。第一に、専門化によって史実の細部に関する実証は非常に詳密になり、かつ多くの新らしい史実も明らかにされているにもかかわらず、それらのもつ歴史的意義が歴史の全体の動きとの関連において確定されていないため、単なる史実の集積に留まっているに過ぎないこと、第二に、諸学問分野相互間における交流と協同の可能性がほとんど閉ざされていること、第三に、研究そのものが技術であるのみで社会科学でありえないような性格をもちつつあること、等々である。

以上のような点は、歴史学の技術化を示すものに他ならない。しかもそのために、現段階における研究の合理的な進歩もまた大きく制約されているのではあるまいか。したがって、いまや各個別研究者は、それぞれの個別研究を通じて、専門的に分化した研究の間に学問的協同の方途を見出すことを要請されているといえよう。それなくしては個別研究自体についても、真のいみでの進歩はありえないのではあるまいか。

第三の論点は問題意識ないしは問題観についてである。さきにも引用したように、大塚久雄氏の研究をはじめとする西洋経済史研究は、終戦後の一定の歴史的時点においては、われわれの実践的課題に対して正しく適合的な意義をもちえたのであるが、その後における西洋史学の問題観ないし問題意識は、かつて大塚氏らが抱懐されたような強烈かつ明確なものではなくなったようにおもわれる。否、それどころかさきに述べたような研究の専門化・技術化に伴って、そのような問題観は次第に雲散霧消しはじめているようにおもわれるし、また旧来のそれに代る新たなる問題観とそれを支える価値理念もいまだあらわれてきていない。(3) これはなぜであろうか。第一には、専門的な個別研究の進展それ自体が、素材の加工を自己目的とするような技術主義を生み出す傾向をもつこととともに、第二の、より根源的な理由として、日本の社会的現実がここ十年間において大きく変化したことにある。この点は重要な問題であるからややくわしく述べたいとおもう。

たとえば、さきに引用した大塚氏の『序説』の序をとって考えてみよう。率直にいって私の限られた個人的経験によれば、現在の若い二十代の研究者や学生諸君は、あのような大塚氏の問題観なり感慨なりを自己の主体的な実感をもって受け入れることはできないようにおもわれる。あるいは少なくとも昭和二二、三年頃われわれの世代が学生であった頃に覚えたような共鳴はもはやありえないであろう。これはいうまでもなく日本の現実そのものの発展によるものであり、地主的土地所有の廃棄、日本社会の近代化によって、封建制の問題、資本主義成立史の問題が当面の直接的な課題ではなくなったためであろう。とくに若い世代の研究者・学生の場合、その生活の根底からしてすでに市民であり、そしてその中心的研究課題は市民社会そのものであり十年前よりはすでに一段階前進しているのである。しかしながら専門的研究自体は、依然として旧来の問題観を出発点として行なわれているのであって、ここに現段階における研究史の混迷の一因があるのではあるまいか。このように考えてみると、歴史学の分野においても、世代の問題はきわめて大きい課題を投げかけているといわねばなるまい。しからばわれわれ自身による、なかんずく新しい世代による新しい問題観と価値理念の定立は歴史学の分野においてなされつつあるであろうか。もちろん萌芽的には、あるいは底流としてはそのような動向はみとめられないことはない。しかしそれが旧来の問題観にとって代るほどの位置を占めるまでには到底いたっていないことは確かである。旧来の歴史学とくにいわゆる大塚史学の理論と方法に対する批判はまことに汗牛充棟の感があるけれども、そのどれ一つとして大塚氏の問題観とそれを支える価値理念に代るべきものを歴史学固有の分野において定着させたものはいまだ存在しない。問題はまさにここにあるのではあるまいか。そして、いまやわれわれの社会的現実が、なかんずく今回の安保問題と国民運動が、歴史家に対しても新しい問題観と価値理念の定立を焦眉の問題として要求しているのではあるまいか。

三

以上の簡単な検討によって、日本の歴史学界とくに西洋史学界のあり方について若干の問題点を示してきたのであるが、このような点について最近看過することを許されない論説が発表されたので、その批判を通じてわれわれの見解を一そう明らかにしたいとおもう。それは他でもない「史学雑誌」六九―五「回顧と展望」に発表された堀米庸三氏の「西洋史・総説」の部である。この雑誌と執筆者の占める地位とによって、この論説が或いは大きい影響力をもつことも考えられるので、本稿の問題に関連する限りでとり上げたい。堀米氏の総説の論点は多岐にわたっているが、関連するところは次の二点である。すなわち第一は、氏は最近の歴史学において社会経済史とともに政治史の影響の強いことに注目され、「歴史家の固有の領分」は何かという問題を提起される。そしてそれが「歴史を構成する諸側面の綜合的把握」「政治、法制、経済、文化等々の歴史の諸側面を、ある特定の観点にもとづいて統一的に把握すること」であるとされる。第二に、このような「綜合的把握」を可能ならしめる方法について氏は次のようにいわれる。すなわち現在の研究の専門化は「自律的発展の産物」ではなく「主体性を欠いた空疎な専門化」である。従ってこれらの専門的研究相互間において「共通の幹」を養うためには、古文書よりもむしろ狭義の記述史料に依拠して、「生きた事実を生きた歴史感覚をもってえがき出す」ことが必要であり、「政治理論、経済理論、社会理論など」を「事実知識の不足と歴史感覚の欠如を補うものとして」援用してくるような、「社会科学としての歴史は、理論の精妙さをほこりえても、結局は歴史の自殺である」と。一言にしていえば、氏の所論は、歴史家たるものは社会科学の理論など放棄して生きた感覚で歴史を綜合的に把握せよ、ということにつきるであろう。氏はこの論説の中で西洋史にも日本史と同じような歴史ブームがおきるかどうか、ということを非常に気にしておられるようであるが、西洋史にも一ブーム起そうというさもしい話ならば論外であるが、いやしくも学問的な論評である限り看過しがたい主張を含んでいるので、ここで率直な批判を提起したい。

まず第一の点についていえば、氏の議論は研究史の現状に対する適確なる認識を欠いており、かつ氏の問題の出し方そのものがきわめてセクト的であるといわねばなるまい。氏は現在の専門化が自律性を欠いた空疎な専門化であるといわれる。果してそうであろうか。なるほど現在の専門化が部分的には他律的であるということは私も承認する。たとえば偶然に特定の国の特定の地方の史料がある研究機関に入ったために、その地方の個別研究が行なわれる等々。しかしながらわれわれにとって重要なことは、自律的であれ他律的であれ、現在の条件のもとにおいては研究者の社会的分業＝研究の専門化なくしては歴史学の進歩はありえないのであり、従ってまたそれは必然的な方向であることである。それ故、われわれはもし専門化が他律的であったとしても、堀米氏のようにそれを慨いたり否定したりすべきではなく、われわれの問題観と方法論とによってそれをたえず自律的なものに修正し、かつ分業に基く協業が行なわれるよう努力することが必要なのではあるまいか。

もしも氏がこのような認識に立たれるならば「歴史家の固有の領分は何か」という氏の設問がいかにセクト的であり無意味であるかは直ちに明らかであろう。氏のいわれる「歴史家」とは一体何であるのかはっきりしないが、察するに文学部史学科出身の研究者のようである。氏はそのような「歴史家」には現在のような専門化の段階においてもなお「固有の」「綜合的把握」の任務があるように考えておられるようであるがこれは大へん思い上ったセクショナリズムではあるまいか。論より証拠、氏のような大家や氏の世代以上の研究者はいざ知らず、若い「歴史家」はそれぞれ専門化して政治史家・法制史家・経済史家・文化史家等々の名に値する仕事をしており（名称などはどうでもいいのであるが）、それ以外の、氏の望まれるような意味の歴史家は一人も居はしないし今後もでてくることはないであろう。そしてそのような仕事を通じて相互に交流し合うことによって、氏がもっておられるようなセクト的感覚は若い研究者の間にはほとんどないといってよい。このような段階における、右のような氏の要請はアナクロニズム以外の何物でもない。ふたたび、われわれにとって重要なことは、各々の専門分野に専門化した研究者が、それぞれの固有の分野での研究を通してその内部から、相互に交流し協力しうる方法を考究することであって、氏がいわれるように、このような分業体系とは別個に、それらと切りはなされたところの「綜合的把握」のための歴史家が必要なのでは決してない。なお念のため申し添えておくと、私は綜合的把握が不必要だというのではない。しかし現在の研究史の段階では、真に個制研究・専門研究をふまえた綜合が直ちに可能であるとは到底おもえない。それが可能であるためには今後各分野において方法論の検討が十分に行なわれ、しかもそれらが相互に接触し対決し合うような長い試行錯誤を必要とするのではあるまいか。もっとも氏のいわれる「綜合」とは社会科学としての理論を放棄して感覚で歴史を描くことのようであるから、これならばいますぐにでも可能である。しかしそれはなんら「綜合的把握」の名に値しないことはいうまでもない。

つぎに堀米氏の第二の論点もまた看過しがたい問題を含んでいるといえよう。まず第一に、氏はおよそ理論なるものは歴史の面白さを殺すものであり、とくにわが国では理論は「事実知識の不足と歴史感覚の欠如を補う」ものであり、かくしてあらゆる理論が援用された結果「歴史は純然たる社会科学の様相を呈し」てきたと慨歎されるのであるが、ここには社会科学における、あるいは歴史学における理論と実証の関連について全く単純素朴な誤解が横たわっていてお話にならない。いうまでもなく、歴史理論は現実の歴史現象からの一定の抽象の所産としてのみ構成されるとともに、特定の歴史現象を分析する道具として歴史研究における実証を媒介するものであり、両者の間の相互媒介によって研究が進展してゆくべきはずのものであって、決して堀米氏のいわれるように、理論的であることが歴史の自殺であるような関係にあるのではない。もちろん氏が指摘されるような偏向が皆無であるとはいえず、日本の歴史学界にはなお教条主義的傾向が強いことは否めないけれども、だからといって歴史学が社会科学たることを否定されるのは全く角を矯めて牛を殺す類の所作というべきであろう。

ともあれこのように氏は「社会科学としての歴史」は「歴史の自殺である」とまで極言されるのであるが、一体氏は歴史学が如何なる学問であると考えておられるのであろうか。また理論なき、方法論なき、「生きた史実を生きた歴史感覚をもってえがき出す」歴史学とは一体何であるのか。このような歴史叙述ならばあえて歴史家でなくとも、文学者やジャーナリストの方がよりよい仕事ができるのではあるまいか。「生きた史実を生きた歴史感覚でえがけ」という意味のスローガンをわれわれは二十年前にきいたことがあるようにおもう。かつての「皇国史観」もまたそれなりに「生きた歴史感覚」による歴史叙述であったのではあるまいか。そしてそこでは特徴的に科学的方法論が欠如していたのではあるまいか。逆に、同じ時代に大塚久雄氏らの歴史分析がファッシズム下における学問的抵抗たりえたのは、その問題観や歴史感覚もさることながら（それらもすぐれた方法論から切りはなしては到底考えられないのであるが）、その研究の方法的強靭さによるのではあるまいか。私は堀米氏の「歴史感覚」のたしかさを信じたいとおもうけれども、方法論を欠如する歴史学は、「生きた歴史感覚」にのみ頼る歴史学は、その歴史感覚如何によっては反動的歴史学への道に通ずるものであることを指摘したい。これは日本の歴史の示すところである。私は以上の点について堀米氏が深く反省されることを要望する。

四

最後にわれわれは以上のような簡単な考察にもとづいて、今後の西洋史研究のあり方について二、三の具体的な提案をしたいとおもう。いうまでもなく研究の在り方は、研究の客観的諸条件とくに大学制度・文教予算等々によって規定されているのであるが、いまここでそのような問題を論ずる用意はない。

私の提案は、現在の条件のもとにおいても可能な最少限の実際的な提案である。

第一は、現在まで古代・中世・近世初期の研究に従事した歴史家の少くとも一部は近代史・現代史の研究に移るべきであり、新しく出てくる研究者もまたこの研究対象に集中すべきであるということである。これはわれわれの最も重要なしかも実践的課題に適合的な研究対象が、近代社会＝資本主義社会そのものであることの当然の帰結である。現在における研究者の社会的総労働の各時代への配分は、少くとも現在の課題に答えるために適正であるとはいいがたい。従って、われわれは竹内幹敏氏の「日本の経済史家は、もっと十九世紀後半以降の経済史研究に力をそそぐべきだ」[4]という主張に完全に同意する。そして「この時期についての研究が、封建制から資本制への移行についての研究よりも、質量ともにすぐれている状況になるほうが、少くとも健全な現象だ」ということも右の考察によって明らかであろう。ただしこの提案が現実に実現されることはかなり難かしいとおもう。その理由は、現在の研究の専門化によって、研究者は多かれ少なかれ研究技術についても研究方法についても、非専門的な部門については習熟していない状況にあるからであり、さらにまた研究資料の蒐集・研究予算の制約・大学制度および大学院制度等々が、研究者の主題の転換と新しい研究分野の開拓を阻止する条件となっているからである。しかしそれにもかかわらずこのような専攻の転換は、歴史家の個人的努力によってある程度まで可能であり、むしろ個人の主体的努力の集積・組織化が客観的条件を変化せしめる起点となるのではあるまいかとおもわれる。さらに十九世紀以降の歴史について何らかの新しい総括的な問題提起が積極的になされることも、新分野に対する研究の刺激をもたらすものとして期待される。

第二に、古代・中世・近世の研究は近代社会＝資本主義社会構造なり運動法則に照明を与えるという明確なる分析視角に立って再構成される必要があるであろう。なぜならばさきに述べたところからして明らかなように、われわれの基本的問題は近代・現代社会の解明であり、奴隷制・封建制等々の研究はかかる基本的課題に従属し、それに寄与する限りにおいてのみ現代的意義をもちうるからである。近代・現代の研究に直接タッチしない古代・中世・近世の研究者はそのことによってのみ歴史と現代とを、自己の研究と現実の生活とを結びつけうるのではあるまいか。従ってわれわれは、「封建制の研究も、古代社会の研究も、あくまでそれとの対比において『近代社会』をより明瞭に把握するという目的に奉仕すべきものと考える」[5]という世良晃志郎氏の意見に全く同意する。もっともこのような「対比」がどういう形でなされるべきかについてはおそらく種々の意見がありうるであろう。しかしそれはむしろ今後の課題であり、それぞれの時代の研究者が研究の進展に即して検討すべき問題であることはいうまでもない。私自身は、このような「対比」はそれぞれの社会の運動法則の究明という形でなされるべきであると考えている。[6]ともあれこのような点については研究条件の側からする制約は比較的少いのであって、個人的な方法論的検討によっても可能であるが、むしろ集団的な共同討議がこのような理論的検討のために有効な場を提供するのではあるまいか。

たとえば京都大学国史研究室内の「歴史理論研究会」——私は詳細なことは知らないけれども「歴研」「日本史研究」にその成果の一部が発表されたのをみる限りでは——はそのような意図をもつもののようである。ともあれ、今後右の問題もまた活発に論ぜられることが期待されるのである。

第三に私は歴史関係の学会機関誌に対して一、二の提案をしたい。まず、現在のような専門化された研究状況のもとにおいては、個別研究の整理・それらの相互交流という作業が学界機関誌によって系統的にとり上げられなければならない。この点について岩生成一氏が「個別的研究の整理・綜合作業の重要性」を強調され、「学界動向・研究動向、あるいは書評という形式のもとに行なわれて来たこうした作業には、従来よりもはるかに高い評価と尊敬が与えられねばならぬ」[7]と提案しておられるのに完全に同意する。この点については、歴史関係の機関誌は最近かなり改善されてきているけれども、なお若干の点でとくに強調したいことがある。まず「学界動向・研究動向」についていえば、その内容は必ずしも満足すべきものではない。西洋史関係のみについていえば、現在これを定期的に行なっているのは「史学雑誌」と「西洋史学」であるが、この両者について一言注文をつけさせて頂きたい。前者の「回顧と展望」が従来のような文献目録に毛の生えたような学界展望を脱して、文献目録を系統的に整理して毎号掲載し、これとは別に「回顧と展望」を問題史的整理にされることに決定したことは、前進的な企画として期待される。ただ願わくは「回顧と展望」の執筆者についてミスキャストのないようお願いしたい。本年度の西洋史関係についてみるとき、委員会の方で要望した「重点的な論説の展開」ということが、執筆者の主観的な興味本位の論説ということと混同されている。「重点」とはあくまで、客観的な学界の研究動向に即したものでなければならない。それに加うるに、他人の論文を読まないで論評している無責任なもの、あるいはもし読んでいるとしたら全くそれを理解する能力がないのではないかとおもわれるようなものがある。岩生氏もいっておられるように、これは尊敬を与えられるべき仕事なのであるから執筆者の方には尊敬に値するような学界展望を書いて頂きたいし、委員会の方もなるべくミスキャストを少くするよう留意して頂きたい。また「西洋史学」が近年毎号にわたって学界展望をつづけて来られたことには深い敬意を表するものであるが、率直にいって――これは「史学雑誌」の「回顧と展望」の大部分の項目についても同様であるが、――問題の本質を抉り出し、これに対して的確なしかも生産的な批判を与えるという点において不十分でありぬるま湯につかったような感じを免れない。個別研究を整理し系統づけるためにはそのような作業こそ不可欠のものであり、それを欠くならば学界展望は文献目録＝紹介に堕するであろう。

この点は書評についても同じであって、学会誌を一瞥するとき、いかにおざなりな書評、非生産的な書評が多いかという点は直ちに明らかであろう。書評をひきうける評者は、対象となる書物に対する率直な、しかもその本質的な論点と方法に迫る徹底的な批判こそ著者に対する最高の尊敬である、という態度に徹すべきである。最近のものとしてはたとえば、世良晃志郎氏の増田四郎氏の著書に対するもの、佐々木潤之助氏の大石慎三郎氏の著書に対するもの(8)等が範とすべき書評であるとおもう。ともあれ「学界展望」や「書評」は、いま少し、個別実証的研究を媒介として問題観と方法論とを相互に陶冶し交流せしめる場でなければならない。批評する評者も批評された者もともに勉強になるような書評こそ真の書評のあり方ではあるまいか。そしてそのためにはまず評者にそのような作業能力のある人をうることが重要である。

第四に、学会のもち方についても提案がある。ここ数年来少くとも私の知っている歴史関係の学会のもち方については、万人によってひとしくその行きづまりが指摘されていた。にもかかわらず、なんら進歩・改善のあとが見られないことはきわめて遺憾であるといわねばならない。とくに共通論題報告を毎年行っている、歴史学研究会・社会経済史学会・土地制度史学会等々についてはしかりである。学会の「共通論題」こそ、現在のように個別専門化した研究者が直接に接触し討議することによって、問題と方法の交流・陶冶を行なうべき場であるはずであるが、現状ではそれには程遠い膠着状態にあるといわねばならない。私は各学会がそれぞれの特殊事情に応じて、この点について新しい工夫をこらされることを期待するものであるが、「共通論題」のもち方を改めるについて一、二思いつきを提案したい。第一には大会に関する準備開始が余りにも遅すぎること、今年度の大会が終ったならば直ちに次年度の準備にとりかからなければ大会の成功は期し難いのではあるまいか。第二に、共通論題報告はすべて当該学会機関誌上に、あらかじめ、大会までに一ヵ月位の余裕をおいて発表すべきである。これによって会員に対して十分な検討期間・討論準備期間が与えられ、かつ大会当日長々とした報告をたてつづけに聞かされなくとも済む。第三に、従って共通論題の時間は右の論文を中心として全部討論に廻わすことができる。今までの学会討論はいかにもおざなりで、まるで大臣の答弁をおもわせるものがあったが、右のような準備のうえで少くともまる一日近く一つの共通論題について討議すればかなりの成果を期待しうるであろう。このような提案の実行は、委員と会員の努力次第では直ちに可能なのではあるまいか。以上はもちろん技術的なことがらであって、それだけで学会が直ちに生産的になるとはおもわない。

問題は報告の内容であり討論の内容であることはいうまでもないけれども、形式的・技術的な点の改善もまた不可欠の条件である。

第五に、史料の蒐集・紹介についての提案がある。これはさしあたり西洋史の分野のみに関するものである。すなわち、現在のような専門化の進展によって史料蒐集はますます困難になりつつあり、また各研究者はどこの研究機関にいかなる史料が存在するか、という点を周知する方法をほとんどもっていない。さらに現状では各研究機関にきわめてアト・ランダムに史料が入っており、当該機関の研究者はもちろん他の研究者によっても必ずしも合理的に利用されているとはおもえず、国家的見地からみても多くの無駄がみられるのである。しかも個別研究の進展は、ますます史料の本格的利用を要請しているといえよう。この問題は現行の大学制度・文教予算と深く関連しているのであって、それと無関連に論ずることはできないのであるが、さしあたり現存の条件のもとにおける実際的な方法としては、歴史関係の学会なりあるいはそれらの連絡機関が主宰して、各研究機関に存在する史料について定期的なアナウンスメントをして頂きたいとおもう。現在そのような連絡は個人的には行なわれているけれども、これが組織的に行われたならば研究者の便宜は著るしく増大することは疑いないところである。ともかくもこのような、史料連絡センターをつくるか、もしくはそのような能力のある学会が会員に対するサーヴィスとして、この仕事を果すことが是非とも必要であるとおもう。

以上の諸提案のうち第三以下は学会に関するものであって、その実行はいずれも学会の委員の方々の御努力に負うものである。各学会においては、それぞれの伝統や慣例があることとおもうが、委員の方々が蛮勇をふるって、新しい生産的な、学問的交流の場を創造して下さることを期待するものである。

終戦後すでに十五年を経過しもはや「戦後」ではなくなった。そしてわれわれは未曾有の国民運動を体験した。日本歴史のこの新しい段階において、われわれもまた新しい価値理念に支えられた新しい問題観をうちたて、これを歴史学の分野に定着させなければならない。そのような問題観と方法論とが、現場の個別化した専門研究の中に定着したとき、われわれの歴史学は終戦直後のそれのように、鋭い説得的な論理と思想をより一そう進んだ段階において創造できるのではあるまいか。

註

(1)河野健二「経済史の基礎理論への反省」『経済評論』一九六〇年一月臨時号、中村賢二郎・瀬原義生・鯖田豊之「西洋中世史研究の問題点」、米川伸一「藤原浩『イギリス経済史研究』書評」、何れも『歴史学研究』二三六号。

(2)拙稿「封建制の理論的諸問題」『歴研』二四二号。

(3)もちろん部分的にはいくつかの新しい研究があらわれている。西洋史の分野では、たとえばイギリス賃労働形成史に関する岡田与好氏の一連の研究はその代表といいうるであろう。

(4)竹内幹敏「回顧と展望」西洋・近世・経済史『史学雑誌』六九ノ五。

(5)世良晃志郎「増田四郎『西洋封建社会成立期の研究』書評」『史学雑誌』六九ノ六。

(6)前掲、拙稿。

(7)岩生成一「回顧と展望」日本史、総説、六九ノ五。

(8)世良氏前掲書評、佐々木潤之助「成立期『地主制』に関する二、三の問題」『史学雑誌』六八ノ六。

(東北大学)

(『歴史評論』第一二一号、一九六〇年九月)

(4) 堀米庸三「綜合的歴史観への一提言——吉岡昭彦君への答にかえて」

一

少しまえ私は歴史評論編集部から、同誌九月号所載の吉岡昭彦「日本における西洋史研究について」について、意見をかくことを求められた。編集部の意向は、史学雑誌六十九篇五号の拙稿に対する吉岡氏の批判の中には、誤解もあるようにみうけられるので、私の側で反批判があれば、紙面を提供しようというのであった。私はこの御厚意を受けることにした。というのは、吉岡氏の所説には、それとしては十分傾聴に値いする点もあるが、まさにそれゆえに、それらの多くは私に対する批判としては成立たぬものであると考えたからである。

吉岡氏は、私が「歴史家の固有の領分」を求めたことについて、それは私が研究の現状にうといところから起った、「思い上ったセクショナリズム」であるとされる。私は当初からこのような批判の生ずる可能性について考えていた。歴史には、経済史、法制史、政治史、文化史等々の諸分野があっても、歴史そのものといった歴史の分野はない。とすれば、歴史家の、以上の諸分野と区別されるような、固有の領域を求めることは、幻想でなければ、大学の学部・学科の分類をそのまま学問の分類と思いこむことにすぎないのだ、という非難の起ることは当然である。こういう非難は一応は間違いではない。にもかかわらず、私が敢えてそのような問題の出し方をしたのは、私が歴史、ことに政治を中心とする歴史をやっておりながら——世間では私を法制史家と考える向が多いが、私はかつて自分で法制史家であると考えたことはない——私と近い専門領域の研究家、例えば法制史家に対し、十分な研究上のデータを提供してこなかったことに気づき、それを遺憾としたからに外ならない。私は久しく法制史家と余り異らない材料で仕事をしつづけてきたのに、他方では、どんな法制史の研究にも、或いは政治史、経済史のそれにも、絶対に無視することのできぬ材料で、私が取扱わなかったものが余りにも多かった。しかもそれを処理するだけの方法が、遺憾ながら、私の側になかったのである。そして、このような研究上の欠陥は、ふり返ってみれば私の周囲にも少くないばかりか、外国の研究においても、ことに私が一番ながく親しんできたドイツの研究においてはとくに、存在しているのである。同時に私は、この欠陥が人間の意識の取扱いに関して起っていることを知り、このいわば非人間な歴史が、専門的細分化の時代において、普遍的な特徴になっているのを知ったのである。この反省がとりもなおさず、人間の意識を中心とした歴史の諸側面の綜合という、史学雑誌拙稿の提言となってあらわれたのである。

私のいう歴史家なるものの正体は、大学の歴史学科に籍をおくものにすぎないと、吉岡氏はいわれるが、私はそれはそれなりに、ある意味をもっているものと思う。私が法制史、経済史というとき、私はそれを法学、経済学の一分野として理解している。最近、法制史も経済史もともに、歴史学としての独立学科たろうとする傾向が顕著である。私はこの両学問が、歴史的方法を厳密に採用しようとすることに、賛意を表するものであるが、それが完全に一個の独立した歴史科学たるべきか否かには、少くともわが国の現状においては、疑問をもつ。もしそれが一個の独立した歴史科学となるならば、それは法学、経済学の一分野としては自己否定に陥るか、ないしは、それは本来の歴史学の一分野になるであろう。そのときは、研究者の法学、経済学との関係、およびその修練は一体どうなるのであろうか。私は法制史、経済史の研究者が、それぞれ、法学、経済学の専門的訓練をつみ、その本来の領域をまもる場合において、歴史学に対する最大の寄与をなしうるものと考えている。

このように考えればこそ、法学にも経済学にも専門的修練をもたない、いわゆる歴史家は、何をその基本的な修練となし、何を自己の固有の領域とするかについて、切実な反省を強いられてくるのである。ところで、私は歴史家にとっては、古文書学ないし史料批判学を一応除外すれば――という意味は、これを無視するのではなく、それはどこまでも歴史学の基柢であり、本来それに固有の領域であるにちがいない。ただし、西洋史を専門とする私には、厳密な意味でそれを専攻することは殆ど不可能である――政治史こそは、ランケ以来の伝統に従って、その固有の領域であると考えてきた。これは唯物史観の抬頭によって、歴史の経済的解釈が強調せられた後にも、基本的には変らなかった。少くとも、政治を歴史的諸動力の集中的表現と解する限りにおいてそうであったのである。しかるに、この歴史家の確信、あるいは私の確信を動揺させたのは、新しい政治学の樹立と、その立場に立つ政治史学の発達である。私はここに従来まもりつづけてきた専門領域が甚だ曖昧な区画しかもたないのに気づかされた。ここで私は再び、脚下を顧みる必要を痛感したのである。

この間における私の反省の過程を辿ることは、恐らくいまは場所をえないであろう。結論をいえば、法学、経済学、政治学など、いわゆる社会諸科学が、一般に理解されているように、法則ないし類型定立の学であるとすれば、歴史学は人文科学（ないしは個性記述学）にぞくする。それは社会諸科学による法則ないし類型の使用を不可欠とする――作業仮設《ママ》の設定上――にかかわらず、その目的は事実の確定と叙述にあり、社会諸科学と同一目的を追求するものではない。歴史学は、社会諸科学の結果を利用する点において、それに依存するが、逆に社会科学は、分析の対象たるべき人間生活の実態に関する知識において、人文科学、あるいは、この場合には、歴史学に依存する。人文科学と社会科学とのこの区分と相互関係とを考えることによって、私は再び歴史家の固有の領域を発見したのである。すなわち、前段において示した人間意識についての関心と、この人文科学の性格規定が結びついて、史学雑誌拙稿の提言は生じたのである。

私のこの方法論的反省は、約十一年前に発する。一九四九年、私は「世界観と学問の立場」（思想経済研究、三・四月号、南思想経済研究所編、親星社、小樽）においていわゆる教条主義――当時この言葉はなく、私は単に公式主義とよんだ――の批判を試みた。これは恐らくきわめて少数の読者の目にふれたにすぎないものであるが、爾来、私は一貫して歴史学を教条主義からまもるべく努めてきた。一九五八年の「西洋中世世界の崩壊」（岩波）の巻頭にある方法論的序説は、その間にえられた方法論を、歴史的に肉付けしたものである。しかしそこにおいても、今回の史学雑誌拙稿の立場への踏切は行われていない。右書の発行ののち、私は一年間、海外に学んだが、この間におけるわが国の歴史学と外国における歴史学の差違の検討が、結局は、私の最後の踏切を行わせたものである。これが唯一の正しい解決であるかどうかは、もとより私の予測しえないところである。しかしそれはともかくも私自身の到達した結果にちがいないので、私はその立場に基づいて、歴史学界の現状を批判したのである。

私は方法上つとめて厳密であろうとしたが、セクト的に領域を固守しようとも思わなかったし、自分の無力と方法の確立とを焦慮はしたが、「思い上った」総合の企てをしたつもりもない。私の歴史学＝人文科学説が、「社会科学、あるいは歴史学における理論と実証の関連についての全く単純素朴な誤解が横たわっていてお話にならない」という批判は、一向に自由であるが、人々にはそれぞれちがった立場がある。ある人にとってはお話にならぬとみえることも他の立場に立つときは、一つの切実な意味をもちうるのである。

二

さて吉岡氏の拙稿に対する批判は、氏がその立場を一面的に固守するところから生れているようにみえる。これは私の最も遺憾とする点であるが、それと同時に、吉岡氏には、ある強烈な先入観ないし固定観——あえて私の所論に対するものといわないが——がはたらいているようにみえる。それに基づいた批判は、誤解といえばたしかに誤解にちがいないが、むしろそれをこえて、根本における立場の相違から、私の立場を内在的に理解することを不可能にしたものといった方が、より当っていよう。その点については明らかにすることが、誤解をとく以上に重要である。

ところで吉岡氏の論説は、六・一五事件の強烈な印象の直後にかかれ、この国民的危機に際して、歴史家ことに西洋史家は何をなすべきか、を発見すべくつとめられたものである。氏によれば、西洋史家（東洋史家も）は近代社会の把握と世界資本主義の形成・展開を最高の目的とすべきであり、その課題追求の方法としては、専門家の分業と協業が必要であるという。また、この新しい課題を発見し、必要な分業と協業を行いうるためには、専門家の側において、研究の新しい段階に応じた問題意識ないし問題観が必要である。現在、大塚史学に対する批判は多いが、そのどれにも大塚氏の問題観とそれを支える価値理念に代るべきものを、歴史学固有の分野において定着させたものはない。ここに問題があり、歴史家は安保問題いらいの日本の現実からして、新しい問題観と価値理念の定立に迫られていると。これが、私にして誤りなければ、吉岡氏のいわれる歴史研究の国民的課題の要点であろう。

この考えの中には、私も賛成できるものもある。例えば、新しい日本の現実に応じた問題観と価値理念の定立は、それである。しかし、この価値理念や問題観の内容が何であるべきかは、自ら別個の事柄であるし、またこの問題観から生れるわれわれの課題が、近代社会の把握と世界資本主義の形成・展開が最高のものであるとも思わないし、いわんやそれを国民的課題と断定することも、私にはできない。もしいまわれわれに国民的課題があるとするならば、このように課題を限定することではなく、逆に各自がその最も切実と考えるところを、他にひきずられることなく追求することにこそあると思う。その結果は、あるいは吉岡氏の希望するところに合致する場合もあろう。しかしそこにはこのような結果を予定させる何等の保証もない。一言にしていえば、国民的課題に対するアプローチが、私と吉岡氏では、全然逆なのである。吉岡氏は社会ないし社会集団、より限定すれば歴史家の集団から出発し、私は歴史家個人から出発する。

さきにものべたように私も永い間、歴史の理論、いや学問の理念・方法について、私なりの反省を行ってきた。その間、いろいろな曲折はあったが、常に私の脳裡を去らなかったのは、学問(人文科学)は、それが何に関するものであれ、常に「汝自身を知る」ことを窮極の目的としているということであった。人間は社会的存在であり、学問は社会的実践の一つである以上、学問は何等かの仕方で、社会に奉仕するものでなければならない。しかしそれは直ちに社会の要求にこたえるものではなく、むしろその前に自己の発見が必要であり、かくして発見され、高められた自己がその学問をもって社会に奉仕するのである。

いま私は、人間は社会的存在だといった。しかしこの言葉についての私の理解は、恐らく吉岡氏のものと違うであろう。人間は社会的存在だということは、人間が彼の属する社会によって全面的に規定されることを意味するものではない。彼は彼を生み出した精神的・肉体的先行条件の無限に複雑な組合せにより、また彼が生れ育つ彼自身の環境により、更には彼がそれに対して行う彼自身の反応（体験）によって、他の何人とも異る個性を身につけるものである。人々は同じ社会に属するその仲間に、一面では無限に近く、他の一面では、無限に遠い。最近われわれは、この人間相互の近似面を余りに強調しすぎた結果、他の、相違の面を忘れがちであった。しかし思うに人間社会の健全な発達は、近似面を基柢として、能う限り相違面を強調することによって可能となるのではないか。相違性＝矛盾こそは発達の原動力である。われわれはわれわれの個性の探求と育成に、最大の責任を社会に対してもっている。

これを歴史研究という現在の問題にひき戻していえば、こうである。われわれは誰しもが、それぞれに切実な関心をもっている。その関心を追え。これが私のモットーである。しかし実際には、われわれは一般に、本来われわれが何を欲しているのかさえ知らない。それを知っていると思っても、のちにそれがそうでなかったとわかることが少くない。それゆえ、われわれの関心の追求も、つねに試行錯誤の形をとる。だがこの場合に起り易い危険は、自分の関心・自分の欲求を社会規範にすりかえてしまうことである。これは個性の否定、すなわち社会に対するわれわれの責任の回避に外ならない。これは近代社会の確立のおくれたわが国において、最も危険な、しかし極めて普遍的な現象である。人々は反社会的とみられることを極度におそれ、自己の関心を犠牲にしても、社会的に認められた課題を求め、社会的に認められた方法に従う。大塚史学の隆盛と、大塚史学の批判は、その代表的事例である。学者は十人十色の課題をもち、十人十色の方法をもっても少しも不思議ではない。学者がもし自己に忠実であるならば、それがむしろ当然であり、またここからだけ、真に弾力性ある学問が育ってくるのである。

しかし、誤解のないようにつけ加えておこう。このような研究者個人の関心の強調は、必ずしも国民的課題の提唱を否定するものでも、またその成立を阻害しようとするものでもない。いわんや吉岡氏のいう研究上の分業と協業を妨げるものでもない。われわれが、学問の方法におよそ絶対的なものがないとする認識に立つ以上、研究者相互の寛容は、そこから起る理論的要請に外ならず、異った立場にたつ研究者は、そこに必ず共通の広場を発見するからである。

次に吉岡氏は、言葉はそのままでないが歴史的パースペクティヴの獲得を力説しておられる。近代史・現代史研究の必要性の強調は、このことと直接関連するものであろう。これは歴史学の任務を没価値的な発展の追求に求めた古典的歴史観につらなる立場である。このような立場に基づいた歴史的世界像の獲得ということは、歴史に関心をもつ誰しもが求めるところであろう。ことに現代のような激しい転換の時代に生きるものにとっては、歴史的世界像とそれに基づく世界観の確立は、一つの悟りであり、一つの安心立命でもあろう。私はこういう考え方を否定しないし、むしろ、私自身、中世における法と裁判の変革、近代的国家権力の成立の研究を通して、私なりのパースペクティヴをつかみとってきた。しかし、歴史への関心を発展の追求ということだけに限ってしまうことは、危険である。

吉岡氏がひいておられる二つの例は、この点で参考になる。その一つは、スプートニクがとんでいるような現代とわれわれの研究対象である古代・中世との気の遠くなるような距離はどうしてうめられるかという嘆きであり、他は、見たこともない外国の、そのまた特殊な地域の、しかも遠い過去を研究することの意味についての反省である。このような嘆きや反省の真摯さは疑うことができないし、またよく判る気持がする。しかしそれは歴史をただ発展の面だけで捉える結果起ることではなかろうか。この立場は、一歩誤ると、歴史の研究は、現在に近い方がより一層大きい価値があるという結論になり兼ねない。果してそうだろうか。

われわれの歴史に対する関心は、時として、発展という問題とは直接何等関係がない場合がある。いや一般人の歴史に対する関心は、むしろこの方が普通である。私は、歴史は人間経験の無限の宝庫であると考える。人間は自分の直接的関心から、過去の人間経験にといかけ、自己の行為が決断の規準を求めるのである。これは極めて当然の態度であって、もしその問い方の手続きさえ正しければ、歴史は多くの場合正しい解答を与えてくれるはずである。あらゆる答は、とくに人文科学が歴史的方法を重視するのも、基本的には同一の態度をふくんでいる。すなわち、人文科学は自然科学のように実験を許さないので、われわれはこれに代るものとして歴史、つまり人間の過去の経験をさぐるのである。

このような立場に立つときは、時間的な距離は、必ずしも問題にならない。場合によっては、時代を遡り、社会が単純になればなるだけ、人間の経験はより純粋な形で提示される。そのような例のいくつかを私の専門領域（西洋中世）から拾い出すことも容易である。

しかし、ここで次のような疑問も起ってこよう。人間の過去における経験への問いかけは、果して発展の問題を無視して可能であるか、というのがその一つである。これに対して私は、時代差と社会環境の差を忘れぬ限り、それは可能であり、またその際発展の問題は二義的重要性しかもたないと答えたい。次に人間経験に関して何故西洋のそれに問いかける必要があるのかという疑問も当然起ってくる。しかしわれわれの場合、近代化とは半ば以上西欧化ではなかったか。そしてわれわれの過去の人間経験への問いかけは、決してパラレリズムの探求だけではないのだ。むしろ相違面の探求が西洋史においては、主要な問題となる場合も生ずる。

ここで一言つけ加えておきたいことは、歴史家の書く歴史には人間がいないという批判に関してである。この批判は、歴史を一面的に発展の学と考える立場には、極めて起りやすい批判である。殊に公式的マルクシズムが、歴史の研究を発展法則の抽出に躍起にならせる場合はそうである。さきに吉岡氏の批判をえた拙稿においても指摘したことだが、わが国の社会経済史の研究文献の多くのものに、抽象名詞の擬人的用法——例えば商業資本・産業資本等々の濫用——の多いのも、以上の意味での、歴史の一面的理解と関係するものではないだろうか。われわれは歴史の中にもっと多くの人間経験を問う必要がある。それが非人間化した専門的歴史を救う方法であろう。

三

次に、人間の意識を中心にして歴史の綜合的な企をはかるとき、どんな問題が生じ、またどんな解決への方法が示唆されるか、それについていくつかの例を記したい。これらの問いは同時に、われわれが現代的な問題環境からして行う、過去の人間経験への問いかけでもあるよう配慮した。なお事例はすべて私に親しい中世史からとった。

例一。中世史の最初には、民族大移動を通して建てられた、ゲルマン諸部族国家の退廃と滅亡の問題がある。これはゲルマン民族が古代世界を破壊したものではなく、その大移動がそのまま中世史の出発点になるものではなかったという認識に関連して、頗る重要な問題である。従来この問題の説明に用いられてきた論点は、各ゲルマン部族民の数的劣勢、法の多元性信仰の二元的対立、支配者の地位の二元性（ローマ人に対しては東ローマ皇帝の官吏、部族民に対しては王）、通婚禁止によるローマ人・ゲルマン人の融合の阻止といった諸点であった。この外になお、部族国家のローマ世界における孤立が、その退廃と滅亡に拍車をかけたという論点ももちだされる。即ち例えばフランク部族は、ゲルマニアとの接触を絶たなかったので、健全な発展をとげたというのである。これらすべての論点は、最後のものを除いて、首肯に値いする。しかしそこにはなお一つの決定的な論点が欠けている。そしてこの論点は、最後の論点、すなわち、フランクとの対比が、実は何等意味をなさないということがわかれば、自然にでてくるところのものである。すなわち、フランクは屢々誤解されるように、地続きの発展をとげることによって、たえずゲルマン的要素の補修をうけたものでも、退廃・堕落をまぬかれたのでもなく、五・六世紀には他の部族国家におけると同様に、いやそれ以上に甚しい堕落ぶりを示した。それは、グレゴールの「フランク史」やフレデガールの年代記をよめば、疑おうとしても疑うことはできない。とすれば、何がかくも普遍的なゲルマン部族国家の堕落・退廃を生み出したのか、末期古代社会のデカダンスを指摘することは、ただ新しい問題、何故ゲルマン人はこのデカダンスに感染したか、をよびおこすにすぎない。衰えたりとはいえ、末期の古代文化はなお未開のゲルマン文化にまさること数等であったから、と答えることは、ゲルマン民族のみを注目するところから生ずる誤りである。七世紀のアラビア人が地中海征服を開始したとき、ベドゥインである彼等の文化がゲルマン人より高かったはずはない。その低い文化をもって、彼等はイタリア・ゴール・スペインよりも一層高い文化地帯地であるシリア・エジプト・アフリカを征服したのである。その結果成立したカリフ国に退廃が起らなかったというのではない。しかしそれはゲルマン部族国家よりは低度であり、またともかくも、カリフ国はゲルマン部族国家よりはるかに強靱だった。征服者は常に数的に劣勢であり、またカリフ国においても回教とキリスト教という信仰の分裂はあった。しかしイスラムの支配者は、その信仰を被征服民に強制することもなく、その文化は自由に利用しながら、しかもその文化に毒されることがなかった。一体、ゲルマンとアラビアの両征服者の、この運命の相違は何によるのか。それは一にかかって信仰の問題、あるいは信仰にもとづく道徳的エネルギーの問題に帰着する。

ゲルマン人はキリスト教に対置すべき何等の、彼等自身の信仰をもたなかった。アラビア人は、そのアラーの一神教において、キリスト教のあらゆる神学に対抗することができた。この精神的前提が、古代文化の摂取におけるゲルマン・アラビア両民族の決定的差違を、そしてまた一方における退廃と他方における健全な発展との差を、もたらした、という推論はまことに魅力的ではないか。しかし、断るまでもなく、この信仰の点における相違が、両民族の文化創造能力の優劣を意味するものではない。

例二。中世史の真の出発点は、どこにあるか。民族大移動も、西ローマ帝国の滅亡も、ともに、中世史の真の出発点でないことは、今日常識である。中世史を封建社会の歴史としてとらえれば、八世紀または十一世紀という二つの時点が選ばれてくる。八世紀が旧説のように、一般自由人の没落期、大土地所有制の展開期と単純に考えられないことはいうまでもない。それよりも、今日、一般自由人の存在そのものが甚しく疑問視されるにいたっている。しかし、八世紀は、地中海世界の分裂の結果、南ガリアが衰退し、北ガリア即ちアウストラジアの大土地所有的豪族の抬頭をみ、メロヴィング体制からカロリング体制への大きい転換が生じたことは、紛れもない事実である。それゆえに八世紀に中世史の出発点をおくことは、決して理由のないことではない。しかしこの時代にできたカロリンガーの国家が真の中世国家でなかったように、封建制度もそれを支える土地制度も、十分に封建的でなかったことも論をまたぬところである。むしろ、九・十世紀の外民族侵入時代を経過し、権力の徹底的細分と、細分された地方権力の中核としてバンヘルシャフトないしシャトゥルニーが成立する十一世紀こそ、中世封建社会の真の出発点たるにふさわしい。

しかし、古代から中世への転換という大問題は、法制史や経済史の次元をこえた問題である。この大転換を単一の政治事件をもって説明することは、勿論不可能であるが、さりとて、ただ長期の過渡期をおくだけでは、判らない事柄を胡魔化す方便にしかすぎない。私は大きい過渡期の存在を認めた上で、カール大帝のローマ帝国復興を、決定的な中世史の出発点と考える。ではなぜそれが中世史の出発点となるか。

カール大帝のローマ帝国復興は、従来とても、中世史の時代区分についての大きいメルクマールであった。しかしその論拠は専ら大帝の広大な大統一におかれていた。しかしそれでは全く不十分である。カール大帝のローマ帝国は、古代地中海世界、ないし東方ビザンツ世界と対比される独立の西方世界＝ヨーロッパ＝中世世界としてだけ、中世史の出発点となることができる。カール大帝が、執拗な東ローマ皇帝の要求を一方にひかえながら、法王権以下古い伝統的観念に生きる聖俗の貴族・人民の観念を、新しい中世的キリスト教的皇帝権ないし帝国の観念にまで切替えることができたのは何によるか。そのためにはもちろん、グレゴリー大法王以来の法王権の発展、ことにその東ローマおよび地方ではゲルマン諸国との関係について考察することを必要とするし、更に、ピレンヌ以来おなじみの、回教勢の征服による古代地中海世界の分裂を併せ考える必要がある。しかしそれらすべてを所与の前提と考えるとき、カール大帝の中に生れたキリスト教的ローマ帝国の観念が、新しい中世世界形成の決定的モメントであったことが判明する。

法王権の聖像礼拝問題に処する態度をきびしく批判し、また自ら帝権と教権の役割や区分を規定し、これを、ゲルマン的王権としては最初に、法王権に向って教示するだけの使命感と、それに基づく指導性の発揮があってはじめて、西方は東方の伝統的権威から自立するチャンスをつかみえたのである。それゆえまたカール大帝のこのようなキリスト教的帝国理念を養う前提となった、ピピン＝ポニファキゥスのガリア教会改革が重要性を示してくる。この面を見失うならば、カロリンガー登場の歴史的意義は大方見失われてしまうであろう。それゆえそれはこの時代における社会経済的転換と同等の比重をもって、いな理論上はそれ以上のウエイトを以て考察されねばならない。このような背景から生れた道徳的エネルギーがカールという個人の事業と決意に結びついてはじめて、古代・中世の大転換は行われえたのである。

なおこのように考えてくるならば、社会経済史ないし文化史の研究において強調されてきた、ローマ的ないしはゲルマン的文化連続観なるものが、どんなに低い次元の問題にしかすぎないことも一目して瞭然たるものがあろう。

例三。十字軍の性格について。十字軍の研究は、わが国では甚だおくれた中世史研究の分野の一つである。従ってその性格をどう解釈するかは、人によって著しく異っている。あるものはその聖戦的性格を強調するし、また他のあるものは、聖戦のヴェールにおおわれた露骨な社会経済的利害をあばいて快哉を叫んでいる。勿論十字軍は二世紀間にもわたる長期の大事件であるから、その性格を一様に規定することは到底できない。ここでは一番十字軍らしかった十字軍としての第一回をとり上げてみよう。私はこの十字軍の聖戦的性格を疑わないものであるが、しかし中世の信仰が今日われわれの理解するものと喰違う点が多いように、聖戦なるものもわれわれの常識にいうそれとは、すこぶる異っている。このことに関連して私が特に指摘したいのは、この聖戦には恐るべき残虐がつきまとったということである。

筆者不詳の、しかし自らそれに参加した人物によって書かれた、第一回十字軍史をよめば、十字軍士が、どんなに老若男女の区別なしに回教徒を殺したか、金貨をうるためには死者の腹をさえたち割ったか、あるいはエルサレムの陥落に際しては、聖墓に詣でる前にどんな徹底的な略奪を行ったか、あるいは——さらにおどろくべきことだが——饑えに迫られれば、どんなに平然と回教徒の肉を食ったかなどが明らかになる。そして最も興味があるのは、筆者自身キリスト教徒の残虐を記すに何等疚しさを感ずることなく、却って、それによってキリスト教騎士の栄光をたたえようとしている点である。偽りの約束をあたえて回教の市民を一ヵ所にあつめ、これを略奪するはおろか、殺したり奴隷に売ったりすることさえ、何等道徳的反省の対象とはなっていない。

この残虐とそれについての無反省を、異教徒はキリスト教徒にとってそもそも人間ではなかったのだと証明するだけでは、十分ではない。というのは第一回十字軍以後、聖地に定着した十字軍士は、回教徒と混血もするし、また彼等と平和に、人間的につき合ってもいるのである。ところが新来の十字軍士は、平和なエルサレムでも、最初の十字軍士と同様に狂暴であり、古顔の十字軍士はこの新顔の処置に困ったという。こういった事実はアラビア側の記録からして知られるのである。もしそれを信用するとすれば、十字軍士の残虐行為は決して単に信仰の対立からくる問題ではない。そこには他の何ものかがある。

この他の何ものかの一つがゲルマン的野性――ゲルマン人は古代文化の破壊者でなかったという説明が余りにも常識化したので、この点に関する真実は、いまや甚しくおおわれてしまっている――であることは間違いない。しかしこの野性にはけ口を与えたものがより重要である。それを私は宗教的ファナチズムと解する。このファナチズムはどうして生れたか。それはまず極めて非妥協的なキリスト教信仰そのものの中にある。しかしキリスト教は元来愛の宗教である。非妥協的であるとはいえ、直ちにファナチズムに通ずるものではない。キリスト教の非妥協的な一面をファナチズムにまでかえ、ゲルマン的野性に恰好なはけ口を与えるにいたったものは何か。それはヨーロッパのキリスト教徒が、何世紀にもわたり、殊に九・十世紀の二世紀間、外界との交渉なしに生きた孤立・封鎖的環境である。封鎖的な環境がどんなに人間を単純化し、弾力性を失わせることか。そしてこの種の人間が、彼の環境外において敵と接するとき、どんな狂暴性を発揮するかは、既にわれわれも身近い経験によって知っているところである。封鎖的世界に育ったキリスト教徒がどんなに不寛容な人間であったか、それを最も生々しく示したのが第一回十字軍であった。

日本は一九六〇年の今日でさえ、その孤立した言語環境からして、いまだに鎖された世界としての一面をもっている。外国人に対する卑屈と尊大の独特のコンプレックスは、それを物語っている。この鎖された世界にマルクシズムという、これまたキリスト教にも劣らぬ非妥協の論理が結びつくとき、それには教条主義の素晴しい地盤が生れるとは考えられないことであろうか。

十字軍については、この外に考察すべき事例は実に多い。ことに十字軍時代の社会心理は、現代世界の問題との関連においても興味つきぬものがある。小児十字軍、異端、聖フランチェスコに代表されるような清貧主義の運動の諸形態、異端審問、魔女狩りといった十二・三世紀の一連の事実は、十字軍と同一の精神的・社会的背景をもって生れ、われわれの総合的な解明をまっているのである。

以上私は人間の意識を中心とした歴史の総合的把握——全くの手懸りだけにすぎないが——のいくつかの例を示してきた。私の強調したいことは、このような例は際限もなく増加しうるのに、従来わが国の西洋史研究においては、私自身もふくめて、この種の問題が全くといってよいほど看過されてきたことである。そしてそれは同時に、中世史の専門家はいざ知らず、おそらく一般民衆が最もつよくその解明を求めていたものである。

私は研究の専門的分化を否定するつもりは毛頭ない。それは史学雑誌の拙稿を先入見なしに読めば何等疑問の余地はないはずである。しかし私の強調したいのは、確実な全体的認識の上に立った専門的分化なのである。全体と部分とはたえざる交互関係をいとなむ。全体的認識は部分の知識なしには確実たりえない。それと同様に全体的認識の導きなしに、部分の究明もありえないのである。

最後に。私の綜合的歴史観——もしも私の歴史観が多少ともその名に値いするとすれば——は、しかし、決して単なる机上のスペキュレーションから生れたものではない。私がこのような構想をいだくにいたったのは、きわめて日常的な経験によるものである。一言にしていえば、それは安保の問題である。私が安保条約に批判的であるのは、それがわれわれに自主的な理想の確立を妨げると感ずるからである。人における同様、国の再出発にも一番大切なのは、明確な理想の保持である。われわれがかつてかかげた理想は、事情の変化と国の存立という理由で、無残にも曲げられてしまっている。敗戦によって道徳的崩壊をとげたわが国民が、新しく立上るべくしてえた理想がまたしても否定されるとき、そこに生ずる道徳的退廃の深刻さは、敗戦そのものより更に一層深刻である。理想なく道徳ないところに国民も国家もない。こうして私は安保による危機をまず国民の道徳的危機として意識するのである。この反省が私をして私自身の中世史研究の反省へと向わせたのであり、そこからして私のえたものが、ここに提言した人間意識を中心とした綜合的歴史観だったのである。

（一九六〇・九・二八）（東京大学）

（『歴史評論』第一二三号、一九六〇年一一月）

(5) 座談会　現代史における平和の課題

斎藤孝・関寛治・富田和男・藤田省三・江口朴郎・遠山茂樹

1　平和運動分析の視角

遠山　ソビエットの核実験再開は、卒直にいって、私たちにショックであった。現代史の把握の方法について、深刻に考えてみる問題をあたえられたのだと思う。本年度の歴研大会のテーマの一つとして、帝国主義の問題を再検討することをとりあげているのも、現在の世界史の激動と真正面からとりくむことによって、そこから私たちの歴史認識の方法を反省し、きたえなおし、世界史の構成を再吟味してみたかったからです。本日はこの作業のいと口をつける意味で、問題を提起しあっていただきたいと思います。皮きりに富田さんから、戦後平和運動の歴史の問題点を指摘していただきます。

富田　戦後の平和問題を分析する場合に大きくわけて三つの視点が必要なんじゃないかと思います。第一に東西の力関係が戦後世界の構造的変化によってどのようになっているかという、いわば「政治力学的」な観点からの分析。もう一つはこの「政治力学」の媒介契機の変遷、あるいは大衆運動や世論がどんな媒介物を経由してこれに介入してゆくかという角度からの分析、第三には第二の問題と関連して、大衆そのものの動向或いはその中にうごいている内在的な傾向性・論理性はどうであるか、つまり大衆の主体的側面からのアプローチです。大きくわけてこの三つのアングルからの分析が必要だと思う。

平和運動という場合には、そのうちでも第三番目の主体的側面の解明が中心問題になってくる。もちろんそうはいっても、第一・第二の問題が主体を規制しているわけですから、それぞれが密接な関係をもち、有機的な構成物になっているのだが、一応そんな視点を分析方法として必要とするように思われる。

こんなことを前提において、簡単に戦後の平和運動の歴史的経過をみると、まず最も大衆的平和運動として発展したストックホルム・アピールの運動が重要であろう。これについて少し問題点を整理してみるなら、この運動はその広がりからみても、あるいはその性格からみても第二次世界大戦以前にみられなかったようなものとなったが、その原因は果して何に起因するのであろうか。これを明らかにするには、この運動の基調となっているいわゆるパシフィスト的観点からの平和運動への参加が、どういうふうにおこなわれるかということの解明が必要だと思う。それは世界平和評議会の前身であったウロクラウ国際知識人会議などのなかに流れていた理念をみることによって、ある程度明らかになるが、ここには二つの大きな要素があったとみられる。一つはロマン・ローラン、アンリ・バルビュス以来の伝統ともいえるヒューマニズムの観点から絶対平和を追求するような理念があり、もう一つはこの時期に自然科学の発達が軍事の様相を根本的に変えてゆくが、この自然科学的認識から人類と文明の破壊を防ぐというアプローチが生まれてくる。この二要素が結合して世界的平和運動、とくにS・アピールの中心的な理念を形成するのだと思う。

これは左翼的政治潮流との関係でみると、コミュニストの場合にはコミンテルンの「反戦テーゼ」(一九二八年)が大きく禍いしており、戦後でも「帝国主義戦争を内乱へ」とはいわないまでも、「帝国主義の打倒なしに平和はありえない」というような平和運動を事実上否定するような見解が支配的で、世界労連や民青連の会合ではこういう思想が数多くのべられている。しかし平和運動はそういうコミンテルン流の思想とは相対的に独自性をもって、つまり当時運動の中心にいた知識人等のパシフィスティックな理念が、運動の中軸にすえられたために、「人類」というものに目ざとく飛びつくことができたし、それによって全人類に原爆禁止をよびかけるような行動にのりだしたのだと思う。じつはこのことが当時の大衆の動向にマッチしていたし、逆にコミンテルン的思考は現実から遊離していた。それは換言すれば世界平和評議会の形成過程で、伝統的なコミュニズムの思考の硬直性から自由であったために、平和運動の形成が可能となってきたのではないだろうか。

それと第二の問題として、S・アピール運動が、J・キュリーに代表されるような知識人の考え方によって、アピールに署名した大衆を組織したのか、全く同じような理念で大衆を把握したのかというと、これは必ずしもそうではないようだ。むしろ第一次、第二次の両世界大戦を経験した大衆が、その体験のなかでえた意識つまり強烈な反戦・厭戦意識が大衆の中に存在していて、これをS・アピールという表現方法で導きだし、政治過程に導入した、そういうふうにいった方がむしろ正確だろう。

従って原爆戦争がどれほど脅威的破壊力をもつかということが、署名した五億の人びとに具体的に認識され、その頭脳に未来の戦争のイメージが充分に描かれていたかどうかは大いに疑問である。それは指導者の考えていたイメージで、そのようなものが大衆にある程度浸透していたとはいえ、むしろ反戦意識が多分に存在したため、それを政治的エネルギーとして汲みだすような運動になったのだと思います。

その後ベルリン・アピールの運動、ブタペスト・アピール運動などが世界平和評議会によって継続されてくる。この間運動の指導理念は迂余曲折するものの、基本的傾向としては初期と変らず、ハンガリー事件のあたりまでは運動も有効なものとして継続されている。

一方この時期に日本では平和そのものを要求内容とした運動は必ずしも形成されず、むしろ左翼勢力が中心になっておこなう、全面講和運動や再軍備反対運動などに小規模に結集しているにすぎない。左翼政治勢力も当時まだ未来戦の性格を正しく認識していなかったのであるが、ただ知識人の政治的発言ではもっと明瞭な考えがのべられていた。平和問題懇談会の声明では、原爆戦という現代の戦争は全人類の絶滅に通じるものだということを非常にするどく指摘し、さらに「異なる社会体制が平和的に共存しえないという考え方はもはや非科学的独断である」ということを断言している。この声明は充分論理的なものではなかったが、左翼の平和観に比較すればはるかに状況に対応しうるものだったと思う。ところがこれが大衆運動の論理のなかに必ずしも媒介されていないという欠陥があったし、広島長崎の原爆体験も新しい戦争の性格を象徴するものとして正当な位置におかれていなかった。このため人類的運動という概念は生き生きした内容に満されることがなく、ポテンシャルなエネルギーを秘めながらも正しい水路に導かれずにいたといえるようだ。

日本の場合には一九五四年のビキニ事件以降本格的な平和運動が生じてくる。S・アピール運動のなかで充分に大衆に浸透していなかった新しい戦争の性格・イメージが、核実験を契機にして非常に急速に実感的にも国民のなかに浸透し、それが認識されるやただちにこれを禁止させるための大衆行動を発生させた。こうして広範な大衆のエネルギーが実験禁止という限られた目的にむかって組織され、運動が発展する。これは簡単にいえば核兵器によって性格を決定される現代の世界大戦を全面的に否定するという非常にシリアスな内容をもった要求として発現したといえる。従ってビキニ事件以降の原水禁運動を幅の広さによってのみ特徴づけようとするのは一面的で、むしろ大衆運動に内在する要求・論理の鋭さ、矛盾の深刻さというものの評価のほうがはるかに重要であろう。このようにしてS・アピールで果されなかった課題が、日本ではビキニ事件以後に実際に追求されてゆくといってよい。

一方ヨーロッパでも現代戦のイメージが大衆を把えるという、いわば運動の啓蒙的課題が残っていたが、これは一九五七〜一九五八年頃から次第に果されはじめるといえる。スプートニクのインパクトによって触発された西独のアトム・トート（原爆死反対運動）の運動とか、あるいは例年行われるようになったイギリスのオルダーマストン行進は、そういう性格のものといえよう。ここでも「原爆死反対」とか「核兵器の一方的廃棄」とか素朴な平和の要求で運動が展開されているのだけれども、要求内容は現代帝国主義の矛盾の象徴である核兵器そのものにむけられているという意味で、非常に鋭いものになっている。しかもこれらの運動は、かつてS・アピール運動を組織した世界平和評議会とは別に組織されたものであり、人類的運動という理念的継承はあるものの、組織的には全く新しい構成要素によって推進されている。

核兵器のメカニズムの出現によって政治的疎外の極限におかれた人類が、この疎外状況から政治行動に参加するとすれば、大衆の主観的動機は世界の客観的構造とかこの中に作用する諸法則の充分な認識を経ることなく、非常に素朴な部分的認識から行動を起すことになり、それは人間的なあるいは自己保存的本能《サーバイバル》にもとづいたそんな動機によるものと思われる。平和運動はそういう主観的な動機の単純さに拘らず、この運動が客観的に果す役割は、現代帝国主義に根本的に対立するような鋭い行動となる、そういう二重性をおびた矛盾したものとなっていることが特徴だと思う。これは他面からみるとき戦後の平和運動は、核兵器をぬきにしては語れないし、このようなことが運動の根本性格を形成するといってよいだろう。

わが国の場合このような一般的性格につけ加えるに、いくつかの複雑な要素がある。ビキニの水爆実験に反対する運動が発生したとき、これは抽象的に帝国主義と対立する契機をもっていただけでなく、「アメリカ帝国主義」の行う実験であったために、平和の要求そのもののなかにすでにナショナルな契機を持っていたし、このために当時次第に発展してきた軍事基地反対運動やアメリカの軍事政策と対立する諸運動と容易に結びつくこととなった。一九五四〜一九五七・八年までの平和運動にはこういう二つの契機を内包していたため、わが国の政治構造・政治過程ともうまく統一されて順調な発展をとげ、大衆的価値としての平和観というものを国民のなかに定着させてゆくことになった。ところがこの後日本独占の復活過程で、平和運動にも一定の変化が生まれざるをえなかった。

原水禁の第四回世界大会で、勤評反対をこの運動にとりあげるべきか否かという大会論争がおこなわれたが、この大会はわが国が「原爆被害国から加害国へ」かわる危険が指摘された大会でもあり、そういう意味で日本独占の復活が不可避的に運動の転換を促していたともいえる。こういう状況変化が階級的対立をシリアスにしてきたとき、平和運動がそれにどう対処するかという判断を迫られたわけであるが、この際平和運動を民主的権利の闘争とか反独占闘争に転化させてゆくことが運動の発展であるという考えと、平和運動は従来の主体の論理を発展させることによって、人類的性格をもって発展するという見解の分裂が生じたといえるようです。例えば清水幾太郎氏などは、原水禁運動が基地問題や安保問題さらに「社会改造」の問題をとりあげない故に、すでにその存在意義を失ったという理論を展開していたが、ここでは客観情勢よりの必要性が強調されるだけで、平和を要求する運動主体の論理が軽視ないし無視されているといえそうです。このような思考方法は当時の学生運動にもっとも典型的に普及しトロツキズムへの傾斜を深めて世界平和の第一義性や平和運動の軽視さらには否定論にまで発展してゆく。

こういう理論なり思想なりがわが国で発生してくる根拠は、日本独占の復活という客観的事情と、さらにもう一つ、この時期の労働運動や民主主義運動のもっていた脆弱性、とくに反独占的性格が弱いという民主主義運動の構造的弱点があるために、この点を平和運動という大衆的運動によって代位補完しようとする傾向を生じたものと思う。

ところが昨年の第七回世界大会ではこれらとも少し異なった要素が加ってくる。それは「中ソ論争」の継続でもあるが、ここには第一に平和運動と民族解放闘争との相対的区別性、相異性の無視があり、第二に平和運動の内在論理をどのように認識するかという点での相異があったようだ。この二つがからんで例の「敵を明らかにすべきだ」という議論が生じ、「二つの敵」を明確にしなければ平和運動は一歩も発展しないという主張が展開される。ここには日本帝国主義の力量評価の相異もあるが、それ以上にA・Aの民族解放を闘っている民衆と資本主義国の平和運動に参加する大衆との間にある体験的相違、あるいはそこからくる感覚的相違さらに政治的判断の相違の混同がみられる。民族解放を闘っている諸国民の要求には、平和・民族解放・社会変革という三つの要求契機があるわけだし、日常ふだんが殆んど武力的形態で帝国主義に圧迫されているのですから、敵を明らかにすることが即物的に大衆の実感と結びつく。しかし一方資本主義国の運動は、複雑な政治・社会機構と一定の民主主義的諸条件のなかで行われるのですから、A・A諸国の闘争の論理をこれに強制することはできないだろう。ところがこのような錯倒した思考様式が世界大会では支配的傾向となり、ここから「いかなる理由があろうと最初に核実験を再開した国は人類の敵として糾弾する」という大会決議がつくられたものと思う。ところが半月後にソ連が実験をはじめたので、いままで「平和の力」と規定していたソ連を「人類の敵」と呼ばなければならない破目に陥り、その思考方法の誤謬性をあますところなく露呈することになった。

ついでに実験問題についての考えを述べますと、ソ連の実験再開後右からはソ連の平和政策は偽瞞なものにすぎなかったと主張され、革新陣営からは、ソ連の実験は平和のために行われたものだからこれを支持すべきだとか、ソ連に抗議することは反ソ反共運動になるという規定が行われるだけで、運動に方向と展望をあたえるような指導は皆無に等しい。こうして、実験問題は不問にして軍備全廃や政暴法反対運動をやっていればよいというような、問題の本質を回避する方向が提示されているので、平和諸団体が実験反対の大衆的世論や要求と衝突し、非常な混乱に陥っている。

この問題については冒頭に平和問題をみるとき三つの側面からの分析が必要だと申しましたが、「政治力学」的観点からみてどうかということをまず考えるべきだろう。現在帝国主義のパワー・ポリティックスが存在しているという歴史的段階では、社会主義国もこれへの対抗上パワーを伴わなければならない関係にあるが、それは社会主義国にとってみれば一つの歴史的矛盾であるといえる。社会主義体制そのものが必然的に軍事力を生むものではないけれども、帝国主義の論理に強制されてこれを保有しなければならず、これは国内でも軍事のメカニズムによって当然一定の民主主義の制約や軍事力のための経済負担を負う、そういう意味で明らかに矛盾である。したがって社会主義国の政策は、一方で体制そのものが要求する平和政策に他方で力への対抗上軍事政策をも行使するという矛盾した二重の政策をとる結果となる。ところで平和運動が先ほどいったような主体の論理をもつなら、社会主義国の矛盾から生ずる二重の政策中、平和政策は支持するが、パワーの発動には運動は対立し、抗議するという関係が当然生じて然かるべきだと思う。

九月にロンドンで開かれたポリティカル・パグワッシュ会議では、その声明で「あらゆる国の実験に反対する」ということを述べたが、これには、ソ連のエレンブルグ、コルネチュクといった人々やイタリア共産党のスパーノ、イギリスのバナールも署名している。彼らがソ連の実験にも停止を要求するということは、戦術的問題ではなく、平和運動の論理からいえば当然で、ソ連国民やコミュニストといえども自国政府への批判・要求をしなければならないという関係を明らかにしているものと思う。

この社会主義の矛盾と関連して中立主義の問題に簡単にふれておきたい。中立諸国の対外政策が世界平和の維持上大きな役割を果すようになるのは朝鮮戦争の時からだと思うのですが、その貢献を評価する際に、いままで社会主義の発展・強化がそれを可能にしたという側面からばかり分析されたり、あるいはその消極的機能に重点がおかれてきたように思う。

しかしながらこれはもっと内面的な相互関係からみた方がよいと思うし、中立の問題は世界史の前景に位置づけるべきだと思われる。というのは歴史の現段階では現代帝国主義の矛盾に規制されて、社会主義国も軍事的論理にまきこまれざるをえないし、そこでは平和そのものの政策のみを追求するわけにはゆかず軍事力をもたえず準備しておかなければならない。ところが非同盟・中立諸国は力の対抗という論理の緊縛から解放され殆んど理想的な平和政策を追求する可能性が与えられており、これは社会主義が果せない政策をも実現できることであり、いわば平和政策の理想的形態は社会主義権力の手を一たん離れて、中立諸国に外在化してあらわれるともいえるのではないでしょうか。このことがまさに中立の積極的側面で、しかもそれは平和という人類的な利益を矛盾なく追求することであり、過日のベオグラード会議はそういう性格を典型的に示したものと思う。それはまた人類的な平和の要求を国際政治に反映させる媒介契機にもなっており、平和運動の側からみれば、要求を政治過程に介入させる有力な具体的契機を見出したことを意味し、人類がより一そう平和問題に関与し、政治生活に直接参加する可能性をましたともいえる。そういう意味で人類全般の政治参加ということが平和運動の根本的特徴をなすと思うし、このことがまた現代史の基本的性格を形成しているのではないでしょうか。

2　核実験再開について

藤田　二点ばかり富田さんに疑問があるんですが、一つはつまり民主主義運動と平和運動というものはちがうのだから平和運動からは民主主義的課題は除外すべきであるというご意見なんですけど、私はむしろ結論からいってしまえばそうじゃないんで、今一番大事な民主主義運動が平和運動なんだと思う。ということはつまり人民による平和の要求をかかげていく運動が平和運動だし、その平和運動をやっていく過程の中で戦争と平和という一番大きい問題を支配者が独占しているということに対するプロテストが絶えず行われる、その中で逆に人民主権の意識が確立されてゆくので、そういう意味では現代ではむしろそれが一番民主化の課題を荷っているのではないか。無論経済上の独占体制に対する反対も民主主義運動にはちがいないんだけれど、平和運動自体が、現在では民主主義運動のケルンなんだという性格を強く自覚していないと平和運動のエネルギーだって第一でてこないんで、これは民主主義運動じゃなく、単なる平和運動なんだという考えだったら第一次大戦以前の平和運動と似たような——第一次大戦以前の平和運動も崇高なものだと思いますが、やはり政治的性格はずい分変ってきている、その政治的性格が変ってきたのは民主主義が逆に平和運動を荷っているという関係があるからではないか。それを切り離すのは私はあまり賛成じゃないという点が一点です。それと関係するんですが、ソビエトの核実験に対し平和運動のロジックからいって抗議すべきであるというご意見ですが、無論そうだと思いますが、コンミュニズムのロジックから云っても当然プロテストがあってしかるべきじゃなかろうか。というのはコンミュニズムというものが一世紀ばかりにわたってインテリジェンスを非常にひきつけてきたのは、何といっても国家権力の死滅というイデーをかかげてきたんで、もっともそれはアナアキズムでもかかげましたけれども、それに対して、非常にリアルな道筋でこうすれば中に矛盾を含みながらも国家権力は死滅できるんだという道を示してきたから、インテリジェンスを非常にひきつけてきたんです。そういうコンミュニズムの最高のイデーをこの際放棄するようなことをしてはまずいんじゃないか、今二〇年先の共産主義社会の実現をプログラムに出したその場で国家権力が肥大しているということを証拠だてるようなことはやらん方がいいんじゃないか。コンミュニズムの理念から云えばですね。だとすると国家権力段階の共産主義が持っている矛盾に対して、運動段階にある共産主義は、断然共産主義のイデーの純粋さを今保持すべきで、保持する方が政治的にも、国際政治の面からいっても有効だ。だから当然日本の共産党とかまだ国家権力になっていないような共産主義団体は当然、コンミュニズムのイデーからいってプロテストがあってしかるべきじゃないか、そう思うんです。ですから平和運動に限定すべきでないという気がします。その二点を疑問に思うんですが。

富田　第一の問題は僕の表現が少しまずかったんですが、平和運動が民主主義運動そのものであるということは、たしかにその通りだと思う。それで、よく平和運動の中で混乱する問題は、むしろ民主的権利擁護というような狭義のものと平和運動との混同といったような関係だと思うんです。その点は僕は区別していいんじゃないかと考えるわけです。

藤田　民主的権利といってもいろいろあって平和を人民が守るというのも民主的権利です。反独占もむろんそうですが、「組合言語」のようなものがあって「民主化闘争」が個別的なものに限定され過ぎている。その負《マイナス》は大きい。

富田　そういう意味ではある程度狭義の民主主義運動と理念的にとらえたような民主主義運動を一応区別しておかないと実際上の平和運動では相当混乱するんじゃないか、例えば勤評反対を原水禁運動にもちこむというように。

藤田　ですから経済要求だとか官僚統制に反対するとかそういうものも民主主義運動であることはそうなんですが、それと区別するのは当然問題が別ですから区別できるんじゃないかと思う。それよりも平和運動が今民主主義運動のケルンだということを、平和運動の側から出していくことの方がむしろ大事で、そっちの方が平和運動をのばす所以にもなるんじゃないかというふうに思う。

富田　そういう意味ではおっしゃる通りと思います。第二番目の問題はコンミュニズムの論理としても反対すべきだというのには僕も賛成なんですが、ただ問題は平和運動の論理とコンミュニズムの論理の立脚点を区別することにある。日本という立場からみれば、この二つの論理は同一のものとならなければいけないし、二元的にとらえることがむしろ誤りと思う。もう一つは社会主義国のパワーを使わなければならないような現実の矛盾は一面においてやはり認めていいんじゃないか、にもかかわらずわれわれはこの軍事的側面には反対するという関係にあると思う。従って僕自身が矛盾していると思うわけなんです。それが政治のリアリズムであるし、その観点から実験を阻止するという要求が生じるのですから、それを追求していく、従って人類的な平和運動が発展することによって逆に社会主義国が歴史的にもたざるをえないような矛盾を止揚していく過程を作りうるということになるのだと思う。

藤田　無論そうだと思うんですが、私は国家権力段階にある共産主義と運動段階にある共産主義をはっきり区別するという目を共産主義者自身がもった方がいいんじゃないか。政治的リアリズムにもいろいろあって、道徳的エネルギーを組織するのは非常に大きい政治的リアリズムであるわけで、ですからそういう点と権力を固持するのと、どっちが今大きくプラスであるか。国家理性の観点からする計算ではどっちがプラスであるかということは、ちょっとどっちがどっちともいえませんね。中みを知りませんから。しかしそういうことは国家においてはありうるということもその通り。

富田　ただこういう見方はあると思うんです。政治的誤謬があったために、或は軍部の擡頭とか、そんな理由で実験再開を説明する。しかしそういう権力政治の葛藤だけが実験をもたらしているという考え方には僕は必ずしも賛成できない。それとは一応区別して、われわれの主体的論理にそって問題を考えた方がいいというふうに思っています。

江口　再開はもっぱら国家権力の問題ですか。

藤田　もっぱら国家権力の問題かどうかはわかりませんけれどそれが大きなファクターだとは思います。

関　先ず核実験問題を考える場合に、公衆衛生に対する危険の問題としての核実験と、核戦争の現実の危機が結びついたものとは理論的には一応わけて考えなければいけない。核戦争の問題を考える場合、実際に核戦略体制の相互に対立するなかで核戦争がおこるか否かということの相互作用の理論づけとか、核実験を核戦争を防ぐ意味で行うのだとかいう国家的論理は、シェリングが分析したようなおどしの理論であきらかにされる面をもっている。少くとも武力を誇示するとか、それによって相手の政策をかえさせるとかいうことは、おどしのカテゴリーに属するし、ある意味では自衛理論の延長みたいなものだと私は思うわけです。つまり、防衛力とか、防衛という概念は元来からその一側面として潜在的なオドシの概念によって成立している。例えば相手国が武力をもって侵略してきた場合に、侵略を防ぐのだということをはっきり言っている場合にはそれは相手国に対するオドシだと思うわけです。はっきりとそのことを云わない場合でも侵略がおこったら武力を行使するだろうという暗黙の前提がある場合には、明確なオドシという概念にはなっていないのですけれども、やはりそこには潜在的なオドシによって成立している国際政治のバランスが存在する。阻止戦略といわれるのも理論的にはこういった論理の発展の上にあるのではないかと思います。

核実験再開問題も米ソの相互依存関係から生じているわけですから、この問題に分析のメスを入れなければいけないんではないか。こういった形での理論的な観点から問題を提起するとき核戦略体制の対立する危険性がいっそうはっきりしてくる。も少し具体的に核実験再開問題を考えた場合に果してソ連が核実験を再開しなかった場合に、戦争の危機は一層増大したか否か、実験をすることによって戦争の危機は少くなったか否かこういう問題がある。相互間の戦争の危機をどういうふうに把握するかということがここに重要な問題として提起されると思うんですが、或る考え方からすれば戦争は絶対にないということをいうわけです。あるいは、別の考え方だと核戦争は必然的におこるんだという人もないわけではない。ハーマン・カーンの「熱核戦争」はそういうおそるべき前提にたっているしまた日本でも防衛庁の佐伯氏なんかはそう考えている。そういう考え方は日本では現在非常に少ないとは思いますが外国では相当根強く存在している。日本ではむしろ、ソ連の核実験再開以来もっぱら公衆衛生としての死の灰の問題に焦点が集中したためこの問題があまりとりあげられなかった。しかし、私は両方ともまちがった考えだと思うんです。核戦争は、現在のような体制の中では常にある確率をもっておこりうる状況が続いている。機械的な誤算による偶然戦争の確率がいろいろの形のコントロールしえない偶発戦争のおこる確率と複雑にからみあいながら両陣営の政策決定体系のなかに境界領域となってはいりこんでいる。その確率が宝くじがあたるほど小さい場合には一応戦争はおこらないと一般に云ってしまえるわけですが、確率は常に変動しているのじゃないか。国際状況のダイナミックな流動性によってその確率が時々かなり大きな値になる。そう考えると核実験再開前の状況がどういうふうな状態であったかということを問題にすることは理論的には非常に重要であって、ソ連が今回核実験をすることによって、その確率がどういうふうに変ったかということが問題になると思う。昨年の「世界」の一一月号でたしか、朝永さんと福田さんがこの問題で議論しているところがあったんですが朝永さんがソ連の核実験再開が大きな衝撃《インパクト》になって戦争の危機は少くなるんじゃないかというような発言をちょっとされたら、福田さんがただちに否定されていたんですが、私はその問題に関してはどうもはっきりわからない。理論モデルとしては、大きな衝撃が危機を縮少させる方向に収斂することと、その逆に核戦争の確率を増大させ破滅に向って発散させるという二つのばあいが考えられる。ただ閉じたシステムの理論と開いたシステムの理論とはことなるし、短期的によい結果を生んでも長期的には相互不信の悪循環を強化することになることも考えられるから、問題は複雑です。とにかく現実に存在する権力の論理——運動の論理を一応ぬきにして——を対象として考えた場合にはやはりいまのような分析は必要なんじゃないかという気がする。

江口　歴史家が今回の問題に関して発言したがらないのは、つまり、これが長期的にみてどういうふうな意味をもつだろうかということの判断がつかないからでもありますね。

藤田　しかし、日本の運動団体がそれを支持することはないでしょう。

江口　それはその通りです。僕は自分に与えられた知識の範囲で、核実験に反対しますよ、しますけれど、客観的にわからない部分が大きいと積極的に責任をもって強く発言する方に気が進まないようなことがある。

藤田　僕はインターナショナリズムという問題が改めて考えられなければいけないんじゃないか、と思います。つまり短期政治的インターナショナリズムと思想的インターナショナリズムは、今までは本当に一つのものと考えられています。ということは逆にいうと政治的インターナショナリズムのもとにあらゆる思想的自発性が抑圧されている場合があったということですね。僕がさっきいったのはそういう観点なんです。つまりもし共産主義運動なり平和運動が運動としてあるとすれば、そのイデーを守ることは必要なんで、それを守りうる地位にあるものが守る以外にないんです。もしソビエトが戦争を防ぐために、抑止するために核実験を行い、実際上歴史的にもそう働らいたとしても、しかしその場合でも共産主義運動のイデーを、誰が当面守るのか、絶えず守っていくものがなくちゃならない。今誰が人間のためにそれを守りうる地位にあるか。それをやることによって始めて思想的な意味を持ったインターナショナリズムというものもできるんじゃないか。その思想的インターナショナリズムの課題をまったく放棄してしまったんじゃないか、マルクスの精神からいって分業すらわからないインターナショナリズムではだめなんじゃなかろうか、という意見なんです。

3　ベルリン問題の意味

遠山　この問題はあとで吟味することにして、もう少し問題を進めて、今度の問題のきっかけになりましたベルリン問題、これを一体どう考えるのか、ああいう性質の国際紛争が戦後国際政治においてどういう性格をもって現われてきているのか、現在の国際紛争の原因はいろいろある。植民地主義の残存から起ってくる国際紛争があるだろうと思う、また朝鮮問題とかベルリン問題なんかに典型的に代表されるように第二次大戦の終結の仕方、それ以後における国際政治の変化、これは当然反ファッショ連合の問題から出てくるわけでしょうが占領軍による軍国主義除去の改革要求、そしてその改革要求とその後の米・ソの対立による分割占領支配の永続という事態がでてきているんじゃないか、このことがやはり一つの国際紛争の原因をなしている。こういった点について斎藤さん……

斎藤　民主化、民主主義、それが連合国のシンボルであったわけですが、ただよくいわれるように同じ言葉をいってもソ連とアメリカ・イギリスでは言葉がちがう。民主化ということをいう場合に、例えばドイツについてはソ連からみれば、ファシズムの危険を最終的に除去するということですが、ドイツ軍国主義の基礎という場合に、一つは独占資本主義があるし、東部ドイツのユンカーと封建的諸要素を考えるわけですが、西の方の「民主化」とはトルーマン宣言以後は「全体主義」に対する反対である。共産主義は民主主義ではないというわけです。従ってドイツの社会構造の基底面までつきつめてファシズムを把えているとはいえない。しかし、それでも戦後初期の段階においては西の方でもソ連と或る面で共通する理解があった。ニュルンベルク国際軍事裁判ではドイツの軍需工業資本家や金融資本家を――刑の判決には違いがあるが――法廷にひきだした、ということは史上画期的な事実だと思います。マルクス主義的でない検事も「死の商人」クルップと戦争犯罪とを結びつけて裁かざるを得なかったのは、事実があまりにも明らかであったからですが、やはりファシズムを共通の敵とした連合国が共通に持ち得た最大公約数的思想を現わしているわけです。しかし犯罪の追求の仕方そのものにソ連と西方側とのちがいが現われた。アメリカは資本家を裁くに甘いわけですね。それはその後の「民主化」を行う場合に絶えず現われてきて、やがて逆コースになるわけです。ところで第二次大戦が民主主義のための戦争だという場合、この言葉がどこからできたのかといいますと、一九四一年七月三日のスターリンの演説ではないでしょうか。E・Hカーの指摘によれば「第一次世界大戦にウイルソンが果した役割が第二次大戦の場合にはスターリンに移った」というのです。このスターリンの演説は、ソ連の「祖国戦争」が「ヨーロッパ・アメリカ諸国民の独立と民主主義的自由を守る戦争と合流する」というふうに表現している。そこで第二次大戦は全体としてみれば民主主義の戦争であるということになる。それまで連合国の側では、ルーズベルトなどは、「民主主義の兵器廠」という言葉をその前に出してはいるがしかし大西洋憲章では民主主義という言葉は一つも使われていない。ソ連の側ではその段階ではブルジョア民主主義・プロレタリア民主主義という言葉は使わないで一般的に民主主義という言葉を出している。社会体制・イデオロギーがちがっていても民主主義という点で協力して行こうということ、これは戦争遂行のための便宜的な呉越同舟と見るべきでしょうか。ファシズムが平和の敵だったのだから、これは非ファシズム諸国の平和共存ということでしょう。ドイツの分割占領といっても本来は平和のための保障としての暫定的なものであったわけで、ドイツが「民主主義」的になれば現在のような状態にならなかったということになります。

藤田　戦後のそのような分割はヤルタ精神を前提にしているわけですね。ファッショを打倒した者同志だ両方仲よくやっていけるんだということが前提になってああいう分割の仕方をやっている。そういう意味ではフルシチョフの平和共存というのは戦後精神に帰ったという側面があって私なんかそれで大歓迎です。日本でも、占領国国務省の役人が云っていますが、日本でたよりになるのは獄中にいた連中だけだと。共産党と占領軍が手をくんで民主化闘争をやった。だからその段階ではヤルタ精神が生々していた。その面は世界各国にあったわけです。だからそれが前提になっている国境線……

江口 それがいけなくなった時にいろんな問題がおこってくる。

藤田 そうそう、そこでベルリン問題みたいなやつがでてきたわけです。

富田 ただこういう矛盾があるんじゃないですか。国際平和という視点からみればたしかに分割した東西ドイツを認めることが平和的な解決になると思いますが、他面ドイツの民族からみた場合、同一民族が分割されるという感情的にもたえがたい矛盾があるわけですね。

斎藤 感情的には当然です。しかし分割占領を決めた場合には、或るオプティミズムがあったと思うんです。ドイツの分割占領にしても、朝鮮の分割占領にしても本来は暫定的なものですね。つまり一応国際関係のルールに従って講和条約を結ぶ、そうすれば占領は解除する。その場合、ドイツ民族或いは朝鮮としての一体化は当然回復される、と考えられたわけでしょう。この分割を次の戦争に利用しようと考えた政治家もいたが、一般にはこの分割占領はすぐに片づくだろうというオプティミズムがあったと思います。ドイツの場合は朝鮮の場合とちがいます。ドイツは第一次大戦も第二次大戦も戦争の発頭人ですから、やはりドイツの軍国主義に対しては周辺諸国の恐怖もあるし、第二次大戦末期にはドイツ解体案も出てきます。そういう意味ではドイツの場合被圧迫民族たる朝鮮の場合とはちがう。

富田 歴史的にはそうだと思いますが、ただ主体の責任がそこに関連してくると思う。というのはたしかに当時の判断としてはオプティミズムだったかもしれませんが、その後の西独の帝国主義復活を許していくわれわれの弱さというもの、西独の国民が特殊に責任は負うとは思いますが、そういうものがあるわけです。そうすると平和を要求する我々が外部から現状をみる場合に、当面の政治的な処理としては現在の両ドイツの存在を認めさせる、あるいは国境を確定するということが中心的な問題だと思います。二つの体制を認めるということは、やはり矛盾を内包させたままの解決方法であって、それを主体の働きかけによって、ドイツ民族をも統一させるような可能性をも我々が作っていくという必要がある。そういう責任が果されないで現状維持だけで問題を決めてしまうのは、やはり深刻な矛盾をそのままおしころしていくような無理になる。この無理から民族統一という民衆の要求を報復主義やオーデル・ナイセ以東を返せという帝国主義的衝動の論理にまきこんでゆく可能性が生じるのではないか。

斎藤　ドイツ問題といっても国内的・国際的の二面あるわけですね。一つは東西ドイツがどういう形で統一されるべきかということ。これはドイツ国民の問題だと思う。とにかく統一は世界の平和にプラスになる形で行なわなければならない。オーデル・ナイセなどの国境は講和条約問題として処理されるべきもので、戦争に対する責任として連合国との条約によって決められるわけです。この点、次の戦争を用意するような講和条約であってはならない。ドイツ人の民族感情ということもわかるが、それがウルトラナショナリズムにならないという保障がないと、多分に現実的・戦略的な意味でオーデル・ナイセを平和国境とする東側に反対できない。これは国際関係の次元での説明にすぎませんが。

藤田　極端に云うとドイツがどう統一されようとしったこっちゃないという面もある。ドイツの国民がそういっていればいいんで、その統一の仕方は私達はしらないんだから、ようするにこっちはとにかく平和を守っていただかないと、というその要求を優先させるという面もあるわけです。実際問題としてヨーロッパの場合だったら例えばイギリスの平和運動ではドイツに対する伝統的な恐怖が非常に強く働いていると思う。だからソビエトとでも手を結ぼう。イギリス人の多くはソビエトは悪魔だとある面では思っているわけですが、悪魔とでも手を結ぼうというのは何といったってドイツに対する伝統的恐怖があるからです。そういう現実的な側面をみおとしては、やはりある意味では困る。平和運動のもっている現実的側面、その上に立って始めてイデーの着実な実況が展開できているようなそういう面から考えるとドイツ問題は複雑ですね。

富田　その点は同感ですが、ただラパツキー提案がどういうふうに評価されるべきかということが僕には関心事なんです。勿論ラパッキー提案みたいな平和政策のみでドイツ帝国主義の報復主義を克服できるとは思いませんが、他面からそういう政策をとっていって、社会主義が自国を中立化させるというイニシャティブで、逆にドイツ帝国主義の力の誘発をおさえていくというような作用が、今後大いに発揮されると思う。もちろんこれは民衆の運動なしには駄目だとは思いますが、そういう複雑な関係が今後の展望の中ではでてくると思う。それを今まで社会主義国内部では問題にしていないんじゃないか。力には力ということが前面にでているために、そういう意味でのイニシャティブが充分に考えられていない。そのため逆に平和運動が混乱する。特にハンガリー問題などで典型的にあらわれ、世界平和議会を混乱に導くと思うんですが、そういう面が多分にあるんじゃないかと思う。それからついでに云えばベルリン問題の解決をめぐって五八年に世界平和議会の書記局でコルネティク（ソ連）とスパーノ（イタリア）の論争があるが、これはソビエトが出したベルリン解決案を「世評」が支持せよということをコルネティクが要求しそれに対してスパーノは大衆運動の論理として逐一社会主義国の政策に追従することはできないという非常に強硬な反対をした。こういうふうに民衆運動、或は平和運動は自らの主体的論理で平和の問題にアプローチするものなので、社会主義国の方でも大衆運動を考慮にいれた平和政策がますます必要になってくるのではないかと思う。

斎藤　問題はドイツ国民の責任だという場合、しかし、西ドイツの人々にまかせておくとまたアデナウアーに政権をとらせてしまう。西ドイツがＮＡＴＯ体制にはいるとか、軍国主義的に復活したとかについては、それを許したのはドイツ内における平和的勢力の弱さです。しかし現実にそういう弱さがある場合、それが国際的に危険なファクターになっている場合に、西ドイツの民衆は駄目だなどといっても仕方がないでしょう。それに対する対応策は、外交の次元の問題なら外交の次元で解決されるべきでしょう。ただもう少しつっぱなしていうと、現在のドイツ問題で、さきほど一言しましたように東の側にも道義的なシンボルという点でマイナスの面もあります。東から西へ逃げた人の中には同情に値しない人も多いでしょう。しかし東ドイツの政策に不満があってそれが政治の指導性と自発性の均衡を保つように政府に対する建設的批判や国民一人一人の自己批判を含めた説得に向わずに、西の誘惑に屈服させてしまうのはやはり東ドイツの政治指導の弱さです。しかしそういうマイナス面があったにせよ現在の最も重要なことは、それを西側が戦争の危険の方向に一つの人道的な聞えのいい口実として利用しているということです。

藤田　西ドイツはドイツの中でも伝統的に経済段階が高いところで、東ドイツは伝統的に低いところなんで、西ドイツが今経済的に高いなんてイバッていることはできやしないと思う。東ドイツの方が或る面でははるかにテンポが早いんですから。ただ重工業主義生産主義ですから消費というものがもっている意味は割にないがしろにされるんでしょうね。それは一種の弱点かもしれませんし、そうでないかもしれないが……。

斎藤　「八月一三日」というのはかなり荒療治なんですが、東の困るところを西が発火点として利用する条件を無くした点では当然の措置なのでしょう。

4　民衆の力量の評価

遠山　僕自身ソビエトの実験再開についての声明をよんで、一つ感ずるのは、戦争の勃発を防ぎとめる力が帝国主義国内における人民の階級闘争、或るいは世界の平和運動の力だけではまだまだ不十分だという判断、やはり力の政策をもってNATOの首悩部をふるえ上らせねばだめだという判断がソビエット側にあったと思うんです。そういうつまり戦後の民衆の力量というか、そういうものをどう考えるか、あそこで平和運動とか各国の労働運動、共産党のリーダー達は愕然とすることだったんじゃないかという気がしたんですが。これは大変な問題だと。

斎藤　原則論からいえば第一次世界大戦前夜では民衆的な反戦運動によって戦争の発生を防いでいくことを第二インターがいった。大戦が起きてしまえば帝国主義戦争を内乱へという形で戦争をやめさせる道がレーニンによって説かれた。第二次大戦の場合には人民戦線の運動などの形でそれぞれの国の民衆運動が政策決定の圧力になる。戦争を防ぐための外交政策をとらせるような民衆の力、或はスペインのようにファショに武器をもって抵抗する力が現実にできた。にもかかわらず、民衆による平和擁護はできなかった。独ソ不可侵条約が結ばれた。国家としてのソ連の場合この道しかなかったのではないか。とにかく一番危険な存在はヒットラーのドイツだから、外交取引でそれが自国を攻めてこないようにしておく、恐らくそのように判断して独ソ不可侵条約を結んだのだろうと思うのです。これは各国のコンミュニストやインテリに動揺と困惑を招いたが、この場合のソ連の政策は、自国だけの戦争を回避するわけですね。

藤田　そういうふうに解釈していいかどうかわからない一面もある。コンミュニストは今まではそう解釈するのですが、しかし、やはりナチスは急に六月二二日になだれこんだので、あっという間に大拠占領されたのは不意打の証拠なんで、ソビエトがリアルでなく甘かったという面だって充分考えられる。ソビエトはこさせないために悪魔と手を結んだのかもしれないけど、悪魔の方がさっさときてしまった。それだったら独ソ協定は失敗だったという事だって考えられる。両方考えられる。インテリゲンチャの立場としてはあの時悩むのが当然だと思う。結果論議から過去を目的整合的に位置づけるのがマルクス主義歴史学の悪いくせです。結果必然的にこうなってうまくいったというのは、これから少し気をつけた方がいいんじゃないかと思う。

江口　その問題は現在ぎりぎりの所まできている。独ソ戦の時はまだもり返すことができた。今度はできないかも知れませんからね。

藤田　だから僕は戦争を抑止するというのだけれど、戦争は抑止できたけれど人間がいなくなっていたなんていうことは……極端にいって論理的におしすすめればそういう限界外交をやっている。日本の団体としてはその点をどう考えているのか。だから遠山さんの説に賛成なんだけれど軍事基地撤廃にこの際抗議しながらやるというような手が、充分コンミュニストの方にあったと思う。

斎藤　第二次世界大戦は一九三九年八月の段階では防げなかったでしょう。そうだとすると自分の国だけは戦争圏外に立つということは、スターリンの胸中は知らないけれども彼の立場としては当然の義務だったと思う。戦争回避が二年間で終ったということは、情勢判断の誤なり、スターリン個人の偏見なり、いろいろな要素があったのでしょう。

しかし、二年でも時をかせいだだけいいではないかともいえるでしょう。今度の核実験再開の場合には、平和運動が各国それぞれ進められているだけでは帝国主義者の頭を冷やすには不足なのだ、この情勢下でNATOの力の政策に対しては、自分の側の力を見せて戦争を思いとどまらせるとフルシチョフが判断したわけなのではないでしょうか。その場合フルシチョフはスターリンの場合のように社会主義国としての自国だけの防衛という風に考えているかどうか。もっと広く世界における核兵器所有国としての自国の立場を考えるということも解釈できる。

江口　過去の時点においていろいろの考え方があり得たということは現在現実の事態に我々がどう対処していくかという問題として当然でてくる。

斎藤　独ソ不可侵条約の場合ソ連は戦争に介入しない。しかし実際に戦争になった各国ではそれに対する前衛としての対処の仕方はそれぞれ自主的であるべきだったでしょうが、その点で事実についてはよくわからないところが多い。とにかくソ連がどういうことをやるかということに、他の国々それぞれの責任ある立場というものの動きが右へならえすべきかどうかという問題がすでにそのころから出ている。

藤田　アイザック・ドイッチャーがいっているのだけれども、デスターリニゼーションの運動が今の段階では上からの運動にすぎない。ソビエトの中の労働者階級を中心にする人民の自主的運動としてスターリニズムを撤廃する運動はまだおこってない。ソビエト内部でインテリゲンチャが指導権をもつにすぎない。これはそのまま固ってしまうかも知れないというわけです。もっとも彼はロシア人民の将来を究極的に楽観してますが……スターリニズム後遺症みたいなものがソビエトの指導者の中にあって、そういうものが人民の力量を評価させるに当って低く働くという場合はあり得ます。

江口　現在の大きな転換を表現するためには非スターリン化といわなければ効果的な影響を与えることができないから「スターリンはまちがっていた」と言い切るということが……

藤田　それを上からの非スターリン化にともなう限界とドイッチャーはいうんです。

富田　今度のばあい少しちがう側面がソ連にも生じているのではないか。例えば先ほどのロンドンの会議にみられるように自国民が自国の政府に公然と自己の見解をのべるとか、あるいはショーロフが文化問題で大分批判をするとか。現在の段階ではエリートが大衆のなかにある要望を代弁するという形態をとっていると思うんですが、やはりそれをつき動かすような下部の変化が、若い世代の間には生じているんじゃないでしょうか。

藤田　さあ、それは、若い世代の方がむしろ革命や戦争中の経験がないからかえってイデオロギーばなれの傾向が強い。なぜソビエトの中で自主的な運動が非スターリン化の場合におこらなかったかというのはドイッチャーによれば、ソビエト干渉戦争で革命を実際にやった労働者がほとんど死んだ、そのために自主的解放の経験という貴重な歴史的経験をもつ人がいなくなった。革命を経験しない新しい層の上にソビエト社会主義が建設された。そこにあるんだ。そういう意味ではスターリニズム形成の遠因は西側にあるんだと思うんですよ。つまり、干渉戦争なんかやったから革命後スターリニズムが起って来るわけで歴史的コンテクストでいえばそうなるんで西側の責任を大いに考えなければいけない。人類的規模でいえば……

富田　仮説的になりますが、革命後の建設期に官僚主義で非常な無理をしてきたわけですが、革命の体験を経ない世代が、西欧がもっているような民主主義を要求することによって、逆に民主主義が進化する可能性の方が大きいのではないか。

藤田　その通りだが、今の所はでてきていないんで、イデオロギー離れの方が強いだろうと思う。

遠山　平和共存の政策は今日国際政治に対する民衆の要求に答えている面をもっている。だからこそこういった考え方が戦後の中で大きな比重を占めてきたと思う。こういったような問題が提起されるような段階において帝国主義の概念をもう一ペン再吟味する必要があるんじゃないか。帝国主義国と社会主義国の平和共存が可能である、平和共存をすることによって平和を維持することができるということを考える基礎には、帝国主義＝戦争勢力、或は帝国主義独占資本主義の体系から不可避的・必然的に戦争政策が生れざるをえないという考え方だけでは理論的に平和共存の政策はでてこない。やはりそうではなく、いろんな諸要因が存在して帝国主義＝平和の敵という公式が必ずしもそのまま現実化されるのではなく、それを変更させうる可能性が存在するという認識があるから平和共存が可能なのだと思う。帝国主義という概念がレーニンによって提起された積極的意味は今さら申しあげるまでもないですが、そういったものが今日の段階ではより一歩高く追究される必要があるのではないか、そういった点について江口さん問題提起を簡単に……

江口　斎藤君が云われた通りアデナウアーとアメリカとの関係、つまりＮＡＴＯの中心であるアメリカが全体をコントロールできるかどうか、ドイツは或る意味では計算ができないんだと思う、アメリカは計算するかもしれないというそういう所にも期待をかけなければならないような問題があるのではないか。

斎藤　帝国主義の側に戦争を起すかどうかを決する力があるか否かについて論争があった。そこで問題がいくつかあると思うが、帝国主義はもともと侵略的なものであるという本質は現在変っているのか、変っていないのかという問題。帝国主義が資本主義的計算に立つ形式的合理性を持っているということがそもそも本質的なのであるか。つまり帝国主義自体の内側がこの二〇年や三〇年の歴史の中で変ってきたのか。帝国主義の内的条件は変らないのだが外側のつまり世界的条件が変っているということなのか。或いは両者の絡み合いの実態はどうか。そういう点について理論的に検討される必要があると思うのですが。

江口　つまり、今計算しろ計算しろと云っているんじゃないの。

斎藤　そういっていることはわかるんですが、帝国主義とは本質的に計算できない気狂いだとおもっているのなら、計算しろということは戦術的なだけかという疑問を抱く余地もある。

江口　そういう計算をする可能性はあると前提して進むべきでしょう。しかし、そうすることは帝国主義にとってははなはだつらいでしょうね。

富田　平和共存の場合こういうことがいえると思う。一つは帝国主義の内在的な法則そのものが本質的に変ったかどうかということですが、これについては必ずしもそうではなく、やはりそういう衝動や傾向性が生きている。ただスターリンなどによって非常にカリカチュア化された戦争必然論、例えば資本主義の腐朽から経済軍事化するという理論など素朴な戦争原因論があったが、そういうものは否定されなければならない。もう一つは社会主義が発展したために世界の構造が変った。そのために中立諸国の役割、或は、人類の平和運動の可能性が生じ、そういう要因によって共存が保たれているということが云える。もう一つ帝国主義の論理の中に一歩足をふみ入れてみると、例えば核兵器を基礎にした力の論理も、核兵器を使用すれば、帝国主義自身の自己崩壊にもなるために、核兵器の中に自己否定の契機を内在させているわけです。それをどういうふうに顕在化させていくかということが問題になってくる。その際に平和共存を静的に世界の構造だけで説明することは正しい見方ではないし、やはり人類が平和の問題で政治過程に参加するためそれによって自己否定の契機を逆に政治・経済過程に導入することが可能になる、そういう能動的なとらえ方でみる以外にない。戦争と平和の決定権は社会主義がもっているのではなくむしろ人類がもっているといっていい。それを社会主義権力とか中立諸国政府が媒介的な表現契機にしているとみた方がよい。従って客観的にみた平和共存という形態は、一面で社会主義への世界的移行という諸過程の統一過程だと思うんですが、と同時に他面で人類が非常に素朴な形であれ、平和を直接的に追究することによって人類的な結集が可能になり、それが政治過程に直接介入できるような事態に至っている。それによってむしろ平和共存が固定化されるということになると思う。

江口　人類のそれぞれの地域の、それぞれの人間が与えられた役割を正しくやるかどうかということが現在の重要な問題になっていると言えると思う。だからわれわれも全人類の何十億分の一かの自主的な意志を、それだけのものとして充分表明する必要がある。

関　今人類という言葉がでたんですが、運動の論理が従来マルクス主義の立場ではソ連擁護がオーソドックスの立場で云われていたわけなんですが、絶対兵器出現のこの段階では平和擁護運動は少くとも、最も広汎な意味では人類の立場に立たなければならないということが非常に重要だと思うわけです。米ソの核兵器体制の相互作用を論理的に分析する限りでは、核兵器によるオドシの場合には一方が真に核兵器体制の廃棄を願っており他方がそれを願っていないような対立関係にあるとしても、こういった非対称的相互作用のゲーム理論的分析は現在できないわけです。その意味で運動の論理はこの相互作用から独立した要求をもつべきでしょう。体制の優劣は運動の結果きまるべきでその逆ではない。ボールディングは互に核阻止力に頼る体制がつねに核戦争のおこるミニマムな危険性をもった安定の体制であるといっています。その危険性は一方の他方に対するおどしによって増大したり減少したりしながらも一貫してつづいているし、長期的に相互不信の体制が対立するかぎり、極端に不安定化してその結果核戦争のおこる確率が無視できない状況になってしまう。そういうことも現実にありうると思われます。そのばあい古典的な自衛理論は核阻止のカテゴリーをモーメントして自己破滅の原理へと転化してしまう。このことは政策決定者につよく理解を強制しなければならないと思うのですが、何よりも先ず平和運動の側で真剣にとりあげなければならないんではないでしょうか。こういう問題がますます強くわれわれの前面にでてくることによってのみ具体的に非核武装地帯を設置する要求が非常に強くなると思います。日本の場合でもソ連の核実験再開問題ののち平和運動がこんらんしたためかさきほども問題がでたと思うんですが、政暴法反対とかソ連が主張した一般軍縮とかいった核戦争の危機からは遠い次元に低迷していて、アジアの非核武装地帯をいかに設定するかという要求が具体的な形で高まらないというのは、非常に不可思議だと思っています。現在の段階ではやはり平和運動自体が民主主義運動の中核であると同時に核戦略体制の段階的廃棄をめざすもっと具体的な要求を強く出していかなければならないんじゃないか。ここではその背景として英国の非核武装運動や、米国の一方的軍縮運動の価値が再認識されなければならないし、また核戦略体制の基底を作る相互不信のイメージをのぞくような全人類的立場の平和運動への要求も大きくなると思います。

遠山　今日の討論では何か結論を出すのを目的としていません。しかし問題のさまざまの側面を考えるいと口は出たと思います。われわれが常識的に使っている概念なり方法なりを、たえず反省し再検討してゆかなければ、現実の進行にたちおくれてしまいます。来るべき歴研大会でも、是非この点で成果をもちたいと思います。ありがとうございました。

（『歴史学研究』第二六一号、一九六二年一月）

Ⅵ　アジア・フォード財団資金供与問題運動

（1）小野信爾「中国現代研究における安保体制——巧言令色鮮矣仁」

一

誰かが、あるいは自らが寛大な学問の保護者《パトロン》となって、恵まれぬ有為の学究にその研究生活を保証してやる。貧しい生活と苦しい研究条件のなかで、自らの道の険しさを想いやるとき、ふとこんなことを夢みた経験は誰もがもつのではなかろうか。ところがそれが現実となった。これまでアカデミズムのなかで冷飯を食わされてきた現代中国研究の部門には、本当に総額一億二千万の現ナマがつまれ、有為の研究者よ来れと呼びかけているのである。この当代のメジチ家はフォード財団と称し、アジア財団と呼ばれる。

話しというのはこうである。昨年末、フォード財団は、現代中国研究援助のため、日本の東洋文庫（東京）に一七万三千ドル（六、二二八万円）を供与することを発表した。センターとしての東洋文庫はこれによって二十世紀中国研究の五ケ年計画を組むが、その資金のかなりの部分は、たとえば五年間に一定の成果（著書など）をあげるという条件で、研究者への奨励金やグループ研究の補助金（一件一〇〇～五〇万円？）として支出される。それを生活費に用いようと資料費に使おうと一切貰った当事者にまかせられるという。

だがこれはある程度既成の学者に適用されるもので、学生や若手については他の配慮が必要だというのであろうか、フォードとは別個にアジア財団は一五万四千余ドル（五、五五二万円余）を第一期三ケ年分として援助し、同じく東洋文庫内に現代中国研究センターを設けることになり、この四月から発足する筈である。こっちの方は研究資料を充実したリファレンス・ルームをつくり、助手、研究員など七人のセンター要員をおくほか、大学院学生や課程修了後アブれている若手研究者救済のため奨学金（年間五名）を出し、センター機関誌「近代中国研究」（年刊）への論文寄稿者には奨学金（一篇一〇万円）を与える。地方で悪条件に苦しむ研究者には、上京研究の便宜をはかるため旅費（年間一二名）を支給する。また大学では現代中国に関する講座の乏しい現状から、センターの事業として学生対象の講座・セミナーを開き、とくに夏期講座に参加する地方学生には旅費・宿泊費（一〇名、各二万円）を補助する。さらに毎年若手一名、中堅以上一名をアメリカ留学（一年間）に派遣したり、中共史関係マイクロ・フィルムを購入、整備したり、目録と索引、研究ニュースを発行したり、まったく結構づくめの内容なのである。

降って湧いたようないゝ話であるが、私は卒業の際、滝川学長代理の「たゞ酒は飲むな」という告辞を有難く拝聴したものの一人である。俗諺にも「たゞより高いものはない」というし、所得倍増でこりた私どもは、うますぎる話はまず疑ってかゝらねばならない。実はアジア財団のプログラムについてはかなり詳しくつかめたのだが、フォード資金の使途内容は京都の私どもにはほとんど判っていない。財団からこれについて相当長文のステイトメントが発表されているのは確かだが、今のところ入手する便宜はない。そこで取あえず昨年十二月二六日付のジャパンタイムズの記事を紹介してみよう。

フォード財団は〈現代中国についての批判的知識を提供するために〉日本、台湾、アメリカの研究機関に総額一四〇万ドルの援助をおこなうこととなった。同財団の発表によれば、東京の東洋文庫は一七万三千ドル、台湾の中央研究院は一五万三千ドル、アメリカの社会科学研究会議《ソシアル・サイエンス・リサーチ・カウンスル》は五〇〇万ドル（原文のまゝ）を供与される。

財団総裁H・T・ヒールド氏は次のように述べた。「世界的強国としての共産中国の抬頭は、過去十年間における大きな発展の一つである。だがこの発展をもたらした多くの要因について、十分な学問的関心が払われたとはいえない。たとえば中国経済の研究は、アメリカの大学では、ごく少数の学者が個々に進めてきたが、一九四九年以降の変化と推移を理解するための全国的ないし国際的な協力はまったくなかった。」

「近年来、アメリカ、ヨーロッパ、アジアの中国専門家たちは、この切実な要求にこたえ可能なかぎりの研究手段を動員し始めている。本財団はアメリカ、イギリスの諸大学に研究費を供与して、これらの努力を支援するとともに、現代中国研究計画のため全国規模の委員会を設立するよう社会科学研究会議を援助してきた。」

「新しい援助資金は二つの有名なアジアのセンターでの研究を助け、アジア・ヨーロッパの学者の協力関係を強め、アメリカと外国の経済学者の協同研究計画を援助するものである。」

中国研究のインター・ユニバーシティ・センターである東洋文庫は、今世紀における中国の内部的発展に関する五ケ年のプログラムを組む予定であり、独立の学術機関である中央研究院は、中国の対外関係を主とする五ケ年の研究を行う予定である。

社会科学研究会議は資金の一部を米人学者の東洋文庫および中央研究院訪問のために使用するが、大部分は将来の研究と政策決定にとっての実際的基礎を提供するような、中共経済に関する論文シリーズの援助にあてられることとなっている。

以上が記事全文である。何のことはない、アメリカを頂点とし、台湾と東京を両支点とする中共研究プロジェクトの三角同盟に東洋文庫が組入れられ、日本の研究者をその下に動員しようというのである。アジア財団の現代中国研究センターは、実質上その下請組織に外ならない。このフォードの計画については、ごく簡単にだが、思想三月号で上原淳道氏(日米の文化・教育の交流についての雑感)がふれておられるので、あるいはすでに読まれた人があるだろう。同氏はシニカルに「それを学問上のNEATOなどと呼ぶことは遠慮いたしましょう。」と述べておられるが、私ははっきり安保体制の中国研究版だと断言しておこう。

たゞ東洋文庫および関係者の名誉のために云っておくが、かゝる事態は実はその意想外に出たものであったらしい。ひらたく云えばフォードにハメられたのである。話は一昨年にもどるが、八月末から九月初にかけてライシャワーを含む米人学者と左右こきまぜての日本人学者の参加した、いわゆる箱根会議がおこなわれた(文化評論創刊号参照)。これはフォード財団の援助で開かれたのだが、そのおり日本側出席者の一人であった市古宙三氏(お茶の水大教授)に同財団から現代中国研究への援助の申入れがあったのである。市古氏は東洋文庫の役員であり、五三年から六年間、ロックフェラー財団の援助をうけて東洋文庫で行われた近代中国研究プロジェクト（後述）の実質上の責任者だった人である。

さてその時のフォードの要求は四九年以降の中国経済の研究だったのだが、市古氏は関係者と相談の上、日本側にはその体制がないとの理由で二十世紀中国（四九年以降は含まず）の研究を対案として提出、そのまゝ受理された。市古氏はもちろん東洋文庫だけが独自に貰うものだとばかり信じていたらしいが、その後一年余、フォードからは何の音沙汰もなく、半ばあきらめかゝった頃、突如発表された援助決定がつまり安保版だったのである。

研究にはヒモはつかぬとはいゝ条、あまりにも露骨なアメリカの政治的意図に、受入れか否かをめぐって東洋文庫関係者の中で大論議が起ったという。市古氏も相当煩悶されたことと推察する。だが、毀誉褒貶は一時のことであり、学問は永遠である、その金がくれば文庫が助かるのだから、文庫のためにも貰うべきだとか、すでにロックフェラーの援助をうけた以上、毒食わば皿までとか、かねがね不満なアメリカの対中国政策の変更に研究を通じて寄与すべきだとか、さまざまな正当化の理由をつけ、数日ならずして大勢は受入れに傾いていった。そして反対派は孤立し、情報からも遠ざけられていったという。

次に出てきたのがアジア財団である。今年の一月末、市古氏が現中研センターのプランをもって西下し、貝塚茂樹氏等に理事就任を要請されたことから、私どもはその問題を知り、たゞちに調査活動と反対運動を開始したのだが、その時はフォードの件については何らの知識ももたなかった。不思議なことに東京で文庫外にあってフォード問題を論議していた人々は、逆にアジア財団のプランについて全然気づいていなかったようだ。私どもが実は二本建のドル攻勢であって事態ははるかに深刻なのだと覚ったのはつい先日という有様だったのである。

二

さてフォードの資金は年平均一、二四五万円、アジア財団のそれは約一、八〇〇万円、合計すれば一年に三千万円というケタ外れの金が現代中国研究部門に投入されるわけである。これより先、同じ東洋文庫の近代中国研究委員会(和田清委員長)に与えられていた援助は年間三~四百万円と推定されるから、米系資金においても一挙に十倍増したことになる。これに対しこの部門に出ている文部省科学研究費は、どう多く見積っても年二百万円には達せぬであろう。研究者の層の薄さをも考慮するとき、この二財団の資金がもつ比重はまさに圧倒的である。

このような資金攻勢の急増は、現代にかぎらず中国、東南アジア研究の一般に東洋学と呼ばれる分野全体に共通する現象である。アメリカではこれまでふれた三財団の外に、ハーバード・燕京研究所が東方学研究日本委員会を通じて散布する研究費・補助金があり、(註)これは同研究所前所長ライシャワーの日本大使就任とともに、一千万円前後から二千万円に倍増されているという。正確な数字は判らないが、今年あたり中国研究に供与される米系資金は年率にして五~六千万円になるのではなかろうか。

(註) この資金は奨学金や基礎研究への援助、出版補助の形で出され、もっともアカデミックな色彩の強いものとされている。東方学の中には日本研究も含まれ、全額が中国研究に与えられるのではない。

この外に文部省系研究費以外の傍系資金として、通産省のアジア経済研究所や外務省が委託研究費として、あるいは海外研究費としてバラ撒く金がある。わが国政府の学術研究に対する冷遇・軽視を一つの「テコ」にして、日米独占・反動勢力による学術機関、研究者の下請・隷属化が広汎に進行していることは周知の事実だが、中国研究は明かにその重点工作単位の一つとなっているのである。なぜ重点というのか、それは最近激化した文化・思想攻勢(ドルによる裏打ちづきの)が持つ拝米・親米ムードの醸成という一般的目的と同時に、対中国関係において特殊な役割を期待しているからである。彼等のめざしていることは、第一に研究者の熱望する中国との交流を遮断しつつ、その不満をアメリカ・台湾・香港などの交流を奨励することによってそらし、研究の無国籍性、反共性を育成することであり、第二に中国・東南アジア研究に動員して、日本の帝国主義的復活に奉仕させることであり、第三に日本人研究者を直接アメリカの下請研究に組織することである。日中の友好を願い、対中国軍事同盟に反対する国民と正しい中国理解の普及をその社会的責任とする研究者とのつながりを断ち、研究を御用化（後で述べるようにこれは必ずしも反中国宣伝に一役を買えということではない）しようというのである。かつて中国侵略・大東亜共栄圏の正当化・理論化あるいは基礎的調査・研究に、わが国の中国研究者が動員され、協力した悲劇が再演されつゝある。

さらに今一つ重大な問題は、これは中国研究に限ったことではなく一般的に云えることだが、アメリカの資金供与は研究条件改善のため斗っているわが国研究者の戦線を分裂させ、混乱させる役割をも果していることである。現在、人文・社会科学において、オーソドックスな研究費は、講座費が名目的なものにすぎないため、文部省科学研究費の支給にまつほかはない。ところが御存じのようにその申請にはきわめて煩鎖な手続きを必要とし、「米粒」に何百字も書くとかいう細字術に類する一種の技倆さえも要求される。もちろん申請したら必ずパスするわけではなく、年々最低限度必要な研究費を確保するためには、いくつかのグループがたえず申請を行い、その年に当ったものが他に融通するといった慣行が私どもの分野では成立している。そのため明かに無駄な場合でも、つきあい申請・お礼申請を行ったり、同一主体が形式だけ変えて二種以上の申請をしたり、同一人が五つも六つもの綜合研究計画に名を連ねたりするまったく馬鹿げた状態を生んでいる。運よく採択されても金額は大幅に削られ、査定に対する更正申告を提出し、実際に金が来るのは早くて七・八月頃、それも備品・消耗品・謝金・旅費とやかましい使途指定があり、一人前の研究者が不慣れな――もっとこの頃はベテランが多くなったが――会計操作、空伝票、仮空領収証の作製に大汗をかく。浮かした金を他のグループに融通したり、次年度用にプールしたりしたあげく、年度末の報告にまたウソ八百をならべたてることになる。全国では一体どれだけの研究者が、研究とは縁もゆかりもないこんなことに、まったく無駄なエネルギーを費消していることだろう。

ところがアメリカの資金はこれは正反対に非常に使いやすい便利な金なのだ。私の知っているある人は、東方学研究委員会を通じハーバード・燕京《エンチン》の奨学金を貰っているが、教授からお前にやるぞと云われただけで、何一つ書類の提出は求められなかったという。これは一例であるが、使途はきわめて自由であり、会計報告も無用に近く、税金の関係などさらさらないわけである。一度これを使うと科学研究費の申請などアホらしくなるらしい。アメリカの諸財団は何と寛容なパトロンではないか。

外部からの資金の潤沢な東京大学は科学研究費にはほとんど無関心であり、配分と争奪に血道をあげるのは地方の旧帝大だと云われるのも当然である。そしてそれ以外の地方大学にいたっては、アメリカの金もこなければ、科研費も雀の涙であり、八方ふさがりというほかはない。この中でアメリカの資金は不合理きわまる政府の文教政策に対する研究者の不満をそらし、中央の研究者に安易な解決のコースを選ばせ、深刻な矛盾をもつ地方の研究者は、そもそもが分散的である上に、これによって力を結集する中央での支えを失うのである。またその資金の操作・分配を握ることによって、学界ボスによる下級研究者への支配が強められ、学界・教室民主化の要求が封じられる結果となることも見易い道理である。

現中研センターに例を求めよう。プランでは五名の奨学生、一二名の研究旅費支給者はすべて十名の理事によって推薦される。公募すべきだという意見が一部から出たが、面倒だからというので否決されたとも聞く。私は予定されている理事の諸先生がいわゆるボスだとは思わないし、第一現代中国研究自体がボスを生み出すほどの深みと伝統をもった部門ではない。だがこのような仕組ではボス化への道が構造的に保証されているとはいえないだろうか。

ところで話はまた東洋文庫にもどるが、そこでは昨年来、ロックフェラー財団の援助により亡命貴族夫人を含む三名のチベット人をインドから連行(まさに連行である)し、中世チベット研究が行われている。これはチベット叛乱直後、同財団が亡命チベット人を米、英、仏、伊、西独、和蘭、各国に送って開始した国際的研究プロジェクトの一環をなすものであり、学術のヴェールにかくれた政治的意図は誰の目にも明かである。今年はこれにフォードからも研究費が出ているが、同文庫には外にユネスコの東アジア文化センターも付設されており、あたかもアメリカ極東研究の下請機関の観を呈している。

だがこれは同文庫や関係者の本意に出たものであろうか。私はそうではないと思う。やはり日本政府の学術政策のゆがみが、同文庫を外国資金への依存なしには立ゆかぬところまで追いこんだのであり、それがいつしか常態となっているところに真の問題があるのである。

東洋文庫は岩崎家（三菱）の寄付金で創立され、戦前はその重厚な基金によって運営されていた。しかし敗戦後その基金は崩壊し、現在は図書部は国会図書館管理下におかれ、研究部は外国援助（アメリカ）と自己財団（その比重は低い）とで経営されている。ロッキード機の代金、ガリオア・エロア返済金の万分の一でも、こちらに廻れば伝統ある同文庫がアメリカ資金に頼って危険な綱渡りをする必要は毛頭ない。われわれは同文庫を責めるより前に、まず政府の対米従属、安保体制をこそ糾弾すべきである。

三

京都についていえば、最初にアメリカの援助があったのは、一九五〇年（朝鮮戦争勃発の年！）だったと思う。ついで五三年にはハーバードから年額七千ドルを供与されて、同志社にハーバード・燕京・同志社東方文化委員会（数年継続）が生れ、また京大人文科学研究所の資料編纂事業にも援助が与えられるようになった。以来、京大文学部、同人文研を中心に米系資金の援助は年々増大し、最近はまた急増の傾向にある。それは研究機関の維持が政府によって曲りなりにも保証されている場合も、潤滑油のごとき役割を果してきたが、いまや構造的にも研究体制の中に組入れられつつある。

アメリカの真意が、その最大の脅威である中国を先頭としたアジアの反帝・民族運動の正確な把握のため、日本の有能（?）な人材を動員することにあるのはいうまでもない。アメリカ自体でも現代中国研究は非常に奨励されており、これをやれば食いはぐれがないというので、古代史家や他分野の人まで現代中国専門に転向しているし、さらに大量の国府系学者や留学生をも駆使して、アメリカでの中国研究が最近量的には大きな発展をみせているのである。（質的にはいかにすれば中共を倒せるかという観点から問題を設定した政学不分の傾向が強くでている）もちろん近代以前の研究も基礎として必要だが、その点では伝統のある日本の学者を利用する方がてっとり早く、英文の明文名人伝記《エミネン・チャイニーズ・イン・ミン・ピリヨッド》の編纂などを要請してきたりする（これも東洋文庫を中心に引受ける予定）。だがアメリカのより大きな対日期待が現代中国（中共）研究にあることは当然であり、その露骨な表現が今回の二本建プランなのである。

日本の東洋学に対するアメリカのテコ入れが朝鮮戦争後に強まったことは、日本帝国主義の大陸進出と満鮮・満蒙研究、東亜研究との不可分の関連を想起させるが、前述の近代中国研究委員会が生れたのも五三年のことであった。ハーバード大学のJ・K・フェアバンクの斡旋によってロックフェラーの援助が与えられ、市古氏等は「できるだけ広く異った分野の研究者を集め、政治的偏見をはなれて実証的研究をする」「近代史研究のさかんなアメリカに研究員を派遣する」という二大方針の下に、左右とりまぜ二三名の研究者を組織した。その研究は大体一九世紀を中心とし、活動も一応純学術的なものに終始したと認めてよい。だが実はアメリカ側はこれに非常に不満であり、失望さえ感じていたとある消息通は語っていた。

現代中国研究センターの理事として予定されているメンバーは以下の通りである。天野元之助（中国農業問題、大阪市大）、貝塚茂樹、宮下忠雄（中国経済、神大）、＊波多野善大（近代史、名大）、＊市古宙三、＊村松祐次（経済史、一橋大）、＊佐々木正哉（近代史、東洋文庫）、＊衛藤瀋吉（中共党史、東大）、石川忠雄（中共党史、慶応）、学者一名（フォード委員会代表）――＊印は旧近中委関係者――であり、うち佐々木、衛藤、石川の三氏が常務理事を担当する。フォード委員会の構成については判らないが、この顔ぶれを旧近中委（近代中国研究第一集あとがき参照）とくらべてみれば、今後の研究の重点が那辺にあるか、多少とも中国研究に関心をもつ人なら一目瞭然であろう。だから私は上原氏のように今回のフォードの資金（氏はアジア財団の件は御存じないようだ）を単なるロックフェラーの肩代りだとは思わない。二年の中断を境いにそこにははっきり質的な相違がある。

すでに東洋文庫は受入れを決定した。文字通りのドル攻勢が学界を席捲し、関係のある人、ない人すべてにその態度決定を迫っている。俺には口がかゝらないのだろうからなどとすましている人は自ら学界人としての責任を放棄するものである。大雑把な話で恐縮だが、中国研究者の中で断乎反対の立場をとる人は一割程度、ヒモ付きでも貰うべしとする人も一割程度、そして大半はヒモがつかねば貰わねば損だ、ヒモがつけば断わるという人であろう。東洋文庫の各位も今回の資金供与はヒモ付きでないからと安心しておられる。

だがヒモが筆を曲げて中国の悪口を書けとか、個々の研究についての細かな註文とかいった形で現われると思ったら大間違いである。二〇世紀あるいは現代と大きなレールを設定し、黄金のヒモをゆわえておいた以上、細かな註文付けは幅広い動員にはかえってマイナスであろう。ましてソ連や中共の研究はマルクス主義者にやらせてこそ、役に立つものができる位のことは先刻御承知であり、狙いははっきり実証主義から合法マルキストの範囲に設定されている。左翼学生を労務担当にというのは大会社の常識だそうだが、五二年に自由アジア協会(五四年改称)として設立され、反共性・政治性では定評のあるアジア財団でも、研究は自主的に左右は問いません位のことは云うのである。

研究を通じて中国の真実の姿を知らすのはアメリカのためにも薬だという人もある。だが研究の成果はアメリカ人民に伝えられるのではなく、アメリカ帝国主義者の参考に供せられるのである。戦時中の中国研究の輝かしい遺産と称される鈴江言一の「中国解放斗争史」は満鉄の極秘資料として配布されたが、当時の日本人の中国理解に果して貢献しただろうか。鈴江の観点が正確であればあるほど、日本帝国主義者に役立つものであったことを想起しよう。もちろん研究を利用されるとかされないとかいえば、今の日本では発表すらさしひかえる外はないが、問題は誰のためにやる研究かということである。

さらにアメリカの資金といっても、本質的には義和団賠償金による対支文化事業と同様だ、日本を従属させ片貿易で年々一〇億ドル以上しぼりあげた金なのだ。ふんだくれるだけふんだくれ、もちろん恩義などいさゝかも感ずる必要はないと主張する人もある。私はこれに大賛成である。たゞし少くとも大半の研究者がそれを実感として受入れ、同時に日中友好のため努力するようになればという条件がつく(そうなればアメリカは資金供与を打切るだろうが)。それまではやはりドル攻勢の本質を説き、受入反対を叫び、政府に対して研究条件の改善をかちとることを自主研究の本筋なのだと主張しつゞけねばならぬ。

だが私は「ヒモがついたら断わる」という立場を認めないのではない。逆にそういう方々のもつ研究人たる自己の主体性への自信の深さにしばしば敬意をはらわされたし、現に長期にわたってハーバードの資金を利用されながら、日中友好協会の会員としてこと日中問題に関するかぎり一貫した態度をとっておられる方々も存じあげている。市古氏には個人的な面識もあるし、同氏が日本の東洋学界における近代研究の立おくれを憂え、学界における近代史冷遇の現状を打破するために、どれほど真剣に努力されたか、方法についての意見は異にしても、よく知っている。また同氏の誠実な人柄をもってすれば、いわゆるヒモや、曲筆の要求には断乎として抵抗されるであろうことも信じてよいと思う。

しかし機構というものは一たんできあがれば自己運動を開始するものである。現中研センターの場合、センター勤務員の三ケ年の給与予算に昇給分を計上していることは、第二期以降の継続的供与を予定したものと推定されるが、継続とともに先方の要求が増大した場合、それを拒むのは幾人かの生計を絶つことを意味し、なみなみならぬ決意を必要とする。たとえ市古氏等がそれを実行したとしても主宰者交代だけの結果に終らないだろうか。

存在は意識を規定するともいう。主観的善意にだけ頼っていたのでは、事態の推移とともに「ヒモ」の規準がいつしかうつり、気がついてみたら(あるいは最后まで気づかぬかも知れぬ)とんでもないところにきていたということにならないだろうか。かゝる「刻舟求剣」の誤ちをさける保証として、私は東洋文庫に内容の完全公開と、これはまた研究者の社会的責任の最低限度として台湾との交流の停止を要求する。何故か、後者については説明するまでもないが、公開はアメリカ資金のもつ神通力を半減させるからである。

アジア財団はそもそもが「団体名の発表に留め、個人名や金額は一切公表いたしません」(年次報告)という建前になっている。今回の問題を機に私どもは手分けして、東洋学への米国資金の実態を調査したが、局部的なことは判っても全貌はつかみようがなかった。東方学研究日本委員会すら私どもに入手できるような公開の報告は出していないのである。アメリカの金を貰うことに何か人に告げられぬうしろめたさがあるとすれば、そこらの機微こそ実は心理作戦の狙いであろう。三月二四日、現中研センター理事の初顔合せの時、関西側から出席した理事にフォード資金のことは一言も告げられなかった。そういえば旧近中委も参加メムバー全部には会計報告はなされていない。内容を完全に公開し、賛成・反対の論議を十分につくすことこそ、実は将来にわたってヒモを防止する保証である。

東京のある人はこういうことを云っていた。「アメリカは実にタイムリーに手を打ってくる。安保以後の左翼インテリの戦意喪失と組織分散にうまく乗ぜられたね。」事実、金を貰う貰わぬで研究者が割れてはまずいとか、正面から喧嘩をすれば、市古氏をますます向う側に押しやる結果になるとかの意見が一部進歩的研究者の間にあるようだ。とんでもないことである。市古氏の善意を信ずるならば、それだけに是は是とし非は非とする原則的態度が必要であり、不問のまゝ放置することは陳独秀路線のミニチュア版に外ならない。

すでに紙幅はつきた。大急ぎでしめくゝりたい。私どもは今後一層の激化を予想されるドル攻勢にたいし、積極的な捲返しをはかるべく当面学界の統一行動として中国学術代表（文・史・哲）招請運動を展開している。今回の問題をこゝまで明かにできたのも、実は京都の中国研究者間における日中友好運動の積重ねのおかげであった。たゞ私どもは中国への思惑や義理立で反対を叫ぶのでないことをお断りしておきたい。自分自身がナショナルな立場を堅持しなければ、中国の民族解放・民主革命の歴史を真に解明し、研究者としての社会的責任を果せるものではない。

無国籍のコスモポリタニズムと丸がゝえのインターナショナリズムとは、根を一にするものである。

（『新しい歴史学のために』第七七号、一九六二年四月）

（2） 時評　東洋文庫にたいするフォード財団・アジア財団の資金供与をめぐって

①上原淳道「総会の決議その他について」

1

この原稿は、歴研総会に出席した感想を書くのか、フォード・アジア両財団資金受入れの問題について書くのか、その問題に関連して論議されている日本の研究体制（ないしは文教政策）について書くのか、それともさらには、個々の研究者の生きかた、考えかた、ありかた、などについて書くのかによって、内容も書きかたも変わらなければならないであろう。おそらく、そのいずれでもあり、そのいずれでもないことが私に要求されているのだろう。頼まれ原稿はなるべく書きたくないという気持をもっている私が、現実的には頼まれ原稿ばかり書いていることは一つの矛盾だが、矛盾しているのはこればかりではないし、編集者の意向を一面では考慮しつつ、一面では無視するのが執筆者の〝主体性〟であるのかもしれない。

歴研総会に出席した人々に対しては、〝総会はごらんのとおりでした〟と言えばすむし、出席しなかった人々に対しては〝どうもうまく伝えられません〟と言うほかはない。六月九日の委員懇談会では、大会全体について、あそこはよかった、ここはよくなかった、という意見が一人一人から出された。総会についてもいろいろな意見が出たが、私はおおよそ次のようなことを言った。――反省するのはよいことだし、反省しなくてもよいとは言えないが、ただ、いわば技術的に、議題の順序をどうすればよかったとか、時間の配分をどうすればよかったとか言うのはあまり意味がないであろう。そういう技術的な問題をも含めて、先日の総会には歴研の現状が反映されているし、歴研の実力が現われている。決して実力以上でもなく、実力以下でもない、と。

総会があたかもF・A問題総会のような観を呈したことについて不満をもつ人もあろう。また、主としてF・A問題に関して討論したのはよいとしても、あれだけの討論で決議にまでもって行ったことについて不満をもつ人もあろう。また、決議をしたのはよいとしても、決議文の内容に不満をもつ人もあろう。さらに、決議文の内容に対する不満と言っても、いわば〝強すぎる〟という不満、いわば〝弱すぎる〟という不満、そもそも発想がおかしいという不満など、いろいろあるにちがいない。そうしてそのような不満のちがい、と言っておかしければ、意見のちがいは、それぞれの人の立場、思想、行動様式の直接の反映ではないまでも、それらと不可分にからみ合って出てきたのであろう。

私自身の考えを端的に言うならば、私は、総会でF・A問題以外の問題がほとんど討論されなかったことに対する不満をも承認しつつ、また、F・A問題に関しての決議に至るまでの討論が不十分かつ未成熟であったという意見にも賛成しつつ、やはり決議はなさるべきであったと思っているし、決議の内容は〝弱すぎる〟、〝生ぬるい〟と思っている。以下、その理由なり根拠なりについて述べる。（私は決議文の起草委員の一人だから、その私が決議文の内容にケチをつけるのは筋が通らないようだが、そうではない。決議文の原案そのものが総会の討論、なかんずく〝三原則〟によってワクをはめられているし、さらに、原案が、総会に出された意見なり全体の空気なりを考慮して委員会で修正されているからである。）

私は〝フォード財団・アジア財団からの資金供与による現代中国研究計画〟に対して〝絶対反対〟を唱えている。この世の中にはおよそ〝絶対〟というものはありえないし、また、あるべきでないという意味においてなら、私も絶対反対ではないのだが、私が資金受入れの前提として必要不可欠の条件と考えるものが、現実の問題としてはとうてい充たされそうにないと思われるので、結局は〝絶対反対〟になるのである。その条件とは何か。それは、決議文にもりこまれた三原則の第二に特に関連することだが、受入れ側である東洋文庫がF・A両財団に対して、

現代中国研究の進歩のためには中国との学術交流が必要であり、東洋文庫としても今後日中の学術交流の促進に

努力すること。および、現在における日中・日米ならびに米中の政治的関係は、日中学術交流促進のために好ましくないものと判断し、それを遺憾とすること。

の意志表示を行い、F・A両財団は、

東洋文庫の意志表示に対して完全に同意する。

むねを、台湾をも含めた全世界に公表することである。このようなことは、東洋文庫側においてもきわめて困難であろうし、F・A両財団側においては万が一にも期待できない。したがって私の〝条件付賛成〟は実際的には〝絶対反対〟とならざるをえない。

しかし、私個人は〝絶対反対〟であっても、絶対ではない反対意見の人々と手をつなぐことを拒否しているのではない。それにもかかわらず、私が歴研総会における決議の内容に不満をもっているのはなぜか。

決議文の原案では、いわゆる〝三原則〟をかかげたのちに、〝われわれは今般の……現代中国研究計画は、この三原則にいちじるしく反しているものと認める〟と記されていた。それが〝われわれには、今般の……現代中国研究計画が、この三原則を十分にみたすものとは認められない〟と修正決定されたのである。そのような修正がなされたのは、総会の席上、三原則の第三である〝公開〟に関して、東洋文庫側でも公開に努めているではないか、という意見が出たことを考慮してであった。だが、それならば〝公開〟とは何であろうか。たしかに、部外の人々が騒ぎだしてから経過を説明したり、関係文書を見せたりするのも公開であろう。しかし、私は研究計画の立案、資金申請の段階において全貌が公開されていなければ、真の公開にはなりえないと考える。ひそかに立案され、ひそかに申請された研究計画に対して承認がきたのちに、いくら公開してももうおそい。勝負は九分どおりきまっているのである。勝負がきまってからの〝公開〟を真の公開と思ってありがたがるのは、少々甘すぎはしないか。

〝いちじるしく反する〟と〝十分にはみたさない〟とは、考えようによっては、程度の差、強弱のちがいともとれよう。しかし、その両者の間には本質的なちがいがあるのではないか。前者は反対の立場につらなり、後者は賛成の立場につらなる、と私には思われる。そもそも、こんどのF・A問題を〝学問の国際交流〟の問題と考えてよいかどうかについては総会の席上でも異議が出たが、かりにそれを〝学問の国際交流〟の問題と考え、かつ、例の三原則をそのまま承認したとすると、その三原則なるものは、同時に三つともみたされなければならないものであろう。一つみたされているからとか、二つみたされているからとか、という妥協の余地はないはずである。だから、私が真の公開ではないと思うものが真の公開であったと仮定しても、それだけでは〝いちじるしく反する〟という表現を修正するには及ばないであろう。

2

文章を書くということはあまりワリのよいことではない。文章を書くのは、それを読む人の存在を予想してのことだが、読む人が文章を正しく理解してくれるだろうという保証はどこにもないからである。〝正しい〟とか〝正しくない〟とか言うとはなはだ主観的になるが、たとえば、ある文章の中にあることがらが記されていないことをもってその筆者がそのことがらを知らないと判断するような理解は、客観的に〝正しくない〟であろう。私のこの文章の中に〝中国の首都は北京である〟と記されていないからと言って、私がそのことを知らないと判断されたら迷惑至極である。

小野信爾氏の〝中国現代研究における安保体制〟は好論文であると思うし、それが果した役割は高く評価されねばならないとも思うが、私の〝日米の文化・教育の交流についての雑感〟について触れられている箇所に関して言うならば、私にはいわば〝読みの浅さ〟が感じられる。私の文章は、日米交流全般について論じたものであって、フォードの問題だけを論じたものではない。また、エピローグの部分(その中でフォードの問題にも触れた)は、アメリカ人あての手紙という形式をとっていて、その形式にマッチするように内容も〝お手やわらかく〟してある。だから、そのうちのことばをぬき出しても私の真意をとり出したことにはならない。また、アジア財団の資金のことも、ある人からの情報でいくらかは知っていたが、事情があって触れなかった。しかし、〝知っているぞ〟ということは〝その他の財団〟という表現でおさえておいたつもりである。

さて、以上のようなことを書いたのは、なにも小野氏に喰ってかかるためではない。すぐれた中国史研究者である小野氏の場合にすらそのようなことが見られるとすれば、それは多かれ少なかれ誰にでも見られることなのだろう。(私自身にもほかの人の文章を〝正しく〟理解できるという自信はない。)文章の場合にかぎらず、会議なり対話なりの発言の場合でも事情は同様であろう。

F・A問題に関連して日本国内の研究体制なり文教政策なりに触れないのは、そういう体制や政策のことを全然考えていないのだという理解も困ったものだし、個人の良心や節操を強調するのは、社会的問題を個人的問題に還元・解消してしまうものだ、という理解も困ったものである。国際問題と国内問題、社会と個人とが簡単にきりはなせないことくらいはわかっているし、また、わかっていなくては話にならない。総会の席上でも外国資金受入れ賛成論者らしい二三の人々の発言があったが(賛成は賛成でよいのだが)、賛成論を賛成論として率直に出さず、論理のすりかえによって、決議を阻止しようとしたり、内容にケチをつけようとした態度はあまり愉快ではなかった。しかし、あまり愉快ではなかったにせよ、それらの発言はそれなりに私にとって勉強になったから、その意味ではありがたく思っている。

総会のことはこれくらいにしておく。また、研究条件の劣悪さ(とくに、若い研究者や地方在住の研究者にとって)、研究体制の上下系列化などについても、まさにそのような情況が存在するゆえにこそ一方では外国資金の受入れが正当化され、他方ではその資金の受入れに対する反対がおこるのであるから、当然触れなければならないであろうが、これについても詳しくは述べない。残った紙数のうちでは別のことを書きたい。

これはなにも東洋史研究者、中国史研究者にかぎったことではないけれども、東洋史や中国史の研究者のなかに、どうしてあのように、政治と学問との関係について無思慮な人々ができてしまったのであろうか。学問は政治と無関係であるべきだ、とか、学者は政治的に中立でなくてはならない、とかの議論には私は必らずしも賛成しないけれども、そのような議論をする人は、そういう議論の内容が現実の社会において実現するように努力する責任があるだろう。しかるに、そういう口の下から、アメリカからだけ（アメリカからも、ではない）研究資金をもらうとか、日本・韓国・台湾だけの研究連絡機構（東洋文庫内に事務局をもつ〝東方学研究日本委員会〟をさす）をつくるとか、妙なことをやっている。安保賛成、反共、自民党支持をスローガンにかかげてそういうことをやるのならまだしも論理が一貫しているが、非政治的とか中立的とかの看板を出しながら、やっているのはそれとはちがうことばかりである。

ある政党・政派が権力を握り、それに応じた社会体制ができ上ると、いかなる政治的意図も、単なる法律の実施、事務的手続というかたちで実現できる。逆に、反権力・反体制の、ないしは、権力や体制に追随・順応しない立場に立つものにおいては、学問・文化に関する主張でさえもしばしば〝政治的〟な色彩を帯びざるをえない。こういう簡単なことのわからない人が、東洋史や中国史の研究者のなかに少なくないことはまことに慨嘆すべきことであるし、かれらが果して歴史研究者という名に値するかどうかもすこぶるうたがわしい。

両財団資金受入れの当事者が〝非政治的〟、〝中立的〟ということを主観的には考えていると仮定しても、そういう主観が客観性をもつという保証はどこにもない。主観的な非政治性が、好むと好まざるとにかかわらず、客観的には政治性を帯びさせられるのがこんにちの社会の現実ではないのか。〝私はそうは思いません。だから、そうではありません〟と言うだけでは、もっとも基本的な形式論理にさえかなっていない。

明治以来の日本の、東洋史研究、中国史研究の功罪を系統的、組織的に論ずることはここではできないが、それらのもつ基本的欠陥がいまの場合にも現われているのであろう。私はキリスト教徒ではないから、原罪ということも信じないが、日本の東洋史学、中国史学の場合にかぎって言うならば、それらは一種の〝原罪〟のようなものを負っているのではないか。その内容は、戦争責任、侵略責任、あるいは、政治的無自覚による政治権力への追随、というようなことである。もとより、個々の研究者について見るならば、そのような〝原罪〟を負わぬ例外的存在はあるかもしれない。しかし、学問分野全体、研究体制全体として言うならば、個人的例外をも含めて、すべての研究者はその〝原罪〟を負っていると言えよう。そうして、フォード・アジア両財団からの研究資金の受入れに反対するだけでは、その〝原罪〟は消滅しないであろうが、それに反対しなければ、その〝原罪〟がいつまでも消滅しないであろうことは確実である。（一九六二、七、一）

②菊地昌典「七・五シンポジウムについて思う」

なによりもまず私は、この欄をかりてフォード・アジア両財団の中国研究にたいする資金供与の問題をあかるみにだし、反対の蜂火をあげられた方々に尊敬と感謝の気持をあらわしたいと思う。それは、我々も内心は反対であったが、その見解を発表する適当な機会がなかったというような、反対の声の発し方の時間的遅速という問題ではなく、現在のわが国がおかれている状況のなかで歴史家はいかに生きるべきかという、換言すれば歴史家の精神という問題を直截に提出し、一人一人の歴史家に回答をせまってくれたからである。両財団の資金供与をうけるか、拒否するかというギリギリの点ではその立場を異にする人々も、この点には異論はなかろうと思う。もしも平地に波乱をまきおこしたというような論理で問題提起者を糾弾し、又は故意に無視しようとする方がいるならば、私は戦争をよびおこす静穏さよりも、平和をゆりさます波乱のほうをこよなく愛するというありふれた回答を即座になげかえし、論争をいどむほかはない。

この問題の口火をきってくれた人々の他に、私が感謝の言葉をのべさせてもらいたい方々がいる。それは七月五日の〝異例〟のシンポジウムの招請人となられた山本達郎・貝塚茂樹の両氏、および両財団の受入れ最高責任者であり席上説明にあたられた市古宙三氏、そして受入れ側の委員の一人であり〝研究貴族〟のぜいたくな反対運動を論難された波多野善大氏の四人の方である。山本氏がシンポジウムの冒頭でのべられたように、資金受入れ側委員の中に反対の人もいたがともかく全中国研究者のあつまりで十分な討議をつくしたかったこと、しかし実際は甚だ〝不安であり招請者となるのには随分考えた〟とのべられたことは私の心をうった。我々は今迄ずい分数多く、些細な意見の相違をむりやり原則の問題にまで遡及させ、人為的に分裂を結果させ、共に声を絞ってののしりあい、消滅していくというような現象をみなれてきた。分断された双方の集団のあいだに意志の疎通をはかろうとすれば、折衷主義者とか日和見主義者とかいう新らしい罵声がつけ加えられるだけであった。このような状況のもたらす不毛な結果をいくらか知っている私には、山本、貝塚両教授のとられた姿勢はまことに新鮮な印象を与えた。あらゆる衣裳を剥ぎとってしまえば、そこには極めて単純なしかも冷い二者撰一のチャンス、すなわち金をもらうか、拒絶するかという二つの道しかない。この点ですでに大きくわかれている両者が一緒になって討論しあうことは、原則上の相違を話し合いによって少しでも埋めあおうとする真剣な努力のあらわれであったと思う。だからこそ私は、開会の言葉のなかで山本教授がシンポジウムに決議はありえないこと、もし招請人の意志に反するような行動がシンポジウムにでてきてそれを中止しなかった時は、直ちにシンポジウムを解散し、招請人は退場する旨をおごそかに宣言されたとき、徹底した対論こそが研究者一人一人の主体性の確立と正しい判断の不可欠の前提であると信じていた私は容易にそれをうけいれたのである。我々はあまりにも安易な決議の濫発に毒されてきた。体制側の勝利の道標が無数の印刷された反体制側の〝決議〟という紙片の上にうちたてられてきたことは脳裏にこびりついている歴史的事実である。我々は主体を喪失した決議を必要としない。誇張ではなく学問的生命を賭しても守りぬく不退転の決議、そのような決議をつくりあげる過程そのものを擁護したかったのである。

山本教授はつづけて、決議はしないのだから〝欲求不満〟に諸君はなるかもしれないと憂慮された。しかし、この御心配は私にかんするかぎり杞憂にすぎなかった。正確にいうならば、一面ではその予測は正しく、一面では誤っていたといえる。上述したように決議をしなかったことに原因する欲求不満は私にはすこしもなかった。受入れ側の諸先生の話をきいて、なぜ両財団の資金をもらおうとしたか、正しくいえば要求されたかは大体判った。この点はフォード財団報とアジア財団趣意書、中国側の反駁そして日本の資料（勿論その大部分は反対派の）でしか判断しようのなかった私にとっては大きな収獲であった。市古、山本両氏の力説された点は、簡単にいえばシンポジウム前日のジャパン・タイムズ記者に市古氏の語っていた反対側の"misunderstand"を説明によって正そうとされたものであったと思う。日台米の三角同盟など全く関係がないこと、研究成果は公刊されること、資金は主として地方在住研究者や旧制帝大の圧迫下にある弱小大学の中国研究者が研究を推進するためにつかわれること等々しんけんな市古氏の説明は、多くの聴衆の心をとらえたにちがいない。まことに、わが国の学界では奇怪なるギルド組織が牢固として根をはっており、研究費や研究職のポストは各ギルドの頂点に位する赤ボス、白ボスの力関係によって配分されてしまう。資料の排他的独占(なかには外国でとってきたマイクロのタイトルすら人に教えず、別人が態々又そのマイクロを外国までとりにいったという美談もある)、私蔵図書はもちろん半公共的図書の閲覧、複写の拒否などまことに嘆かわしい学界慣行が支配的であることは周知の事実である。だから市古氏や波多野氏が東大、京大に"反抗"することに私は万腔の感謝と心からの支持を表明するものである。しかし私は、その反抗のため両財団の資金をもらうということが歴史家として正しい態度であるとは絶対に考えない。市古氏のえらんだ道は安直であり、発作的であり、歴史家としてもっとも大切な人民に対する責任という問題をまったく忘却していると思わざるをえない。この点は中国研究者としてまことに重大なミスといわねばならないであろう。財団資金の政治的ねらいという問題は一応別にしても、たった一七年まえまで、われわれ同胞は中国本土でどれほど沢山の無罪の人々を殺傷し、その一生を破壊しさってきたことであろうか。中国史研究者でもない私が指摘するまでもなく、学識ゆたかな委員諸氏は、恐らく十分に知っておられることと思う。この日本民族が中国人民にたいしておうべき道義的責任は、中国史研究者こそが先頭にたって、その範をしめすことが義務づけられていはしまいか、私は中国史研究者にそのような期待をいだいてきたし、今もいだいている。数年前、日本人の中国における戦争犯罪の記録三光が右翼の抗議で絶版とされたとき、中国研究者は誇りたかい沈黙をまもられた。中国が数十年来の凶作にあるというとき、中国研究者のあいだから果してどれほどの救済カンパが叫ばれたというのであろうか。かってロシア革命後の飢饉にしめされたストロング女史のような行動がたとえ灯のようなものであれ生まれえないものなのであろうか。アジア・フォード財団にたいする姿勢もこのような非人間的な無責任精神体系と政治的無為とに決して無関係なものではない。それは日本人民の運命にたいする恐るべき無責任さとからみあい、お互いに関連しあって生命力を維持しつづけていると私は考える。

ここではっきり断言しておかなければならないことは、両財団の資金導入に反対する者を特定のイデオロギーをもった者と考えてはならないことである。山本氏の発言のなかにも波多野氏の発言のなかにも、主観の相違という言葉を何回となく聞いたし、ときには〝アメリカを帝国主義と考える人達〟とか、〝社会主義圏からの資金なら文句なしに受けいれるのか〟という種類の文句があったように記憶しているが、私は今度の問題を研究者各人のもつ政治的イデオロギーに還元してしまうことは対論を不毛の荒野にさそいこむばかりか、却って中国史研究者間に悲しむべき分裂を招来させるだけであろうと思う。シンポジウム当日に痛感したことは、出席された受入れ側委員の方々が、その善意にもかかわらず、現在わが国のおかれている国際的位置についてあまりにも無感覚、無神経すぎるということであった。市古氏は、〝私はアメリカともソ連とも中国とも仲好くしていきたい〟とのべられた。私も同じことを強くねがっている。ただそれが個人的願望としてとどまっている限り、それは只それだけのことである。ただれっきとした中国史研究家であり、大学教授という社会的地位のある市古氏たちがアジア・フォード資金の受入れ側責任者になるということ自体〝どこの国民とも仲よくしていきたい〟という市古氏たち自身の願望と果して一致するものなのであろうか。周知のように、わが国はアメリカとの結び付きのみ異常に肥厚している。そしてラオスに危機がおこると、直ちに富士の裾野に宿営していた米軍が一夜にして忽然と姿を消し、日本政府はその事実を後になって知らしてもらうような危険な情勢にある。親米的な人でも心ある人は、このような事態を深くうれえずにはおられまい。ところが一方、もっとも近い隣国である中国とは国交回復という国民的悲願はまだ達せられていない。昨年度一箇年の統計をとってみても、中国側から日本を訪問したものは八五名にすぎない。日本側の訪中者は四九五人いるが、殆んど三週間かせいぜい一ケ月の滞在期間である。委員諸氏をふくむ多くの学者が自由にアメリカへ飛び研究にいそしみ、台湾や香港で資料探訪する自由にくらべれば、そのきゅうくつさは予想以上である。ソ連との文化交流にしても全く事態は同じである。今年の四月、もはや明日調印という段階までこぎつけた文化交流のとりきめも遂に調印されなかった。その理由は、ソ連側のだした案、すなわち留学者の諸掛りを相手国負担とすれば貴重な外貨を使わないですむという案にたいしてわが国政府が反対したこと〔日本側は派遣国負担〕、および両国政府は今後も両国の文化交流の助長、拡大に努力するという言葉の挿入にわが政府が難色を示したからである。アメリカ、フランス、イギリスは勿論、イタリアやインドでも対ソ文化協定がむすばれている〔例えば米ソ間の交流は、一九六一年上半期までで米→ソ連三四三一人、ソ連→米二六九六人に達している〕のになぜわが国だけが〝文化攻勢〟にかたくなな憶病さを示さなければならないのであろうか。これではジューコフ氏が、中世期の甲冑と共にとっくの昔に博物館へおさめたはずの鎖国政策がまだ日本には生きているとおどろくのは当然ではないだろうか。まして中国史研究者たるものは、このような片輪な一方的な文化交流を自らの立場で声を大にして正し、中国人の歴史研究者と交換し老若の中国史研究家が大挙して中国に留学し、討論しあって中国史の研究をおしすすめるのが本当の姿ではないのか。それが学問に接する真の態度であり、歴史学を日中両国民の真の幸福に役立たせる唯一つの道であると私は考える。

さらに市古氏の発言で気になったことがある。氏は日台米の三角同盟は誤解だとする説明のなかで、研究対象を一九四九年までと限定していると言明された。私はこの言葉をきいたとき、なにか〝歴史家失格〟というひどい言葉まで思いだしてしまった。突嗟に私の眼前にうかびあがったものは、ロシア史にかんする二冊の本であった。一冊は、昭和三〇年に公安調査庁から所内資料としてだされた大部のロシア史年表（未完）であり、他の一冊は昭和三一年から三三年にかけて全一二冊の大型本という彪大なスタイルで出版された元海軍軍令部作戦部長富岡定俊少将を編著者とする「ロシア革命史」である。その本の内容は問題外としよう。私がいいたいのは、多くのロシア史研究者が乏しい生活にたえ、雀の涙ほどの研究費で研究にいそしんでいるとき、わが国の一隅ではふんだんに研究費をつかって、歴史学の研究にはげむ旧軍人、旧特務機関員という方々が存在しているということである。この一事をもってしても、一九四九年以前の歴史だからとか、清末の思想史だからという言訳はナンセンスであろうと思う。市古氏も御存知のことと思うが、共産圏研究費は、なにもアメリカからとは限らない。昨年度には、内閣調査室が三億六千万円の調査研究費をつかっている。そのうち三億二〇〇〇万円が調査委託費の名目で、内調と特殊な関係をむすぶ××研究会とか××調査会とかいう得体のしれない数多くの外郭団体に流されている。〔ソ連関係の外郭団体の一部は、フォード財団の援助で南カルフォルニア大のPeter Berton氏他二名がまとめあげたJapanese Training and Research in the Russian Field (1956)にのべられている。しかし資料的にはもう古いし不十分だと思う〕。そして発行所も編著者の名も、ともかく裏付けが全くない中ソ関係の調査書や資料も国内にでまわっている。また公安調査庁は〝破壊活動調査に必要な経費〟として六億一〇〇〇万円の調査費をつかっているが、この金もかなりの程度まで共産圏の研究調査にまわされていると思う。今度の両財団の受入れ委員の方々の中にも何人かはこの種の研究費と関係のある方々がおられるのではないであろうか。そして又、受入れ側委員の諸先生は、このような状況のなかにおいてすら、両財団の金だけはあくまで政治とは無関係であり、学問には国境はないと主張しつづけるつもりなのであろうか。

　市古氏はまた、〝この資金を獲得するために六ケ月も貴重な時間をさき、ポケット・マネーまではたいた〟と述懐された。そのような努力をしてとりつけた資金援助のおかげで、何十人という若い中国史研究者の諸君が、貴重な研究時間と乏しいゲルトをさいて、反対運動にたちあがらざるをえなくなった。本来ならば、戦争体験のない若い人々が貰えるものなら貰えと叫ぶのを、日中戦争を体験され、またそれゆえに中国史研究者として深刻な反省もされているはずの四・五〇代の委員諸氏が押えるというのが本当ではなかろうか。ところが情けないことに、事実は全く逆である。禽獣でも親は子に与える餌のなかから毒餌をえりわけるというではないか。

　シンポジウムでの席上委員の方々は屢々一個人の資格でとか、一委員の立場でとかいう注釈づきのお話をした。そのため随分卒直な見解もおききできたし、また何を言わんとしているのか判らない発言もあった。しかし私は最後には、〝今日の意見を参考にしてもう一度理事会乃至受入れ委員会にはかって責任ある回答をする〟という答えがあるものと期待していた。二五〇人以上の全国の関係者を受入れ側委員である招請人が召集して開いたシンポジウムである。聞きおくだけではすまされない問題である。ところが定刻を三五分すぎた時、閉会が宣せられ、貝塚氏は〝今日の皆さんの御意見を参考にして、財団を運営していきたい〟とのべられた。また翌六日のジャパン・タイムズによれば、市古氏はこのシンポジウムのあと同記者にたいしてプロジェクトは推進するつもりだと語り、シンポジウムでの多数派をしめた反対派の意見に不賛成の多くの歴史家がいると私は信じているとのべている（英文の文章が不明瞭なところがある。市古氏はこういうことは言わないと言われているそうである）。もしこの発言が本当とすれば、まことに奇怪といわねばならない。招請人の召集したシンポジウムはたしかに賛成派と反対派にわかれていたが、討議は十分につくされたとは到底いいがたい。議長団の提出した三つの議題のうち、第三の東洋学者の社会的責任という、もっとも重要だと思われるテーマは、議長団によって、どうしたわけか最後にまわされ、ほとんどふれられることなく時間切れとなってしまった。招請人は、もう一度シンポジウムをひらき対論をつくすことを招請人の責任において提案するか、あるいはシンポジウム当日の参集者の発言にたいしてだけでも、理事会乃至委員会の責任ある回答を用意しなければならなかった。これもネグられてしまった。このようにして、既成事実だけが静かにつくられていくのである。

ある中国史研究者は、このシンポジウムを百花斉放と自讃していたが、私はとてもそういう気にはなれない。たった一回だけ、それも時間切れであり、そのうえ山本氏のよく意味がわからない永い発言で幕がおろされてしまったシンポジウムは、山本氏のいう決議をしない〝欲求不満〟どころか〝いきどおり〟さえ感ずるのである。しかし、このような〝いきどおり〟はすてさらねばならない。私は重ねて第二回のシンポジウムを開くよう受入れ側委員の方々にお願いする。今度は、日中両民族にたいする東洋学者の社会的責任というテーマにしぼって行っていただきたい。その席上にはぜひ受入れ側全委員の御出席をお願いしたい。アメリカ留学中の委員は一時帰国されたい。又アメリカへ留学しようとしている方は一時出発を延期されて、第二回のシンポジウムに出席していただきたい。私はそのようにすることが委員諸氏にとって当然の義務のような気さえする。事はそれほど重大なのである。（一九六二、七、一六）

③野沢豊「ある友への手紙」

S君、そのごもお変りないことと思います。前便で五月の歴研大会いご盛りあがった東洋文庫のアメリカ資金受入れに反対する動きについて、そのあらましをお知らせしましたが、そちらではこの問題について、どんな反響がありましたでしょうか。その時、七月五日に明治大学で中国研究者シンポジウムが開かれるので上京するようお誘いしましたが、来られなかったのは本当に残念でした。当日は、年令も、立場もちがうさまざまな人が三〇〇名あまりも集まって、賛否両論を出しあい、問題の所在を明確にしえたことは何よりでした。シンポジウムについては、七月一〇日の「サンケイ新聞」夕刊や、七月一一日の「日本と中国」(日中友好協会機関紙三五六号)などがかなりくわしく報道しましたし、実行委員会も詳細な議事録を出すことになっていますので、それらを参照していただければ幸いです。

ともかくも、シンポジウムをさかいに、この問題は第二段階に入ったということができるかと思います。これまでのところでいえることは、①研究サークル、大学院生など二〇余の小集団が意見をたたかわしながら、ともかくアメリカ資金受入れ反対に結集して、シンポジウム開催に努力し、②その過程で小集団内での討論がふかめられ、それ自体の結集もつよめられていったことや、③少なくとも、今回のような特定の問題で全国的なよびかけがなされたということは、中国研究の分野ではかってなかったことであり、④シンポジウムで、さまざまな人が一堂に会してアメリカ資金の流入といった問題をめぐり賛否両論を出しあい、⑤とくに安保斗争いご顕著になったアメリカ資金の各分野への浸透という事態の中で、さまざまな立場からする反対意見が、このような形において公然と表明されたということは、日本の学界全体からいっても空前のことだったとみられることなどでしょう。

これまで、東洋文庫は、どちらかというと、きわめてアカデミックな、権威ある研究機関として印象づけられてきたと思いますが、そのような場において、かえって学問と政治の関連性といったことを考えざるをえなくさせるような問題が提起されてきたというところに、今度の問題の重要なポイントがあったといえましょう。今日では、国際国内の関係をとわず、些細なことまでが無意識の中に政治性を帯びてしまっているような状況がみられますが、研究条件の改善といった一見して非政治的行動とみられるものまでが、政治的接衝なくしては打開しえないものであり、またそこにおける打開の方向は、同時に研究内容それ自体をも規正するような関係におかれているように思われてなりません。

君もすでにお読みでしょうが、木下順二が戯曲「オットーと呼ばれる日本人」(『世界』七・八月号連載)で尾崎秀実の生き方を問題にしたのは、サルトルが「今日では——状況は複雑になってきました。選択をするのに、おそらくさほどの勇気はいらないでしょうが、しかし選択ということ自体は、はるかに難しくなっていますね」といい、戦前のその意味では単純な状況と対比しているような事態の中で、「尾崎秀実の生涯は、思想的課題としての日本における抵抗の問題——より正確にいえば、日本における主体造出の問題を、われわれに切実に考えさせてくれる」(『週刊読書人』七月二日号)からだったのです。戦後十数年たった今日、改めてこのような問題が提起されねばならないということに何ともいいがたい気持をいだかされますが、しかしながら、とくに安保以後は、誰しもがみずからに自己のあり方を問いただささるをえないような状況があり、そのような意味において今度の問題は本当に人ごとではないという感じがしているのです。

君も御存じのように、アメリカ資金受入れの中心的人物である市古宙三氏は、日本のアカデミズムにおける中国近代史研究者としては、先駆的な位置にある人といえるでしょう。そして、学生のことなどそっちのけにして、もっぱら大学教授のポストに安住し、あるいはその名前を利用して稼ぎまくっているような先生が多い中で、その誠実な人柄は衆目の等しく認めるところだったと思います。また、あの安保斗争の全過程において、お茶の水大学の学生の身の上を案じて、終始行動を共にされたことも、多くの人が知るところです。シンポジウムであげられた資金受入れの理由にしても、僕なども同じ問題で悩んできただけに、その通りだと思う点も多々あるわけです。たとえば、大学の格差などで弱小大学では、本もろくに買えないとか、近・現代史の講座が不完全で、最近の学生の近・現代史への関心にこたええないとか、日本の中国研究の歴史からいって近・現代史研究が貧弱をきわめていることなど、まったくその通りだといえます。

しかしながら、ふしぎなのは、市古氏がシンポジウムの席上でも不用意に洩していたように、「心臓が弱くて日本政府に対して資金の要求がしにくい」逆にいえばアメリカには気安く要求できるという心理です。このような倒錯した心理状況を生みだす条件が日本に存在しており、それは、先にあげた「選択をするのに、おそらくさほどの勇気はいらないでしょうが、しかし選択ということ自体は、はるかに難かしくなっていますね」というサルトルの言葉を思いださせます。そして、市古氏が大学教授として学生に深い愛情を懐いている人であるだけに、学生に研究条件を整備してやるという配慮とともに、研究の目的なり社会的責任といった問題についても慎重に考慮していただきたかったように思われます。今の大学では、研究ということがあまりにも技術的に考えられすぎていて、その目的なり、研究主体の社会的責任といった点での教育が不十分なのは本当に遺憾なことだと思います。こういった点からいえば、僕なども東洋文庫がこれまでロックフェラーの金で集めてきた図書の利用者の一人で、正直なところ一方で反撥を感じながら一方では利用させてもらってきたわけであり、あまり口はばったいことはいえませんが、文献の蒐集・利用というだけでなく、こういった点についても市古氏などと討論していくようにしたいと思っています。

山本達郎氏がシンポジウムでいっていたように、今度の問題の背景には東洋文庫の財政難がよこたわっております。戦後の民間研究の運営の苦しさは、おそらく部外者には想像もつかないようなものがありましょう。その点では規模も月とスッポンほどちがい、性格も異なっていますが、たとえば中国研究所などもまったく同じ悩みをかかえているわけで、乏しい中でも何とか仕事を続けていこうとする努力には頭が下がる思いがしています。と同時に、同じ悩みをかかえながら、これまで東洋文庫とはほとんど縁もゆかりもないように思い込んできたのも問題だと思われます。僕は中研の総会で、今度の問題は中研なり、マルクス主義中国研究者にとって決して他人事ではないといいましたが、自分では勝手な放言をしたとは思っていません。今後何年続くか知りませんが、研究者個人なり、民間研究機関なりの財政困難は当分続くでしょう。とすれば、さまざまな形での資金の授受問題もひきつづき起ってくるわけで、そこでの研究目的の確認なり、国費増額要求なりが執拗に、意識的に続行されねばならないということになりましょう。明日のわが身をふりかえりつつ、現実の事態に対処していくことが、この場合必要なのではないでしょうか。と同時に、中研総会でも出されていたように、一九三〇年代のはじめに平野義太郎氏が「中国研究の二つの道」の問題を提起したことを想起しつつ、(平野批判をふくめて)今日あらためて科学的な中国研究のあるべき姿を求めていかねばならないのではないでしょうか。

シンポジウムをもってみて、その意義を高く評価すると同時に、あのやり方はやはりまずかったと思わざるをえません。資金受入れの当事者でもある山本達郎、貝塚茂樹の両氏を招請者にしたことは、シンポジウムを準備した若い人たちの自信のなさを示したものでしょうが、人を多く集めるという点での配慮だったとしたらもっと自信をもってよかったのではないでしょうか。招請状に、実行委員会の趣旨書みたいなものを添えたことが一寸問題になりましたが、やり方によってはそんな苦肉の策を講じる必要もなく、反対の趣旨を全国的に周知・徹底させることもできたでしょう。山本氏が開会にあたって議事が混乱した場合は閉会を宣して退場するといい、貝塚茂樹氏が閉会にあたって「この会に出された意見を参照しつつ運営してゆきたい」と結んだことは、招請者がこのシンポジウムをどのようなものとして考えていたかが、よく示されています。両氏は学術会議会員の名目で招請者になったということで、討論の場がそのようなものであったことは最初から自明の理だという意見があります。僕は、シンポジウムの成立につとめながらも、そうした一種の偽瞞性に無性に腹を立てていました。結局、このシンポジウムは理論的対決の場とはなりえなかったわけです。

しかしながら、もし山本・貝塚両氏ないしは東洋文庫の当事者たちが、その〝技術的な成功〟に満足しているようなことがあるとしたら、それは大変不幸なことです。あすこでは、既定方針の根本的な再検討が求められていたのだということを十分かみしめてかかる必要がありはしないでしょうか。

今後の見通しとしては、Ⅰ反対者はあくまで反対の原則をつらぬくべきでしょうが、その場合に色々な人から意見が出されていたように、①自己をみつめつつ、②討論の場をひろげ、③日本の学問をかえていくような方向が指向さるべきでしょう。Ⅱ具体的な措置としては、①当事者の計画妥当性の主張の根拠をといただし、②学問は国際的なものだという見解に対決し、③少なくとも三年間に資金返還ないし中止する意志を問いつつ、その具体的方策を講じるよう要求していく(国費増額の要求など)。Ⅲ学術体制の改変につとめ、できるところから手を打っていく。Ⅳ日中学術交流を推進する。Ⅴ日本でのあるべき中国研究の方向を主体的につくりだしていく。とくに、日本のアカデミズムにおける学問の国際性といったことについての戦前からの固定観念を打破するという上からも史学史的検討が必要ですし、一方ではアメリカでの研究に対する批判なりが必要とされましょう。同時に、日本のとくに戦後の業績、その中でも近・現代史のそれを徹底的に検討しつつ、具体的努力目標を設定して、研究者相互の援助、批判をおこないつつ、すぐれた成果をどんどん生みだしていく必要がありましょう。

S君、この問題では全国の研究者の結集が必要です。君の方でも僕らと連絡をつよめながら、まわりの人たちと話しあいをふかめていって下さい。

(『歴史学研究』第二六八号、一九六二年九月)

(3) 野原四郎「『歴史』の神おろし」

「歴史」は、しばしば不動明王のような、いかめしい顔をして、生きている人間の考えを、一定の方向にひきずっていこうと試みる。つまり、そういう役割を負って、たえず呼び出されるということだ。それは、せまい意味での歴史教育の場合についても、あるいは「歴史」の名において、何かが一般の人びとに語りかけられる場合についても、同様にいえることがらである。話をすすめていく上で、できるだけ、誤解を少くするために、一つの具体的な例をかりてみたい。

最近、桑原武夫氏は、中印紛争にかんれんして、つぎのように語った。〝今度の中印紛争という問題も、どっちからちょっかいかけたか抜きにしまして、武力紛争があるわけですよ。事実、中国のほうがインド軍より強いことは明確だし、それに誇りを持っている中国の庶民がいるわけです。それを知っておかないといかんですよ。しかし、レジームが変ったときには軍国的になる確率は歴史の上で非常に高いわけです。フランス革命後のナポレオンとか、革命後のソビエトでもそうですね。イギリスのクロムウェル革命後もそうですね。悪くすると歴史主義になりますけれども、中国を高く評価するあまり、そういうことはあるはずないという決めこみはいけないと思うのです〟(「中央公論」三月号)。

〝中国をほめたたえる人〟のなかに、中国革命の方式や思想をうのみにして、ある種の予見をいだく人があることを、桑原氏は気づかっているようだ。その気持は、わからないわけではないが、これらの言葉が「歴史」の名において語られるとき、やはり「歴史」の神おろしがおこなわれているとしか思われない。氏は、歴史主義を好まないとして、一旦おさえた格好をとっているが、それがかえって、ここにもち出された「歴史の原則」みたいなものを、不動なものと印象づけるに役だっている。また、もちろん中国の庶民が軍国気分にひたっているとしたところで、中国の指導者が直ちに膨脹主義に訴えるようになるとは、桑原氏もいっていない。だが逆に、そういっていないだけに、〝しかし〟

と言葉をつないで、もち出された「歴史の原則」が、いよいよ重みを加えることになっている。

その「歴史の原則」をつづめていえば、革命の後では、ブルジョワ革命の場合でも、プロレタリア革命の場合でも、軍国的になる確率が歴史の上で、非常に高いということである。革命後、ソヴェトが軍国的になったというのは、いったいどういうことを意味するのか。列強の干渉軍や白衛軍に対抗して、ソヴェト政権が「一切をあげて戦線へ」と声明し、志願兵制度を義務徴兵制にきりかえ、銃後を戦争遂行に奉仕させる措置をとったといわれるような事態をさしているのだろうか。ここのところは、この「原則」において、かなめをなす点なのだが、それはしばらく問わないことにして、中国を高く評価するあまり、軍国的になるはずがないという決めこみをしてはいけない、との桑原氏の忠告に従い、かりに、この原則を不動なものとみなすことにしよう。

しかし、そうすれば、すぐさま一つの疑問がうかんでくる。たとえば、蠟山芳郎「ネール中立主義はゆらぐか」(「朝日ジャーナル」一九六二年一一月二五日)、丸山静雄「中印国境紛争」(「世界」一九六三年二月)など、どっちからちょっかいかけたかを抜きにして、インド側の体制に問題があることを明らかにした、いくつかの論説が、すでに発表されているので、桑原氏は、その「原則」をインド側にも適用できるはずであるが、そこはどうかということである。結局、桑原氏の原則に忠実に従えば、第二次大戦後に生まれた、体制を異にする二つの民族国家のうち、いずれが膨脹主義を必要とし、それに転ずる可能性がつよいか、という課題につき当るだけであろう。しかるに、桑原氏のように、「歴史」の名において、一方的に中国を裁断しかねないのは、「歴史」の神おろしにほかならない。どういう立場からにせよ、これだけはやめたいものである。しかし、「歴史」の名において人びとに語ること、とくに歴史教育の場を、どうすべきかは、依然として歴史学にかかわる問題であることには変りがない。その問題に向って積極的にとりくまねばならない時がきていると思う。

(『歴史評論』第一五五号、一九六三年七月)

Ⅶ　歴史科学協議会の結成

（1）吉田晶「歴史科学協議会の二年」

この文章は、去る三月二十日、日本科学者会議大阪支部結成シンポジウムでの、「大阪における科学運動の伝統と現状」に関する部会での報告原稿である。報告作成にあたって若干の委員との討論の機会を得たが内容についての一切の責任は報告者個人にある。

一、歴史科学協議会はどのような性格をもっているか

一九六四年四月、大阪地域の歴史教育者・研究者・学生は、民主的な歴史部門の団体として歴史科学協議会（以下「歴科協」と略称）を結成した。この歴科協は、はじめから明確な克服すべき対象を設定し、これと闘うことを目標としてつくられたものである。われわれが克服しまたは闘おうとしている対象は、一口にいえば帝国主義・軍国主義歴史イデオロギーであり、現代日本では、次のような内容をもっていると考えられる。

第一は、アメリカのロストウ・ライシャワーらによって主張され、その日本への適用を試みられているいわゆる「近代化理論」である。その内容については詳細な検討をまたなければならないが、簡単に要約するならば、歴史における階級対立と人民大衆の主体的な役割を基礎とする歴史の発展法則を否定し、産業の機械化と形骸化したブルジョア民主主義の実現を理想化しようとするものであって、このイデオロギーは、アメリカの世界支配の正当性とそれに従属的に同盟する日本の位置を、一見「科学的」であるかの如くに説明しようとするもので、きわめて政治的な性格を持っている。

第二は「近代化理論」と密接な関係をたもちながら、日本近代の侵略戦争と矛盾にみちた「近代化」の過程を肯定

し、かつこれを美化しようとするものであって、その極端な例は林房雄の大東亜戦争肯定論にみることができる。このイデオロギーは池田勇人の「日本大国論」や東南アジアに対する盟主論、あるいは日経連専務理事前田一の言論などにあきらかなように、実は対米従属のもとでの日本の独占資本の支配的な軍国主義歴史イデオロギーなのである。

第三は、このようなイデオロギーに対して無批判な追随を行っている研究方法と密着した一つの思想である。ここではさまざまな理論や証明や体系が語られるが、人民の主体的役割を基本とした歴史発展の法則については否定的であり、むしろこれの歪曲・無視・抹殺などが「科学」の名で行われる。さらに個々の史実や史料の詮議に終始して、その史実なり史料が歴史全体のなかでどのような位置をしめるかを考察しない伝統的な日本的実証主義もこれを補なう関係に立っている。

以上が現代日本での帝国主義・軍国主義歴史イデオロギーの主な内容を構成していると考えられる。これらのイデオロギーは歴史教育の場では「検定」と「広域採択」という国家権力の統制をうけた教科書によって歴史教育を歪曲しているし、歴史ブームの名のもとで出版ジャーナリズムはこれを大量にまきちらし、これを通じて「売れるものを書く」ということで執筆者の学問的良心を眠り込ませつつある。

歴科協は、以上のような帝国主義・軍国主義歴史イデオロギーとこれにもとづくさまざまな政策や運動とたたかうことを目標として結成されたものである。その場合、戦前からさまざまなかたちで続けられてきた「歴史発展の客観的な法則性を基礎として、それぞれの時代の人民大衆の創造的役割を重視する歴史思想と、これにもとづく科学運動」(歴科協「綱領」)の伝統をうけつぐこと、それを大阪で地域と密着した活動を通じて発展させることを意図している。先述の諸傾向に対してそれぞれの立場から反対する人々が統一して、みずからの歴史思想とそれにもとづく研究や教育や科学運動を発展させ、それを通じて研究者や教育者が現代に対して負っている社会的責任を果そうという共通の願いが歴科協結成の基礎にあるわけである。

ところで現代の歴史関係の教育者や研究者は教育・研究に対してどのような基本的志向性をもっているであろうか。

戦前・戦中の歴史教育や研究は、国家権力の統制や弾圧によって天皇中心の軍国主義歴史イデオロギーに奉仕せしめられた。戦後の教育や研究はこのようなものの否定と克服を目指して出発したわけであって、多くの人々は戦前・戦中のそれとはことなった民主的・科学的な教育研究を行うことを願っている。さらに、日常的な政治的・社会的現実に対しても、アメリカの世界支配・日本独占の苛酷な人民支配に対しても批判的であり、民主的立場に立とうとする人々が多い。このような基本的な志向性や日常的立場にもかかわらず、実際の研究・教育の具体的内容においてはそれと食い違いを生んでいる場合の多いこともまた事実である。もとよりそのような食いちがいや矛盾を生んでいる根本的原因は、教育現場に対するさまざまなしめつけのきびしいこと、研究体制の非民主性ということにもあるわけであるが、同時に、教育・研究の主な課題をさきにのべた諸傾向との対決におかず、さらにこの対決・闘争のなかから研究・教育の質的な発展を引き出すという基本的な姿勢を確立できずにいることも重視しなければならない。

その結果、しらずしらずの間にムード的な反動化の波にのまれたり、近代化論や軍国主義の影響をうけたり、極めて誠実な研究を行いながらも空洞化した実証主義や社会経済史的傾向に埋没して行ったりする。歴史の研究や教育がみずからの思想の営みであるという自覚、研究の対象とそのものに対する科学的検討をたえず続けるという当然の反省が、現代においてとくに必要なわけである。したがって、以上のような研究者や、教育者の現実からして、歴科協の主要な活動内容は、各種の民主的科学運動への参加と協力とともに歴史理論の探究と科学的な歴史像の検討という創造的活動をとくに重視することとなるわけである。

二、歴科協はどのような過程で結成されたか

以上のような性格をもつ歴科協が大阪地域で結成されるにいたるのは、それなりの歴史的条件があったからである。従来、大阪にはさまざまな歴史関係の団体があり、それぞれの活動を展開していた。大阪歴史学会・社会経済史学会大阪支部・朝鮮史研究会・労働運動史研究会・歴史教育者協議会大阪支部・歴史教育研究会等々、いずれも在野の

民主的団体として専門的研究活動をつづけていた。だが、各組織の間には有機的なつながりもなく、専門的テーマをそれぞれ追究していて、専門や団体の枠をこえた交流や歴史そのものに対する討論を行う場はなかった。また教育者・研究者が歴史関係者としての共通の場でその社会的責任について考えるという機会もなかった。それらの課題は、それぞれの団体のもっている固有の性格のなかで部分的に追究されていて、全面的な検討に必要な場を持ち得ていなかった。それぞれの団体に所属する研究者・教育者がそれぞれの専門研究と団体の枠をこえた共通の場を、それぞれの度合でその必要を感じつつあったということが、歴科協が結成されるにいたる大阪での主体的条件であったといえるだろう。

このような主体的条件を展開させる契機となったのは二つの出来事である。

一つは一九六三年の十二月に中国学術使節団が来日、大阪で劉大年氏をかこむ講演会・座談会が、歴史教育研究会と歴史教育者協議会大阪支部との共催でひらかれたことである。

この集会は、それまで同じ大阪で同じ歴史教育を対象としながら交流の機会のなかった二つの団体の共催として行われた点、またその集会に研究者も大量に参加して教育者と研究者の交流が行われたという点で、画期的な意義をもっている。さらに百名近い出席者と共に行われた座談会では、専門の枠をこえて歴史研究・歴史教育の根本的な問題をめぐって、一種の熱気をもはらんで率直な討論が行なわれた。このような討論の場はかつて大阪の歴史関係者が持たなかったものである。この経験は歴史関係者の間に深い印象を残したのであって、専門・団体の枠をこえて統一できる可能性と必要性を痛感させた。

今一つは一九六四年の北京シンポジウムに対して、大阪の民主的歴史団体が参加するかどうかをめぐって行われたさまざまな討論や活動である。前述の歴史関係団体のうち若干は、はやくから「帝国主義と植民地主義に反対し、民族の解放をかちとり擁護する」ための科学シンポジウムというその主題への支持をあきらかにしていたが、一部の団体では支持しがたいということを委員会で決定するという事態も生れた。このような団体間のアンバランスは、シンポジウムの趣旨に賛成する大阪の歴史関係者が従来の団体や専門の枠をはずしてシンポジウムへの参加運動を独自にすすめる必要を生ぜしめたのであって、このことを直接の動機として六四年四月に歴科協が結成されたのである。

以上のような過程でつくられた歴科協は、専門や職務上の地位の差をこえて、研究者と教育者がそれぞれの専門領域を尊重しつつ、平等の立場で会を構成するという特質をもたらしたのであって、このことはその後の会の運営にも反映している。

三、二年間の会活動の概要といくつかの問題

まず組織状況をみると、当初約八十名で発足した会員は、現在二百名をこえ、職域別には大学・高校・中学の教員、大学院生・学部学生、市民の一部を含んでいる。大阪地域に職場ないし居住地をもつのはそのうち約三分の二で、あとの三分の一は東京から九州まで散在している。

会活動の基本は毎月の例会(三月と八月をのぞく)にあるが、例会でのテーマと報告者は委員会で討論して決定し、全会員に案内状を出し例会では報告と討論が行われる。報告はおおむね主として研究に関するものと主として教育に関するものの二本立としその内容は年六回発行の機関誌に掲載することになっている。したがって機関誌は例会報告を主な内容としているわけであるが、今迄の掲載論文の大まかな傾向は次の通りである。

歴史の方法に関するもの	四
教科書批判	四
民族遺産に関するもの	三
帝国主義的歴史思想批判	二
歴史教育と愛国心	二
民族解放運動に関するもの	二

朝鮮問題（在日朝鮮人を含む）　二
天皇制に関するもの　一
歴史教育論　一
（九月号までの掲載論文による）

例会の出席状況は井上清氏の講演会の際の約百名を別とすれば初年度は四十〜三十名、二年度は三十〜十数名である。

例会のほかに二年度から「教科書研究会」「アジアにおける日本」の問題別の小研究会を発足させることとしたが、前者は昨年夏より定期的に運営されており、後者も本年三月に発足をみている。その他、報告準備のための小集会を随時ひらいてきている。

対外的な活動については、時々の具体的な政治的・社会的問題についてはその都度態度を表明してきた。そのほか、北京シンポジウム大阪実行委員会に加盟し、日本科学者会議大阪支部結成に積極的に協力し、昨年十二月の委員会で家永訴訟を守る大阪地域の会をつくることを決定し、出版労協と協力してその準備にあたり、三月六日には教組等とともに「教科書検定問題大阪懇談会」を組織するにあたっては主体的な役割を果してきた。

以上のデータや活動内容をどう考えるかということは、今後の会の発展を考える上で重要な意味をもっている。卒直にいって、昨年秋頃から全体にやや停滞しており、例会の出席者がすくなくなり、会員の伸びも鈍っている。二百名程度の会員で例会出席者が二十名程度であるということは、当初われわれが意図し、現在ますます必要性を増しつつある帝国主義・軍国主義歴史イデオロギーとの闘いを全面的に展開し、新たな創造活動を行うという会の目的から程遠いものがある。

組織面からみると、万遍なく諸階層を含んでいるとはいえ、その層はすこぶる薄く、とくに府下に大量に存在する歴史関係の高校・中学教育者は殆んど組織されていない。研究者についても同様であるが、とくに大学院学生層を中心とする若手の研究者の組織はあまりすすんでいない。この結果、現在の会活動の中核となっているのは、三十代の後半から四十代のはじめにかけての研究者・教育者であって、この層にさまざまな実務的作業をも依存している状況である。このことは二つの意味をもっている。一つはいわば中年層のそれまでの研究・教育に関する創造活動に対して一定の刺戟をあたえ、学問的な反省と脱皮を否応なしに迫ることとなっているという側面である。いま一つはこのような中年層に依存する結果、これから教育・研究をはじめようとする清新なエネルギーをもっている若手の層の問題関心が、具体的に会活動全体のなかに十分汲み上げられているとはいえない側面である。もとより年令の問題はそれ自体として問題にすることはできないが、会の発展が若々しいエネルギーによる主体的な運営によってはじめて豊かな裾野をもちうることとなるのは、当然であるだろう。現在、このような会運営に対する新しい模索をつづけつつあるが、すでにインフォーマルな若手の会が発足しつつあり今後府下の各大学の大学院層や新たに教壇に立った教育者の組織化と新しい創造活動もはじめられようとしている。

以上のような会内部の再編成と平行して、全大阪的規模での教科書検定訴訟支援の会が出発しようとしていることは重要な意味をもっている。教科書批判は本会の創立以来追究してきたところであったが、この会の発足は、今後われわれが従来の例会や機関誌での活動という枠をこえて、ひろく大阪地域で活動を展開してゆくための舞台がつくられたことを意味する。同時にこのことを通じて、本会会員の拡大も新しい場をもち得たわけである。もとより「教科書検定問題大阪懇談会」は歴科協のためにあるものでなくそれ自体の重要な課題の解決のためのものであるが、われわれはこの会のなかに歴科協の会員を拡大してゆくことによって、「懇談会」の本来の活動を一層発展させることになると確信している。

さまざまな欠陥を内包しながらも漸く三年目を迎えた歴科協は、内部における若手研究者・教育者を中心とする新しい創造と運営への萌芽と、検定訴訟問題を中心とする全大阪的科学運動への発展の糸口をつかみつつある。われわれはこのような可能性を全面的に発展させ、歴科協本来の課題を追求すべき時期にさしかかっている。

四、歴科協結成の波紋

民科の事実上の壊滅以後、歴史分野では現代的課題に対する社会的責任を基本にして、新しい科学上の創造活動や科学運動をそれ自体として追求する全国的組織は消滅した。もとより、機関誌としては「歴史評論」「新しい歴史学のために」等は引きつづき発行され大きな影響力を発揮しているのであるが、人民との結合を志向する科学者の団体の結成については、何かしらタメライがあり、全国的にも地域的にも、このような団体は結成されることなく終っていた。歴科協はこのような一般状況のもとで、新安保以後の条件下に結成された歴史関係の団体の最初の例となった。この点からみれば、明確な克服・斗争の目標をかかげ、研究者と教育者がそれぞれの領域を堅持しつつ平等の関係で共通の課題の追求のために結合し、かつ大阪という地域を基礎にして例会活動を中心に会を運営するという形態は、それまでになかった新しいタイプであったといえるのであって、それゆえに多くの関心が寄せられることとなった。

このことは歴科協結成後一年をへて、名古屋で歴科協のスタイルをモデルとして歴史科学研究会が結成されたことに一つの例証がうかがえる。さらに、それまでどちらかといえば機関誌発行の団体としての性格のつよかった、東京の歴史評論編集部や京都の民科歴史部会においても研究者・教育者を結集した新しい地域性をもった研究活動の発展がはかられていることも注目される。歴科協結成がこのような関心と波紋をよびおこすことは、当初われわれの予想しなかったところであった。昨年十一月、上記三団体と歴科協は京都で会合をひらき、近い機会に「人民大衆の真の利益を擁護する立場を明確にし、人民大衆と強固に結合し、その批判・要求にこたえるような歴史研究・歴史教育を建設してゆくことを目標とする全国的な歴史部門の共同と結集をはかってゆくこと」について話し合い、かつ意見の一致をみた。それだけでなく、今後それぞれの地域での歴史関係者の結集がはかられるべきであることについても改めて確認した。これらの意見一致と確認は歴科協が意図しまた努力してきた目的や組織方針と一致するものであり、われわれの活動内容や組織形態が他の地域の人々によって支持されたことをも意味するといえるだろう。

当初の予想をこえた全国的波紋はわれわれに大きな責任をも痛感させる。このような責任にこたえうるように会活動を全面的に展開してゆくことを、われわれは決意している。

附記　本稿は「歴史科学」第一〇・一一合併号（一九六六・四・五発行）に掲載した原稿に若干の字句の訂正を行ったものである。㈢にのべた会内部の問題については、本年度の総会以後具体的に克服されつつあり、本部を大阪大学文学部黒田研究室に移転し、会内部の小グループも新たな意義と内容をもって再出発した。それらの内容の報告については、別の機会をまつことにする。

（『歴史評論』第一九二号、一九六六年八月）

（2）名古屋歴史科学研究会結成のよびかけ

歴史科学研究会結成のよびかけ

春をむかえて、ますます多忙となりましたが、諸兄姉には御元気に頑張っておられると思います。

このたび、名古屋で歴史の研究・教育に関する有志があいかたらい、分野を共通するものの交流と協力の場を実現することを申しあわせました。

この地方で、わたくしたちは長い間心ならずも孤立の状態におかれてきました。二、三の専門分野では研究の集いがつくられているようですが、歴史学・歴史教育そのものの発展を目的にした組織をもちません。誰もが同好のものとして自由に意見をのべあい、相互の研究、教育活動に新たな意見を啓発されるような集りがのぞまれてきたのではないでしょうか。とくに、新しい科学の発展に不可欠な若いエネルギーと創造性を充分に発揮できる場所をわたくしたちはまちのぞんでいます。

わたくしたちは、不本意な孤立をぬけだす時期にきていると考えます。依存すべき既成の組織のないわたくしたちは、むしろ、そのことを喜ぶべきかもしれません。わたくしたち自身が組織をつくり、自主的で民主的な関係を維持し発展させ、そのもとで各人の創意性をのばしてゆくならば、わたくしたちの要求によりふさわしい成果を期待できるのではないでしょうか。

現在、歴史研究と教育には、日本人民の幸福や願望に逆行する危険な傾向が顕著になっています。しかし、わたくしたちが真に憂慮しなければならないのは、研究者・教育者のあいだにある、ともすれば現実を前にしてみずからの関心を限定し、後退させ、自己のせまい専門領域になじんでしまう傾向かもしれません。このような危険に対しては、わたくしたちはつねに他の分野・領域との交流と意見の交換、相互の批判によって対処する以外ないのではないでしょうか。

いま、わたくしたちはあまり多くのものをのぞむことはできません。この地方の若い世代の研究者・教育者が右のような立場から交流と協力の関係を、まず一日も早く具体化することを願うものです。そして、歴史理論の研究、歴史学、歴史教育の当面する問題、日本人民の当面する問題等の研究・討論を通じて、相互の関心をつなぎあわせ、日本・アジア・世界の歴史像の創造にすすむならば、それこそが一人ひとりにとって何よりも大きな力となるものと確心します。

以上のような趣旨に御賛同のうえ、本会に御入会下さい。なおまた、諸兄姉の近くで同様に賛同下さる方がおられましたら御勧誘下さるようお願いいたします。

一九六五年三月

歴史科学研究会結成準備会

（『歴史の理論と教育』創刊号、一九六五年六月）

（3）第一回、第二回歴史学関係四団体協議会

①歴史評論編集委員会「第一回歴史学四団体協議会の報告をめぐって」

第一回歴史学四団体協議会の報告

歴史科学協議会・歴史科学研究会・歴史評論編集委員会および民主主義科学者協会京都支部歴史部会は、一九六五年一一月二二日京都において、歴史学四団体協議会を開催し、歴史家の全国的な協力・共同の問題について協議した。

この協議会は、六五年九月三〇日民科京都支部歴史部会が行なったよびかけに、他の三団体が賛同して開催したものである。協議会には、歴史科学協議会から四名、歴史科学研究会から二名、歴史評論編集委員会から二名、民科京都支部歴史部会から一一名の代表が出席した。

四団体は、まず相互にそれぞれの組織の現状を報告し、教科書検定にみられる強権による歴史科学と民主的歴史教育の破壊、「大東亜戦争肯定論」や皇国史観などの反動的歴史観の強力な復活、史料センター問題・国立公文書館問題にあらわれた研究体制の反民主的編成の動き等、今日の歴史学界に生起している諸問題を検討した結果、このような破壊・反動と闘い、歴史科学の創造・普及と民主的研究体制の確立をめざすため、歴史家の強力な全国的共同・結集が必要であることを一致して認めた。

この全国的な共同・結集にあたっては、現代の歴史家に課せられた社会的責任を果し、人民大衆の真の利益を擁護する立場を明確にすべきこと、そして人民大衆と強固に結合しその批判・要求にこたえねばならないことについて、四団体の意見は一致した。

またこの全国的な共同・結集は全国各地での自主的活動を基礎とし、それを発展させる方向ですすめていかねばな

らないこと、四団体はこれを実現するためにそれぞれ系統的な準備を行なうこと、その活動は閉鎖的であってはならず、今後各地で右のような趣旨で結成されるであろう歴史学関係の諸団体とも随時提携すること、当面は四団体相互の連絡と協力を密接にして共同活動を発展させていくこと、四団体の機関誌もこの過程でその統一をはかるのが望ましいこと、などの諸点についても、おおむね意見の一致をみた。

最後に四団体は、六六年五月東京において、第二回の協議会を開催することを予定して、第一回の協議会を終った。

一九六五年一一月二二日

歴史科学協議会
歴史科学研究会
歴史評論編集委員会
民主主義科学者協会京都支部歴史部会

× × ×

昨年一一月二二日に開かれた第一回歴史学四団体協議会で、右に掲載したような申しあわせがおこなわれました。同協議会は、共同の報告文を発表すると同時に、各団体が、それぞれの立場から、コメントを付して発表することを認めあいました。以下のコメントは、歴史評論編集委員会の責任において発表するものです。

まず、おことわりしておきたいことは、この会議は正式には、第一回歴史学四団体代表者会議とよばれるべきものであるということです。この会議でどんな申しあわせをすべきかということについて、前もって各団体の委員会が充分な討論を経て集ったものでは、すくなくともありませんでした。他の三団体のことはいざ知らず、歴史評論編集委員会では、民科歴史部会全国委員会との合同会議を開いて（一一月一〇日）京都側からの呼びかけにこたえて、代表二名を派遣するということについてのみ、全委員の意見が一致していたにすぎません。そこで、この会議の席上申し合わされたことは、参加した代表者たちが、各団体に話しあわれたことをもってかえって、各団体のしかるべき機関の決定に従うことも、全出席者によって確認されたことです。しかし、いろいろ共通の確認事項に近いもの、申しあわせが討論の結果できたので、各団体の機関の討議の素材として、共通の報告文を作製することとし、慎重を期して地理的便宜のある京都・大阪側に成文化を依頼したものです。その過程で若干の表現上の問題での調整のため時間が経過しましたが、本年一月一二日付で京都から別掲の報告文の送付をうけ、一四日に歴評委員会が入手しました。したがって、一四日にひらかれた歴評編集委員会としては、これを読みあげ、早急に発表することをきめたのみで散会するにとどまりました。一月二八日の編集委員会では、ありのままを読者に報告し、不必要な誤解をうまないように留意し、昨年一一月二二日以降、代表者帰京後の歴評編集委員会の諸討論を前提にしたコメントを付して、誌上に発表することになりました。

次に、この京都での会議を中心とするその後の編集委員会の活動およびそれをとりまく情勢を、若干ふりかえって、これにいたる一定の必然性についての説明にしたいと思います。

民科歴史部会の発足したのは、京都側からこの報告文が発送されたのと同じ二〇年前の一九四六年一月一二日でした。以来文字どおり二〇年を経過したわけです（この民科の科学運動の総括は別になされるべきで、ここでは言及しません）。その歴史部会の機関誌として『歴史評論』が創刊されたのは、一九四六年一〇月でした。民科歴史部会の総括については、歴史評論編集委員会の討論の結果の一端は、梅田欽治「『国民的歴史学運動』の遺産」（一五〇号、六三年二月号）として発表されていますが、後述のように、昨年末発足した「民科歴史部会の総括小委員会」の討論の結果が、やがて発表されるでしょうから、正確にはそれに譲る以外にはありません。しかし、事実問題として、民科歴史部会が最後の全国総会をもったのは、一九五六年六月二二日でした。ここで全国委員が八名選出されました。その後そのうち三名が全国委員会あてに辞表を提出、承認され、今日にいたっています。現在の全国委員は、委員長野原四郎以下、太田秀通、藤間生大、和島誠一、田中正俊です。歴史評論編集委員会は、この総会で確認されていますが、その後の編集委員会は若干名の存続と辞職・新委員の補充があり、今日に至っています。全国総会が、いろいろの事情で開けなくなっている現在、一応形式的には、全国委員会、全国委員長の「任命制」の形をとって、新委員を補充してきたのです。民科歴史部会の各地支部は、今日すでになく（民科京都支部歴史部会は、民科歴史部会京都支部ではない）、民科歴史部会では、歴史評論編集委員会が活動し、月刊誌『歴史評論』を維持し、強化するのが、ほとんど唯一の活動となっていました。

この間、さまざまな意見が民科歴史部会、歴史評論の存続問題で論議されましたが、結局、一五〇号記念号（一九六三年二月号）を出したあたりから、『歴史評論』の存在理由は大衆的にほぼ確認されたことと思います。これは、その前年（一九六二年）のアジア・フォード財団資金供与反対運動のなかで、その「存在理由」が明確に編集委員および読者によって確認されたのだと一般に評価されています。歴評編集委員会は、一九六三年一月号に新編集方針を発表し、「歴評強化」の方針をうちだしました。そして一五〇号記念事業をおこなったのでした。この基盤となった「AF問題」は、民科京都支部歴史部会の機関誌『新しい歴史学のために』に掲載された「小野論文」が、最初の「のろし」でした。こうして、東京の歴史評論編集委員会と民科京都支部歴史部会との交流、連帯が飛躍的に強まりました。

また、この前後から、歴評の読者・支持者・若い編集委員には、「民科」を知らない、何の関係もない世代の人々が、かなり結集しはじめました。こうした「科学運動の情報欄」として、「ものみやぐら」欄がもうけられたのは一五一号（六三年三月号）からでした。

また誌面でも、反帝国主義・反植民地主義、民主主義の擁護・拡大の立場から、現実の日本人民の運動の課題と密接に関連する諸課題を、歴史学上の問題としてとりあげてきました。また歴史教育の問題、歴史教育が歴史学に提起する課題についても意識的に追求してきました。その成果はどんなものかということでは自信がありませんが、おのずから『歴史評論』の性格ははっきりしてきたことと思います。

また、小規模ながら歴評編集委員会主催の研究会も六二年頃から、毎月とはいわなくとも開いてきました。この研究会の成果は誌面に反映されていると思います。「個別実証研究」ではなく、前述のような問題意識にたった研究会です。

一方、一九六四年になると、北京シンポジウムの参加運動が展開されました。歴評編集委員会は組織の弱体から取組みの弱さはありましたが、「ものみやぐら」欄、その他の誌面でもっとも詳細に報道をおこなった刊行物の一つと自認しています。

この北京シンポジウムの運動をひとつのきっかけとして、大阪の研究条件に根ざして、一九六四年四月二六日、大阪在住の歴史研究者・歴史教育者を結集して、科学運動と歴史研究・教育の統一をめざす「歴史科学協議会」が発足しました。この会の創立大会には、歴史評論編集委員会、京都民科歴史部会、歴教協その他からメッセージがおくられました。

一九六四年一二月、「AF財団資金反対運動」は、ともかく、アジア財団の現代中国センターの資金請求中止という一定の勝利をえました。この運動の経験から学んで、同様に展開されつつあった、日本史史料センター、同公立公文書館問題を発展させたい、その勝利の鍵を他の歴史科学関係分野の科学運動からえたい、という願いをこめて、三月二六日、歴史評論編集委員会主催の「学術体制についての懇談会」がもたれました（伊藤忠士・米田佐代子「学術体制と『国民の立場』」本誌一七八号参照）。

また、いろいろな雑誌や組織で教科書批判や反動的な歴史書批判が早くからおこなわれていましたが、国家権力にたいして直接裁判闘争という形で矢を放たれたのが、家永三郎氏の教科書検定違憲訴訟でした。当初費用も全額負担して「個人的に訴訟を進めるつもり」だった家永氏のもとへ、一〇月までに二〇〇通をこえる激励の手紙がよせられ、九月一八日には教科書検定訴訟を支援する歴史学関係者の会が発足、一一月末現在二九一人および八団体の会員、二一万七五〇九円のカンパが集められて地方委員制も確立し、一〇月一〇日には教科書検定訴訟を支援する全国連絡会が創立されるなど、ここに集約された矛盾の深さを示す強烈な支持がよせられました。そして、これには反動側で、教科書検定を支持する組織がつくられるという、「画期的」なおまけまでついています。

このようなさまざまな動きのなかで、当面歴史学分野での科学運動のセンターがほしい、権力側がなにかことをおこそうとすると、それに対処する組織を一つ一つつくっているのでは、エネルギーも無駄だし、第一まにあわない、経験の蓄積も不充分にならざるをえず、したがってより有効にたたかえない、という声があちこちできかれるようになったのは、当然のことでした。そして、東京においては、その要求が歴史評論編集委員会にむけられてきました。

残念なことに、歴史評論編集委員会は、その要求に全面的にこたえられる力を、組織の現状からもっているとはいえません。しかし、前述のように『歴史評論』がそういった動きを努めて誠実に報道するという、情報センターの役割をはたしたこと、前記「学術体制についての懇談会」を主催したこと、そしておよばずながら人民に奉仕する研究・評論への模索を続けてきたこと、が評価される程度にすぎません。しかし、あせりやいたみを感じながら、その任務を忘れたことはすくなくとも一九六〇年以後、とくに一五〇号以後はありませんでした。

また、一方、一九六五年四月には、先の大阪の歴史科学協議会に続いて、名古屋でも、この地域での歴史研究者・教育者のいだく矛盾と期待のなかから、「歴史の教育と研究の当面する課題にこたえるとともに、科学としての歴史学の発達と歴史理論の創造的発展」をめざして「歴史科学研究会」が設立されました。この設立のよびかけは、『歴史評論』一七六号によって、はじめて、全国に紹介されたのはもちろん、愛知県・名古屋在住の人びとにも伝えられるという一側面もありました。そして、四月一七日の創立総会におくられたメッセージ、祝電は、実に、歴史評論編集委員会、民科京都支部歴史部会、歴史科学協議会であり、ここに、多分に自然発生的に、四団体の「連帯」が、象徴的に示されたのでした。

さらに、この六二～六五年にかけて、民科京都支部のメンバーや、東京の歴評編集委員のわれわれ、大阪歴科協、名古屋歴科研の諸メンバーは、顔をあわせれば、「そちらの研究・科学運動の状況はどうかね」「こちらの運動はこういうぐあい」という挨拶を自然にかわすようになっていました。日本の民衆のなかに根をはった歴史研究・教育・科学運動を志向しているという共感がそうさせたのでしょう。

六五年五月歴研大会で顔をあわせた四団体メンバーの〝おしゃべり〟は、日本史研究会大会のときに集ろうという京都からのよびかけに意識化されました。その内容は前掲の報告を読んでいただければわかると思います。

ここで目ざされている、われわれの「全国的共同結集」は、従来、それぞれの組織が展開してきたことを、より目的意識的に追求しようということにほかなりません。そのため「このような破壊・反動と闘い、歴史科学の創造・普及と民主的研究体制の確立をめざすための歴史家の強力な全国的共同・結集の必要」を一致して認めたのです。

さらにこうした、目的を実現するための「学風」の問題として「現代の歴史家に課せられた社会的責任を果し、人民大衆の真の利益を擁護する立場を明確にすべきこと」「人民大衆と強固に結合し、その批判・要求にこたえねばならないこと」について一致したわけです。

また、組織的結集の問題としては、「全国各地での自主的活動を基礎とし、それを発展させる方向」を確認しました。これは従来の大阪、名古屋の活動に学び、そうした自主的活動が存在する現実を前提にすると同時に、過去の民科の上からのひきまわし的傾向の負の側面の反省の上にもたっているわけです。

さらに、この「全国的結集」は、現在の四団体のみで閉鎖的にやるのではないことをも確認し、広く全国にも連絡をとりあい、呼びかけあっていくことを重視しようとしました。

また、こうした「地域を基礎にした全国的結集」が必要であり、望ましいとしても、その具体的な条件が各地でどうであるかについてもはなしあわれました。大阪・名古屋はさしあたり問題ないにしても、京都・東京には民科の「遺物」があること、地域的結集の度合、京都の場合の日本史研究会、東京の歴史学研究会との関連をどうとらえるべきか、さらに東京の研究者・教育者の結集の条件などを考えると、かならずしも、そうした結集の「条件」が成熟しているとはいえないこと、むしろ東京に一番困難があることなどが率直に語られ、そうした条件をうみだし、強め、発展させるように「それぞれ系統的な準備をおこなうこと」という「表現」になったわけです。そのための四団体の共同の連絡を密接にすることも、当然確認されました。

「機関誌」の統一問題についても望ましいことが確認されましたが、現在は条件がなく、一定の展望で考えるべきことなどがはなしあわれたのです。その際、歴史評論編集委員の個人の心情としても、「誌名」がどうなるかは未定の問題ですが、かりになくなるとしても「二〇〇号」(来年四月)までは『歴史評論』の名に執着することなどが個人的意見として述べられ、また、そのくらいの時間的テンポが最短距離であろうなどという意見が開陳されたにとどまっており、「表現」は他の部面に比し「おおむね」というような慎重な表現になったのです。

この会議以後の歴史評論編集委員会の討論では、一方毎月の雑誌編集がかなりの比重をしめ、充分な討論ができず、いまだに討論中ですが、一二月二三日の委員会で、未来への展望をだすためにも、現在の国民の期待にこたえるためにも、民主主義科学者協会歴史部会の総括をおこなうことを決定し、総括委員を選出しました。もちろん、わずかな人数の総括小委員会は世話役にすぎません。過去の民科を中心とした運動に身をおかれ、心をよせられた方がたの協力を切望する次第です。

同時に、民科の歴史部会をどうするか、解散するのか、その時期をどうするか、新しい組織はどうあるべきか、その組織は、東京ではとくに他の組織とどういう関係、分業・協業関係がなりたつのか(歴史学研究会・歴史教育者協議会との関係は、対立したものではなく、相互強化の関係であることを確認していますが)、また科学運動という場合、一二月に創設された日本科学者会議との関係はどうなるのか等に検討すべきことが多いこと、しかし、『歴史評論』的な雑誌が必要なこと、その発行主体がすくなくとも「組織」として必要なこと(同人組織をふくめてどのような形のものであろうとも)では一致し、新主体ができ、総括ができ次第、民科歴史部会は解消すべきことでは意見が一致しました。しかし、東京での地域に根ざした組織という場合、どんな組織がよいのか、また、必要性はあっても、具体的条件はあるのかどうかは討論中で、まだ結論は出ておらず、東京での読者・支持者、旧民科関係者の意見をも聞き、広く討論を展開していき、それを委員会に集中吸収して討論を深めていこうということがはなしあわれているところです。「手さぐり」が正直のところです。

以上が率直な実情報告です。現在の歴史評論編集委員会は、まだきわめて非力なものです。さまざまな運動・研究を強めるという姿をとろうと、『歴史評論』誌上に意見・研究を反映させる形であろうと、歴史評論編集委員会に参加するということであっても、協力していただきたいと思います。

私たちは、現実には、一歩一歩着実に足をふみしめて、差当り五月の第二回四団体協議会を目標に、たすけあって進んでいこうと思っています。多くの方々のご協力をお願いする次第です。

一九六六年一月二八日

歴史評論編集委員会

（『歴史評論』第一八七号、一九六六年三月）

②歴史評論編集委員会「第二回歴史学関係四団体協議会について」

第二回歴史学関係四団体協議会は、五月二十三日午後六時から午後九時半にかけて、東京でひらかれた。歴史科学協議会（大阪）から二名、民科京都支部歴史部会から五名、歴史科学研究会（名古屋）から三名、歴史評論編集委員会（東京）から四名の代表が参加し、その他、東京から学術体制懇談会のメンバー二名がオブザーバーとして参加した。

協議会は、昨年第一回協議会以来の各組織の状況について先ず報告がなされ、「全国的共同、結集」の問題についての各組織の討論状況、及び会活動の状況が報告された。

会活動の状況については、それぞれの会の責任による本誌への報告を期待し省略するが、各組織の「共同、結集」への態度について、我々が理解した限りでの報告については次のようであった。

歴史科学協議会の場合、第一回協議会以後、民科京都支部歴史部会と共に前回の「コミュニケ」作製の過程で、色々討論がおこなわれたが、そのなかで、新組織の性格は、コミュニケに示されるようなものであり、五月の委員会でも、これを尊重し、「反帝・反植民地主義」をかかげて行く方向が、確認されており、会自身の「体経《ママ》改善」の問題と共に討論されており、あのコミュニケの線で進んでいくことが確認されている。

京都民科の場合、五月七日の総会までは、委員会レベルの討論であったが、会員レベルの討論となったのは、五月七日の総会であった。会自体の性格も、コミュニケに示されたようなものであるが、そうした方向に賛成する限り思想、方法論の如何を問わない結集であることが確認された。また具体的な全国的結集については、全国的な組織化を目指すが、当面は具体的な提案にはならないし、機関誌の統一化をきめるのもまだ困難であるが、さし当り、昨年よりは一歩前進を目指す必要があり、各組織から連絡委員を出し、連絡委員会を作ること位は最低必要であろう、ということが確認された。その上で、少数意見として連合体を作ってはという意見が若干あった。しかし、これには時期尚早の意見が多かった。むしろ、共同して一つの目的を目指した活動を展開すること、たとえば、国民的歴史学の運動の総括をすること、教科書検定問題での共同行動などが例としてあげられた。

歴史科学研究会からは、まだ全員の討論にはなっていず、委員会レベルの討論であるが、基本的方向としては、四団体コミュニケの方向を支持していくが、具体的問題としては、組織的統一や機関誌の統一などの問題としてはまだ機が熟していないのではないかと考えられ、あまりあわてないように注意する。今後の問題として、「地域に根ざした活動」を目指す以上、地域独自の機関誌があってよく、これまでの大阪、名古屋の地域で展開してきた方向を見失ってはならない。また、全国的結集という場合、四団体のみでなく、全国的にこうした気運をおこしていくことが必要であり、東京、名古屋、京都、大阪の「新幹線段階」にとどまらないように努力する必要があることが報告された。

歴史評論編集委員会からは、四月二日に開かれた「歴評読者の会」の報告があり、歴評そのものの存続が確認され、歴評読者との交流をすすめつつ、東京での組織問題の解決をはかり、学術体制懇談会、学生歴研、小研究会などの運動との連繋のなかで考えていること、また科学運動のセンター的役割のみならず、新しい研究の創造の問題として考えなければならないこと、労働者でも教師でも、学生でも、同じく「歴史研究者」として討論できる会でなければならないことが考えられていること、そして会の性格としてのコミュニケの線で思想、方法を越え、しかも、人民的な学風という点で団結する戦斗的な組織であることなどが考えられていること。歴評の問題は、編集上の問題として、一応切り離して考えていることなどが報告された。

以上の報告ののちに、今後の方向の問題について討論が進められた。

今後の方針の討論に移って、我々の目指す新結集体の性格については、コミュニケの線であり、現実に根をおろした「人民的立場、観点、学風」であり、思想、方法論をこえたものであることが、それぞれの会の討論過程で、あきらかになってきていることが先ず確認された。それをどう表現するかは、各組織の地域での条件とも結びついて、各人の表現にはニュアンスの差はあったが、「コミュニケ」の表現が再確認された。たとえば、京都や東京ではすでにある友好諸団体と共同しつつも、どのてんで独自性をたもって行くかが問題になりやすいのにたいし、大阪や名古屋では、むしろ会員のもっている要求にどうこたえる研究活動、科学運動を展開すべきかについて主として語られるというふうに相違はあったが、いずれにしろ、労働者にしろ教師にしろ、学生にしろ、大学、研究機関にいる者にしろ、共に研究者であり、それらの人々の真の要求にこたえるべき、研究、運動を展開すべきであり、単なる学会ではなく、科学運動体でもあるべきことなどが共通の事項として確認されたのであった。

次に結集のテンポにしても、決してあせらず着実に進むべきこと、また四団体のみで閉鎖的に進めるのではないことも改めて確認された。そして当面具体的に四団体のよびかけによる、共同シンポジュームをぜひ実現させて、共同行動を一歩進めるべきことが確認された。その時期・テーマについては、各団体にもち帰って討論されるべきことが決定された。さらに各組織より、連絡委員を正式に各二名づつ選出し、そのシンポジューム、共同行動、結集のための連絡に当るべきことがきめられた。なお、シンポジュームのテーマについては、当面する現実の課題から提起される学問的課題で具体的に可能なもの、そしてその討論は「何かあらあらしいもの、本音をはけるもの」というような発言がなされており、又、戦後日本の歴史学の科学運動の総括に関係あるものが加えられなければならないことが、あげられていたことを附言する。

この第二回協議会の討論内容の性格上、この報告は、各代表、各組織の責任でおこなわれ、それに異論があれば、それぞれ意見を出し、討論することが確認された。次回の協議会については連絡委員会に持《ママ》つこととなった。

（文責　犬丸・矢代）

（『歴史評論』第一九二号、一九六六年八月）

(4) 歴史評論編集委員会「歴史関係四団体連絡委員会の報告」

八月二〇日、歴史学四団体の連絡委員会が、名古屋で、五月の申し合わせにより午後一時から午後七時までひらかれた。

まず、各四団体の五月以降の活動状況について報告されたが、それは省略する。

第一議題は、四団体共催のシンポジュームのテーマをどうするかであった。いろいろ現在の思想状況、学界状況、研究状況を検討、現代の議題に答えるための歴史学のあり方が討論された。明治百年論批判、建国記念日問題、皇国史観と新天皇主義歴史観、近代化論、東アジアの歴史像など、いろいろの意見が出されたが、各団体がそれぞれ現代の課題にこたえる問題提起をひとつづつおこない、討論を活発にすることが確認され、次のようなテーマがきめられた。

「歴史学前進のために」

一、歴史における人民闘争の評価——戦後歴史学の理論と運動をふまえて　東京歴史科学研究会準備会(仮称)(歴史評論編集委員会)

二、現代における天皇制研究の課題　歴史科学協議会

三、「近代」の世界史的把握について　民科京都支部歴史部会

四、民族問題と歴史教育　歴史科学研究会

日時　四二年一月一五日(予定)

場所　京都(詳細は一一月二二日決定)

第一の議題は、今後の運動のすすめ方についてであった。ここでは、作られる新組織の性格が問題になった。性格、目的は、コミュニケに示されているが、今わかる範囲で新組織が出来たら何が期待できるかが討論された。確認されたことは、歴史学の分野での運動の母体となるということである。今迄、A・F、東南アジアセンター、史料センター文書館、教科書問題等、個別に運動を展開し、それはそれとして成果があったが、運動経験を総括し、新しく運動を発展させていく母胎となる組織が必要になってきている。新組織はそういうものでなければならない、という意見が確認された。

第二に、研究の問題としては、真の共同研究、討論の場になれるということである。ここ一〇年ぐらい、「個別分散化」、現象が進み個別的実証的研究は進んだが、研究はほとんど個人研究となり、研究はアカデミーで、学界はその報告とそれに基く討論ということになっている。したがって発表は、かなり整備された形を必要とし、討論は「きれいごと」に終っている。しかし、真に現代の課題に添える研究は問題意識そのものとも討論しあい、あらあらしい大胆な問題提起、自由活発な共同討論なしに発展しない。そのような研究の場に、新組織はならなければならない。また現に、各地域の組織は、そういうものに不十分にせよなっているし、それを目標にしている。それと全国的に集中する必要があるのではないか、ということが討論された。

その外、会の構成の問題として人民との結合、人民的学風をめざす以上、大学、研究機関所属者に限らず、歴史教師、労働者、一般市民、他のジャンルなど広汎な人々をふくまなければならないし、労働者教育運動、歴史教育者協議会の運動との関係を考えなければならないことが討論された。歴史教育労働者教育を問題とし、必要とする問題を歴史学の問題として、とりあげる組織でなければならないという意見が出された。

また、既成の歴史団体、たとえば、歴研、日本史研究会、歴教協などと決して対立するものでなくて、新組織は異った教訓をもつものであり、また共通の役割をももつ面もあるが、新組織の存在によって、かえってその団体にふさわしく発展することができるのではないかという意見も出された。

今後のスケジュールについては、五月には新幹線段階のままでは全国組織の発足はまずくはないかという意見が出されたが、その後各地の状況を調査した所、それぞれ、新しい芽はあるが、それがここ一年近くの間に、そこだけで地域組織を急速に結成できる条件はとぼしく、小グループ、個人にとどまっており、むしろ全国組織が結成されることによって、それらの個人、グループが結成され、地域組織の結成にいたる可能性があるという意見がだされた。そこで、来年のシンポジュームを機会に、各地の人々に集ってもらうようによびかけ、準備会を結成し、来年四月頃、全国組織を結成した方がよいということが確認された。従って、機関誌も、それと同時に統一することになる。しかし、各組織の機関誌は廃止するのではなくて、形をかえて存続する方が、かえって地域に根ざした組織として発展するために必要であることなどが確認された。ほぼ「歴史評論」の二〇一号が、新組織の編集になることが予定されている。誌名その他は、技術問題、その他があるので、別に考える。とも角、そのためには、一一月頃から統一編集委員会を設置し準備に当る必要があることが確認され、次回の連絡委員会は一一月二一日に開くことにした。

（『歴史評論』第一九五号、一九六六年一一月）

（5）歴史科学協議会創立総会報告

委員会より　報告は、紙数の都合上、簡単な経過報告となっているが、創立宣言及び会則の問題は、本会の基本的性格にかかわる重要性をもっており、これについて会員の中からも真剣な意見もでているので、八月の総会であらためて深く検討し、それを詳細に会誌に反映させる予定である。

四月一六日、午前一一時から午後五時まで、東京本郷学士会館で歴科協創立総会がひらかれ、さらに同日、総会がえらんだ委員会と編集委員会がもたれた。最初に、歴科協創立にいたる準備についての全体報告がなされ、加盟組織となる大阪歴史科学協議会、京都民科歴史部会、名古屋歴史科学研究会、東京歴史科学研究会から、各地域での準備状況が報告された。いずれも、全国組織への強い熱意と期待の立場で報告されたが、その内容については略し、新組織にかんする問題のみとりあげる。

まず、創立宣言の審議においては、京都民科歴史部会の提案にもとづき主として次の諸点が討論された。

第一に、案文は「ファシズムの時代が再びこようとしている」という表現であったが、「ファシズムの時代」という理解は歴史学的にみて問題がある、という意見があり、討論の結果「ファシズムが再び台頭しようとしている」という表現にあらためられた。

第二に、案文の「戦争を防ぎ」という表現は、戦争という場合、これからおこるであろう戦争を防ぐという観点ではなく、現におこなわれつつある侵略戦争に反対するという立場を明確にするため、「侵略戦争に反対し」とあらためられた。

第三に「アジア、アフリカ、ラテン・アメリカをはじめとする世界の同じ立場に立つ科学者との連帯」という表現については、帝国主義、資本主義諸国における、われわれと同じ立場にたつ科学者との連帯の必要をかんがえ「アジア、アフリカ、ラテン・アメリカをはじめ、全世界の同じ立場に立つ科学者」とあらためられた。

第四に、創立宣言案が立派すぎる、戦後歴史学とその運動との失敗の重みが感じられないという危惧が起草段階であったという発言があり、他方では、自己ざんげが多すぎるという意見もあったが、それについては、過去の歴史学に対するオプティミズムのうえには運動は進展しないが、新組織は、受身の発想ではなく闘いの観点で、すなわち、着実に成長してきているその成果のうえに築かれるのであり、創立宣言はなによりもわれわれの気概をしめすものである、という立場から、案文の表現（認識）が基本的に承認された。

つぎに、会則の審議にはいり、草案担当の名古屋歴科研から提案があった。

討論の主要な問題点は、第一に、第二条第二項について、現在われわれが対決すべきものは「帝国主義的歴史観」のみでなく、天皇主義的その他の歴史観にも対決しなければならないのだから、たとえば「帝国主義反動的歴史観」というような表現にしてはどうかという意見があったが、現在のさまざまな反動性は帝国主義的反動性としてあらわれざるをえないのだから「帝国主義的歴史観」で反動の本質はいいあらわせるという意見があり、討論の結果、さまざまな反動的歴史観をふくめた意味で、原文のままとされた。

第二に、第五条の総会の成立条件について、無規定では、一方では特定の加盟組織の専横がうまれるという危惧と、他方ではある加盟組織が消極的に無責任になっていくという危惧の両面があり、煩瑣な規定をすれば、歴科協の本来の姿をみうしなうという危惧があり、討論の結果、歴科協はあくまでも相互信頼にもとづく各地組織を母胎として成立するものであるという点を確認しつつ、「総会は少なくとも加盟組織の三分の二以上の代表の出席を要する」とあらためられた。

第三に、はじめ代表委員は予定していなかったが、大阪歴科協の経験等から対外的に必要があるという意見がだされ、委員会のなかから互選でえらぶことにされた。

つぎに、機関誌『歴史評論』の問題にはいり、旧歴評編集委員会から事務報告とともに移譲がなされ、購読方法(会費徴収方法もふくめて)について、ふたつの試案がだされた。

すなわち、第一案は、会員の機関誌購入を自由とし、直接購読と書店購読を併用する。第二案は、会員はかならず機関誌を購入することを前提とし、直接購読のみにする。ただし第一案の場合は、発売所と歴科協の財政とが市場を争うことになるという危惧と会員から会費を別に徴収しなければならないという煩雑がかんがえられ、第二案の場合は、事務が単純化し、かつ誌代と会費を一本化して徴収できるという有利さがあるが、赤字を累積しやすいという不安がある。

討論の結果、いままで書店から購入している会員をすぐに全員直接購読にきりかえるのはむつかしいことと、各地域組織の現在の会員にただちに機関誌購読を義務づけることには無理があり、歴研等の経験から、直接購読と書店販売は、雑誌の内容の充実によりむしろ平行してのびるものであるということから、第一案が採用された。そして、各地域組織とも会費の徴収に責任をもち、会員と購読者を積極的にふやし、取扱書店を開拓するということが確認された。以上の決定のうえにたち、会費は年額二〇〇円とし、会員の機関誌直接購読者は会費相当額だけ機関誌代を安くするという処置がとられた。また、各地域組織の連合体であるという立場から、中央組織を援助するため、一団体につき、年額一、〇〇〇円の維持費をだすこととなった。

つぎに、第一回歴科協大会について討論された。期日については、歴研、日史研などの大会に便乗せず、独自におこなうことになった。予定は八月一九日(土)二〇日(日)ごろとし、合宿のかたちでおこなう。大会のもちかたは、たんなるお祭りにせず、問題を率直にだしあうものとする。第一回は歴科協のイメージをはっきりさせる討論をおこない、明治百年問題、紀元節問題などを深くほりさげ、歴史学のありかたを追求するものにする。場所については、東京歴科研が責任をもち、明確な内容プランについては委員会で決定する。以上の諸点が確認された。

最後に、各加盟組織推せんの歴科協委員、編集委員、会計監査委員が選出され、以下の諸氏に決定した。

委員　池田敬正、黒田俊雄、中瀬寿一、米田伸次（以上大阪歴科協）朝尾直弘、井口和起、中村哲、村田修三（以上京都民科歴史部会）伊藤忠士、江口圭一、芝原拓自、原昭午（以上名古屋歴科研）犬丸義一、梅田欽治、里井彦七郎、斉藤孝、田中正俊、中村尚美、平田哲男、深谷克己、矢代和也、依田憙家（以上東京歴科研）原秀三郎（静岡個人会員、名古屋歴科研推せん）

編集委員

黒田俊雄、中瀬寿一（大阪歴科協）井口和起、中村哲（京都民科歴史部会）伊藤忠士、芝原拓自（名古屋歴科研）犬丸義一、梅田欽治、斉藤孝、田中正俊、平田哲男、深谷克己、矢代和也、依田憙家（東京歴科研）

なお東京歴科研推せんの編集委員は、常任編集委員をかね、犬丸義一氏が編集委員長となることが確認された。

会計監査委員

藤井松一（京都民科歴史部会）三浦圭一（大阪歴科協）

なお第一回委員会で、黒田俊雄氏（大阪）田中正俊氏（東京）が代表委員として選出された。

（文責　依田憙家、深谷克己）

（『歴史評論』第二〇二号、一九六七年六月）

(6) 歴史科学協議会第一回総会報告

歴史科学協議会第一回総会は、大会後、八月二十日午前八時半からひらかれ、参加者は七十六名をこえ(大会参加者は九十六名)、熱心な討議が展開され、午後一時に終了した。

活動報告、財政報告、六七年度予算案が犬丸義一委員より報告され、芝原拓自委員から六七年度活動方針案が提案され、伊藤忠士委員から会則改正案が提案された。

活動報告、財政報告(財産目録の提示)は若干の質疑、討論ののち承認された。活動報告は、『歴史評論』編集に関するものが大部分であり、原稿の締切り厳守、各分担の責任の確認、計画的編集の重要性が強調され、編集体制の強化が確認された。六七年度予算案については、予算それ自体が、何の経験、実績もなしにつくられたものであり、一応の目安として出されたものとして提案されたが、若干の訂正(予備費の増額など)をへて確認された。

最も討論が集中したのは、六七年度の会の活動方針であった。研究、創造活動の問題として、歴史を「人民闘争史」として把握し、叙述する方法を再確認する必要性が、かつての「国民的歴史学」運動の時期と異った方法的達成をめざす必要性が強調された。また大会でとりあげられた国家理論、帝国主義研究の一層の継続的なとりくみの必要性も確認された。また民主的な歴史教育の推進が強調され更にそこから提出される課題にこたえる歴史研究を推進することの重要性が確認された。

科学運動、組織強化の問題として最も討議が集中したのは、明治百年反対闘争、北京シンポジウム、学生層との提携の問題であった。明治百年については、歴科協独自の取組みと、他の団体との共同戦線、国民的運動の展開の先頭に歴科協が立つことなどが確認された。北京シンポジウムについては、国内の連絡事務所の「分裂」、周培源氏の井上清氏宛の書簡、民科京都支部歴史部会での討論状況など困難な条件が報告されたが、歴科協としては、後記のような三原則を確認し、日本の反帝国主義科学運動を強化する立場、観点から積極的に準備を開始すること、北京シンポジウムをとりまく困難な条件の下、三原則に基づき、具体的な活動の展開は、委員会で慎重に決定、行動していくことなどが確認された。なお、同学生会員の問題について、その全国的結集、学生会員への配慮の要望、その活動への財政をも含む援助の要望等が出され討論が展開された。

次に大会で確認された、活動方針の要旨を左にかかげておく。

《問題の提起》

一、客観的に要請されている課題

1、「明治百年」を中心とするイデオロギー攻勢と対決する課題。

2、学問における対米従属と対決する反帝独立、自主の課題。

3、研究者、教育者、学生を統制する権力とたたかう課題。

二、われわれの主体的力量と条件

1、歴史学における人民的潮流の発展（歴科協それ自身がそれであり、自ら評価し、確信をもつ必要がある）。

イ、研究内容＝昨年十二月の歴研臨時大会、一月の歴史四団体のシンポジウム、本年の歴研大会等の報告、討論などに示されたもの

ロ、科学運動＝A・F問題以来の科学運動の展開、四つの歴史関係の地域団体の活動、日本科学者会議の結成、最近の米軍の研究資金供与に反対する運動など

2、一方、内外の民主的運動の分裂による困難とこれらの困難を克服するための努力の展開もみられること。

以上の条件、情勢のうえにたって次の活動方針を確認する。

一、研究、創造活動の重要な方向

1、歴史を「人民闘争史」として、把握し叙述する方法の再確立。

2、帝国主義的、反動的なイデオロギーや理論（歴史観）の批判、暴露の強化。

3、国家理論、帝国主義研究の一層の継続的なとりくみ。（今年の大会かぎりとしない）

4、民主的歴史教育の推進及びそこから提出される課題にこたえる歴史研究の推進。

二、科学運動、組織強化の主要な方向

1、「明治百年」反対闘争、反帝、独立、研究体制民主化の闘争。

2、一九六八年「北京科学シンポジウム」への参加のとりくみ。この際、一九六四年の実績に基づき、次の三原則を基礎にして参加する。

① 反帝国主義、反植民地主義の立場の六四年共同コミュニケの原則を今回も原則とする。

② 歴史関係諸団体の統一、国内科学諸組織の団結を基礎にして、日本の科学運動の発展を原則として参加する。

③ 自主・平等・対等の国際交流の原則に基づく。

3、学生層、他の地域団体、個人会員の参加をひろげ、歴史教育者との提携をつよめる課題。

4、会誌の充実と拡大。

三、各地域組織の発展の主要な方向

1、東京歴科研……在京の広汎な歴史研究者の結集。

2、名古屋歴科研……研究、創造活動の積極化。

3、京都民科歴史部会……勤労人民大衆との結合、研究体制の再確立。

4、大阪歴科協……研究活動の多様化と組織拡大。

この後規約改正案について討議し、次のように確認された。この規約改正は、四カ月の経験及び、一会員から文書で提出された意見を基礎として改正されたものであった。改正点は左の通りである。

会則改正案

一、第三条2項「……規定の会費を納入する個人も会員となる……」を「……規定の会費を納入するものは個人会員となる……」と改正する。

二、第五条2項ハ、「加盟各組織の推せんにもとづく委員及び……」の傍線部分を削除する。

三、第五条3項と第六条2項の「会員多数からの要求」を「加盟組織の三分の一以上又は個人会員二十名以上の要求」と改正する。

四、第七条3項「委員会は委員会運営の恒常化をはかるために、委員のうち若干名を常任委員に指名することができる」を「委員会は、若干名の常任委員を互選することができる」と改正する。

五、第八条「……。事務局の所在地は□□□とする」を削除し、「事務局は委員会に責任を負う」を加える。

六、付則全文を次のように改正する。

「本会則は一九六七年四月一六日をもって施行する。(一九六七年八月二〇日一部改正)」

以上

最後に委員の改選をおこない、次のように決定された。(◎は編集委員)

犬丸義一、梅田欽治、斉藤孝、里井彦七郎、田中正俊、中村尚美、原島礼二、平田哲男、深谷克己、山口啓二、山田忠雄、依田憙家(以上東京、編集委員兼務)

原昭午、◎原秀三郎、◎伊藤忠士、◎江口圭一、◎芝原拓自、（以上名古屋）
◎井口和起、村田修三、黒田紘一郎、◎河音能平、中村哲（以上京都）
◎黒田俊雄、◎三浦圭一、池田敬正、米田伸次（以上大阪）
会計監査　矢代和也（東京）、藤井松一（京都）

（文責　犬丸義一）

委員会通信

第一回総会終了後直ちに委員会を開き、総会から付託された事項等につき具体的な討議をおこない、次のような点を確認しました。

（一）代表委員の選出

最初に代表委員を互選し、山口啓二（東京）、黒田俊雄（大阪）を決定しました。

（二）大会の反省

委員会の当初の予想をはるかにうわまわる多数の参加者をえたことに、委員一同は歴科協によせられた期待の大きさ、委員としての責任の重大さをあらためて痛感させられました。報告については、理論的問題がもっぱら理論研究の問題として提起され、歴史研究の問題として具体化されて提出されなかったきらいがあること、しかし準備期間が短かかった点、第一回の大会である点、理論的問題に弱い歴史研究の現状等の点から見れば、一応の成果をあげたといいうるであろうこと。来年はこの教訓をくみとって、活動方針のなかで決定された国家理論と人民闘争史に関する報告を用意し、今年の成果をいっそう発展させること。大会のもち方については、参加者全員が発言できるように、一方で時代別や国別のわくをこえた報告内容にするとともに、他方でそのための時間と機会を用意すること。第一日目の夜に報告と簡単な質疑、二日目の午前中に十人規模の分散会討議、午後全体討議といった形式が考えられるが、分散会のもち方についてはさらに検討をくわえる必要があること、などが話しあわれました。

(三)「明治百年」反対運動について

歴研および歴教協に申入れ、学会連合を結成するにさいし、歴科協としては、第一に国家権力が特定の歴史観を国民に強制することに反対し、第二にアジア諸民族にたいする侵略の事実を隠蔽し、日本国民にとっての独立の課題を抹殺する非科学的な歴史観に反対し、第三にこのような問題をもつ「明治百年」という祝い方そのものに歴史家として全面的に反対することを確認しました。特に第一の点は、歴科協として譲歩できない最低の主張であること、したがって、すくなくともこの一点で多くの学会と連携しあえるよう努力しなければならないこと、をあわせて確認しました。

また、広汎な学会連合を成立させるには、歴研、歴教協への申入れと同時に、まず核になる歴史関係学会の連合を早急に結成する必要があること、歴科協の加盟各組織はそれぞれの地域において、その準備にとりかかることを申しあわせました。

次に、反対運動の一環として、歴教協等と協力して一般むけのパンフレットの作成にとりかかることを決め、委員の中から責任者を互選しました(東京から犬丸義一、平田哲男、名古屋から芝原拓自、大阪から池田敬正)。なお、このパンフレットの活用の仕方については、各組織においてひきつづき検討することを確認しました。

また、各組織の「明治百年」問題連絡責任者として、平田哲男(東京)、福岡猛志(名古屋)、井口和起(京都)、黒田俊雄(大阪)の四氏が選出されました。

（四）北京シンポジウムについて

一九六四年の共同コミュニケにもられた北京シンポジウムの目的および精神は、歴科協の立場、活動方針に合致すること、したがって前回の参加学会である歴研、日本史研究会等に申入れをおこない、直ちに具体的な準備活動にとりかかることを決定した総会の意向にそって、歴科協が提示する研究テーマ案としては、多数の歴史研究者、教育者を結集しうるものであること、およびＡ・Ａ・ＬＡ人民の課題と関連するものであることを考慮に入れ、以下の三案を決めました。

一、日本における人民闘争発展の諸段階。

一、アジアにおける日本帝国主義の歴史的批判。

一、帝国主義的歴史観との闘争。

（五）委員会あて意見書の処理について

一会員より本年五月末委員会にたいし、会の「宣言」・「会則」に関連する意見書がよせられました。委員会は会の発展を願って建設的な意見をよせられたことにまず感謝の意を表します。会員からよせられた意見は会活動のなかに積極的にとり入れていく立場から、この意見書を検討した結果、「会則」に関する意見については、「会則」の不備を認めて第一回総会に「会則改正案」を準備しつつあった委員会としては、この「改正案」のなかに積極的にとり入れることにしました。総会で承認された「会則改正」がそれです。

また「宣言」に関する意見については、「宣言」が歴科協創立の気概を表明したものであって、厳密な現状分析の規定でないこと、したがって、委員会としては、「宣言」にもられた基本精神そのものを会活動として具体化していくことこそ、当面の重要な課題と考えていることをつけくわえておきます。

なお、今後とも会活動全般について、会員各自が積極的にご意見をおよせくださることを希望します。

（六）常任委員の互選について

「会則」の改正に関連して常任委員を互選しました。犬丸義一、田中正俊、中村尚美、平田哲男、依田憙家、山口啓二（以上東京）、原昭午（名古屋）、河音能平（京都）、黒田俊雄（大阪）。

（七）その他

在日朝鮮人の帰国協定の一方的うちきり問題および朝鮮大学校の認可問題に関し、関係当局に総会の名において要請する文書を至急作成し、持参ないし送付するよう処理しました。

委員会において確認ないし決定した事項のうち重要な問題は、今後機関誌に「委員会通信らん」を随時設けてお知らせすることにしました。定期の委員会の開催日程は以下のとおりです。八月（大会、総会の前後、現地にて）、十一月（日本史研究会の大会時、京都にて）、二月（東京にて）、五月（歴研大会時、東京にて）

（文責　平田哲男）

（『歴史評論』第二〇六号、一九六七年一〇月）

（7） 創立宣言・会則

①歴史科学協議会創立宣言

ファシズムがふたたび台頭しようとしている。歴史学の真価が問われるときがこようとしている。歴史学がファシズムに抵抗する有力な武器になりうるか。侵略戦争に反対し、アメリカ帝国主義からの独立をかちとり、軍国主義の復活を阻止し、民主主義を擁護し、日本人民が真に日本の主権者になるためのたたかいの武器になりうるかどうか。現在の歴史的状況は歴史学にそのことを迫っている。

われわれは、この歴史学に課せられた任務を自覚し、われわれのもつ力のすべてを結集し、たたかいの中から新しい歴史学を創造し、発展させ、それによって人民のたたかいに参加するための組織として、歴史科学協議会を結成することを決意した。

わが国の歴史学の民主的、人民的潮流は、今日まで着実に成長してきている。われわれはその豊かな学問上の蓄積や運動の経験をうけつぎ、発展させる。それは同時にこれまでのいくつかの不十分さや誤りについても大胆に批判し、反省することでなければならない。現代の歴史学の任務を自覚し遂行しようとする者のみが、また現在の歴史的状況のなかで歴史学をきたえ変革しようとする者のみが、過去の遺産を正しくうけつぎ、過去の誤りを正すのに大胆であることができると、われわれは確信する。

われわれは、人民の立場に立ち、その一員としてかたく団結し、帝国主義的歴史観と対決し、歴史教育の反動化とたたかい、歴史変革の武器となる歴史学の創造をめざす。歴史学がその任務にたえるためには、豊かな科学性をもたねばならない。この点においても、われわれの歴史学の力量は決して十分でないことを自覚し、その克服につとめる。

われわれの組織は、各地域、各分野の自主的活動を基礎とすることによって、はじめてその力を全国的に結集することができるという原則に立つ。また、せまい専門研究者の組織ではなく、人民のたたかいに参加し、歴史学をそのたたかいの武器としてきたえようとするすべての人々の広汎な組織となることをねがう。われわれの課題を果すために、他の民主的歴史研究団体と協力し、他の分野の諸団体とともに人民的科学運動を推進する。さらにアジア、アフリカ、ラテン・アメリカをはじめ全世界の同じ立場に立つ科学者との連帯を強める。

われわれは、日本のあらゆる地域、あらゆる職場、あらゆる歴史学の分野において、歴史学徒としての任務を果そうと努力しているすべての人々が、本会に結集されることを、それによって本会が真にその任務にたえうる組織となることをねがい、ここに歴史科学協議会の創立を宣言する。

一九六七年四月一六日

歴史科学協議会創立総会

（『歴史評論』第二〇一号、一九六七年五月）

②歴史科学協議会会則

〈名称及び目的〉

第一条　本会は歴史科学協議会と称する。

第二条　1　本会は、現代における帝国主義的歴史観に対決する人民の立場に立つ。

2　本会は、厳密な科学的方法に立ち、歴史学の創造的発展をめざす。

3　本会は、進歩的、民主的歴史研究者の過去の遺産を正しくうけついで、人民的な科学運動の発展をはかる。

4　本会は、各地域の自主的活動を基礎にし、これをさらにつよめる。

5　本会は、内外の歴史研究団体や他分野の団体と、研究、運動の交流をはかる。

〈構成〉

第三条　1　本会は、本会の目的に賛同し、規定の会費を納入する各地域の自主的組織によって構成される協議体である。

2　ほかに、本会の趣旨に賛成し、規定の会費を納入するものは個人会員となることができる。

〈活動〉

第四条　本会は、加盟各組織の自主的運動を基礎として、つぎの活動をおこなう。

イ　歴史と歴史理論の研究

ロ　歴史教育の研究

ハ　科学運動への参加と推進

ニ　機関誌、その他刊行物の発行

ホ　近接諸科学との交流

へ　その他、本会の目的達成に必要な活動

〈総会及び大会〉

第五条　1　本会の最高決議機関は総会である。総会は年一回開催し、議決は出席者の過半数による。

2　総会は、つぎのことをおこなう。

イ　活動の総括と方針の決定

ロ　会計報告、会計監査報告の承認と予算の決定
ハ　委員及び会計監査委員の選出
ニ　会費の決定
ホ　その他
3　加盟組織の三分の一以上又は個人会員二十名以上の要求があった場合、および委員会が必要とみとめた場合は、臨時総会をひらくことができる。

第六条　1　総会とならんで、年一回、研究大会を開催する。
2　加盟組織の三分の一以上又は個人会員二十名以上の要求があった場合、および委員会が必要とみとめた場合は、臨時大会をひらくことができる。

〈委員会及び事務局〉

第七条　1　委員会は総会の決議にもとづいて会の運営にあたり、つぎのことをおこなう。
イ　各地域組織の研究活動の交流
ロ　総会、大会の準備と召集
ハ　機関誌の編集と発行
ニ　代表委員の選出
ホ　科学運動についての提案と推進
ヘ　他団体との連絡、交渉
ト　その他本会の運営に必要な事項
2　委員会のなかに機関誌編集委員会をおく。

3　委員会は、若干名の常任委員を互選することができる。

第八条　本会に事務局をおく。事務局は委員会に責任を負う。

〈機関誌〉

第九条　1　本会は、月刊機関誌「歴史評論」を発行する。

2　機関誌は、加盟各組織または個人会員の研究活動の成果、および本会の趣旨に賛同する人の投稿をもとにして、委員会の責任において編集する。

〈財政及び会計監査〉

第十条　本会の運営に必要な経費は、原則として会費及び機関誌収入によってまかなう。

第十一条　会計監査は本会の会計の収支を監査し、その結果を定例総会において報告しなければならない。

〈会則の改正〉

第十二条　本会則の改正は、総会の議決によっておこなう。

付則　本会則は、一九六七年四月一六日をもって施行する。

（『歴史評論』第二〇六号、一九六七年一〇月）

解説

山田敬男

はじめに

日本における歴史科学の思想と運動は、野呂栄太郎の『日本資本主義発達史』(一九三〇年二月、鉄塔書院)の刊行を画期としている。もちろん、歴史科学はマルクス主義歴史学のみを指すわけではない。しかし、日本の場合、科学としての歴史学がマルクス主義歴史学の成立以前に確立していなかった。そこには近代科学の成立が困難であった日本近代の構造的ゆがみの歴史学への反映があったといえる。マルクス主義が日本における歴史科学を確立する先頭に立ったのである。したがって、「歴史科学の思想と運動」をテーマとする本巻には、マルクス主義歴史学を中心とする民主主義的で人民的な歴史科学の思想と運動に関する資料を収録した。解説もこのような視点で行っている。

1　歴史科学の誕生と展開

(1)『社会問題講座』から『マルクス主義講座』

野呂栄太郎の『日本資本主義発達史』に収録されている「日本資本主義発達史」は一九二六〜二七年刊行の『社会

問題講座』（全一三巻、新潮社）の第一一巻と第一三巻に掲載された。この「日本資本主義発達史」は、野呂が慶応義塾大学在学中、総同盟附属の産業労働調査所の一員として労働学校で行った『資本論』の講義において、労働者との質疑から日本歴史を教えなければならなくなり、その必要に迫られて執筆したものである。労働者の要求に従い、労働者階級の立場から日本の歴史への初めてのマルクス主義的な叙述であった。大石嘉一郎は、「当時の日本資本主義の歴史叙述においては、俗学的な現象記述が多く、唯物史観の立場からするものも公式主義的な記述の域を脱していなかった。弱冠二五歳の野呂が、それを初めて科学の域にまで高めた功績は、高く評価されなければならない」と指摘している（『初版　日本資本主義発達史』下、岩波文庫、解説、一九八三年）。

『社会問題講座』は大宅壮一が編集・発行者であり、当時の社会問題、社会運動の根拠を明らかにしようという講座であった。この講座には、白柳秀湖「日本民権発達史」、山川菊栄「婦人の自覚史」、石浜知行「経済史概論」、赤松克麿「日本労働運動発達史」、などが掲載されている。

『マルクス主義講座』は、一九二七年一一月から二九年九月にかけて刊行された。当時、労農党の委員長で元早稲田大学教授の大山郁夫と、当時京都帝国大学教授の河上肇の監修、政治批判社の編集で、マルクス主義講座刊行会によって上野書店から刊行される。この講座は、まだ若い日本におけるマルクス主義の各分野での研究を体系づけようとする最初の試みであったが、輸入思想の紹介、解説の域にとどまっているものが多かったといえる。

その中でも注目されるのが、服部之総「明治維新史」上・下（第四、五巻）であり、野呂栄太郎「日本資本主義発達史」（第五、七、一三巻）である。この他、横瀬毅八「日本無産階級運動発達史」も第一二、一三巻に掲載されている。服部の維新史は、マルクス主義による最初の明治維新史研究というべきもので、同講座第九巻に掲載された「絶対主義論」とともに、上野書店から『明治維新史』（一九二九年）として出版された。明治維新を絶対主義の成立とする観点を打ち出し、学界に衝撃を与える。

野呂の仕事は、従来の俗流唯物史観を乗り越えた史的唯物論に基づく画期的なものである。『日本資本主義発達史』

（一九三〇年）は、前述の第五、七、一三巻に分載された論文が「日本資本主義発達の歴史的諸条件」と改題して収録されている（岩波文庫『初版　日本資本主義発達史』上、一九八三年、参照）。

『マルクス主義講座』刊行の背景には、日本共産党が、コミンテルンの指導の下、一九二七年七月にいわゆる「二七年テーゼ」を決定したことがある。「二七年テーゼ」は日本におけるマルクス主義社会科学の礎石を据える重要な契機になったが、その具体的な表れの一つが『マルクス主義講座』刊行であった。また、一九二七年前後、外国のマルクス主義文献の翻訳紹介が新たな段階を迎えていた。一九二六〜二七年に『レーニン著作集』（全一〇巻、白揚社）、二八年から三二年に『マルクス・エンゲルス全集』（改造社）、二八年に『スターリン・ブハーリン著作集』（白揚社）が刊行された。多くの問題を残しているが、日本のマルクス主義研究の水準を高めることになり、『マルクス主義講座』はこのような基礎の上に刊行されたのである。

（2）プロレタリア科学研究所

一九二九年一〇月一三日、プロレタリア科学研究所（略称プロ科）が創立宣言（創刊号所収）を発して設立された。国際文化研究所と新興科学社との合同会議を経て、産業労働研究所との提携で設立されたものであった。プロ科の目的は、「諸科学のマルクス主義的研究、発表」（創立宣言）にあったが、1　社会科学、2　人文科学、3　芸術、4　自然科学と四部に分かれた専門部を持っていた。同所の性格は、簡単にいえば、左翼的立場に立つ在野社会科学研究所といえるものであった（法政大学大原社会問題研究所編『プロレタリア科学』別巻、梅田俊英解説、この解説は同氏『社会運動と出版文化』お茶の水書房に所収）。産業労働研究所は継続するが、国際文化研究所は九月三〇日に解散し、新興科学社も『新興科学』誌第二巻一二号を終刊号とし、プロ科に合流する。機関誌は、『国際文化』を『プロレタリア科学』と改題して、二九年一一月に創刊号を刊行した。弾圧によって、公刊されたものとしては、第五年第九号（一九三三年一〇月）が最終号となった。

プロ科の創立は、プロレタリア文化運動の一環であるプロレタリア科学運動の統一体の構築を意味していた。プロ科の創立によって、初めてマルクス主義の科学、とくに社会・人文科学の共同研究体制がつくられ、プロレタリアートの理論戦線の強化と発展をになう組織母体が誕生したのである。プロ科は、プロレタリア科学運動の生成期の未熟さから来るセクト主義の問題を抱えていたが、共同研究と大衆的科学運動の展開によって、日本におけるマルクス主義社会科学の確立に貢献した。

プロ科の創立大会において、第二部（哲学・歴史・教育）では、三木清の哲学部、山口顕次の教育部に関する研究方針とともに、歴史部の責任者である大川豹之介＝羽仁五郎が「プロレタリア科学当面の任務」の一環として、「プロレタリア歴史学研究方針」を発表した（『プロレタリア科学』第二年一号、一九三〇年一月号。『羽仁五郎歴史論著作集』第一巻）。プロレタリア歴史学＝マルクス主義歴史科学の研究方針の最初の具体的提案として、注目されるべきものである。方針では、「歴史の科学的研究と階級的支配に対する闘争とは直接に結びあはせられて居る」（本書三三頁）ことを確認し、プロレタリア歴史学の研究の重大性について述べ、その上で、「プロレタリア的なる歴史学また歴史叙述は、決して単に一の新しき歴史学また歴史叙述であるのみではなくして、更に絶対的に大なる意味に於いて、それは実に人類が文明時代以来未だ決して到達することの出来なかつた客観的科学的正確または絶対的真理を有するものなのである」（本書三四頁）といいきっている。そして、これまでの歴史学と相違するプロレタリア歴史学の意義について次のように述べている。

「プロレタリアトはかかる使命を有する特別なる階級である。それはあらゆる一切の階級的支配・隷属・搾取からの解放である。この故に、そしてこの故にこそ実に、プロレタリアの立場に立つ歴史学及び歴史叙述は、はじめて、文明以来の人間社会の発展を、その限界を根本的に越えた立場から、それを一の歴史的時代として完全に客観的に認識することが出来るのである」（本書三七頁）。

「かくて文明時代について、いな全歴史時代について、プロレタリア歴史学は、封建社会歴史学またはブルヂヨア歴史学の到底達することの出来なかつた純粋科学的客観的認識にまで、到達し之を実現することが出来るのである」(本書三八頁)。

こうして、プロレタリア歴史学の重大な意義を指摘しつつ、プロレタリア歴史家の任務を果たすために、各種の研究会の暫定案が提案される。

「それらは、『歴史学派の批判』、『原始共産体の研究』、『農奴制の研究』、『日本ブルヂヨア革命及び日本資本主義発展の歴史』、『プロレタリア運動史』等の研究会として挙げることが出来る。なほ、わたくしは、或は、日本に於ける内乱、或は、世界に於ける諸革命、等の問題の何等かの形に於ける研究の必要をも強調して置きたい」(本書四一頁)。

ここに示された研究会がどのような成果をあげたかは、『プロレタリア科学』誌掲載論文で推察するほかはない。復刻版が大原社会問題研究所から刊行されているので、詳しくは、そちらを参照されたい。代表的なものをあげれば、山部六郎(渡部義通)「日本氏族制度に関する二三の論点」第二年第六号、「日本氏族制度に関する二三の問題(二)」第二年第八号、野村耕作「日本に於ける地主的 - 土地所有の危機」第二年第一一号などである。

羽仁は、この他に、「プロレタリア歴史学概論」を第一年第二号(一九二九年一二月号)に執筆している。これはマルクス主義歴史科学の理論を体系的に叙述したものであり、服部之総の『歴史論』とともに歴史科学を学ぶ者の必読文献である。

(3) 渡部義通「マルクス主義史学『創生記』」

またこの時期に、渡部義通によって、マルクス主義原始古代史研究が開始される。『歴史評論』第五〇号に発表された「マルクス主義史学『創生記』」はその生誕の事情と苦闘を語る貴重な文献である。渡部は、前述の通り、プロ科の機関誌『プロレタリア科学』の一九三〇年六、八月号に山部六郎というペンネームで日本氏族制度に関する論考を発表する。この中で、渡部は、エンゲルス『家族、私有財産および国家の起源』で明らかにしている母系制が日本にも存在しており、したがって氏族制度も存在することを明らかにしようとした。続いて、渡部は、『思想』三一年七、八、九月号に「日本原始共産制社会の生産及び生産力の発展」を発表する。この論文は、日本歴史の始点を神話でなく、また、一部の研究にあった「農業共産社会」に置こうとする見解を批判し、「原始共産社会のより低き段階——に置かねばならぬ」と強調する。この論文の歴史的意義は、日本の原始社会の生産および生産力の特徴を労働要具を指標として明らかにし、そのうえで生産関係がこの生産力段階に照応する原始共産制であることを論証しようとしたことにあった。渡部の一連の仕事がマルクス主義古代史学の礎石を築いたのであるが、彼のここに到達するまでの苦労が次のように「マルクス主義史学『創生記』」に記述されている。

「日本の原始・古代社会史の研究にはとりわけ困難があった。第一わたしは先学にどんな研究があるのやら皆目しらなかった。（中略）目ぼしい関係文献をみいだしては差入れてもらった。ところが、かんじんな問題についてはヒントさえあたえてくれる研究があまりなかった。……結局何カ月かの間は、どこからどう手をつけ、どう組織し、体系化していいのか、全然みとおしさえつかないありさまだった。ところがある晩、就寝してからふと一つの考えが浮かんだ。『資本論』のなかに『労働要具の使用と造出とは……人類特有の労働過程の特徴である』、『（中略）如何にして如何なる要具によって造られるかということ』が経済上の各時代を区別する、という文句があったのを思い出したのだ。うれしかった。（中略）ともあれ、目はひらきはじめた。その晩は眠れずに考えつづけた——よし、労働要具の発達、これをまず基礎として原始社会の諸様相へ研究をすすめよう。その発達の段階が明らかになれば、これはエンゲルスやモルガンに結びつく、そうすればまた、わが古代文献や古習俗にみいだされるいろいろの原始的な破片も原型に生きかえるだろう」（本書五〇〜五一頁）。

開拓者としての渡部の苦労が生き生きと述べられている。

（4）野呂栄太郎『日本資本主義発達史』と『日本資本主義発達史講座』の刊行

一九三〇年二月、野呂栄太郎『日本資本主義発達史』が鉄塔書院から刊行された。これが、わが国最初の歴史科学の著書とされるものである。当時、小林勇が社主であった鉄塔書院から出版されたが、小林が岩波書店に戻ったため、そのままのかたちで三五年に岩波書店から刊行される。

そのなかみは、『社会問題講座』、『マルクス主義講座』の「日本資本主義発達史」の二論文、高橋亀吉批判の二論文、猪俣津南雄批判の二論文、「日本資本主義現段階の諸矛盾」（『思想』三〇年一月号）等が収録されている。一九八三年に野呂没後五〇周年を記念して出版された『初版　日本資本主義発達史』（上下、岩波文庫）でこの鉄塔書院版を読むことができるので、本巻には収録しなかった。この『日本資本主義発達史』の意義は、『初版　日本資本主義発達史』で大石嘉一郎が詳細に解説している。

一九三二年五月から三三年八月までに『日本資本主義発達史講座』（全七巻）が岩波書店から刊行された。第一部　明治維新史、第二部　資本主義発達史、第三部　帝国主義日本の現状、第四部　日本資本主義発達史資料解説という構成で、一冊ずつ項目ごとに分冊になっており、数冊ずつまとめられて箱に入って七回に分けて配本された。本講座も岩波書店から復刻されているので、本書には収録しなかった。

この『講座』が刊行され始めたのは、前年に「満州事変」が勃発し、国内では三二年五月、五・一五事件が起こった時期であり、天皇制軍部ファシズムの運動が本格化し始めていた時であった。『講座』は、日本資本主義の発達の歴史と現状とを、最も総合的に、初めて体系的に、まさにその意味で社会科学的にまとめたものである。さらにいえば、「経済学と歴史学の交錯の上に、その全体系が構成されている」という意味で画期的であった（松島栄一『マルキシズム1』現代日本思想体系二〇、筑摩書房）。

各部の冒頭の総括的な論文を野呂が執筆する予定であったが、非合法活動への移行で執筆することができなかった。彼の問題意識は、内容見本に書かれた「日本資本主義の基本矛盾」という短文から読み取るしかない。

野呂の欠けた後では、山田盛太郎と平野義太郎が二本の柱のように考えられてきた（明治維新史では羽仁五郎と服部之総）。二人が『講座』に書いた論文は、一九三四年二月に山田『日本資本主義分析』、同年四月に平野『日本資本主義社会の機構』として、岩波書店から刊行された。両著は、『分析』、『機構』と略称されて、その後の日本資本主義研究の古典となっている。

『日本資本主義発達史講座』の見地が「講座派」といわれ、日本資本主義の封建的性格を否定する「労農派」との間で論争が行われることになるが、今日の日本近現代史研究の礎石を置いたのはこの『講座』であった。

（5）『歴史科学』『歴史』総目次

一九三二年五月に『歴史科学』が月刊で白揚社から刊行され始めた。『日本資本主義発達史講座』の刊行に伴い、「講座派」と「労農派」のいわゆる「日本資本主義論争」が展開される。「労農派」は『大原社会問題研究所雑誌』、『先駆』などに見解を発表し、さらに『中央公論』、『改造』などの総合雑誌が誌面を提供したが、「講座派」は、主に『歴史科学』誌で見解を表明した。

『歴史科学』は、創刊の辞で、「プロレタリア歴史学の開拓、マルクス主義歴史学の建設――これは本誌のもって生まれた使命である」と述べているように、マルクス主義歴史学の発表舞台としての歴史的役割を果たすことになった。『唯物論研究』とともに原始、古代社会、封建社会のマルクス主義的究明に果たした役割は大きい。青木書店から復版が出され、『総目次』も刊行されている。一九三七年一月から、弾圧への配慮で『歴史』と改題され、紙面から政治性、思想性が失われていく。そして、三七年七月の日中戦争の勃発は、完全な戦時体制を生み出し、戦争や支配体制の批判、マルクス主義的表現の一切を許さなくなっていた。三八年五月、『歴史』誌も廃刊を余儀なくされた。

（6）歴史学研究会の創立

一九三二年一二月、歴史学研究会が結成され、三三年一一月には機関誌『歴史学研究』を創刊された。平泉澄の国家主義的歴史学に支配された東京大学史学会の革新をめざす史学科各研究室の有志が集まり三〇年の庚午の年をとって庚午会と名乗ったが、会合、映画鑑賞、ピクニックなどの交流や、三一年春頃から毎月一回研究発表を行うようになった。この庚午会が歴研の母胎といわれている。三二年には、四五〇名ぐらいになり、庚午会を発展的に解消して、歴史学研究会の発足へと至ったのである。

創刊号の「生誕のことば」に「われらの会は、多くの少壮史家によって結成され」、「飽く迄も歴史の科学的研究に終始するもの」であり、「この活動を真に民衆的たらしめんが為めに、本誌は生まれた」（本書九一頁）とあるが、ここに、会の性格が現れていた。「少壮史家」による結成であり、「科学的」「民衆的」な歴史学がめざされたのである。収録した座談会の中で、三島一が「漠然と進歩的と言った感じを『科学的』という言葉にもっていた」（本書九八頁）と述べ、川崎庸之が「事件（庚午会解散事件——引用者）の後なので、おとなしくしなければならなかったが、『科学的』という言葉をけずる事は出来ないというのがみなの意見だった。この辺はがんばった」（本書九八頁）と語っているように、「科学的」という表現が引けない一線という了解事項があった。『歴史科学』がマルクス主義を直接名乗ったのに対し、『歴史学研究』は、「科学的」という間接的表現にとどめたのである。

『歴史学研究』の最初の特集号として、一九三五年一二月に「満州史研究」を出しているが、その巻頭が三島一の「満州史研究序説」であり（病気のため、柴三九男が代作）、その重点は「当時の満州（現東北）と中国とは本来一つのものであるという論旨」だった（三島「座談会」、歴史学研究会編『歴研半世紀のあゆみ——1932〜1982』一九八二年、青木書店）。それは「満州国」批判であり、矢野仁一批判であった。歴研の特徴をよく示した特集号といえる。

（7）石母田正「クロォチェの歴史理論についての感想」

『歴史学研究』第七五号（一九四〇年三月）に、石母田正「クロォチェの歴史理論についての感想——羽仁氏の近業

『クロォチェ』の紹介をかねて」が掲載された。羽仁五郎の『クロォチェ』(河出書房、一九三九年)を紹介しながら、石母田のクロォチェ論が展開されている。石母田は、クロォチェの歴史理論の特徴である「凡ての真の歴史は現代の歴史である」という歴史の現代性を検討している。クロォチェの歴史理論の特徴は「現在の生の関心のみこそが人を動かして過去の事実を知ろうとさせることが出来るといふことは明かである。従つてこの過去の事実は、それが現在の生の関心と一致結合されて居る限りに於て、過去の関心にではなく現在の関心に答へるのである」(本書一〇五頁)という歴史の現代性にある。言い方を変えれば、「過去はそれ自体としては歴史ではなく現在の生の関心に答へるもの即ち現在に於て生命あるもののみが歴史」(本書一〇五頁)ということになる。石母田は、「たしかに現代の関心に答へない歴史は厳密な意味の歴史とはいへないことはクロォチェの説くが如く」(本書一〇五頁)と同意しながら、「過去と現在はしかく直接的に結びつくものであらうか」(本書一〇五頁)と述べ、「過去の歴史的事実または時代はそれぞれ独立の意味を現在に対してもたねばならぬ」(本書一〇五～一〇六頁)と指摘する。そのうえで「過去は過去自身として如何なる現在の恣意も加へることを許されない客観的な存在」(本書一〇六頁)としながら、「しかしまた他面に於いて過去の歴史的事実または時代の完結性といふことは相対的なものに過ぎず、現在への一つの過程たるに過ぎない」(本書一〇六頁)と説明する。石母田は、「過去は一方に於てはそれ自身として現代に対して独立的であり、他方においては現代への過程的なものである。現代は過去に対してかかる弁証法的な統一の関係にある」(本書一〇六頁)と説明している。

また、クロォチェの「生」の概念の思弁性を批判する。クロォチェは、「『生』を歴史の根源的なるもの、或は歴史的存在の根拠をなすもの」(本書一〇八頁)と考えているとし、クロォチェの「生」の概念を形而上学的範疇と断じる。そして結論として、「歴史的存在から区別された生といふ一つ形而上学的範疇のためにクロォチェは歴史の認識主体及び『現代』の客観的な構造、特質を理解することが出来なかつたし、必然にまた『歴史の現代性』は甚だ非合理主義的にしか理解されなかった」(本書一〇九頁)と結論づけている。

こうした批判とともに、石母田は人間クロォチェへの共感を示している。石母田は「我々をして羽仁氏とともにクロォチェに対して深い愛着を感ぜしめるものは、クロォチェの如何なる点にあるのであらうか。それは一点の中世紀的な暗さもない、南欧の太陽のやうに明るい彼の理論と行動の透明さ、その完全に開花した市民性にある」(本書一二二頁)と評価することを忘れていない。この石母田論文は、『著作集』(岩波書店)に収録されていない。

(8) 戦時下の歴史科学への弾圧と抵抗

わが国における歴史科学の思想と運動は、一九三七年夏に始まった日中戦争とその遂行のための体制確立に伴い弾圧にさらされる。既に述べたように『歴史科学』の改題、廃刊に見られるように、運動の継続は困難になる。三七年の人民戦線事件の検挙事件、三八年の唯物論研究会の解散などの弾圧が加えられる。そうした中でも抵抗がなされ、研究は続けられた。渡部義通は、四〇年一一月、羽仁五郎は、四五年二月に検挙されている。渡部は検挙の前に、中世史〝研究テーゼ〟を書き残した(渡部義通『思想と学問の自伝』河出書房新社、一九二~一九四頁)。

戦時下の歴史学研究会については、座談会(二)「戦中の『歴研』」(『歴研半世紀のあゆみ』)がある。一九四四年八月、会員の検挙などもあって、会活動の停止を余儀なくされる。

2 民主的諸学会の再建・誕生と諸運動

(1) 歴史学研究会の再建

一九四五年の敗戦によって、状況が大きく転換していくことになる。占領下でありながら、軍国主義から民主主義への転換があらゆる領域で追求されることになった。日本史部会の主催で、四五年一一月一〇日、国史教育再検討座談会が開かれ、歴史教育の改変をめぐって討論が行われた。一二月一日、第二回座談会が開かれた。伊東多三郎、豊田武、竹内理三、石井孝、渡部義通、信夫清三郎、高橋磌一、藤間生大、林基、石母田正、井上清、遠山茂樹、松島栄一、山口啓二、村田静子ら四三名が参加している。その内容は、『歴史学研究』第一二二号掲載の遠山・松島執筆の「会報」の通りである。この座談会で一致した歴史研究者の学問的責任として歴史教育の問題と取り組まなければならないという原則こそ、戦後歴史学の特質の一つであった（遠山茂樹『戦後の歴史学と歴史意識』）。「歴史学研究会全体はまだ再発足していなかったが」（歴史学研究会『四十年のあゆみ』）、事実上の活動再開の出発点をなした。

それと同時に、歴史研究者の天皇制批判の活動が開始される。井上清が史料編纂所を訪ね、歴研再建の動きに「各国君主制の歴史」を取り上げないかという提案を行い、この提案を松島栄一が幹事にとりつぎ、総合部会として講演会を行うことになった。一九四六年一月二七日に神田の教育会館で開かれたこの講演会は、本格的な学術討論会としては戦後最初のものであり、イギリス、フランス、ドイツ、ロシアの君主制、古代、現代に至る天皇および天皇制の歴史について一一人の報告がなされた。このうち近代を中心に、新生社から歴史学研究会編『歴史家は天皇制をどう見るか』が出版された（一九四六年九月）。この討論会の終了後、羽仁五郎らの動議により、歴研再建大会にきりかえられ、「人民の歴史学を樹立せん」との趣旨の綱領原則の採択、委員会制の採用、総合部会の報告の刊行が議決された。会長に津田左右吉をおすことが決議され、羽仁を委員長とする委員会が選出される。その後、津田は会長就任を辞退した。

羽仁らの主張は、復刊された『歴史学研究』第一二二号（一九四六年六月）の時評で井上清が「民主主義、人民の歴史学こそ唯一の正しい歴史学である」（本書一二八頁）と述べていることに示されている。

しかし、この再建大会については、旧幹事会のメンバーから異義が出され、改めて総会が開催されることになった。一九四六年三月一〇日に総会が開かれ、「劈頭羽仁氏は同氏の行動が必ずしも適切でなかつたことにつき陳謝し、次いで前会長以下前役員も陳謝して引責総辞任した後」（本書一四五頁）、対立した双方から出た暫定委員が選任された。この暫定委員会のもとで、準備が整い次第速やかに再び総会を開催することが決定された。六月九日に総会が開催され、綱領が決定され、会則改正を行い、一二名の正式委員会を選任し、統一がなされた（会報『歴史学研究』第一二三号）。『歴史学研究』は第一二二号から復刊されたが、編集は前述の再建大会で選出された委員会によるものであり、新委員会の編集は第一二三号以後である。戦前は歴研発行、岩波書店発売だったが、歴研編集、岩波書店発行に戦後は変わった(『歴研半世紀の歩み』参照)。

(2) 日本史研究会の創立

京都の進歩的歴史家の結集体としての日本史研究会が創立された。第一回委員会を、一九四五年一一月一日に開催している。在京創立委員九名が出席し、藤谷俊雄委員が創立趣旨を説明、林屋辰三郎委員から創立経過が報告された。さらに、趣意書、会則の草案が検討され、公表の原案を確認する。最後に創刊号の編集が行われた。一一月四日に第二回委員会が行われ、前回確認された趣意書・会則原案をさらに検討し、これを決定した。一一月一七日に第三回委員会を開催、会誌の季刊化が決定され、創刊号の編集に関する懇談で藤谷・林屋ら四人に委託された。創刊号は四六年五月である。巻頭に掲げられているのが創立趣意書であろう。創立の中心の一人であった藤谷俊雄は「歴史学徒の再出発」の中で、「一は現実の事態に対する正確なる歴史的認識、二は自己の歴史観歴史理論の再検討、そして三は歴史の主体的把握である。この三つはいづれも相関連するものであつて一つである。そしてこの諸点に就いての反省がなくては歴史学徒の再出発はあり得ず、日本史学の転換もあり得ない」(本書一五八頁)と述べている。

(3) 民主主義科学者協会と歴史部会の結成

一九四六年一月一二日、民主主義科学者協会(民科)が創立された。民科は、戦前のプロレタリア科学研究所の運動の伝統を受け継ぐとともに、戦後の民主主義革命の新しい条件にふさわしい「民主主義的科学の建設」を目的として結成された。それは、「科学運動における謂はば『共同戦線体』」であった(創立総会議事録、『民主主義科学』第一号)。規約では、「人民大衆ノ科学的欲求ノ昂揚ト結集、民主主義科学ノ建設」「封建的、軍国主義的、ファシスト的其ノ他一切ノ反動的思想並ビニ科学ニ対スル闘争」を目的とするとしており、民主主義日本の建設に寄与する科学運動の組織であることを明らかにしていた。民科は、「全国の自然科学者・社会科学者が、大学・研究機関所属や民間を問わず広範に結集した科学運動の組織体」であり、「全国各地に支部、大学・研究機関に班をつくり、また専門分野に部会を設けた」のである（『民科歴史部会資料集』歴史科学大系三三巻、渡辺菊雄・梅田欽治解説「敗戦直後・五〇年代の歴史科学運動の遺産」）。歴史部会は、創立と同時に、哲学、経済部会などとともに設けられた。

機関誌『歴史評論』は、一〇月五日に創刊された。その編集後記で、『歴史評論』の性格に関して、「今まで歴史的関心をねぢまげられてゐたそれぞれの人が、自己の行為をそれぞれの生きかたを通じて歴史的行為にまで高めようとするとき突きあたるはずの歴史的関心の諸形姿を、その人たちより一歩さきに突きあたつた人たちが追求し、問題としてゐるにすぎない」（本書一六〇〜一六一頁）と述べている。

民科歴史部会については、「歴史科学大系」に一巻（第三三巻）があてられているので詳細はそれに譲ることにし、ここでは創立の事実を述べるにとどめる。

（4）『くにのあゆみ』批判と新しい歴史教科書執筆の運動

一九四六年一月一一日、修身・国史・地理の授業が停止され、九月に国民学校初等科用の暫定教科書として『くにのあゆみ』（上下、二冊）が刊行され、一〇月からこれを使って授業が再開された。内容は、神話ではなく石器時代から始まっており、超国家主義的歴史観を排除して、民主主義の新時代を象徴するものと注目されたが、民科や歴研、日本史研究会などに所属する民主的な歴史家は一斉に批判の論陣をはった。批判点は多様にわたるが、「要するに依然として皇室中心主義であり、天皇を国民のあこがれの的とみる『あこがれ史観』であり、人民の役割、人民と支配者、人民と皇室との関係があいまいにされており、また民主化への熱意がたりず、侵略戦争の歴史的必然、その戦争責任がぼかされている等々」であった。執筆者の一人であった家永三郎は、「文部省に同調して、意識的に戦前的歴史観の温存につとめたかのようにいうのは当たっていない。非政治的な実証主義の立場から教科書を書けば、ああいうものにしかならないのは不可避であったと見るのが妥当である」と振り返っている（遠山茂樹『戦後の歴史学と歴史意識』参照）。

なお『朝日評論』掲載の座談会は、執筆者を交えて討論しており、論点がよくわかるので資料として収録した。『くにのあゆみ』批判は、歴史に対する国民の関心を強め、批判する側も、批判にとどまらず、新しい歴史教科書の執筆の具体化へと至る。一九四七年の教育基本法・学校教育法、四八年の教育委員会法の制定で教育の民主化が進み、この中で、国定教科書が廃止される。そして四九年から、小・中・高校で検定教科書が使われることになり、これに備えて、研究者や現場教師の集団的討議と共同執筆で教科書をつくる運動が日本教職員組合、歴史家の協力で進められたが、文部省は、この発行を認めなかった。やむをえず、教科書として用意された原稿に手を加え、歴史学研究会、民主主義科学者協会歴史部会共著『日本の歴史』（一九四九年、潮流社）として刊行された。この中には、世界史的視点に立ち、変革期や日本の民主的伝統を重視し、歴史の本質を論理的に明らかにする努力が示されていた。

そして一九四九年七月、痛切な歴史的反省を踏まえ、「歴史教育は、げんみつに歴史学に立脚し、正しい教育理論にのみ依拠すべきものであって、学問的教育的真理以外の何ものからも独立していなければならない」と宣言する設立趣意書を発表して、歴史教育者協議会が設立された（歴史教育者協議会編『歴史教育五〇年のあゆみと課題』未来社）。

（5）『社会構成史体系』の発刊

『社会構成史体系』が、一九四九年四月から、刊行を始めた。渡部義通、大塚久雄、平野義太郎等一〇人を編集委員とする企画である。「発刊のことば」は、次のように述べていた。

「日本の変革は世界史の激流の中で進行しつつある。世界史と日本史をつらぬく歴史の発展法則を認識し、その民族的表現の多様性を把握することこそ、変革期の歴史家に与えられた最高の任務である」「本書は世界史に加えられた最初の体系的な分析であり、歴史学界のあらゆる智能の綜合である。これを足場として、さらに新しい飛躍が若い研究者によって試みられることを期待しつつ、本書を世の批判に問うものである」（本書二二一頁）。

日本評論社の倒産により、第九回配本（一九五〇年）で中絶するが、当初の企画のうち刊行されたのは＊印のついたものである。この企画を見ると、「社会構成史」を下部構造だけでなく、古代の政治過程と貴族意識、中世における階級闘争とヒエラルキー、幕藩体制の政治諸段階、近世の階級闘争の諸形態、封建社会の精神構造などを取り上げているように、下部構造と上部構造の統一として全面的に把握しようとしている。

この「社会構成史体系」の企画は、歴史学研究会の一九四九年度大会のシンポジウム「各社会構成における基本矛盾」と連動していた。シンポジウムは「各社会構成における基本矛盾」から歴史の総合的把握を目指す意欲的なもので、「歴研の黄金時代」を象徴する企画であった。「社会構成史体系」は未完で終わるが、歴研の動向とも結びつき、極めて壮大なプランであり、出版社の倒産という事情があったにせよ、極めて残念なことであった。この壮大なプランを見ても、その後問題になる社会構成史＝社会経済史などというものではない。

3　破防法反対運動と国民的歴史学運動

（1）破防法反対運動と四歴史学会の共同講演会

政府は、講和条約と日米安保体制の成立に伴い、治安体制の構築に乗り出し、一九五二年七月、破防法（破壊活動防止法）を成立させた。破防法は、占領期の団体等規制令（四九年四月公布）を廃し、かわりに導入されたものである。その特徴は、暴力主義的破壊を行う団体に解散を含む規制措置とその違反者に刑罰を定めて公共の安全確保にあたるというもので、規制に関する調査や処分は公安調査庁が行うことになる。また、講和条約締結前に追放解除が行われ、旧特高警察関係者が「公安警察」部門に復帰し、「公安警察」が整備された。

総評は三次五回にわたるストライキで抵抗した。労働者階級のストライキに呼応して、文化団体や知識人の反対運動がかつてない規模で繰り広げられた。政党、労働組合、農民組合、文化団体などによる悪法反対国民運動連絡会が発足し、「憲法と基本的人権の擁護の立場から」、法案の撤回を求める「抗議文」を発表した。治安維持法の復活ではないかという危機感が国民各層に広がり、文化団体や大学人の運動はとくに活発であった。三月二〇日に婦人団体連絡委員会（日本キリスト教女子青年会、日本婦人有権者同盟など）が悪法反対の決議、四月二二日に日本新聞協会警告声明、四月二三日に日本文芸家協会反対声明、四月二四日に日本学術会議第一二回総会反対声明が出され、五月二六日には、全国大学教授連合会が破防法に関する要望書を政府に提出した。こうした文化団体や知識人の運動は、スト支持の世論形成に大きな影響を与えた。

歴史学界も、七月、大塚史学会、歴史学研究会、史学会、社会経済史学会の四団体の共同主催で「歴史研究の自由」に関する講演会を開き、上原専祿、家永三郎、石母田正、仁井田陞が講演した。記録が『歴史研究の自由』として刊行された。「序」の中で、伝統や性格の違う四学会の共同の事業は「先例がない」とし、こうした共同主催が可能になったのは、「学会相互間の相違や、多くの疑問があつたにも拘らず、最後には準備委員会が成立したのは、歴史研究の自由は歴史研究の存在自体のためにもつとも根本的なものであること、およびその自由は歴史研究者自身によつて守られねばならぬこと、の二点に関して、四つの学会の意見が一致したことを示すもの」（本書二二九頁）と指摘している。スペースの関係で上原専祿、家永三郎の講演を資料として収録した。

（2）国民的歴史学運動

一九五〇年代前半に、民科歴史部会を中心に国民的歴史学運動が取り組まれた。その全体的な取り組み、基本的資料、総括は前掲『民科歴史部会資料集』、とりわけその解説、渡辺菊雄・梅田欽治「敗戦直後・五〇年代の歴史科学運動の遺産」、民科歴史部会総括委員会「民科歴史部会活動総括（案）」（『歴史評論』第二〇〇号、一九六七年四月）、梅田欽治「『国民的歴史学』運動の遺産」（第一五〇号、一九六三年二月）などを参照されたい。

一九五一年の民科第六回大会で改めて「民科の性格と立場」が検討された。朝鮮戦争の勃発（五〇年）、国内におけるレッド・パージの攻撃、そして単独講和と日米安保体制の成立という歴史の逆流の中で、五一年の歴研大会において「歴史における民族の問題」が取り組まれ、民科第六回大会で民科のあり方が議論されたのである。そして、次のような結論に達した。

「第一に研究の創造のための民主的学会としての機能と側面をもつ。第二に科学の成果を大衆のなかに普及し、大衆の問題を大衆とともに解決していく科学普及的な機能をもつ。第三に学問の発展の条件をつくりあげ、それを阻害する条件とたたかう機能をもつ」(民科歴史部会総括委員会「民科歴史部会活動総括（案）」『歴史評論』第二〇〇号、一九六七年四月)。

この三つの機能と側面は統一的に運用されなければならず、その一つでも欠ければ民科は健全な組織たりえない、というものであった。

一九五二年一月頃、民科本部書記局員の石母田正は「民科の当面の任務についての一つの意見」を発表し、その中で、「民族を解放するために、科学および科学運動」に「一つの大きな目標ができ、魂がはいったようにおもう。これによって大衆の中にはいることと、学問的な創造活動の統一ができる条件ができたようにおもう」(前掲「民科歴史部会活動総括（案）」)と述べていた。

一九五二年の民科第七回大会で、初めて「国民的科学の創造と普及」のスローガンが正式に掲げられる。そして歴史学では、この「国民的科学」の一環として「国民的歴史学」の運動が開始される。

さらに、一九五三年の第八回大会では、「国民的科学」は「科学の創造の面と普及の面の両面が統一してふくまれていると同時に、科学運動としてこれをとらえることに問題の核心がある」(前掲「民科歴史部会総括（案）」)と重要な指摘がなされる。そのうえで、「国民的」とか「民族的」という形容詞は、国粋主義やナチスを思い出させるので、「国民のための科学」という表現が適当となり、これ以降、「国民的科学」、「国民のための科学」の両方の表現が用いられるようになった。

具体的な運動を見ると、一九五一年一一月、東京大学歴史学研究会の学生が紙芝居「山城国一揆」を制作して、駒場祭で上演した。それ以後「民衆の歴史・山城物語」として労働者や農民の中で上演され、注目される。また五二年四月の始めから民科京都支部歴史部会が紙芝居「祇園祭」の制作を始め、歴研大会で上演し、京都の町や村で上演活動を展開し、これも大きな注目を浴びた。やがて、これは東京大学出版会から刊行（五三年六月）される。その「あとがき」には、次のように、運動の問題意識が率直に述べられている。

「自由労働者のなかで高等学校で、農村でなんども紙芝居をやっているうちに、私たちはいかにも口先だけで国民のための歴史学だなどと偉そうなことをいっていたかがわかりました。今年になってから、新たに出版するために臺本を書きなおし、何回も討論した結果についても、澤山の不満があります。こうした方がよいとか、こう考えるべきだとか反省は数多くあります。欠点も数多くあります。私たちの不勉強もあります。しかしはっきりといえることは、わたくしたちが自分のために歴史を勉強するのではないということを深く感じたことです。また、どこにでも歴史の題材はあり、それを私たちだけでなく、そこのみなさんといっしょに勉強してゆかなければならないということです」。

さらに、民科歴史部会思想史研究会主催で始まった「民話の会」「民俗芸術を創る会」の活動も国民的科学運動の先駆的な成果として評価された。やがて、東京都立大学歴史学研究会の学生が村の歴史「石間をわるしぶき」をまとめ、『歴史評論』に掲載される（『歴史評論』第四〇号）。その他民科奈良支部の「福貴の歴史」（『歴史評論』第五九～六一号）、浜田博生「ある老農民の歴史」（『歴史評論』第六二・六四号）など各地からの「村の歴史」の素材や計画が『歴史評論』に寄せられた。こうして「村の歴史」が「国民的歴史学運動」として進められていく。これと連動して「工場の歴史」「職場の歴史」が運動化され、「母の歴史」も推進される（詳しくは前掲渡辺・梅田「敗戦直後・五〇年代の歴史科学運動の遺産」、参照）。

忘れてはならないのが、一九五三年八月から四ケ月にわたって行われた月の輪古墳発掘運動である。この発掘は、考古学者と村人たちや子どもたちが一緒に取り組んだ科学運動であった。「そのなかで科学的な人民の古代史を学び、自分たちの村の歴史への関心を持ち、歴史意識を変革していったのである。さらに自主的な映画制作を行って全国的な文化運動をもすすめた」（前掲「民科歴史部会総括（案）」）のである。

このように、国民的歴史学運動を科学運動の視点から見た場合、歴史学と国民、国民の歴史意識の変革などに実に大きな意味を持っていたことは間違いない。梅田欽治は、「北は北海道から南は沖縄まで全国いたるところに点在していた。思わぬところから謄写刷りの作品や新聞が編集部に舞い込むこともしばしばであった。『国民的歴史学』運動はこのような広い大衆の文化運動、とくに地方文化の発展に支えられていたのである。従って当時の思想・文化の歴史を、もっと広い立場から、戦後史として追求する仕事が必要のように思っている」と述べているが重要な指摘である（「『国民的歴史学』運動の遺産」〈『歴史評論』第一五〇号、一九六三年二月〉）。

しかし、運動は、次第に「村の歴史」「工場の歴史」になり、一部の若い研究者と学生によって進められ、運動に参加する歴史研究者が限られていった。一九五四年一一月、奈良で民科歴史部会全国総会が行われ、後に「一一月草案」と呼ばれ厳しい批判を浴びる報告がなされた。そのなかでは、「われわれの歴史は、国民にとってナベやカマと同じように評価されるようなものでなければならない」「『福貴の歴史』や、厚生省の『母の歴史』は、日本史学史上の一大金字塔記念碑というべき」（『民科歴史部会資料集』歴史科学大系第三三巻、一一一頁）と述べられている。これはまさに実用主義であり、学問の軽視といわれる問題であった。そして翌五五年一一月の専修大学で行われた全国総会では、「村の歴史」「工場の歴史」によって学問と「大衆」が初めて結びついたこと、そうした科学運動が初めて行われたという点で高く評価すべきという意見も出されたが、『村の歴史』『職場の歴史』以外のものは歴史ではないというのは政治的ひき回しの誤りである、国民的歴史学は作文というほかなく伝統的歴史学の成果をふまえていない、などという意見が出され、全体として国民的歴史学運動への批判が出された総会であった。この議事録＝「一九五五年度民科歴史部会全国総会議事録」上下（『歴史評論』第七六・七七号）は不完全であるが、収録することにした。五五年総会後、国民的歴史学運動は、急速に衰えていった。なお、一九五九年一二月に、法政大学で歴史部会の全国総会が行われるが、その後、全国総会は開かれていない。国民的歴史学運動が壊滅し、民科歴史部会の活動は実質的に終わった。総会で選出された編集委員会によって、『歴史評論』だけが発行を続けることになった。

こうして国民的歴史学運動は、創造と普及の統一による科学運動を目指していたが、次第に普及に一面化され、多くの歴史研究者が運動から去って行った。この運動の歪曲の一要因に、当時の共産党の五〇年問題の混乱と分裂した「主流派」による極左冒険主義と研究者や専門家の異常な政治的ひき回しがあった。掲載した資料は、一九五一年四月の党員歴史家会議に向けての「草案」である。当時の考え方の特徴が示されている。「草案」では七つの誤りを克服することが述べられているが、そこにはいくつかの重要な問題が存在していた。

第一に、「民族独立と人民解放に役立つ研究」というが、占領下の現状を「帝国主義の植民地支配」と規定し、発達した資本主義国である日本をアジアやアフリカなどの植民地・従属国と同一視していることである。そのうえで、「地域人民斗争」という中国革命の影響を受けた闘争への参加を事実上強要していることにある（本書三一三～三一四頁）。第二には、「研究と普及とを二元的に考え、研究を普及よりも尊ぶ考え方」が「われわれの間にも広汎に存在」しているとして、「書斎から出て、本来の党員歴史家に帰ること」を強調し、事実上、専門研究の独自性を否定していることである（本書三一七頁）。研究者の専門的研究や創造活動を「小ブル個人主義」「小ブル的な書斎主義」と決めつけ、その意義を理解しようとしていない。より深刻なのは、「大衆の中で人民に服務すること」を強調し、「大衆工作に参加すること」を主張しながら、「かりにどのような体系的著述であっても、当面の斗争と革命の武器とならぬようなものは、創造的ではないばかりか科学ですらありえぬ」と述べていることである（本書三一八頁）。学問の創造活動の意義を理解せず、直接当面の政治活動への参加を強要する政治主義的歪曲である。第三は、近代主義や社会民主主義への一面的で打撃主義的な批判を繰り広げる乱暴なセクト主義にある。

こうした当時の共産党「主流派」の問題は、共産党自身が批判的な総括をしているが（「戦後の文化政策をめぐる党指導上の問題について」、『日本共産党の五〇年問題について』新日本出版社)、国民的歴史学運動の混乱を招いた一要因として検討すべき問題といえよう。

4 松川事件と歴史学

松川事件は、一九四九年八月一七日、東北本線の金谷川駅と松川駅の間のカーブ地点で起きた。東京に向かって進行していた旅客列車が転覆し、機関士ら三名が死亡した。レールの継ぎ目板がはずされ、枕木の犬釘が多数抜かれ、一本のレールはまっすぐな形のままで、一三メートル離れたところに横たえられていた。人為的な事故であることは明らかであった。この事件で、無実の労働者二〇名が逮捕起訴され、一四年間にわたって被告の座に縛り付けられたが、六三年九月に全員が無罪になった。いわゆる松川裁判である。

松川裁判は、第一審判決、一九五〇年一二月六日(死刑五名、無期懲役五名、有期懲役一〇名など)、第二審判決、五三年一二月二二日(死刑四名、無期懲役二名、有期懲役一一名、三人無罪)、上告審、五九年八月一〇日(仙台高裁に差し戻し判決)、高裁差戻審、六一年八月八日(全員無罪)、再上告審、六三年九月一二日(無罪確定)という一四年の過程を経て、この事件がえん罪であることを明らかにし、全員の無罪が確定する。人間の命を守り人権と民主主義を守った松川裁判は、戦後史における金字塔の位置を占めている。

無罪判決を勝ち取るうえで、広津和郎らの知識人による裁判批判の持っていた意味が極めて大きいが、より重要なことは、「公正裁判要求」の支援運動の発展である。当初は、戦前のたたかいと同じ発想で、裁判の階級的本質を暴露し、「無罪釈放要求」が支援運動の目標であった。それが福島県職員組合の決議(一九五一年一一月)を契機に、「公正裁判要請」が全国に広がり、支援運動の国民的発展につながる。とりわけ、職場、地域に数多くの「松川守る会」がつくられ、「公正裁判要請」の支援運動を全国で展開し、「大衆的裁判闘争」という戦後民主主義の新しい領域を切り開いたのである。

この松川裁判の第二審判決を前に、『歴史評論』編集部は、「松川事件について――無実の人たちを救うために一人ひとりが実行しよう」というアピールを掲載し、これまで「編集上では何も実行しなかったことを、厳しく反省」しながら、抗議と激励の運動を提起した(『歴史評論』第五〇号)。そして、第二審判決を受けて、『歴史評論』第五二号で、「松川事件と歴史学」の特集を組んだ。東北大の歴研の学生たちの共同討議に基づくルポルタージュ「松川判決の日に」が掲載されており、「裁判所のまえで」「抗議デモ」「抗議大会会場より――『松川十の誓い』を胸に」など死刑四名、無期懲役二名、などという不当な二審判決に憤る人々の怒りと抗議、たたかいの決意が臨場感あふれるように語られている。さらに、各支部の反響として、民科奈良支部、歴研名古屋支部運営委員会、大阪支部歴史部会、東京歴史部会委員会からの報告が寄せられている。そこでは、これまでの松川事件への関わりの弱さへの反省とともに、それが重大な岐路に立たされている現実の歴史への自覚の弱さでもあり、その克服なしに過去の歴史が正確に把握できるかという歴史家のあり方に対する反省が指摘されている。そのうえで、松川事件を大逆事件やナチの国会議事堂放火事件などの近現代史の一環として把握し、その観点から松川事件の本質を国民に訴えていくことが歴史家の任務であると強調されている。また、松川裁判の「公正判決」を求める意味を「無罪」を求めるものと機械的に狭くとらえるのではなく、基本的人権を守るたたかいとして位置づけることの重要性が指摘されている。とくに、東京歴史部会委員会の松川事件が「日本全体をおおっている民主主義の危機を象徴している」「松川事件に対する公正判決要求の運動は日本の民主主義を守る大きな運動の重要な一部分です。私たちが歴史家として松川事件の本質を明らかにすることはそれ自体民主主義を守るたたかいの大きな一環をなすもの」(本書三六二頁)という指摘は、今から見ても重要な意味を持っていた。

事実関係や訴訟の論理性を無視する第一審、第二審の不当判決が出され、無実の労働者が権力によって殺されようとしている現実を前に、広津和郎らの知識人による裁判批判が本格的に開始され、「公正裁判要請」の支援運動が全国的に急速に広がっていった。その中で、『歴史評論』第六七号は再び「松川事件と歴史学」の特集を組み、鈴木正四の「松川事件被告との面会記」が掲載されている。第二審判決で死刑の判決を宣告された鈴木信、杉浦三郎との面会記である。鈴木は、被告たちの楽天性に感銘を受けながら、上告趣意書を執筆する鈴木から、歴史家への注文を聞き取り、「私たち歴史家が松川事件の被告にまなぶところ、また松川事件の被告たちに奉仕すべきところは多い」(本書三六五頁)と述べている。それを受けて、鈴木信「歴史学徒へのお願い」が掲載されている。また、松川事件と連動する三鷹事件の被告竹内景助の心からの叫びともいえる「松川と三鷹」が事件の本質を見事にえぐりだしている。

上告審前の歴史研究者の仕事として、古屋哲夫「松川事件に至る反共意識の動員について」(『歴史学研究』第二二四号、一九五八年一〇月)が注目される。古屋はアメリカ政府の「経済九原則」の実施に伴う「労働運動の抑圧、企業合理化による経済安定＝独占資本の支配の強化」に対する強力な抵抗を「反共意識の動員によって克服しようとした」(本書三八二頁)と述べる。そのうえで、「しかしこれらの政策は単に共産党員のみでなく労働者階級全体の犠牲の上に支配体制を強化再編するものであったから単なる『反共』の強調＝旧意識への単なる観念的呼びかけでこと足りる筈はなかった。そこでは、戦前の権力によって蓄積された『赤』への恐怖を呼びさまし、『暴力』『破戒』『テロ』等、あらゆる悪徳のかたまりとしての『赤』を民衆の前に再現しなければならなかった。しかも絶対多数を獲得しながら、政治的信頼感をよびおこしえなかった吉田内閣が、再編政策の担当者であったこの時期に、吉田より悪質な『民衆の敵』として『赤』を印象づけることは、再編策強行のための、必須の条件になっていたと言ってよい。フレーム・アップはもはや単なる偶然ではありえなかった」(本書三八二〜三八三頁)と結論づけている。この視点から、古屋は、当時頻発した「列車妨害」事件がメディアでどのように報道され、異様で反共的なイメージがどのようにつくられたかを具体的に分析している。そのうえで「松川事件を、下山、三鷹事件につづいて、フレーム・アップする理由は何処に存したのであろうか。たゞ単に福島の運動を弾圧するだけなら、この日誌にみられる線を更に強硬することで足りたのではないか。これまでの本稿の分析の上で考えると、反体制勢力の活動を決定的に打くだくための、最後の追打ちが松川事件のフレーム・アップではなかったかと考えられる」（本書三九二頁）と事件の本質を説得的に説明している。歴史研究者ならではの問題提起であった。

一九五九年八月一〇日、仙台高裁で差し戻し判決が出されたことに対し、一九六一年の歴研総会で「松川事件全被告に対する無罪判決の要請文」が採択される。また『歴史評論』第一三二号で、『現代史と松川事件』の特集が組まれた。山口啓二は、第二審鈴木裁判長が判決申し渡しにあたって「確信をもって判決する」と発言し、同時に被告たちとのやりとりで「真実を知るものは神のみである」と矛盾したことを述べている点に関して、「近代における裁判制度の発達は、このような神権裁判あるいは拷問裁判に対する、人権擁護の闘いを通じてかちとられてきたのであり、神意の代りに人間の理性が裁判の主体となり、自白は証拠の王座から引きずり下ろされたのである。すなわち、今日の裁判制度は、『客観的事実は認識しうる』という立場を前提として存立しているのであり、『真実を知るものは神のみ』という裁判官は、そのことだけで裁判官たる資格を失うもの」（本書三九六〜三九七頁）と断じている。山口は、学問としての歴史学の綿密な資料操作と比較し、客観的事実を認識するうえでの裁判制度、検察制度の問題を指摘し、「『真実を知るものは神のみである』のではなく、真実は何人にも認識できるという人間の理性に対する信頼の上に、『松川のたたかい』が進められ、広範な人々が松川の真実を認識しているという事実の前で、八月八日の判決がなされようとしている」（本書四〇〇頁）と高裁差戻審への期待を表明している。鈴木信「歴史家の皆さんへ」は、それまでの一二年間のたたかいを踏まえた勝利への確信が披露されている。

一九六一年八月八日、高裁差戻審でついに全員無罪が宣告された。『歴史評論』第一三三号は、これを受けて「松川判決と今後の課題」を特集した。家永三郎は、裁判批判の重要性を指摘し、法廷外批判を非難するメディアの影響力の克服を提起している。さらに今度の勝利が、弁護団、救援体制の「政党・イデオロギーの区別をこえてみごとな統一戦線を実現したことが、無罪判決の道を開いた」（本書四〇三頁）と指摘する。塩田庄兵衛は「八月八日の勝利は、戦後民主主義運動の最大の成果のひとつであった。その内容と意味をあきらかにし、そこから日本の未来像をえがき出す仕事も、現代史家に課せられた任務」（本書四〇四頁）と述べている。

犬丸義一は、判決前のマス・コミの報道を検討し、「一部有罪・一部無罪説」のムードが一般的で、自身もその影響を受け、「全員無罪判決」が出るという自信がなかったという。そのうえで、「疑わしきは罰せよ《ママ》の証拠不十分ではなく、積極的に本田アリバイ、高橋アリバイの強い可能性を論じたものであることを知って、文字通りの『無罪判決』なので、『真実は何人にも認識出来る』ということの確証を得て大いに心づよくなった。松川一二年の闘いは遂に勝利した」（本書四〇六頁）と述べている。野原四郎は、「一市民としても歴史家としても、何もしなかった私だが、残された仕事の一つとして、『声』の欄にあらわれたような、いろんな疑いに対して、それが事柄をとり違えたり、混乱させたりしているために起っている場合には、できるだけ、ときほぐしていく、そういった努力をすることが、いまは大切なときだと思う」（本書四一〇〜四一一頁）と語っている。

裁判は、検察側が再上告し、一九六三年九月一二日、上告が棄却され、全員の無罪が確定する。一四年間のたたかいで、権力の謀略を打ち破り、勝利したのである。

5　反核平和・六〇年安保と歴史学・科学運動

一九五八年一〇月に、日米安保条約の改定交渉が開始され、六〇年一月六日に交渉が妥結し、一九日にワシントンで条約の調印が行われた。さらに、六〇年五月一九日から二〇日の深夜にかけて、岸内閣は五〇〇名の警官隊を国会内に導入して、野党議員を実力で排除し、自民党だけで批准を強行した。この議会制民主主義を破壊する暴挙に、安保条約に中立であった人たちも民主主義擁護に立ち上がり、安保条約反対と民主主義擁護の流れが合流し、運動の基盤が一挙に拡大して空前の国民運動が展開された。六月四日、一五日、二二日には労働組合の統一ストライキが行われ、国民運動をいっそう前進させた。しかし、六〇年安保条約は六月一九日、自然承認される。この運動の高揚は、アイゼンハワー米大統領の訪日を中止させ、岸内閣の退陣を余儀なくさせた。

六〇年安保闘争の高揚は、一九五〇年代の基地闘争、原水禁運動、勤評闘争、警職法闘争などの社会運動の蓄積を土台にして初めて可能になったのである。六〇年安保闘争を推進したのは、五九年三月に発足した安保改定阻止国民会議に見られる持続的な国民的共同＝統一戦線の力にあったが、これは五〇年代の地域共闘と国民会議方式の継承・発展によるものであった。こうした運動の高揚が知識人、研究者の社会的責任の自覚を急速に高めることになる。

一九五九年一二月、「安保問題歴史家懇談会」は、「この条約によって、日米間の軍事的協力関係が強化され、長期化される場合においては、日本国憲法の規定に反して、軍備はますます拡大され、学問・文化はいよいよ圧迫されることは明らか」（本書四一四頁）という反対声明を発表した。

六〇年安保闘争から、歴史研究者は多くのものを学んだ。その点で注目されるのは、浜林正夫の論考「歴史を学ぶものとして安保闘争にどうとりくむか」である（『歴史学研究』第二四六号、一九六〇年一〇月）。浜林は、市民として、労働者としての参加とともに、歴史研究者としての「独自性をもった参加の仕方」とは何かと問いかけ、安保闘争から学んだ最大のことは、「歴史に対する確信、あるいは歴史を学ぶことについての確信」（本書四一七頁）であると述べる。彼は「この歴史をゆり動かす大斗争のなかで、私は、現代日本の現状分析からだけではみちびきだしえない巨大なエネルギーを体験した。それははるかに戦後史をこえて、数千年におよぶ人類の不屈の前進にさえつながるものと、私には感ぜられた。歴史をつくりだすものは誰なのか、を身体で感じとることによって、私はあらためて人類史の蓄積の巨大さにおどろき、そこから学ぶことの意義を痛感した」（本書四一八頁）とも語る。そのうえで、学問的反省として、歴史の必然性にもっぱら注目し、歴史をゆり動かしてきたエネルギーを「あまりにも客観的に、あまりにも結果論的にのみ、分析し評価してはいなかったろうか」と自問し、「与えられた条件のなかでギリギリまでたたかうことによって、新しい情勢の展望をきりひらくといった今日の斗争のあり方を、歴史のなかにも見出していくことが、必要」（本書四一八頁）と述べる。こうした問題意識を前提に、浜林は、「世界史の再構成の問題」を語り、「民族民主統一戦線のための世界史」(本書四一九頁)を提唱する。六〇年安保闘争から学んだ歴史研究者の一つの典型である。

さらに六〇年安保闘争に刺激を受け、歴史学研究のあり方をめぐり、活発なやりとりがあった。『歴史評論』誌上で行われたいわゆる〝吉岡・堀米論争〟である。『歴史評論』第一二一号(六〇年九月)に掲載された吉岡昭彦「日本における西洋史研究について――安保闘争のなかで研究者の課題を考える」のなかで、吉岡は「今回の国民運動とそれをめぐる政治的・経済的状況は、われわれ歴史家に対して多くの緊急かつ切実な課題を提起している」と述べ、「日本史家は日本資本主義社会の研究をその窮極的課題とすべきであり、西洋史家・東洋史家は近代社会の把握と世界資本主義の形成・展開を最高の目的とすべきである」(本書四二三頁)と提起した。そのうえで、『史学雑誌』第六九巻五号「回顧と展望」に発表された堀米庸三の「西洋史・総説」を批判し、堀米の「歴史家の固有の領分」「歴史を構成する諸側面の綜合的把握」の提唱は、狭義の記述史料に依拠して、「生きた事実を生きた歴史感覚をもってえがき出す」ことを強調し、「社会科学の理論など放棄して生きた感覚で歴史を綜合的に把握せよ」(本書四三〇頁)と述べているに過ぎないと断じた。

これに対して、中世史研究者の堀米庸三は、吉岡の「新しい日本の現実に応じた問題観と価値理念の定立」には賛成できるものがあるが、われわれの課題が何であるべきかは、自ら別個の事柄であるし、またこの問題観から生れるわれわれの課題が、「近代社会の把握と世界資本主義の形成・展開」(本書四四三頁)とすることだとは思わないし、各自が最も切実とすることを追求すべきであると反論した(「綜合的歴史観への一提言」『歴史評論』第一二三号、一九六〇年一一月)。そして、堀米は「人間の意識を中心とした歴史の総合的把握」を提唱する。堀米は、「安保による危機をまず国民の道徳的危機として意識するのである。この反省が私をして私自身の中世史研究の反省へと向わせたのであり、そこからして私のえたものが、ここに提言した人間意識を中心とした綜合的歴史観だったのである」(本書四五二頁)と自分の問題意識を語っている。こうした両者のやりとりを見ると、六〇年安保闘争への関わりが、歴史研究者の学問的あり方に関する課題意識に極めて大きな影響を与えたことがわかる。

六〇年安保後、世界と日本の平和運動は混乱と分裂の時期を迎える。一九六一年八月の原水禁第七回大会で、最初の核実験再開国は平和の敵と決議されたが、その直後にソ連が核実験を再開し、この評価をめぐって原水爆禁止運動は大きな混乱に陥った。当時の「中ソ対立」に示される国際共産主義運動の分裂と対立が世界の平和運動に持ち込まれ、分裂が表面化する。この事態のなかで、現代史における平和の問題、平和運動分析の視角、ソ連の核実験再開問題、民衆の力量の問題、など現代史の根幹に関わる問題を歴史研究者として主体的に議論する座談会が行われた(「現代史における平和の課題」『歴史学研究』第二六一号、一九六二年一月)。司会役の遠山茂樹は、現実の複雑で激動的な事態を前に、「われわれが常識的に使っている概念なり方法なりを、たえず反省し再検討してゆかなければ、現実の進行にたちおくれてしまいます」(本書四七八頁)と述べて議論をまとめている。平和問題に関する当時の歴史研究者の問題意識を検討するうえで興味ある座談会であった。

6　アジア・フォード財団資金供与問題運動

一九六二年、アジア財団とフォード財団の東洋文庫への資金供与問題が明るみに出る。小野信爾論文がそのことを具体的に暴露した(「中国現代研究における安保体制」『新しい歴史学のために』第七七号、一九六二年四月)。小野は、「アメリカを頂点とし、台湾と東京を両支点とする中共研究プロジェクトの三角同盟に東洋文庫が組入れられ、日本の研究者をその下に動員しようというのである」とそのねらいを指摘し、「私ははっきり安保体制の中国研究版だと断言しておこう」(本書四八四頁)とこの資金給与問題の本質を指摘する。そのうえで、「かつて中国侵略・大東亜共栄圏の正当化・理論化あるいは基礎的調査・研究に、わが国の中国研究者が動員され、協力した悲劇が再演されつゝある」(本書四八七頁)とこの問題の性格を具体的に論じた。さらに、「文字通りのドル攻勢が学界を席捲し、関係のある人、ない人すべてにその態度決定を迫っている。俺には口がかゝらないのだろうからなどとすましている人は自ら学界人としての責任を放棄するもの」（本書四九〇～四九一頁）と断じている。そして、「機構というものは一たんできあがれば自己運動を開始するもの」「存在は意識を規定するともいう。主観的善意にだけ頼っていたのでは、事態の推移とともに『ヒモ』の規準がいつしかうつり、気がついてみたら（あるいは最后まで気づかぬかも知れぬ）とんでもないところにきていたということにならないだろうか」（本書四九二頁）と危惧を表明している。

一九六二年の歴研総会は、アジア・フォード財団資金供与問題で夜遅くまで継続され、学問の国際交流の三つの原則――一、自主・対等であること、一、他のあらゆる国との交流をさまたげないこと、一、実施計画・研究内容、研究成果が公表されること――をみたすものでないという理由で反対を決議した。

歴史研究者の間で、反対運動の高まりとともに、様々な議論が展開されるが、その一端が『歴史学研究』第二六八号で紹介される。上原淳道は歴研総会の決議に関して、原案が三原則に「いちじるしく反している」となっていたのが「みたすものでない」と修正されたことに「本質的なちがいがある」と異を唱えている。さらに、上原は、明治以来の東洋史研究、中国史研究が全体として見れば、「戦争責任、侵略責任、あるいは、政治的無自覚による政治権力への追随」という「一種の〝原罪〟のようなものを負っている」と断じ、そうであるがゆえに、「フォード・アジア両財団からの研究資金の受入れに反対するだけでは、その〝原罪〟は消滅しないであろうが、それに反対しなければ、その〝原罪〟がいつまでも消滅しないであろうことは確実である」（本書四九九～五〇〇頁）と語っている。

菊地昌典は、資金受け入れの責任者である山本達郎、貝塚茂樹、市古宙三、波多野善大が招請人となって開催されたシンポジウムに参加し、「今度の問題を研究者各人のもつ政治的イデオロギーに還元してしまうことは対論を不毛の荒野にさそいこむばかりか、却って中国史研究者間に悲しむべき分裂を招来させるだけであろうと思う。シンポジウム当日に痛感したことは、出席された受入れ側委員の方々が、その善意にもかかわらず、現在わが国のおかれている国際的位置についてあまりにも無感覚、無神経すぎる」（本書五〇三頁）と感想を述べている。

同じくこのシンポジウムに参加した野沢豊は、きわめてアカデミックで、権威ある研究機関と思われていた東洋文庫で、学問と政治の関連性といった問題が提起されたことが「今度の問題の重要なポイント」であったと述べ、「研究条件の改善といった一見して非政治的行動とみられるものまでが、政治的接衝なくしては打開しえないものであり、またそこにおける打開の方向は、同時に研究内容それ自体をも規正するような関係におかれている」(本書五〇七～五〇八頁)と問題の核心を指摘している。

7 歴史科学協議会の結成

(1) 第一回、第二回歴史学関係四団体協議会

一九六〇年安保闘争を契機に、歴史科学運動はそれまでの停滞を乗り越え、大きく前進する。近代化論や大東亜戦争肯定論との闘い、「紀元節」復活反対の闘い、歴史教育への攻撃との闘い、とりわけ家永教科書裁判への支援など多様な闘いが行われたが、人民的科学運動の方向を切り開く転機は、一九六二年のアジア・フォード財団資金提供反対闘争であった。前述したように、同年の歴史学研究会の総会は、この問題で混乱し、やっと多数決で反対決議がなされる有様であった。この事態を受けて、『歴史評論』第一四三号(一九六二年七月)が「現時点における歴史学のあり方――フォード・アジア両財団による資金供与の問題」を特集し、改めて『歴史評論』の存在理由が明確にされた。反帝国主義の立場に立つ歴史科学運動誌としての『歴史評論』の必要性が自他共に明らかにされたといえる。六四年には北京シンポジウム参加運動が展開される。

こうした諸運動の活性化のなかで、「たたかう歴史学運動」の地域的結集が進んだ。一九六四年四月に大阪在住の研究者・歴史教育者を結集して「歴史科学協議会」が発足する。この大阪歴科協の結成の経過、その性格、主な活動に関する吉田晶「歴史科学協議会の二年」(『歴史評論』第一九二号、一九六六年八月)の論考を参考のため収録した。創立総会には、歴史評論編集委員会、京都民科歴史部会などからメッセージが送られる。また、翌六五年四月には、名古

屋でも「歴史科学研究会」が設立された。創立総会には、歴史評論編集委員会、京都民科歴史部会、歴史科学協議会からメッセージ、祝電が届けられ、自然発生的に四団体の「連帯」が示される。「名古屋歴史科学研究会結成のよびかけ」も参考のために収録している。

こうした中で、民科京都支部歴史部会の呼びかけによって、歴史評論編集委員会、京都民科歴史部会、歴史科学協議会、歴史科学研究会の「第一回　四団体協議会」が一九六五年一一月二二日、京都で開催された。そして、「今日の歴史学界に生起している諸問題を検討した結果、このような破壊・反動と闘い、歴史科学の創造・普及と民主的研究体制の確立をめざすため、歴史家の強力な全国的共同・結集が必要であることを一致して認めた」「この全国的な共同・結集にあたっては、現代の歴史家に課せられた社会的責任を果し、人民大衆の真の利益を擁護する立場を明確にすべきこと、そして人民大衆と強固に結合しその批判・要求にこたえねばならないことについて、四団体の意見は一致した」（本書五二七頁）のである。

引き続き、一九六六年五月二三日、第二回歴史学関係四団体協議会が東京で開催された。そこで来るべき新結集体の性格について「現実に根をおろした『人民的立場、観点、学風』であり、思想、方法論をこえたものであることが、それぞれの会の討論過程で、あきらかになってきていることが」確認される。そのうえで「労働者にしろ教師にしろ、学生にしろ、大学、研究機関にいる者にしろ、共に研究者であり、それらの人々の真の要求にこたえるべき、研究、運動を展開すべきであり、単なる学会ではなく、科学運動体でもあるべきことなどが共通の事項として確認された」（本書五三七頁）のである。さらに、結集のテンポを焦らず、当面、四団体の呼びかけによる共同シンポジウムを実現し、共同行動を一歩進めることを確認した。

一九六六年八月、四団体の連絡委員会が名古屋で開催された（『歴史評論』第一九五号、一九六六年一一月）。そこで、共同シンポジウムのテーマが確認された。

この連絡委員会で議論されたことは、第一に、今後の運動のすすめ方に関して、「歴史学の分野での運動の母体となる」こと、「今迄、Ａ・Ｆ、東南アジアセンター、史料センター文書館、教科書問題等、個別に運動を展開し、それはそれとして成果があったが、運動経験を総括し、新しく運動を発展させていく母胎となる組織が必要になってきている。新組織はそういうものでなければならない」（本書五四〇頁）ことが確認される。第二は、「研究の問題としては、真の共同研究、討論の場になれるということである。ここ一〇年ぐらい、『個別分散化』、現象が進み個別実証的研究は進んだが、研究はほとんど個人研究となり、研究はアカデミーで、学界はその報告とそれに基く討論ということになっている。したがって発表は、かなり整備された形を必要とし、討論は『きれいごと』に終っている。しかし、真に現代の課題に添える研究は問題意識そのものとも討論しあい、あらあらしい大胆な問題提起、自由活発な共同討論なしに発展しない。そのような研究の場に、新組織はならなければならない」（本書五四〇頁）ことが討論される。

こうした新組織結成の動きが進むなかで、民科歴史部会総括委員会による「民科歴史部会活動総括（案）」が『歴史評論』第二〇〇号（一九六七年四月）に掲載された（『民科歴史部会資料集』歴史科学大系第三三巻に収録）。

（２）歴史科学協議会創立総会

一九六七年一月二二日、歴史学四団体協議会主催のシンポジウム「歴史科学の前進のために」が京都で開催された。報告は、次の四本である（『歴史評論』第二〇二号、一九六七年六月）。

現代における天皇制研究の課題　黒田俊雄
近代の世界史的把握について　井口和起
民族問題と歴史教育　伊藤忠士
歴史における人民・人民闘争の役割について　犬丸義一

このシンポジウムの成功のうえに、四月一六日、四団体が中心になって歴史科学協議会が結成され、創立宣言が発表された。創立総会は東京本郷学士会館で行われた。議論の末、一定の修正の後、創立宣言と会則が承認された（『歴史評論』第二〇二号、一九六七年六月)。会則は、会員からの意見もあり、八月の第一回総会で一定の修正が行われた(『歴史評論』第二〇六号、一九六七年一〇月)。

創立された歴科協の目的、性格は会則の第二条に明記されている。第一に、「現代における帝国主義的歴史観に対決する人民の立場に立つ」ことである。第二に、「厳密な科学的方法に立ち、歴史学の創造的発展をめざす」ことを明らかにしながら、第三に「進歩的、民主的歴史研究者の過去の遺産を正しくうけついで、人民的な科学運動の発展をはかる」ことを鮮明にしている。そしてこれが歴科協の性格に関わることであるが、第四に、「各地域の自主的活動を基礎にし、これをさらにつよめる」。中央集権的組織でなく、各地方組織の協議体という組織形態である。第五に、「内外の歴史研究団体や他分野の団体と、研究、運動の交流をはかる」(本書五五五~五五六頁)ことである。

創立宣言では、「たたかいの中から新しい歴史学を創造し、発展させ、それによって人民のたたかいに参加するための組織として、歴史科学協議会を結成することを決意した」(本書五五四頁)と高らかに宣言している。

本巻の刊行が予定より大幅に遅れたことを深くお詫びしたい。本巻の編集・解説担当者は、当初は山口啓二氏と犬丸義一氏であった。後に山田敬男が参加することになった。やがて山口氏が亡くなり、犬丸氏と山田の二人が担当することになる。収録資料をめぐる編集方針をめぐって、二人の議論に時間がかかり、校倉書房との合意にも時間がかかった。また犬丸氏の病気療養、そして他界があり、作業がさらに滞ることになる。最後は二人の合意による編集方針に基づいて解説を山田が執筆することになったが、山田の多忙と怠慢でここまで時間がかかってしまった。読者と関係各位にあらためてお詫びを申し述べたい。

なお、収録資料の整理とデータ化に『歴史評論』編集長を務められた近藤成一氏や小嶋茂稔氏、さらに、二〇一一年度以降の『歴史評論』編集委員各位のご協力をいただいた。深く感謝したい。

本書刊行に至る経緯

『歴史科学の思想と運動』（以下、本書）を刊行するにあたり、本書刊行に至るまでのさまざまな出来事には、歴史科学協議会の歴史の一部として一定の意味があると考えられるので、ここにその経緯を記しておくこととしたい。

本書は、当初、校倉書房より、歴史科学大系の第三二巻として刊行される予定のものであった。周知のとおり、歴史科学大系は、歴史科学の前進に役立てるため、戦前・戦後の歴史科学の成果と遺産を、時代別・問題別に編集して刊行するもので、一九六九年八月に開催された歴史科学協議会第三回総会・大会で企画が決定されたものであった。監修者は、石母田正・江口朴郎・遠山茂樹・野原四郎・林基の五氏、企画委員は、犬丸義一・大江志乃夫・黒田俊雄・里井彦七郎・佐々木潤之介・戸田芳実・原秀三郎・阪東宏・山口啓二の諸氏であった。一九七二年三月に第一巻『日本原始共産制社会と国家の形成』が刊行されたのを皮切りに、各巻の刊行は順調に進み、一九九九年三月に第三三巻『民科歴史部会資料集』が刊行され、後は、本書の刊行を残すばかりとなっていた。なお本書の編集は、当初、山口啓二氏によって行われることになっていたものである。

しかしながら、諸般の事情で本書の編集活動は遷延していた。歴史科学協議会の一般財団法人化が一段落した二〇〇九年頃に、当時の近藤成一『歴史評論』編集長から山田敬男氏への働きかけがあり、ようやく本書刊行に向けての動きが再び本格化する。ただ、本書に収録する資料の選択等でいま暫く時間を要することとなって、最終的に収録資料が決定したのは二〇一二年の五月頃であった。収録資料の確定と、出版に関しての校倉書房との協議に尽力されたのは、この時点で本書の企画を推進されていた犬丸義一氏と山田敬男氏であった。なお、山口氏と犬丸氏の存命中に本書の刊行が間に合わなかったことは大変残念であり、痛恨の極みと言わざるをえない。

さて、二〇一二年五月頃の収録資料の確定を受けた段階で、当時事務局長を務めていた小嶋が刊行に向けての作業を引き継ぐこととなり、まずは、『歴史評論』編集委員各氏等の協力も得ながら、収載資料の電子ファイル化の作業を始めたのであるが、事務局長の職務と並行しての作業で相応の時間がかかり、また、二〇一四年に入って、諸事情から小嶋が『歴史評論』の編集長を務めることとなったため、さらに時間がかかることとなってしまった。刊行を心待ちにされていた方々には、心からお詫び申し上げる次第である。

最後は、歴史科学協議会の創立五〇周年事業の準備等と並行する形となったものの、各方面の協力を得て、収録資料の電子ファイル化等一連の作業は二〇一七年五月には完了した。その後、二〇一八年二月までには刊行に向けての必要な原稿等も出揃い、校倉書房での出版に向けた作業が始まったのであるが、同年六月の同社の事業停止に伴って、歴史科学大系の一冊として本書を校倉書房から刊行することは不可能となってしまったのである。

この時点で歴史科学協議会として改めて方策を協議し、その結果他の出版社からの刊行を目指すこととなった。幸い、大月書店の御理解を得て、同書店から本書を刊行することができることとなり、あわせて、当初紙数の関係から掲載を見送ることとしていた、「Ⅳ　松川事件と歴史学」「Ⅴ　反核平和・六〇年安保と歴史学・科学運動」「Ⅵ　アジア・フォード財団資金供与問題運動」をも含めて刊行に至ることができた。大月書店の御厚意には、改めて深甚の謝意を表する次第である。

上述の事情から、版元や装丁その他、歴史科学大系とは異なる出版形態をとることとはなったものの、本書は事実上歴史科学大系の第三二巻に位置づくものであることを御理解いただければ幸いである。

二〇一九年八月

小嶋茂稔

追記（二〇一九年一一月一二日）

収録した資料の本書への転載にあたって、原資料の著作権者の皆様からは、快く許諾をいただいたことへも、この場を借りて謝意を表する次第です。

なお、『著作権台帳』第二六版（日本著作権協議会、二〇〇一年）の閲覧を含め想定されるあらゆる手段を尽くしたものの、塩田庄兵衛、関寛治、徳武敏夫、前田一良の四氏の著作物の著作権者の方とは連絡をとることができませんでした。そのため本書は、二〇一九（令和元）年一一月八日に著作権法第六七条の二第一項の規定に基づく申請を行い、同項の適用を受けて作成したものです。

編者

歴史科学協議会

1967年4月，全国各地の自主的な歴史諸団体が結集して結成された協議団体（2008年に一般財団法人格を取得）。加盟組織は現在11団体。会誌『歴史評論』を年12回発行し，市民向けの講座やシンポジウムを開催するなど，歴史を学ぶすべての人に開かれた学会として活動している。

DTP　岡田グラフ
装幀　鈴木 衛（東京図鑑）

歴史科学の思想と運動

2019年12月22日　第1刷発行
2020年2月5日　第2刷発行

定価はカバーに
表示してあります

編　者　　歴史科学協議会

発行者　　中　川　　進

〒113-0033　東京都文京区本郷2-27-16

発行所　株式会社　大　月　書　店

印刷・製本
大日本印刷株式会社

電話（代表）03-3813-4651　FAX 03-3813-4656　振替00130-7-16387
http://www.otsukishoten.co.jp/

ISBN978-4-272-51012-2　C0020　Printed in Japan